Psychoanalyse der Geschlechterdifferenz

Herausgegeben von Ch. Rohde-Dachser und W. Mertens

Judith Alpert (Hrsg.)

Psychoanalyse der Frau jenseits von Freud

Aus dem Amerikanischen übersetzt von
Gudrun Theusner-Stampa

Springer-Verlag

Berlin Heidelberg New York
London Paris Tokyo
Hong Kong Barcelona
Budapest

Herausgeberin
Ph.D. Prof. Judith Alpert
New York University, School of Education
Department of Educational Psychology
926 Shimkin Hall, Washington Square
New York, NY 10003, USA

Übersetzerin
Dipl.-Psych. Gudrun Theusner-Stampa
Werneckstraße 11
W-8000 München 40

Umschlagabbildung: Fini Leonor, *Vesper-Express*
© 1991, VG Bild-Kunst, Bonn

Dieses Buch ist erschienen unter dem Originaltitel:
Psychoanalysis and Women. Edited by J. Alpert.
© 1986 by The Analytic Press

ISBN 3-540-53973-5 Springer-Verlag Berlin Heidelberg New York

Die Deutsche Bibliothek – CIP-Einheitsaufnahme
Psychoanalyse der Frau jenseits von Freud / Judith Alpert (Hrsg.). Aus dem Amerikan. übers. von Gudrun Theusner-Stampa. – Berlin; Heidelberg; New York; London; Paris; Tokyo; Hong Kong; Barcelona; Budapest: Springer, 1992 (Psychoanalyse der Geschlechterdifferenz) Einheitssacht.: Psychoanalysis and women ⟨dt.⟩
ISBN 3-540-53973-5
NE: Alpert, Judith [Hrsg.]; EST

© Springer-Verlag Berlin Heidelberg 1992
Printed in Germany

Die Wiedergabe von Gebrauchsnamen, Handelsnamen, Warenbezeichnungen usw. in diesem Werk berechtigt auch ohne besondere Kennzeichnung nicht zu der Annahme, daß solche Namen im Sinne der Warenzeichen- und Markenschutz-Gesetzgebung als frei zu betrachten wären und daher von jedermann benutzt werden dürfen.

Datenkonvertierung: Elsner & Behrens GmbH, Oftersheim
Druck und Einband: K. Triltsch, Würzburg
26/3140-543210 – Gedruckt auf säurefreiem Papier

Geleitwort

Wir freuen uns, mit diesem Band eine Übersicht über den derzeitigen Stand der Psychologie der Frau präsentieren zu können, der auch neuere psychoanalytische Ansätze integriert und der Entwicklung der in dieser Reihe geplanten „Psychoanalyse der Geschlechterdifferenz" – wie wir glauben – wichtige Anstöße gibt. Er beginnt mit einer Auseinandersetzung mit Freuds Weiblichkeitstheorie, um sich anschließend der weiblichen Entwicklung zuzuwenden, wie *Frauen* sie erleben und mit ihren Worten beschreiben. Auf diese Weise hören wir von einer weiblichen Existenz, die sich eher in der *Beziehung* als in der *Autonomie* verwirklicht; die sich maßgeblich auf die Mutter-Tochter-Beziehung stützt, und deren Geschlechtsidentität mit dem Eintritt in den Ödipuskomplex in ihrem Kern bereits entwickelt ist. Wir erfahren etwas von der im Vergleich mit Männern verschiedenen Art des Umgangs mit Fragen der Moral; von dem Zusammenhang zwischen „weiblichem Masochismus" und „idealer Liebe", der hier als eine wesentliche Grundlage der weiblichen Entwicklung angesehen wird; von den sonst eher stillschweigend übergangenen Erfahrungen der alternden Frau; von der Schwierigkeit der Frauen im Umgang mit Autonomie und beruflichem Erfolg, und vom Verständnis der lesbischen Entwicklung unter einem anderen Gesichtspunkt als dem der klassischen Theorie. Schließlich werden auch das Tun der Psychoanalytikerin unter einem geschlechtsspezifischen Aspekt untersucht und Unterschiede zu dem des männlichen Analytikers analysiert und begründet.

Die unter diesen Themen versammelten Aufsätze geben dabei nicht nur die innerhalb des feministischen Zweigs der Psychoanalyse in den letzten Jahren entstandenen Theorien zur weiblichen Entwicklung und Identitätsfindung wider. Sie zeigen in seltener Eindeutigkeit die aktuellen Schwierigkeiten der Frau, in einer männlich dominierten Gesellschaft die *für sie* entscheidenden Fragen, die man am ehesten unter der Seinsform eines „Selbst-in-Beziehung" fassen kann, immer wieder zu Gehör zu bringen. Gleichzeitig wird dieser Teil weiblichen Leidens nicht mehr allein auf die Biographie der einzelnen Frau zurückgeführt, sondern jenseits individueller Zusammenhänge auf typische Lebenslagen von Frauen in dieser Gesellschaft verallgemeinert. Das bedeutet, daß Frauen sich wegen eines solchen Leidens auch nicht mehr minderwertig oder sogar schuldig fühlen müssen. Eine solche Art der Betrachtung kann deshalb auch eher eine weibliche *Solidarität* erzeugen, die die bis heute weiterbestehende Isolierung vieler Frauen in Familie oder – heute – auch in einem männlich dominierten Beruf aufhebt und andere Formen der Konfliktbewältigungsmöglichkeiten schafft.

Auch innerhalb der Psychoanalyse gibt es bis heute unter Analytikerinnen und Psychotherapeutinnen kaum eine Form der Verständigung, die darauf abzielt, die in ihren Theorien und Institutionen immer noch patriarchalisch ausgerichtete Psychoanalyse ideologiekritisch zu hinterfragen. Psychoanalytikerinnen *verstehen* andere; die Artikulation eigener Interessen fällt ihnen, sofern sie überhaupt als solche wahrgenommen werden, demgegenüber eher schwer. In diesem Band wird der Beruf der Psychoanalytikerin bzw. Psychotherapeutin innerhalb einer patriarchalen Kultur beschrieben, in der die Position des weiblichen Therapeuten innerhalb der psychotherapeutischen Dyade bis jetzt kaum einer eigenständigen Bestimmung unterzogen ist. Dies führt dazu, daß auch geschlechtsspezifische Übertragungs- und Gegenübertragungsprobleme bislang nur unzureichend definiert werden. Auch dies ist ein Grund, das vorliegende Buch in eine Reihe über die „Psychoanalyse der Geschlechterdifferenz" aufzunehmen und auf breiter Basis zur Diskussion zu stellen.

Wenn man davon ausgeht, daß die klassischen psychoanalytischen Theorien die menschliche Entwicklung aus männlicher Sicht beschreiben, dann wird eine davon abweichende *weibliche* Denkweise – will sie nicht einzig und allein in der Auseinandersetzung mit männlichen Vordenkern verharren – die *eigene* Situation in den Mittelpunkt stellen. Manche Rezensenten haben den Autorinnen dieses Bandes eine solche „feministische Sichtweise" vorgeworfen, d. h. eine, die v. a. die Seite der Frauen betont und damit riskiert, das männliche Gegenüber aus den Augen zu verlieren. Wir können nicht ausschließen, daß auch deutsche Leserinnen und Leser den einen oder anderen Aufsatz auf eine solche einseitig weibliche Denkweise hin hinterfragen, wie man sie männlichen Theoretikern sehr viel weniger vorzuwerfen geneigt ist. Wir sind jedoch der Überzeugung, daß die in diesem Band geäußerten Ansichten vor allem auch die Aufforderung zu einem Dialog enthalten, der dazu führen könnte, die heute vielfach noch unterschiedlichen Betrachtungen männlicher und weiblicher Entwicklung im Kontext der modernen Gesellschaft durch eine neue Form der Solidarität abzulösen, diesmal nicht allein zwischen Frauen, sondern zwischen Männern und Frauen, die sich auf diese Weise gemeinsam gegen die Perspektivelosigkeit einer Gesellschaft zur Wehr setzen können, in der der von Freud noch als Beherrschung der Natur charakterisierte kulturelle Fortschritt sich zunehmend als Irrweg erweist. Wir freuen uns besonders, daß die Aufsätze dieses Bandes diese soziale Dimension mit einbeziehen und damit die

Basis dafür schaffen, auch das heute bestehende Geschlechterverhältnis nicht mehr allein als Ausdruck eines angeblich zeitlosen und damit auch sozialen Veränderungen enthobenen Unbewußten zu verstehen, sondern es in der Wechselbeziehung zwischen Unbewußtem und Gesellschaft zu verorten und damit einer psychoanalytischen Kulturkritik zugänglich zu machen.

Frauen – so Gerda Lerner – sprechen sich heute das Recht zu, die Wirklichkeit zu erklären und zu definieren, so wie dies seit der Renaissance ein selbstverständlicher männlicher Anspruch war. Frauen, die heute beginnen, über das Patriarchat hinaus zu denken, können Einsichten eröffnen, die den Weg zu einer Überwindung der patriarchalen Gesellschaft bahnen helfen. Wir hoffen, daß dieser Band in der Lage ist, zu einer solchen Wegbereitung beizutragen.

Christa Rohde-Dachser und *Wolfgang Mertens*
Hannover und München, Dezember 1991

Vorwort

Das Erscheinen dieses Bandes, der eine Reihe von Abhandlungen über die psychoanalytische Psychologie der Frau enthält, ist ein historisches Ereignis. Zwar hat es in den letzten Jahren viele Bücher über die Psychologie der Frau gegeben – einige unter ihnen sind hervorragend –, aber nur wenige haben die Fragen der weiblichen Psychologie speziell vom psychoanalytischen Standpunkt aus betrachtet. Der Umstand, daß es eine so reiche Fülle an Material über das Leben von Frauen in seinen vielfältigen Erscheinungsformen gibt – in sexueller, emotionaler, beruflicher, intellektueller und künstlerischer Hinsicht –, liegt nicht zuletzt an den tiefgreifenden sozialen Veränderungen unserer Zeit, besonders jenen, die die Frauenbewegung inspiriert und bewirkt hat. Diese Bewegung ist im 18. Jahrhundert durch die Schriften von Frauen wie Mary Wollstonecraft und Ellen Keyes in Gang gesetzt worden, denen es hauptsächlich um die politischen, sozialen und ökonomischen Rechte der Frauen ging. Unter dem Einfluß einer Vielzahl sozialer Kräfte entwickelte sie sich weiter, um den Erfordernissen unseres psychologischen Zeitalters gerecht zu werden und selbst soziale und psychische Veränderungen hervorzubringen. Aus den späteren Jahren meiner eigenen Kindheit, als die Frauen in den USA kurz davor standen, das Wahlrecht zu erringen, erinnere ich mich an den Ausspruch einer Klassenkameradin, die sagte: „Vor allem bin ich – zuerst und immer – ein Mädchen!" – ein Satz, in dem sie den wachsenden Stolz und die Zuversicht in der Selbstwahrnehmung von Frauen ausdrückte.

Während die Frauenbewegung eine Reihe von Situationen und Themen in die öffentliche Diskussion gebracht hat, die auch Gegenstand dieser Aufsätze sind, so daß man die Frauenbewegung auch als „raison d'être" dieses Buches betrachten könnte, hat die psychoanalytische Betonung in diesem Werk einen gänzlich anderen Ursprung, darunter v. a. Freuds illusorische Auffassung von der weiblichen Entwicklung, die er aus seinen Theorien über die Psychologie des Mannes abzuleiten und sie diesen einzufügen versuchte. Unter den frühen Psychoanalytikern hieß es sprichwörtlich: „Man wird als Mann *geboren*, und man *wird* eine Frau." Darauf beruht eine eher merkwürdige Theorie der weiblichen Psychologie, die der Begründer der Psychoanalyse und seine frühen Anhänger vertraten; sie ist es

auch, die für die in diesem Buch enthaltenen Fragen und Antworten
verantwortlich zeichnet.

Angesichts der soziologischen Veränderungen, die seither stattgefunden haben, sehen sich Psychoanalytiker und Psychoanalytikerinnen vor neue theoretische und therapeutische Probleme gestellt. Man
hört weniger über Wünsche und ihre Befriedigung oder Vereitelung,
und mehr über Konflikte bezüglich der eigenen Identität, der
Autonomie, der Selbstachtung und der Trennungsangst, der Unfähigkeit, Kontakt zu anderen aufzunehmen oder sich zu etwas zu
verpflichten. Patienten und Patientinnen kommen mit anderen
Kernproblemen. Dieses Buch befaßt sich mit vielen dieser Fragen,
soweit sie sich auf Frauen beziehen.

Gleichzeitig soll es einen historischen Rückblick auf die stürmischen Kontroversen in Psychoanalytikerkreisen geben, die über die
Normen der psychischen Entwicklung der Frau entstanden sind.
Soziale und historische Kräfte sind nicht statisch, und die Kontroversen, die im Rahmen des freudianischen Denkens als wichtig und
relevant erschienen, sind durch Verschiebungen und Veränderungen
in der Psychoanalyse selbst weiter kompliziert worden. Mit der
wachsenden Möglichkeit, Individuen und Gruppen von Individuen
innerhalb einer sich rasch verändernden Gesellschaft zu beobachten
und zu behandeln, wurden auch einige der Grundvoraussetzungen der
Psychoanalyse in Frage gestellt. Ob in der weiblichen Entwicklung der
Penisneid ein so universelles und unvermeidliches Phänomen ist, wie
Freud behauptete, stellt sich heute nicht so zentral dar wie die Frage,
ob man beim Verstehen der menschlichen Psyche wirklich noch von
der gesamten psychoanalytischen Triebtheorie ausgehen sollte. Innerhalb der Entwicklung der Psychoanalyse, die immer schon von
einem sozialen Druck ausging, der nach Veränderung verlangte,
haben eine Reihe von Psychoanalytikerinnen und Psychoanalytikern
den Primat der Triebe angezweifelt und das Hauptgewicht statt
dessen auf die Entwicklung zwischenmenschlicher Beziehungen und
die Bedeutung des Selbst gelegt. Die Kontroversen bezüglich der
weiblichen Entwicklung finden also jetzt in einem viel größeren
Rahmen statt, in welchem wichtige Voraussetzungen der Psychoanalyse hinterfragt werden. Was einmal Streit um die wahre Lehre war,
ist heute das Produkt von (v. a. sozialpsychologischen) Beobachtungen geworden, wenn auch im Kontext einer psychoanalytischen
Situation.

Bei seiner Suche nach universellen Erkenntnissen über die
menschliche Entwicklung hat Freud die kulturellen Zusammenhänge vernachlässigt, in denen Menschen sich entwickeln und
funktionieren. Es ist eines der Verdienste dieses Buches, daß es
den Auftrag der sozialen Veränderung aufnimmt, um den Blickwinkel der Beobachtung auch auf die kulturelle Dimension zu

richten und so die Relativität der Entwicklung des Menschen hervorzuheben.

Man könnte meinen, daß ein Werk, in dem es spezifisch um die
Theorie der weiblichen Entwicklung und um die Behandlung von
Frauen geht, nur begrenzte Einsicht in allgemeinere Probleme der
menschlichen Psychologie ermöglicht. Das Gegenteil ist jedoch der
Fall. Zum Beispiel eröffnen wir, indem wir den Einfluß der Geschlechtszugehörigkeit des Analytikers auf die Art der Übertragung
und Gegenübertragung in der therapeutischen Situation darstellen,
den Zugang zu einem viel umfassenderen Problem, nämlich der
Wirkung der *Realität* auf das therapeutische Verfahren und sein
Ergebnis. Die Konzentration auf die Geschlechtszugehörigkeit als
eine bedeutende Realität innerhalb der psychoanalytischen Situation
macht deutlich, daß andere Aspekte der Realität, wie z.B. die
ethnische Herkunft, die Subkultur, die soziale Stellung und die
Sprache auch die Emotionen, Interaktionen und Verständnisebenen
des Analytikers (der Analytikerin) und seines Patienten (ihrer
Patientin) beeinflussen müssen. Auch wenn die psychoanalytische
Situation die Entstehung von Übertragungsreaktionen fördert, kann
man die Psychoanalyse nicht mehr ausschließlich als ein Verfahren
betrachten, bei dem völlig subjektive Reaktionen des Patienten auf die
Person eines völlig objektiven Beobachters projiziert werden. Nicht
alles ist nur in der Vorstellung des Patienten; die Realität ist ein
Faktor, mit dem wir rechnen müssen, und das Märchen vom neutralen
Therapeuten ist, wenn es überhaupt noch Geltung haben sollte, u. a.
auch durch die Erkenntnis der Auswirkungen der Geschlechtszugehörigkeit unterhöhlt worden.

Indem es die spezifischen Probleme von Frauen in den Mittelpunkt der Betrachtung rückt, hat dieses Buch mehr geleistet, als
zunächst beabsichtigt war: es hat eine doppelte Perspektive eröffnet.
Das Buch zeigt unmißverständlich, daß soziale Erwartungen, Normen, Codes und Sitten in wahrscheinlich jeder Kultur den Charakter,
das Verhalten und das Selbstgefühl von Frauen maßgeblich beeinflussen. Aber indem es diese kulturelle Prägung beschreibt und herausar-
beitet, was dabei für Frauen spezifisch und charakteristisch ist, schafft
das Buch auch ein Bewußtsein von der Universalität bestimmter
menschlicher Probleme. Auch Männer können bei der Bildung ihrer
Identität Schwierigkeiten haben oder sich vor dem Erfolg fürchten.
Das Wesen solcher Probleme ist in Form, Inhalt und Entwicklungsverlauf für Frauen zwar in besonderer Weise besetzt; aber die
Probleme selbst gehören existentiell dem Leben an. Es gibt natürlich
Fragen der Entwicklung und des Konflikts, die ausschließlich weiblich
sind, weil die Frau einen spezifischen Lebenszyklus und eine spezifi-
sche biologische Funktion besitzt. Das bedeutet aber nicht, daß
„Anatomie das Schicksal ist" – in Freuds engem Sinn der geni-

talen Differenz –, sondern daß es biologische, psychologische und soziologische Unterschiede gibt, die zu einer spezifischen psychoanalytischen Psychologie der Frau führen, die nicht mehr vom männlichen Entwicklungsmodell abgeleitet ist. Eine solche Psychologie akzeptiert und untersucht Unterschiede ohne das Werturteil, das so lange das psychoanalytische Denken beherrscht hat und die Abweichungen von Frauen gegenüber der männlichen Entwicklung mit Unterlegenheit gleichsetzte. Dieses Buch trägt nicht nur zu einem tieferen und gerechteren Verstehen der Frau bei, sondern es vergrößert auch die Reichweite der psychoanalytischen Theorie und der klinischen Praxis, indem es veranschaulicht, was gewonnen werden kann, wenn man die Position, von der aus Beobachtungen gemacht werden, verschiebt und auch den kulturellen Zeitrahmen einbezieht, in dem sie stattfinden.

Esther Menaker, Ph.D.

Verzeichnis der Autoren

Judith L. Alpert, Ph.D.
Professor, Doctoral Programs in School Psychology and Professional Child/School Psychology, New York University; *Graduate,* New York University Postdoctoral Program in Psychotherapy and Psychoanalysis; eigene Praxis.

Jessica Benjamin, Ph.D.
Graduate, New York University Postdoctoral Program in Psychotherapy and Psychoanalysis; *Fellow,* New York Institute for the Humanities; zahlreiche Veröffentlichungen zur Psychoanalyse, zum Feminismus und zur soziologischen Theorie; eigene Praxis

Ruth-Jean Eisenbud, Ph.D.
President of the Amer Psych Association's Division of Psychoanalysis, 1989–1990; *Professor (Emerita),* New York University and Adelphi University Postdoctoral Programs in Psychotherapy and Psychoanalysis. *Supervisor* on the Faculty of Massachusetts Institute of Psychoanalysis and *Fellow* in Massachusetts Association for Psychoanalytic Psychology.

Zenia Odes Fliegel, Ph.D.
Fellow and *Faculty Member,* Institute for Psychoanalytic Training and Research.

Ruth Formanek, Ph.D.
Professor of Education, Hofstra University, Hempstead, NY; *Chief Psychologist,* Jewish Community Services of Long Island; *Clinical Associate Professor,* Adelphi University Postdoctoral Program in Child and Adolescent Psychotherapy; zwei Bücher über Frauenthemen (Depression; Klimakterium); eigene Praxis.

Lisa K. Gornick, M. Phil.
Doctoral Candidate in Clinical Psychology, Yale University.

Dorothy Litwin, Ph.D.
Graduate Division of Pastoral Counseling, Iona College, New Rochelle, N.Y.; eigene Praxis.

Esther Menaker, Ph.D.
Professor and *Supervisor*, New York University Postdoctoral Program in Psychotherapy and Psychoanalysis and National Psychological Association for Psychoanalysis.

Ruth Moulton, M.D.
Fellow, Supervising and Training Analyst, William Alanson White Institute; *Assistant Clinical Professor of Psychiatry (Emerita)*, Columbia University; eigene Praxis.

Linda S. Penn, Ph.D.
Associate Professor, Doctoral Program in Clinical Psychology, Long Island University; *Director*, Long Island University Psychology Clinic; *Graduate*, New York University Post Doctoral Program in Psychotherapy and Psychoanalysis; eigene Praxis.

Zeborah Schachtel, Ph.D.
Supervisor; Institute of Contemporary Psychotherapy; *Fellow*, A.K. Rice Institute; eigene Praxis.

Adria E. Schwartz, Ph.D.
Assistant Clinical Professor of Psychiatry, Mt. Sinai Medical Center; *Supervisor*, Institute for Contemporary Psychotherapy. Zahlreiche Veröffentlichungen zu Frauenthemen und zur Psychoanalyse; eigene Praxis (Psychoanalyse/Psychotherapie).

Jody Boghossian Spencer, M.A.
Doctoral Candidate in Professional Child/School Psychology, New York University; *Advanced Fellow*, Cambridge Hospital and Harvard University Medical School, Department of Psychiatry; *Staff Psychologist*, Tufts-New England Medical Center, Department of Child Psychiatry.

Susan Spieler, Psy.D.
Supervisor and *Adjunct Faculty Member* Rutgers University, Graduate School of Applied and Professional Psychology; *Adjunct Faculty Member*, New School for Social Research; *Faculty Member*, Training Institute for Mental Health Practioners; Veröffentlichungen zu Geschlechterfragen innerhalb der Psychoanalyse; eigene Praxis.

Inhaltsverzeichnis

III. Weibliche Patienten

IV. Weibliche Analytiker

Einführung

Judith L. Alpert

Im Rahmen der Psychoanalyse wird heute mehr als früher über die weibliche Entwicklung nachgedacht und geforscht. Auch in anderen Bereichen der Psychologie (z. B. der Entwicklungspsychologie und der Sozialpsychologie) findet gegenwärtig eine Forschungsarbeit statt, aus der sich wichtige Folgerungen für das Verständnis der Entwicklung der Frau ergeben. Allerdings sind diese Forschungsergebnisse den Analytikerinnen und Analytikern oft nur schwer zugänglich; deshalb ist bis heute auch nur wenig von dieser Forschung in das psychoanalytische Denkgebäude einbezogen.

Dieses Buch hat das Ziel, das analytische Denken durch Integrierung zeitgenössischer Arbeiten aus dem Bereich der Psychoanalyse mit Veröffentlichungen aus anderen Bereichen innerhalb und außerhalb der Psychologie zu erweitern, die für das Verstehen der weiblichen Entwicklung von Bedeutung sind. Die Aufsätze hier sind in einem psychoanalytischen Rahmen konzeptualisiert. Eine Grundprämisse des Buches ist, daß die Psychoanalyse einer fortwährenden Überprüfung und Revision ihres Verständnisses von dem, was eine Frau und was ein Mann ist, bedarf, so wie sie immer auch darauf achten sollte, ob unbegründete Voreingenommenheiten Analytiker und Analytikerinnen daran hindern, ihre Patienten und Patientinnen zu verstehen. In dem vorliegenden Band wird der Frage nachgegangen, in welcher Weise Sexismus und Feminismus die Psychoanalyse beeinflussen, und untersucht, wie das sich öffnende Feld einer weiblichen Psychoanalyse und die damit aufsteigenden Fragen begrifflich gefaßt werden können. Das Buch bringt verschiedene positive Beiträge, die zeigen, was eine feministische Anschauung zum Studium des menschlichen Verhaltens leisten kann, so wie es den Spielraum der Hypothesen erweitern möchte, die wir vom Menschen haben.

Es gibt eine ganze Reihe von Büchern, die sich mit Frauen und Psychoanalyse befassen. Dazu gehören Mitchells *Psychoanalysis and Feminism* (1974) [deutsch: *Psychoanalyse und Feminismus* (1976)]; Strouses *Woman and Analysis* (1974); Millers *Toward a New Psychology of Women* [deutsch: *Die Stärke weiblicher Schwäche – Zu einem neuen Verständnis der Frau* (1976)]; Blums *Female Psychology* (1977); Gallops *The Daughter's Seduction: Feminism and Psychoanalysis* (1982); Van Heriks *Freud: On Femininity and Faith* (1982); Bernstein u. Warners *Women Treating Women* (1984); Eichenbaum u. Orbachs *Understanding Women: A Feminist Psychoanalytic Approach* (1983) [deutsch: *Feministische Psychothera-*

pie (1984)]; Mendells *Early Female Development* (1982); Fasts *Gender Identity: A Differentiation Model* (1984) [deutsch: *Von der Einheit zur Differenz – ein psychoanalytisches Modell der Geschlechtsidentität* (Bd. 2 der Reihe *Psychoanalyse der Geschlechterdifferenz,* 1991)]; und Bernay u. Cantors *The Psychology of Today's Woman* (1986). Sie sind alle erst kürzlich erschienen. Die Bücher von Gallop, Van Herik, Bernstein u. Warner, Eichenbaum u. Orbach, Mendell und Fast sind vom Thema her stärker eingegrenzt als der vorliegende Band. So entwerfen Bernay u. Cantor ein umfassendes Bild von der weiblichen Entwicklung, haben ihr Buch aber unter einem soziologischen Blickwinkel geordnet. Das vorliegende Buch ist insofern einzigartig, als es eine zeitgemäße kritische Übersicht und Integration der Literatur enthält und um Fragen kreist, von denen einige bis jetzt in der Literatur kaum beachtet worden sind. Die einführenden und abschließenden Kapitel weisen außerdem auf einige Probleme, Fragen und Themen hin, die für den wachsenden Bereich der weiblichen Psychoanalyse von Bedeutung sind, ohne daß ihnen bisher eine größere Aufmerksamkeit zuteil geworden wäre.

Obwohl die Autorinnen des vorliegenden Bandes verschiedenen Richtungen angehören, sind die meisten von ihnen praktizierende Psychoanalytikerinnen. Ebenso haben die meisten auf dem Gebiet von Psychoanalyse und Geschlechtszugehörigkeit schon viel geschrieben. Sie alle sind der Ansicht, daß ein feministischer Standpunkt positive Beiträge zum Studium menschlichen Verhaltens leisten und unsere Vorstellungen vom Menschen und seiner Entwicklung erweitern kann. Sie sind außerdem davon überzeugt, daß es nicht mehr so sehr darum geht, ob Männer und Frauen verschieden sind, sondern, wie Männlichkeit und Weiblichkeit sich in Männern und Frauen in verschiedenem Ausmaß manifestieren und wie Analytiker diesen Unterschied verstehen und mit ihm arbeiten können, um ihre analytischen Ziele zu erreichen. Die Verfasserinnen haben sich im Zusammenhang mit ihren Themen zum Beispiel überlegt:

1. Welches sind die Grenzen früherer psychoanalytischer Begriffe von der Frau?
2. Was weiß man heute von der Entwicklung der Frau?
3. Wie lassen sich psychische Gesundheit und Krankheit hinsichtlich des Themas begrifflich fassen?
4. Was sind die Implikationen für die Behandlung von Frauen?

Fliegel, die den ersten von insgesamt 4 Abschnitten dieses Buches eröffnet, legt eine historische Betrachtung der psychosexuellen Entwicklung der Frau in der freudianischen Theorie vor. Sie blickt auf die Debatte in den 20er und 30er Jahren zurück, die zwischen Horney und Jones auf der einen und Freud auf der anderen Seite stattgefunden hat. Sie zeigt, daß Freuds Abhandlung von 1925 (j) *Einige psychische Folgen des anatomischen Geschlechtsunterschieds* nicht den Anfang der Kontroverse darstellt, sondern bereits in einem polemischen Kontext geschrieben wurde. Anschließend setzt sie einige Ergebnisse und Formulierungen aus neueren Arbeiten zu den Positionen der historischen Kontroverse in Beziehung. Sie zeigt, daß viele der heutigen Ansichten den von Horney und Jones geäußerten ähnlich sind und sich den Schwierigkeiten mit Freuds Schriften über Frauen stellen; daß es aber auch rigide Versuche gibt, Freuds Formulierungen zu retten, selbst wenn dies auf Kosten der inneren Logik gehen sollte. Andere Ansätze versuchen, Freuds Theorien plausibler zu machen, indem sie sie metaphorisch deuten. Abschließend fordert Fliegel, Freuds Theorie zur Entwicklung der Frau als einen der schwächsten Bestandteile seines Denkens zu erklären und sich wieder mehr jenen Aspekten seiner Theorie zuzuwenden, die unser Verständnis vom Menschen fördern.

Im 2. Kapitel dieses Bandes entwickelt Spieler die folgenden Hypothesen, die sie gleichzeitig weiter fortführt: Die weiblichen Dimensionen des Selbst werden weder von Frauen noch von Männern ausreichend gewürdigt, weil Weiblichkeit unbewußt mit Fehlbarkeit in Zusammenhang gebracht wird; „Männlichkeit" wird von Frauen und von Männern überbewertet, und zwar zum Zwecke der Abwehr, um sie von der mit „Weiblichkeit" verbundenen Fehlbarkeit freizuhalten; „Männlichkeit" wird darüber hinaus genutzt, um die Selbstachtung zu fördern, wobei ein übermäßiges Sich-Verlassen auf diese Form der Selbstaufwertung eine Entwicklungshemmung darstellt. Spieler meint, daß diese Entwicklungshemmung dadurch zustandekomme, daß Frauen Kinder aufziehen und gleichzeitig unterbewertet sind. Sie entwickelt die These, daß die psychoanalytische Theorie Frauen nicht wirklich positiv darstellen könne und daß die psychoanalytische Entwicklungstheorie „androzentrisch" sei: ihre Struktur und ihr Inhalt repräsentierten stärker die „männliche" Denkweise.

Im 3. Kapitel würdigt Schwartz die feministische Kritik an den traditionellen psychoanalytischen Modellen der weiblichen psychosexuellen Entwicklung. Ihr Hauptgewicht liegt auf verschiedenen Stufen der weiblichen Geschlechtsrollenidentität, von denen sie 3 besonders hervorhebt: die Wiederannäherungphase des Trennungs- und Individuationsprozesses, die Triangulierung und die Adoleszenz. Auch so relevante klinische Fragen wie der symptomatische Charakter des Penisneids und der Kastrationsphantasien, die Entidentifizierung von der Mutter als einer Frau und das Auftreten stereotyp weiblichen Verhaltens sind in diese Überlegungen eingeschlossen.

Die 3 Kapitel des Abschnitts *Theorien, die über Freud hinausweisen* behandeln umstrittene Aspekte der Freudschen Weiblichkeitstheorie – die Entwicklung des weiblichen Über-Ichs, des Masochismus und des Narzißmus. Jedes Kapitel enthält eine Besprechung der frühen analytischen Theorien sowie eine Betrachtung neuerer analytischer (und in manchen Fällen nichtanalytischer) Anschauungen. In jedem Kapitel legen die Autorinnen außerdem eine kritische Analyse der Literatur, eine Integration dieser Ansichten oder eine begriffliche Neuformulierung vor und befassen sich mit den theoretischen und klinischen Folgerungen.

Im 4. Kapitel werden 4 Auffassungen der moralischen Entwicklung behandelt, 2 von einem analytischen Standpunkt bestimmte Auffassungen (Freud und Horney) und 2 nichtanalytische Sichtweisen (Kohlberg und Gilligan). Den beiden Männern, Freud und Kohlberg, sind einige Annahmen und Wertvorstellungen gemeinsam, während die Frauen Horney und Gilligan von anderen Annahmen und Wertvorstellungen ausgehen. Freud und Kohlberg nehmen insbesondere an, daß zu einer fortgeschritteneren moralischen Position Gerechtigkeit, Fairneß und eine Anschauung gehören, mit deren Hilfe Eigenschaften in eine Rangordnung gebracht werden können. Im Gegensatz dazu betonen Horney und Gilligan eine Perspektive, die flexibel bleibt und in der verschiedene Standpunkte anerkannt und gewürdigt werden. Einige wichtige Unterschiede zwischen den männlichen und weiblichen Theoretikern stimmen mit Gilligans Feststellung (wie auch der Volksmeinung) überein, daß in der Ausrichtung der Geschlechter Unterschiede bestehen. Spencer und ich behaupten, es gebe Geschlechtsunterschiede in der Einstellung zu moralischen Fragen, und diese hingen mit jeweils unterschiedlichen Früherfahrungen im Zusammenhang mit Bindung, Prägung, Autonomie und Individuation zusammen. Das Kapitel schließt mit der Frage, wie diese Formen der Geschlechtsunterschiede sich auf die Einstellung gegenüber der psychotherapeutischen Arbeit auswirken und ob die Psychoanalyse, die von einem Mann und seinen meist männlichen Anhängern geschaffen worden ist, auch eine *Einstellung* widerspiegelt, die für Männer kennzeichnender ist.

Im 5. Kapitel geht es um den Masochismus. Benjamin meint, daß durch die heutigen Theorien der präödipalen Bildung der Geschlechtsidentität und die heutige Auffassung von ihrer Funktion für das Ich und die Struktur des Selbst auch eine Neubewertung des Masochismus erforderlich werde. Außerdem weist sie darauf hin, daß Probleme der Trennung und Individuation, insbesondere die Beziehung zum Vater in der Wiederannäherungsphase, vom Verlangen nach idealer Liebe beherrscht werden. Benjamin glaubt, daß es für das Mädchen schwierig ist, männliche und weibliche Identifikationen zu integrieren, und daß man daher ideale Liebe im Erwachsenenalter auch als Lösung von Problemen des frühen Bemühens verstehen kann, sich von der Mutter durch Individuation zu lösen und sich mit dem Vater zu identifizieren.

Formaneks 6. Kapitel betrifft Entwicklungstheorien des Alterns, gesellschaftliche Vorstellungen über Frauen und ihre Wirkung auf die Selbstachtung von Frauen, geschlechtsspezifische Unterschiede in der Erfahrung des Alterns und narzißtische Methoden, um eine hohe Selbstachtung im Alter aufrechtzuerhalten. Ihre Hauptthese besagt, daß abwertende Ansichten der Gesellschaft über alternde Frauen zu den negativen Gefühlen beitragen, die Frauen über sich selbst haben. Sie zeigt, daß bestimmte Formen des Narzißmus in jüngeren Jahren erfolgreich zur Steigerung des Selbstgefühls beitragen können, mit zunehmendem Alter jedoch keinen Erfolg mehr haben, und daß zu den Versuchen älterer Frauen, ihr Selbstgefühl zu steigern, eine Beziehung zu Dingen gehört, die stellvertretend für Menschen steht, ebenso wie depersonalisierte abstrakte Ideale und Interessen, und, bei Frauen jedweder Altersstufe, intime Beziehungen zur Familie und zu Freunden.

Der 3. Abschnitt umfaßt jene Kapitel, in denen Fragen des weiblichen Patienten im Mittelpunkt stehen. Erfolg, Autonomie und die Entscheidung für ein Leben als Lesbierin sind die wichtigsten Themen. Alles dies sind für Frauen wichtige Bereiche. Moulton beschreibt, daß man bei der Betonung der Rolle der Männer für das Niederhalten der Frau dem Wettstreit zwischen Frauen oder zwischen Mutter und Tochter nicht genug Beachtung geschenkt habe. Sie glaubt, Erfolg werde oft als Herausforderung der Mutter und als Bedrohung früher symbiotischer Bindungen gesehen. Er kann außerdem das Gefühl eines Mangels an früher mütterlicher Zuwendung wiedererwecken, der durch eine Fassade der Autarkie und der Pseudounabhängigkeit verdeckt worden ist. Moulton erklärt, daß das Mädchen sich vielleicht an den Vater um Ermutigung gewandt habe, nur um den präödipalen Konflikten noch ödipale Schuldgefühle hinzuzufügen. Vielleicht hat aber auch der Vater die heranwachsende Tochter im Stich gelassen, weil er sich durch ihre Weiblichkeit bedroht fühlte, weniger Befriedigung von ihr bekam und die Herrschaft über sie verlor. Schuldgefühle wegen des ödipalen Triumphs über die Mutter können die Frauen sehr empfindlich gegenüber der Kritik von Frauen machen. Ihre Bemühungen, ein „braves Mädchen" zu sein, können ihre administrativen Fähigkeiten beeinträchtigen. Auch der Aufstieg über das Bildungsniveau oder das sozioökonomische Niveau der Ursprungsfamilie hinaus ruft Schuldgefühle hervor. Moulton liefert Fallmaterial, um zu zeigen, wie sich die elterliche Einstellung in diesem Bereich auswirken kann. Sie gibt auch einen kurzen Überblick über die neuere Literatur, um sie mit überholten Ansichten von früher zu vergleichen. Mehr als früher werden heute v. a. die Angst der Frauen vor dem Alleinsein, ihre Trennungsangst und Probleme mit ihrem Selbstgefühl betont.

Im 8. Kapitel stellt Litwin dar, wie Autonomie für Frauen in unserer Gesellschaft Konflikte mit sich bringen kann. Die frühen Objektbeziehungen von Frauen, die überwiegend von ihren Müttern erzogen werden, weisen ihnen die Rolle der Nährerin/Pflegerin zu; diese Rolle wird von der Gesellschaft weiter verstärkt. Gleichzeitig schätzt die Gesellschaft jedoch Autonomie als ein wesentliches Merkmal der Reife und verachtet Anlehnungstendenzen. Diese Rollenkonflikte bringen Frauen in eine schwierige Lage. Eine andere Facette dieses Konflikts ist die Internalisierung von Autonomie als Ich-Ideal. Litwin weist aber auch darauf hin, daß die Psychoanalyse Frauen dabei helfen könne, sich mit den Autonomiekonflikten zu versöhnen, indem sie sie fähig macht, den Lohn freundschaftlicher Beziehungen zu akzeptieren.

Im letzten Kapitel dieses Abschnitts vergleicht Eisenbud ihren 1969 veröffentlichten Aufsatz über *Female Homosexuality* mit ihrer Arbeit von

1982 *Early and Later Determinants of Lesbian Choice* im Hinblick darauf, wie weit man sich auf die psychoanalytische Theorie und ihre Veränderungen verlassen kann. Sie erörtert die Konsequenzen der Verwendung von Regression und Fixierung und untersucht v. a. die in ihrer früheren Arbeit dargestellten ödipalen Abwehrmechanismen. In der späteren Arbeit hat sie demgegenüber die Internalisierung von Objekten und des präödipalen Erlebens anerkannt, um nun nach deren Auswirkungen zu fragen. Sie revidiert ihre Hypothese, nach der das Ich in der präödipalen Periode romantische erotische Gefühle in seinem Kampf um Zugehörigkeit und Autonomie einsetzen kann und damit eine primäre, nicht defensive lesbische Orientierung etabliert. In ihrer jetzigen Neubewertung werden die Folgerungen aus diesen beiden Aufsätzen und den Veränderungen der psychoanalytischen Theorie von einem feministischen Standpunkt aus erörtert. Eisenbud fragt dabei auch nach der frühen Internalisierung von negativen Erfahrungen und regt an, der Therapeut (die Therapeutin) solle internalisiertem Mißtrauen, Flucht, Konkurrenzgefühlen und Ekel vor sich selbst und anderen (ebenso wie dem Konflikt hinsichtlich bisexueller Gefühle) mutig begegnen. Sie schließt ihren Aufsatz mit der Wiedergabe und der Besprechung von 2 Träumen einer lesbischen Patientin.

Im Mittelpunkt des 4. Abschnitts steht die Analytikerin. Dabei werden zunächst Erfahrungen männlicher und weiblicher Analytiker in Betracht gezogen, anschließend die einer Analytikerin, die mit einem männlichen Patienten arbeitet, und schließlich Fragen der Übertragung und Gegenübertragung bei der schwangeren Therapeutin. Schachtel meint, die Sozialisation von Frauen führe zu einer größeren Verfügbarkeit über sich selbst und ihre persönliche Erfahrung, während die Sozialisation der Männer zu mehr Distanz und zu einer stärkeren Betonung der Rolle anstelle der Person führe. Sie ist außerdem überzeugt, daß die Sozialisation hinsichtlich der Geschlechtsrolle auch einen Einfluß darauf hat, wie die psychoanalytische Rolle erlebt wird, besonders zu Beginn des Berufslebens. Schachtel erörtert, wie die Geschlechtszugehörigkeit die analytische Berufsrolle beeinflußt und mit ihr interagiert. Sie betrachtet besonders die Spannungen und Widersprüche zwischen der Geschlechtsrolle auf der einen und den Rollen und Aufgaben des Analytikers (der Analytikerin) auf der anderen Seite; dabei konzentriert sie sich auf Fragen von Autorisierung, Macht, Status und Verantwortung. Beispiele von männlichen und weiblichen Analytikern unter Supervision werfen ein Licht auf diese Interaktion von Geschlechts- und Analytikerrolle.

Im 11. Kapitel erörtert Gornick die psychotherapeutische Dyade, die aus einem männlichem Patienten und einer Therapeutin besteht. Sie beginnt mit einem Überblick über Begründungen und Motivationen der klassischen psychoanalytischen Position, daß das Geschlecht des Analytikers keinen wesentlichen Einfluß auf den analytischen Prozeß und die Übertragung habe. Außerdem erörtert sie Probleme der weiblichen Autorität, besonders die Beziehung zwischen Macht und Sexualität bei Frauen, und der weiblichen Intimität mit dem erhöhten Risiko für Verschmelzung, die eine solche Intimität mit Frauen bedeutet. Sie spricht von Übertragungsthemen, die für die Dyade der Therapeutin und ihrem männlichen Patienten charakteristisch sind und diese auszeichnen; dazu gehören die präödipale Mutterübertragung, Schamgefühle als Reaktion auf die Autorität der Therapeutin, die erotische und die feindselige Übertragung. Die Diskussion gibt zu der Vermutung Anlaß, daß sich die psychoanalytische Methode auf eine männliche Form der Autorität stützt. Die aus mancher Sicht vorteilhafte Position der Psychoanalytikerin bringt es mit sich, daß einzelne theoretische Punkte als weniger schwierig oder auch einfach anders angesehen werden, als dies für Aspekte der männlichen Entwicklung gilt. Aus der gleichen Position heraus wird auch deutlich, wie die Beziehung von Jungen zu ihren Müttern die spätere Beziehung zu Frauen konditionieren kann.

Im letzten Kapitel bespricht Penn die Bedeutung der Schwangerschaft der Therapeutin für eine psychoanalytisch orientierte Behandlung. Nach einem Überblick über die eher spärliche Literatur zu diesem Thema folgt eine Darstellung der wichtigsten Übertragungs- und Gegenübertragungsthemen, die durch die Schwangerschaft der Therapeutin entstehen. Es ist von Mitteln und Wegen die Rede, wie man mit diesen und anderen Problemen fertig werden kann, die während der Schwangerschaft auftauchen. Penn glaubt, die Schwangerschaft einer Therapeutin bringe einen Verlust ihrer Anonymität mit sich, da offenbar wird, daß sie eine Mutter ist, und gleichzeitig ein Sexualwesen und ein Mensch mit einer eigenen Biographie. Sie betrachtet dies als einen Stimulus für mächtige Übertragungs- und Gegenübertragungsreaktionen. Die Reaktionen auf die Schwangerschaft der Therapeutin sind zwar immer an die spezifische Dynamik und Situation eines Patienten gebunden; es gibt darüber hinaus aber auch allgemeine Themen, die durch die Schwangerschaft der Therapeutin zum Vorschein gebracht werden. Häufig werden präödipale Aspekte der Übertragung mobilisiert, darunter Probleme der Bindung, der Trennung, Angst vor dem Verlassenwerden oder vor Verlust und Geschwisterrivalität; ebenso geht es aber auch um ödipale Probleme, die Ängste des Patienten um seine Sexualität oder seine sexuelle Identifizierung hervortreten lassen. Penn glaubt, daß die Therapeutin in der Gegenübertragung sowohl mit ihren eigenen Reaktionen auf die Schwangerschaft fertig werden muß, als auch mit ihren Reaktionen auf die intensiven und manchmal primitiven Übertragungsreaktionen ihrer Patientinnen und Patienten.

Als Herausgeberin beende ich das Buch mit einigen abschließenden Bemerkungen.

Literatur

Bernay T, Cantor DW (eds) (1986) The psychology of today's woman. New psychoanalytic views. The Anal Press, Hillsdale NJ

Bernstein AE, Warner GM (1984) Women treating women. Case material from women treated by female psychoanalysts. Int Univ Press, Madison, 2. Aufl. 1986

Blum HP (ed) (1977) Female psychology. Contemporary Psychoanalytic Views. Int Univ Press, New York

Eichenbaum L, Orbach S, (1983, 1984) : Feministische Psychotherapie. Auf der Suche nach einem neuen Selbstverständnis der Frau. Kösel, München

Eisenbud RJ (1969) Female homosexuality: A sweet enfranchisement. In: Goldman GD, Milman DS (eds) The modern women. Charles C Thomas, Springfield IL, pp 247–271

Eisenbud RJ (1982) Early and later determinants of lesbian choice. Psychoanal Rev 69:86–109

Fast I (1984, 1991): Von der Einheit zur Differenz. Zur Psychoanalyse der Geschlechtsidentität. Springer, Berlin Heidelberg New York London Paris Tokyo

Freud S (1925 j) Über einige psychische Folgen des anatomischen Geschlechtsunterschieds. GW Bd 14, S 17–30

Gallop J (1982) The daughter's seduction: Feminism and psychoanalysis. Cornell Univ Press, New York

Mendell D (ed) (1982) Early female development. Spectrum, New York

Miller JB (1976, 1979) Die Stärke weiblicher Schwäche. Zu einem neuen Verständnis der Frau. Fischer, Frankfurt am Main

Mitchell J (1974, 1976) Psychoanalyse und Feminismus. Suhrkamp, Frankfurt am Main

Strouse J (1974) (ed) Women and analysis. Grossmann Publishers, New York

Van Herik J (1982) Freud on Feminity and Faith. Univ California Press, Berkley

I. Überblick

1 Die Entwicklung der Frau in der analytischen Theorie: Sechs Jahrzehnte Kontroversen

Zenia Odes Fliegel

In den letzten beiden Jahrzehnten ist das Interesse an Freuds Formulierungen der weiblichen Entwicklung, wie er sie zuerst in den 20er Jahren machte, neu geweckt worden. Zuvor schien die historische Kontroverse um dieses Thema über eine längere Zeit so gut wie vergessen; auch in der klassischen psychoanalytischen Literatur war die Gültigkeit von Freuds Ansichten mehr oder weniger akzeptiert. Sogar die Anhänger von Karen Horney gingen dazu über, Horneys frühe Arbeiten zu diesem Thema zu vernachlässigen – vielleicht, weil vieles davon in einer freudianischen Sprache geschrieben war, die mit späteren Ansichten Horneys nicht mehr vereinbar erschien. Horneys Abhandlungen über die Psychologie der Frau wurden deshalb auch erst 1967 (deutsche Übersetzung 1977), nach ihrem Tod, gesammelt und wieder veröffentlicht.

In der freudianischen Mainstream-Analyse hat man erst heute – im Zuge der überall stattfindenden Überprüfung des Weiblichkeitsthemas innerhalb der psychoanalytischen Theorie – auch die frühen Fragen und Einwände wiederentdeckt. In den letzten Jahren wurde es schon fast zur Routine, in einschlägigen Schriften auf Horney und Jones, die Zentralfiguren der ursprünglichen Debatte, hinzuweisen. Die Art und Weise jedoch, wie diese beiden Autoren und ihre theoretischen Ansichten zitiert werden, ist recht verschieden. Von den freudianischen Psychoanalytikern sind es relativ wenige, die den Theorien der frühen analytischen Dissidenten irgendwelche Verdienste zubilligen, auch wenn sie selbst auf diesem Gebiet wesentlich anderer Meinung sind als Freud.[1] Dennoch ist der Einfluß ihres Widerspruches indirekt auch hier immer noch zu spüren. Manche Nuancen heutiger Formulierungen sind erst dann wirklich zu verstehen, wenn man sie zur frühen Geschichte der Psychoanalyse und zu den dort vertretenen gegensätzlichen Positionen in Beziehung setzt; auch Freuds eigene Formulierungen lassen sich am ehesten in diesem Licht verstehen, wurden sie doch im Kontext genau dieser frühen Polemik verfaßt. Hinzu kommt, daß wegen der ursprünglichen Kontroverse und der Tatsache, daß sie schließlich zur Spaltung führte, die Positionen in diesem Bereich einer Art Vergesetzlichung und Verhärtung unterlagen. Sie wurden fast zu einer Frage der Loyalität und Treue zur psychoanalytischen Lehre.

Mittlerweile ist allgemein bekannt, daß es in den 20er und frühen 30er Jahren im inneren Kreis um Freud eine heftige Auseinandersetzung um die Psychologie der Frau gab – ein Streit, der weiter ging, als man nach den gedruckten Aufzeichnungen vielleicht meinen könnte. Die Kontroverse

(zum großen Teil ungedruckt) wurde nur bruchstückhaft und quasi
inoffiziell dokumentiert.[2] Noch wichtiger erscheint jedoch, daß man ohne
eine genaue Überprüfung des Erscheinungsjahrs der betreffenden Abhandlungen oder des Jahres ihrer ursprünglichen Präsentation auf verschiedenen
Kongressen nicht immer klar erkennen kann, wer wem oder wo antwortet.
Die Wichtigkeit der verschiedenen Beiträge ist so nicht unbedingt offenkundig; sie können darüber hinaus leicht falsch verstanden werden, und oft
geschieht dies auch.

Das verbreitetste Mißverständnis besteht darin, den Beginn der Kontroverse bei Freuds „revolutionärer"[3] Abhandlung von 1925 anzusetzen. Ich
werde in diesem Kapitel zeigen, daß die Abhandlung von 1925 bereits in
einem polemischen Zusammenhang verfaßt wurde. Dazu werde ich
zunächst einige der hierfür wichtigen zeitlichen Abfolgen darstellen;
anschließend will ich eine Auswahl heutiger Forschungsberichte referieren
und diese begrifflichen Formulierungen zu den Annahmen der an der
ursprünglichen Debatte beteiligten Analytiker und Analytikerinnen in
Beziehung setzen. Meine Absicht ist es, den Lesern und Leserinnen auf diese
Weise auch einen Überblick über die gegenwärtige Literatur zu diesem
Themenkreis zu verschaffen.

1.1 Die große Kontroverse

Die hauptsächlichen Protagonisten der frühen Kontroverse waren Karen
Horney, Ernest Jones und natürlich Freud. Jeanne Lampl-de Groot, Helene
Deutsch und Otto Fenichel spielten ebenfalls eine wichtige Rolle; andere
waren eher am Rande beteiligt. Zwei der wichtigsten Abhandlungen sind
von Horney (1923, 1926), 3 von Jones (1927, 1933, 1935) und 3 von Freud
(1924 d, 1925 j, 1931 b). Daneben gibt es wichtige Beiträge von Lampl-de
Groot (1927) und Helene Deutsch (1930, 1932). Auch Fenichels Rolle
(1930, 1934) ist in diesem Zusammenhang zu erwähnen. Ebenso war
Melanie Klein (1928) eine wichtige Figur, wenn auch eher im Hintergrund.

1.1.1 Die Polemik

Wir beginnen mit Horneys erster Abhandlung *Zur Genese des weiblichen
Kastrationskomplexes* (1923), die 1922 auf dem Berliner Kongreß zum
ersten Mal vorgetragen wurde. Obwohl ihre Aussagen über die psychische
Entwicklung der Frau in vielem reicher und vollständiger sind als die
Freudschen Formulierungen, die dieser damals zu bieten hatte, ist auf den
ersten Blick nichts von ihren Ausführungen mit der Freudschen Theorie
unvereinbar; statt dessen nehmen ihre Gedanken einige der heute modernen Beiträge vorweg.[4]

Zu den wichtigsten Punkten der späteren Kontroverse gehört Horneys Vorschlag, den frühen, prägenitalen Penisneid (später „primärer Penisneid" genannt) von einer späteren, intensiveren Form (dem sog. „sekundären Penisneid") zu unterscheiden. Die Ursprünge dieses „sekundären Penisneides" glaubte sie innerhalb der Schicksale des weiblichen Ödipuskomplexes zu erkennen; hier vermutete sie auch den wirklichen Kern dessen, was sich bei der erwachsenen Frau zu einem neurotischen „Kastrationskomplex" oder „Männlichkeitskomplex" auswachsen konnte. Mit ihrem Versuch, die primäre ebenso wie auch die sekundäre Form des Penisneids in ihre psychischen Komponenten zu zerlegen, anstatt sie als selbstverständliche und der Erklärung nicht bedürftige Reaktion des Mädchens auf seine tatsächliche konstitutionelle Minderwertigkeit anzusehen, setzte sie einen neuen Anfang. Horney sah die Ursprünge des primären Penisneids in der relativen Benachteiligung des kleinen Mädchens in bezug auf 3 prägenitale Komponenten, nämlich (1) die urethral-erotische Omnipotenzphantasie, die aus der für Kinder typischen narzißtischen Überbewertung der Ausscheidungsvorgänge entsteht; (2) die exhibitionistischen und skoptophilen Wünsche, bei denen der kleine Junge auf Grund der Sichtbarkeit seines Genitales im Vorteil ist; und (3) die unterdrückten Masturbationswünsche, während das Mädchen die Fähigkeit des Jungen, beim Urinieren sein Genitale anzufassen, als eine Erlaubnis für ihn auslegen kann, zu masturbieren.

Diesen primären Penisneid unterschied Horney von einem späteren komplexeren Abwehrmechanismus, bei dem das Mädchen versucht, sich mit dem Vater zu identifizieren, was einen Schritt zur Auflösung seiner ödipalen Bindung bedeutet. Es handelt sich um eine Stufe, die lediglich eine Übergangsphase in seiner Entwicklung ist, sich aber auch zu einem neurotischen Männlichkeitskomplex verfestigen kann. Ihnen liegt die Vorstellung zugrunde, die später auch von Jones (1935) sehr nachdrücklich vertreten wurde, daß sich die ödipale Bindung des kleinen Mädchens aus einer angeborenen Weiblichkeit heraus entwickelt, die ihre eigenen Reifungsprozesse durchläuft.[5] Nach Horneys These, die durch umfassendes Fallmaterial gestützt wird, verzichtet das kleine Mädchen – von seiner ödipalen Bindung an den Vater sowohl enttäuscht als auch bedroht – irgendwann auf seine ödipalen Wünsche, um an ihre Stelle eine Identifizierung mit dem Vater zu setzen. Dies wiederum verstärkt den bereits bestehenden präödipalen Penisneid. Eine derartige defensive ödipale Lösung wird als ein bedeutungsvoller Faktor angesehen, den „Männlichkeitskomplex" bei erwachsenen Frauen am Leben zu erhalten; Horney schrieb den regressiven Faktoren, die bei einer solchen Identifizierung den frühen, präödipalen Penisneid wiederbeleben können, deshalb auch nur eine zweitrangige Rolle zu.

Was für die spätere Kontroverse ebenfalls von Bedeutung war, ist Horneys Betonung der Enttäuschung des ödipalen Mädchens in seinem Wunsch, vom Vater ein Kind zu bekommen. Horney veranschaulicht diese

These durch einen Fall, in dem „der Penisneid zurückging auf einen Neid auf das Kind, das die Mutter und nicht sie [die Patientin] vom Vater bekommen hatte" (Horney 1923, S. 20). Und noch ein anderes Element der zahlreichen von Horney berichteten Beobachtungen sollte erwähnt werden. Sie bezeichnete die „Grundphantasie des durch die Liebesbeziehung zum Vater Kastriertseins" (a.a.O., S. 23) als fundamental und glaubte, hier „den anderen Kern des ganzen weiblichen Kastrationskomplexes" zu sehen (a.a.O.). Das Mädchen wehrt sich nach ihrer Ansicht gegen seine sehnsüchtigen, aber mit Schuldgefühlen und Angst beladenen Kastrationsphantasien durch die entgegengesetzte Phantasie, einen Penis zu besitzen: „Beim Weibe dagegen wird die Vateridentifizierung von alten, in die gleiche Richtung zielenden Wünschen bejaht und birgt an sich keinerlei Schuldgefühle, sondern mehr eine Entlastung... es kommt ja... durch die... Verknüpfung der zwischen den Kastrationsvorstellungen und den den Vater betreffenden Inzestphantasien gerade zu dem verhängnisvollen Resultat, daß das Weibsein an sich als schuldig empfunden wird" (S. 25).

Beim Vergleich dieses Aufsatzes mit einigen späteren Formulierungen Freuds kann man sich des Eindrucks kaum erwehren, Horney sei hier „freudianischer" als Freud. Sie betont die Bedeutung der infantilen Sexualphantasie; demgegenüber wird Freud sich später an der „Realität" orientieren, während er nach Erklärungen sucht. Freud mochte kaum anerkennen, wie sehr Horneys Arbeit mit den Hauptlinien der psychoanalytischen Theorie übereinstimmte. Man vermag nur zu raten, warum er sie so unannehmbar fand; männlicher Narzißmus bei der Bildung psychoanalytischer Formulierungen, wie Horney ihn ausdrücklich erwähnt, könnte eine Rolle gespielt haben. Wichtiger noch dürfte aber sein, daß sie mit ihrer These implizit auch die Existenz einer eigenständigen, lustorientierten weiblichen Sexualität postulierte. Trotz seiner wohlbekannten Betonung der Wichtigkeit von Sexualität im allgemeinen war diese Vorstellung dem Denken Freuds ganz offensichtlich zutiefst fremd. Schon 1905 definierte er die Libido als „regelmäßig und gesetzmäßig männlicher Natur, ob sie nun beim Manne oder beim Weibe vorkomme" (Freud 1905 d, S. 120). Dies wiederholte er mehrere Jahrzehnte später: „... die Zusammenstellung ‚weibliche Libido' läßt jede Rechtfertigung vermissen" (Freud 1933 a, S. 141).

Freud reagierte auf Horneys Abhandlung von 1924 mit 2 eigenen Schriften (1924 d, 1925 j).[6] Die erste davon, *Der Untergang des Ödipuskomplexes*, die innerhalb eines Jahres nach Horneys Veröffentlichung verfaßt wurde und in bezug auf das Mädchen eigentlich noch recht unergiebig ist, markierte trotzdem eine theoretische Wende. Wie die Herausgeber der *Standard Edition* anmerken, betonte Freud (1924 d) hier zum ersten Mal Unterschiede in der ödipalen Entwicklung von Jungen und Mädchen.[7] Obwohl Freud im Zusammenhang mit seiner neuen Betrachtung der psychosexuellen Entwicklung des Mädchens bekennt, daß sein Material hier „weit dunkler und lückenhafter" (Freud 1924 d, S. 400) werde, skizziert er anschließend dennoch Teile seiner späteren Theorie. Er erklärt: „Die Anatomie ist das Schicksal" (a.a.O.) und kommt zu dem Urteil, daß für das Mädchen ohne die Kastrationsdrohung „ein mächtiges Motiv zur Aufrichtung des Über-Ichs und zum Abbruch der infantilen Genitalorganisation" entfalle (a.a.O., S. 401). Ferner behauptet er, der Wunsch des Mädchens nach einem Penis führe schließlich zum Wunsch nach einem Baby: „Das Mädchen gleitet – man möchte sagen: längs einer symbolischen Gleichung – vom Penis auf das Kind hinüber" (a.a.O.), eine genaue Umkehrung des von Horney (1923) vermuteten „Verschiebungsprozesses" vom Kind auf den Penis. In ähnlicher Weise steht auch Freuds Vorstellung, dem Mädchen fehle es an einem mächtigen Motiv für den Verzicht auf die ödipale Position, der These Horneys gegenüber, die von einem Bedürfnis des Mädchens ausgeht, sich von ödipalen Schuldgefühlen und Ängsten zurückzuziehen. Freud beschließt seine Erörterung mit der Wiederholung: „Im ganzen muß man aber zugestehen, daß unsere Einsichten in diese Entwicklungsvorgänge beim Mädchen unbefriedigend, lücken- und schattenhaft sind" (Freud 1924d, S. 401).

Diese abrupte Umkehrung seiner eigenen früheren Vorstellungen, flankiert von 2 Aussagen über sein mangelndes Wissen, deutet darauf hin, daß es sich nicht nur um eine simple theoretische Weiterentwicklung handelt. Rasch auf Horneys Arbeit folgend, mutet sie eher wie ein strategischer Zug an, um das eigene Territorium abzustecken, vielleicht auch, um Mißfallen zu signalisieren. Die letztere Möglichkeit wird durch eine Zwischenbemerkung bekräftigt: „Die feministische Forderung nach Gleichberechtigung der Geschlechter trägt hier nicht weit" (Freud 1924 d, S. 400). Ein Jahr später unterstreicht Freud dieses Gefühl noch einmal: „Durch den Widerspruch der Feministen, die uns eine völlige Gleichstellung und Gleichschätzung der Geschlechter *aufdrängen* wollen, wird man sich in solchen Urteilen nicht beirren lassen" (Freud 1925 j, S. 30; Hervorhebung von Fliegel).

Freuds wegweisende Abhandlung *Einige psychische Folgen des anatomischen Geschlechtsunterschieds* (1925 j) entwickelt die 1924 (d) sondierten Themen weiter. Wie bereits die erste Arbeit ist auch sie von Aussagen über den eigenen Wissensmangel flankiert, sowohl innerhalb des Textes als auch außerhalb. Noch im Dezember 1924 schrieb Freud in Beantwortung einer einschlägigen Frage an Abraham: „Ich weiß gar nichts darüber. Wie ich doch überhaupt gern zugestehe, daß die weibliche Seite des Problems mir außerordentlich dunkel ist" (Abraham u. Freud 1965, S. 350); und 1 Jahr nach Vorlage seiner definitiven Formulierung, die er in allen späteren Schriften über die Weiblichkeit immer wieder bekräftigte, betonte Freud noch einmal die Begrenztheit seiner Erkenntnisse auf diesem Gebiet: „Vom Geschlechtsleben des kleinen Mädchens wissen wir weniger als von dem des Knaben. Wir brauchen uns dieser Differenz nicht zu schämen; ist doch auch das Geschlechtsleben des erwachsenen Weibes ein *dark continent* für die Psychologie" (Freud 1926 e, S. 241; Hervorhebung von Freud).

Fast gleichzeitig, nämlich 1925 (j), legte Freud aber auch seine Theorie von der psychosexuellen Entwicklung des Mädchens vor. Eine Gegenüberstellung einschlägiger Passagen aus Freuds Abhandlung von 1925 (j) und der These Karen Horneys zeigt wiederum eine Umkehrung der letzteren; diesmal ist sie vollständiger – ein fast getreues Spiegelbild der Horneyschen These. Freud schrieb:

> Beim Mädchen ist der Ödipuskomplex eine sekundäre Bildung. Die Auswirkungen des Kastrationskomplexes gehen ihm vorher und bereiten ihn vor. Für das Verhältnis zwischen Ödipus- und Kastrationskomplex stellt sich ein fundamentaler Gegensatz der beiden Geschlechter her. *Während der Ödipus-Komplex des Knaben am Kastrationskomplex zugrunde geht, wird der des Mädchens durch den Kastrationskomplex ermöglicht und eingeleitet* (Freud 1925 j, S. 28; Hervorhebung von Freud).

Hier entwickelt das Mädchen also seine ödipalen Wünsche und seine weibliche Einstellung zum Vater infolge seiner frustrierten phallischen Eifersucht und einem erzwungenen Sich-Abfinden mit seinem kastrierten Zustand.[8]

Nur im Schlußabsatz seiner Abhandlung von 1925 (j) wird Horney von Freud ausdrücklich erwähnt:

> In den schätzenswerten und inhaltreichen Arbeiten über den Männlichkeits- und Kastrationskomplex des Weibes von Abraham (1921), Horney (1923) und Helene Deutsch (1925) findet sich vieles, was nahe an meine Darstellung rührt, nichts, was sich ganz mit ihr deckt, so daß ich diese Veröffentlichung auch in dieser Hinsicht rechtfertigen möchte (Freud 1925 j, S. 30).

Es läßt sich kaum erraten, ob Freud – wie Jones (1932) später in bezug auf einen anderen Punkt andeutete – Horney wirklich so sehr mißverstand, daß er nicht erkannte, wie entgegengesetzt ihre Formulierungen waren, oder ob dies vielleicht nur seine Form der Höflichkeit war. Aus Freuds Einführung seiner Abhandlung geht deutlich hervor, daß er keine Zeit hatte, seine Vorstellungen durch weitere klinische Beobachtungen zu verifizieren und sich gleichzeitig unter Druck fühlte, eigene Aussagen über Fragen vorzulegen, die er lange in der Schwebe gelassen hatte; es wird auch das Bedürfnis deutlich, ein so uncharakteristisches Verhalten zu rechtfertigen. Freud erklärte das Abweichen von seinem üblichen Vorgehen damit, daß seine Lebenserwartung begrenzt sei, daß er nicht mehr so viele Fälle habe, und daß Mitarbeiter zur Verfügung stünden, die den Wert oder Unwert seiner vorläufigen Formulierungen nachprüfen könnten. Es ging ihm also um eine Art Einladung in Verbindung mit dem Bemühen, die wissenschaftliche Objektivität zu wahren: „So fühle ich mich gerechtfertigt, diesmal etwas mitzuteilen, was dringend der Nachprüfung bedarf, ehe es in seinem Wert oder Unwert erkannt werden kann" (Freud 1925 j, S. 20).

Hier mag eine einsichtige Äußerung Freuds über sich selbst von Bedeutung sein, die er in seinem Brief an Ferenczi machte: „Ich weiß, daß ich schwer zugänglich bin und mit fremden Gedanken, die nicht ganz auf meinem Wege liegen, zunächst nichts anfangen kann" (Jones 1957; dt. 1962, S. 76). Freuds selbst eingestandene Unzugänglichkeit mag besonders für die Gedanken Karen Horneys gegolten haben. Es gab noch 2 andere Gebiete, auf denen Freuds Genie bis zum Ende seines Lebens mit seinen eigenen Grenzen kämpfte. Das erste war seine Sicht der weiblichen Entwicklung, das zweite die Ausformulierung postphallischer Phasen für beide Geschlechter. Bereits früher hatte Freud (1923 e) versucht, die phallisch-kastrierte Phase von einer späteren zu unterscheiden, in der der phallische Monismus durch eine männlich-weibliche Polarität ersetzt wird – eine Aufgabe, die er Jahre später erneut anging (s. Brunswick 1940). Das Konzept einer solchen endgültig postphallischen Phase wurde von Freud jedoch nie ganz ausformuliert. Dies kann auch nicht überraschen, blieb er doch immer dabei, daß Sexualität und Libido eigentlich männlich seien; das gleiche gilt für seine Überzeugung von der „Männlichkeit" der Klitoris. So schrieb er bereits 1908 (c), die Klitoris benimmt „sich in der Kindheit des Weibes tatsächlich wie ein... Penis... [er wird] zum Sitz von Erregungen, die zu seiner Berührung veranlassen... seine Reizbarkeit [verleiht] der Sexualbetätigung des kleinen Mädchens männlichen Charakter" (Freud 1908 c, S. 179). Für Freud waren Masturbation, Erregbarkeit und Libido ihrem Wesen nach männlich; seine Unfähigkeit, ihr weibliches Gegenstück vorzustellen, führte ihn unweigerlich dazu, das eine Ende der „Polarität" lediglich negativ zu definieren. Gegen Ende seines Lebens fand Freud seine eigenen, tiefverwurzelten Auffassungen nicht mehr befriedigend. In seinem posthum veröffentlichten *Abriß der Psychoanalyse* heißt es: „Zur Unterscheidung des Männlichen vom Weiblichen im Seelenleben dient uns eine offenbar ungenügende empirische und konventionelle Gleichstellung. Wir heißen alles, was stark und aktiv ist, männlich, was schwach und passiv ist, weiblich" (Freud 1940 a, S. 115).

Eine solche asymmetrische Auffassung sexueller Polaritäten hängt mit Freuds manchmal offen eingestandenem Zurückschrecken vor einer – wenn auch noch so flachen – Identifizierung mit der weiblichen Rolle oder mit weiblichen Einstellungen zusammen.[9] Ein solches Zurückweichen vor dem phantasierten Eintritt in die Subjektivität der Frau mußte die Weiblichkeit für Freud zu einem „dunklen Kontinent" werden lassen. Es prägte auch die frühe Kontroverse um seine Weiblichkeitstheorie, die oft den Eindruck erweckt, als redeten die Beteiligten aneinander vorbei und seien nie wirklich miteinander in Verbindung getreten.[10]

Welche Motive Freud auch gehabt haben mag, Horney trotz seines selbst eingeräumten Mangels an klinischen Beweisen seine eigene Auffassung in der Weise entgegenzusetzen, wie er es tat – ihre Reaktion war jedenfalls keine freundliche. Ihre zweite Arbeit (1926) ist offen polemisch, im Gegensatz zur ersten, in der andere analytische Autoren und insbesondere Freud respektvoll erwähnt werden. Horney arbeitet darin einige ihrer früheren Gedanken weiter aus und betont die Wichtigkeit des Gebärneides bei Männern; sie entwickelt darüber hinaus das Thema der ödipalen Ängste kleiner Mädchen und weist auf ihre Furcht vor inneren Verletzungen auf Grund der unverhältnismäßigen Größenunterschiede hin.

Die eigentliche Stoßrichtung der Abhandlung ist jedoch polemischer Natur. Unter dem Einfluß von Simmel erörtert sie die männliche Ausrichtung der Kultur, in der sich die Psychoanalyse entwickelte, und anschließend die männliche Ausrichtung der psychoanalytischen Formulierungen selbst. In einer Tabelle vergleicht sie die Vorstellungen des phallischen kleinen Jungen von der Weiblichkeit mit entsprechenden psychoanalytischen Formulierungen und kommt zu der Feststellung, daß beide identisch sind. Von Zeit zu Zeit schleicht sich ein bitterer Unterton ein: „Ferner sehen wir, daß der Mann offenbar eine größere Nötigung dazu empfindet, die Frau zu entwerten, als umgekehrt" (Horney 1926, S. 33). Auch ihre spätere soziokulturelle Neigung wird hier bereits sichtbar: „Es scheint mir unmöglich zu beurteilen, in einem wie hohen Grade die unbewußten Motive zu einer Flucht aus der Weiblichkeit von diesem Moment der tatsächlichen sozialen Unterlegenheit der Frauen eine Verstärkung erfahren" (a.a.O., S. 42).

Ein Jahr später (1927) betrat Ernest Jones den Kampfplatz, um Horney von da an kräftig zu unterstützen. Er brachte eine Reihe eigener Beobachtungen und theoretischer Formulierungen zur Sprache, stimmte bezüglich der laufenden Kontroverse jedoch ausdrücklich mit Horney überein, die er mehrmals zitierte. Wie sie betrachtete er die Weiblichkeit des Mädchens als primär: *„Freuds ‚phallisches Stadium' bei Mädchen ist wahrscheinlich mehr eine sekundäre Schutzkonstruktion als ein wirkliches Entwicklungsstadium"* (Jones 1927; deutsch 1928, S. 24). Jones erörtert ausführlich die Gefahren der inzestuösen Wünsche des Mädchens angesichts der Tatsache, daß die Mutter in dieser Situation zur Rivalin wird; er berichtet auch seinen Eindruck, daß das Gewahrwerden der Vagina sich viel früher entwickelt als bisher angenommen (S. 17). Auch Melanie Klein (1928) äußerte die Überzeugung, das Mädchen habe eine sehr frühe Kenntnis seiner Vagina; in ihren Schriften werden die Fragen der Weiblichkeit aber von den umfassenderen theoretischen Kontroversen, die ihre Behauptungen auslösten, an den Rand gedrängt. Die Tatsache, daß es im Hintergrund diesen größeren Streit gab, hat bei der Gestaltung der späteren Debatte unter den Freudianern zweifellos eine Rolle gespielt.[11]

Freud reagierte erst 1931 (b) auf die neuen Arbeiten von Horney und Jones; in der Zwischenzeit erschienen jedoch andere Beiträge, die durch diese Debatte angeregt worden waren. Jeanne Lampl-de Groot (1927) sorgte für eine Bestätigung:

[Das Mädchen] benimmt sich in den ersten Jahren seiner individuellen Entwicklung... nicht nur hinsichtlich der Onanie, sondern auch in seinem Seelenleben genau so wie der Knabe, es ist *seinem Liebesstreben und seiner Objektwahl wirklich ein kleiner Mann*. Nach Entdeckung und völliger Akzeptierung der vollzogenen Kastration muß das Mädchen notgedrungen ein für alle Mal auf die Mutter als Liebesobjekt verzichten und somit die aktive, erobernde Tendenz des Liebesstrebens sowie die Onanie an der Klitoris aufgeben..." (Lampl-de Groot 1927, S. 274 f.; Hervorhebung von Fliegel).

Lampl-de Groot postuliert das regelmäßige Auftreten eines männlichen „negativen Ödipuskomplexes" bei Mädchen, in welchem die Mutter das Sexualobjekt und der Vater der Rivale wird; nach ihrer Ansicht geht dieser negative Ödipuskomplex normalerweise dem ödipalen Interesse am Vater voraus (Lampl-de Groot 1927, S. 277).

Weitere Unterstützung kommt, wenn auch etwas verspätet, von Helene Deutsch (1930) mit ihrer Arbeit über den Masochismus. Nachdem Freuds These zitiert worden war, erscheint dort der gesperrt gedruckte Satz: *„Der Kastrationswunsch inauguriert meiner Ansicht nach den Ödipuskomplex des Mädchens"* (Deutsch 1930, S. 176). Sie würdigt jedoch auch Horneys „sehr erhellende Beschreibung" der Flucht aus der Weiblichkeit (S. 179). Die Ambivalenz ihrer Haltung wird in einer späteren Arbeit (1932) deutlich, wo sie auf Freuds Formulierung von 1925 (j) Bezug nimmt und feststellt, er *beweise* dort die Tatsache, daß der Ödipuskomplex des Mädchens sich erst nach der phallischen Phase etabliert (vgl. Deutsch 1932, S. 233; Hervorhebung von Fliegel). Das ist nicht nur angesichts der vorsichtigen Art bemerkenswert, in der Freud seine Formulierungen von 1925 (j) ursprünglich vorgebracht hatte, sondern auch angesichts seiner in der Zwischenzeit geäußerten Bemerkung, er stütze sich zum Teil auf die Ergebnisse von Deutsch und Lampl-de Groot (s. Freud 1931 b, S. 535). Ihre frühere, nicht ins Englische übersetzte Arbeit stand offenbar der von Horney näher (s. Jones 1927, S. 17, und auch Anmerkung 12 zu diesem Kapitel); in dieser Abhandlung unterstützt sie zwar Freud, hütet sich aber, das Verdienst einer selbständigen Bestätigung seiner These für sich in Anspruch zu nehmen.

Otto Fenichel begnügte sich bei all dem mit dem (erfolglosen) Versuch, zu vermitteln und die Differenzen abzuschwächen. 1930 bezieht er sich auf die aktuelle Auseinandersetzung, indem er sein Urteil aussetzt und statt dessen die Notwendigkeit einer „eingehenden Analyse sehr vieler Beispiele" betont (Fenichel 1930; dt. 1979, S. 171). Seinen eigenen Aufsatz offeriert er als einen „bescheidenen Beitrag zu solcher Materialsammlung". Bei der Diskussion seiner ausführlichen Fallberichte stimmt er in mehreren Punkten mit Freud, Horney und Jones überein, nicht jedoch mit der Formulierung Lampl-de Groots, „das kleine Mädchen ist ein kleiner Mann", und auch nicht mit ihrer Vorstellung von einer universellen negativen ödipalen Phase: „Nichts aber an unserem Material sprach für die Annahmen von A. Lampl-de Groot. Die ursprünglichen Mutterbindungen waren in ausgesprochenstem Maße ausschließlich prägenital" (Fenichel 1930; dt. 1979, S. 189). Vier Jahre später versuchte Fenichel immer noch, die relevanten Fragen in der Schwebe zu halten; er widersprach auch weiterhin

Lampl-de Groots männlicher Definition des präödipalen Mädchens und
ihrer Vorstellung von einer normativen negativen ödipalen Phase (Fenichel
1934; dt. 1979, S. 267). Freud hatte eben diese Gedanken mittlerweile voll
und ganz bestätigt. Fenichel läßt nicht erkennen, ob er davon Kenntnis hat,
sondern schreibt die These von der negativen ödipalen Phase allein Lampl-
de Groot zu (S. 267, Anm. 19). Er kann jedoch Freuds deutlich ausgedrücktes
Einverständnis mit ihr nicht übersehen haben, wo Freud doch, nachdem er
Lampl-de Groots Standpunkt bestätigt hatte, ausdrücklich Fenichels Zurückweisung ihrer Thesen erwähnt (s. Freud 1931 b, S. 536). Der einzige
Punkt, in dem Fenichel sich zu seiner von Freud abweichenden Meinung
bekennt, betrifft die männliche Natur des präödipalen Mädchens und den
phallischen Charakter der Klitoris. Dabei scheint er jedoch zu übersehen,
daß dies ein ganz wesentlicher Punkt der Debatte ist. Da Horney und Jones
den primären Penisneid nie leugneten und Freud dessen spätere abwehrbe-
dingte Verstärkung einräumte, hätte sich der Streit um das relative Gewicht
des „primären" und des „sekundären" Penisneides nicht als unüberwindbar
erweisen müssen, wenn man einmal davon absieht, daß es hier auch um die
Frage ging, ob das Mädchen psychisch tatsächlich ein kastrierter Junge ist
oder ob es so etwas wie „primäre Weiblichkeit" gibt.

Jones (1935) endgültige Zusammenfassung dieser Frage mag dazu
dienen, die Inhalte der beiden gegensätzlichen Positionen kurz zu wiederholen. Er nimmt zunächst auf seine Auffassung bezug, daß ödipale Gefühle
beim Mädchen spontan entstehen, welches sich davor vorübergehend in
eine phallische Position flüchten kann, und fährt fort:

> Diese Ansicht scheint mir den uns zugänglichen Tatsachen besser zu entspre-
> chen und ist auch im wesentlichen wahrscheinlicher, als eine, die die Weiblichkeit
> des Mädchens als das Resultat eines äußeren Erlebnisses (Erblicken des Penis)
> ansieht... ich sehe die Frau (nicht)... als ein ewig enttäuschtes Geschöpf, das sich
> mit sekundären Surrogaten zu trösten sucht, der ihrer wahren Natur fremd ist
> (Jones 1935, S. 341).

Im Gegensatz dazu sind Freuds letzte Worte zu diesem Thema (1933 a)
immer noch eine Wiederholung: „Wir müssen nun anerkennen, das kleine
Mädchen sei ein kleiner Mann" (Freud 1933 a, S. 125 f.). Kurzum, Freud
versagt dem Mädchen weiterhin jeden tatsächlichen *Unterschied*; es ist die
Unzulänglichkeit als Mann, durch die es veranlaßt wird, eine kompensatorische Weiblichkeit zu entwickeln. Auf die zunehmenden Anzeichen eines
frühen Gewahrseins der Vagina reagierte Freud, indem er zunächst dessen
Vorhandensein anzweifelte (Freud 1931 b, S. 520), später seine mögliche
Bedeutsamkeit (Freud 1933 a, S. 108).

Umgekehrt gibt es kein Anzeichen dafür, daß Freud, während er die
Formulierung vom „kleinen Mann" in sich aufnahm, aufgehört hatte, über
die Bedeutung von „Männlichkeit" vor der Entdeckung des Geschlechtsunterschieds nachzudenken. Er scheint auch seine eigene Vorstellung von der
Bisexualität vergessen zu haben. In dieser neuen Theorie gibt es die

Bisexualität gerade dort nicht mehr, wo man annehmen könnte, sie sei von besonderer Relevanz – nämlich in der frühesten undifferenzierten Phase, die sich hier für beide Geschlechter als männlich erweist.

Kehren wir kurz zur Geschichte zurück: Mit seiner Abhandlung von 1925 (j) überließ Freud zeitweilig das Feld seinen Mitarbeitern und Mitarbeiterinnen. 1931 (b) wurde dann seine abschließende Abhandlung *Über die weibliche Sexualität* veröffentlicht. Es handelte sich um eine umfassende Neuformulierung seiner früheren Position, in der er die Arbeiten von Lampl-de Groot und Deutsch als Beweis heranzog. Gleichzeitig unterstrich er die Begrenztheit seines eigenen klinischen Materials: „Es scheint wirklich, daß weibliche Analytiker wie Jeanne Lampl-de Groot und Helene Deutsch diese Tatbestände leichter und deutlicher wahrnehmen konnten, weil ihnen... die Übertragung auf einen geeigneten Mutterersatz zu Hilfe kam. *Ich habe es auch nicht dahin gebracht, einen Fall vollkommen zu durchschauen*" (Freud 1931 b, S. 519; Hervorhebung von Fliegel). Während der ganzen Abhandlung grenzt Freud seine eigenen Beobachtungen sorgfältig von jenen ab, die er von anderen übernommen hatte. Nach dem Bekenntnis, das Sexualziel der „phallischen" Phase nicht aus *eigener* Beobachtung zu kennen (a.a.O., S. 532), zitiert er den Bericht Jeanne Lampl-de Groots (1927), den er von da an seinen eigenen Formulierungen einverleibt:

> Der wichtigen Arbeit von Jeanne Lampl-de Groot muß ich... zustimmen. Hier wird die volle Identität der präödipalen Phase bei Knaben und Mädchen erkannt, die sexuelle (phallische) Aktivität des Mädchens gegen die Mutter behauptet und *durch Beobachtungen erwiesen*... [Es wird] für die ganze Entwicklung die Formel geprägt, daß das Mädchen eine Phase des ‚negativen' Ödipuskomplexes durchmacht, ehe sie in den positiven eintreten kann (Freud 1931 b, S. 535; Hervorhebung von Fliegel).

Im Gegensatz dazu war der Anspruch auf empirische Fundierung, den Lampl-de Groot erhob, erheblich bescheidener (s. Fliegel 1973; dt. 1975, S. 825, Anmerkung 14). Insgesamt entspricht die peinliche Genauigkeit Freuds bezüglich seiner eigenen Beobachtungen nicht den Ansprüchen, die er in dieser Hinsicht an seine Anhänger stellt. Wenn er auch nicht ausdrücklich davon ausgeht, daß Helene Deutsch sich so wie er selbst auf bestätigende Beobachtungen stützt, so unterstellt er dies doch implizit – sowohl in dem Abschnitt über die weiblichen Analytiker als auch in seiner nachfolgenden Besprechung ihrer Arbeit. Hier stimmt er ihren 1930 geäußerten Ansichten zu, ohne anzuerkennen, daß diese wiederum auf *ihrer* Zustimmung zu *seinen* früher (1925 j) geäußerten Ansichten beruhen.[12]

Offensichtlich erwähnt Freud nicht, daß die Arbeiten, die er nunmehr als klinische Grundlage für wichtige Teile seiner These anführt, in Reaktion auf seine eigene Arbeit von 1925 (j) entstanden waren. Die Herausgeber der *Standard Edition* weisen zweimal auf eine merkwürdige Lücke in Freuds

Arbeit von 1931 (b) hin: Sie vermerken, daß Freud, wenn er sich auf
verschiedene Abhandlungen bezieht, die in der Zwischenzeit geschrieben
worden waren, „sie zu behandeln scheint, als seien sie spontan entstanden,
und nicht, was eindeutig der Fall war, als Reaktion auf seine eigene...
Abhandlung von 1925 – welche er tatsächlich mit keinem Wort erwähnt"
[Freud (engl.) 1931 b, S. 223, Anmerkung der Hrsg.; s. auch S. 240,
Anmerkung 2]. Die letzten beiden Absätze dieser Arbeit sind der einzige
Ort, wo Freud die Formulierungen von Horney und Jones in einer
gedruckten Veröffentlichung bespricht. Er lehnt beide ab, gibt aber diesmal
zu, daß er mit Horney nicht einig ist. Jones fertigt er sehr kurz ab. Dieser
behauptete in seiner nächsten Arbeit (1932), bei seiner Kritik an Horney
habe Freud ihre Position nicht ausreichend verstanden:

> Wo Freud Karen Horney kritisiert, referiert er ihre Ansicht so, als ob das
> Mädchen... in die deuterophallische Phase regrediere. So sicher ist er, daß das
> frühere (Klitoris-)Stadium nur ein phallisches sein kann. Aber gerade das ist eine
> der Fragen, vor denen wir hier stehen... Und das verdient eine Diskussion...
> Schließlich ist die Klitoris ein Teil des weiblichen Genitales... Aus all diesen
> Gründen habe ich das Gefühl, man könne die Frage des behaupteten Primates der
> Klitoris und infolgedessen der Männlichkeit beim weiblichen Kind gut zurück-
> stellen, bis wir mehr von der Sexualität dieser frühen Zeit wissen (Jones 1932; dt.
> 1933, S. 342 f.).

Dieser unbeachtet gebliebene Einwand von Jones markiert auch den Anfang
der Beendigung der „großen Kontroverse". Freuds Abhandlung von 1931
(b) bildete offiziell den Abschluß der Auseinandersetzung, zumindest auf
bedrucktem Papier. Sowohl Fenichel (1934) als auch Jones (1935) versuchten, die Fragen noch länger in der Schwebe zu halten, aber nach einer Weile
verstummten auch sie. Horney ging bald ihre eigenen Wege und wurde für
einige Jahrzehnte in der Mainstream-Literatur zur Unperson (s. Fliegel
1973; dt. 1975, S. 828 f.). Diese neue Spaltung sollte, zusammen mit den
zunehmenden Kontroversen um Melanie Klein, die Probleme noch weiter
politisieren.

1.1.2 Der historische Rahmen

Als ich 1973 über dieses Thema schrieb, machte ich mir über einige
besondere Faktoren Gedanken, die dazu beigetragen haben könnten, daß
sich Freuds Hypothese von 1925 zu einem Dogma verhärtete, und dies bei so
wenig empirischer Fundierung:

> Freud, bedroht in seiner Existenz, erschüttert in seinem Vertrauen zu seinen
> engsten Mitarbeitern, beunruhigt über den Zusammenhalt der psychoanalyti-
> schen Bewegung und das Weiterleben seines Lebenswerkes, reagierte auf die
> „fremden Gedanken", die von Horney und dann von Jones ausgingen, wie auf
> eine Bedrohung der Reinheit seiner Theorie. Er reagierte mit dem vielleicht

dogmatischsten Widerstand während seiner Laufbahn, obwohl er oft wiederholte, daß er sich der Grenzen seiner Einsicht und seines Verständnisses auf diesem Gebiet bewußt war (Fliegel 1973; dt. 1975, S. 832).

Nach meiner heutigen Auffassung mögen diese Momente zwar eine Rolle gespielt haben, aber die genauere Untersuchung der Beziehung Freuds zu seinen Anhängern läßt vermuten, daß er in kranken und gesunden Tagen oft „fremden Gedanken" unzugänglich war und nicht zulassen konnte, daß andere ihm in Fragen der grundlegenden Theorie vorausgingen.

Ob Freuds Krankheit seine Haltung in diesem Streit nun beeinflußt hat oder nicht – es ist wahrscheinlich, daß sie im nachhinein unter seinen Anhängern eine Rolle spielte. Ihre vielfältigen und komplizierten Reaktionen auf die Krebserkrankung Freuds, wie Bernfeld (1962, S. 466 f.) sie in einigen seiner eher beiläufigen Bemerkungen beschreibt, machen es eher verständlich, daß die meisten Anhänger Freuds – die führenden Autoritäten in ihrem Fach für die nächste Generation – seine merkwürdigen neuen Erkenntnisse über die Frau so rasch als allgemeine Wahrheit akzeptierten. Weder Jones noch Fenichel konnten dabei viel Einfluß ausüben, und die Fragen wurden bald auch nicht mehr offen als umstritten anerkannt.

1.2 Folgen für die Therapie

Die verschiedenen, einander widersprechenden Auffassungen über die weibliche Entwicklung haben auch therapeutische Implikationen. Freuds Einstellung hierzu wird in *Die endliche und die unendliche Analyse* (1937 c) deutlich:

> Man hat oft den Eindruck, mit dem Peniswunsch und dem männlichen Protest sei man durch alle psychologische Schichtung hindurch zum „gewachsenen Fels" durchgedrungen und so am Ende seiner Tätigkeit. Das muß wohl so sein, denn für das Psychische spielt das Biologische wirklich die Rolle des unterliegenden gewachsenen Felsens. Die Ablehnung der Weiblichkeit kann ja nichts anderes sein als eine biologische Tatsache, ein Stück jenes großen Rätsels der Geschlechtlichkeit (Freud 1937 c, S. 99).

Wenn Penisneid und „die Ablehnung der Weiblichkeit" aber als biologisch nicht weiter zurückführbarer „gewachsener Fels" angesehen werden, dann kann es auch keinen Sinn ergeben, dahinter noch nach etwas anderem zu suchen; alles, was man hier zu bieten hat, ist ein resigniertes Hinnehmen. Wenn man den Penisneid jedoch weiter erforscht, kann man u. U. feststellen, daß er frühere Verluste und Benachteiligungen (die Freud in anderem Zusammenhang durchaus erkannte), tiefere feminine Wünsche (wie Jones und Horney behaupteten) und Entwicklungsmängel in anderen Bereichen verdeckt.

Diesen letzten Punkt hat Zetzel in einem Fallbericht (1965; dt. 1974, S. 86 ff.) gut verdeutlicht. Ihr wichtiger Beitrag zu dieser Debatte schuf einen neuen fruchtbaren Boden. In jüngster Zeit wurden auch die Erörterungen von Grossman u. Stewart (1977) wieder aufgenommen, die über 2 Fälle referiert haben, mit denen sie ihre Ansicht vom Penisneid „als dem manifesten Inhalt eines Symptoms [veranschaulichen wollten], das analysiert werden muß, und nicht als ‚gewachsener Fels'..." (Grossman u. Stewart 1977, S. 211). Die Fallberichte der beiden handeln von der erneuten Analyse zweier Patientinnen, deren Erstanalysen sehr deutlich zeigen, daß die klinische Situation nicht gegen Verzerrungen auf Grund falscher theoretischer Auffassungen gefeit ist.

Immer wieder wird behauptet, daß in klinischen Situationen ein solcher Schutz bestehe. So weisen Barglow u. Schaefer (1977) Bedenken zurück, die Einstellungen von Analytikern und Analytikerinnen könnten sich auch in ihre Interventionen einschleichen: „Psychoanalyse ist schließlich keine Ideologie...", versichern sie zuversichtlich (S. 410). Damit wird aber gleichzeitig auch die wichtige Frage vom Tisch gefegt, wo die Objektivität endet und die Ideologie beginnt, denn man kann durchaus annehmen, daß die theoretischen Überzeugungen der Analytiker trotz ihres Strebens nach Neutralität irgendwo auch ihre Interventionen lenken. Im gleichen Band (Blum 1977) weist auch Stoller (1977) auf die therapeutischen Implikationen der verschiedenen Positionen hin und fügt hinzu: „Wir stellen fest, daß ein theoretisches Problem sich wahrscheinlich in den Analysen von Frauen als lebendiger Druck auswirkt" (Stoller 1977, S. 75). Ebenso vermerkt Serebriany (1976) in dem Bericht über einen auf dem Londoner Kongreß von 1975 gehaltenen „Dialog" über dieses Thema:

> Wenn man die Gegenübertragung betrachtet... ist die Art und Weise, wie der Analytiker auf seiner persönlichen Ebene seinen Konflikt mit der archaischen Mutter-Imago gelöst hat, von vitaler Bedeutung... denn dieser besondere Punkt wird später für seine theoretischen Standpunkte ausschlaggebend sein und kann sich z. B. in Auffassungen bemerkbar machen, daß Weiblichkeit mit „kastrierter" oder „unvollständiger" Sexualität gleichgesetzt wird (Serebriany 1976, S. 313).

1.3 Das stumme Intervall

Nach Horneys Abfall verstummte in der Mainstream-Psychoanalyse beinahe jegliche öffentliche Kritik an Freuds Weiblichkeitstheorie. Es gab zwar Ausnahmen, denn in jedem der nachfolgenden Jahrzehnte begegnet man immer wieder auch Versuchen prominenter Autoren, bestimmten fragwürdigen Aspekten der Freudschen Position entgegenzutreten. Zum Kreis dieser Autoren gehörten Jacobson (1937), Zilboorg (1944), Greenacre (1950), Zetzel (1965) und Stoller (1968). Mit Ausnahme des letzten Autors, der mit seiner Arbeit die gegenwärtige Diskussion wesentlich mit initiierte, bewirkten sie aber wenig und ihre Aussagen blieben relativ unbeachtet. Alles in allem spiegelte die Literatur keine Fortsetzung der

Kontroverse wider und auch keine Erinnerung an frühere Meinungsverschiedenheiten.

Die psychoanalytischen Veröffentlichungen lieferten somit auch kein vollständiges Bild von der Vielfalt von Einstellungen unter freudianischen Analytikern und Analytikerinnen während dieser Zeit. Die zweifelhafte Theorie von Freud beherrschte die klinische Praxis zwar nicht ganz und gar; zweifellos wirkte sie sich aber aus und ist für einzelne Analytiker und Analytikerinnen auch entscheidend gewesen. Es gab aber auch eine andere Strömung, die mündlich tradiert wurde, mit der gängigen Literatur nicht übereinstimmte und sehr viel gutartiger war. Vor etwas mehr als 10 Jahren beschrieb ich die damals aktuelle Situation folgendermaßen:

> Man gewinnt den Eindruck, daß das, was viele Analytiker über das Thema schreiben, nicht genau ihren eigentlichen Ansichten entspricht. So werden beispielsweise wenige Analytiker den Masochismus in seinen verschiedenen Formen als unvermeidliches Begleitphänomen der normalen ausgereiften Weiblichkeit ansehen... Ähnlich werden wenige Analytiker erwarten, daß Frauen allgemeine Passivität und Minderwertigkeitsgefühle als therapeutisches Ziel akzeptieren. Dennoch kann man beim Lesen der Standard-Literatur zu diesem Thema leicht einen solchen Eindruck gewinnen. Wir begegnen da einem seltsamen Phänomen: daß es nämlich einen Unterschied zwischen zeitgenössischen Auffassungen und der Standard-Literatur gegeben hat. Dieser Bruch ist um so auffallender, wenn wir die Vielzahl der Arbeiten, die über feinste und kleinste Abänderungen bei anderen theoretischen Formulierungen veröffentlicht wurden, in Betracht ziehen (Fliegel 1973; dt. 1975, S. 813 f.).

Ein kurzes Beispiel kann zeigen, welche Art von Vorstellungen in diesem Zusammenhang bis vor kurzem die psychoanalytische Literatur durchsetzte. Hanns Sachs schreibt über das weibliche „Ideal": „... das weibliche Über-Ich wird nur dort erreicht, wo der notwendige Verzicht auf die Erlangung dieses Stückes (des Penis) zu einer dauernden Entsagungsforderung führt" (Sachs 1928, S. 174).

1.4 Der heutige Stand der Freudschen Weiblichkeitstheorie

Heute, wo die empirischen Gegenbeweise sich zunehmend auch in zeitgenössischen Formulierungen niederschlagen, erscheint es kaum wahrscheinlich, daß die offizielle Dogmatreue in diesem Bereich wieder aufflammen könnte. Das wiederbelebte Interesse an der Weiblichkeitstheorie hat jedoch 2 Seiten. Man kann sowohl Revisionsversuche beobachten als auch einige wichtige Gegenströmungen. In diesem Abschnitt werde ich versuchen, heutige Formulierungen der psychoanalytischen Theorie in ihrer Beziehung zu den mittlerweile verfügbaren Beweisen einerseits und zur historischen Kontroverse andererseits zu umreißen.

Zunächst einige Bemerkungen zum Wesen der Beweise und den Formulierungen selbst. Es handelt sich um Daten, die sowohl aus der direkten

Beobachtung von Kindern als auch aus klinischen Berichten stammen. Jede dieser Quellen hat ihre eigenen Schwierigkeiten und Grenzen, und in beiden Fällen muß man das Ergebnis mit Vorsicht betrachten, besonders dann, wenn weitgehende Verallgemeinerungen daraus abgeleitet werden sollen. Die Formulierungen selbst unterscheiden sich nach dem Grad der Allgemeingültigkeit, den sie für sich beanspruchen. Eines der wichtigsten Probleme, die gegenwärtig untersucht werden, ist genau diese Frage nach der universellen Anwendbarkeit, denn man ist sich heute nicht darüber einig, ob für alle Mädchen nur ein einziges Entwicklungsmodell gelten soll oder nicht.

In zeitgenössischen Diskussionen wird manchmal nicht bedacht, daß der von Freud postulierte Entwicklungsverlauf normativ gedacht war. Das bedeutet, daß er eine ausnahmslose Gültigkeit für die normale weibliche Entwicklung in Anspruch nahm; aus diesem Grunde ging es auch niemals darum, ob in einem konkreten Fall irgendetwas zu finden war, was diesen Behauptungen entsprach oder nicht. Was galt, war, um es noch einmal zu wiederholen, daß das ursprünglich männliche Mädchen im Verlauf seiner Entwicklung „negative ödipale" Wünsche gegenüber der Mutter empfindet; nach der Entdeckung der Geschlechtsunterschiede (der „Kastration") werden – zusammen mit der Masturbation – auch diese Wünsche aufgegeben. Das Mädchen wendet sich dem Vater zu – zunächst mit dem Wunsch, einen Penis zu bekommen, der sich in einer positiven ödipalen Konstellation in den Wunsch nach einem Kind verwandelt; der letzte Schritt kennzeichnet die Erlangung der Weiblichkeit. Mit dieser Theorie vereinbar war, wie Freud klar betonte, das fehlende Gewahrsein der inneren Genitalien in der Kindheit – die Vagina wird erst in der Pubertät entdeckt; auch weibliche Mutterschaftswünsche sind vor dem Abschluß der oben geschilderten Umwandlungen nicht vorhanden. Damit ist ein Ablauf der weiblichen Entwicklung postuliert, dessen Schritte in jüngster Zeit eingehend überprüft worden sind.

Im folgenden will ich zunächst eine Übersicht über aktuelle Forschungsergebnisse geben, die für diese Fragen von Belang sind; anschließend werden die theoretischen Formulierungen erörtert, die sich aus dieser Forschung ableiten lassen. Eine solche Aufspaltung bei der Darstellung der gegenwärtigen Forschungsarbeit ist notwendig, weil ähnliche Beobachtungen manchmal zu sehr verschiedenen Schlußfolgerungen führen. Da solche Folgerungen und Interpretationen oft mit Beobachtungsberichten vermischt sind, werden sich manchmal aber auch Abweichungen von diesem geplanten Vorgehen ergeben.

1.4.1 Ein Überblick über das Beweismaterial

In einer Reihe von Punkten stimmen die Ergebnisse beobachtender Untersuchungen überein und erscheinen ziemlich klar umrissen. Die Beobachter sind sich einig, daß man Mädchen in der frühesten Kindheit nicht wirklich als „männlich" bezeichnen kann; auch kann man die frühe genitale („phallische") Phase nicht wirklich als solche bezeichnen, da bei der Selbststimulierung oft die Öffnung zur Vagina einbezogen wird (Barnett 1968; Kestenberg 1975; Galenson u. Roiphe 1977; Kleeman 1977). Die Masturbation hört in der ödipalen Phase nicht allgemein auf (Barnett 1968; Kleeman 1977), ebenso wenig wie in der Latenz (Barnett 1968; Clower 1977); mütterliche Interessen zeigen sich schon früh in der präödipalen Phase (Kestenberg 1975; Kleeman 1977), und das Auftreten eines ausdrücklichen Wunsches, ein Baby zu haben, *bevor* Anzeichen von Kastrationsangst aufgetreten sind, wurde in einer sorgfältigen Untersuchung von Parens, Pollock, Stern u. Kramer (1977, S. 102) berichtet. Auch Kleeman berichtet von einer präödipalen Zuwendung zum Vater, wobei Mädchen eine solche Anhänglichkeit früher als Jungen (1977, S. 17) zeigten.

Diese Feststellungen stehen in unmittelbarem Widerspruch zu einer Reihe Freudscher Annahmen; insbesondere tendieren sie zu einer Widerlegung seines zentralen Postulats, die positive ödipale Konstellation entwickle sich beim Mädchen sekundär aus dem Kastrationskomplex. Implizit stellen sie auch die Vorstellung in Frage, der positiven ödipalen Phase gehe regelmäßig eine negative voraus – das Herzstück der alten Kontroverse.

Als ein dynamisches Konzept, das Wünsche und Phantasien repräsentiert, ist die negative ödipale Phase der direkten Beobachtung nicht zugänglich; da sie jedoch auf der angenommenen Männlichkeit des Mädchens basiert, könnte man erwarten, daß sie zusammen mit dieser Annahme als normativer Begriff fallengelassen wird. Das ist jedoch keineswegs immer der Fall. Was dieses Konzept für die Beobachtung unzugänglich macht, macht es auch relativ immun gegen die Widerlegung, und mehrere Autoren, die kein Beweismaterial für die These von der ursprünglichen Männlichkeit finden konnten, versuchen trotzdem, eine universelle negative ödipale Phase beizubehalten. Moore (1976, S. 292) tut dies z. B. „aus heuristischen Gründen"; Kestenberg (1975), indem sie noch zusätzliche Stufen in Freuds postulierten Ablauf einfügt. Galenson (1977) wiederum schließt aus ihren und Roiphes Beobachtungen etwas unklar auf eine negative ödipale Phase.

In ihrem Bericht über eine 1974 abgehaltene Podiumsdiskussion über „Die Psychologie der Frau" gibt Galenson zu, daß Kleemans Beobachtungen mit ihren und Roiphes Untersuchungen übereinstimmen. Sie weist jedoch auf „Unterschiede in der Interpretation dieser Feststellungen" hin (Galenson 1977, S. 148). Auf den ersten Blick sind diese „Unterschiede in der Interpretation" etwas verwirrend, da sie in Vermutungen über den Inhalt einer vermutlichen Masturbationsphantasie bei einem 15monatigen Kind bestehen: „Galenson u. Roiphe haben betont, daß die Manipulation der Genitalien, die zwischen dem 15. und dem 18. Monat auftaucht, zu Beginn mit erotischen Gedanken und Gefühlen verbunden ist, die die Mutter betreffen...." . Worauf aber könnte diese Vermutung beruhen? „Galenson führte den Gebrauch von weichen Spielsachen und Decken (die als Übergangsobjekt dienen) als Beweis für eine mütterliche Komponente dieser Phantasie an" (S. 148). Die so abgeleitete Phantasie soll offenbar einen Vorläufer des Freudschen Lehrsatzes vom negativen Ödipuskomplex, der dem positiven vorangeht, darstellen. Tatsächlich behauptet Galenson in der weiteren Diskussion, daß diese Feststellungen Freuds Position zu bekräftigen scheinen (a.a.O.). Diese Art der „Bekräftigung" kommt aber auf Kosten der inneren Logik von Freuds Theorie zustande, da die gleichen Beobachter auch eine Form der Weiblichkeit feststellen, die bereits zu Beginn des Lebens auftaucht.[13]

Eine solche mangelnde Rücksicht auf die innere Kohärenz der Auffassung Freuds ist im heutigen Schrifttum immer wieder festzustellen. Kestenberg (1975), die bei Kindern beiderlei Geschlechts sehr frühe Elternschaftswünsche festgestellt hat, postuliert für das Mädchen eine frühe Mütterlichkeitsphase, die sich im Puppenspiel ausdrückt (S. 26 ff.). Sie findet auch Anzeichen vom frühen Gewahrwerden innerer Genitalien und ist in bezug auf die anfängliche Männlichkeit des Mädchens anderer Meinung als Freud. Darüber hinaus hält sie Freuds Abfolge der Entwicklung jedoch aufrecht und löst den inneren Widerspruch, indem sie in den Weg des Mädchens zur Weiblichkeit zusätzliche Stufen einfügt. Nach Kestenbergs Theorie entdeckt das Mädchen im Alter von 3–4 Jahren, daß seine Puppe kein lebendiges Baby ist; es reagiert mit Depression, Schuldgefühl und Phantasien, seine Puppe getötet zu haben (a.a.O., S. 16, 47).[14] Dies ist der Grund, warum das Mädchen seine mütterlichen Gefühle ebenso wie den Gewahrsam seiner inneren Genitalien verdrängt und statt dessen in Freuds männliche, phallische, negativ-ödipale Phase eintritt (S. 18 u. 47); anschließend ist der Ablauf so, wie bei Freud vorgesehen. Während Galenson die Freudsche Stufenfolge also dadurch beibehielt, daß sie sie ins Säuglingsalter verlegte, rückt Kestenberg sie weiter vor, indem sie ihren Beginn im Alter von 3 oder 4 Jahren ansetzt. Beide Autorinnen verallgemeinern ihre Beobachtungen auf *das Mädchen*, ähnlich wie Freud dies ursprünglich tat.

Moore sieht eine Reihe von Studien durch und kommt zu dem Schluß, daß Freuds Vorstellung von der anfänglichen Männlichkeit des Mädchens ebenso wie auch die Theorie von der Übertragung der erogenen Reizbarkeit von der Klitoris auf die Vagina unhaltbar seien (Moore 1976, S. 289). Trotzdem schlägt er vor, die negativ-ödipale Phase als normatives Konzept beizubehalten: „Eine positivere ödipale Bindung würde eine vollständigere Entwicklung ihrer inneren ebenso wie auch ihrer äußeren Repräsentanzen erfordern. Dies kann erst nach der Pubertät zustandekommen" (a.a.O., S. 292). Was hier impliziert wird, daß nämlich die positive ödipale Phase des Mädchens bis zur Pubertät aufgeschoben wird, revidiert auf höchst drastische Weise Freuds Theorie der infantilen Sexualität, um der Bewahrung ihrer schwächsten Komponente willen.

Es ist offenkundig, daß die verfügbaren Beobachtungsdaten bei ihrer Interpretation viel Platz für Folgerungen, vorgefaßte Meinungen und

Vorurteile erlauben. Der Versuch, durch klinische Forschung eine *normati-ve* Theorie zu bestätigen oder zu widerlegen, dürfte sich praktisch jedoch kaum als möglich erweisen. Selbst wenn eine bestimmte klinische Situation eine solche Theorie zu bestätigen schiene, wäre dies noch kein Beweis für ihre universelle Gültigkeit; eine Nichtbestätigung würde genauso wenig bedeuten, da keine solche Analyse jemals den Anspruch auf absolute Vollständigkeit erheben kann. Daß Anna Freud die Einrichtung des *Hampstead Clinic Research File* anregte, war ein Versuch, einige dieser Schwierigkeiten zu überwinden. Der Zweck war nach ihrer Beschreibung, „etwas wie ein ‚kollektives analytisches Gedächtnis' aufzubauen, d. h. einen Speicher für analytisches Material..., der die engen Grenzen der individuellen Erfahrung übersteigt" (Vorwort zu Bolland und Sandler 1965; dt. 1977, S. 12).

Edgcumbe (1976) und ihre Mitarbeiter benutzten diese Forschung für einen klinischen Test der Hypothesen Freuds, der so systematisch wie möglich sein sollte. Bei der Sichtung der gesammelten Daten aus den an der *Hampstead Clinic* durchgeführten Kinderanalysen stellten sie fest, daß die Kategorie der negativ-ödipalen Phase selten benutzt wurde; bei 3 von 8 Fällen, wo sie verwendet wurde, ging es darum, den Mangel oder das Fehlen solcher Manifestationen zu betonen. In allen 8 Fällen legte eine Überprüfung der Originaldaten die Vermutung nahe, daß die Beziehung zur Mutter in Wirklichkeit präödipal war. Wenn der Begriff der negativ-ödipalen Phase selten verwendet wurde, so folgert Edgcumbe, „... liegt es daran, daß das Konzept nicht richtig zu den beobachtbaren klinischen Anzeichen paßt..." (Edgcumbe 1976, S. 57). In dieser zentralen Frage der ursprünglichen Kontroverse wird Freuds Theorie durch die zusammengefaßten Daten aus Kinderanalysen, die sie am besten bestätigen könnten, also nicht gestützt.

1.4.2 Die Denkmodelle

Wenden wir uns nach dieser Inspektion von Feststellungen den mitgelieferten Denkmodellen zu. Der Konvergenz der unmittelbaren Beobachtungsergebnisse und der klinischen Feststellungen entspricht in keinem Falle auch eine Konvergenz der Folgerungen, die aus ihnen gezogen werden. Die Denkmodelle reichen von Stollers (1968, 1977) Theorie der primären Weiblichkeit, die Freuds Theorie vom Primat des Phallischen praktisch umkehrt, bis zu Nageras (1975) uneingeschränkter Wiederholung der Theorien Freuds. Einen Schritt weiter als Nagera geht Lacan (1958) in seiner Umsetzung der „freudianischen Lehre" in seine eigene Sprache, die keine Widerlegung zuläßt. Lacans Vorstellungen sind durch Mitchell (1974) einem größeren Leserkreis unterbreitet worden.

Barglow u. Schaefer (1977) bedauern, daß die „veröffentlichte Kritik an den psychoanalytischen Formulierungen der Psychologie der Frau es unterläßt, den entscheidenden Unterschied zwischen der Theorie Freuds

und der heutigen Psychoanalyse hervorzuheben" (S. 395). Dabei lassen sie
nicht erkennen, daß der Fehler zum Teil bei der heutigen Psychoanalyse
selbst liegt, die diese Unterscheidung nicht deutlich genug gemacht hat.
Außerdem spricht die „heutige Psychoanalyse" mit vielen Zungen: Stoller
und Nagera, Galenson und Kleeman gehören alle zur gleichen „modernen"
Psychoanalyse.

Barglow u. Schaefer selbst (1977) erklären ihre Meinungsverschiedenheiten gegenüber einigen Ideen Freuds; gleichzeitig folgen sie aber der
üblichen Praxis, ältere Kritiken an Analytikern und Analytikerinnen ebenso
wie die feministischer Autorinnen abzulehnen, auch wenn deren Einwände
durch die gegenwärtige Forschung z. T. bestätigt werden. Sie stützen sich
dabei auf Mitchells (1974) Ausspruch, die feministischen Autorinnen
„leugneten alle das Unbewußte", obwohl sie gleichzeitig Mitchells Begriff
vom Unbewußten selbst ganz richtig als etwas in Frage stellen, das eine
erhebliche Modifikation des Freudschen Begriffs ist (Barglow u. Schaefer
1977, S. 394).

Barglow u. Schaefer sehen in Horneys Vorstellungen von der phallischen
Phase „eine Konzession an die anatomische und physiologische Betonung
Freuds" (a.a.O., S. 398) und weisen darauf hin, daß Horney selbst sie später
fallen ließ. Dennoch spielt die von Horney in ihren frühen Arbeiten
vorgeschlagene Unterscheidung zwischen einer „primären" narzißtischen
und einer späteren abwehrenden phallischen Manifestation in den heutigen
Formulierungen eine wichtige Rolle. Sie bildete auch den Kern der
nachfolgenden „Freud-Jones-Debatte" und trug so zur Kodifizierung dieses
Aspekts der Freudschen Theorie bei, welcher jetzt so mühsam überprüft
wird. In ihrer ablehnenden Haltung gegenüber diesen frühen Dissidenten
sind Barglow u. Schaefer ziemlich repräsentativ. Horney und Jones werden
heute zwar allgemein zitiert, aber oft nur in ihren weniger plausiblen
biologischen oder kulturellen Argumenten und nicht mit jenen Anschauungen, die seither neue Relevanz gewonnen haben.[15] Diese Tendenz, die
ersten analytischen Dissidenten zu verwerfen, während man gleichzeitig
Meinungen von sich gibt, die den ihrigen ähnlich sind, trägt zu den
Ungereimtheiten auf diesem Gebiet bei.

Ein Beispiel für das Wiederauftauchen eines Gedankens, der dem
Horneys sehr ähnlich ist, aber einen etwas anderen Namen trägt, ist in
Edgcumbe u. Burgners Abhandlung (1975) über *Die phallisch-narzißtische
Phase* zu finden. Sie trägt den Untertitel: *Eine Unterscheidung zwischen
präödipalen und ödipalen Aspekten der phallischen Entwicklung.* Die von
ihnen getroffene Unterscheidung ist der von Horney (1923) und Jones
(1927) entwickelten sehr ähnlich; auch hier wird ein primärer narzißtischer
(präödipaler) Penisneid von späteren Abwehrreaktionen auf ödipale Ängste unterschieden, während Horney später noch die Wirkungen kultureller
Faktoren hinzufügte. Edgcumbe u. Burgner (1975) verwenden den Ausdruck „phallisch-narzißtisch", den ihnen Anna Freud nahegelegt hatte, um
die frühere Phase zu bezeichnen. Ihre Beschreibung dieser Phase hat mit

Horneys primärem Penisneid die Betonung exhibitionistischer, narzißtischer und skoptophiler Komponenten gemeinsam.[16] Edgcumbe u. Burgner (1975) unterscheiden sich damit auch ausdrücklich von Mahler (und implizit von Freud), daß sie die Bildung der Geschlechtsidentität in diese frühe präödipale Phase verlegen; für Mahler ist die Geschlechtsidentität von der Lösung ödipaler Konflikte abhängig, eine Position, die leichter mit der Freuds vereinbar ist als diejenige von Edgcumbe u. Burgner (a.a.O., S. 165 f.).

Die Ähnlichkeiten mit früheren Auffassungen werden von Edgcumbe u. Burgner nicht zur Kenntnis genommen; auch Horney wird in dieser Arbeit nicht erwähnt. In ihrer nächsten Abhandlung über die negativ-ödipale Phase bringt Edgcumbe (1976) jedoch einen kurzen Abschnitt über frühere „abweichende Standpunkte" (S. 41 f.), in dem Fenichel, Horney und Jones erwähnt werden. Aber selbst hier wird Horneys Abhandlung von 1923 – die für die Arbeit der Autoren am relevantesten ist – nicht einbezogen, vielleicht, weil sie vor Freuds Abhandlung von 1925 erschienen ist, die von vielen als Auftakt zu dieser Kontroverse angesehen wird.

In ihrer zweiten Arbeit deutet Edgcumbe an: „Es könnte... zweckmäßiger sein, die frühe phallische Phase für beide Geschlechter als narzißtisch zu bezeichnen, anstatt sie beim Mädchen negativ-ödipal (und positiv-ödipal beim Jungen) zu nennen" (1976, S. 58). Sie unterstreicht die Unterscheidung zwischen einer präödipalen „Vorliebe für die Mutter gegenüber dem Vater" (S. 48) und jenem klassischen Konzept, wo männliche Einstellungen „in jeder Hinsicht denen des Jungen in seiner positiven ödipalen Phase gleichen" (S. 57). Auch Fenichel hat bei seiner Ablehnung dieses normativen Konzepts wiederholt auf diese Unterscheidungen hingewiesen (Fenichel 1930; dt. 1979, S. 188 f.; 1934; dt. 1979, S. 266 f.); es scheint also, als sei es den Analytikern und Analytikerinnen bestimmt, immer wieder dieselben Probleme und Widersprüche zu entdecken, weil man es früher versäumt hat, wichtige korrigierende Ansichten zu integrieren.

Nach diesem Blick auf die negativ-ödipale Phase in der heutigen Literatur muß man betonen, daß selbst eine diffus erotisierte Beziehung zur Mutter an sich noch keine negative-ödipale Reaktion im klassischen Sinn vermuten läßt. Jones und Fenichel haben beide betont, daß dieses Konzept eine Phantasie des Mädchens unterstelle, in der dieses die Klitoris als Penetrationsorgan benutzt, oder, wie Fenichel (1930) sich ausdrückt, „das kleine Mädchen sei eigentlich erst ein kleiner Knabe und wünsche sich das Glied, um mit demselben mit der Mutter verkehren zu können" (S. 187 f.).

Edgcumbe (1976) ist in ihren Folgerungen klar: „Anstatt zu postulieren, die Erkenntnis, daß es keinen Penis hat, zwinge das Mädchen, eine männliche Position zugunsten einer weiblichen aufzugeben, schlagen wir eine weniger voreingenommene Anschauung vor, daß (nämlich) das Gewahrsein... von Geschlechtsunterschieden... sowohl Jungen als auch Mädchen hilft, ihre Geschlechtsidentität zu konsolidieren" (S. 59). Solche Klarheit ist nicht die Regel. Viele Autoren sind verschwommener, und manche neigen dazu, neues Beweismaterial wegzuerklären, anstatt es einzubauen. Moore (1976) z. B. kommt, nachdem er eine Reihe von Untersuchungen geprüft und auch zugegeben hat, daß die Ergebnisse von Freuds Erwartungen abweichen, trotzdem zu dem Schluß, daß Freud in seinen Theorien über die Weiblichkeit „mit dem meisten recht hatte" (S. 298). Und Grossman erklärt in einer vielschichtigen Abhandlung, die der Absicht dient, die Ausdrucksweise der Diskussion umzugestalten: „Indem ich diese Art zu denken angeboten habe... habe ich lediglich einige der alten Prinzipien Freuds in neue Formulierungen gekleidet" (Grossman 1976, S. 303). Den Antrieb, Freuds Theorie „zurechtzumachen", anstatt sie dort zu revidieren, wo es nötig ist, kann man in einem bedeutenden Teil der Literatur erkennen.

Galenson u. Roiphe auf der einen und Kleeman auf der anderen Seite arbeiten zwar mit sehr ähnlichen Beobachtungen, kommen aber in einer Reihe von Fragen zu entgegengesetzten Schlüssen. Bei Galenson u. Roiphe (1977) heißt es: „Penisneid und der weibliche Kastrationskomplex üben durchaus einen entscheidenden Einfluß auf die weibliche Entwicklung aus" (S. 55). Bei Kleeman (1977) dagegen steht: „Penisneid und Minderwertigkeitsgefühle werden beim Beginn der Weiblichkeit auf einen weniger universellen und weniger *notwendigen* Platz verwiesen" (S. 23).

Genauso unterscheiden sie sich im Grad der Allgemeingültigkeit, die sie in ihren Formulierungen anstreben. Galenson u. Roiphe wollen eine normative Theorie, während Kleeman ausdrücklich sagt: „Die Beobachtung widerlegt das einzige schablonenmäßige Muster, von dem Freud behauptete, es sei universell, und von dem er meinte, es beantworte so viele Fragen" (a.a.O., S. 23). Auf einer abstrakteren Ebene unterscheiden sie sich in der Art und Weise, in der sie sich auf die Triebtheorie stützen. Galenson u. Roiphe schreiben: „Der ursprüngliche Standpunkt Freuds, die Organisation des Sexualtriebes spiele eine exemplarische Rolle, bleibt gültig..." (S. 53).[17] Man vergleiche hiermit Kleeman: „Die Beobachtung läßt vermuten, daß in dieser Hinsicht die Theorie der Objektbeziehungen primärer ist als die Triebtheorie" (Kleeman 1977, S. 18).

1.4.3 Objektbeziehungen und Triebe - neue Auffassungen

Stoller (1968, 1977, 1979 a), einer der wenigen Autoren, der die Gemeinsamkeiten zwischen scheinbaren Neuformulierungen und früheren Abweichungen erkennt, gelangt zu einer relativ neuen und zunehmend wichtigeren Auffassung vom Vorgang der sexuellen Differenzierung, die sich erheblich von *allen* früheren Anschauungen unterscheidet. Er bietet den Begriff einer geschlechtlichen *Kern*identität an, mit der er die Überzeugung des Kindes meint, welche es früh im Leben erwirbt, dem einen oder dem anderen Geschlecht anzugehören. Diese Überzeugung wird von Einstellungen und Erwartungen der Eltern stark beeinflußt. Stoller sieht die Kernidentität als etwas an, das sich entwickelt, wenn das Kind die symbiotische

Phase verläßt: für Mädchen setzt die Kernidentität die primäre Identifizierung mit der Mutter fort; bei Jungen erfordert sie eine „Desidentifizierung" von der Mutter (Greenson 1968). Nach Stollers Auffassung geht die Geschlechtsidentität des Mädchens ganz natürlich aus der primären Identifizierung der symbiotischen Phase hervor. Der Junge muß, um seine männliche Kernidentität zu erwerben und aufrechtzuerhalten, dagegen eine feste und stark abwehrende Differenzierung vom primären Objekt zustande bringen. Dies steht im Gegensatz zu Freuds Anschauung, der die Herstellung einer weiblichen Identität, zu der ein Objektwechsel gehörte, und, wie Freud meinte, auch ein Wechsel der sexuellen Triebrichtung, als eine komplizierte Aufgabe sah.

Was die Vorteile des Mädchens auch sein mögen, die aus der festeren Orientierung innerhalb seiner primären Identifizierung entspringen – das ganze hat auch seinen Preis. Eine solche unangefochtene primäre Identifizierung kann größere Schwierigkeiten beim Erlangen von Selbständigkeit, Unabhängigkeit und einem klar umrissenen Selbstbild mit sich bringen. Eine Reihe von Autoren betont die Wichtigkeit der Bemühung des Mädchens, sich von der archaischen präödipalen Mutter zu emanzipieren. Dieser Kampf kann den Penisneid des Mädchens verstärken, denn in seinen Augen sind die charakteristischen physischen Attribute des Jungen für diesen eine Hilfe beim Erlangen von Autonomie (Chasseguet-Smirgel 1964). Nach dieser Anschauung werden Probleme der Identifizierung und der Differenzierung von Selbst und Objekt für das Verständnis der Psychologie der Geschlechtsunterschiede wesentlich, während die Idee der Triebe zweitrangig wird.

Was die Rolle biologischer Triebe angeht, werden Freuds Theorien über die Weiblichkeit von entgegengesetzten Standpunkten aus heute erneut bekräftigt. Es gibt Autoren, die im Gegensatz zu Galenson u. Roiphe die Psychoanalyse als ein streng psychologisches System auffassen, das sich nur um den symbolischen Ausdruck kümmert, besonders um die Funktion der Sprache bei der Definition psychologischer Bedeutungen. Diese Ansicht hat Lacan (1958) als erster klar geäußert. Zwar kritisierte Lacan die „Naturwissenschaftsgläubigkeit" Freuds und insbesondere auch die seiner Anhänger; im weiteren bestätigte er aber Freuds universelle Verallgemeinerungen, die er als „Freudsche Lehre" neu formulierte (Lacan 1958, S. 283), immun gegen die Risiken der Widerlegung durch die Empirie. Lacan und in seiner Nachfolge Mitchell (1974) haben ihre Kritik an Horney und Jones auf deren biologische Annahmen konzentriert, während sie Freud, den Urheber des berühmten Ausspruchs vom „gewachsenen Fels", so gut wie vollständig von jedem unangebrachten „Biologismus" freisprechen. Ähnliche Gedanken haben seither Moore (1976) und Grossman (1976) geäußert. Die Frage, wer wen im Biologisieren übertroffen hat, verdient es, untersucht zu werden, denn es ist diese Frage, die zu einem Brennpunkt gegenwärtiger Neueinschätzungen geworden ist.

1.4.4 Biologismus und Metapher

Paradoxerweise geht es hier um einen Bereich, in dem der Konsens heute ebenso zunimmt wie die deutlich formulierte Kontroverse. Stollers empirische Untersuchungen weisen genau wie auch Lacans antiempirische neue Interpretationen Freuds in dieselbe Richtung, nämlich: daß die alte Debatte in den Formen, in die sie gekleidet wurde, dem komplexen Wechselspiel von sozialen und biologischen Faktoren nicht gerecht geworden ist, besonders nicht der entscheidenden Rolle der frühesten Objektbeziehungen beim Zustandekommen der Geschlechtsdifferenzierung. Obwohl Jones und Horney viele wertvolle Einsichten beigetragen haben, würde Jones Ausspruch „Ich sehe die Frau als ein geborenes Weibchen" (1935, S. 341) einer heutigen Überprüfung nicht besser standhalten als Freuds „biologische Tatsache" der abgelehnten Weiblichkeit.

Wer darauf bestehen will, daß Freud es besser gewußt habe, dem muß man sagen, daß dies meistens so war, daß er dieses Wissen aber nicht auf seine Theorie der Weiblichkeit übertrug. Von seinen frühesten voranalytischen Tagen an hat Freud sich mit dem Verhältnis von konstitutionellen (d. h. biologischen) zu „akzidentellen" (d. h. umwelt- und gesellschaftsbedingten) Faktoren auseinandergesetzt. 1896 legte er die Vorstellung von dem dar, was er später eine „Ergänzungsreihe" nennen sollte, d. h. eine Beziehung, in der dieselben Wirkungen eintreten können, wenn eine mäßige „Ladung" des einen Faktors durch eine stärkere Ladung des anderen ausgeglichen wird (Freud 1896 a, S. 412). Das mag auch heute noch eine so enge Annäherung an den Stand der Dinge und eine so gute Aussage über die Grenzen unseres Wissens sein, wie man sie überhaupt erlangen kann. Bei dem letztlich unlösbaren Problem der Trennung konstitutioneller Einflüsse von Umwelteinflüssen lassen aber auch aktuelle Daten einen Bereich der Unbestimmtheit übrig. Stoller (1968) ist zwar der Ansicht, daß soziale Faktoren in Form der anfänglichen Geschlechtszuschreibung bei der Bildung der Geschlechtszugehörigkeit i. allg. den Sieg über die Biologie davontragen, bringt aber dennoch Beispiele, wo das Gegenteil zutrifft (1976 a, 1979 b). Obwohl sich die Grenzen unseres Wissens auch hier erweitern können, bleibt hier wahrscheinlich doch ein nicht weiter reduzierbarer Bereich von Fragen übrig. Freuds Vorstellung von einer Ergänzungsreihe beschreibt diese Form verbleibender Ungewißheit ausgezeichnet; umstrittene Probleme der Weiblichkeit hat er jedoch ganz spezifisch vom Wirken des Ergänzungsprinzips ausgenommen.

Als Freud sich noch einmal mit der Herkunft des Penisneids bei Erwachsenen beschäftigte (1933 a), gab er zu, daß das Problem umstritten sei und weiter, daß er in solchen Fällen fast immer die Vorstellung von „Ergänzungsreihen" heranziehe. Er sagt aber dann ausdrücklich, „das Infantile ist in allen Fällen richtunggebend" (Freud 1933 a, S. 135), d. h. er spricht sich für das Übergewicht der in seinen Annahmen unveränderlichen psychischen Wirkungen der beobachteten Anatomie aus. Diese Aussetzung des „Ergänzungsprinzips" wird notwendig, sobald Freud von der anfänglichen Männlichkeit des Mädchens ausgeht. Von einem universellen Faktor ist zu fordern, daß er das ursprüngliche biologische Unglück des kleinen Mädchens, das „ein kleiner Mann" ist, in sein Gegenteil verkehrt. Verwirrend an Freuds Standpunkt ist, daß er zwar die Biologie als Determinante der Weiblichkeit ablehnt, sie für die Männlichkeit, und zwar für beide Geschlechter, jedoch bejaht; außerdem behandelt er einen Erfahrungsfaktor (d.h. „den Penis erblicken") als etwas, das in seinen Wirkungen nicht weniger unverständlich ist, als es eine beliebige biologische Begebenheit sein könnte.[18]

Manche Autoren und Autorinnen (beginnend mit Lacan), die Freuds offenkundige Biologismen in diesem Bereich als Mißverständnisse abtun, versuchen zur gleichen Zeit, seine Theorie der Bildung der Geschlechtszugehörigkeit zu bewahren, indem sie sie als metaphorische auslegen. Dabei behaupten sie, der wahren Meinung Freuds näher zu sein als jene, die annehmen, Freud habe gemeint, was er sagte. Eine solche Auslegung seiner Theorie berücksichtigt zum einen nicht seine hervorragende Sprachbeherrschung und die Fähigkeit zur Mitteilung seiner Ideen. Zum anderen übersieht sie sowohl Freuds Verpflichtung gegenüber der Empirie als auch sein Streben nach universellen Prinzipien. Metaphern mögen brauchbar sein oder nicht; aber sie werden gewiß nicht ersonnen, um normative Theorien oder universelle Verallgemeinerungen auszudrücken.

1.5 Schlußbemerkung

Die aktuelle Überprüfung der Weiblichkeitstheorie Freuds bleibt im Schatten der historischen Kontroverse. Gegenwärtig sind 2 gegenläufige Strömungen zu beobachten. Es gibt in diesem Bereich heute eine Menge Forschungen, die benutzt werden können, um den Schwierigkeiten in Freuds Schriften über Frauen unmittelbar entgegenzutreten. Gleichzeitig existieren aber auch weitere Bemühungen, soviel wie möglich von Freuds Formulierungen zu retten, selbst auf Kosten der inneren Logik (wie z.B. dann, wenn seine augenscheinlich unhaltbaren Prämissen fallengelassen werden, während man Konzepte beibehält, die auf eben diesen Prämissen beruhen). Es gibt außerdem Versuche, seine Theorien plausibler zu machen, indem man sie metaphorisch auslegt, wobei man den von ihm eindeutig beabsichtigten Sinn und sein lebenslanges Streben nach universellen und empirisch nachprüfbaren Prinzipien außer acht läßt. So schwer dieses Ziel auch zu erreichen sein mag, Freuds Hingabe an dieses Ziel kann nicht bezweifelt werden. Sie tritt auch in der Art zutage, wie er 1925 (j) den Vorschlag seiner normativen Theorie dargelegt hat.

Die Versuche, Freuds Theorien von der Entwicklung der Weiblichkeit um jeden Preis aufrechtzuerhalten, sind potentiell für die freudianische Psychoanalyse schädlicher, als es die Erkenntnis und Anerkennung wäre, daß dieses Gebiet, das er immer schon dunkel fand, eines war, auf dem sein Genie an seine Grenzen stieß. Würde man diese Grenzen anerkennen, anstatt an der schwächsten Komponente des Freudschen Denkens so herumzubasteln, als ruhte das ganze Gebäude der Psychoanalyse auf ihr, könnte man auch den Weg für eine erneute Ausrichtung von Kraft und Aufmerksamkeit auf jene Aspekte seines reichen Erbes freimachen, die für das Verständnis von Männern wie Frauen unvermindert relevant sind.

Anmerkungen

1 Eine hervorragende Ausnahme ist hier Robert Stoller, der seit 1968 beständig darauf hingewiesen hat, wie sich die Anschauungen der Dissidenten gegenüber denen Freuds als überzeugender erwiesen haben.

2 Jones spielt mehrmals auf unveröffentlichte Briefe Freuds über dieses Thema an (1933, S. 467, 472; 1957, S. 397).

3 Von Stachey hat in seiner Herausgeberanmerkung zu Freuds nachfolgender Abhandlung über die weibliche Sexualität (1931 b) diese als „etwas revolutionär" bezeichnet (S.E., S. 223).

4 Siehe z. B. Edgcumbe u. Burgner (1975); neue Formulierungen werden oft vorgelegt, ohne daß deutlich anerkannt wird, daß sie mit denen der ursprünglichen Dissidenten übereinstimmen oder ihnen ähnlich sind.

5 Diese Vorstellung ist in der heute wieder auflebenden Kontroverse zu einem Brennpunkt geworden. Einige Autoren, z. B. Mitchell (1974), Grossman (1976) und Chodorow (1978), betrachten die Ansichten der frühen Dissidenten als zu biologistisch; dieselben Autoren versuchen Freud als weniger oder überhaupt nicht biologistisch darzustellen.

6 Abgesehen von der zeitlichen Nähe werden diese Schriften als Reaktion auf Horneys Arbeit angesehen, aus Gründen, die bei einer Prüfung des Inhalts deutlich werden.

7 Dadurch kehrte Freud seine eigene Stellungnahme von vor einem Jahr ins Gegenteil um; dort hatte er die Lösung des Ödipuskomplexes beim Mädchen als etwas angesehen, das „in ganz analoger Weise" abläuft (1923 e, S. 260).

8 Ein ausführlicher Vergleich der beiden Abhandlungen findet sich bei Fliegel (1973; dt. 1975, S. 389–392).

9 Freud selbst hat sich dazu geäußert, daß die Mutterübertragung ihm weniger zugänglich sei (s. Freud 1931 b); außerdem zitiert Hilda Doolittle (1956) einen Ausspruch Freuds ihr gegenüber: „Ich bin *nicht* gern die Mutter in der Übertragung – es überrascht und schockiert mich immer ein wenig. Ich fühle mich so sehr als Mann" (HD 1956; dt. 1974, S. 163).

10 Die Erkenntnis, daß ein solches Zurückweichen einschränkend wirkt, kann dazu beitragen, rätselhafte Aussagen Freuds, auch in anderem Zusammenhang, verständlicher zu machen. Er versichert z. B. immer wieder, die primäre Identi-

fizierung des Individuums sei „die mit dem Vater der persönlichen Vorzeit" (1923 e, S. 259). Freud fügt in einer Fußnote hinzu, „vielleicht wäre es vorsichtiger zu sagen, mit den Eltern": Die Mutter wird nie als mögliches Objekt für die erste prähistorische Identifizierung in Betracht gezogen. Die Arbeiten Greensons (1968) und Stollers (1968, 1976) über das Bedürfnis der „Desidentifizierung" von einer engen Bindung an die Mutter (von der man bei Freud weiß, daß sie sehr eng war), sind hier wahrscheinlich relevant; ebenso Buxbaums (1951) und Eriksons (1954) Mutmaßungen über Freuds unvollständige Selbstanalyse.

11 Jones abschließende Arbeit (1935) über dieses Thema wurde zuerst vor der Wiener Vereinigung vorgetragen, und zwar als Teil einer geplanten Reihe von Austauschvorträgen, die ein besseres Verstehen zwischen „London" und „Wien" fördern sollten.

12 Ergänzend bezieht sich Freud auch auf ein früheres Werk Deutschs, das Gemeinsamkeiten mit Horneys Abhandlung hatte und widerruft es gleichsam für sie – mit der Begründung, daß sie von irrigen Voraussetzungen ausgegangen sei: „In ihrem früher (1925) veröffentlichten Buch... hatte die Autorin sich von der Anwendung des Ödipusschemas auch auf die präödipale Phase noch nicht frei gemacht..." (Freud 1931 b, S. 535 f.).

13 In ihrem späteren Werk (1981) bestätigen Roiphe u. Galenson noch einmal die Richtigkeit der „ursprünglichen Aussage Freuds" über die entscheidende Rolle des Penisneids in der weiblichen Entwicklung (S. 285). Der hier verfügbare Raum erlaubt nicht den Versuch, selektive Beobachtungen, „Feststellungen", Vermutungen, Folgerungen, Interpretationen und verallgemeinernde Schlüsse in diesem Werk zu entwirren. Mayer (1983) stellt in einer im großen ganzen anerkennenden Besprechung des Werkes von 1981 in einer nachdenklichen Erörterung trotzdem einige ernsthafte Fragen (s. S. 366–368). Die sorgfältige Darstellung, die Roiphe u. Galenson von den physischen und mechanischen Aspekten ihres Forschungsdesigns geben, findet in ihrer Behandlung der Daten keine adäquate Entsprechung. Die von mir berichteten Feststellungen waren im Lauf der Zeit verschieden (s. Fliegel 1982, S. 25, Anm. ‚a'); die allgemeinen Folgerungen sind sich jedoch gleich geblieben.

14 Kestenberg betrachtet die Phantasie vom „Tod der Puppe" im Alter von 3 oder 4 Jahren als Teil eines normativen Ablaufs. Die Vorstellung, bis zu diesem Alter werde die Puppe regelmäßig als lebendiges Baby angesehen, wird durch die Beobachtungen von Parens et al. (1977) in Frage gestellt, die feststellten, daß schon im Alter von zweieinhalb Jahren „ein wirkliches Baby nun ganz anders behandelt wird als eine Puppe" (Parens et al. 1977, S. 100).

15 Autoren, die gern beweisen wollen, daß Horney und Jones sogar noch schärfer im Irrtum waren als Freud, führen z. B. ihre biologischen Annahmen an (Mitchell 1974; Grossman 1976) oder auch Horneys einseitige Betonung des Kulturellen (Barglow u. Schaefer 1977), als sei dies ihr Gesamtbeitrag.

16 Der Hauptunterschied zwischen der „phallisch-narzißtischen" Phase und der Auffassung von Jones und Horney liegt in der Bezeichnung; Jones bezweifelte besonders die Angebrachtheit der Bezeichnung „phallisch" für präödipale Mädchen.

17 Zwar ist nicht zu bezweifeln, daß die Autoren „Freuds ursprünglichen Stand-
punkt" wiederholen wollen, aber es ist weniger klar, wie „die exemplarische
Rolle" der Trieborganisation in dieser Hinsicht zu ihrem Denken paßt. Für
Freud lassen angeborene Triebe die anfängliche *Männlichkeit* entstehen;
Weiblichkeit kommt durch einen *Erfahrungs*faktor zustande [„Erblicken des
Penis", wie Jones (1935) es nannte].

18 Ein phylogenetisches Erbe, von dem Freud gelegentlich spricht, könnte eine
solche Universalität erklären. Mitchell (1974) benutzt diese Idee zwanglos. Sie ist
zwar gegen das „Biologisieren", aber sie scheint nicht zu merken, daß man, wenn
man sich auf die Theorie von erlebten seelischen Inhalten stützt, Biologie durch...
Biologie ersetzt; die Lamarck'sche Theorie, wenn auch wissenschaftlich fragwür-
dig, ist eine Theorie innerhalb der Biologie (s. auch Stoller 1979 a, S. 44, wo es um
ererbte Erinnerungen geht).

Literatur

Abraham K (1921, 1971) Äußerungsformen des weiblichen Kastrationskomplexes.
   In: Psychoanalytische Studien, Bd 2. Fischer, Frankfurt am Main, S 69–99
Abraham HC, Freud EL (eds) (1965, 1966) Sigmund Freud, Karl Abraham: Briefe
   1907–1926. Fischer, Frankfurt am Main
Barglow P, Schaefer M (1977) A new female psychology? In: Blum HP (ed) Female
   psychology. Int Univ Press, New York, pp 393–438
Barnett MC (1968) „I can't" versus „he won't": Further considerations of the
   psychological consequences of the anatomic and physiological differences
   between the sexes. J Am Psychoanal Assoc 16:588–600
Bernfeld S (1962) On psychoanalytic training. Psychoanal Quart 31:453–482
Blum HP (ed) Female psychology. Contamporary psychoanalytic views. Int Univ
   Press, New York
Brunswick RM (1940, 1948) The preoedipal phase of libido development. In: Fliess
   R (ed) The psychoanalytic reader. Int Univ Press, New York, pp 261–284
Buxbaum E (1951, 1952) Freud's dream interpretation in the light of his letters to
   Fliess. The Yearbook of Psychoanalysis 8:56–72
Chasseguet-Smirgel J (1964, 1974) Die weiblichen Schuldgefühle. In: Psychoanalyse
   der weiblichen Sexualität. Suhrkamp, Frankfurt am Main, S 134–191
Chodorow N (1978, 1985) Das Erbe der Mütter. Psychoanalyse und Soziologie der
   Geschlechter. Frauenoffensive, München
Clower V (1977) Theoretical implications in currrent views of masturbation in
   latency girls. In: Blum HP (ed) Female psychology. Int Univ Press, New York, pp
   109–125
Deutsch H (1925) Zur Psychoanalyse der weiblichen Sexualfunktionen. Int Psycho-
   anal Verlag, Wien
Deutsch H (1930) Der feminine Masochismus und seine Beziehung zur Frigidität.
   Int Z Psychoanal 16:172–184
Deutsch H (1932) Über die weibliche Homosexualität. Int Z Psychoanal 18:219–
   241
Edgcumbe R (1976) Some comments on the concept of the negative oedipal phase in
   girls. Psychoanal Study Child 31:35–61

Edgcumbe R, Burgner M (1975) The phallic-narcissistic phase. Psychoanal Study Child 30:161–180

Erikson EH (1954, 1955) Das Traummuster der Psychoanalyse. Psyche 8:561–604

Fenichel O (1930, 1979) Zur prägenitalen Vorgeschichte des Ödipuskomplexes. In: Laermann K (Hg) Otto Fenichel. Aufsätze. Bd 1. Olten, Freiburg i. Br., S 167–191

Fenichel O (1934, 1979) Weiteres zur prädödipalen Phase der Mädchen. In: Laermann K (Hg) Otto Fenichel. Aufsätze. Bd 1. Olten, Freiburg i. Br., S 234–275

Fliegel ZO (1973, 1975) Freuds Theorie der psychosexuellen Entwicklung. Psyche 29:813–834

Fliegel ZO (1982) Half a century later: Current status of Freud's controversial views on women. Psychoanal Rev 69:7–28

Freud A (1965, 1977) Vorwort zu J. Bolland und J. Sandler: Die Hampstead Methode. Kindler, München

Freud S (1896 a) L'hérédité et l'étiologie des névroses. GW Bd 1, S 407–422. Fischer, Frankfurt am Main

Freud S (1905 d) Drei Abhandlungen zur Sexualtheorie. GW Bd 5, S 27–145

Freud S (1908 c) Über infantile Sexualtheorien. GW Bd 7, S 169–199

Freud S (1923 b) Das Ich und das Es. GW Bd 13, S 235–289

Freud S (1923 e) Die infantile Genitalorganisation. GW Bd 13, S 291–298

Freud S (1924 d) Der Untergang des Ödipuskomplexes. GW Bd 13, S 393–402

Freud S (1925 j) Über einige psychische Folgen des anatomischen Geschlechtsunterschieds. GW Bd 14, S 17–30

Freud S (1926 e) Die Frage der Laienanalyse. GW Bd 14, S 207–296

Freud S (1931 b) Über die weibliche Sexualität. GW Bd 14, S 515–537. Englisch: Editors note in the Standard Edition of the Complete Psychological Works of Sigmund Freud. Hogarth Press, London 1964, Bd 21, S 223

Freud (1933 a) Neue Folge der Vorlesungen zur Einführung in die Psychoanalyse. GW Bd 15, S 6–197

Freud S (1937 c) Die endliche und die unendliche Analyse. GW Bd 16, S 57–99

Freud S (1940 a) Abriß der Psychoanalyse. GW Bd 17, S 63–138

Galenson E (1976) Panel report on the psychology of women. J Amer Psychoanal Assoc 24:141–160

Galenson E, Roiphe H (1977) Some suggested revisions concerning early female development. In: Blum HP (ed) Female psychology. Int Univ Press, New York, pp 29–57

Greenacre P (1950, 1952) Special problems of early female development. In: Trauma, Growth and Personality. Norton, New York, pp 237–258

Greenson RG (1968, 1982) Die Beendigung der Identifizierung mit der Mutter und ihre besondere Bedeutung für den Jungen. In: Psychoanalytische Erkundungen. Klett-Cotta, Stuttgart, S 257–264

Grossman WI (1976) Discussion of „Freud and female sexuality". Int J Psychoanal 57:301–305

Grossman WI, Stewart W (1977) Penis envy: From childhood wish to developmental metaphor. In: Blum HP (ed) Female psychology. Int Univ Press, New York, pp 193–212

Horney K (1923, 1977) Zur Genese des weiblichen Kastrationskomplexes. In: Die Psychologie der Frau. Fischer, Frankfurt am Main, S 10–25

Horney K (1926) Flucht aus der Weiblichkeit. In: Die Psychologie der Frau. Fischer, Frankfurt am Main, S 26–42

HD (=Hilda Doolittle) (1956, 1974) Huldigung an Freud. Rückblick auf eine Analyse. Ullstein, Frankfurt am Main Berlin Wien

Jacobson E (1937, 1976) Wege der weiblichen Über-Ich-Bildung. Psyche 32:764–775

Jones E (1927, 1928) Die erste Entwicklung der weiblichen Sexualität. Int Z Psychoanal 14:11–25

Jones E (1932, 1933) Die phallische Phase. Int Z Psychoanal 19:322–357

Jones E (1935) Über die Frühstadien der weiblichen Sexualentwicklung. Int Z Psychoanal 21:331–341

Jones E (1957) Das Leben und Werk von Sigmund Freud, Bd. 3, Huber, Bern Stuttgart 1962

Kestenberg J (1975) Children and parents: Psychoanalytic studies in development. Aronson, New York

Kleeman J (1977) Freud's views on early female sexuality in the light of direct child observation. In: Blum HP (ed) Female psychology. Int Univ Press, New York, pp 3–27

Klein M (1928, 1985) Frühstadien des Ödipuskonfliktes und der Über-Ich-Bildung. In: Frühstadien des Ödipuskomplexes. Frühe Schriften 1928–1942. Fischer, Frankfurt am Main, S 7–21

Lacan J (1958, 1975) Die Bedeutung des Phallus. In: Schriften II, S 119–132. Walter, Olten Freiburg i. Br.

Lampl-de Groot J (1927) Zur Entwicklungsgeschichte des Ödipuskomplexes der Frau. Int Z Psychoanal 13:267–282

Mayer EL (1983) Roiphe H, Galenson E: Review of infantile origins of sexual identity. Int J Psychoanal 64:365–369

Mitchell J (1974, 1976) Psychoanalyse und Feminismus. Suhrkamp, Frankfurt a. M.

Moore BE (1976) Freud and female sexuality: A current view. Int J Psychoanal 57:287–300

Nagera H (1975) Female sexuality and the oedipus complex. Aronson, New York

Parens H, Pollock L, Stern J, Kramer S (1977) On the girl's entry into the Oedipus complex. In: Blum HP (ed) Female psychology. Int Univ Press, pp 79–107

Roiphe H, Galenson E (1981) Infantile origins of sexual identity. Int Univ Press, New York

Sachs H (1928) Über einen Antrieb bei der Bildung des weiblichen Über-Ich. Int Z Psychoanal 14:163–174

Serebriany R (1976) Report on dialogue on „Freud and female sexuality". Int J Psychoanal 57:311–313

Stoller RJ (1968) Sex and Gender, Bd 1: On the development of masculinity and feminity. Science House, New York

Stoller RJ (1976) Sex and gender, Bd 2: The transsexual experiment. Aronson, New York

Stoller RJ (1977) Primary feminity. In: Blum HP (ed) Female psychology. Int Univ Press, New York, pp 59–78

Stoller RJ 1979 a) Sexual Excitement: Dynamics of erotic life. Pantheon, New York

Stoller RJ (1979 b) A contribution to the study of gender identity: Follow-up. Int J Psychoanal 60:433–441

Zetzel E (1965, 1974) Über die Unfähigkeit, Depression zu ertragen. In: Die Fähigkeit zu emotionalem Wachstum. Klett, Stuttgart, S 86–119

Zilboorg G (1944, 1973) Masculine and feminine. In: Miller JG (ed) Psychoanalysis and women. Penguin, Baltimore (1973) pp 96–131

2 Das Selbst, das nicht geschlechtslos ist: Ein verlorenes mütterliches Erbe

Susan Spieler

> *Weil er nur als Mann liebt, nicht als Mensch, darum ist in seiner Geschlechtsempfindung etwas Enges, scheinbar Wildes, Gehässiges, Zeitliches, Unewiges... Das Mädchen und die Frau, in ihrer neuen, eigenen Entfaltung, werden nur vorübergehend Nachahmer männlicher Unart und Art und Wiederholer männlicher Berufe sein... Der leichte... Mann,... dünkelhaft und hastig, unterschätzt, was er zu lieben meint.. Eines Tages wird das Mädchen da sein und die Frau, deren Name nicht mehr nur einen Gegensatz zum Männlichen bedeuten wird, sondern etwas für sich... Dieser Fortschritt wird das Liebe-Erleben, das jetzt voll Irrung ist, – verwandeln, von Grund aus verändern, zu einer Beziehung umbilden, die von Mensch zu Mensch gemeint ist, nicht mehr von Mann zu Weib.*
>
> Rainer Maria Rilke (1903–1904)

Die psychoanalytische Gemeinschaft ist durch das Festhalten an einer dichotom-linearen Theoriebildung bestimmt und eingeengt. Mit nur wenigen Ausnahmen haben psychoanalytische Theoretiker die menschliche Entwicklung als ein lineares Fortschreiten von Abhängigkeit zu Unabhängigkeit aufgefaßt und sich *entweder* darauf konzentriert, wie Menschen fähig werden, Beziehungen zu anderen einzugehen und zu lieben (so z. B. Freud, Mahler, Klein, Sullivan), *oder* aber auf die narzißtische Entwicklung, Selbstregulierung und das Streben nach individueller Verwirklichung des „kreativ/produktiven Potentials" (Kohut 1984).

Diese psychoanalytische Theorie wird durch ihre Linearität und die damit konstruierten Gegensätze entsprechend eingeschränkt. Eine Theorie, die die Entwicklung als etwas auffaßt, das von Verschmelzung und Abhängigkeit linear zur Unabhängigkeit fortschreitet, kann nicht gleichzeitig auf die Akzentverschiebung zwischen Zuständen des Einsseins und des Getrenntseins eingehen, welches das menschliche Erleben während des ganzen Lebens hindurch sehr viel wirklichkeitsnäher kennzeichnet (Silverman, Lachmann u. Milich 1982). Eine Theorie, die die Getrenntheit als Zeichen seelischer Gesundheit auffaßt, weist dem Wunsch und der Fähigkeit des Individuums, Bindungen einzugehen, einen minderen Rang zu (Silverman 1987); das gleiche gilt für die Fähigkeit, in Beziehung zu sein und wechselseitige Abhängigkeit zu genießen.[1] Eine solche schiefe und künstlich dichotomisierte Sichtweise ignoriert die Tatsache, daß selbst im Säuglingsalter Erfahrungen der gegenseitigen Beziehung mit solchen der Differenzierung abwechseln (Stern 1983). Obwohl die Bedeutung von Bindung, Kooperation und gegenseitiger Dependenz – *lauter Eigenschaften, die oft mit Weiblichkeit assoziiert werden* – grundsätzlich anerkannt ist, haben sie in der psychoanalytischen Theorie bis jetzt nur wenig Beachtung gefunden.

Die aktuelle Säuglingsforschung (z. B. Stern 1983; Beebe 1985) zeigt, daß Säuglinge zu anderen Menschen Beziehungen aufnehmen, die (für Zwecke der „Objektbeziehung") differenzierten Objekten gelten können oder aber Menschen als „Selbstobjekten"[2] (für den „narzißtischen" Zweck der Selbstregulierung und der psychischen Strukturierung). Die Darstellung der Realität wird so einmal verzerrt, weil die psychoanalytische Theorie es unterläßt, Erfahrungen des Einsseins *und* des Getrenntseins einzubeziehen; hinzu tritt der Mangel, Entwicklungen in Objektbeziehungen und im Narzißmus gleichzeitig zu bedenken.

Der Umstand, daß solche Erfahrungen und Bestrebungen nicht in eine umfassende psychoanalytische Theorie einbezogen sind, offenbart die Einschränkung des dichotomen Denkens. Die Tendenz, Getrenntheit – weit mehr als Bindung und Interdependenz – als normales menschliches Streben darzustellen, ist eine eingeengte Sichtweise, die sich aus dem linearen Denken herleitet; gleichzeitig ist sie eine eher männliche als weibliche Betrachtung. *In dieser Tendenz zur Linearität und zum dichotomen Denken ist die Struktur der psychoanalytischen Theorie „männlich".* Obwohl man durch die Verwendung eines im wesentlichen männlichen Ansatzes große Fortschritte gemacht hat, begrenzt die Vernachlässigung des weiblichen Ansatzes das erklärende Potential der psychoanalytischen Theorie. *Struktur und Inhalt der psychoanalytischen Entwicklungstheorie spiegeln den Einfluß „männlichen" Denkens in einer Weise, daß „weibliches" Denken mehr oder minder ausgeschlossen bleibt.* In beiden Punkten ist die psychoanalytische Theorie androzentrisch. Das „weibliche" Denken neigt dazu, eine stärkere Verwischung der Grenzen zwischen Subjekt und Objekt zuzulassen (Keller 1985), im Gegensatz zu der Linearität und dem dichotomen Denken, das gewöhnlich den Männern zugeschrieben wird. Die Inhalte des weiblichen Denkens befassen sich außerdem mehr mit Beziehungsfragen als mit Getrenntsein (Gilligan 1982).

Der Androzentrismus durchzieht den Inhalt der Freudschen Persönlichkeitstheorie (1931 b, 1933 a). Das weibliche Selbstgefühl wird dort als in seinem Wesen verkrüppelt angesehen, einfach weil es nicht männlich ist. Es scheinen auch eigene Vorerfahrungen zu sein, die Freud hier an der Erkenntnis gehindert haben, daß Mädchen und Frauen über Leben und Sexualität anders denken könnten als er. Er ging von der Annahme aus, sie müßten so empfinden wie er, wenn ihm ein Penis fehlen würde. Da er Männlichkeit als Maßstab nahm, schien er sich nicht vorstellen zu können, daß Frauen aus eigenem Recht ihre einzigartigen sexuellen und reproduktiven Fähigkeiten schätzen konnten, ebensowenig wie ihre Ähnlichkeit mit einer idealisierten Mutter, die weiblich ist wie sie. Obwohl Freud glaubte,

Frauen strebten danach, ihre Verletzung über die „Entdeckung" ihrer genitalen „Minderwertigkeit" zu heilen, indem sie ihren Mangel durch Babys und Liebe zum Mann zu ersetzen trachteten, ist heute klar (Chasseguet-Smirgel 1964; Blum 1977; Lerner 1982; Mendell 1982), daß der weibliche Wunsch, Männer zu lieben und Kinder zur Welt zu bringen, für viele Frauen nicht in diesem Sinne kompensatorisch ist, sondern primär.

Freud nahm auch die Männlichkeit zum Maßstab, als er das weibliche Gewissen gegenüber dem der Männer für minderwertig erklärte, weil es, wie er behauptete, im Vergleich dazu zu wenig unpersönlich ist. Neuere Untersuchungen (Gilligan 1982) an Mädchen und Frauen unter einem weiblichen Blickwinkel haben ergeben, daß weibliche moralische Interessen sich qualitativ von denen der Männer unterscheiden. Es fällt schwer, Lösungen für moralische Zwangslagen, bei denen es um Fürsorge und Bindung geht, im Gegensatz zu männlichen Entscheidungen, in denen meist abstrakt-unpersönliche moralische Prinzipien im Vordergrund stehen (z. B. das Bild von der „blinden Gerechtigkeit"), als minderwertig zu beurteilen. Freuds Folgerung in bezug auf das weibliche Gewissen war jedoch androzentrisch. Er glaubte, Mädchen würden nie in gleichem Maß wie Jungen von der Kastrationsangst dazu gedrängt, ödipale Wünsche zu unterdrücken. Deshalb würden sie auch nie die Autonomie und die Art von strengem Gewissen erlangen, die er als Kennzeichen einer wohlstrukturierten Persönlichkeit ansah. Diese waren eindeutig Kennzeichen des Freudschen Modells der *männlichen* Persönlichkeit.

Auch Freuds Sicht der männlichen Entwicklung ist androzentrisch. Mit der „Lösung" des Ödipuskomplexes und seinem erneuten Durcharbeiten in der Adoleszenz geben Jungen die Verbindung zu ihren mütterlichen Wurzeln auf.[3] Um diesen Verzicht zu festigen, geben viele auch ihre nährenden und pflegenden Fähigkeiten und Sehnsüchte auf und fangen an, sie allmählich als unnatürlich zu empfinden. Diese Art der „Lösung" könnte jedoch besser als ein frühes Stadium in einem Prozeß verstanden werden, in dem das Selbst immer mehr von dem assimiliert, was zu seiner Organisation beiträgt. Angst vor den weiblichen Dimensionen des Selbst, ihre Verleugnung und Abwertung, sind Zeichen dafür, daß dieser Assimilationsprozeß zum Stillstand gekommen ist.

Psychoanalytische Lehrsätze, die v. a. das Ziel der Trennung und Individuation betonen (Mahler, Pine u. Bergman 1975), zeigen den immer noch vorhandenen Einfluß des Androzentrismus. Gewöhnlich ist die Person, von der die Trennung erfolgen soll, weiblichen Geschlechts. Wenn Mütter auf die Forderung reduziert werden, daß man sich von ihnen trennt, werden auch die Werte und Eigenschaften, die man normalerweise mit Frauen und dem weiblichen Teil des Selbst verbindet, nicht hinreichend erkannt oder sogar abgewertet. Ein Mensch, der Getrenntheit, Autonomie und Objektivität schätzt, tut dies vielleicht nicht von vornherein zu Abwehrzwecken. Aber wenn das Festhalten an diesen Werten die Würdigung eines anderen Wertsystems verhindert, in dem Fürsorge, Bindung und

Interdependenz im Mittelpunkt stehen und Gültigkeit beanspruchen, kann man die Selbstschutzfunktion dieses Ungleichgewichts erkennen.

Die Schwierigkeit, Strukturen und Inhalte der Weiblichkeit in die psychoanalytische Theorie hineinzunehmen, hat eine Parallele in den Schwierigkeiten von Männern und Frauen, das Streben nach individueller Erfüllung mit jener Befriedigung in Einklang zu bringen, das man aus der Fürsorge für einen anderen Menschen ziehen kann. Bis in die 70er Jahre, als Frauen und Männer anfingen, die Verantwortung für die Versorgung von Kindern und für den Lebensunterhalt mehr als bisher miteinander zu teilen, waren diese Funktionen nach stereotypen Geschlechtsrollen aufgeteilt; dabei waren Frauen für Fragen der Beziehung zuständig (z. B. Fürsorge und Anteilnahme für andere), während Männer narzißtische Ziele anstrebten (z. B. das individualistische Verfolgen von Zielen und Wünschen).

Die Veränderungen in den Rollen von Frauen und Männern haben auch zu einer Vermischung von Strebungen geführt, die früher streng getrennt waren. Durch ihre zunehmende Berufstätigkeit haben Frauen begonnen, das individualistische Verfolgen von Zielen und Wünschen zu genießen; Männer haben durch ihre Beteiligung an der Kinderversorgung umgekehrt angefangen, die Erlebnisse der Fürsorge und des Miteinander zu schätzen.

Weil in der Vergangenheit die Betonung auf den Unterschieden lag (i. allg. ein männliches Anliegen), waren Männer und Frauen oft unnatürlich separiert und in ihrer Fähigkeit behindert, die fundamentale Ähnlichkeit ihrer Anliegen anzuerkennen und zu schätzen und einander als Menschen zu lieben, so wie Rilke dies vorschlägt. Anhänger bestimmter psychoanalytischer Theorien sind durch *ihre* Betonung der Verschiedenheit ebenfalls oft in ihrer Sichtweise beeinträchtigt, über die Grenzen ihrer Theorien hinauszuschauen, um auch andere mögliche Formulierungen zu entdecken. Natürlich bestehen zwischen Männern und Frauen beträchtliche Unterschiede, so wie dies auch zwischen den Haupttheorien, die das psychoanalytische Denken formen, der Fall ist. Während das Wissen um diese Unterschiede die Diskussion zwischen Männern und Frauen voranbringen und die Implikationen einzelner theoretischer Beiträge klären kann, hat eine Überbetonung der Unterschiede oft die Funktion der Abwehr und der Wiederherstellung des Selbst. Diese Funktionen sind bis jetzt nicht allgemein erkannt worden.

Die Psychologie des Selbst bietet eine besonders brauchbare Perspektive, die Art und Weise zu analysieren, wie Menschen ihr verletzliches Selbst aufrechterhalten und wiederherstellen (z. B. durch einen durchgängigen Androzentrismus und, spezifischer, durch eine Betonung des Unterschieds im Dienste der Abwehr). Da eine der Stärken der Selbstpsychologie darin liegt, den Erhalt oder die Wiederherstellung des Selbst und der Selbstachtung mit Hilfe psychischer Tätigkeit zu untersuchen (Stolorow u. Lachmann 1980), sollen einige Grundkonzepte dieser Theorie wenigstens kurz erwähnt werden.

Kohut (1966, 1971) führte die Erforschung der „Formen und Transformationen des Narzißmus" ganz ähnlich ein wie Freud (1905 d) seinerzeit die Erforschung der Formen und Transformationen des Objekts und des Trieblebens. Gleichzeitig lehnte er die verbreitete Anschauung vom Narzißmus als einer frühen Entwicklungsphase ab, von der man hoffte, der gesunde Mensch würde aus ihr hervorgehen als einer, der getrennt ist und andere als Personen lieben kann, die sich vom Selbst unterscheiden. Er schlug statt dessen vor, das Selbst müsse sich selber lieben und während des ganzen Lebens für die Erfüllung seiner eigenen (normalen) narzißtischen Bedürfnisse sorgen. Im optimalen Fall kann sich der archaische Narzißmus der Kindheit in reifere Formen des Narzißmus verwandeln.

Nach Kohut sind Menschen motiviert, ihr eigenes kreativ-produktives Potential zu verwirklichen.[4] Andere können bei der Verwirklichung dieser Ziele hilfreich sein, wenn auch nicht unbedingt als ein differenziertes Gegenüber, sondern als Selbstobjekt oder eine Erweiterung des Selbst, die narzißtische Funktionen erfüllt (z. B. die Widerspiegelung der Grandiosität des Selbst oder die Verschmelzung mit dem, was stark, mächtig, aufbauend und damit idealisierbar ist, um einen zu unterstützen). Das Selbst braucht das ganze Leben lang geeignete Selbstobjekte, um die Erfüllung seines „kreativ-produktiven Potentials" zu sichern. Wenn die notwendigen Selbstobjekte fehlen (wenn der Mensch z. B. weder in der Außen- noch in der Innenwelt Zugang zu einer idealisierten Elternimago hat), kann das Selbst einen Entwicklungsstillstand erleiden. Auf den Narzißmus kann man nicht verzichten oder aus ihm herauswachsen. Wer versucht, auf narzißtische Bedürfnisse zu verzichten, wie es viele Menschen in unserer Kultur tun, entfremdet sich verfügbaren Versorgungsquellen.

Oft werden unsere kulturellen Geschlechtsmuster von Menschen moralisch und politisch beurteilt, die davon ausgehen, daß menschliche Beziehungen und menschliche Selbstachtung darin herabgemindert werden. Die Lehren der Selbstpsychologie ermutigen zu der Überlegung, auf welche Weise bestimmte Muster das Selbst stützen oder es umgekehrt in seiner Fähigkeit behindern, seine Ziele zu verwirklichen. Die Selbstpsychologie befähigt also zu einer nicht wertenden Untersuchung dessen, was Menschen brauchen, um sich zu erhalten – in diesem Fall, warum Männer und Frauen androzentrisch sind und Geschlechtsmuster beibehalten, die Schaden anzurichten scheinen.

Eine selbsterhaltende Funktion des Androzentrismus und seiner Betonung der Unterschiede und der Dichotomie liegt darin, daß sie die Phantasie zuläßt, das eigene Geschlecht (oder die eigene Theorie) sei „nicht beeinflußt" und unabhängig. Der Glaube, das eigene Geschlecht sei „unberührt" oder nicht befleckt, ist ein Phänomen, das mehr mit der männlichen als mit der weiblichen Entwicklung in Verbindung steht. Greenson (1968) z. B. bemerkt, daß der Junge, der eine männliche Identität erwirbt, sich von der Mutter desidentifizieren müsse. Für die normale weibliche Entwicklung ist eine solche radikale Desidentifizierung nicht charakteristisch. Die männ-

liche Tendenz, Frauen von „männlichen Tätigkeiten" auszuschließen, um
die männliche Identität vor der empfundenen Gefahr der Abhängigkeit von
Frauen zu schützen, ist von Dinnerstein (1976) beschrieben worden. In
gewissem Sinn scheinen viele Männer eine heroische oder idealisierte
Männlichkeit als Schutz vor dem potentiellen Identitätsverlust zu brauchen,
den die Mutter unbewußt für sie bedeutet. Auch für Frauen hat die
idealisierte Männlichkeit eine restaurative Funktion, weil sie Schutz vor
Verwundbarkeit zu bieten scheint.

Der Glaube an die Reinheit und Macht des Selbstobjekts kann die eigene
Sicherheit und Selbstachtung erhöhen. Genauso, wie Männer und Frauen
manchmal Männer und Männlichkeit als idealisierte Selbstobjekte brauchen, brauchen Psychoanalytiker und Psychoanalytikerinnen manchmal
ihre Theorien, damit sie Funktionen des Selbstobjekts erfüllen. Genauso,
wie Männer und Frauen an den von ihnen idealisierten Menschen Mängel
nur schwer ertragen, kann es Psychoanalytikern und Psychoanalytikerinnen
schwerfallen, Mängel an den von ihnen idealisierten Theorien zuzugeben.
Wenn diese Unduldsamkeit extrem ist, und wenn die Idealisierung zur
*Über*idealisierung wird, gerät sie in Widerspruch zur Anerkennung wechselseitiger Abhängigkeit, einem eher weiblichen Interesse. Das Vertrauen
auf Überidealisierung befähigt einen, die Illusion der Selbstgenügsamkeit so
lange aufrechtzuerhalten, wie auch die Identifikation mit dem idealisierten
Selbstobjekt beibehalten werden kann. Außerdem erfordert die Überidealisierung, daß klare Grenzen gewahrt werden (ein männliches Interesse):
entweder Grenzen zwischen überidealisierter Männlichkeit und unterbe-
werteter Weiblichkeit – dies von Männern und Frauen – oder zwischen der
eigenen überidealisierten Theorie und den übrigen Theorien – dies von
Psychoanalytikern und Psychoanalytikerinnen.

Männer und Frauen, die ihre eigenen weiblichen Dimensionen nicht
schätzen können, verlassen sich in der einen oder anderen Weise oft auf
überidealisierte Männer (z. B. den „Superman") oder auf Symbole von
Männlichkeit, wie körperliche Stärke oder Objektivität. Die psychoanalytische Theorie, eine Schöpfung moderner westlicher Männer und Frauen[5],
spiegelt in ihrer Struktur und ihrem Inhalt die Überidealisierung der
Männlichkeit wider. So, wie Männer und Frauen Weiblichkeit nur beschränkt zu schätzen wissen, so ist auch die psychoanalytische Theorie in
ihrer Fähigkeit eingeschränkt, sich positive Vorstellungen von Frauen, vom
Inhalt und der Struktur des weiblichen Denkens und weiblicher Selbstantei-
le von Männern und Frauen zu machen. Die Überschätzung des Mannes und
der Männlichkeit stellt eine unbewußte Anstrengung dar, Sicherheit und
Selbstachtung aufrechtzuerhalten. *Männlichkeit ist zum unbewußten Talis-
man oder Selbstobjekt geworden.* Männlichkeit wird oft benutzt, um mit
Enttäuschungen am eigenen Selbst und dem der Eltern fertigzuwerden, die
fehlbar, verletzlich, beschränkt und unvollkommen sind.

Die psychischen Determinanten und Funktionen, die zu einer solchen,
alles durchdringenden Überbewertung der Männlichkeit und zu ihrem

Gebrauch als Selbstobjekt beitragen, sind heute noch nicht angemessen verstanden. Im verbleibenden Teil dieser Arbeit werden mehrere Hypothesen dafür aufgestellt:

1) Die weiblichen Dimensionen des Selbst werden von Frauen und Männern nicht genug geschätzt, weil Weiblichkeit unbewußt mit Fehlbarkeit verbunden wird;
2) Männlichkeit wird sowohl von Frauen als auch von Männern aus Abwehrgründen überbewertet, um die Männlichkeit nicht von der Fehlbarkeit „anstecken" zu lassen, die der Weiblichkeit anhaftet;
3) obwohl auf diese Weise Männlichkeit als Garantie für Sicherheit und Selbstachtung erhalten bleibt, stellt das Sich-Verlassen auf eine solche Form der Selbstrestauration häufig einen Entwicklungsstillstand dar, der damit zusammenhängt, daß Frauen i. allg. die Kinder aufziehen und daß ihr Geschlecht unterbewertet wird. Folgerungen für die psychoanalytische Theorie und Therapie werden nunmehr besprochen.

In der heutigen westlichen Kultur werden Männlichkeit und Weiblichkeit mit verhältnismäßig unterschiedlichen Qualitäten und Perspektiven verknüpft (Gilligan 1982; Chodorow 1978). Die Menschen variieren in der Wahrnehmung und der Fähigkeit, sich dieser männlichen und weiblichen Systeme zu bedienen, so wie beide Systeme auch in verschieden hohem Maß zur Organisation ihres Selbst beigetragen haben. *Eigenschaften, die als männlich oder weiblich gelten, kommen bei Angehörigen beider Geschlechter in unterschiedlichem Ausmaß vor.* In den Theorien der menschlichen Entwicklung sind „weibliche" Eigenschaften schlechter bewertet und weibliche Standpunkte übersehen worden (Erikson 1950; Gilligan 1982; Lachmann 1985; Silverman 1987); das gleiche gilt für die Weltgeschichte (Thompson 1981) und für die Naturwissenschaften (Capra 1982).

Die natur- und humanwissenschaftlichen Theorien, einschließlich der psychoanalytischen Theorie, sind androzentrisch. Feministische Gelehrte (Bleier 1984; Keller 1985) fragen sich immer nachhaltiger, ob viele der bisher geglaubten heiligen Wahrheiten ihrer Disziplinen wirklich wertneutral sind. Viele dieser „Wahrheiten" scheinen mit geschlechtsbedingten Vorurteilen beladen zu sein.

Die Wissenschaftsphilosophin Catherine MacKinnon schreibt: „Objektivität, die ,anscheinend unbeteiligte Haltung', ist die männliche erkenntnistheoretische Haltung" (MacKinnon 1982, S. 538). Die Ideale, die die Natur- und Humanwissenschaften durchziehen, stellen oft „eine radikale Ablehnung jeder Vermischung von Subjekt und Objekt" dar (Keller 1985). Keller glaubt, daß das, was radikal abgelehnt wird, v. a. die Vermischung von männlich und weiblich ist.[6]

Die Trennung von Männlichem und Weiblichem tritt auch in der traditionellen Arbeitsteilung der Eltern zutage. Während die traditionelle Rolle der Mutter als der primären Versorgerin eine erhebliche „Verwischung" der Grenzen zwischen ihr und dem kleinen Kind mit sich bringt, ist die traditionelle Rolle des Vaters mit einem viel höheren Grad von Getrenntheit verbunden. Tatsächlich ist es oft die „Aufgabe" des Vaters, die Individuation zu fördern.

Zu den gewöhnlich als „weiblich" angesehenen Eigenschaften gehören Hineinnehmen, Umfassen, Vereinen, Emotionalität, Wärme, Anteilnahme, Verbundenheit, Intuition, Ausdrucksvermögen, das Aufrechterhalten von Bindungen, Denken in Zusammenhängen, Kooperation, wechselseitige Abhängigkeit und die Fähigkeit, eine vorübergehende Aufhebung von Grenzen zwischen sich selbst und anderen zu genießen und eine Vermischung „männlicher" und „weiblicher" Dimensionen der Persönlichkeit zuzulassen. Gilligan (1982) hat vermutet, daß das weibliche Anliegen stärker persönlich als abstrakt ist und um die Erhaltung von Bindungen kreist, anstatt um kühle, distanzierte Vernunft, die man gewöhnlich mit Männlichkeit verbindet.

In unserer Kultur gehören zu den primär mit Männlichkeit verbundenen Eigenschaften Aggression, Instrumentalität, Rationalität, Aktivität, Individualität, Trennung, Linearität, Teilung, Dominanz, eine hierarchische Autoritätsstruktur und die Tendenz, im Denken und in Beziehungen klare Grenzen zu schätzen und beim Anpacken von Problemen Objektivität und Distanziertheit hoch zu bewerten.

Ob diese Eigenschaften universell mit einem männlichen oder weiblichen Standpunkt assoziiert werden, ist eine Frage, die vielleicht niemals empirisch beantwortet werden kann. Im Zentrum des Themas dieser Arbeit steht die Tatsache, daß Menschen beiderlei Geschlechts (Psychoanalytiker und Psychoanalytikerinnen eingeschlossen) in unserer Kultur unbewußt recht exzessiv von einer Perspektive Gebrauch machen, die sie mit dem Vater und mit Männlichkeit *verbinden*, und sehr viel weniger von der Sichtweise, die mit Mutter und Weiblichkeit verknüpft wird. Sie tun dies, um ihre Sicherheit und Selbstachtung aufrechtzuerhalten.

Das Selbst ist in sich begrenzt und verletzlich und braucht deshalb immer eine Möglichkeit, Sicherheit und Selbstachtung zu gewährleisten. Während alle Mittel der Selbstregulierung eine gewisse Einschränkung der persönlichen Freiheit voraussetzen, verbindet sich der Androzentrismus mit 2 besonders schwerwiegenden Einschränkungen: (1) Die durchgängig niedrigere Bewertung der Weiblichkeit, mit der der Androzentrismus oft einhergeht, versperrt einem gewöhnlich den Zugang zu einer großen Vielfalt von Erfahrungen, Werten und Eigenschaften, die man mit dem mütterlichen Erbe verbindet; (2) die niedrigere Bewertung des Weiblichen behindert Intimität und Möglichkeiten der gegenseitigen Bewunderung zwischen den Geschlechtern, wo die Weiblichkeit für die Organisation des Selbst bei beiden Geschlechtern doch zentral ist.

Obwohl unser primäres Sozialisationssystem Kindern mehr Kontakt mit Frauen als mit Männern verschafft und auch mehr mit weiblichen als mit männlichen Wertvorstellungen und Einstellungen zum Leben, behindern kulturelle Muster der Geschlechtszugehörigkeit eine Wertschätzung von Frauen, von Weiblichkeit und von jenen Interessen, die i. allg. von Müttern repräsentiert werden. Eine bedauerliche Folge davon ist, daß Frauen und Männer fundamentale weibliche Seiten von sich und anderen oft unterbewerten und unfähig sind, weibliche Sichtweisen und Interessen voll für sich zu nutzen.

Viele Männer zeigen diese Unfähigkeit, wenn sie nicht pflegen und nähren können, wenn sie die Erfahrung, gepflegt und genährt zu werden, nicht genießen können, oder wenn sie die gegenseitige Abhängigkeit nicht zu schätzen wissen, weil sie meinen, Nähren und Pflegen und gegenseitige Abhängigkeit seien unvereinbar mit männlicher Geschlechtsidentität. Solche irrtümlichen Überzeugungen werden oft perpetuiert, wenn diese Männer Väter werden. Wenn ein Mann nicht fähig war, sein mütterliches Erbe gut zu nutzen, d. h. einen Weg zu finden, seine Identifizierung mit der Mutter zu assimilieren, anstatt sie weiter zu verdrängen, wird er wahrscheinlich auch bei seinen Kindern keine wirkliche Wertschätzung von „Weiblichkeit" und auch keine befriedigenden Erfahrungen mit ihr fördern können.

Frauen selbst legen gewöhnlich eine mangelnde Wertschätzung ihres mütterlichen Erbes an den Tag, wenn sie ihre eigenen Arten des Vorgehens und ihre Denkweisen denen der Männer unterordnen. Solange Frauen nicht ihre eigenen Qualitäten und Sichtweisen und ihre meist größere Unbefangenheit gegenüber einer Vermischung von Weiblichkeit und Männlichkeit entwickeln, tragen sie zum Fortbestehen kultureller Geschlechtsmuster bei, in denen die künstliche Aufteilung zwischen Männlichkeit und Weiblichkeit und zwischen Männer- und Frauenrollen aufrechterhalten wird – einschließlich der Rollen von Mutter und Vater. Oft erhalten Frauen auch ihren Androzentrismus, weil er eine Illusion der Nähe zu einem nicht wirklich faßbaren Vater liefert, von dem sie unbewußt glauben, er beschütze sie. Solange sie sich unterordnen, können sie jedoch ihren Anteil an erwachsener Verantwortlichkeit nicht genießen.

Die weiblichen Dimensionen des Selbst müssen von den Menschen der heutigen westlichen Gesellschaft besser integriert werden; das gleiche gilt für weibliche Wünsche und Strukturen innerhalb der psychoanalytischen Theorie. Solange dies noch nicht erreicht ist, darf man erwarten, daß die psychoanalytische Behandlung bei der dringend notwendigen Wiederherstellung jener Idealisierung, die dem weiblichen Anteil des Selbst ihrer Patienten und Patientinnen gilt, nur eine begrenzte Wirksamkeit entfalten kann.

Im weiteren Teil dieser Arbeit gehen wir davon aus, daß die Tatsache, daß Frauen die Kinder aufziehen, zu einem Muster beiträgt, in dem Frauen unterbewertet werden. Aber auch andere Faktoren können zur Geringschätzung der Frauen beitragen. Die Erklärungen für diese Phänomene sind sehr verschieden. Es gehören dazu: eine ubiquitäre unbewußte Vorstellung, daß die Genitalien der Frau minderwertig seien (Freud 1931 b); Angst vor der überwältigenden Natur der weiblichen Sexualität (Sherfey 1973); der

verleugnete Neid auf die Nähr- und Fortpflanzungsfähigkeiten der Frau
(Horney 1932; Klein 1957); das Bedürfnis, sich gegen die Macht der Frau als
Mutter zu schützen (z. B. Dinnerstein 1976); die Assoziation von Mutter mit
Fehlbarkeit und Tod (Becker 1973).

Tatsächlich sind die Gründe, warum es Männer *und* Frauen sind, die
beide die Männlichkeit überbewerten und Frauen und Weiblichkeit geringschätzen, komplex und noch lange nicht verstanden. Ich möchte eine
wichtige Funktion für das Fortbestehen dieser Verzerrungen zeigen,
nämlich *die Aufrechterhaltung des Selbst und der Selbstachtung, während
man versucht, mit einer schwierigen Tatsache des Lebens fertigzuwerden –
der Tatsache, daß der Mensch beschränkt, fehlerhaft und fehlbar ist.* Wenn
man sich diese Realität nicht zu eigen machen kann (was bei den meisten
von uns der Fall ist), nehmen Männer wie Frauen häufig Zuflucht zu einer
unbewußten Selbstobjektbeziehung mit einem überidealisierten Mann oder
einer männlichen Eigenschaft, einem männlichen Wert, einer männlichen
Tätigkeit oder Lebenseinstellung. Es ist, als glaubten wir, diese Verbindung
könne uns Schutz gewähren.

In einer solchen Aktion wird Männlichkeit als Selbstobjekt gebraucht,
das der Selbstrestauration dienen soll. Sein Wert für den Betreffenden
stammt aus seiner engen (bewußten oder unbewußten) Assoziation mit
Männlichkeit oder der Dissoziation von Weiblichkeit. Männlichkeit wird
v. a. dann zur Wiederherstellung des Selbst gebraucht, wenn das Selbst durch
Erfahrungen verletzt oder gefährdet wird, die man bewußt oder unbewußt
der Mutter und ihren Beschränktheiten (die ihr als Fehler angelastet
werden) zuschreibt. Da Frauen i. allg. die primäre Kinderversorgung
übernehmen, werden ihr viele ganz verschiedene Erfahrungen in diesem
Sinne als Unzulänglichkeiten zugeschrieben.

2.2 Asymmetrie der Geschlechter[7] und weibliche Unterbewertung

Die primäre Pflegeperson ist gewöhnlich der Mensch, zu dem das Kind
die erste und stärkste Bindung herstellt; gleichzeitig wird diese Versorgerin wahrscheinlich aber auch als Urheberin der größten Enttäuschung
erlebt. Der Säugling kennt seine primäre Pflegeperson von den ersten
Lebenswochen an und beginnt, verschiedene Erwartungen an seine beiden
Eltern zu stellen, die möglicherweise zu verallgemeinerten Erwartungen
an beide Geschlechter beitragen (Spieler 1984). Vier Wochen alte Säuglinge können zwischen dem Input von Mutter und Vater unterscheiden
(Yogman et al. 1976), und sie fangen an, sich jedem der Elternteile mit
der Erwartung verschiedener Reaktionen zuzuwenden. Wahrscheinlich
begreifen Säuglinge nicht, daß Männer höher geschätzt werden als Frau-
en; aber wahrscheinlich begreifen sie durchaus, daß die Mutter einen

größeren Anteil an ihrer Versorgung hat als der Vater. Säuglinge erkennen also sehr früh auf rudimentäre Weise die asymmetrische Welt des Geschlechterarrangements.

Wenn im 2. Lebensjahr die Fähigkeit des symbolischen Denkens entsteht (Stern 1983), werden die frühen Erwartungen an die Eltern mit großer Wahrscheinlichkeit mit ihrem Geschlecht verbunden. Wenn die Enttäuschungen an der primären Pflegeperson sehr massiv sind, darf man annehmen, daß sie mit den verschiedenen Eigenschaften dieser Person in Verbindung gebracht werden, ihr Geschlecht eingeschlossen.

Die meisten Psychoanalytiker und Psychoanalytikerinnen stimmen darin überein, daß einige Enttäuschungen gegenüber der ersten Pflegeperson unvermeidlich und sogar wünschenswert sind, wenn das psychologische Wachstum voranschreiten soll. Obwohl es Unterschiede in dem Ausmaß gibt, in dem ödipale oder aber präödipale Faktoren herangezogen werden, um die Quellen der Enttäuschung zu erklären, ist all diesen Erklärungen gemeinsam, daß sie das Erlebnis der Enttäuschung als eine Reflexion tatsächlicher Ereignisse ansehen, wenn auch vielleicht eines entstellten. Sie implizieren also, daß ein vorheriger Zustand der Vollkommenheit – und vielleicht eine Idealisierung der Mutter – verloren gegangen ist.

Ob die Mutter nun ursprünglich als idealisiert erlebt wurde oder ob eine Phantasie der idealisierten Mutter retrospektiv heraufbeschworen wurde: immer wird eine Kompensation gebraucht, um mit einem solchen wirklichen oder phantasierten Verlust fertigzuwerden. Freud (1931 b) glaubte, die primäre Enttäuschung gelte der Mutter und sei auf genitale Unterschiede konzentriert, die mit ödipalen Problemen zusammenhängen. Er ging davon aus, daß Mädchen glaubten, ihnen fehle ein Penis und daraus den Schluß zogen, der angemessene Ausgleich sei eine Ersetzung des verlorenen Penis durch ein vom Vater erhaltenes Baby. Er glaubte auch, die „Entdeckung" dieses mütterlichen „Mangels" löse beim Jungen eine Verdrängung der frühen Identifizierung mit der Mutter aus und führe zu einer sekundären Identifizierung mit dem Vater. Kohut (1971) dagegen ging davon aus, daß das Kind sich dem Vater zuwende, um bei ihm einen Ausgleich zu suchen, wenn die Enttäuschung über die Mutter wegen ihres frühen empathischen Versagens seine psychischen Kräfte allzusehr belaste.

Während Freud und Kohut in der Erklärung der ursprünglichen Quellen von Enttäuschung durch die Mutter und die Art, wie ein Ausgleich erlangt werden kann, differieren, meinen sie beide, daß die Enttäuschungen an der Mutter wirklich sind (d. h. entweder auf das Fehlen eines Penis oder auf ihren Mangel an Einfühlung zurückzuführen), und daß der Vater einen geeigneten Ausgleich bieten kann. Beide vernachlässigen dabei jedoch eine Reihe wichtiger Überlegungen. So kann es für eine Abwehrfunktion von Bedeutung sein, daß die Mutter als enttäuschend erlebt wird (vielleicht um eine Trennung zu fördern, oder auch eine *Über*idealisierung des Vaters, wenn er zu wenig anwesend ist, als daß seine Idealisierung bewerkstelligt werden könnte); die Tatsache, daß zur Förderung der Heterosexualität eine

*Über*idealisierung des Vaters gebraucht wird, wenn eine Idealisierung des Vaters nicht möglich war; die umgekehrte Wirkung der Geringschätzung der Mutter für die Heterosexualität und die Selbstachtung; oder auch die Frage, wie sich das Bild vom Vater als Kompensator in ein realistischeres Vaterbild verwandelt.

In einer Familienstruktur, in der ein Elternteil primär, der andere sekundär ist, wird das Erlebnis der Enttäuschung wahrscheinlich mit der primären Pflegeperson assoziiert, Beruhigung und Kompensation dagegen mit dem sekundären Elternteil. In gewissem Maß gilt dies unabhängig davon, was die Eltern wirklich tun. Da die primäre Pflegeperson gewöhnlich eine Frau ist, trägt die Asymmetrie der Geschlechter in der Elternfunktion von Anfang an dazu bei, daß den Eltern verschiedene Eigenschaften zugeschrieben werden, ihrem jeweiligen Geschlecht entsprechend.

Je mehr das Kind entdeckt, daß die Mutter es nicht immer vor Frustration, Verlust, körperlichem Schmerz, Überreizung und Reizmangel, Enttäuschung und Verletzung der Selbstachtung schützen kann, desto weniger kann es an die Unfehlbarkeit der Mutter glauben. Da ein Glaube an die Omnipotenz der Mutter und der Einsatz dieser Omnipotenz eine frühe „Strategie" des Selbst ist, um Sicherheit und Achtung aufrechtzuerhalten, sind Zweifel an diesem Glauben quälend. Obwohl es nicht unvermeidlich ist, daß die Assoziation von Enttäuschung an der Mutter und die Assoziation einer Kompensation durch den Vater aufrechterhalten bleibt, prägen kulturelle Faktoren diese Assoziationen in der Regel noch tiefer in die Vorstellungswelt des Kindes ein. Zum Erlöschen der Illusion von der Omnipotenz der Mutter und leider oft auch der Fähigkeit, sich ein idealisiertes Mutterbild zu erhalten, trägt auch die wachsende Erkenntnis des Kindes bei, daß der Vater ebenso wie die Kultur der Mutter und den Frauen Geringschätzung entgegenbringen.[8]

Allmählich oder plötzlich entdeckt das Kind, welche Einstellungen die Gesellschaft zur Mutter und zur Weiblichkeit hat. Wahrscheinlich entdeckt das Kind auch, daß Mutter und Vater diese Einstellungen teilen. Selbst wenn die Mutter in ihrer Pflege sehr einfühlsam gewesen ist, muß die Entdeckung, daß die Welt sie wegen ihrer Geschlechtszugehörigkeit geringer schätzt, auch die Sicherheit und Selbstachtung des Kindes erschüttern. Der Grad des früheren Einklangs mildert das Ausmaß von Enttäuschung und Unbehagen; aber Enttäuschung, Kummer und vielleicht sogar Schock erscheinen unvermeidlich. Die kulturelle Geringschätzung von Frauen tritt zu den früheren Enttäuschungen des Kindes an der Mutter hinzu und behindert dadurch vermehrt seine Fähigkeit, an die Macht der Weiblichkeit zu glauben und den nötigen Gebrauch von der Mutter als idealisiertem Selbstobjekt zu machen. In Kulturen, die Männer höher schätzen als Frauen, können Mütter im Vergleich zu Vätern sich auch weniger als jemand fühlen oder darstellen, der der Idealisierung wert ist. Weil sie nicht an ihre eigene Wichtigkeit glauben, behindern sie oft den Prozeß ihrer eigenen Idealisierung, z. B. durch Selbstherabsetzung oder übermäßige Bescheidenheit. Zunehmend unfähig, sich im Licht der früheren Grandiosität der Mutter zu sonnen, verliert das Kind eine wichtige Quelle der Sicherheit und Selbstachtung und eine Omnipotenzillusion. Die Entdeckung der Fehlbarkeit der Mutter veranlaßt das Kind, das sich seiner Abhängigkeit von einer unvollkommenen Welt nur allzu bewußt ist, oft, sich dem Vater und der Kultur in der Geringschätzung der Mutter anzuschließen. Dies befähigt das Kind, eine klare Unterscheidung zwischen der Mutter und ihrer Fehlbarkeit auf der einen Seite und der Phantasie von einem unfehlbaren Vater auf der anderen Seite zu treffen.

Obwohl die Konstruktion einer klaren Unterscheidung zwischen Mutter und Vater eine Schutzfunktion hat, hat sie gleichzeitig auch ihren Preis. Wenn das Selbst unfähig ist, eine adäquate Idealisierung seiner weiblichen Dimensionen aufrechtzuerhalten, wird ihm eine wichtige Quelle der Selbstachtung, eine früher empfundene Liebe zur Mutter und die Bereicherung durch ihre Eigenschaften und Werte genommen. Wenn wir die negativen Aspekte dieses Erbteils für unsere Fehlbarkeit verantwortlich machen, haben wir keinen Zugang mehr zu ihnen und tragen zu den Schwierigkeiten bei, unser eigenes Selbst zu versorgen und zu „bemuttern". Psychologisch sind wir, bis der Mutter „vergeben" wird, wie Waisenkinder, die versorgt werden müssen. Das Kind, das verletzlich ist, wenn es sich auf eine unvollkommene Mutter verläßt, und ebenso verletzlich, wenn es sich von ihr abwendet, „sucht" ängstlich Schutz bei einem heroischen Vater oder konstruiert sich ihn in gewisser Weise selbst.

2.3 Überidealisierung des Männlichen

Kinder brauchen Eltern, die sie idealisieren können. Das Wissen der Kinder, daß sie von idealisierbaren Menschen geliebt und bewundert werden und mit ihnen verbunden sind, fördert ein Gefühl vom Selbst als etwas Wertvollem und ein Gefühl der Sicherheit und des Wohlbefindens. Die Idealisierung begünstigt letztlich auch die Internalisierung. Natürlich ist diese Idealisierung keine *Über*idealisierung. Viele Faktoren tragen zu dem Bedürfnis bei, Väter, Männer und Männlichkeit *über*zuidealisieren. Überidealisierung ist per definitionem kompensatorisch. Sie weist darauf hin, daß das Selbst Schwierigkeiten mit der Bewältigung hatte und zu einer Kompensationsmöglichkeit greifen mußte, um ein stabiles Selbstgefühl aufrechtzuerhalten. Überidealisierung belastet die psychischen Kräfte eines schon stark beanspruchten Selbst noch mehr. Idealisierung wird unter normalen Umständen gebraucht, während die *Über*idealisierung der Abwehr dient, dem Schutz eines verletzlichen Selbst.

Freud (1931 b, 1933 a) scheint geglaubt zu haben, daß die Abwertung der Mutter eine verständliche Reaktion des Kindes auf seine Entdeckung sei, daß die Mutter keinen Penis hat. Auch die phallische *Über*idealisierung, die mit dieser „Entdeckung" verknüpft ist, scheint ihm ganz verständlich gewesen zu sein. Tatsächlich kann man beide Reaktionen nur dann verstehen, wenn man sie als Kindheitstheorien ansieht. Während es in der Frühentwicklung üblich ist, den Penis des Vaters als Ausdruck der Liebe und Bewunderung des Kindes für diesen Vater zu idealisieren, weist die *Über*idealisierung des Phallus auf einen Stillstand der Entwicklung hin und zeigt, daß andere Quellen der Selbstregulierung nicht verfügbar sind, um das zu liefern, was gebraucht wird.

Wenn Väter verfügbar sind und idealisiert werden, kann ihre Wärme und Anerkennung dazu beitragen, die Schmerzen an den Enttäuschungen des Lebens zu lindern, so daß Kinder auch leichter Wahrheiten akzeptieren können, z. B. solche, die mit der Entdeckung ihrer eigenen Verletzlichkeit und der ihrer Mütter zusammenhängen. Zwar bieten Väter keinen besseren Schutz gegen Fehlbarkeit als Mütter, aber kleine Kinder müssen oft glauben können, daß *irgendjemand* dazu in der Lage ist, bis sie bereit sind, auf diese Illusion zu verzichten.

Kinder, die ihrer eigenen Verletzlichkeit bewußt sind, müssen wissen, daß ihre Väter bewundernswert sind (Kohut 1971). Wenn ein Vater beweist, daß er Schutz und Beruhigung bieten kann (z. B. durch seine Zuverlässigkeit, durch sanftes, gut abgestimmtes Halten, durch die Demonstration physischer und emotionaler Stärke oder durch Beweise für Erfolg und gesellschaftliche Anerkennung), gibt er zu erkennen, daß das Kind einen Vater hat, der der Bewunderung würdig ist.

Das Wissen, daß man von einem bewundernswerten Menschen geschätzt und verstanden wird, ist viel beruhigender als ähnliche Liebesbeweise von einem Menschen, den das Kind nicht bewundert. Umgekehrt ist der Zweifel, ob man von jemandem geschätzt und verstanden wird, den man bewundert, viel quälender, als ähnliche Zweifel an einem Menschen, für den man wenig Bewunderung empfindet. Die Wirkung der minimalen Beteiligung eines Vaters an der Versorgung des Kindes wird also durch das Ausmaß beeinflußt, in dem das Kind den Vater achtet. Einen bewundernswerten Vater zu haben, erhöht die Selbstachtung des Kindes, es sei denn, die Qualität oder Quantität der Beteiligung des Vaters läßt das Kind zweifeln, ob er oder sie dem Vater wichtig ist.

Wenn der Vater mit dazu beigetragen hat, daß das Kind die Mutter und die Weiblichkeit entsprechend schätzt, wenn die Mutter idealisiert geblieben ist und wenn die Beteiligung des Vaters an der Versorgung des Kindes angemessen war, wird eine kompensatorische Überidealisierung der Männlichkeit wahrscheinlich unnötig sein. Ein Kind jedoch, das kein idealisiertes *Mutter*bild behalten konnte, wird wahrscheinlich ein idealisiertes *Vater*bild noch stärker brauchen. Wenn der Vater unzugänglich ist, benützt das Kind statt dessen eine *über*idealisierte Männlichkeit zur Beruhigung und zur Wiederherstellung des Selbst. Weit wichtiger als die Natur der elterlichen Genitalien (vgl. Freud 1931 b) sind für die Erzeugung phallischer Überidealisierung also einerseits eine ungemilderte Enttäuschung des Kindes an der Mutter, weil sie es nicht vor Fehlbarkeit bewahrt hat, und die Unzugänglichkeit des Vaters anderererseits.

> Jungen wie Mädchen unterliegen dem Wunsch, dem von der Mutter vertretenen Geschlecht zu entfliehen; sie brauchen wenig Zureden, um sich mit dem Vater und seiner Welt zu identifizieren. Er wirkt körperlich neutraler, eindeutiger mächtig, weniger in körperlichen Determinismen verstrickt: er erscheint „symbolisch freier", vertritt die große Welt außerhalb des Elternhauses, die gesellschaftliche Welt mit ihrem organisierten Triumph über die Natur, also gerade die Möglichkeit des Entrinnens aus der Abhängigkeit, die das Kind sucht (Becker 1973, S. 40).

Der Glaube, daß die „Macht der Männlichkeit" außerordentlich sei, wird durch die minimale Beteiligung der Väter an der Versorgung der Kinder gefördert. Wenn Männer sich nicht am häuslichen Leben beteiligen, können sie leichter „unbefleckt und unangetastet" erscheinen. Außerdem werden sie leicht zur leeren Leinwand, auf die sich die Heldenphantasien von Frauen und Kindern projizieren lassen. Oft beziehen Männer aus einer solchen Überidealisierung illusionäre Vorteile. Viele Männer werden zur Verfolgung ihrer Karriere angetrieben und ermutigt, dies zu tun, weil Männer und Frauen eine unbewußte Phantasie teilen, eine „Lösung" der menschlichen Begrenztheit und Verwundbarkeit sei in einem hartnäckigen Streben nach Ruhm, Reichtum, körperlicher Stärke, politischer oder wirtschaftlicher Macht, schöpferischem Ausdruck oder irgendeinem ideellen Wert zu finden, den sie mit Wiederherstellungskraft ausgestattet haben.

Solange Frauen noch keiner selbstbestimmten Tätigkeit nachgingen, war es einfach, solche überidealisierten Phantasien über Männer und ihre Karrieren beizubehalten. Vielleicht hängen Männer und Frauen auch heute noch solchen anachronistisch unterschiedenen Geschlechtsrollen an, weil beide unbewußt den Wunsch teilen, die Wiederherstellungseigenschaften der überidealisierten Männlichkeit „unbefleckt" zu bewahren. Das wechselseitige Verständnis, das möglich wird, wenn Frauen und Männer die Rollen der Elternschaft und des Broterwerbs teilen, könnte die Aufrechterhaltung jener Überidealisierung stören, die so lange Beruhigung und Wiederherstellung gewährt hat.

Aber selbst wenn die vielen praktischen Probleme überwunden werden könnten, die gewöhnlich die Fähigkeit des Brotverdieners behindern, an der Versorgung der Kinder teilzunehmen, kann die Fähigkeit des Vaters, zu nähren und zu pflegen, durch die Begrenztheit seiner Selbstorganisation beeinträchtigt sein. Er ist wahrscheinlich selbst in einer geschlechtsasymmetrischen Situation aufgewachsen und hat in einer Welt gelebt, in der Weiblichkeit unter- und Männlichkeit überbewertet wurde. Oft hat er nur einen eingeengten Zugang zu seinen eigenen mütterlich-weiblichen Dimensionen. Dies behindert ihn in seinen Fähigkeiten, sich bei der Kinderpflege und anderen Erfahrungen sicher zu fühlen, bei denen die Körpergrenzen vorübergehend brüchig werden, und das Wissen zu akzeptieren, daß Nähren und Pflegen und Fruchtbarkeit ebenso sehr Bestandteile der männlichen Geschlechtsidentität sind wie der weiblichen (Erikson 1950; Ross 1975).

Wir wissen wenig von den Folgen, die die minimale Beteiligung eines Elternteils, der gleichzeitig Brotverdiener ist, an der Kindererziehung hat. Aber es gibt viele Beweise dafür, daß Kinder einen solchen abwesenden Elternteil in der Phantasie oft übermäßig idealisieren und diese Phantasien auch aufrechterhalten (Neubauer 1960). Damit sorgen Kinder, so gut sie können, für ihre eigenen Bedürfnisse. Diese Kinder scheinen einen realen Menschen zu brauchen, mit dem sie sich identifizieren können, ganz gleich, welches die psychischen Funktionen auch sein mögen, die sie sich ohne den fehlenden Elternteil nicht verschaffen können, und welche guten Gefühle sie hätten, wäre dieser Elternteil verfügbar.

Obwohl das Fehlen eines Elternteils auf Grund eines Todesfalls oder einer Scheidung wahrscheinlich andere Folgen hat als der Umstand, daß der Elternteil einfach meistens nicht zu Hause und daher minimal an der Versorgung des Kindes beteiligt ist, gelten einige Dinge für beide Fälle. Kleine Kinder können nicht begreifen, warum dieser Elternteil (herkömmlicherweise der Vater) zur Arbeit gehen muß; die minimale Beteiligung des Vaters läßt Kinder bezweifeln, daß sie ihm wichtig sind. Diese Unsicherheit kann durch die Produktion überidealisierender Phantasien in bezug auf den Vater gemildert werden. Der Umstand, daß sie sich selbst eine überidealisierte Vatererfahrung verschaffen, kann den Schmerz lindern, der damit verbunden ist, daß man einen Menschen liebt, dem seine Arbeit anscheinend wichtiger ist als man selbst. Das hat jedoch auch seinen Preis: einem *über*idealisierten Vaterbild fehlt die Wirklichkeit und Substanz, die die Nähe zu einem realen Vater liefern kann. Außerdem hindert es die Einverleibung eines idealisierten *Mutter*bildes.

Wenn Kinder die Überidealisierung brauchen, um ihre Selbstachtung und ihren Glauben an die Unfehlbarkeit des Vaters zu behalten, können sie vielleicht nicht erkennen, daß seine emotionale und physische Abwesenheit seine „schimmernde Wehr" befleckt. Bei dem Versuch, seine Vollkommenheit zu bewahren, werten Kinder oft sich selbst ab oder richten Wut und Tadel, die eigentlich für den Vater bestimmt sind, gegen die Mutter, die als primäre Pflegeperson dafür am ehesten zur Verfügung steht. Das Kind, dessen Vater an seiner Versorgung nur einen minimalen Anteil hat, fürchtet wahrscheinlich auch, daß es ihn noch weiter von sich forttreibt, wenn es seine Wut auf ihn richtet, denn seine geringe Beteiligung an der Kinderversorgung mag für das Kind bedeuten, daß seine Hingabe schwächer ist (Spieler 1984).

Eltern und Kinder teilen oft unbewußt die Phantasie, der Vater könne die phantasierten und realen Unzulänglichkeiten der Mutter überwinden; dies spiegelt sich auch in den Phantasien erwachsener Männer und Frauen wider. Während solche Phantasien unbewußt viele großartige soziale, kommerzielle, intellektuelle und künstlerische Unternehmungen in Gang bringen können, stören die exzessiven Forderungen von Eltern an ihre Söhne, sie sollten unrealistische Hoffnungen und Träume erfüllen, häufig die Umwandlung des archaischen Narzißmus der männlichen Kinder.[9] Derartige unrealistische Forderungen zeigen, daß die Fähigkeit der Eltern, menschliche Unzulänglichkeit zu akzeptieren, nur beschränkt vorhanden ist; die Eltern überlassen es dann der nächsten Generation, mit diesem Problem zu Rande zu kommen. Söhne glauben häufig, sie könnten und sollten Heldentaten vollbringen, eine Erwartung, die die Kultur unbewußt unterstützt. Zum Fortbestehen der Überidealisierung des Männlichen trägt auch bei, daß es den Männern schwer fällt, Unzulänglichkeiten einzugestehen, auch vor sich selbst, weil solche Enthüllungen ein Gefühl des Versagens und der Scham erzeugen können.

Unbewußt spielen beide Geschlechter einander in die Hände, um eine Überidealisierung der Männer und der Männlichkeit aufrechtzuerhalten. Frauen ordnen sich idealisierten Männern unter und statten Männlichkeit mit mehr Macht aus als Weiblichkeit. Sie erleben diese Unterordnung als wiederherstellend, und zwar durch den Schutz, den sie gegen die Notwendigkeit zu bieten scheint, die Fehlbarkeit von Menschen zu akzeptieren. Männer leugnen ihre eigenen Unzulänglichkeiten, auch vor sich selbst, und sind verzweifelt bestrebt, die Erwartung ihrer Eltern, der Kultur und der Frauen und Kinder in ihrem Leben zu erfüllen, so als müßten sie alle von ihrer Fehlbarkeit befreien. Bevor Frauen und Männer die männliche Fehlbarkeit zugeben können und die Scham der Männer über ihre Fehlbarkeit in der Psychoanalyse angesprochen werden kann (O'Leary u. Wright 1985), müssen Männer ihre Unzulänglichkeiten verbergen und sich als „Mannsbilder" darstellen, denen es an Realität und Substanz fehlt.

2.4 Androzentrismus – ein Entwicklungsstillstand

Wir können die Auseinandersetzung mit der Tatsache unserer Fehlbarkeit nicht vermeiden, selbst wenn dies einfach nur bedeutet, sie zu leugnen. Das weit verbreitete Muster der Überbewertung von Männlichkeit ist eine Methode, mit der viele Menschen unserer Kultur ihr verletzliches Selbst zu stützen suchen, wenn sie versuchen, sich dieser schwierigen und unausweichlichen Tatsache zu stellen.

Wie früher bereits erwähnt, durchzieht die Überschätzung des Männlichen (der Androzentrismus) sogar die Art, wie Menschen denken, Probleme lösen und das Leben betrachten. Androzentrische Menschen offenbaren in ihrer Unfähigkeit, die weibliche Perspektive mit einzubeziehen, einen Entwicklungsstillstand, der in unserer Kultur weit verbreitet ist. Sein Eintritt ist wahrscheinlich, wenn Menschen des einen Geschlechts in erster Linie für die Aufzucht von Kindern verantwortlich sind, und wenn das Geschlecht, das die Fürsorge übernimmt, gleichzeitig unterbewertet wird.

Der Androzentrismus einer Frau tritt zutage, wenn sie Entscheidungen trifft, deren unbewußte Motivation darin liegt, daß sie damit gleichzeitig auf ihr mütterliches Erbe verzichtet. Nicht *was* sie wählt, bestimmt, ob ihre Entscheidung androzentrisch ist, sondern *warum*. Manche Frauen zum Beispiel verraten ihr mütterliches Erbe und ihr Selbst, wenn sie den Berufserfolg höher bewerten als die Mutterschaft, obwohl Nähren und Pflegen nicht dem Weiblichen innewohnt und beruflicher Erfolg nicht dem Männlichen. Wenn die Berufslaufbahn einer Frau durch die unbewußte Überzeugung motiviert ist (die auch viele Männer teilen), berufstätig zu sein biete eine Möglichkeit, auf die Assoziation mit Mutter zu verzichten, ist das Verhalten der Frau androzentrisch.

Eigenartigerweise kann dieser Selbstverrat und Verzicht auch der Entscheidung für die stärker traditionelle Rolle der Vollzeitmutter und -hausfrau zugrundeliegen. Es kann so aussehen, als ob die traditionelle Rolle die Identifikation einer Frau mit einer geliebten Mutter und eine Wertschätzung ihres mütterlichen Erbes darstelle. Manchmal ist dies auch so. Andererseits kann die primäre unbewußte Motivation bei der Übernahme der Rolle auch in dem Umstand bestehen, daß die Frau sich einem überidealisierten Mann oder einer überidealisierten Männlichkeit unterordnet und glaubt, so werde sie von ihm beschützt. Wenn dies der Fall ist, ist es wahrscheinlich ein Zeichen dafür, daß sie in ihrer psychischen Entwicklung etwas vermißt hat (z. B. eine enge Beziehung zu einem anwesenden und beteiligten Vater oder einer idealisierbaren Mutter), etwas, das jetzt in ihrer Vorstellungswelt und in ihrer Selbstorganisation fehlt. Eine Frau, die sich überidealisierter Männlichkeit unterordnet, versucht unbewußt häufig, Angst oder Konflikte zu bewältigen, die ihre Fähigkeit behindern, mehr individuelle Verantwortung zu übernehmen und sich an einer Beziehung als gleichberechtigte Partnerin zu beteiligen. Ihre unbewußte Entscheidung, die traditionelle weibliche Rolle zu übernehmen, ist ein Versuch, ihrem Selbst etwas zu verschaffen, was ihr offenbar entgangen ist. Obwohl in einem klassischeren Rahmen meist vermutet wird, daß ihr ein Penis fehlt (und tatsächlich erlebt sie es manchmal so), ist ihre Entscheidung primär durch ihren Versuch motiviert, sich den Vater zu verschaffen, der ihr gefehlt hat (nicht spezifisch sein Sexualorgan), oder einen Ausgleich für die verlorene Idealisierung der Mutter. Eine solche Wahl verdeckt einen Entwicklungsstillstand.

Der Androzentrismus eines Mannes tritt gewöhnlich zutage, wenn er „weibliche" Werte wie Anteilnahme, Zärtlichkeit und die Wichtigkeit von wechselseitigen Beziehungen als naiv betrachtet. „Angeberische" Männlichkeit leugnet ihre mütterlichen Wurzeln und offenbart eine verzerrte Wahrnehmung von der Identität des Vaters, vielleicht, weil der Vater schwer greifbar war. Ein Mann, der die „egozentrische" Forderung stellt, sein Standpunkt – und nur der seine – müsse den Ausschlag geben, läßt die Bedeutung anderer Standpunkte unberücksichtigt und zeigt gewöhnlich ein unzureichend idealisiertes und integriertes mütterliches

Erbe und eine kompensatorische Übertreibung der Wichtigkeit dessen, was Männer zu sagen haben. Ein Mann, der keinen Konflikt zwischen seiner Verantwortung gegenüber seiner Karriere und seinen Kindern empfindet, und der sicher ist, daß die Verpflichtung gegenüber seiner Karriere eine klare Priorität hat, hat sich die weiblichen Dimensionen seines Selbst nicht angeeignet und übertreibt die Bedeutung dessen, „was Männer tun". Die Fähigkeit, einen Konflikt zwischen diesen konkurrierenden Erfordernissen zu erleben, weist darauf hin, daß er sich sowohl in die Sehnsüchte seiner Kinder einfühlen kann als auch in die jenes Kindes, das er selbst einmal war. Wenn das Kind, das er einmal war, sich beim Erwerb einer männlichen Identität von seiner präödipalen Mutter „desidentifiziert" hat, und wenn er ihre Beiträge deshalb später nicht in sich aufnehmen konnte, kann er wahrscheinlich auch die Bedürfnisse seiner Kinder nicht richtig einschätzen, weil er befürchtet, eine solche richtige Einschätzung bedeute den Verlust des Selbst oder der Männlichkeit. Wahrscheinlich fordert der Mann in diesem Falle, seine Kinder sollten ebenfalls ohne die tragende Verbindung zu einem geschätzten mütterlichen Erbe leben, die er wegen seines Entwicklungsstillstandes entbehren muß.

Obwohl Bindung mit einem weiblichen Bezugssystem assoziiert wird und Trennung mit einem männlichen, spiegeln die Situationen der Mütter, die die Trennung nicht fördern können, und die der Väter, die die Bindung nicht fördern können, Mängel in der Organisation des Selbst wider. Das Bedürfnis nach klar differenzierten Rollen ist oft mit der unbewußten Überzeugung verknüpft, die Vermischung der Rollen könnte die Macht der Männlichkeit mit weiblicher Fehlbarkeit „anstecken". Eine ähnliche unbewußte Überzeugung liegt dem Bedürfnis zugrunde, die gedankliche Trennung zwischen Subjekt und Objekt und zwischen männlichen und weiblichen Bezugssystemen aufrechtzuerhalten.[10]

Solange die Beiträge der Mutter – unvollkommen, wie sie auch sein mögen – nicht gewürdigt werden können, können sie auch nicht integriert werden, so wie es unmöglich ist, bei anderen potentiell idealisierbaren weiblichen Selbstobjekten eine Stütze zu finden. Der Mensch ist dann narzißtisch verwundbar und notwendigerweise vom Einsatz einer kompensatorischen Überidealisierung abhängig, um das verletzliche Selbst zu stützen. Der Androzentrismus hat das unbewußte Ziel, das Selbst, das von der Mutter enttäuscht ist, und das Selbst, dem der adäquate Kontakt zum Vater fehlt, wieder aufzubauen. Er offenbart einen fragwürdigen Versuch, 2 fehlende Bestandteile bereitzustellen, die für das Fortschreiten der psychischen Entwicklung notwendig sind: ein angemessen idealisiertes Mutterbild und die Art einer frühen Beziehung zum Vater, die nicht nur Phantasien, sondern genügend reale Erfahrungen bietet, um eine Vaterimago zu formen. Weil die Überidealisierung der Männlichkeit das Fortschreiten der Entwicklung aber nur partiell erleichtern kann, ist sie gleichzeitig symptomatisch für eine Entwicklungshemmung.

Der *über*idealisierten Männlichkeit fehlt es an Realität und Substanz; sie kann keinen Ausgleich für eine idealisierte Männlichkeit bieten. Präsente und anteilnehmende Väter sind erforderlich, um die Bausteine einer gut fundierten psychischen Organisation zu liefern. Obwohl es das Ziel des Androzentrismus ist, die Bewältigung einer allgemein menschlichen Sorge über die eigene Verletzlichkeit zu gewährleisten, sind die Vorstellungen von Männlichkeit und Weiblichkeit, die sich daraus ergeben, oft nur Karikaturen dessen, was möglich wäre, wenn wir mit unseren mütterlichen Wurzeln verbunden geblieben wären.

Der Androzentrismus verrät gerade die Verwundbarkeit, die wir verleugnen möchten. Ironischerweise machen uns die Anstrengungen, uns zu überzeugen, daß wir nicht verwundbar sind, weniger sicher; sie führen zu einer Entfremdung von Aspekten unseres Selbst und anderen, von denen wir sonst Unterstützung und Anerkennung beziehen könnten – Aspekten, die wir mit unseren Müttern und mit Bemutterung in Zusammenhang bringen. Der Androzentrismus stellt eine Bemühung dar, Sicherheit und Selbstachtung auch dort zu bewahren, wo das Selbst die menschliche Fehlbarkeit nicht annehmen kann; aber er behindert auch das Erleben zeitlicher Kontinuität, weil die Verbundenheit mit einem Element der Vergangenheit verleugnet wird – der Bedeutung der früheren Beziehung zur Mutter. Das anachronistische Fortbestehen einer solchen Anpassung, die einmal eine Schutzbemühung war, erreicht das ursprüngliche Ziel also nicht.

2.5 Psychoanalyse – ein verlorenes mütterliches Erbe

Neue Anschauungen vom Säugling und von der Person tauchen auf. Die neuere Forschung (z. B. Stern 1983) stellt u. a. fest, daß der Säugling zwischen Zuständen des Einsseins und des Getrenntseins hin und her wechselt. Unsere gegenwärtige (feministische) Theorie sieht das Selbst in Beziehung zu partiell differenzierten *Anderen* (d. h. zu Selbstobjekten), die es benutzen kann, um sich selbst zu erhalten und die Verwirklichung seines kreativ-produktiven Potentials zu gewährleisten. Die frühere psychoanalytische Theorie konzentrierte sich mit wenigen Ausnahmen auf die Bewegung von der Abhängigkeit zur Unabhängigkeit. Sie beschrieb also das menschliche Streben, getrennt und autonom zu sein; gleichzeitig vernachlässigte sie das menschliche Grundbedürfnis, das Erleben des Getrenntseins[11] durch Erfahrungen des Einsseins zu mildern, ebenso wie das Bedürfnis des Selbst, sein Streben nach eigener Erfüllung mit der Befriedigung zu vereinbaren, die mit der Fürsorge für einen anderen Menschen einhergehen kann, der als getrennt vom eigenen Selbst geliebt wird. Damit hat die psychoanalytische Theorie eine unrealistische Eingleisigkeit der menschlichen Entwicklung postuliert und die natürliche Verbundenheit zwischen Getrenntheit und Beziehung, Beziehung und Selbsterfüllung unnötig dichotomisiert.

Solche Dichotomien erzeugen künstliche Gegensätze zwischen Weiblichkeit und Männlichkeit und parallel dazu zwischen der Mutter- und der Vaterrolle. Man kann hoffen, daß mit der Veränderung in der Asymmetrie der Elternfunktion auch das Bedürfnis, Männliches vom Weiblichen zu trennen, überflüssig wird. Mütter und Weiblichkeit repräsentieren heute allzu ausschließlich Bindung, während Väter und Männlichkeit ebenso ausschließlich Getrenntheit repräsentieren. Weiblichkeit wird außerdem mit Selbstverleugnung und Männlichkeit mit Selbstverwirklichung gleichgesetzt.

Solange in Theorien der menschlichen Entwicklung – und in den Menschen selbst – die Verschiedenheit so hoch bewertet wird, geht das gesunde menschliche Streben nach Verbundenheit verloren, das nicht nur einen Ausdruck krankhafter Regression darstellt, sondern auch den einer kreativen Progression.

Wenn die Verschiedenheit so radikal erstrebt wird, kann dies nur um den Preis normaler menschlicher Bedürfnisse nach Bezogenheit erreicht werden. Was dabei übersehen wird, ist die Fähigkeit des Menschen, sein kreativ-produktives Potential auch in Beziehungen und durch sie zu verwirklichen, so wie das Selbst auch Erfüllung finden kann, wenn man einen anderen Menschen liebt und ihm zur Erfüllung verhilft.

Die Überbewertung der Getrenntheit spiegelt sich in einer Theorie, die die Autonomie als Kennzeichen psychischer Gesundheit setzt und Abhängigkeit umgekehrt als Zeichen einer blockierten Entwicklung darstellt. Da Getrenntheit mittlerweile mit Männlichkeit und Einssein mit Weiblichkeit assoziiert wird, haben Getrenntheit und Männlichkeit einen überidealisierten Beiklang, während Weiblichkeit und Einssein in diesem Zusammenhang eine negative Färbung erhalten. Wenn wechselseitige Beziehungen heute als Gefahr für die Fähigkeit zur Selbstverwirklichung angesehen werden, so kann dies nur daran liegen, daß Weiblichkeit ihren Wert als Rahmen der Selbstverwirklichung verloren hat. Die Überbewertung des Männlichen fördert das radikale Streben nach Getrenntheit – bei Männern (und heute manchmal auch bei Frauen) – und hemmt die Fähigkeit, sich in einer Weise wichtig zu fühlen, wie Frauen sie brauchen, um die Anerkennung ihrer eigenen Wertvorstellungen, ihrer Bedürfnisse und Anschauungen voranzutreiben.

Noch hat die Psychoanalyse keine umfassende Theorie, die einen Pluralismus der Metapsychologien (Wolstein 1959) darstellen könnte, und auch keinen Pluralismus menschlichen Strebens nach Verbundenheit *und* Autonomie, die eine kreative Synthese in gesunder Spannung zwischen dem Bedürfnis nach Selbsterfüllung und der Liebe zu anderen erlaubt. Wir haben bestenfalls verschiedene oder unzureichend integrierte Theorien, von denen jede nur eine beschränkte Anschauung vom Menschen, von menschlichen Strebungen und von den Ursachen von Furcht und Schrecken im Leben zu erfassen scheinen.

Seltsamerweise geht der Schwierigkeit der Synthese und Integration von psychoanalytischen Modellen eine Schwierigkeit der Synthese und Integration jener männlichen Identität parallel, wie sie in der herrschenden psychoanalytischen Theorie dargestellt wird. Nach dieser Anschauung erfordert die männliche Identität eine Desidentifizierung von der Mutter (Greenson 1968) und die Verdrängung seiner Identifizierungen mit Weiblichkeit (Freud 1931 b). Wenn die weiblichen Dimensionen des Selbst aber verdrängt oder verleugnet werden, wird die Einfühlung in die Subjektivität der Frau als eine gefährliche Vermischung von männlicher und weiblicher Identität erlebt, die durch eine Rückkehr der verdrängten mütterlichen Identifikationen verursacht wird. Wenn dieser Pluralismus des Einfühlens in den Standpunkt eines anderen gefährlich erscheint, sind andere wichtige Dimensionen des Erlebens ausgeschlossen. Jede fest organisierte Anschauung, die beibehalten wird, ist ebenso beruhigend wie beschränkt. Wenn die psychoanalytische Theorie eines Tages erfolgreich den Pluralismus menschlicher Strebungen widerspiegelt, wird sie auch eine stärkere Synthese und Integration von Männlichkeit und Weiblichkeit im menschlichen Erleben spiegeln und nähren.

Die Psychoanalyse wird heute oft als hilfreich erlebt, weil sie die Gefühle von Stolz, Integration, zeitlicher Kontinuität und Vitalität eines Menschen erweitern kann, indem sie die Aufmerksamkeit auf verleugnete Aspekte seiner Erfahrung lenkte. Analytische Aufmerksamkeit ist einer der Faktoren, die Patienten befähigen, mutig zu gestehen, was sie fürchten. Männer wie Frauen beginnen gewöhnlich die Behandlung, ohne sich der Tatsache bewußt zu sein, daß ein grundlegender und tiefgreifender Aspekt ihres psychischen Erbes von Müttern herrührt, die, wie sie selbst, einfach fehlbar sind. Viele stützen sich auf den Androzentrismus und leiden an einer Entwicklungshemmung, die auf das Scheitern des Versuchs hinweist, sich der Tatsache zu stellen, daß das Selbst von Haus aus beschränkt und verletzlich ist. Sie können den Müttern nicht „vergeben" und sind deshalb oft von den Quellen ihres Ursprungs abgeschnitten; gewisse Seiten ihres Selbst bleiben unentwickelt, entfremdet, entleert und unfruchtbar. Dies wiederum trägt zu der Forderung bei, Männer sollten unfehlbar sein, so wie es die Fähigkeit der Männer beeinträchtigt, Begrenztheiten zuzugeben. Weil der Androzentrismus in der psychoanalytischen Theorie sich auch auf die psychoanalytische Behandlung auswirkt, beenden viele Menschen die Behandlung, während Aspekte dieser Art von Behinderung noch weiter wirksam sind.

Obwohl der Fortschritt letzten Endes von einer Veränderung in der Struktur der Elternschaft abhängen mag, werden wir, wenn wir wirklich begreifen, daß das Bedürfnis, das Männliche nicht mit dem Weiblichen in Berührung zu bringen, ein Abwehrmechanismus ist, eine Integration und Bereicherung jenes Selbst erreichen, dem der Zugang zu einem reichen mütterlichen Erbe so lange verwehrt war.

Anmerkungen

1 Fairbairn (1946) erkannte das Bedürfnis nach „reifer Abhängigkeit".

2 Kohut (1971) hat den Begriff „Selbstobjekt" eingeführt, um über Objekte zu sprechen, die wir als Teil unseres Selbst erleben. „Die erwartete Kontrolle über diese anderen (Selbst-Objekte) ist der Vorstellung der Kontrolle näher, die ein Erwachsener über seinen eigenen Körper und seine eigene Seele hat, als der Vostellung von der Kontrolle, die er über andere ausüben kann" (dt. 1973, S. 45).

3 Greenson (1968) meinte, die „Desidentifizierung von der Mutter" finde im präödipalen Rahmen statt.

4 Weder die Selbstpsychologie noch die Objekt- und Triebtheorie allein können die erhebliche Spannung darstellen, die gesunde Männer und Frauen zwischen dem eigenen Wunsch nach Verwirklichung ihres kreativ-produktiven Potentials und dem Verlangen nach Gemeinsamkeit und Liebe empfinden.

5 Obwohl auch in östlichen Kulturen die Frauen primär für den Pflege- und Fürsorgebereich verantwortlich sind und Männer dort ebenfalls überbewertet werden, gibt es Anzeichen dafür (Roland 1980), daß das Selbst im Orient anders organisiert ist.

6 Winnicotts (1953) Begriff der Übergangsphänomene und Kohuts (1971; 1984) Begriff des Selbstobjekts betonen die Bedeutung eines psychischen Bereichs, in dem Subjektivität und Objektivität miteinander in Kontakt sind. Die Theorien dieser beiden *Männer* stellen also ein Selbst mit unspezifiziertem Geschlecht vor, das ein Verwischen von Grenzen zuläßt.

7 Der Umstand, daß das weibliche Geschlecht i. allg. mehr als das männliche für die Versorgung von Kindern verantwortlich ist, soll als „Asymmetrie der Geschlechter in der Elternfunktion" bezeichnet werden. Der Einfluß der zunehmenden Beteiligung der Männer an der Versorgung von Kindern auf die in dieser Abhandlung erörterten Probleme erfordert weitere Untersuchungen.

8 Es gibt zunehmende Hinweise (z. B. Perlmutter 1984) darauf, daß die sich wandelnde Rolle der Frauen zu Veränderungen der Art und Weise beiträgt, wie Kinder ihre Mütter sehen.

9 Oft bleibt ein solcher untransformierter Narzißmus in den Analysen von Männern unerkannt, weil er als „normal" akzeptiert wird.

10 Die Angst der Männer vor der eigenständigen Subjektivität der Frauen behindert gewöhnlich ihre Fähigkeit, sich in Frauen einzufühlen oder sich von ihnen als widerspiegelnde Selbstobjekte gebrauchen zu lassen.

11 Mahlers Begriff (Mahler, Pine u. Bergmann 1975) der Wiederannäherungsphase („rapprochement") wird dem menschlichen Bedürfnis nach Verbundenheit nicht gerecht, da er dieses Bedürfnis als etwas darstellt, auf das der Mensch zunehmend verzichtet, je mehr die Fähigkeit zum Getrenntsein erreicht wird.

Literatur

Becker E (1973) The denial of death. Free Press, New York. [Dt: Die Dynamik des Todes. Walter, Olten 1976]

Beebe B (1985) Mutual influence in mother-infant-interaction. Vortrag vor der 8. Jahreskonferenz über Selbstpsychologie in New York

Bleier R (1984) Science and gender. Pergamon Press, New York

Blum HP (ed) (1977) Female psychology. Contemporary psychoanalytic views. Int Univ Press, New York

Capra F (1982, 1983) Wendezeit. Bausteine für ein neues Weltbild. Scherz, Bern München Wien

Chasseguet-Smirgel J (Hrsg) (1964, 1974) Psychoanalyse der weiblichen Sexualität. Suhrkamp, Frankfurt am Main

Chodorow N (1978, 1985) Das Erbe der Mütter. Psychoanalyse und Soziologie der Geschlechter. Frauenoffensive, München

Dinnerstein D (1976, 1979) Das Arrangement der Geschlechter. dtv, Stuttgart

Erikson E (1950, 1957) Kindheit und Gesellschaft. Pan-Verlag, Stuttgart Zürich

Fairbairn W (1946, 1952) Object-relationships and dynamic structure. In: An object-relations theory of the personality. Basic Books, New York

Freud S (1905 d) Drei Abhandlungen zur Sexualtheorie. GW Bd 5, S 27–145. Fischer, Frankfurt am Main

Freud S (1923 b) Das Ich und das Es. GW Bd 13, S 235–289

Freud S (1931 b) Über die weibliche Sexualität. GW Bd 14, S 515–537

Freud S (1933 a) Neue Folge der Vorlesungen zur Einführung in die Psychoanalyse. GW Bd 15, S 6–197

Gilligan C (1982, 1984) Die andere Stimme. Lebenskonflikte und Moral der Frau. Piper, München

Greenson RG (1968, 1982) Die Beendigung der Identifizierung mit der Mutter und ihre besondere Bedeutung für den Jungen. In: Psychoanalytische Erkundungen. Klett-Cotta, Stuttgart

Horney K (1932, 1984) Die Angst vor der Frau – Über den spezifischen Unterschied in der männlichen und weiblichen Angst vor dem anderen Geschlecht. In: Die Psychologie der Frau. Fischer, Frankfurt am Main, S 81–95

Keller, EF (1985, 1986) Liebe, Macht und Erkenntnis. Carl Hanser, München Wien

Klein M (1957, 1962) Neid und Dankbarkeit. In: Das Seelenleben des Kleinkindes und andere Beiträge zur Psychoanalyse. Ernst Klett, Stuttgart

Kohut H (1966) Forms and transformations of narcissism. J Amer Psychoanal Assoc 14:245–272

Kohut H (1971, 1973) Narzißmus. Eine Theorie der psychoanalytischen Behandlung narzißtischer Persönlichkeitsstörungen. Suhrkamp, Frankfurt am Main

Kohut H (1984) Wie heilt die Psychoanalyse? Suhrkamp, Frankfurt am Main

Lachmann FM (1985) On ambition and hybris – A case study. Vortrag vor der 8. Jahreskonferenz über Selbstpsychologie, New York

Lerner L (ed) (1982) Women and individuation: Emerging views. Psychoanal Rev 69:5 f.

MacKinnon C (1982) Feminism, marxism, method and the state: An agenda for theory. Signs 7:515–544

Mahler M, Pine F, Bergman A (1975, 1978) Die psychische Geburt des Menschen. Symbiose und Individuation. Fischer, Frankfurt am Main

Mendell D. (ed) (1982) Early female development: Current psychoanalytic views. Spectrum, New York

Neubauer P (1960) The one-parent child and his oedipal development. Psychoanal Study Child 15:286–309

O'Leary J, Wright F (1985) Shame and gender issues in pathological narcissism. Vortrag vor der American Psychological Association Convention, Los Angeles

Perlmutter B (1984) The validation of a measure of masculinity, feminity and androgyny in children. Unveröffentlichte Dissertation, New York University

Rilke RM (1903/1904, 1967) Briefe an einen jungen Dichter. Insel, Frankfurt am Main

Roland A (1980) Psychoanalytic perspectives on personality development in India. Int Rev Psychoanal 7:73–87

Ross JM (1975) The development of paternal identity: A critical review of the literature on nurturance and generality in boys and men. J Am Psychoanal Assoc 23:761–783

Sherfey MJ (1973) The nature and evolution of female sexuality. Randome/Vintage, New York

Silverman DK (1987): What are little girls made of? Psychoanal Psychology 4:315–334

Silverman L, Lachmann F, Milich R (1982) The search for oneness. Int Univ Press, New York

Spieler S (1984) Preoedipal girls need fathers. Psychoanal Rev 71:63–80

Stern DN (1983) The early development of schemas of self, other, and „self with other". In: Lichtenberg JD, Kaplan S (eds) Reflections on self psychology. The Analytic Press, Hillsdale NJ London

Stolorow R, Lachmann F (1980) Psychoanalysis of developmental arrests. Int Univ Press, New York

Thompson WI (1981) The time falling bodies take to light: mythology, sexuality and the origin of culture. St Martins Press, New York

Winnicott DW (1953, 1976) Übergangsobjekte und Übergangsphänomene. In: Von der Kinderheilkunde zur Psychoanalyse. Kindler, München 1976, S 293–312

Wolstein B (1959) Countertransference. Grune & Stratton, New York

Yogman M, Dixon S, Tronicek E, Adamson L, Als H, Brazelton TB (1976) Development of infant social interaction with father. Vortrag vor der Eastern Psychological Association, New York

3 Einige Bemerkungen zur Entwicklung der weiblichen Geschlechtsrollenidentität

Adria E. Schwartz

Ebenso, wie es Freud schwerfiel, seine Vorstellung von einer unendlich komplexen, polymorph-perversen, im Säuglingsalter beginnenden Sexualität einer viktorianischen Welt zu vermitteln, die um stillschweigend verstandene Kategorien sexuellen Verhaltens angeordnet war, die erst nach dem Verlust der Unschuld in Kraft traten, so hat es auch Verwirrung und Widerstand im Zusammenhang mit unserem heutigen Verständnis von Geschlecht, Geschlechtszugehörigkeit und Sexualität gegeben. Mittlerweile ist der Unterschied zwischen Sexualität und Geschlecht klarer geworden: „Sexualität" hat meist mit konkreten, beobachtbaren Verhaltensweisen zu tun, während „Geschlecht" sich gewöhnlich auf ein viel umfassenderes Bündel von Gefühlen und Verhaltensweisen bezieht, die im Inneren und zwischen Menschen vorhanden sind, intrapsychisch und objektbezogen ablaufen und sich auf das erotische Leben beziehen. Die Unterschiede zwischen Sexualität als biologischer Kategorie und Geschlecht sind jedoch dunkel geblieben und erst vor relativ kurzer Zeit ans Licht gekommen.

Simone de Beauvoir hat in ihrem revolutionären Werk über die Frau *Das andere Geschlecht* (1949) versucht, Weiblichkeit durch biologische, soziohistorische und sexuelle Determinanten zu erfassen, wobei sie die biologische Frau von der Welt der Bedeutungen unterschied, in der sie lebt. Fast gleichzeitig haben Money, Hampson u. Hampson (1955) in einem völlig anderen Zusammenhang, nämlich ihrer Untersuchung sexueller Anomalien, unser traditionelles Verständnis vom biologischen Geschlecht abgebaut und zugleich die Vorstellung von der Geschlechtsrolle (*gender role*) eingeführt.

Person u. Ovesey (1983) erklären, daß Money et al. (1955) den Ausdruck *gender role* (Geschlechtsrollenidentität) in Umlauf gesetzt haben, und daß Money (1965, 1973) später versuchte, ihn von dem zu unterscheiden, was er *gender identity* (Geschlechtsidentität) nannte. Geschlechtsidentität, eine innere Erfahrung, bezieht sich auf ein Kontinuum von Gefühlen, die mit Männlichkeit und Weiblichkeit zu tun haben, während die Geschlechtsrolle mit dem „öffentlichen Ausdruck von Geschlechtsidentität" zu tun hat, in erster Linie mit Hilfe von Verhalten. Unglücklicherweise verstärkte dieser Klärungsversuch eine Spaltung zwischen Verhalten und Erleben, die Money bei seiner ursprünglichen Definition der Geschlechtsrolle gerade hatte vermeiden wollen – einer Definition, die auch Träume, Phantasien und die allgemeine Phänomenologie des Geschlechtslebens und der Erotik einschloß.

Ein weiterer, in letzter Zeit häufig gebrauchter Ausdruck, nämlich „geschlechtliche Kernidentität" (*core gender identity*) wurde von Robert Stoller (1968) in seinem Werk über *Sex und Gender* eingeführt. Die geschlechtliche Kernidentität bezeichnet jenes unveränderliche Gefühl, „Ich bin ein Mädchen" oder „Ich bin ein Junge", das sich irgendwann vom Ende des 2. Lebensjahres an verfestigt. Es ist die Erkenntnis, einer biologischen Kategorie anzugehören, die nach Kohlberg (1966) die grundlegende kognitive Organisation liefert, auf der die späteren Identitäten aufruhen.

1983 führten Person u. Ovesey den Begriff der „Geschlechtsrollenidentität" (*gender role identity*) ein, die mit dem psychischen Selbstbild der eigenen Männlichkeit oder Weiblichkeit zu tun hat, gemessen an gesellschaftlichen Normen für männliches und weibliches Verhalten. Der von Person und Ovesey (1983) angebotenen Definition fehlt jedoch der Bezug zu innerpsychischen Repräsentanzen, die mit dem körperlichen Selbst zu tun haben, der Phänomenologie von Weiblich- oder Männlichsein.

„Geschlechtsrollenidentität" bezieht sich auf ein vom Geschlecht abhängiges Selbst, welches durch biologische, soziologische und psychologische Facetten in vielfältiger Weise bestimmt ist. Geschlechtsrollenidentität impliziert eine innere Selbstbewertung der Männlichkeit oder Weiblichkeit; sie ist so eher ein kontinuierlicher als ein abgeschlossener Prozeß, veränderlich auf eine Art, wie es die geschlechtliche Kernidentität nicht ist. Ein gründliches Verständnis der Geschlechtsrollenidentität erfordert eine erweiterte Sicht der menschlichen Entwicklung, in der auch kritische Perioden bei der Entstehung dieser Identität erfaßt werden, die sich von anderen Aspekten der kognitiven, affektiven und intrapsychischen Entwicklung unterscheiden können oder aber mit ihnen konvergieren.

In diesem Kapitel konzentriere ich mich auf 3 Entwicklungsstadien: Die „Phase der Wiederannäherung" (*rapprochement subphase*) des Loslösungs- und Individuationsprozesses, die Triangulierung und die Adoleszenz, wobei ich versuche, ihre Wirkung auf die weibliche Geschlechtsrollenidentität zu verstehen. Das Kapitel bietet einen Überblick über gegenwärtige psychoanalytische Arbeiten (Fliegel 1973) einschließlich derer der Autorin (Schwartz 1984 a,b,c), die eine explizite oder – häufiger – implizite Anerkennung der seit langer Zeit geäußerten feministischen Kritik an den traditionellen Modellen der psychosexuellen Entwicklung der Frau widerspiegeln. Die Psychoanalyse als heuristisches Werkzeug ist für die Untersuchung der Entstehung von Geschlechtsrollenidentität stets besonders wertvoll gewesen. Die psychoanalytische Rekonstruktion früher Erfahrungen durch Träume, Phantasien und Anamnese liefert uns zusammen mit der gegenwärtigen Erforschung bewußter und unbewußter Konflikte ein einzigartiges Werkzeug zur Erforschung der Geschlechtsrollenidentität. Gleichzeitig ist die Geschlechtsrollenidentität eine soziale Konstruktion, durch die Familie als Reproduktionsstätte der Gesellschaft vermittelt.

Der Kern der feministischen Kritik an der Psychoanalyse betrifft eine Haltung, die man auch als Weigerung auffassen kann, die Internalisierung gesellschaftlicher Verbote als psychoanalytisches Untersuchungfeld zu akzeptieren. Die soziale Konstruktion der Geschlechtszugehörigkeit wurde von vielen Freudschülern als ein geeignetes Gebiet der Soziologie betrachtet, nicht aber der Psychoanalyse. Versuche freudianischer Revisionistinnen (Horney 1923, 1926, 1932, 1933; Thompson 1964), sich Problemen der kulturellen Wertung des Geschlechts zuzuwenden, wurden von orthodoxen Freudianern als weitgehend irrelevant abgetan; es hieß, sie hätten nichts mit dem wahren Stoff der Psychoanalyse, d. h. mit der Triebtheorie und den Schicksalen der Libido zu tun. In einer ähnlichen Weise, wenn auch mit anderer Argumentation, lehnten Feministinnen Karen Horneys Kritik an Freuds Entwicklungstheorie ab, weil sie letzten Endes auf einer biologischen Grundlage der Geschlechtszugehörigkeit beruhte. Mit dem zunehmenden Einfluß der Theorie der Objektbeziehungen, der Selbstpsychologie und der Aufmerksamkeit auf der beobachtenden Forschung an Säuglingen und Kleinkindern sind psychoanalytische Theoretiker aber auch für die Komplexität der Geschlechtszugehörigkeit und der Geschlechterrolle offener geworden.

Die Geschlechtsrollenidentität, soweit sie sich auf das kontinuierliche Gefühl bezieht, weiblich oder männlich zu sein, hat mit Bedeutungen zu tun – mit dem Sein und der Bedeutung des Seins in einem männlichen oder weiblichen Körper. Der nächste Abschnitt über „innere Repräsentanzen" hebt die Wichtigkeit dieser unbewußten Repräsentanzen im emotionalen und kognitiven Leben der sich entwickelnden Frau hervor.

Die Geschlechtsrollenidentität, wie sie hier definiert wird, hat mit der integrativen Funktion der Geschlechtszugehörigkeit als dem grundlegenden kognitiven Organisator und seinen alloplastischen und autoplastischen Anpassungen an ein bestimmtes historisches Milieu zu tun. Im Abschnitt über die Asymmetrie der Elternfunktion, der der Darstellung der Entwicklungsabfolge vorangeht, werden wir die Auswirkungen unserer gegenwärtigen sozialen Struktur auf die tiefen Wurzeln der Geschlechtsrollenidentität untersuchen.

3.1 Die Entwicklung innerer Repräsentanzen

Die Aufgabe, sich ein fest umgrenztes Bild vom Selbst zu machen, ist für das Mädchen kompliziert, weil es ihm schwerfällt, die Grenzen verschiedener innerer Gefühle wahrzunehmen und die Reizquellen für Gefühle der Lust und Erregung zu lokalisieren und zu unterscheiden. Wie Bernstein (1983) erklärte, stimuliert die Berührung der äußeren Genitalien innere Empfindungen, und diese tief im Körperinnern erlebten Empfindungen können ihrerseits anale Gefühle erregen. Darüber hinaus ist es die besondere Natur vaginaler Erotik, daß sie eine Lust liefert, die sich in Erregungswellen über den ganzen Körper ausbreitet. Bei kleinen Mädchen fehlen also den inneren psychischen Repräsentanzen der Lust und anderer Gefühle der Erregung genaue Grenzen; dies ist die Basis für eine Verwirrung bezüglich des Innen und Außen – zu einer Zeit, in der die Ich-Grenzen am durchlässigsten sind (Montgrain 1983). Diese Unbestimmbarkeit, dieses fundamentale Nicht-wissen um Anfang und Ende, hat wahrscheinlich Folgen für die Entwick-lung, insbesondere, wenn die direkten kausalen Verbindungen zwischen physischer Handlung und der Wahrnehmung von Lust oder Schmerz durch die Unbestimmtheit der Propriozeptoren im Inneren verwischt werden. Das Erleben des Inneren ist oft diffus, verallgemeinert und mit der Mutter verschmolzen (Bernstein 1983).

Autorinnen und Autoren, die über dieses Gebiet schreiben, neigen oft dazu, die Aufgabe des Mädchens, ein Verständnis für dieses Zusammenflie-ßen seines physischen und seines sexuellen Selbst zu entwickeln, zu pathologisieren oder zu problematisieren, wobei implizit die Ansicht mitgeliefert wird, daß Jungen mit solchen Schwierigkeiten nicht konfron-tiert seien. Die Entwicklungsaufgaben sind natürlich verschieden, aber die externe Lage der männlichen Genitalien mit der sich daraus ergebenden Exponiertheit und Verwundbarkeit hat enorme Folgen für die Geschlechts-rollenidentität – eine offenkundige Tatsache, die aber selten als besonderes „Problem" der männlichen Entwicklung dargestellt wird. Ein besseres Verständnis der Entwicklung der männlichen Geschlechtsrollenidentität muß aber ganz ähnlich beginnen, die verschiedenen Variationen der innerpsychischen Repräsentanzen des geschlechtsbezogenen Selbst (*gendered self*) zu erklären.

Kehren wir zu dem sich entwickelnden weiblichen Kind zurück: der als Norm geltende Mangel an Unterscheidung zwischen dem weiblichen Säugling und seiner Mutter wird ergänzt durch die Verwischung entspre-chender Grenzen bei der Mutter; sie kann nicht umhin, in ihrer kleinen Tochter sich selbst zu sehen. Die vielen Arten, in der diese Spiegelungen echoartig die ganze Mutter-Tochter-Beziehung färben, haben einen enor-men Einfluß auf die sich entwickelnde Geschlechtsrollenidentität und setzen sich mit Perioden größerer oder geringerer Ausgeprägtheit durch die ganze Adoleszenz hindurch fort.

Die Aufgabe des Mädchens ist es, sich mit der omnipotenten, grenzenlo-sen und deshalb frustrierenden Mutter zu identifizieren und sich gleichzeitig von ihr zu trennen, genauso, wie es sich von der alles gebenden, zärtlichen, nährenden Mutter, der Quelle allen Behagens (Dinnerstein 1976) gleichzei-tig trennen und mit ihr identifizieren muß. Dieser Vorgang bringt ein subtiles Wechselspiel zwischen den konstitutionellen Begierden und Rhyth-men des Mädchens und seiner eigenen Geschichte von Lust und Frustration mit sich – Winnicotts (1965) „ausreichend gute Bemutterung" –, gekoppelt mit den mütterlichen Reaktionen auf seine Gleichheit und sein Anderssein (d. h. auf die Individuation des Mädchens ebenso wie auf das eigene Erleben dieser Gleichheit bzw. dieses Andersseins).

Diese innerpsychischen Repräsentanzen des geschlechtlichen Selbst werden immer weiter herausgebildet und neu gestaltet wie eine lebendige Skulptur. Sie sind unveränderlich, festgelegt, so wie es auch die geschlechtliche Kernidentität zu sein scheint. Der Prozeß setzt sich während der ganzen Trennung und Individuation und während der Triangulierung fort, mit der letzten Ausformung in der Adoleszenz.

Die wahrgenommene Omnipotenz der Mutter gehört sicher zu dem allgemein männlichen Erlebnis von ihr als einer großen, verschlingenden Öffnung, die orale, anale und vaginale Bilder beinhaltet, die abwechselnd als grenzenlos, verschlingend und unersättlich phantasiert werden (Dinnerstein 1976). Da die Mutter als personifizierte Bedrohung der Autonomie und des Kampfes um Individuation erlebt wird, wird die ständige Verlockung der Regression als eine äußere Gefahr wahrgenommen, verkörpert in der frustrierenden, verschlingenden Mutter, von der sich der Junge immer mehr desidentifiziert (Greenson 1968; Chodorow 1978).

Weil diese frühen innerpsychischen Repräsentanzen präsymbolischer Art sind, kommt man mit dem Bezugssystem der Psychoanalyse schwer an sie heran. Die Exploration wird, wenn sie sich der Kerngeschlechtsidentität nähert, oft als Bedrohung des Selbstgefühls empfunden.

Die soziokulturelle Tendenz, das weibliche Geschlecht zu mystifizieren, kann die Versuche des kleinen Mädchens untergraben, seine Geschlechtsrollenidentität auf eine wirklich selbstbestätigende Weise zu konsolidieren. Waites (1982) hat festgestellt, daß es „systematische, durch die Kultur hervorgerufene Verzerrungen in der weiblichen Ich-Entwicklung gibt, die sich oft in spezifischen Unsicherheiten über die Realität manifestieren" (S. 30). Weil Mädchen allzuoft in Richtung auf Abhängigkeit und Passivität sozialisiert werden, hat man ihre Fragen nach ihrem Körper und den spezifischen Details seines Funktionierens und die Gefühle der Hilflosigkeit und Unsicherheit, die solche Fragen erzeugen können, als ich-synton auch für jene Erwachsenen angesehen, die sie einmal werden sollen. Nicht zu wissen, nicht *wirklich* zu verstehen, ist für Frauen auf eine Weise als hinnehmbar betrachtet worden, wie dies für Männer niemals der Fall war.

Für ein weibliches Kind ist es von höchster Wichtigkeit, wie die Mutter in bezug auf ihr geschlechtliches Selbst empfindet. Hat die Mutter irgendeine Version der Rollenverachtung und Objektifizierung internalisiert, so daß auch sie ihre sexuellen Kräfte und das Furchteinflößende ihrer Fortpflanzungsfähigkeit fürchtet? Oder kann sie ihre Weiblichkeit mit einer Lust und Kreativität ausdrücken, die sie auch ihrer Tochter zur Inkorporation und Identifizierung anbietet? Eine solche Dichotomie existiert in Wirklichkeit natürlich nicht; was sich statt dessen verwebt, sind intrapsychische, soziokulturelle und spezifisch historische Determinanten, die die fortlaufende Entwicklung von beiden, Mutter und Tochter, bestimmen.

3.2 Über die Asymmetrie der Elternfunktion

Wie Chodorow (1978) und Dinnerstein (1976) so eindringlich erklärt haben, sind es die Frauen, die „muttern" – und nur sie. Diese Asymmetrie der Elternfunktion hat eine wesentliche Bedeutung für die psychische Entwicklung beider Geschlechter und fordert natürlich auch von den Müttern ihren Tribut, die allzu oft depressiv sind oder in eine Position der narzißtischen Beziehung zu ihrem Nachwuchs hineingezwungen werden. In der psychiatrischen Epidemiologie ist nachgewiesen, daß die Zahl der depressiven Störungen bei Frauen weit höher liegt als bei Männern (Lewis 1976; Guttentag, Salasin u. Belle 1980). Gegenwärtig steigen die Depressionen bei Frauen weiter an, trotz der angeblich befreienden Veränderung, die in ihren sozialen Rollen stattgefunden hat (Guttentag et al. 1980). Narzißtische Störungen sind eine zu subtile diagnostische Kategorie, als daß sie im nichtanalytischen Rahmen der meisten epidemiologischen Untersuchungen berücksichtigt werden könnten, aber der allgemeine klinische Sachverstand sagt uns, daß viele der Probleme, die Frauen und Männer in unsere Sprechzimmer bringen, ihre Wurzeln zum Teil in den Einschränkungen haben, die einer narzißtischen Bemutterung innewohnen. Frauen, die abgewertet werden oder sonst keine angemessene Spiegelung erfahren (zum Teil auch wegen ihrer Geschlechtszugehörigkeit), übertragen mit Sicherheit ihre narzißtischen Schwierigkeiten auf ihre Kinder. Damit soll nicht die Krankheit der Mütter hervorgehoben werden, sondern wir wollen die Folgen der asymmetrischen Elternfunktion innerhalb des kulturellen Kontexts von Geschlechterprivilegien veranschaulichen.

Chodorow (1978) weist darauf hin, daß der Unterschied zwischen relationaler und positionaler Identifizierung zur Entstehung der stereotypen männlichen Verachtung von Frauen beiträgt, die von seiten der Kultur bestätigt wird. Die Sünden der Väter werden an ihren Söhnen *und* Töchtern heimgesucht. Die Mythen und Stereotypen beginnen schon bei der Geburt. In einer interessanten Untersuchung an 30 Eltern, die ihr erstes Kind bekamen, und ihren 30 weiblichen und männlichen Sprößlingen (Rubin, Provenzano u. Luria 1979) stellte man fest, daß innerhalb der ersten 24 Stunden des Säuglingsalters bereits eine Stereotypisierung der Geschlechtszugehörigkeit stattfand. Obwohl sich in den Krankenhausdaten bei den 15 männlichen und den 15 weiblichen Neugeborenen keine signifikanten Unterschiede des Geburtsgewichts, der Körperlänge oder der Apgar-Werte fanden, beurteilten sowohl Mütter als auch Väter die Mädchen als erheblich weicher, mit zarteren Zügen ausgestattet, als kleiner und unaufmerksamer. Die Väter neigten dazu, die Jungen als fester, mit gröberen Zügen, besser koordiniert, wacher, stärker und unempfindlicher zu beurteilen; die Mädchen waren für sie weicher, hatten feinere Züge, waren ungeschickter, unaufmerksamer, schwächer und zarter. Die Väter neigten i. allg. mehr zum Stereotypisieren, was damit zusammenhängen kann, daß sie die Babys während der ersten 24 Stunden nicht im Arm halten durften, während den

Müttern beim Füttern etwas Kontakt erlaubt wurde. Diese Feststellung ist
weit davon entfernt, die Wirkung der allgemeinen Asymmetrie der
Elternfunktionen abzuschwächen, die unsere Kultur immer noch unterstützt; sie stimmt vielmehr mit ihr überein.

Wenn sich das kleine Mädchen im Alter von 8 bis 18 Monaten seinem
Vater oder einer anderen wichtigen männlichen Figur zuwendet (Abelin
1980), muß es sich im Spiegel dieser Augen sehen, und wie die Spiegelung in
den Augen der Mutter hat auch diese eine signifikante Wirkung auf die
Geschlechtsrollenidentität und die Ich-Entwicklung (Levinson 1984). Die
früheste Akzeptanz seines Geschlechts wird hier festgehalten, internalisiert
und integriert – die Projektionen und Identifizierungen der Mutter,
überformt und durchdrungen von der Annahme des weiblichen Wesens als
eines *Anderen*. Mit der kognitiven Organisation und dem Identifizierungs-
prozeß – sie/wie ich/weiblich – geht also eine Spiegelung in den Augen des
Vaters (des *Anderen*) einher: die Frau als ein *Anderes*, gesehen durch die
Augen des Mannes. Dies ist das *Andere*, über das Simone Beauvoir in *Das
andere Geschlecht* (1949) geschrieben hat, und das *Andere*, um das es den
französischen Feministinnen in der Tradition Lacans geht. Das *Andere* als
Fehlen, das *Andere* als nicht ..., das *Andere*, das weniger ist als ...

Wir beginnen zu verstehen, warum die sexuellen Arrangements, die das
menschliche Unbehagen erzeugen, von dem Dinnerstein (1976) schreibt, so
unwandelbar sind: sie liegen in den tiefsten Strukturen der Geschlechtsrollenidentität, die ihren Ursprung im Säuglingsalter haben und unbewußt
sind. Frauen muttern überall, und sie oder eine Pflegeperson gleichen
Geschlechts sind überall die primären Kinderbetreuerinnen und die ersten
Identifikationsmodelle. Infolgedessen werden Mädchen auch weiterhin
Schwierigkeiten mit ihren Grenzen und ihrem Anderssein haben, und mit
dem Auftauchen eines wahren Selbst, das als etwas *Anderes* wahrgenommen und wertgeschätzt wird, während Jungen mit der Gewaltsamkeit der
Trennung und der Verdrängung „weiblich identifizierter" Formen der
Verbundenheit kämpfen müssen, die allzuoft den Grundstein ihrer Männ-
lichkeit bilden.

Freud (1931 b) bemerkte, daß die männliche Herabwürdigung und
Verachtung der Frauen mehr oder weniger ein natürliches Ergebnis des
ödipalen Konflikts sei. Er nahm die Arbeit feministischer Theoretikerinnen
vorweg, die die psychologischen Ursprünge des Patriarchats bis auf die
Wurzeln männlicher Bindung und Identifizierung in frühester Kindheit
zurückverfolgen. Als Teil der natürlichen Erkenntnis der Geschlechtsunterschiede und der darauffolgenden Festigung der Geschlechtsrollenidentität
sieht sich der kleine Junge der Aufgabe gegenüber, sich von der Mutter zu
desidentifizieren, der primären wichtigen *Anderen*. Weil der Vater in der
Alltagswelt des Säuglings und Kleinkindes verhältnismäßig abwesend ist,
basiert die entstehende männliche Geschlechtsrollenidentität darauf, nicht
wie die Mutter (die Frau) zu sein, und nicht auf einer authentischen, von
Erfahrung erfüllten, auf einer Beziehung gegründeten Identität: wie Papa –

männlich. Wie Dinnerstein (1976) argumentiert, ist die Mutter außerdem mit den frühesten und regressivsten Lusterlebnissen assoziiert, so daß infantile Wünsche und Abhängigkeitszustände, die an sie erinnern, von dem heranwachsenden männlichen Kind besonders nachdrücklich und streng verdrängt werden müssen, das unter Schmerzen lernt, daß Jungen kein Bedürfnis nach Pflege und Unterstützung haben. Jungen sind nicht schwach wie Mädchen – sie sind nicht abhängig wie Mädchen – , sie sind nicht so launisch, so emotional labil. Der Lohn für diese Einengung ihrer Menschlichkeit besteht darin, daß sie zur wirkmächtigen Welt der Männer gehören. Wenn diese Einschränkung der Affekte ein so integraler Bestandteil der männlichen Geschlechtsrollenidentität ist, wird die von Freud (1937 c) beschriebene Verzweiflung verständlicher.

> Zu keiner Zeit der analytischen Arbeit leidet man mehr unter dem bedrückenden Gefühl erfolglos wiederholter Anstrenung... als wenn man... die Männer überzeugen möchte, daß eine passive Einstellung zum Mann nicht immer die Bedeutung einer Kastration hat... Aus der trotzigen Überkompensation des Mannes leitet sich einer der stärksten Übertragungswiderstände ab... Entscheidend bleibt, daß der Widerstand keine Änderung zustande kommen läßt (Freud 1937 c, S. 98 f.).

Bei Mädchen halten die Probleme der Trennung und Individuation länger an als bei Jungen. Der natürliche Entwicklungsversuch des kleinen Mädchens, sich von der symbiotischen Dyade zu differenzieren, muß auch die von Natur aus gegebenen Tendenzen der Mutter zur projektiven Identifizierung mit einbeziehen.

Solange Frauen muttern, werden sie mehr als Männer mit eben jenen Beziehungsfragen beschäftigt sein, die das Muttern ausmachen: Gefühlen primärer Identifikation, Mangel an Getrenntsein oder Differenziertheit, Fragen der Grenzen des Ichs und des Körper-Ichs und einer primären Liebe, die nicht dem Realitätsprinzip unterliegt. Ein Mädchen identifiziert sich nicht einfach mit seiner Mutter oder will so sein wie sie. Vielmehr behalten Mutter und Tochter Elemente ihrer primären Beziehung bei; dies bedeutet, daß sie sich auf fundamentale Weise gleich fühlen (Chodorow 1978). Bei Frauen, die besondere Schwierigkeiten mit der Entstehung ihres Selbst und ihrer Differenzierung von der Mutter haben, gibt es eine verlängerte, andauernde und manchmal schädliche Beschäftigung mit Fragen der Grenzen und des Getrenntseins, die vom erfolgreichen autonomen Funktionieren in der Öffentlichkeit ablenken und auf diese Weise die eigene Leistung und die Eingliederung in die erweiterte, außerfamiliale Welt ungünstig beeinflussen. Es sind jedoch gerade diese Beziehungsfragen, mit denen immer wieder auch versucht wird, die Wirkungen von Aggression und Entfremdung abzuschwächen, die im männlichen Modell des Wettstreits und der Unabhängigkeit nur allzu verbreitet sind.

3.3 Über das Erkennen des Geschlechtsunterschieds

Die großen Debatten der 20er und 30er Jahre innerhalb der Psychoanalyse
hatten mit der primären oder sekundären Natur der weiblichen Sexualität
und den sich daraus ergebenden Problemen von Penisneid, Kastrationsangst und ihrer Bedeutung oder Relevanz innerhalb eines brauchbaren
theoretischen Modells der weiblichen Entwicklung zu tun (Fliegel 1982;
Lacan 1982).

Es überrascht nicht, daß diese Debatten in den 20er Jahren begannen, in
einer Zeit erhöhten feministischen Bewußtseins, als Frauen auf dem Gebiet
der Arbeit und der Politik gleiche Rechte verlangten. Der Streit erhob sich
noch einmal ganz heftig in den 60er und frühen 70er Jahren, als Frauen
anfingen, gegen ihre Rollen zu protestieren und eine glaubhafte psychologische Subjektivität für sich selbst zu fordern. Man hat ins Feld geführt, daß
politische Richtigkeit wenig mit wissenschaftlicher Realität zu tun habe.
Die Auffassung dieser wissenschaftlichen Realität ist jedoch, wie Thomas
Kuhn (1962) sehr klar herausgearbeitet hat, von einem bestimmten
kulturell-historischen Milieu abhängig. Jede Untersuchung der Geschlechtsunterschiede muß die Nebel der phallozentrischen Mystifikation nüchtern
durchschauen und darauf achten, nicht auf das illusorische Versprechen
einer psychosexuellen Androgynie hereinzufallen, die die unglückliche
menschliche Tendenz aufheben soll, den Unterschieden einen hierarchischen Wert zuzuschreiben.

Irene Fast (1984) hat ein Modell der Geschlechtsunterscheidung vorge-
schlagen, in dem eine langsame Erkenntnis der Grenzen der beiden
Geschlechtskategorien (männlich und weiblich) von einem Gefühl des
Verlusts und des Protests begleitet ist.

> Ich gehe davon aus, daß der Differenzierungsprozeß ähnlich strukturiert ist wie
> andere wichtige Differenzierungen in der Entwicklung (z. B. Selbst-Nichtselbst,
> subjektive und objektive Realität, Absicht und physikalische Kausalität): eine
> anfänglich narzißtische undifferenzierte Phase; dann Wahrnehmung von Gren-
> zen mit einhergehender Protestreaktion, mit Verlustgefühlen, Verleugnung
> usw.; danach eine Rekategorisierung der Erfahrung, in der ein Differenzierungs-
> produkt als Teil des Selbst integriert, das andere als unabhängig vom Selbst
> anerkannt wird und beide in produktiver Beziehung zueinander stehen (Fast
> 1984; dt. 1991, S. 37 f.)

Dies ist sehr verschieden von herkömmlichen, auf Freud (1925 j, 1931 b)
basierenden psychoanalytischen Modellen, in denen das Mädchen mit
seinem Anderssein und *seinem* Gefühl des Verlusts zurechtkommen und
lernen muß, *sein* Gefühl des männlichen Protests in Schranken zu halten.
Für Fast (1984) ist das Entwicklungsmodell des Geschlechterunterschieds in
mancher Hinsicht die Umkehrung des Freudschen Modells. Bei Freud sind
die Genitalien geschlechtsspezifisch und bestimmen die subjektive Definition von Männlichkeit und Weiblichkeit.

Die Theorie der Geschlechtsdifferenzierung besagt, daß die genitale Erfahrung objektiv eine geschlechtsspezifische Erfahrung darstellt, die subjektive Definition der Genitalorgane sowie der genitalen Erfahrung als männlich oder weiblich jedoch erlernt wird. Sie behauptet, daß die Kinder vor Beginn des Differenzierungsprozesses über eine zuverlässig entwickelte genitale Erfahrung verfügen, diese jedoch weder geschlechtsbezogen einordnen noch die Grenzen erkennen, die ihr tatsächliches Geschlecht ihnen setzt (Fast 1984; dt. 1991, S. 76).

Für das kleine Mädchen ist es ein natürlicher Teil der Geschlechtsunterscheidung, daß es keinen Penis hat, und daß die Jungen im Stehen urinieren, während es selbst dabei sitzt, genauso, wie Jungen irgendwann bemerken, daß Frauen Kinder bekommen und Männer nicht. Die Intensität und Eigenart dieses Gefühls der Begrenztheit ist ausgeprägt und abhängig von der Art der Interaktion zwischen Mutter und Kind (Mahler, Pine u. Bergman 1975; Kaplan 1978; Tyson 1982; Schwartz 1984 b), der Rolle des Vaters (Abelin 1980) und dem umgebenden kulturellen Milieu (Waites 1982).

Die feministische Kritik an Freuds Modell der weiblichen Entwicklung als phallozentrisch (weil aus einer patriarchalen Kultur stammend) leugnet nicht, daß die Erkenntnis des Geschlechtsunterschieds in der Entwicklung von primärer Bedeutung ist (Chodorow 1978; Schwartz 1984 a).

Wenn man Fasts Auffassung von parallel verlaufenden Entwicklungsprozessen der Differenzierung des Selbst und der Geschlechtszugehörigkeit folgt, muß man nach fortbestehenden Schwierigkeiten suchen, z. B. nach andauerndem Penisneid oder der Entwicklung eines Kastrationskomplexes, um die Determinanten der pathologischen Entwicklung des Selbst zu verstehen. Grossman und Stewart (1977) bezeichnen den Penisneid in diesem Zusammenhang interessanterweise auch als Entwicklungsmetapher; damit wird das traditionelle Verständnis dieses komplizierten Konglomerats von Gefühlen zum einen als Folge einer frühen narzißtischen Kränkung bezeichnet, zum andern als Ausdruck einer späteren Enttäuschung in Objektbeziehungen, d. h. als regressive Bemühung, ödipale Konflikte zu lösen. In beiden Fällen erkennen sie die „Notwendigkeit, Penisneid als den manifesten Inhalt eines Symptoms zu betrachten, das der Analyse bedarf, und nicht als ‚gewachsenen Fels‘ oder Grundkonflikt" (Grossman u. Stewart 1977, S. 211).

Nach meiner eigenen Erfahrung kommt der Kastrationskomplex oder die hartnäckige und andauernde Überzeugung oder Befürchtung, die vorhandenen weiblichen Genitalien seien das Ergebnis einer Kastration, vor allem in Situationen vor, wo ein schweres Versagen der Mutter vorgelegen hat. Oft geht dies mit einer ungerechtfertigten Ablehnung der Tochter einher, die mit Konkurrenz- oder Eifersuchtsgefühlen der Mutter oder ihrem Wunsch nach einem männlichen Kind zusammenhängen. Eine solche Ablehnung kann zu einem wiederkehrenden Versagen der Einfühlung in den frühen Stadien der Trennung und Individuation führen, so daß die Tochter ständig in einem Zustand der Wut ist, die nach innen gekehrt wird – die Kastration wird als Strafe für ihre mörderischen Wünsche erlebt und gleichzeitig dafür, daß sie für die ablehnende Mutter kein befriedigendes Objekt war.

3.4 Entwicklungsstufen

Die Abfolge, die hier vorgestellt werden soll, befaßt sich v. a. mit 3 Entwicklungsperioden, die eine Schlüsselstellung bei der Bildung der weiblichen Geschlechtsrollenidentität einnehmen: der Wiederannäherungsphase (*rapprochement subphase*) der Trennung und Individuation, der Phase der Triangulierung und der Phase der Adoleszenz. Eine umfassende Behandlung der Komplexität dieser Entwicklungsabfolge würde allein schon ein ganzes Buch füllen. Trotzdem kann man fundamentale Prozesse und Konstrukte für die weitere theoretische Erforschung hervorheben, ebenso wie klinische Beobachtungen und Beobachtungen der Entwickung selbst.

3.4.1 Die Wiederannäherungsphase

Die Wiederannäherungsphase des Trennungs- und Individuationsprozesses dauert etwa vom Alter von 14–15 Monaten bis zum Alter von 24 Monaten oder darüber hinaus. Diese Periode ist durch eine wachsende Erkenntnis der Getrenntheit von der Mutter gekennzeichnet, zu der auch die Erfahrung der Verwundbarkeit gehört, die aus der Konfrontation des Kleinkindes mit dem Versagen seiner Omnipotenz in bezug auf die Mutter und die Welt im allgemeinen resultiert. In der gleichen Zeit entsteht auch die geschlechtliche Kernidentität, das fundamentale Wissen, „ich bin ein Mädchen", mit einer verstärkten Wahrnehmung der eigenen Genitalien, die die Geschlechtsunterschiede ebenso symbolisieren wie das Potential sinnlicher Lust. Nach Kaplan (1978)

> entdeckt das Mädchen den Geschlechtsunterschied unter dem Impetus, daß es zunächst die Lust der genitalen Selbststimulierung entdeckt. Die primär exploratorische und Grenzen suchende Art der genitalen Manipulation des 10 bis 12 Monate alten Mädchens hat sich, wenn es 16 Monate alt ist, in eine zentrierte lustsuchende Aktivität verwandelt. Jetzt, da das Mädchen sich seines eigenen Selbst und des seines Gegenübers klar bewußt ist, verknüpft es seine Frustrationen wie auch seine Wonnen mit einer Person, die zu diesen Gefühlen beitragen könnte. Wie die mit einer Person verknüpften Gefühle der Freude, der Wut und der Traurigkeit hat auch die lustvolle genitale Erregung das Potential, mit anderen Menschen verknüpft zu werden... Die Entdeckung der Lustmöglichkeiten seines eigenen Genitales mit etwa 15 oder 16 Monaten bringt das Mädchen in die Lage, auch der Genitalien anderer gewahr zu werden und diesem Gewahrsein eine Bedeutung zu geben (S. 221–223).

Mit 18 oder 19 Monaten ist das Kleinkind fähig, kognitive Unterscheidungen zwischen den Geschlechtern zu treffen und den Unterscheidungen einen Sinn zu geben.

Man beachte hier die zeitliche Koordination. In der gleichen Zeit, in der das Kleinkind sich der Scham und Frustration des Versagens seiner Omnipotenz ausgesetzt sieht („Ich hab' die Welt nicht in der Hand") und eine neue Beziehung der Unabhängigkeit von der Mutter herstellt („Mammi ist nicht ein Teil von mir. Meine Wünsche und Bedürfnisse können sie nicht steuern. Ich bin oft hilflos und allein"), ist es auch mit den anatomischen Geschlechtsunterschieden und der sozialen Konstruktion der Geschlechtszugehörigkeit konfrontiert. Eine ganz schöne Bewältigungsaufgabe für ein noch nicht 2jähriges Mädchen!

Das kritische Problem bei der Entstehung der Geschlechtsrollenidentität ist in diesem Stadium, daß die Schwierigkeiten bei der Überwindung der Wiederannäherungskrise sich mit der Geschlechtszugehörigkeit verknüpfen. Penisneid ist nicht unvermeidlich, muß es auch nicht sein. Mahler et al. (1975) und Kaplan (1978) glauben, daß der Schmerz der Trennung von der Mutter und der Sturz aus der Omnipotenz unweigerlich mit dem Fehlen eines Penis assoziiert wird; von da an wird die Mutter für den beschädigten Status des kleinen Mädchens in der Welt „weniger als/ohne" verantwortlich gemacht. Solche Folgerungen sind der ursprünglichen Position Freuds gefährlich nahe, nach der das Mädchen seine Mutter für diese narzißtische Kränkung verantwortlich macht, eine Kränkung, die auf der scheinbaren Überlegenheit des männlichen Genitales beruht. Tatsächlich muß jeder fortbestehende Penisneid entweder als symptomatisch angesehen werden oder aber als eine kulturelle Gegebenheit, insofern diese Kultur durch primäre Pflegepersonen vermittelt wird.

Wegen der Asymmetrie der Elternfunktion neigt das Kleinkind in der Krise der Wiederannäherung dazu, sowohl sich selbst als auch der Mutter die Schuld für seine Enttäuschungen, seine täglichen Beschämungen und Demütigungen, seine Entmutigungen und Frustrationen zu geben. Es wird abwechselnd die Mutter suchen und ablehnen, während es sich mit der Sehnsucht nach Unabhängigkeit und Herrschaft und mit widersprüchlichen Wünschen nach Regression auf einen früheren, weniger komplizierten Zustand der Verschmelzung herumschlägt. Eine depressive, nicht verfügbare Mutter, eine narzißtische Mutter, die zu ihrer Tochter nur als einem Selbstobjekt in Beziehung treten kann, legt ihrem Kind mit ihrem Mangel an Einfühlung hier Hindernisse in den Weg.

Damit kann ein destruktiver Zirkel entstehen, wo Gefühle des „Nichtbekommens" verwechselt werden mit „Als Frau etwas nicht verdienen", und aggressive Wünsche mit schlimmen Wirkungen wie z. B. Kastration. Wenn unter bestimmten Umständen dieser negative Zirkel sich mit der Geschlechtszugehörigkeit verknüpft, wird es für das Kind natürlich schwierig, ein positiv bewertetes und geschätztes Gefühl eines weiblichen Selbst zu entwickeln.

Eine erfolgreiche Überwindung dieser Periode ist für beide Geschlechter jedoch unerläßlich: für die Entwicklung von Objektkonstanz, für ein mit Grenzen versehenes, positives, beständiges Selbstgefühl im Verhältnis zu *Anderen*, für die Fähigkeit, Ambivalenz auszuhalten und für die Integration von sexuellen und aggressiven Gefühlen.

3.4.2 Triangulierung

Wenn man nach der klassischen Methode vorgeht, könnte man als nächstes eine ausführliche Erörterung des ödipalen Stadiums und seiner Beziehung zur Geschlechtsrollenidentität des Mädchens erwarten. Der nächste kritische Entwicklungsbereich des Mädchens ist jedoch die Phase der Triangulierung und nicht die ödipale Phase. Die metaphorische Bezugnahme auf das Dilemma des Ödipus allein aus phallozentrischen Gründen ist für die Beschreibung der weiblichen Sozialisationserfahrung eine schlechte Wahl. Um es genauer zu formulieren: die Analyse der ödipalen Dynamik des kleinen Mädchens, ob und wie sie auch geschehen mag, ist nicht in der Lage, die Entwicklung der Geschlechtsrollenidentität zu erklären, von der wir heute wissen, daß sie dem Auftauchen der ödipalen Problematik eindeutig vorangeht. Zuschreibungen der Geschlechtsrolle beginnen von Geburt an; die geschlechtliche Kernidentität bildet sich etwa im Alter von 18 Monaten. Die gegenwärtigen Theorien und Beobachtungen zeigen, daß auch die Triangulierung der traditionellen phallisch-ödipalen Phase vorangeht (Stoller 1968; Abelin 1971, 1980; Kleeman 1977).

Der ödipale Konflikt hat eher mit dem Mechanismus zu tun, durch den der Junge seine Trennung von der omnipotenten Mutter bewerkstelligen kann (Dinnerstein 1976), und mit der darauf folgenden Identifizierung des Jungen mit der Männerwelt und dem Eintritt in sie. Wie Gilligan (1982) in ihrer Arbeit über die Entwicklung des Über-Ichs erklärt, können diese männlichen Modelle auf das Verstehen der weiblichen Erfahrung nicht angewendet werden.

In der traditionellen psychoanalytischen Theorie bezeichnet die ödipale Phase einen Wandel oder eine Verschiebung der erotischen Objektwahl von der Mutter auf den Vater, begleitet von Rivalitäts- und Eifersuchtsgefühlen. Da diese Zu- und Abwendungen jedoch mehr oder weniger häufig und intensiv während der ganzen Periode der Triangulierung auftreten, wenn sich das Mädchen dem Vater oder wichtigen männlichen Figuren außerhalb der Mutter-Tochter-Dyade zuwendet, muß man nicht nur nach den Verschiebungen in der Objektwahl fragen, sondern auch nach den Veränderungen der Identifizierungen und der inneren psychischen Repräsentanzen, die integraler Bestandteil der entstehenden Geschlechtsrollenidentität sind.

Darüber hinaus müssen wir heute, wo es so viele alleinerziehende Eltern gibt, nicht nur die Wirkungen der asymmetrischen Elternfunktion (Frauen als primäre Betreuerinnen und Versorgerinnen) berücksichtigen, sondern auch das ständig zunehmende Vorkommen von „nichttraditionellen" Familien, wo es auch mehrere wichtige männliche *Andere* oder auch Eltern gleichen Geschlechts geben kann. Die Psychoanalyse muß ein Modell haben, in das sich diese „Abweichungen", die heute zu Normen werden, einbeziehen lassen.

Es ist eine interessante Feststellung, daß Freuds Anschauung von der weiblichen Heterosexualität auffallend mit denen radikalerer Feministinnen übereinstimmt, die es als weniger kompromittierend ansehen, wenn Frauen zu Männern werden, als umgekehrt. Für Freud sind es die bestürzende Erkenntnis der anatomischen Geschlechtsunterschiede und der daraus folgende Kastrationskomplex, welche das Mädchen in die ödipale Phase treiben. Nach Freud (1925 j) gibt es keine Motivation für die heterosexuelle Objektwahl, die nicht eine Geringschätzung der Weiblichkeit einschließt. Es ist der Wunsch nach einem Penis als einem eindeutig überlegenen Organ, der die Augen des kleinen Mädchens auf seinen Vater lenkt. „Es gibt den Wunsch nach dem Penis auf, um den Wunsch nach einem Kinde an die Stelle zu setzen, und nimmt in dieser Absicht den Vater zum Liebesobjekt. Die Mutter wird zum Objekt der Eifersucht..." (Freud 1925 j, S. 27 f.).

Parens, Pollock, Stern u. Kramer (1977) haben bei Mädchen tatsächlich eine Verschiebung von vorherrschend oralen und analen Interessen auf das Genitale beobachtet; sie nannten dies einen Wechsel in die protogenitale Phase. Nach ihren Beobachtungen ist dieses Erwachen genitaler Sinnlichkeit meistens ein Ausdruck der *„primären, konstitutionellen weiblichen Disposition"* (S. 83; Hervorhebung im Original) des Mädchens, und nicht eine Äußerung phallischer Interessen. Sie stellen Freuds Kriterien für den Eintritt des Mädchens in die ödipale Phase, nämlich: Anzeichen für den Kastrationskomplex und weitere objektbezogene Differenzierungen, gefolgt von dem Wunsch, ein Baby zu bekommen, in Frage. Nach ihrer Ansicht sind sowohl die Phase der Protogenitalität als auch das sichtbar erhöhte Interesse, „ein Baby zu bekommen", das das kleine Mädchen im Spiel und im verbalen Verhalten zeigt, ein Ausdruck angeborener Geschlechtseigenschaften.

Diese Einstellung impliziert natürlich auch eine angeborene heterosexuelle Objektwahl, die die Autoren als „konstitutionelle Disposition zur Heterosexualität" bezeichnen, und ebenso einen angeborenen „vom Trieb abgeleiteten" Wunsch, ein Baby zu bekommen; beides hat sich empirisch nicht als wahr beweisen lassen. Was in unserem Zusammenhang aber wichtig ist, ist die Anerkennung der eigenen Genitalität des Mädchens, die *ihm* gehört, die mit einem Ausdruck seines Selbst als Subjekt zu tun hat, und nicht mit dem eines fehlerhaften *Anderen*, einer „armen Verwandten" des männlichen Subjekts.

Die ödipale Phase wird hier also unter die allgemeine Überschrift der Triangulierung eingeordnet, einer umfassenderen Entwicklungsperiode, die mit der Einbeziehung signifikanter *Anderer* in die Objektwelt des Kindes, mit seiner aufblühenden Genitalität, der Festigung erotischer Objektwahlen und der Geschlechtsrollenidentität zu tun hat.

Väter und signifikante männliche *Andere* helfen mit ihrer positiven Bestätigung der sexuellen Annäherungsversuche des Mädchens sein Gefühl zu festigen, sowohl Subjekt als auch Objekt des Begehrens zu sein. Das kleine Mädchen, das sich in die Welt hinaus begibt und immer mehr fähig wird, die Mutter zu verlassen und wieder aufzusuchen, hat nun einen *Anderen*, an dem es seine vielen kreativen Fertigkeiten und Fähigkeiten erproben kann. Die Qualität der Widerspiegelung dieser Fähigkeiten und Fertigkeiten, ihre Annahme oder Nichtannahme, ihre Erhöhung oder Geringschätzung verbinden sich unweigerlich mit der Geschlechtszugehörigkeit und der Auffassung der Geschlechtsrolle.

Während dieser Periode der Triangulierung kommen auch Probleme der Objektwahl zum Vorschein. Moderne Theoretiker haben Fragen der Geschlechtsrollenidentität zunehmend auch mit der sexuellen Ausrichtung und der lesbischen Objektwahl in Zusammenhang gebracht. Eisenbud (1982) hat 2 Wege zur lesbischen Objektwahl aufgezeigt, die mit diesen Fragen der Geschlechtsrollenidentität zusammenhängen und in der Phase der Triangulierung entsprechende Bedeutung gewinnen. In dem, was sie als „Ausschluß von der Identifizierung mit der Mutter" bezeichnet, besteht ein Doublebind, der es der Tochter verbietet, sich mit der Mutter zu identifizieren oder mit ihr zu konkurrieren, und indem sie häufig den Ehemann als Vertraute ersetzen oder als „männliches Selbst" der Mutter fungieren muß. Das heißt, das Mädchen muß aktiv, stark und unabhängig sein, um die Bedürfnisse der Mutter zu erfüllen, aber es darf nicht als Frau mit ihr konkurrieren.

Die am wenigsten stabile Wahl scheint nach Eisenbud die „Flucht vor der Einschließung" zu sein, die implizit für ein Scheitern der Triangulierung spricht; die Individuation wird hier durch eine erotische Beherrschung der Mutter angestrebt, anstelle einer Identifizierung mit ihr.

Joyce McDougall (1964) skizziert 2 Wege zur weiblichen Geschlechtsrollenidentität, die durch die Ablehnung jeder Identifizierung mit der genitalen Mutter gekennzeichnet sind. Sie unterscheidet jene Frauen, die ein maskulines Ideal haben und daher Frauen und alles Weibliche geringschätzen (nach McDougalls Ansicht heterosexuelle Frauen), von jenen, die in einer homosexuellen Objektwahl andere Frauen begehren.

In einer späteren Abhandlung (1978) präzisiert sie, daß weibliche Homosexualität ein Versuch ist, „einen Konflikt in bezug auf die beiden Pole der psychischen Identität aufzulösen: die eigene Identität als besonderes Individuum und die sexuelle Identität" (S. 86). Sie bietet eine Variation der Lösung der Triangulierung an, in der das kleine Mädchen den Vater als Liebesobjekt aufgibt und sich statt dessen mit ihm identifiziert, während die Mutter in idealisierter Form in der homosexuellen Beziehung gesucht wird. Diese traditionelle Erklärung der negativ-ödipalen Beziehung (Nagera 1975) ist insofern interessant, als sie die Wahl des Mädchens mit seinem

Bedürfnis nach einem starken Gefühl subjektiver Identität in Zusammenhang bringt, das in einer Familienkonstellation, in der Probleme um Trennung und Individuation nicht erfolgreich bewältigt worden sind, nur schwer zu erlangen ist. In solchen Konstellationen wird der Vater als unannehmbare Objektwahl erachtet, als böse, schmutzig, gefährlich, nicht verfügbar oder ablehnend.

Schwartz (1984 b) hat eine Dynamik beschrieben, die McDougalls Ablehnung der Identifizierung mit der genitalen Mutter ähnlich ist. Schwartz nennt diese Dynamik „Desidentifikation von der Mutter als Frau" – ein Vorgang, der in der Internalisierung von Geschlechtsrollenstereotypen begründet ist und durch Schwierigkeiten im Zusammenhang mit Trennung und Individuation verstärkt wird. Schwartz legt kein ätiologisches Modell vor, sondern versucht eine Beschreibung dieses Vorgangs der Desidentifizierung von der Mutter als Frau, der bei Lesbierinnen oft, aber nicht nur bei ihnen und nicht bei allen von ihnen, zu finden ist.

Wo diese Art der Desidentifizierung vorkommt, scheinen Mütter aufgrund eigener Schwierigkeiten die negativen weiblichen Stereotypen der Passivität und der allgemeinen Unzulänglichkeit in weltlichen Dingen verkörpert zu haben. In ihrer Familienkonstellation waren die Asymmetrie von Privilegien und Achtung anfänglich durch eine quasi sadomasochistische Dynamik verdeckt, in der der Vater Aktivität und Effektivität, Kraft und Erregung vertrat, während die Mutter Schwäche und Beengtheit verkörperte und so eine Übereinstimmung mit dem kulturellen Stereotyp darstellte oder es sogar verstärkte.

Kleine Mädchen können sich, genauso wie kleine Jungen, mit dem Familienmitglied identifizieren, das als sozial geschätzt, kompetent, unabhängig und frei von der Gefahr der Demütigung und der Verachtung erscheint. Wie sein archetypischer „Bruder" bildet sich das Mädchen seine Identifikation auf der Grundlage, „nicht wie die Mutter" zu sein, in aktiver Spaltung von der weiblichen Welt. Während dieser Zeit der Triangulierung versucht ein solches Mädchen, im Konflikt mit seiner Geschlechtsrollenidentität, die Achtung und das Interesse des Vaters zu gewinnen, indem es beweist, daß es „nicht wie die Mutter" ist. Es wird „Papas Augapfel" nicht dadurch, daß es seine Weiblichkeit akzeptiert, sondern dadurch, daß es sich von ihr distanziert.

Dieser Prozeß der Desidentifizierung von der Mutter bringt die Verdrängung von pflegenden Bedürfnissen mit sich, eine vorzeitige Entwicklung von Pseudounabhängigkeit und die gleichzeitige Verleugnung von Verbundenheit. Die narzißtischen und depressiven Mütter solcher Kinder fördern diese Entwicklung oft, da sie die vorzeitige Entstehung von Unabhängigkeit häufig als ein Nachlassen der Forderung nach Pflege und Anteilnahme sehen, die sie, wie sie meinen, nicht erfüllen können. Der Prozeß der Desidentifizierung ist oft von dem Plan begleitet, „die Mutter zu retten". Der Plan wird so verwirklicht, daß das Mädchen nichts braucht, nichts will, stark, tüchtig und gut ist. Außerdem kann sich das kleine

Mädchen die „Mammi" besser als gutes Objekt bewahren, wenn es ihm gelingt, einen Großteil seiner Wut über die mangelhafte Einfühlung in der Wiederannäherungskrise zu verdrängen. Im Dienst des Plans, die Mutter zu retten, nimmt das Mädchen die Rolle der Betreuerin an, der idealisierten guten Elternfigur, die im Inneren jedoch meist ein wütendes, weinendes kleines Mädchen ist.

In Familien, in denen eine ausgeprägte Asymmetrie der Geschlechtsrollenprivilegien und ein fühlbarer Mangel an „ausreichend guter" Bemutterung während der vorangegangenen Phasen von Trennung und Individuation vorhanden war, behält das kleine Mädchen seine Identifikation mit der genitalen Mutter oft bei, nimmt aber charakterlich die vorgeschriebene stereotype weibliche Rolle an, die Passivität, Verleugnung einer durchsetzungsfähigen Sexualität und eine geringe Selbstachtung einschließen kann.

Ein wütend-aktiver Widerstand gegen wahrgenommene männliche Privilegien – der oft als „unaufgelöster Penisneid" pathologisiert wird – hat seine Wurzeln ebenfalls in dieser Phase der Triangulierung. Ein solcher wütend-aktiver Widerstand, der symptomatisch als ein übermäßiges Interesse an Machtfragen und eine übermäßige Empfindlichkeit gegen narzißtische Kränkungen verstanden werden kann, entwickelt sich, wenn die Geschlechtsprivilegien sich in der Kernkonstellation niederschlagen, die früheren Phasen der Trennung und Individuation aber erfolgreicher bewältigt worden sind. Das kleine Mädchen hat dann ein positives, festeres Gefühl eines autonomen geschlechtlichen Selbst erworben, das nun gekränkt, wütend und schockiert über seinen Ausschluß als unabhängiges Subjekt von der instrumentellen Welt männlicher Macht zurückweicht.

Die Phase der Triangulierung kennzeichnet das Ende der sicheren, aber begrenzten Welt der Mutter-Tochter-Dyade und bietet statt dessen ein Feld für die weitere Reifung des Ichs und interpersoneller Kompetenz. Freundschaften und Eifersucht, Herausforderung und Wettstreit, Sieg und leider auch Niederlage werden nun zu wichtigen Erfahrungen, während die innere Welt des Selbst und des *Anderen* beständiger und die geschlechtsbestimmte Welt immer mehr zur Realität wird.

3.4.3 Adoleszenz

Für das junge Mädchen ist der Eintritt der Menarche das deutlichste Zeichen ihres Frauwerdens. Er bezeichnet den Beginn einer normalen Entwicklungskrise, die das weitere Erblühen der erwachsenen Frau in all ihren Aspekten steigern oder beeinträchtigen kann (Ritvo 1977). Trotzdem ist er in aller Regel kein allgemein gefeierter Übergangsritus, ein Gegenstück sozusagen zum Volljährigwerden des Mannes, sondern eine Erinnerung nicht nur an das einzigartige Potential der Frau, Trägerin des Lebens zu sein, sondern auch an die in der Kultur vorhandene Angst und defensive Abwertung, die mit diesem Potential verknüpft sind.

In vielen Gesellschaften bedeutet der Eintritt der Menstruation Absonderung oder Isolierung von der Familie oder vom Stamm für eine Zeit von wenigen Tagen bis zu einigen Jahren. Er kann die symbolische Defloration oder die tatsächliche genitale Verstümmelung bedeuten, einschließlich der Klitorisbeschneidung und der Infibulation (Zunähen der Vaginaöffnung) (Delaney, Lupton u. Toth 1977).

In der jüdisch-christlichen Überlieferung bietet das Alte Testament klare Anweisungen für die Behandlung der menstruierenden Frau (Leviticus 15, 19–33).

> Wenn ein Weib ihres Leibes Blutfluß hat, die soll 7 Tage unrein geachtet werden; wer sie anrührt, der wird unrein sein bis auf den Abend.
>
> Und wer ihr Lager anrührt, der soll seine Kleider waschen und sich mit Wasser baden und unrein sein bis auf den Abend…
>
> Und der Priester soll… machen ein Sündopfer… und sie versöhnen vor dem Herrn über dem Fluß ihrer Unreinigkeit.

Damit wir nicht das Gefühl haben, unsere postmoderne Gesellschaft sei über solche primitiven Ängste und über einen solchen Aberglauben hinweg, weisen Breit und Ferrandino (1979) darauf hin, daß die verschiedenen Redensarten, die verwendet werden, um auf die Menstruation hinzuweisen (z. B. „Besuch", „Schonzeit", „Verkehrshindernis", „Schleusenpanne", vgl. Borneman 1984, 23.1), unsere Einstellung der Negativität, der Vermeidung und der Verleugnung widerspiegeln.

Man könnte sich fragen, wie die soziokulturellen Dimensionen des Menstruationstabus unser psychoanalytisches Verständnis von der Entwicklung der Geschlechtsrollenidentität beeinflussen. Wenn die Adoleszenz eine Zeit der Entwicklungswiederholung ist (Blos 1979; Ritvo 1977), dann können kulturelle Mythen und Stereotype frühere falsche Vorstellungen und Verwirrungen über unsere Körperrepräsentanzen und phantasierte Strafen eines strengen infantilen Über-Ichs noch verstärken. Manche Mädchen erleben die erste Menstruation als eine Ausscheidungsfunktion; dabei werden alte Konflikte aus diesem Bereich wiederbelebt. Gefühle der Passivität und Hilflosigkeit können betont werden, wenn das pubertierende Mädchen das Gefühl hat, von innen heraus zu bluten, in Zeitabständen und mit einer Intensität, über die es keine Herrschaft hat. Zwar bringt ihm die Entwicklung der Brüste und anderer sekundärer Geschlechtsmerkmale meist eine Menge positiver Beachtung; die Erfahrungen der Menstruation aber muß sie geheim mit sich herumtragen.

In der westlichen Kultur ist die Adoleszenz eine ausgedehnte Periode des Übergangs von der Kindheit zum Erwachsensein, die nicht nur eine intrapsychische Integration erfordert, sondern auch die Auseinandersetzung mit bestehenden Gesellschaftsnormen – mit dem Ziel einer eigenen Positionsbestimmung. Während dieser Zeit festigt sich die Geschlechtsrollenidentität des jungen Mädchens, während es die kulturellen Erwartungen

des Frauseins inkorporiert und mit seinen eigenen biologischen Fähigkeiten
und Begrenzungen in Einklang bringt. Erik Erikson (1950) hat dieses Stadium als eine Zeit der „Identität gegen
Rollenkonfusion" bezeichnet:

> Die Integration, die nun in Form der Ich-Identität stattfindet, ist mehr als nur die
> Summe der Kindheits-Identifikationen. Es ist die gesammelte Erfahrung über die
> Fähigkeit des Ichs, diese Identifikationen mit den Libido-Verschiebungen zu
> integrieren, ebenso wie mit den aus einer Grundbegabung entwickelten Fähigkei-
> ten und mit den Möglichkeiten sozialer Rollen (S. 256).

Erikson erklärt, daß sich die Jugendlichen Problemen der Ideologie und der
Aristokratie gegenübersehen, was für Erikson bedeutet, daß „das beste Volk
zur Herrschaft gelangt und Herrschaft das Beste im Menschen entwickelt"
(S. 257). Genau diese Konfrontation mit Ideologie und Aristokratie, in
feministischen Kreisen besser als „Patriarchat" bekannt, ist für so viele
junge Frauen entscheidend.

Was ist es dann aber, was das heranwachsende Mädchen am Beginn seines
Frauendaseins vor sich hat? Körperliche Veränderungen sind
begleitet von erhöhtem sexuellen Verlangen, Träumen von Liebe und
Romantik. Allzuoft verspürt es dieses gesteigerte Verlangen mehr oder
weniger zur selben Zeit, in der es von heranwachsenden Jungen zum
Sexualobjekt gemacht wird. Letztere wiederum werden durch die Erwartungen der Kultur und das Wiedererwachen von frühen Identifizierungskon-
flikten gezwungen, „sich als Mann zu beweisen", und zwar durch sexuelle
Eroberungen und erneute Verachtung und Geringschätzung von Frauen.
Durch die Erweiterung des sozialen Kontexts und zunehmende Erfahrungen im eigenen Sozialisationsprozeß macht das junge Mädchen einmal
mehr Bekanntschaft mit der Überschätzung der männlichen Welt – im
Sport, in den Medien und beim Militär.

In eben dieser Zeit werden viele Mädchen von beiden Eltern in traditionelle Rollen hineingezwungen, von denen sie in der Kindheit noch frei
waren. Mütter, die zufrieden waren, ihre Töchter als „Wildfang" zu erleben
oder sie in anderer Weise von kulturellen Normen abweichen zu lassen,
können in der Adoleszenz ihrer Töchter ob dieser Erziehung Angst und
Schuldgefühle bekommen. Mütter können die natürlichen Versuche ihrer
Töchter, sich mit ihnen zu identifizieren, wegen der drohenden Konkurrenz
blockieren; vielleicht nehmen sie ihren Töchtern auch übel, daß diese ihren
Status als „zweitrangiges Geschlecht" ablehnen und ersticken daher
kreative Versuche, mit den mannigfaltigen Möglichkeiten zu experimentie-
ren, die jeder sozialen Rolle innewohnen. Während der Adoleszenz ihrer
Töchter steigen in den Müttern immer auch ihre eigenen psychosexuellen
Probleme und Rollenkonflikte wieder auf, weil durch die Fragen der Tochter
auch ihre eigene Geschlechtsrollenidentität mit in Frage gestellt wird.

Die Adoleszenz ist auch eine Zeit, in der Väter ihre Töchter unverkenn-
bar als attraktiv und sexuell erregend wahrnehmen, und es ist diese Zeit, wo

häufig auch eine bisher verborgene oder verleugnete Frauenfeindlichkeit zum Vorschein kommt. Die Einstellung des Vaters zu Frauen als Objekten, die lediglich des sexuellen Begehrens oder der Verspottung wert sind, und seine Abwehr gegen sein eigenes sexuelles Interesse an seiner Tochter können zu einer hochgradigen Überbewertung der Sexualität der heranwachsenden Tochter führen, der gegenüber sie sich mit ihrer eigenen Definition nicht mehr durchsetzen kann. Eine positive Bestätigung ihres aufkeimenden sexuellen Interesses, gekoppelt mit einer echten Wertschätzung der körperlichen Anzeichen ihrer Weiblichkeit, ist für die Festigung einer fruchtbaren, wachstumsfördernden Geschlechtsrollenidentität des Mädchens aber außerordentlich wichtig.

Für alle Mädchen ist die Adoleszenz eine Zeit der Phantasie und der Träume. Sie ist eine Zeit des Werdens und des Wunsches nach Werden. Feministische Analysen und politische Aktionen haben in den Gesellschaften Europas und Nordamerikas für die privilegierten Schichten viel mehr Möglichkeiten geschaffen. Die Flexibilität der sozialen Rollen ist für beide Geschlechter größer geworden. Frauen ist es zunehmend erlaubt, in der Arbeitswelt etwas zu leisten, während es Männern erlaubt ist, zu pflegen und zu nähren und sie darin sogar ermutigt werden. Für diese jungen Frauen (wie auch für Frauen in den ganz streng strukturierten Gesellschaften, wo es wenig Möglichkeit für bewußte Rollenkonflikte gibt) kann die Adoleszenz eine Zeit sein, in der sie dieses enorme Potential für den kreativen Gebrauch ihrer Fähigkeiten zu erkennen beginnen.

Wo auch weiterhin eine ausgeprägt dysfunktionale Asymmetrie der Geschlechtsrollenprivilegien besteht, kann die normale Identitätskonfusion des heranwachsenden Mädchens sich weiter erhöhen. Aber Widersprüche können auch das Wachstum fördern. Wo die frühe Internalisierung der weiblichen Geschlechtsrollenidentität positiv auf eine Identifizierung mit der Mutter und anderen signifikanten Frauen gegründet war und durch die bestätigenden Blicke des männlichen *Anderen* gespiegelt wurde, können diese Widersprüche, wenn sie einmal integriert sind, zu einer reicheren, vollständiger strukturierten, subjektiven Erfahrung des weiblichen Selbst führen.

3.5 Zusammenfassung

Die Geschlechtsrollenidentität hat, soweit sie sich auf das fundamentale Gefühl bezieht, weiblich zu sein, mit Bedeutungen zu tun. Sie hat zu tun mit der integrativen Funktion der Geschlechtszugehörigkeit als dem grundlegenden kognitiven Organisationssystem und seiner Konstruktion in einem bestimmten biologischen, psychischen und soziohistorischen Milieu.

Die Entwicklung innerer Repräsentanzen des geschlechtlichen Selbst hat für die Frau insofern eine besondere Bedeutung, als der besondere

Charakter der weiblichen Sexualität zu einer gewissen Unsicherheit bezüglich der Grenzen von innen und außen führen kann und zu einer Unsicherheit über die Erfahrung eines inneren Orts der Kontrolle.

Die Asymmetrie der Elternfunktion, die in unserer Gesellschaft normativ verankert ist, ist für die feministischen Theoretikerinnen einer der Hauptgründe für die männliche Geringschätzung und Verachtung von Frauen. Dies steht im Gegensatz zu der Ansicht Freuds, die besagt, daß männliche Frauenfeindlichkeit ein unvermeidliches Ergebnis der psychosexuellen Entwicklung ist. Den Frauen ermöglicht die Asymmetrie der Elternfunktion eine Identifizierung mit der Mutter in der Beziehung zu ihr, die als solides Fundament für eine geachtete geschlechtsbestimmte Rolle dienen, zugleich aber auch zu größeren Schwierigkeiten bei der Lösung der Mutter-Tochter-Dyade beitragen kann.

Das Modell der Geschlechterdifferenzierung weist auf ein Gefühl des Verlusts und des Protests hin, das beide Geschlechter miteinander teilen, wenn sie die bestehenden Geschlechtsunterschiede erkennen. Fortbestehender Penisneid oder fortbestehende Kastrationsphantasien bei Mädchen und Frauen deuten demgegenüber auf eine Pathologie hin und sind symptomatisch für Probleme mit der Geschlechtsrollenidentität.

Die Wiederannäherungsphase des Trennungs- und Individuationsprozesses, der Beginn der Triangulation und die Adoleszenz sind für die Entwicklung der Geschlechtsrollenidentität besonders wichtig. Die Gefahr der Wiederannäherungsphase besteht darin, daß Schwierigkeiten in der Bewältigung von Trennung und Individuation sich mit der Geschlechtszugehörigkeit verknüpfen können. In manchen Situationen wird der Sturz aus der Omnipotenz als eine mit dem Geschlecht verbundene Unzulänglichkeit erlebt, während in anderen Bereichen die Wut des Kindes über die mangelnde Einfühlung omnipotent so erlebt wird, als habe sie die Strafe des Geschlechtsunterschieds bewirkt.

Das Hinzukommen des Vaters oder anderer signifikanter männlicher Figuren tragen zur Konsolidierung des geschlechtlichen Selbst als Subjekt und Objekt des Verlangens bei. Während der Periode der Triangulierung festigt sich die Objektwahl und Geschlechtsunterschiede werden besser erkannt; beides fällt mit der Wahrnehmung von Geschlechtsprivilegien zusammen. Bei jungen Mädchen wird hier die Saat für eine charakterliche Haltung gegenüber diesen Privilegien gesät, deren mögliches Ergebnis Fügsamkeit, Widerstand oder Desidentifizierung von der Mutter sein können.

Die Adoleszenz bietet eine ausgedehnte Periode für die Festigung der Geschlechtsrollenidentität innerhalb der sozialen Ordnung. Der Beginn der Pubertät leitet ein Wiederaufleben früherer Konflikte und Konfusionen in bezug auf das geschlechtliche Selbst und die Erfahrung seiner begrenzten Potentiale ein.

Arbeit und Mutterschaft, Produktion und Fortpflanzung werfen während der Adoleszenz ihre Schatten voraus; im allgemeinen werden sie aber erst im Erwachsenenalter vollständig in die Geschlechtsrollenidentität der

Frau integriert, und das Verständnis dieser Geschlechtsrolle ist ohne sie notwendigerweise unvollständig.

Literatur

Abelin EL (1971) The role of the father in the separation-individuation process. In: Mc Devitt JB, Settlage CF (eds) Separation-Individuation. Essays in honor of Margaret S. Mahler. Int Univ Press, New York, pp 229–252

Abelin EL (1980) Triangulation, the role of the father and the origins of core gender identity during the rapprochement subphase. In: Lax RF, Bach S, Burland JA (eds) Rapprochement. Aronson, New York, pp 151-170

Beauvoir S de (1949, 1968) Das andere Geschlecht. Rowohlt, Reinbek bei Hamburg

Bernstein D (1983) The female superego: A different perspective. Int J Psychoanal 64:187–201

Blos P (1979) The adolescent passage. Int Univ Press, New York

Borneman E (1984) Sex im Volksmund. Die sexuelle Umgangssprache des deutschen Volkes. Pawlak, Herrsching

Breit EB, Ferrandino MM (1979) Social dimensions of the menstrual taboo and the effects on female sexuality. In: Williams JH (ed) Psychology of women. Norton, New York, pp 241–254

Chodorow N (1978, 1985) Das Erbe der Mütter. Psychoanalyse und Soziologie der Geschlechter. Frauenoffensive, München

Delaney J, Lupton MJ, Toth E (1977) The Curse. Mentor, New York

Dinnerstein D (1976, 1979) Das Arrangement der Geschlechter. dtv, Stuttgart

Eisenbud RJ (1982) Early and later determinants of lesbian choice. Psychoanal Rev 69:85–109

Erikson EH (1950, 1957) Kindheit und Gesellschaft. Pan-Verlag, Zürich/Stuttgart

Fast I (1984, 1991) Von der Einheit zur Differenz. Psychoanalyse der Geschlechtsidentität. Springer, Berlin Heidelberg London Paris Tokyo

Fliegel ZO (1973, 1975) Freuds Theorie der psychosexuellen Entwicklung der Frau. Psyche 29:813–834

Fliegel ZO (1982) Current status of Freud's controversial views on women. Psychoanal Rev 69:7–28

Freud S (1925 j) Über einige psychische Folgen des anatomischen Geschlechtsunterschieds. GW Bd 14, S 17–30. Fischer, Frankfurt am Main

Freud S (1931 b) Über die weibliche Sexualität. GW Bd 14, S 515–537

Freud S (1937 c) Die endliche und die unendliche Analyse. GW Bd 16, S 57–99

Gilligan C (1982, 1984) Die andere Stimme. Lebenskonflikte und Moral der Frau. Piper, München

Greenson RG (1968, 1982) Die Beendigung der Identifizierung mit der Mutter und ihre besondere Bedeutung für den Jungen. In: Psychoanalytische Erkundungen. Klett-Cotta, Stuttgart

Grossman WI, Stewart WA (1977) Penis envy: From childhood wish to developmental metaphor. In: Blum HP (ed) Female psychology. Contemporary psychoanalytic views. Int Univ Press, New York, pp 193–212

Guttentag M, Salasin S, Belle D (1980) The Mental Health of women. Academic Press, New York

Horney K (1923, 1984) Zur Genese des weiblichen Kastrationskomplexes. In: Die Psychologie der Frau. Fischer, Frankfurt am Main, S 10–25

Horney K (1926, 1984) Flucht aus der Weiblichkeit. In: Die Psychologie der Frau. Fischer, Frankfurt am Main.

Horney K (1932, 1984) Die Angst vor der Frau: Über den spezifischen Unterschied in der männlichen und weiblichen Angst vor dem anderen Geschlecht. In: Die Psychologie der Frau. Fischer, Frankfurt am Main, S 81–95

Horney K (1933, 1984) Die Verleugnung der Vagina. Ein Beitrag zur Frage der spezifisch weiblichen Genitalängste. In: Die Psychologie der Frau. Fischer, Frankfurt am Main, S 96–110

Kaplan L (1978) Oneness and Separateness. Simon & Schuster, New York

Kleeman JA (1977) Freud's views on early female sexuality in the light of direct child observation. In: Blum HP (ed) Female psychology. Contemporary psychoanalytic views. Int Univ Press, New York, pp 3–28

Kohlberg L (1966) A cognitive developmental analysis of children's sex role concepts and attitudes. In: Maccoby EE (ed) The development of sex differences. Stanford Univ Press, Palo Alto CA

Kuhn TS (1962, 1976) Die Struktur wissenschaftlicher Revolutionen. Suhrkamp, Frankfurt am Main

Lacan J (1982) Feminine Sexuality, ed. Mitchell J, Rose J. Norton, New York

Levinson R (1984) Intimacy, autonomy and gender: Developmental differences and their reflection in adult relationships. J Amer Acad Psychoanal 12:529–544

Lewis HB (1976) Psychic war in men and women. New York University Press, New York

Mahler MS, Pine F, Bergman A (1975, 1978) Die psychische Geburt des Menschen. Symbiose und Individuation. Fischer, Frankfurt am Main

McDougall J (1964, 1974) Über die weibliche Homosexualität. In: Chasseguet-Smirgel J (Hrsg) Psychoanalyse der weiblichen Sexualität. Suhrkamp, Frankfurt am Main, S 233–292

McDougall J (1978, 1985) Das homosexuelle Dilemma. Eine Untersuchung zur weiblichen Homosexualität. In: Plädoyer für eine gewisse Anormalität. Suhrkamp, Frankfurt am Main

Money J, Hampson JG, Hampson JL (1955) An examination of some basic sexual concepts: The evidence of human hermaphroditism. Bull Johns Hopkins Hosp 97:301–310

Money J (ed) (1965) Sex Research. Holt, Rinehart & Winston, New York

Money J (1973) Gender role, gender identity, core gender identity: Usage and definition of terms. J Amer Acad Psychoanal 1:397–402

Montgrain N (1983) On the vicissitudes of female sexuality: The difficult path from anatomical destiny to psychic representation. Int J Psychoanal 64:169–186

Nagera H (1975) Female sexuality and the oedipus complex. Aronson, New York

Parens H, Pollock L, Stern J, Kramer S (1977) On the girl's entry into the oedipus complex. In: Blum HP (ed) Female psychology. Contemporary psychoanalytic views. Int Univ Press, S 79–107

Person E, Ovesey L (1983) Psychoanalytic theories of gender identity. J Amer Psychoanal 11:203–226

Ritvo S (1977) Adolescent to woman. In: Blum HP (ed) Female psychology. Contemporary psychoanalytic views. Int Univ Press, New York, pp 127–138

Rubin J, Provenzano F, Luria Z (1979) The eye of the beholder: Parent's views on sex of newborns. In: Williams J (ed) Psychology of women. Norton, New York, pp 134–141

Schwartz A (1984 a) Psychoanalysis and women: A rapprochement. Women and Ther 3(1):3–12

Schwartz A (1984 b) On choosing to be a lesbian: Conflicts in gender role identity and their clinical implications. Vortrag vor dem Annual Meeting of Association for Women in Psychology, Boston MA

Schwartz A (1984 c) Earliest memories: Sex differences and the meaning of experience. Imag, Cog Personal 4(1):43–52

Stoller RJ (1968) Sex and gender. On the development of masculinity and feminity. Science House, New York

Thompson C (1964) On women. Green M (ed). Mentor, New York

Tyson P (1982) A developmental line of gender identity, gender role, and choice of love object. J Am Psychoanal Assoc 30:61–86

Waites E (1982) Female self-representation and the unconscious: A reply to Amy Galen. Psychoanal Rev 69:29–41

Winnicott DW (1965, 1974) Reifungsprozesse und fördernde Umwelt. Kindler, München

II. Theorien jenseits von Freud

4 Moral, Geschlecht und Psychoanalyse

Judith L. Alpert, Jody Boghossian Spencer

Analytiker und Analytikerinnen setzen sich mit dem Material auseinander, das Patienten ihnen bringen, und versuchen zu ergründen, was jenseits dieses Materials ist, um dem Patienten neue Aspekte des Lebens zu erschließen. In diesem Kapitel sind die „Patienten" 4 Theoretiker bzw. Theoretikerinnen und das von ihnen vorgelegte Material betrifft ihre Vorstellungen zur Moral. Unsere Absicht ist es, über dieses Material hinauszugehen, um der Psychoanalyse etwas Neues hinzuzufügen. Insofern ist das Ziel dieses Kapitels mehr als nur eine Weiterführung der psychoanalytischen Theorie der moralischen Entwicklung und wir hoffen, daß es zu einigen Reflexionen über die Psychoanalyse Anlaß gibt.

Im 1. Teil des Kapitels werden Theorien über die moralische Entwicklung behandelt, die von Freud, Horney, Kohlberg und Gilligan eingebracht wurden. Die Theorien der Psychoanalyse und die ihrer Nachbarwissenschaften verlaufen hier meist parallel; nur selten hat man versucht, Unterschiede zu erklären und eine Integration zu fördern. Aus diesem Grund werden hier sowohl analytische als auch nichtanalytische Positionen herangezogen. Wir haben Freud und Horney als Vertreter der analytischen Position ausgewählt. Zwar hat es seit Freud theoretische und technische Fortschritte gegeben, aber die moderne Psychoanalyse gründet weiterhin auf seinen Annahmen und auf seiner Denkweise; deshalb beginnt dieses Kapitel mit den Konzepten Freuds. Karen Horney war eine frühe Revisionistin; deshalb sind ihre Ansichten hier aufgenommen. Kohlberg und Gilligan sind demgegenüber Vertreter der nichtanalytischen Positionen. Kohlbergs Arbeiten beruhen auf den Theorien von Freud und Piaget. Gilligans Ansätze sind eine Reaktion auf Kohlbergs Theorie; sie basieren auf Chodorows Auffassung und auf eigenen Forschungsarbeiten.[1]

Im 2. Teil des Beitrags soll überlegt werden, welche Folgerungen aus der hier vorgenommenen Analyse gezogen werden können. Zum leichteren Verständnis werden die Begriffe „Therapie" und „Analyse" sowie Sexualität *(sex)* und Geschlecht *(gender)* im ganzen Kapitel austauschbar verwendet.

Die Punkte, die hervorgehoben werden sollen, sind:

1. In der Betrachtung und der Konzeptualisierung der Moral gibt es unter Theoretikern und Theoretikerinnen ebenso Unterschiede wie innerhalb und zwischen den verschiedenen Disziplinen.

2. Einige der Hauptunterschiede zwischen männlichen und weiblichen
   Theoretikern sind mit den Theorien von Gilligan vereinbar und bestätigen Geschlechtsunterschiede in der moralischen Orientierung.
3. Unter der Annahme geschlechtlich differenter moralischer Orientierungen muß auch das Geschlecht des Psychoanalytikers in seinem Einfluß
   auf die therapeutische Arbeit reflektiert werden. Das gleiche gilt für
   bestimmte Aspekte der traditionellen Psychoanalyse.

4.1 Der Beitrag Freuds

Während man Freuds Ansichten über die weibliche Psychologie, und hier
besonders über ihre Über-Ich-Entwicklung, kritisiert, beruht die Mainstream-Psychoanalyse weiterhin auf seinen Annahmen und auf seiner
Denkweise; aus diesem Grunde bedarf sie einer Überprüfung. Freud hat
demonstriert, wie wenig er von der weiblichen Entwicklung verstand.
Zwar stammen viele von Freuds frühen Vorstellungen aus seiner Arbeit
mit Patientinnen; gleichzeitig gab er jedoch zu, daß seine Formulierungen
auf der Untersuchung von Männern beruhten, daß seine Theorie von der
Entwicklung des Über-Ichs aus der Untersuchung männlicher Kinder
stammte und daß seine Ausführungen über die weibliche Entwicklung
ergänzungsbedürftig seien. Freud (1933 a) dachte über den Einfluß der
präödipalen Bindung des Mädchens an seine Mutter nach und überlegte,
ob die weibliche Entwicklung in den präödipalen Jahren von der des
Jungen verschieden sei; in seiner endgültigen Theorie der weiblichen
Entwicklung war diese Überlegung jedoch nicht mehr enthalten (Freud
1937 c, 1940 a). In seinen späteren Werken kehrte Freud zu seiner
früheren, patriarchalischen Sicht zurück, nach der die weibliche Entwicklung „im Erleben des Mädchens und der Frau nicht nur zweiter Güte,
sondern auch zweitklassig [ist], und auch in der Beurteilung patriarchalischer Wortführer der Zivilisation insgesamt so angesehen wird" (Schafer
1974, S. 461).
   Freuds Begriff von der weiblichen Über-Ich-Entwicklung, die an die
phallisch-ödipale Phase und besonders an die Kastrationsangst gebunden
ist, geht mit der Ansicht einher, daß die weibliche Entwicklung eine
Variante der männlichen ist. Er war überzeugt, daß die weibliche Über-Ich-
Entwicklung im Vergleich zum Mann ungenügend ist, weil Mädchen bereits
kastriert sind und infolgedessen keine Motivation haben, ein Über-Ich zu
bilden. 1925 (j) stellte er fest:

> Man zögert es auszusprechen, kann sich aber doch der Idee nicht erwehren, daß
> das Niveau des sittlich Normalen für das Weib ein anderes wird. Das Über-Ich
> wird niemals so unerbittlich, so unpersönlich, so unabhängig von seinen
> affektiven Ursprüngen, wie wir es vom Manne fordern. Charakterzüge, die die
> Kritik seit jeher dem Weibe vorgehalten hat, daß es weniger Rechtsgefühl zeigt

als der Mann, weniger Neigung zur Unterwerfung unter die großen Notwendigkeiten des Lebens, sich öfter in seinen Entscheidungen von zärtlichen und
feindseligen Gefühlen leiten läßt, fänden in der oben abgeleiteten Modifikation
der Über-Ichbildung eine ausreichende Begründung (S. 29 f.).

Um uns Freuds Anschauung der Über-Ich-Entwicklung vor Augen zu
führen, müssen wir bestimmte Aspekte seiner Formulierungen über die
präödipale und die ödipale Phase noch einmal genauer ansehen. Freud war
überzeugt, daß die Sexualität von Jungen und Mädchen bis zur phallischen
Krise männlich ausgerichtet sei (Freud 1905 d); diesen Standpunkt behielt
er auch in späteren Schriften (Freud 1933 a) bei. In der phallischen Phase
verstärkt sich bei beiden Geschlechtern das Interesse an den äußeren
Genitalien und das Mädchen wird mit seiner Penislosigkeit konfrontiert.
Nach Freud führt die Entdeckung des kleinen Mädchens, daß es sich von
seinem männlichen Gegenüber anatomisch unterscheidet, zu einem Kastrationskomplex, der gleichzeitig seinen Penisneid hervorruft. Diese Kette von
Ereignissen führt zu einer „Lockerung des zärtlichen Verhältnisses zum
Mutterobjekt" (Freud 1925 j, S. 26). Es entstehen Minderwertigkeitsgefühle, da, nach Freuds Worten (1933 a), das kleine Mädchen „[sich] den Genuß
seiner phallischen Sexualität verderben läßt. Durch den Vergleich mit dem
soviel besser ausgestatteten Knaben [wird es] in seiner Selbstliebe gekränkt..." (S. 135). Nach Freud (1925 j) stellt sich mit der Anerkennung
seiner „narzißtischen Wunde – gleichsam als Narbe – ein Minderwertigkeitsgefühl beim Weibe her" (S. 25), das nur dadurch behoben werden kann,
daß sich das Mädchen dem Vater zuwendet und sich ein Baby wünscht,
besonders ein männliches Baby, das es potentiell durch den Penis des Vaters
bekommen könnte.

Das relative Fehlen der Kastrationsangst hat zur Folge, daß der
Ödipuskomplex des Mädchens als unvollständig bezeichnet wird. Freud
(1933 a) sagt dazu: „Mit dem Wegfall der Kastrationsangst entfällt das
Hauptmotiv, das den Knaben gedrängt hatte, den Ödipuskomplex zu
überwinden. Das Mädchen verbleibt in ihm unbestimmt lange, baut ihn nur
spät und dann unvollkommen ab. Die Bildung des Über-Ichs muß unter
diesen Verhältnissen leiden, es kann nicht die Stärke und die Unabhängigkeit erreichen, die ihm seine kulturelle Bedeutung verleihen..." (S. 138 f.).
Da die männliche Kastrationsangst und deren Erbteil, das strenge Über-Ich,
beim Mädchen nicht vorhanden sind, fehlt ihm nach Freud auch der Antrieb,
eine moralische Haltung zu entwickeln und rigide aufrechtzuerhalten, die
nach Freud für den Mann charakteristisch ist. Kurz gesagt, Freud war
überzeugt, daß das Mädchen, weil ihm der Hauptanstoß für die Über-Ich-
Bildung – die Kastrationsangst – fehle, kein ebenso autonomes Über-Ich
entwickle wie sein männliches Gegenüber.

Freud (1925 j) behauptete, daß die Unterschiede in der männlichen und
weiblichen Biologie bei Jungen und Mädchen auch fundamentale Unterschiede im Erleben der ödipalen Phase nach sich zögen. Während die

ödipale Phase beim Mädchen durch den Kastrationskomplex eingeleitet wird, geht beim Jungen der Ödipuskomplex dem Kastrationskomplex voraus. In der ödipalen Phase möchte der Junge die Stellung seines Vaters einnehmen und träumt davon, mit seiner Mutter Geschlechtsverkehr zu haben. Dieser ödipale Traum wird durch die Angst des Jungen zerschmettert, kastriert zu werden. Bei Jungen steht also die Angst vor der potentiellen Kastration im Mittelpunkt. Die Drohung hat zur Folge, daß der Junge sich von der Mutter entfernt und der Identifizierung mit dem Vater annähert. Er will nicht wie seine Gespielinnen kastriert sein, unterdrückt seine sexuellen Wünsche nach der Mutter und identifiziert sich mit dem Vater.

Die Chronologie von Kastrationskomplex und Ödipuskomplex ist also bei Jungen und Mädchen verschieden. Wie Freud (1925 j) schrieb: *„Während der Ödipuskomplex des Knaben am Kastrationskomplex zugrunde geht, wird der des Mädchens durch den Kastrationskomplex ermöglicht und eingeleitet"* (S. 28; Hervorhebung im Original). Der Unterschied in der Abfolge der beiden Komplexe führt zur Bildung verschiedener Über-Ich-Strukturen. Bei Jungen führt die Angst vor der Kastration zum Verzicht auf ödipale Objekte und veranlaßt ihn, an die Stelle dieser Objekte eine Identifizierung zu setzen, die die Form der Autorität des Vaters oder der Eltern hat. Diese Identifikationen werden ins Ich introjiziert und bilden schließlich den Kern des Über-Ichs oder, wie Freud (1924 d) sagt: „Die ins Ich introjizierte Vater- oder Elternautorität bildet dort den Kern des Über-Ichs, welches vom Vater die Strenge entlehnt, sein Inzestverbot perpetuiert und so das Ich gegen die Wiederkehr der libidinösen Objektbesetzung versichert" (S. 399). Die väterlichen Verbote werden vom Jungen unter dem Druck der Kastrationsdrohung internalisiert, was zu einem starken Über-Ich führt; bei Mädchen sind die verinnerlichten Verbote dieses Über-Ichs wegen der weniger starken Kastrationsangst auch weniger stark ausgebildet.

4.2 Diskussion

Viele der Vorstellungen Freuds von der frühen weiblichen Sexualität sind durch direkte Beobachtung von Kindern bestätigt worden. Dazu gehören die Universalität genitaler Selbststimulierung, das Vorhandensein kindlicher Sexualität und die Wichtigkeit der präödipalen Bindung an die Mutter (Stoller 1964; Kleeman 1977). Die Anschauung Freuds vom Beginn und dem Charakter der frühen weiblichen Geschlechtsidentität, die auch seiner Formulierung der Über-Ich-Entwicklung zugrundeliegt, findet dagegen keine Bestätigung. Die Forschungsarbeit mit kleinen Kindern (siehe z. B. Stoller 1964; Galenson u. Roiphe 1977; Kleeman 1977) weist darauf hin, daß die Geschlechtsidentität sich innerhalb des ersten Lebensjahres zeigt und im Alter von 18 Monaten irreversibel ist. Diese Studien zeigen die Notwendigkeit, Freuds Ansichten über den Beginn und die Wirkung der frühen weiblichen Identitätsbildung zu modifizieren. Sie deuten darauf hin, daß frühe biologische und kulturelle Manifestationen die weibliche Geschlechtsidentität stärker beeinflussen, als Freud dies erkannte, während spätere, eher anatomisch begründete Aspekte (z. B. Penisneid) in der Entwicklung der Weiblichkeit vermutlich keine so allgemeine Bedeutung haben. Auch Freuds Ansicht, daß Mädchen am Anfang ihrer Entwicklung glauben, sie seien wie Jungen, und daß sie weibliche Wünsche nur als Folge des Kastrationskomplexes entwickeln, ist nicht bestätigt worden. Damit wird aber auch die Basis, von der Freud seine Anschauung von der Über-Ich-Entwicklung herleitete, in Frage gestellt. Wenn die Herstellung der Geschlechtsidentität weniger traumatisch ist, als Freud glaubte, dann kann die Entwicklung des Über-Ichs bei Männern und Frauen auch nicht in der Weise beschrieben werden, wie Freud dies tat.

Freuds (1924 d, 1925 j) Aussagen über das Über-Ich wurden von verschiedenen Theoretikern und Theoretikerinnen in Frage gestellt. Es sind 4 Punkte in Freuds Theorie der Über-Ich-Entwicklung, die v. a. umstritten sind: seine begriffliche Fassung des Über-Ichs; der Umstand, daß er die Entwicklung des Über-Ichs mit der phallisch-ödipalen Phase und besonders der Kastrationsangst in Verbindung bringt; daß er das Über-Ich mit der Moral verknüpft; und schließlich die Behauptung, daß Frauen ein schwächeres Über-Ich haben. Seine begriffliche Fassung des Über-Ichs wird u. a. von Schafer (1974) und Bernstein (1983) als zu eng angesehen. Schafer sagt, Freud habe von einer Qualität des moralischen Rigorismus gesprochen, die Männer mehr als Frauen auszeichnet und mit der männlichen Tendenz verbunden ist, sich weniger leicht von Gefühlsappellen oder den Folgerungen aus persönlichen Beziehungen leiten zu lassen, sondern sich konsequenter nach scheinbar objektiven und abstrakten Prinzipien zu bewegen. Außerdem stellt er fest, daß Freud ein Kind seiner Zeit war und Wertvorstellungen mit Beobachtungen verwechselte: Freud wertete das Festhalten an scheinbar objektiven und abstrakten Prinzipien höher als emotionale Appelle und vermischte diesen Wert mit seiner Beobachtung, daß Männer Affekte besser isolieren können, während Frauen mit größerer Wahrscheinlichkeit hysterische Muster inszenierten. Außerdem erhebt Schafer (1974) aus psychoanalytischer Sicht Einwände gegen Freuds Urteil, Zwanghafte seien moralischer als Hysterische, und erklärt, das Zwangsmodell sei ein schlechtes Modell menschlicher Moral.

Bernstein (1983) kommentiert hier, daß Freud die „Fertigkeit der Über-Ich-Strukturen" betonte, die für das männliche Über-Ich charakteristisch ist; Freud sah in dieser „Fertigkeit" das einzige Kriterium eines erstrebenswerten Über-Ichs, während er andere Merkmale wie Stärke, Struktur und Inhalt vernachlässigte. Sie selbst bezweifelt, daß eine feste Struktur wünschenswerter ist als eine flexible und weist darauf hin, daß man starr einen Befehl befolgen kann, der nicht unbedingt zu einer moralischen Entscheidung führt. Mit ihrer Kritik stellt sie gleichzeitig eine andere Art vor, das Über-Ich und seine Entwicklung zu beschreiben.

Bernstein definiert und verfolgt die Geschichte von Inhalt, Stärke und Struktur des Über-Ichs, um Unterschiede zwischen dem männlichen und dem weiblichen Über-Ich herauszustellen. Sie definiert *Über-Ich-Inhalte* als spezifische Ermahnungen, von denen manche universal, andere kulturabhängig zu sein scheinen. Unter *Über-Ich-Stärke* versteht sie die Wirksamkeit, mit der die Inhalte reguliert bzw. durchgesetzt werden; z. B. kann jemand, der gehorsam anmutet, bei der Durchführung der Anweisung eine große Über-Ich-Stärke zeigen. Die *Über-Ich-Struktur* wird von Bernstein als eine Organisation oder eine Beziehung von Inhalten definiert, wobei die Organisation auf Grund von Entwicklungsfaktoren bei Männern festgelegter, bei Frauen flexibler ist. Frauen neigen bei der Wahl von Über-Ich-Inhalten zu einer gewissen Flexibilität, die von den Erfordernissen einer bestimmten Situation abhängt. Diese Flexibilität bedeutet aber nicht unbedingt einen weniger moralischen Standpunkt. Man kann viele Inhalte haben, die mit großer Stärke vorgebracht werden, und eine rigide Struktur, die in Immoralität endet. Während Freud behauptete, daß die Beibehaltung eines moralischen Standpunkts von einer größeren Moral zeuge und daß Männer Frauen in dieser Hinsicht überträfen, weisen sowohl Schafer als auch Bernstein darauf hin, daß es auch andere Wege gibt, um Moral zu konzeptualisieren.

Bezüglich der Verknüpfung von Über-Ich-Entwicklung und phallisch-ödipaler Phase betont Schafer (1974), daß aus dieser Sicht der Kastrationsangst eine zu große Bedeutung beigemessen werde. Bernstein (1983) ist der gleichen Meinung; sie ist außerdem der Ansicht, daß der Kern des Über-Ichs sich lange vor der phallisch-ödipalen Phase bildet und während jeder Entwicklungsphase revidiert wird. Es sind 3 Aspekte des Über-Ichs, die sie auf die früheste Interaktion des Kindes mit seinen Eltern zurückführt. Sie glaubt, daß Jungen und Mädchen in ihren Beziehungen zur Außen- und Innenwelt verschiedene Erfahrungen machen, und daß diese Erfahrungen das Über-Ich formen.

Freud (1925 j) meinte, daß die Tendenz der Frauen, ihre moralischen Maßstäbe denen ihrer geliebten Beziehungspersonen anzupassen, ein Hinweis auf eine Über-Ich-Schwäche sei. Dieser Anpassungsstil – so Freud – sei die Folge der weiblichen Furcht vor Liebesverlust. Da Freud (1926 e) diese weibliche Angst jedoch in enger Beziehung zu ihrem ödipalen Ursprung sah und weniger narzißtisch motiviert als die Kastrationsangst der Männer, glaubte er, daß den Frauen für die Entwicklung moralischer Aktivität ein weniger günstiges Fundament zur Verfügung stehe. Schafer und Bernstein wenden hier ein, daß Freud den Wert anderer Entwicklungsfaktoren nicht richtig eingeschätzt habe, die in der moralischen Entwicklung eines jungen Mädchens eine Rolle spielen. So hat Freud die Mutterbeziehung bei der Entfaltung des weiblichen Über-Ichs letzten Endes (1937 c; 1940 a) nicht berücksichtigt, obwohl er an einigen Stellen (1931 b) ausdrücklich auf die Bedeutung des Mutterobjekts für die moralische Entwicklung des Mädchens hinwies. Auch andere Umweltfaktoren, die für die moralische Entwicklung der Frau eine Rolle spielen könnten (1905 d, 1933 a), ließ er unberücksichtigt.

Zur Beziehung zwischen Über-Ich und Moral sagt Freud (1925-j), daß das unbewußte infantile Über-Ich die Grundlage der persönlichen Moral ist und deren Charakter festlegt. Dagegen behauptet Schafer (1974), daß man Über-Ich und Moral nicht gleichsetzen könne und daß in den Beiträgen des Über-Ichs erhebliche Anpassungen stattfinden, bevor die Moral etabliert ist. Er glaubt, daß das Über-Ich durch eine unbewußte Rachsucht gegen das eigene Selbst gekennzeichnet sei. Das Über-Ich befürwortet deshalb weniger die respektvolle Beachtung fundamentaler, persönlicher, familiärer und gesellschaftlicher Tabus, die mit Moral verbunden sind; statt dessen ist es eine Macht zur Durchsetzung primitiver Verbote und Strategien der Selbstbestrafung. Freud könnte – so Schafer (1974) – deshalb fälschlicherweise geschlossen haben, daß Jungen ein stärkeres Über-Ich haben. Tatsächlich könnte die Frau angesichts ihres unerbittlichen Über-Ichs vielleicht besser geeignet sein, einen aufgeklärten, realistischen und zivilisierten Moralkodex zu entwickeln.

Freud (1925 j) geht davon aus, daß Frauen sich in ihrem Urteil öfter von Gefühlen der Zärtlichkeit oder Feindseligkeit beeinflussen lassen, und sieht in ihrer größeren Bereitschaft, auf emotionale Forderungen zu reagieren, eine mögliche Korruption des abstrakten Gefühls für Fairneß und Gerechtigkeit. Dem hält Schafer (1974) entgegen, daß die starre Moralität der Männer eine Reaktionsbildung gegen sadistische Impulse und unbewußte Schuldgefühle sei. Er glaubt außerdem, daß die Moral der Frauen andere Ursprünge habe und von der Angst vor Liebesverlust hergeleitet werden könne. Das muß jedoch nicht unbedingt zu einer schwächeren moralischen Position führen. In Wirklichkeit – so Schafer – ist die männliche Moral ein schlechtes Modell, weil man den Wert eines Moralsystems bezweifeln müsse, das von Affekten und Erlebnissen wie Liebesverlust abgelöst ist. Hinzu kommt, daß Jahrzehnte klinischer Aktivität Freuds Ansicht nicht bestätigt haben.

4.3 Der Beitrag Karen Horneys

In den 20er Jahren gab es eine Auseinandersetzung um Freuds Theorien über die weibliche Sexualität. Karen Horney war eine der Hauptkritikerinnen; sie erhob Einwände gegen die phallozentrische Art der Ansichten Freuds von der weiblichen Entwicklung und stellte fest, daß sie sich mit dem patriarchalischen Denken seiner Zeit deckten. Sie war der Ansicht, daß Freuds Theorien über die weibliche Sexualentwicklung in erster Linie auf seinen Beobachtungen an Männern beruhten. Außerdem erhob sie Einspruch gegen Freuds Anwendung männlicher Maßstäbe auf seine Theorie über Frauen; diese Verwendung war für sie offenkundig, da „die Psychoanalyse die Schöpfung eines männlichen Genies [ist]" (1926 e, S. 264), dem in erster Linie auch männliche Anhänger folgten.

Horney konzentrierte sich nicht direkt auf Freuds Auffassung vom Über-Ich oder von der Verschiedenheit der Über-Ich-Entwicklung bei Mann und Frau. Sie hielt die Rolle des Penisneids in Freuds Theorie der weiblichen Entwicklung für überbetont und stellte dies in den Mittelpunkt ihrer Kritik, und weniger die Umstände (z. B. eine unzulängliche Über-Ich-Entwicklung bei Frauen), die sich aus dieser phallozentrischen Formulierung ergaben. Die Konzentration auf die Über-Ich-Entwicklung ist eingebettet in ihre Betrachtung der Auffassung Freuds von der Kastrationsangst und dem Penisneid der Frauen. Horney (1923) wandte sich gegen Freuds Ansicht, daß der Penisneid bei allen Frauen vorkommt und zum Dauerzustand werden kann. Sie glaubte (1926), daß Freuds Sichtweise mehr mit männlichem Narzißmus zu tun habe als mit biologischer Wissenschaft. Außerdem bezweifelte sie Freuds Ansicht, der Penisneid hinterlasse in der Entwicklung der Frau unauslöschliche Narben und die wichtigsten Einstellungen oder Wünsche einer Frau bezögen ihre Energie aus dem Peniswunsch. Freud habe die meisten „weiblichen" Charakterzüge (wie Eitelkeit und Neid) als etwas betrachtet, das im Penisneid verwurzelt ist, so als ob er davon ausgehe, weibliche Minderwertigkeitsgefühle seien ein Ausdruck der Verachtung der Frau für ihr eigenes kastriertes Geschlecht. Horney vertritt demgegenüber den Standpunkt, daß es zwar vorkomme, daß kleine Mädchen den Wunsch nach einem Penis äußern, aber dieser Wunsch sei nicht bedeutsamer als der ebenso häufige Wunsch des kleinen Jungen nach weiblichen Brüsten.

Auch Horney (1926) ging also von Manifestationen des Penisneids aus, war aber der Ansicht, man solle einen primären von einem sekundären Penisneid unterscheiden. Primärer Penisneid beruht nach Horneys Ansicht auf einer frühen Beobachtung des Geschlechtsunterschieds; sekundärer Penisneid ist eine vom Ödipuskomplex ausgehende Regression, die in der Entwicklung später auftritt. Der primäre Penisneid wird als Komponente einer natürlichen und universellen Kindheitsneugier angesehen, als Ausdruck des Interesses am Neuen und *Anderen*, als ein in der Regel vorübergehender Zustand. Horney glaubte, daß der Zustand nicht andauern werde, wenn es einem Mädchen erlaubt sei, in seiner weiblichen Rolle zufrieden zu sein, und wenn es ermutigt werde, eine Wertschätzung seiner Weiblichkeit zu entwickeln. Wenn die Familie jedoch keine solche Ermutigung biete, werde das Mädchen vielleicht in die Männlichkeit fliehen wollen. Auch wenn das kleine Mädchen schwere Schuldgefühle empfinde, weil es beim Vater an die Stelle der Mutter treten möchte oder große Angst vor Strafen habe, werde es möglicherweise die weibliche Rolle ablehnen und sich auf den sekundären Penisneid zurückziehen. Der Wunsch, ein Mann zu sein – so Horney (1926) – läßt sich oft angemessener als eine Flucht vor den Gefahren des Frauseins bezeichnen (vaginaler Verletzung, Bestrafung durch die Mutter oder Unfähigkeit, Männer zufriedenzustellen), anstatt als neidischer Wunsch, männlich zu sein. Moulton (1975) hat einige dieser Ideen weiter ausgearbeitet.

Horney (1926, 1932, 1950) geht davon aus, daß Frauen ausschließlich vom Standpunkt des Mannes aus definiert werden und deshalb alles weibliche Verhalten sich männlichen Maßstäben anzupassen hat. Diese von Männern beherrschte, patriarchalische Realität führt oft dazu, daß Frauen sich ihres eigenen Wertes überhaupt nicht bewußt sind; dies kann, verstärkt durch Einwirkungen der Gesellschaft, dazu führen, daß Frauen für sich selbst die männliche Geringschätzung übernehmen. Frauen phantasieren dann möglicherweise über männliche Möglichkeiten und lassen dabei weibliche Fähigkeiten außer acht. Frauen können auch das weibliche Organ als beschädigt wahrnehmen und das männliche Geschlechtsorgan glorifizieren. Dabei können soziale Ungerechtigkeiten unbewußte Prozesse der frühen Kindheit unterstreichen (z. B. die Rivalität mit einem Bruder oder die ödipale Bindung an den Vater).

Horney nimmt Anstoß an Freuds allgemeiner Formulierung des Über-Ichs. Sie behauptet (1950), Freud schreibe dem Über-Ich eine Art tyrannischer Macht zu, die sie als etwas ansieht, das „Moral und Gewissen vortäuscht" (S. 420). Es gebe im Menschen ein „Du sollst", ein inneres Gebot, das keinen moralischen Anspruch erhebt und daher auch nicht zu moralischem Handeln führt. Nur, wenn man die ganze Reichweite innerer Gebote betrachtet, kann man sich ein zutreffendes Bild von der Qualität dieser inneren Forderungen nach moralischer Vollkommenheit machen. Außerdem benennt sie (1950) einen anderen Aspekt der inneren Gebote (oder des Über-Ichs), mit dem diese sich von echten moralischen Maßstäben unterscheiden, nämlich ihre „zwanghafte Natur" (S. 80) und ihre „Tyrannei" (S. 130). Wie freudianische Kritiker, die ihr hier folgen, bestreitet Horney (1938) den Wert, den Freud einem unerbittlichen Über-Ich zuschreibt, weil Ideale eine verpflichtende oder zwingende Macht über unser Leben haben können, die extremen Schmerz und extreme Enttäuschung hervorrufen, wenn man unfähig ist, die Ideale des Über-Ichs zu verwirklichen oder im Namen moralischer Forderungen Grausamkeiten begehen muß (Horney 1950).

Horney glaubt auch, daß die unerbittliche Strenge des Über-Ichs den Eindruck eines Strebens nach ständig zunehmender Vollkommenheit und Unabhängigkeit hervorruft, daß aber dieses Streben oft unecht ist. Es ist ein Streben nach einem Anschein von Vollkommenheit, Unfehlbarkeit und Unabhängigkeit und nicht nach ihrer Realisierung. Man will in den eigenen Augen und in denen anderer perfekt erscheinen. Horney glaubt, daß dieser Wunsch eher ein Ergebnis von Abhängigkeit als von Unabhängigkeit darstelle. Die Unerbittlichkeit des Über-Ichs, wie Freud sie definiert, ist also möglicherweise gar nicht auf moralische Fragen konzentriert, sondern auf den *Anschein* moralischer Fragen und auf das Erreichen des egozentrischen Ziels der Unfehlbarkeit. Das unerbittliche Über-Ich könne dazu führen, daß ein Mensch kein eigenes Urteil hat und sich statt dessen auf das Urteil anderer verläßt. Wenn man das Über-Ich unter diesem Blickwinkel betrachtet, kann man es nicht als eine besondere Instanz innerhalb des Ichs auffassen, sondern viel eher als eine Instanz, die sich spezifischer Bedürfnisse des Menschen annimmt. Das Über-Ich ist danach kein Verfechter moralischer Vollkommenheit, sondern verkörpert das Bedürfnis des Neurotikers, den Anschein der Vollkommenheit aufrechtzuerhalten.

Horney sieht im Über-Ich nicht – wie Freud dies tut – ein natürliches Phänomen, das sowohl das Gewissen als auch die Moral vertritt. Während Freud das Über-Ich nur als neurotisch ansieht, wenn es ungewöhnlich grausam ist, meint Horney, daß innere Diktate jeder Art eine neurotische Kraft darstellen, die einen daran hindern können, sein Leben zu leben. Für Horney sind sie ein Ausdruck des unbewußten Antriebs, etwas aus sich zu machen, das man nicht ist. Horneys therapeutische Ziele unterscheiden sich deshalb auch von denen Freuds. Während Freud bestrebt ist, die Strenge des Über-Ichs zu mildern, hat Horney das Ziel, dem Individuum zu helfen, sich ganz und gar von inneren Diktaten zu befreien, was nach freudianischer Theorie eine Unmöglichkeit darstellt.

4.3.1 Diskussion

Zur Zeit, als Horney ihre Arbeiten verfaßte, konnten Freuds Anschauungen sich voll und ganz auf die psychoanalytische Bewegung stützen; widersprechende Ansichten wurden dementsprechend abgewertet. Freud scheint auf Horneys Ansichten sehr negativ reagiert zu haben. Fliegel (1973) glaubt, Freuds Abhandlung von 1925 (j), in der er neue Formulierungen über die Frau vorlegte, sei bereits eine Reaktion auf Horneys Arbeit gewesen. Nach Fliegel wurde diese heftige Reaktion vermutlich dadurch ausgelöst, daß Horney ihre Gegenmeinung zu einer Zeit äußerte, als Freuds eigenes Leben ebenso wie auch die psychoanalytische Bewegung in Gefahr waren. Dieser Zeitpunkt könnte auch erklären, warum Freuds Anhänger so bereit waren, seine in seiner Arbeit von 1925 (j) vorgelegten Vorstellungen über die Frauen anzunehmen und weiter voranzutreiben, während sie Horney und anderen, die abweichender Meinung waren, nur wenig Glauben schenkten. Zu einer anderen Zeit wäre Horneys Widerspruch vielleicht als weniger bedrohlich empfunden worden. In *Über die weibliche Sexualität* schreibt Freud (1931 b) im Zusammenhang mit der Erörterung der präödipalen Phase in der Entwicklung des Mädchens: „Alles auf dem Gebiet dieser ersten Mutterbindung erschien mir so schwer analytisch zu erfassen..." (S. 519). Er behauptet dann, daß weibliche Analytiker „wie Jeanne Lampl-de Groot und Helene Deutsch diese Tatbestände leichter und deutlicher wahrnehmen konnten, weil ihnen bei ihren Gewährspersonen die Übertragung auf einen geeigneten Mutterersatz zu Hilfe kam" (S. 519). Diese Analytikerinnen waren natürlich Freud-Anhängerinnen. Im Gegensatz dazu lehnte Freud Horneys Folgerungen ab. Tatsächlich mag es, wie

Kelman (1950) in seiner Einführung zu *Die Psychologie der Frau* andeutet, Karen Horney gewesen sein, auf die Freud (1940 a) anspielte, als er bei der Erörterung des Mangels an Übereinstimmung unter Analytikern sagte: „So wird man sich nicht zu sehr verwundern, wenn eine Analytikerin, die von der Intensität ihres eigenen Peniswunsches nicht genug überzeugt worden ist, dies Moment auch bei ihren Patienten nicht gehörig würdigt" (S. 127). Dies ist gewiß eine Methode, um widersprechende Stimmen zum Schweigen zu bringen. Für Horney, Freud und die psychoanalytische Bewegung ist es gleichermaßen bedauerlich, daß die Stärke der negativen Reaktion auf Horneys Formulierungen dazu führte, ihre Ideen viele Jahre lang zu vernachlässigen oder aber anderen zuzuschreiben.

4.4 Kohlbergs Beitrag

Freud stellte die Entwicklung des Über-Ichs und entsprechende Unterschiede in der Entwicklung von Mann und Frau in den Mittelpunkt. Kohlberg äußert sich demgegenüber – ähnlich wie Horney – relativ wenig über die Geschlechtsunterschiede im Zusammenhang mit der Moral. Sein Interesse gilt mehr der kognitiven Entwicklung und den moralischen Begründungen; im Mittelpunkt seiner Betrachtung steht die Identifizierung und Messung von Stufen der moralischen Entwicklung. Während sich Freud darauf konzentrierte, zu ergründen, wie das Über-Ich entsteht, will Kohlberg wissen, wie das Über-Ich in verschiedenen Entwicklungsstadien „aussieht". Bei Freud stehen die Anfänge des Über-Ichs im Mittelpunkt, während Kohlberg dessen Entwicklung über die Zeit hinweg verfolgt. Gemeinsam haben Freuds und Kohlbergs Theorien, daß man sie als sexuell voreingenommen kritisierte – die Theorie Freuds, weil sie dafür eintrat, daß das Niveau der moralischen Entwicklung bei beiden Geschlechtern verschieden ist; die Theorie Kohlbergs, weil seine Methode der Einschätzung moralischer Beurteilungen den Mann scheinbar bevorzugt und den Eindruck erweckt, als fehle es der Frau an moralischem Urteilsvermögen.

Nach Nadelson (1983) sind Freuds Ansichten vom moralischen Urteilsvermögen und vom Gerechtigkeitssinn in Kohlbergs Theorie der moralischen Entwicklung eingegangen, die ihrerseits eine Erweiterung der Arbeiten Piagets (1954) darstellt. Kohlberg (1981) glaubt, er habe in der Moral Struktur und Inhalt voneinander getrennt. Er beschreibt eine Typologie von Entwicklungsstufen, die unveränderlich sind und von allen Menschen durchlaufen werden, wenn auch verschieden schnell. Nach Kohlbergs Ansicht hat die Umgebung einen erheblichen Einfluß auf die moralische Entwicklung. Die moralische Entwicklung erwächst nicht aus internalisierten Regeln, sondern aus sozialer Interaktion, die den moralischen Dialog, das Fällen moralischer Entscheidungen und die moralische Interaktion beinhaltet. Diese Interaktion bietet dem sich entwickelnden Individuum Gelegenheit, Rollen auszuprobieren und dabei auch die Haltung anderer zu übernehmen, ihrer Gedanken und Gefühle gewahr zu werden und sich in ihre Lage zu versetzen (Kohlberg 1984). Die moralische Entwicklung wird also von der Menge und Vielfalt sozialer Erfahrungen beeinflußt, zusammen mit der Möglichkeit, Rollen einzunehmen und sich in die Perspektiven anderer einzufühlen.

Nach Kohlberg (1969, 1981) spielt in der moralischen Entwicklung auch die Erkenntnis eine wichtige Rolle; diese Erkenntnisse wiederum beeinflussen den Zeitpunkt, an dem die verschiedenen Stadien beginnen. Zur moralischen Entwicklung gehört der Erwerb neuer Denkweisen; dieser ist abhängig von der Reorganisation und Ersetzung früherer Kognitionsstile im Rahmen eines selbstaufbauenden Prozesses.

Kohlberg hat versucht, eine Taxonomie zu entwerfen, um die Entwicklungsabfolge und die Stadien des moralischen Urteilens bei Kindern und jungen Erwachsenen aufzuspüren. Er hat 3 Ebenen identifiziert, von denen jede 2 Stufen enthält: die präkonventionelle Ebene (Stadien 1 und 2), die konventionelle Ebene (Stadien 3 und 4) und die postkonventionelle Ebene (Stadien 5 und 6). Kohlberg beschreibt die präkonventionelle moralische Ebene als die der meisten Kinder, die jünger sind als 9 Jahre, mancher Jugendlicher und einer ganzen Reihe heranwachsender und erwachsener Straftäter. Die konventionelle Ebene ist die der meisten Jugendlichen und Erwachsenen in unserer Gesellschaft. Die postkonventionelle Ebene wird nur von einer Minderheit der Erwachsenen erreicht und selten von Individuen unter 21 Jahren.

Kohlberg (1984) erklärt, man könne sich diese 3 Ebenen als 3 verschiedene Arten der Beziehung zwischen dem Selbst und den Regeln und Erwartungen der Gesellschaft vorstellen. Wer auf der präkonventionellen Ebene steht, sieht die Regeln und Vorschriften der Gesellschaft als etwas an, das außerhalb des Selbst verankert ist. Auf der konventionellen Ebene identifizieren Individuen sich mit den Regeln und Vorschriften der Gesellschaft; wer auf der postkonventionellen Ebene steht, definiert seine Werte als integriertes und differenziertes Individuum nach selbstgewählten Prinzipien. Um die 3 Ebenen weiter zu differenzieren, betrachtet Kohlberg die soziomoralische Perspektive, d. h. den Standpunkt, den das Individuum bei der Formulierung moralischer Urteile einnimmt. Kohlberg glaubt, daß dieser Standpunkt in sich moralischer Natur ist und nicht eine logische oder sozialkognitive Struktur, die auf einen moralischen Bereich angewendet wird. Der soziale Standpunkt, den das Individuum auf der präkonventionellen Ebene einnimmt, ist konkret – der Mensch befolgt die Regeln, weil sie dazu da sind, befolgt zu werden. Im Gegensatz dazu hat das Individuum auf der konventionellen Ebene den Standpunkt eines Mitglieds der Gesellschaft; es ist der Gruppe gegenüber loyal, es liegt ihm daran, sich die soziale Billigung zu erhalten und es kümmert sich um das Wohl anderer. Der Mensch auf der postkonventionellen Ebene ist am weitesten entwickelt und kann seine konventionelle Kenntnis der Gesellschaft benutzen, um einen individuellen moralischen Standpunkt zu definieren.

Für diese Stadien sind 4 allgemeine Kriterien relevant (Colby u. Kohlberg 1984). Erstens bedeuten die Stadien eine Eigenart oder einen qualitativen Unterschied in Strukturen oder Weisen des Denkens. Zweitens bilden diese verschiedenen Strukturen eine konstante Abfolge in der individuellen Entwicklung. Kulturelle Faktoren können diese Entwicklung zwar beschleunigen, verzögern oder anhalten, aber sie verändern ihre Abfolge nicht. Die jeweils gegebene Stadienreaktion stellt drittens nicht nur eine durch die Kenntnis der jeweiligen Aufgabe determinierte Antwort dar, sondern darüber hinaus so etwas wie eine zugrundeliegende Denkorganisation. Schließlich sieht Kohlberg die Stadien als hierarchische Integration. Das heißt, daß die Stadien eine Ordnung nach zunehmend differenzierten und integrierten Strukturen bilden, um eine gemeinsame Aufgabe zu erfüllen; demgemäß wird auch angenommen, daß höhere Stadien die auf niedrigeren Stufen vorgefundenen Strukturen integrieren.

Kohlbergs Definition und Meßmethode für moralisches Urteilsvermögen haben im Lauf der letzten 25 Jahre eine Reihe von Veränderungen erfahren (Colby u. Kohlberg 1984). Das *System zur Bewertung von Standardfragen*, das gegenwärtig neueste System, ist ein auf der Theorie beruhendes Beurteilungsverfahren, das das Stadium der moralischen Entwicklung nach Kohlbergs Theorie messen soll. Es besteht aus 3 hypothetischen moralischen Zwangslagen (Dilemmas). Auf jedes dieser Zwangslagen folgen 9 bis 12 standardisierte Sondierungsfragen, die darauf angelegt sind, Rechtfertigung, Herausarbeitung und Klärung des moralischen Urteils zu evozieren. In einem Fall muß man z. B. auf die Frage antworten: „Sollte der Ehemann ein Medikament stehlen, um das Leben seiner Frau zu retten?" Dieses Dilemma betrifft den Konflikt zwischen Leben und Gesetz. Das zweite und dritte Dilemma betreffen den Konflikt zwischen Moral und Gewissen auf der einen und Autorität (Gehorsam gegenüber den Eltern) und Kontrakt (Einhaltung einer Übereinkunft oder Bestehen auf Erfüllung eines vereinbarten Vertrages) auf der anderen Seite. Das Bewertungssystem ist langwierig und umfaßt Bewertungsregeln, Kriterien für die verschiedenen Stadien und Definitionen von Entwicklungsabfolgen (Colby u. Kohlberg 1984). Kohlberg ist überzeugt, daß er ein Bewertungssystem geschaffen hat, bei dem die Interpretation keine Kunst, sondern eine Wissenschaft ist.

4.4.1 Diskussion

Man hat Kohlberg kritisiert, weil er keine moralischen Verhaltensweisen aus dem wirklichen Leben erklärt habe. In seinem Vortrag über Psychoanalyse und moralische Entwicklung stellt Coles (1981) z. B. Überlegungen über die 6jährige Ruby Bridges an, ein schwarzes Kind aus den Südstaaten, aus äußerst armen Verhältnissen, alles in allem also kaum eine Anwärterin für das moralische Lob, das ihr zugedacht war. Sie war mitten in ihrem

Ödipuskonflikt und wies kognitive Grenzen auf, die ihrem Alter ent-
sprachen. Die 6jährige Ruby, scheinbar kaum für eine höhere moralische
Entwicklungsstufe präformiert, setzte 1961 in New Orleans die Aufhebung der Rassentrennung in Gang. Auf der Grundlage der von Kohlberg für die moralische Entwicklung aufgestellten Determinanten, nämlich Menge und Vielfalt sozialer Erfahrung, hätte Rubys moralisches
Verhalten nicht vorhergesagt werden können, ebensowenig wie auf
Grund der Tatsache, daß Prinzipienmoral eine Fähigkeit des logischen
Denkens ist und durch das Stadium formal-logischer Operationen repräsentiert wird.

Kohlbergs Theorie hat noch weitere Fragen aufgeworfen. Einige Theoretiker haben Kohlbergs These angegriffen, weil seine Stadien kulturelle
Universalien und irreversibel seien (z. B. Colby u. Kohlberg 1984; Kohlberg
1984; Simpson 1974). Andere, insbesondere Gilligan (1982), machen
Kohlberg den Vorwurf, seine Theorie und seine Methodik seien gegenüber
Frauen voreingenommen und könnten infolgedessen die moralische Entwicklung nicht angemessen beschreiben.

Bei ihrer Diskussion der weiblichen Entwicklung bemerkt Gilligan
(1982), Kohlberg hätte, ebenso wie früher bereits Freud und Piaget, die
meisten ihrer Begriffsbildungen aus der Untersuchung von Männern
entwickelt. Diese Ausrichtung auf Männer habe zu einer männlich orientierten Anschauung der moralischen Entwicklung geführt und zu einer
Konzentration auf männliche Belange. Gilligan beschreibt, daß die 6 von
Kohlberg postulierten Stadien der moralischen Entwicklung sich empirisch
auf eine Untersuchung von 84 Jungen gründen, deren Entwicklung Kohlberg über 20 Jahre lang verfolgt hat. Sie weist darauf hin, daß Kohlbergs
Methode, moralische Entwicklung begrifflich zu fassen und zu messen,
allein deshalb nicht repräsentativ sein könne, weil die Studie nur an Jungen
durchgeführt worden sei; von daher sei es fraglich, ob man die von ihm
postulierte Stadiensequenz verallgemeinern könne. In neuerer Zeit hat man
versucht, die Gültigkeit des Modells durch longitudinale Untersuchungen an
weiblichen und männlichen Probanden zu überprüfen (Simpson 1974;
Walker 1984). Es ist jedoch schwer zu entscheiden, ob dieselben Stadien und
Abfolgen abgeleitet worden wären, wenn zur ursprünglichen Population
auch Mädchen gehört hätten. Außerdem erreichen Gruppen, die an der
ursprünglichen Population nicht beteiligt waren, nur selten Kohlbergs
höhere Stufen der moralischen Entwicklung (Simpson 1974, Holstein
1976), obwohl Kohlberg behauptet, seine Abfolge von Stadien sei universell
anwendbar.

Gilligan (1982) stellt fest, daß Kohlbergs Auffassung von moralischer
Entwicklung auf der Ausbildung autonomer Rechte basiert und nicht auf der
Entfaltung von Fürsorge, Rücksicht und Verantwortung, die die Interessen
von Frauen sind. In Kohlbergs Schema werden derartige Belange sehr
niedrig eingeschätzt; dies wiederum hat zur Folge, daß Frauen im System
Kohlbergs unterbewertet sind. Gilligan dagegen glaubt, daß die Moral 2

Orientierungen umfaßt. Die erste ist die Moral der Gerechtigkeit, die Kohlberg betont; die zweite ist eine Ethik der Fürsorge und Verantwortung, der man relativ wenig Beachtung geschenkt hat. Die zweite Orientierung sei für das Verständnis der weiblichen Moral und das weibliche moralische Handeln zentral, während die Prinzipienmoral mehr im Mittelpunkt der männlichen Entwicklung stehe. Außerdem bringe Kohlbergs ursprüngliche Gleichsetzung von Moralität mit Autonomie und Gerechtigkeit in seiner Typologie der moralischen Entwicklung schwere Nachteile für die Frau mit sich; dies könnte zur Folge haben, daß sein System sich für die Frau als ungeeignet erweisen könnte. Im typischen Fall kommen Frauen nicht über das dritte Stadium hinaus, das sich um interpersonelle Beziehungen dreht und Moral mit Hilfeleistung und Fürsorge gleichsetzt. Kohlberg u. Kramer (1969) erklären, daß Frauen vielleicht wirklich nicht imstande sein könnten, über dieses Stadium hinauszugelangen, wenn sie nicht ihre hausfraulichen Aufgaben hinter sich lassen und sich auf den Schauplatz traditionell männlicher Tätigkeiten begeben. Diese Ansicht beruht auf Kohlbergs Überzeugung, daß die Erfahrung der Teilnahme an den komplexen Tätigkeiten und Institutionen der Gesellschaft die moralische Weiterentwicklung gewährleistet.

Kohlberg (1984) hat auf Gilligans Einwände geantwortet. Er räumt ein, daß wegen der Stützung auf eine rein männliche Population ein sexuelles Vorurteil existieren könne und auch, daß bei den Beispielen für moralische Zwangslagen, die als Reizmaterial verwendet werden, die männlichen Protagonisten überwiegen, auch wenn er sich nicht klar darüber ist, welche Wirkungen dies haben könnte. Ebenso stimmt er zu, daß die Dimension der Gerechtigkeit sich nicht positiv auf die Orientierung von Fürsorge und Verantwortung auswirkt und daß das Bewertungshandbuch keine vollständige Einschätzung des moralischen Urteilsvermögens ermöglicht. Er glaubt jedoch nicht, daß die Gerechtigkeitsbegründung und die dieser Begründung entsprechenden Stadien zu einer unfair voreingenommenen Unterbewertung der weiblichen Art des Urteilens führen. Er ist vielmehr überzeugt, daß moralische Dilemmas eine Integrierung der Orientierung erforderlich machen.

Kohlberg und Gilligan sind in diesen Fragen also eindeutig verschiedener Meinung. Der Dialog zwischen ihnen und ihren Anhängern hat gerade erst begonnen und muß fortgesetzt werden. Gilligans Verdienst liegt darin, daß sie die Frage angeschnitten hat, ob die Moral der Frauen nicht so sehr mangelhaft als vielmehr anders ist und ob berichtete Unzulänglichkeiten in der Moralität von Frauen nicht als Auswirkungen der Voreingenommenheit in der Theorie des moralischen Urteilsvermögens und der moralischen Einschätzung betrachtet werden können.

4.5 Gilligans Beitrag

Laut Gilligan (1977, 1982) sind Frauen auf Bindung und Beziehung zu anderen ausgerichtet, Männer hingegen auf Individuation und Getrenntheit. Um den Ursprung dieser Orientierungen zu erklären, zitiert Gilligan (1982) Chodorows (1974) Arbeit, nach der Jungen sich von der Mutter lösen und frühe Gefühle von Abhängigkeit und Bezogensein leugnen müssen, weil sie sie als etwas erleben, das mit dieser frühesten Beziehung und daher mit Weiblichkeit zu tun hat. Im Gegensatz dazu wachsen Mädchen mit einem stärkeren Gefühl der Kontinuität und Ähnlichkeit mit der Mutter auf und sind in solchen Beziehungen deshalb sehr viel eher heimisch.

Gilligan (1982) glaubt, daß aus diesen frühen moralischen Unterschieden einerseits eine Orientierung an Fürsorge und Anteilnahme entsteht, die sich auf Verantwortlichkeit bezieht, welche für Beziehungen charakteristisch ist. Andererseits treffen wir auf eine Orientierung an Gerechtigkeit, die sich auf den Bereich autonomer Rechte, Gleichheit und Fairneß richtet. Laut Gilligan stehen Fürsorge und Anteilnahme mehr im Zentrum der Moralität von Frauen, während Gerechtigkeit und Fairneß zentrale Probleme für Männer sind. Die Nachgiebigkeit von Frauen und ihre Abneigung dagegen, Urteile zu fällen, können daher nicht als Anzeichen von Selbstzweifeln verstanden werden, sondern von Fürsorge und Rücksicht, die Frauen dazu veranlassen, auf die Stimmen anderer zu hören und andere Standpunkte zu erwägen.

Gilligan (1982) geht davon aus, daß Frauen ihre persönlichen Geschichten von moralischen Konflikten, Krisen und Entscheidungen erzählen sollten, so daß sie aus eigenen Lebenszusammenhängen heraus eine Theorie der weiblichen moralischen Entwicklung begründen können. Aus diesem Grund untersucht Gilligan die Art und Weise, wie Frauen moralische Entscheidungen treffen, indem sie Frauen an verschiedenen Punkten ihrer Entwicklung befragt, wenn diese sich moralischen Dilemmas gegenübersehen. Aus der Struktur, der Sprache und dem Inhalt dieser weiblichen Erzählungen leitet Gilligan eine Theorie der moralischen Entwicklung ab, die die tatsächlichen Erfahrungen der Frauen widerspiegelt. Gilligans Datenanalyse zeigt, daß eine Frau sich von Anfang an und während ihrer ganzen moralischen Entwicklung als jemanden betrachtet, der sich in der Beziehung zu anderen entfaltet und weiterentwickelt. Im Gegensatz zum Mann sieht sich die Frau also nicht als eine unabhängig Handelnde, die autonome Entscheidungen über ihre Weiterentwicklung treffen kann. Solche weiblichen Entscheidungen werden vielmehr stets mit Rücksicht auf andere getroffen. Infolgedesen gehört zur Sicht der Frau über moralischen Erfolg oder Versagen, daß man Verletzung (Kränkung) vermeidet und Fürsorge leistet. Wenn eine Frau ein moralisches Problem definiert, geht es meistens um einen Verantwortungskonflikt und nicht um einen Konflikt von Rechten. Außerdem scheint es so, als formulierten Frauen moralische Probleme häufiger in einer vom Kontext bestimmten, erzählenden Form und weniger in der formellen und abstrakten Art, wie sie häufiger bei Männern vorkommt. Kurz gesagt, es zeigt sich, daß Frauen moralische Dilemmas als etwas ansehen, das zwischen Menschen in einem bestimmten sozialen Kontext existiert und daß sie dazu neigen, die Lösung eines solchen Dilemmas als etwas aufzufassen, das unter den Aspekten von Fürsorge und Verantwortlichkeit steht.

Gilligan (1982) weist darauf hin, daß der Katalysator für moralische Veränderungen im Leben von Männern wie Frauen gewöhnlich eine Krise ist. Es zeigt sich jedoch, daß das Wesen der Krise, die eine moralische Weiterentwicklung in Gang setzt, für Männer und Frauen unterschiedlich ist. Bei Männern gehört zu der Krise eine intime Interaktion; bei Frauen, die mit intimen Beziehungen schon umgehen können und mit ihnen vertraut sind, gehört zur Krise die Konfrontation und die Anerkennung der eigenen Bedürfnisse und den daraus resultierenden potentiellen Konflikten. Nach Gilligan rufen solche moralisch kritischen Augenblicke bei Frauen, die von früh an zu Verläßlichkeit in Beziehungen angehalten werden, Konflikte hervor, wenn sie bedeutsame moralische Entscheidungen treffen müssen, die einen Konflikt zwischen ihren Bedürfnissen und denen eines anderen beinhalten.

Obwohl Gilligan (1977, 1982) ihr Hauptaugenmerk auf Geschlechtsunterschiede richtet, verfolgt sie wie Kohlberg die moralische Entwicklung über die Zeit hinweg und stellt 3 moralische Stufen heraus. „Gut sein" besteht anfänglich darin, anderen zu gefallen und anerkannt zu werden. Auf dieses konventionelle Gutsein folgt ein authentischeres „Gutsein", bei dem die Betonung darauf liegt, daß man anderen hilft, anstatt ihnen nur zu gefallen. Schließlich gibt es die verantwortliche, anteilnehmende Haltung, die sich sowohl auf einen selbst als auch auf andere bezieht. Auf dieser Stufe kann eine Frau die Realität von Gefühlen ebenso wie die des moralischen Lebens anerkennen.

4.5.1 Diskussion

Einwände gegen Gilligans Theorie haben sich vor allem auf 3 Punkte konzentriert: (1) die Feststellung von Voreingenommenheit gegen Frauen in Kohlbergs Theorie, (2) das Vorhandensein deutlich unterschiedener und einander gegenseitig ausschließender moralischer Orientierungen und (3) die Existenz dieser Orientierungen auf Grund verschiedener Geschlechtszugehörigkeit.

Bezüglich des ersten Punktes ist Kohlberg (1984) überzeugt, daß seine Typologie nicht ein Geschlecht bevorzugt, weil seine Abfolge von Stadien bei männlichen und weiblichen Probanden sowohl durch Längsschnittuntersuchungen (Holstein 1976) als auch durch experimentelle Untersuchungen (Walker 1984) bestätigt worden ist. Seine Gegendarstellung weist zwar darauf hin, daß Kohlbergs Abfolge von Stadien auf Männer wie Frauen

angewendet werden kann, aber sie läßt Gilligans Bedenken außer acht, daß
die Abfolge der Stadien ursprünglich aus Interviews mit einer ausschließlich
männlichen Population abgeleitet wurde. Es ist nicht klar, ob Kohlbergs
Abfolge von Stadien anders konzipiert worden wäre, wenn seine ursprüngliche Population auch Frauen enthalten hätte. Es ist auch nicht geklärt, ob die
Verwendung hauptsächlich männlicher Protagonisten in Kohlbergs hypothetischen moralischen Dilemmas einen differenzierenden Effekt auf die
Antworten von Männern und Frauen hatte. Andere Untersuchungen haben
hier zu widersprüchlichen Ergebnissen geführt (z. B. Simpson 1974;
Holstein 1976; Lyons 1983).

In bezug auf die 2 Orientierungen glaubt Kohlberg (1984), daß diese sich
nicht notwendigerweise unterscheiden und daß beide Geschlechter beide
Ausrichtungen verwenden. Obwohl er die Definition der Moral unter dem
Blickwinkel der Gerechtigkeit betont, unterstreicht Kohlberg, daß die
Orientierung auf ein fürsorgliches Verhalten bei der Anwendung seiner
Methode keine niedereren Werte ergibt. Auch wenn es eine bevorzugte
Orientierung bei der Bewältigung moralischer Dilemmas geben kann, wie
Gilligan dies feststellt, ist Kohlberg überzeugt, daß der Beurteilungstest für
die Einschätzung der Fähigkeit zum gerechten Urteilen dadurch nicht
untauglich gemacht wird. Für Gilligan (1982) liegt das Problem dieser
Begründung jedoch darin, daß Kohlberg das Gerechtigkeitsurteil mit
moralischem Urteilen gleichsetzt. Damit stellt sie die Grundlage seiner
Sichtweise in Frage.

Kohlberg (1984) behauptet auch, daß es keine empirischen Beweise für
Gilligans Aussage gebe, daß es bei Frauen im Vergleich zu Männern
wahrscheinlicher sei, sich hinsichtlich ihres moralischen Urteils spontan
der fürsorglichen Orientierung zu bedienen. An dieser Stelle fokussiert er
v. a. auf empirische Fragen und die Genauigkeit, mit der zitiert worden ist.
Er glaubt, daß Frauen sich bestimmter Orientierungen nicht häufiger
bedienen als einer anderen, daß sie aber ihre Antworten persönlicher
formulieren. Die Stoßkraft von Gilligans Beitrag liegt jedoch nicht in ihrer
empirischen Arbeit. Sie liegt vielmehr in dem Bestreben, eine Theorie der
moralischen Entwicklung aufzustellen, die auf die Lebenserfahrung von
Frauen gegründet ist.

4.6 Folgerungen

Diese kurze Betrachtung weist auf eine Reihe von Ähnlichkeiten und
Verschiedenheiten bei den zitierten Theoretikern und Theoretikerinnen
hin, die man wie folgt zusammenfassen kann:

1. *Erklärungen für moralisches Verhalten.* Kohlbergs Theorie kann Verhalten nur begrenzt erklären. Er glaubt, daß Unstimmigkeiten im
   moralischen Verhalten auf einen Unterschied zwischen Ausführung und

Kompetenz hinweisen. Im Gegensatz dazu meint Gilligan, eine Theorie der moralischen Entwicklung sollte auf menschliche Erfahrung gegründet sein. Diese Konzentration auf Realität und Kontext hat sie mit Horney gemeinsam, die das Erleben von Frauen und die patriarchalische Wirklichkeit betrachtet. Freud steht hier Kohlberg näher. Obwohl er versuchte, seine Erfahrungen theoretisch zu erklären, findet man viele Unstimmigkeiten zwischen seiner Theorie und seinen eigenen Erfahrungen mit männlichen und weiblichen Kollegen, Patienten und Familienangehörigen, wie Spiegel (1977) und Freeman u. Strean (1981) zeigen. Dies könnte gegenüber seiner Theorie einer geringeren Moral von Frauen ein wenig versöhnlicher stimmen.

2. *Begriffliche Formulierung von Geschlechtsunterschieden.* In den Werken von Freud und Kohlberg sind Hinweise auf weibliche Defizienz enthalten. Kohlberg leugnet zwar, daß seine Theorie eine solche Voreingenommenheit aufweise; gleichzeitig stellt er jedoch fest, daß die Beteiligung an den komplexen Tätigkeiten und Institutionen der Gesellschaft zu einer moralischen Fortentwicklung führe. Bei Frauen, die zu Hause arbeiten, müßte die Wahrscheinlichkeit moralischer Entwicklung unter diesen Umständen geringer sein. Beide, Freud und Kohlberg, halten moralische Unabhängigkeit für moralischer als emotionale Appelle. Freud glaubt, daß Frauen mit größerer Wahrscheinlichkeit ihren moralischen Standpunkt ändern; Horney und Gilligan bestätigen die männliche Geringschätzung der Frau und ihrer tatsächlichen Vorzüge und stellen gleichzeitig das unerbittliche Über-Ich in Frage.

Die Arbeit Gilligans weist auf Geschlechtsunterschiede hinsichtlich der Bewertung menschlicher Erfahrungen und menschlicher Moral hin. Gilligan ist überzeugt, daß innerhalb der weiblichen und der männlichen Orientierungen Frauen für ein Interesse an menschlichen Beziehungen, Männer für individuelle Leistungen prädisponiert seien. Sie glaubt ferner, daß die beiden Orientierungen verschieden sind, aber nicht eine der anderen unterlegen. Gleichzeitig scheint sie mehr an der Beschreibung der verschiedenen moralischen Orientierungen interessiert zu sein als an ihrer Einordnung. Horney beschäftigt sich zwar nicht mit moralischen Geschlechtsunterschieden; aus ihrer Theorie geht jedoch hervor, daß auch sie ein Modell der Unterschiede gegenüber einem Modell der Defizienz bevorzugt. Gilligan und Horney, die ihr Hauptaugenmerk auf die Kultur, den Kontext und die Gesellschaft richten, betonen weniger die vertikale Dimension (Rangbildung und Ordnungen), die man mit Hilfe von Bewertungssystemen, Typologien oder Berechnungen erschließen kann, sondern mehr die horizontale.

3. *Die begriffliche Formulierung der Moralität.* Die beiden Männer, Freud und Kohlberg, haben einige Annahmen und Wertvorstellungen gemeinsam, während die beiden Frauen, Horney und Gilligan, eine andere Gruppe von Annahmen und Wertvorstellungen teilen. Freud und Kohlberg glauben, daß zu einem weiter entwickelten moralischen Standpunkt

Gerechtigkeit, Fairneß und eine Sichtweise gehören, innerhalb derer man solche Ordnungen in eine Reihenfolge bringen kann. Im Gegensatz dazu betonen Horney und Gilligan eine Sichtweise, innerhalb derer die Flexibilität aufrechterhalten bleibt und verschiedene Standpunkte anerkannt und respektiert werden. Sie erwähnen auch die Selbstkontrolle, die notwendig ist, um moralische Ziele zu erreichen. Die Auffassungen Freuds und Kohlbergs von Moral sind demgegenüber begrenzter und wertender. Freuds Definition betrifft u. a. die Struktur und vernachlässigt andere Aspekte des Über-Ichs, z. B. Stärke und Inhalt (Bernstein 1983). Die Festigkeit dieser Strukturen betrachtet er als Kriterium für eine erstrebenswerte Entwicklung des Über-Ichs. Freuds Begriffsbildung könnte auch als streng verstanden werden – Horney hat Freuds strenge Auffassung vom Über-Ich erwähnt und darauf hingewiesen, daß Freud das Über-Ich als innere Instanz mit einem besonders verbietenden Charakter definiert hat. Sie hat die Freudsche Anschauung vom Über-Ich als Bild einer geheimen und strafwütigen Polizeiinstanz mit tyrannischer Macht bezeichnet (Horney 1950).

Kohlbergs Theorie berücksichtigt Aspekte der Struktur und Stärke des Über-Ichs, ist aber durch ihren Fokus auf einen engen Inhalt begrenzt. Seine Auffassung basiert auf der Entfaltung autonomer Rechte und trägt, wie er selber sagt, den Fürsorge-, Anteilnahme- und Verantwortlichkeitsaspekten des moralischen Urteilens nur unvollständig Rechnung. Kohlbergs System dreht sich um Auswertung und Präzision: Identifizierung von Stadien, hierarchische Ebenen, unveränderliche Abfolgen, kulturelle Universalität und Irreversibilität (1969, 1981, 1984).

Horney und Gilligans Begriffsbildungen betreffen ebenfalls die Struktur; sie akzeptieren jedoch sowohl die feste als auch die flexible Struktur und verkünden kein unerbittliches Über-Ich. Horney glaubt, daß ein unerbittliches Über-Ich in einem Menschen vorhanden sein könne, der kein eigenes Urteil hat und sich statt dessen auf das Urteil anderer verläßt. Ein festes Beharren auf äußeren Maßstäben kann Schwäche verdecken – man kann sich von äußeren Maßstäben abhängig machen, um zu beurteilen, was man wollen sollte, und dennoch den Eindruck von Charakterstärke vermitteln.

Im Gegensatz zu Freud und Kohlberg vertreten Horney und Gilligan einen weiter gefaßten Begriff von Moral. Horney geht davon aus, daß man sich auf die gesamte Reichweite innerer Gebote konzentrieren müsse. Gleichzeitig weist sie darauf hin, daß es unter den inneren Geboten eines Menschen etliche „Du sollst" gäbe, denen jede Art von moralischem Anspruch fehlt und die daher auch nicht zu moralischem Verhalten führen. Horneys Theorie erlaubt die Schlußfolgerung, daß Menschen, die ein unerbittliches Über-Ich an den Tag legen, abhängig sein können, daß es ihnen um den äußeren Anschein geht und daß sie sich auf die Urteile anderer verlassen.

Gilligan zeigt, daß Männer und Frauen häufig ein unterschiedliches moralisches Verständnis haben. Sie ist wie Bernstein überzeugt, es gebe keinen Beweis dafür, daß Frauen ihre Anweisungen weniger effizient durchführen, sondern daß sie andere Anweisungen erfüllen. Nach Gilligans Worten vertreten Männer und Frauen verschiedene moralische Richtungen und ordnen menschliche Erfahrungen nach unterschiedlichen Prioritäten ein.

Horneys und Gilligans Theorien einer weiblichen Psychologie sprechen sich für Bindung, Harmonie, Flexibilität und Orientierung auf den anderen aus. Sie richten ihr Augenmerk mehr auf Beschreibung, Kontext und Erzählung als auf Ordnen, Rangbildungen und Abstraktion.

4.6.1 Kommentar

Wie Schafer (1974) anführt, schaden Freuds Verallgemeinerungen über Frauen seiner psychoanalytischen Methode und seinen klinischen Feststellungen. Die Leistung Freuds ist außerordentlich eindrucksvoll, wenn man sie im Kontext seiner Zeit betrachtet. Und auch wenn Kohlberg seine Theorien später aufstellte, war seine Zeit doch immer noch eine Zeit patriarchalischer Selbstgefälligkeit. Da wir heute mehr von Frauen verstehen, können wir die Begrenztheit der Theorien Freuds und Kohlbergs nunmehr auch besser klären.

4.7 Schlußfolgerungen

Einige der Hauptunterschiede zwischen den in dieser Arbeit besprochenen männlichen und weiblichen Theoretikern stimmen sowohl mit Gilligans Feststellung von der unterschiedlichen Orientierung der Geschlechter als auch mit der allgemeinen Wahrnehmung überein, daß Männer und Frauen verschieden sind. Obwohl Maccoby und Jacklin (1974) in ihrer Analyse und Interpretation der vorhandenen Forschung nur wenig Geschlechtsunterschiede fanden, lassen Kritiken an ihrer Arbeit (z.B. Brooks 1974; Block 1976; Emmerich 1975) eine Revision angebracht erscheinen.

Die hier zitierten Theoretiker und Theoretikerinnen sind nicht ausgewählt worden, um eine spezifisch männliche oder weibliche Orientierung hervortreten zu lassen. Einige männliche Theoretiker haben eine Orientierung, die sonst eher für Frauen kennzeichnend ist, und einige weibliche Theoretiker haben eine Orientierung, wie man sie eher bei Männern findet. Worum es hier geht, ist die Tatsache, daß sich in der Begegnung und dem Vergleich zwischen männlichen und weiblichen Theoretikern Geschlechtsunterschiede in der (moralischen) Orientierung zeigen.

4.7.1 Orientierungsunterschiede

Wie bereits ausgeführt, gibt es Ähnlichkeiten zwischen Horney und Gilligan und zwischen Freud und Kohlberg im Hinblick auf (1) die Erklärung moralischen Verhaltens, (2) die Bestimmung von Geschlechtsunterschieden und (3) die Bestimmung der Moral. Freud und Kohlberg denken vertikal; sie verwenden Ordnung, Mangelhaftigkeit und Beurteilung; im Falle Kohlbergs besteht zusätzlich ein Interesse an Invarianz und Genauigkeit im Hinblick auf Methodik und Typologie. Im Gegensatz dazu bedienen sich Horney und Gilligan der horizontalen Dimension, bei der das Hauptgewicht auf Kontext und Kultur liegt – Einbeziehung, Ausdrucksvermögen, Harmonie, Flexibilität und Orientierung auf den anderen. Die horizontale bzw. vertikale Dimension kann man auch als eine unpersönliche oder autonome Orientierung bei Männern und eine interpersonelle oder Beziehungen betonende Orientierung bei Frauen verstehen.

Chodorow (1978 b) hat versucht, diese Unterschiede in der männlichen und weiblichen Orientierung zu erklären. Ihre Analyse ist eine feministische Bearbeitung der Theorie der Objektbeziehungen. Sie betrachtet psychodynamische Prozesse in ihrem sozialen und politischen Kontext. Dabei erkennt sie die Rolle des sozialen Lernens an, ebenso wie Unterschiede in der Ich-Entwicklung und der Ich-Struktur; beide können Differenzierungen zwischen Männern und Frauen erklären. Chodorows (1978 a, b) psychoanalytische Darstellung der unterschiedlichen Bedürfnisse nach Intimität und der dazu notwendigen Fähigkeiten bei Männern und Frauen stimmen mit neueren feministischen Denkrichtungen innerhalb der Psychoanalyse (z. B. Miller 1976; Dinnerstein 1976) überein und geben diesen psychologischen Forschungen über Geschlechtsunterschiede Ordnung und Zusammenhalt. In dieser Literatur wird auch auf Geschlechtsunterschiede hingewiesen: in Freundschaftsstrukturen und -werten (Brenton 1974; Bloch 1980), in der Empathie (Bem 1978; Hoffman 1977), in der Aufgeschlossenheit für die Jugend (Berman 1980), in der Selbstoffenbarung (Hacker 1981), in der Gesprächsinteraktion (Spender 1980), Erkenntnisstil (Witkin u. Goodenough 1977) und im Verhalten in Gruppen (Aries 1976; Eagly 1978). Ein Thema, das diese Befunde gemeinsam haben, ist die Tatsache, daß Frauen eine interpersonelle Orientierung zeigen, in der die Bindung an andere im Mittelpunkt steht, während Männer unpersönlich ausgerichtet sind (Golden 1982). Diese Unterschiede spiegeln bleibende Aspekte der psychischen Struktur, die geschlechtsgebunden sind.

Da Mädchen von einer Mutter, also einer Betreuungsperson gleichen Geschlechts, aufgezogen werden, erleben sie sich im Vergleich zu Jungen als weniger differenziert und mehr in einem Kontinuum und in einer Beziehung zur Außenwelt (Choderow 1978 b). Chodorow glaubt, daß Männer stärker in die Kinderversorgung einbezogen werden sollten, um Töchtern das zu geben, was Mütter Söhnen geben. Das bedeutet, daß ein Mann einem Jungen die Gelegenheit geben kann, sein frühestes Gefühl der

Verbundenheit mit einem Menschen seines eigenen Geschlechts zu erleben. So könnte sich ein Junge männlich identifizieren, ohne seine früheste Identifikation und sein Gefühl des Einsseins mit einer Frau verleugnen zu müssen und ohne den Teil seines Ichs zu verdrängen, der das Potential hat, Verbundenheit zu entwickeln und auszudrücken.

Die männliche oder vertikale Ausrichtung bewegt sich nach vorn und ist zielgerichtet. Sie fördert Trennung, Undurchlässigkeit, Distanz und schwächt horizontale Verbindungen mit anderen oder mit dem Umfeld ab. Die vertikale Ausrichtung scheint mit den Ängsten der Männer zusammen-zuhängen – Angst vor Verschmelzung, Verlust von Grenzen, Abhängigkeit, Ausbeutung durch einen omnipotenten *Anderen* (die Mutter).

Die weibliche oder horizontale Ausrichtung bewegt sich sozusagen quer dazu, d. h. innerhalb eines Zusammenhangs. Sie fördert Flüssigkeit, Flexi-bilität, Verbindungen, Kontinuität, Beziehungen und Verschmelzung. Die horizontale Ausrichtung scheint mit dem Wesen der präödipalen Mutter-Tochter-Beziehung verwandt zu sein. Mädchen erleben sich von frühester Kindheit an stärker in einem Kontinuum und mit der äußeren Objektwelt verbunden. Da ihre Geschlechtsidentität nicht durch die Unterscheidung von der Mutter bestimmt wird, so wie bei den Jungen, brauchen sie die präödipalen Beziehungen nicht im gleichen Maß zu verleugnen, wie Jungen dies tun. Die weiblichen Ich-Grenzen bleiben also flexibler und fließender; das führt zu einer größeren Fähigkeit zu engen interpersonel-len Beziehungen und zu einem größeren Einfühlungsvermögen (Chodo-row 1978 b).

4.7.2 *Fragen*

Eine Erörterung der Ansätze dieser männlichen und weiblichen Theoretiker spiegelt einige der Geschlechtsunterschiede wider, die in der Literatur zur Diskussion stehen und die auch mit der öffentlichen Meinung übereinzu-stimmen scheinen. In diesem Zusammenhang lassen sich eine Reihe von Fragen stellen, die für die Psychoanalyse relevant sind. Angesichts des knappen Raumes sollen hier nur 2 davon kurz erwogen werden. Da diese Fragen dieselben sind, ob man nun an eine kurze, zielgerichtete Therapie, an eine Langzeittherapie oder an eine klassische Psychoanalyse denkt, werden diese Bezeichnungen hier austauschbar verwendet.

Das Geschlecht des Analytikers und die psychotherapeutische Arbeit

Wie gehen Analytiker und Analytikerinnen mit moralischen Problemen in der analytischen Sitzung um? Anders ausgedrückt: Worin unterscheiden sich männliche und weibliche Analytiker? (Ähnliche Fragen werden in diesem Band auch an anderer Stelle behandelt, siehe dazu die Kapitel von Gornick und Schachtel.) In der Literatur wird die Vorstellung unterstützt, daß männliche und weibliche Analytiker verschieden sind. Auch wenn die klassische psychoanalytische Position und die psychoanalytische Forschung nicht auf Unterschiede im Behandlungsergebnis hinweisen, die auf dem Geschlecht des Analytikers beruhen, lassen sich doch bestimmte Trends aufzeigen (Mogul 1982). Obwohl sie nicht für alle männlichen und weiblichen Analytiker gelten und obwohl die Wirkung der Geschlechtszugehörigkeit bei erfahrenen Therapeuten weniger deutlich ist als bei unerfahrenen (Kirshner, Genak u. Haussen 1978; Howard u. Orlinsky 1979), zeigen diese Trends, daß Patienten und Patientinnen größere Befriedigung und größeren Nutzen von einer Psychotherapie bei Therapeutinnen haben. Der Grund, warum der männliche Therapeut, besonders der unerfahrene, meist größere Schwierigkeiten hat als sein weibliches Gegenüber, hängt vermutlich mit seinem stärker urteilenden Moralsystem zusammen. Dies ist ein Bereich, in dem weitere Untersuchungen geboten sind und der auch Bedeutung für die psychoanalytische Ausbildung hat.

Es kann sein, daß männliche und weibliche Analytiker mit moralischen Problemen unterschiedlich umgehen. Der Psychoanalyse liegt die unausgesprochene Annahme zugrunde, daß ihre Dynamik sich über Realitätsprobleme wie das Geschlecht des Patienten oder des Therapeuten hinwegsetzt (Seiden 1976); trotzdem ist es möglich, daß männliche Analytiker, zumindest am Anfang ihrer Ausbildung, die moralischen Zwangslagen und Prioritäten von Frauen möglicherweise weniger gut verstehen; unerfahrene weibliche Analytiker können umgekehrt vielleicht die moralischen Zwangslagen ihrer männlichen Patienten weniger gut verstehen. Vielleicht bringen männliche und weibliche Patienten auch unterschiedliche moralische Dilemmas mit in die Sitzung und formulieren moralische Entschlüsse verschieden. Patientinnen und Patienten können erwarten, daß ein männlicher Analytiker mehr zum Urteilen neigt; diese Vorstellung kann die Auswahl des Analytikers wie auch bestimmte Aspekte der Behandlung beeinflussen. Analytiker (Analytikerinnen) sollten im Hinblick auf die hier relevanten Fragen des Geschlechts und der Moral besonders ausgebildet werden, so daß sie über Vorstellungen, die auf der Geschlechtszugehörigkeit basieren, über Geschlechtsunterschiede in der Konzeptualisierung und dem Lösen moralischer Probleme und über Fragen der moralischen Entwicklung bei Männern und Frauen Bescheid wissen.

4.7.3 Über einige Aspekte der traditionellen Psychoanalyse

Wie spiegelt die Psychoanalyse – von Freud geschaffen, mit Anhängern, die überwiegend männlich sind – eine Orientierung wider, die charakteristisch(er) für Männer ist? Und was wäre in der Psychoanalyse anders, wäre sie von einer Frau geschaffen und gepflegt worden? Dieses faszinierende Thema wird in einer längeren Arbeit besprochen (Alpert, in Vorbereitung); hier kann es nur in Ansätzen überlegt werden.

Gewisse Aspekte der traditionellen Psychoanalyse, z. B. bestimmte Werte und Bestandteile der Beziehung zwischen Patient/Patientin und Therapeut/Therapeutin, spiegeln eine männliche Ausrichtung wider. Was Werte angeht, so lehrt Kohut (1984), daß die vorherrschenden Werte der Psychoanalyse Unabhängigkeit und Erkenntnis seien und daß diese Werte die psychoanalytische Arbeit bestimmen. In Übereinstimmung mit dieser Ansicht schreibt Low (1984), daß in der Psychoanalyse die Mutter-Tochter-Beziehung abgewertet werde und daß in der Analyse von Frauen häufig Unabhängigkeit von der Mutter das Analyseziel sei. Folgerichtig lehrt man die psychoanalytischen Praktiker, Patientinnen zu ermutigen, sich mit Nachdruck um Unabhängigkeit und Trennung von der Mutter zu bemühen.

Welche Werte würde die Psychoanalyse wohl vertreten, wenn die Analyse von Personen mit einer mehr weiblichen Ausrichtung entwickelt und gepflegt worden wäre? Vielleicht würden die Werte gesunder Abhängigkeit, Fürsorge in Beziehungen und Verantwortlichkeit einen höheren Rang einnehmen. Analytiker und Analytikerinnen könnten z. B. daran arbeiten, Patienten und Patientinnen zu befähigen, vorhandene Hilfsmittel zu nutzen und *effektiver* von der Mutter und anderen abhängig zu werden. Einige der laufenden Arbeiten, die vom *Stone Center for Developmental Studies* veröffentlicht werden, werfen ein Licht auf die Frage, welche Werte die Psychoanalyse für Menschen mit einer weiblicheren Ausrichtung hat. Stiver (1984) z. B. definiert Abhängigkeit als „einen Prozeß, in dem man damit rechnet, daß einem andere Menschen dabei helfen, physisch und emotional mit Erfahrungen und Aufgaben fertigzuwerden, die einem auf der Welt begegnen, wenn man selbst nicht genug Geschick, Selbstvertrauen, Kraft und/oder Zeit hat" (S. 10). Ihr Begriff von Abhängigkeit ermöglicht es, sich stärker zu fühlen, wenn man auf die Hilfe anderer zählen kann; Abhängigkeit kann als normal und der Entwicklung förderlich angesehen werden. Ein weiteres Beispiel gibt Surrey (1984). Sie weist darauf hin, daß ein neues Entwicklungsmodell gebraucht wird, um die zentrale Stellung und die Kontinuität von Beziehungen im Leben von Frauen zu erklären. Ihre „weibliche Ausrichtung" führt dazu, daß sie Beziehungen als zentrales Element im Leben von Frauen definiert.

Was die Struktur der Beziehung zwischen Patient (Patientin) und Analytiker (Analytikerin) angeht, so ist die objektive, unpersönliche Neutralität, die für die traditionelle Psychoanalyse charakteristisch ist, zumindest in unserer Kultur Männern angemessener als Frauen. Der analytischen Beziehung liegt die Annahme zugrunde, daß der Analytiker unemotional, relativ unpersönlich und fähig sein soll, Distanz zu halten, um hilfreich zu sein – wiederum ein Stil, der eher Männern als Frauen entspricht (Stiver 1985). Wärme und Freundlichkeit werden zwar als wichtige Vorzüge angesehen, müssen aber sorgfältig unter Kontrolle gehalten werden. Das gegenwärtige Therapiemodell, so Stiver, ist im wesentlichen ein männliches, und die Distanzierung zwischen Therapeut (Therapeutin) und Patient (Patientin) kann eine Gegenübertragungsreaktion sein. Offensichtlich unterscheiden sich Analytiker (Analytikerin) im Hinblick auf das Ausmaß an Distanz, das sie aufrechterhalten. Kohut (1984) zum Beispiel, der glaubt, die Schwierigkeiten vieler Patienten hingen mit der Kälte und der geringen Reaktionsbereitschaft ihrer Eltern zusammen, versucht, eine warme, einfühlsame und bestätigende Atmosphäre zu schaffen und bemüht sich, Begriffe zu benutzen, die erlebnisrelevant sind, anstelle solcher, die abstrakt, strukturell oder zurückhaltend anmuten.

4.8 Kommentar

Was hier als „männliche" Ausrichtung definiert wurde, scheint bei Männern u. a. deshalb verbreiteter zu sein, weil im Verlauf der Identifizierung mit dem „Männlichen" das für Beziehungen zuständige Selbst verdrängt zu werden scheint. Trotzdem sind sowohl Analytiker als auch Analytikerinnen mit der Mutter-Tochter-Beziehung und der Aufrechterhaltung der Distanz befaßt, und natürlich lassen sich diese Interessen nicht vereinfachend mit dem Geschlecht des Analytikers in Verbindung bringen. Manche männlichen Analytiker haben eine verständnisvolle, von der Gleichberechtigung der Partner ausgehende, einfühlsame, echte und flexible Haltung; manche Analytikerin ist demgegenüber autoritär und unpersönlich.

Womit wir uns hier befassen, ist die unerbittliche Verpflichtung gegenüber gewissen technischen Regeln und Traditionen durch manche zeitgenössischen „klassischen" Psychoanalytiker und Psychoanalytikerinnen und dem, was bei einigen feministischen Psychoanalytikerinnen umgekehrt eine ebenso unerbittliche Verpflichtung gegenüber bestimmten Theorien (z. B. der Objektbeziehungen und der Selbstpsychologie) ist, auch hier in Verbindung mit einer unbeugsamen Mißachtung anderer Theorien, wie z. B. der klassischen. Wir leben nicht in einer Zeit, in der man sich unerbittlich einer Theorie verschreiben könnte, sondern wo es darum geht, bestehende Theorien neu zu erwägen und, falls nötig, zu revidieren. Einige psychoanalytische Theorien geben wenig Aufschluß über die weibliche Entwicklung oder reflektieren die weibliche Orientierung nur relativ schwach; andere Theorien sind möglicherweise von großer Relevanz für das Verstehen von Männern ebenso wie für Frauen. Wir schlagen vor, Aspekte der Psychoanalyse und den Inhalt psychoanalytischer Theorien, die mit der weiblichen Entwicklung zu tun haben, daraufhin zu untersuchen. Wir glauben außerdem, daß in der Psychoanalyse männliche Ideologien enthalten sind, so wie dies auch in anderen Wissenschaften der Fall ist (z. B. Kuhn 1962; Bleier 1984; Keller 1985). Für die Psychoanalyse könnte es eine Erweiterung und Bereicherung bedeuten, wenn man diese Ideologien mit in die Reflexion ziehen und analysieren würde.

Ein Ziel der Psychoanalyse ist es, die Analyse weiter auszudehnen. Wir müssen beginnen, die verschiedenen Aspekte der Psychoanalyse daraufhin zu betrachten, in welchem Maß sie nur männliche Modelle widerspiegeln und nur über Männlichkeit Aufschluß geben. Wir müssen die traditionelle psychoanalytische Theorie aufwerten, so daß sie konsistenter mit der psychoanalytischen Praxis wird, indem sie feministische Denkweisen und ein besseres Verständnis der Frau mit einbezieht. Einen gewissen feministischen Einfluß auf die psychoanalytische Theorie hat es bereits gegeben; aber das verbleibende Potiential ist enorm.

Anmerkung

1   Wir zollen Dale Mendell Dank und Anerkennung für ihre nützlichen Kommentare zu einem Entwurf dieser Arbeit.

Literatur

Alpert JL (in Vorbereitung) Psychoanalysis and the male orientation

Aries E (1976) Interaction patterns and themes of male, female and mixed groups. Small Group Behaviour 7:7–18

Bem S (1978) Beyond androgyny: some presumption for a liberated sexual identity. In: Sherman J, Denmark F (eds) The psychology of women. Psychological Dimensions, New York

Berman P (1980) Are women more responsive than men to the young? A review of developmental and situational variables. Psychol Bull 88:668–695

Bernstein AE, Warner GM (1984, 1986) Women treating women. Case material from women treated by female psychoanalysts. Int Univ Press, Madison, 2. Aufl.

Bernstein D (1983) The female superego: a different perspective. Int J Psychoanal 64:187–201

Bleier R (1984) Science and gender. Pergamon Press, New York

Bloch J (1980) Friendship. Mac Millan, New York

Block, J (1976) Debatable conclusiouns about sex difference. Contemp Psychol 21:517–522

Brenton M (1974) Friendship. Stein & Day, New York

Brooks J (1974) Reviews of the psychology of sex differences. Libr J 99:3204

Chodorow N (1974) Family structure and feminine personality. In: Rosaldo MZ, Lamphere L (eds) Women, culture and society. Stanford Univ Press, Stanford

Chodorow N (1978 a) Mothering, object relations, and the female oedipal configuration. Fem Study 4:137–159

Chodorow N (1978 b, 1985): Das Erbe der Mütter. Psychoanalyse und Soziologie der Geschlechter. Frauenoffensive, München

Colby A, Kohlberg L (1984) The measurement of moral judgment. Cambridge Univ Press, New York

Coles R (1981) Psychoanalysis and moral development. Am J Psychoanal 41:101–113

Dinnerstein D (1976, 1979): Das Arrangement der Geschlechter. dtv, Stuttgart

Eagly A (1978) Sex differences in influencability. Psychol Bull 85:86–116

Emmerich W (1975) The complexities of human development. Science 190:140–141

Fliegel ZO (1973, 1975): Freuds Theorie der psychosexuellen Entwicklung der Frau. Psyche 29:813–834

Freeman L, Strean HS (1981) Freud and women. Ungar, New York

Freud S (1905 d) Drei Abhandlungen zur Sexualtheorie. GW Bd 5, S 27–145. Fischer, Frankfurt am Main

Freud S (1924 d) Der Untergang des Ödipuskomplexes. GW Bd 13, S 393–4o2

Freud S (1925 j) Über einige psychische Folgen des anatomischen Geschlechtsunterschieds. GW Bd 14, S 17–30

Freud S (1926 e) Die Frage der Laienanalyse. Unterredungen mit einem Unparteiischen. GW Bd 14, S 207–296

Freud S (1931 b) Über die weibliche Sexualität. GW Bd 14, S 515–537

Freud S (1933 a) Die Weiblichkeit. In: Neue Folge der Vorlesungen zur Einführung in die Psychoanalyse. GW Bd 15, S 119–145

Freud S (1937 c) Die endliche und die unendliche Analyse. GW Bd 16, S 57–99

Freud S (1940 a) Abriß der Psychoanalyse. GW Bd 17, S 63–138

Galenson E, Roiphe H (1977) Some suggested revisions concerning early female development. In: Blum HP (ed) Female Psychology. Contemporary Psychoanalytic Views. Int Univ Press, New York, pp 29–57

Gilligan C (1977) In a different voice: women's conception of self and morality. Howard Educ Rev 47:481–517

Gilligan C (1982, 1984) Die andere Stimme. Lebenskonflikte und Moral der Frau. Piper, München

Golden C (1982) Feminist psychoanalytic theory: A perspective psychologists can't afford to ignore. Vorgetragen bei der Konferenz der American Psychological Association, Washington DC

Hacker J (1981) Blabbermouths and clams: Sex differences in self disclosure in same-sex and cross-sex friendship dyads. Psychol Women Quart 5:385–401

Hoffman M (1977) Sex differences in empathy and related behaviors. Psychol Bull 84:712–722

Holstein C (1976) Development of moral judgement: A longitudinal study of males and females. Child Devel 47:51–61

Horney K (1923, 1984) Zur Genese des weiblichen Kastrationskomplexes. In: Die Psychologie der Frau, S 10–25

Horney K (1926, 1984) Flucht aus der Weiblichkeit. In: Die Psychologie der Frau, S 26–42

Horney K (1932, 1984) Die Angst vor der Frau – Über den spezifischen Unterschied in der männlichen und weiblichen Angst vor dem anderen Geschlecht. In: Die Psychologie der Frau, S 81–95

Horney K (1938, 1984) Das neurotische Liebesbedürfnis. In: Die Psychologie der Frau, S 163–179

Horney K (1950, 1975) Neurose und menschliches Wachstum. Kindler, München

Howard KJ, Orlinsky DE (1979) What effect does therapist gender have on women in psychotherapy? Vorgetragen bei der Konferenz der American Psychological Association, New York City

Keller EF (1985, 1986) Liebe, Macht, Erkenntnis. Männliche oder weibliche Wissenschaft? Carl Hanser Verlag, München Wien

Kelman H (1950) Einführung. In: Die Psychologie der Frau. Aufsätze von Karen Horney. Kindler, München

Kirshner LA, Genak A, Hauser ST (1978) Effects of gender on short-term psychotherapy. Psychother: Theory, Research Practice 15:pp 158–167

Kleeman J (1977) Freud's views on early female sexuality in the light of direct child observation. In: Blum HP (ed) (1977) pp 3–28

Kohlberg L (1969) Stages and sequence: The cognitive-developmental approach to socialization. In: Goslin DA (ed) Handbook of socialization theory and research. Rand McNally, Chicago

Kohlberg L (1981) Essays on moral development. Bd 1: The philosophy of moral development. Harper & Row, San Francisco

Kohlberg L (1984) Essays on moral development, Bd 2: The psychology of moral development. Harper & Row, San Francisco

Kohlberg L, Kramer R (1969) Continuities and discontinuities in child and adult moral development. Human Devel 12:93–120

Kohut H (1984) Wie heilt die Psychoanalyse? Suhrkamp, Frankfurt am Main

Kuhn TS (1962, 1976) Die Struktur wissenschaftlicher Revolutionen. 2. rev. Aufl., Suhrkamp, Frankfurt am Main

Low N (1984) Mother-daughter relationships: The lasting ties. Radcliffe Quart Dezember pp 1–4

Lyons N (1983) Two perspectives: On self, relationships, and morality. Harvard Ed Rev 53:125–145

Maccoby EE, Jacklin CN (1974): The psychology of sex differences. Stanford Univ Press, Stanford

Mendell D (ed) (1982) Early female development. Spectrum, New York

Miller JB (1976, 1979) Die Stärke weiblicher Schwäche. Zu einem neuen Verständnis der Frau. Fischer, Frankfurt am Main

Mogul K (1982) Overview: The sex of the therapist. Amer J Psychiat 139:1–11

Moulton R (1975) Early papers on women: Horney to Thompson. Amer J Psychoanal 35:207–223

Nadelson C (1983) The psychology of women. Can J Psychiat 28:210–218

Piaget J (1954, 1976) Das moralische Urteil beim Kinde. Suhrkamp, Frankfurt am Main, 2. Aufl.

Schafer R (1974, 1977) Problems in Freud's psychology of women. Amer Psychoanal Assoc 22:459–485

Seiden AM (1976) Overviews: Research on the psychology of women. II. Women in families, work and psychotherapy. Amer J Psychiat 133:1111–1123

Simpson E (1974) Moral development research: A case study of scientific cultural bias. Human Devel 17:81–106

Spender D (1980) Man made language. Rouledge & Kegan Paul, London

Spiegel R (1977) Freud and the women in his world. J Amer Acad Psychoanal 5:377–402

Stiver I (1984) The meanings of „dependency" in female-male relationships. Stone Center for Developmental Studies, Wellesley Collage, Wellesley MA

Stiver I (1985) The meaning of care: Reforming treatment models. Stone Center for Developmental Studies, Wellesley Collage, Wellesley MA

Stoller RJ (1964) A contribution to the study of gender identity. Int J Psychoanal 45:220–226

Surrey J (1984) Self-in-relation: A theory of women's development. Stone Center for
    Developmental Studies, Wellesley Collage, Wellesley MA
Walker L (1984) Sex differences in the development of moral reasoning: a critical
    review. Child Devel 55:677–691
Witkin H, Goodenough D (1977) Field dependence and interpersonal behavior.
    Psychol Bull 84:661–689

5 Die Entfremdung des Verlangens: Der Masochismus der Frauen und die ideale Liebe

Jessica Benjamin

Der zunehmende Konsens, daß Mädchen ihre Geschlechtsidentität nicht erlangen, weil sie ihre ursprünglich männliche Ausrichtung auf die Mutter ablehnen, sondern weil sie sich mit ihren mütterlichen Eigenschaften identifizieren, dürfte auch viele Probleme entkräften, die Freuds ursprünglichen Vorstellungen von der Weiblichkeit zugrunde lagen. Die Idee der geschlechtlichen Kernidentität (Stoller 1968), eine präödipale Form der Geschlechtsidentität, die auf Identifizierungen und Objektbeziehungen beruht, welche von der elterlichen Zuweisung des Geschlechts abhängen, kann auch einer neuen Sicht der weiblichen Entwicklung den Weg bereiten (Chodorow 1978; Fast 1984). Probleme, die hier die größten Kontroversen ausgelöst haben, v. a. der weibliche Masochismus, können nun erörtert werden, ohne daß wir uns in Nachhutgefechten gegen Vorstellungen wie „Anatomie als Schicksal" und „weibliche Natur" verteidigen müßten, die die früheren Auseinandersetzungen geprägt haben. Andererseits brauchen wir für die Probleme der weiblichen Entwicklung jetzt neue Erklärungen, die nicht mehr in biologischen Vorstellungen verwurzelt sind.

Die Theorien vom Penisneid und vom weiblichen Ödipuskomplex, wie Freud sie (1924 d, 1925 j, 1931 b, 1933 a) hinterlassen hat, scheinen eine zwingende Antwort auf die Frage zu liefern, warum Frauen eine Neigung zu masochistischen Phantasien haben und Weiblichkeit mit Masochismus in Verbindung gebracht wird. So könnte es undankbar erscheinen, hier eine Theorie in Frage zu stellen, die die Weiblichkeit von der Verknüpfung mit Neid, Narzißmus, Masochismus und Passivität entlastet hat. Aber die neue, auf der Identifizierung mit der Mutter beruhende Vorstellung von Weiblichkeit bietet eine weniger nahtlose Erklärung für das Auftauchen solcher Phänomene. Wenn wir Freuds Anschauung vom Penisneid als Organisator der Weiblichkeit zugunsten einer Theorie der Identifizierung mit der Mutter ablehnen, können wir auch auf die Vorstellung verzichten, daß das kleine Mädchen als ein kleiner Junge anfängt und daß Weiblichkeit durch die Umwandlung von aktiver in passive Liebe gekennzeichnet ist. Wir stehen jedoch immer noch vor einer Lücke, einem ungelösten Problem: dem Problem des *sexuellen Verlangens der Frau*.

Das Problem beginnt mit dem Umstand, daß die Mutter nicht als Sexualobjekt gesehen werden kann; sie ist die Frau ohne leidenschaftliches Verlangen. Das heißt, daß sie in der Kultur (und genauso in der Theorie) immer der Brechung durch die Linse des kindlichen Erlebens unterliegt,

in dem die Leidenschaft mit all ihren Beiklängen von Selbstsucht und
unabhängiger Subjektivität verleugnet wird. Die Mutter ist dazu da, den
Interessen des Kindes zu dienen; das Bild ihrer sexuellen Macht ist zu
angsterregend, als daß diese Verleugnung als solche erkannt werden könnte.
Die Identifizierung mit ihr erscheint für das sich entwickelnde Gefühl
sexueller Handlungsfähigkeit deshalb als ungünstiger Anfang. Woher,
wenn nicht durch den Phallus, durch eine männliche Ausrichtung, beziehen
Frauen ihr Gefühl von einem sexuellen Potential? Und wodurch wird es
repräsentiert? Es gibt kein gleichwertiges Symbol für das weibliche
Verlangen, das wie der Phallus auf Aktivität und Potenz hinweist. Und die
tatsächlichen Beweise für die kulturelle Darstellung der weiblichen Sexualität sind niederschmetternd: Die „sexy" Frau ist Objekt, nicht Subjekt, nur
fähig, die Leidenschaft anderer anzuziehen und zu entflammen. Ihr
Verlangen wäre damit eine Funktion ihres körperlichen Begehrtwerdens.

Die Alternative zum weiblichen Sexualobjekt scheint die aktive oder
„phallische" Mutter zu sein. Aber die Mutter wird nicht einmal in der
Psychoanalyse als sexuelles Subjekt angesehen – ihr Machtemblem ist der
geborgte Phallus, den sie verliert, wenn sie zur ödipalen, kastrierten Mutter
wird. Phänomenologisch gesprochen ist sie niemand, der aktiv etwas für
sich begehrt; ihre Macht besteht nicht in der Freiheit zu handeln, wie sie
will, nicht in der Herrschaft über ihr eigenes Schicksal, sondern bestenfalls
in der Herrschaft über andere. Im Gegensatz dazu ist die Macht des Vaters,
durch den Phallus kundgetan und in sexueller Handlungsfähigkeit und
Potenz ihren Ausdruck findend, eindeutig die eines sexuellen Subjekts.
Selbst wenn man den Phallus nicht in dieser Weise zum Symbol des
Begehrens macht, erscheint Macht mit dem Vater und mit Männlichkeit
verbunden und damit abweichend von einer primär weiblichen Identifikation.

Die häufige Unterwerfung der Frau bestätigt die alte Vorstellung, daß
Frauen sich in Liebesbeziehungen zu Männern begeben, um ersatzweise
etwas zu erwerben, das sie für sich selbst nicht besitzen. Daß Frauen oft
versuchen, ihre Autonomie dadurch zu bewahren, daß sie intensiven
Umgang mit Männern meiden, deutet auf die gleiche Zwangslage hin: das
Verlangen der Frau steht mit ihrem Gefühl der Handlungsfähigkeit in
Widerspruch und ist statt dessen mit der Phantasie der Unterwerfung unter
eine männliche Idealfigur verknüpft. Diese Suche nach der idealen Liebe, die
Erotisierung der Unterwerfung in Phantasie oder Realität, lenkt zum
Masochismusproblem. Man kann sehen, daß dem Wunsch nach Unterwer-
fung gegenüber einem idealisierten *Anderen* Probleme im Umgang mit
Trennung und Individuation und des Erkennens von Selbst und *Anderem*
zugrunde liegen. Diese Probleme sind, wie ich zeigen werde, eng mit der
Etablierung der frühen Geschlechtsidentität und der Suche nach einem
Identifikationsobjekt verknüpft. Masochismus, besonders die Variante, die
ich hier „ideale Liebe" nenne, kann als entfremdeter Versuch verstanden
werden, das weibliche Verlangen darzustellen – eine Schwierigkeit, die aus

der Spannung entsteht, sich mit einer desexualisierten Mutter zu identifizieren und sich gleichzeitig von ihr zu trennen, und der Spannung zwischen dem Wunsch und der Unfähigkeit, sich mit einem Vater zu identifizieren, der für sexuelles Verlangen steht. Das Mädchen kann keine Repräsentanz des Verlangens erschaffen, die auf der Identifikation mit der Mutter basiert – ein Gefühl sexueller Handlungsfähigkeit, das aktiv und weiblich ist; deshalb wendet es seine idealisierende Liebe einer Männergestalt zu, die das Verlangen verkörpert.

5.1 Der Begriff des weiblichen Masochismus

Werfen wir zunächst einen kurzen Blick auf die Geschichte des Begriffs vom weiblichen Masochismus in der frühen psychoanalytischen Bewegung. Die Verknüpfung von Weiblichkeit und Masochismus stammt einmal von impliziten Vorannahmen, die Freuds Anschauung von der weiblichen Entwicklung prägten (1924 d, 1925 j, 1931 b, 1933 a), zum andern von ausdrücklichen Feststellungen über den weiblichen Masochismus (1919 e, 1924 d). Masochismus „als ein Ausdruck des femininen Wesens" war die Form, die der „Beobachtung am besten zugänglich" war (1924 c, S. 373 f.). Was der Masochismus vom „Wesen" der Frau auszudrücken schien, war am ehesten die passsive sexuelle Haltung, die im Ödipuskomplex dem Vater gegenüber eingenommen wird. Masochistische Phantasien versetzen „die Person [allgemein] in eine für die Weiblichkeit charakteristische Situation... also Kastriertwerden, Koitiertwerden oder Gebären" (a.a.O., S. 374). Freud glaubte, sowohl der weibliche Masochismus als auch der moralische Masochismus seien von einem primären erogenen Masochismus abgeleitet, der als „Schmerzlust" definiert wird. Wie sich herausgestellt hat, ist diese Auffassung von Schmerz und Lust genauso problematisch wie seine Konstruktion der Weiblichkeit.

Auf die Verbreitung dieser Ideen hatten die Arbeiten von Helene Deutsch (1930, 1944/45) und Marie Bonaparte (1953) aber einen sehr viel größeren Einfluß. Beide, besonders aber Helene Deutsch, erläuterten ihre Idee in ausführlichen Arbeiten über die weibliche Sexualität. Deutsch ist bekannt für ihre Ansicht, daß Masochismus, Narzißmus und Passivität die entscheidenden Tendenzen im Sexual- und Seelenleben der Frau seien. Daß diese Vorstellungen allgemein akzeptiert wurden, hing natürlich auch mit den umfangreichen Phantasien von Unterwerfung und Vergewaltigung zusammen, die Deutsch und Bonaparte bei ihren Patientinnen fanden. Das Problem liegt aber – wie Horney (1935) bemerkte - nicht in dieser Feststellung, sondern in der Erklärung des Phänomens, die primär biologisch ist. Deutsch suchte in Freuds Theorie der Weiblichkeit nach einer Erklärung für diese Phantasien; sie fand sie in der Tatsache, daß Frauen keinen Penis haben. Wenn das ödipale Mädchen diesen Umstand erkennt und auf seine aktiv-aggressive sexuelle Haltung verzichtet, die Deutsch mit der Klitoris verband, macht es den entscheidenden Schritt zum Masochismus (Deutsch 1930). Es kann nun nicht umhin, seine Aggression gegen sich selbst zu wenden und seine Sexualität in den Wunsch zu verwandeln, vom Vater im Akt der Penetration kastriert zu werden (a.a.O.). Ohne die Wendung zu einer ganz anderen Anschauung von Weiblichkeit und der psychosexuellen Entwicklung der Frau konnte für diese weitverbreiteten Phantasien keine andere Erklärung auftauchen.

Deutschs Begriff des Masochismus liefert keine Unterscheidung zwischen real empfundenem Schmerz und der symbolischen Bedeutung der Schmerzphantasie; statt desssen extrapolierte sie vom erotischen Phantasieleben, um Aussagen über den Schmerz im wirklichen Leben zu machen. Sie kam (1944/45) zu der Feststellung, die Tatsache, daß Frauen Schmerz, Demütigung und Mangel an Befriedigung hinnehmen, sei nicht nur für ihre sexuellen Beziehungen zu Männern ausschlaggebend, sondern charakterisiere zum großen Teil auch die Mutterschaft und das Gebären. Diese Vorstellungen vom weiblichen Masochismus bezogen ihre Überzeugungskraft v. a. aus 2 Quellen, nämlich aus der herrschenden Anschauung, Weiblichkeit sei durch das Fehlen des Penis bestimmt, und aus dem psychoanalytischen Postulat, eine Beziehungsphantasie (Gebären steht für schmerzhaftes Kastriertwerden) stelle auch einen unbewußten Wunsch dar. Von dieser Idee des Wunsches als dem zugrundeliegenden Motiv von Phantasie *und* Realität zu der Folgerung, Frauen bezögen aus den Schmerzen des Gebärens masochistische Lust, war es dann nur ein kleiner Schritt.

Die Vorstellung von der „Schmerzlust" hat auch Freuds Kritiker irregeführt. In jüngster Zeit hat Paula Caplan (1984) festgestellt, daß Frauen innerhalb der Klinik immer noch als masochistisch angesehen werden. Dies sei jedoch ein falsches Etikett: was Frauen tun, ist nicht lustvoll, sondern lediglich die Ausführung der ihnen zugewiesenen Rolle. Sie weist mit Recht darauf hin, daß die Fähigkeit, Schmerz zu ertragen, mit dem Wunsch verwechselt worden ist, sich ihm auszusetzen und ihn zu genießen. Altruismus und Nähr- und Pflegeverhalten sind mit Selbstverneinung und Martyrium gleichgesetzt worden. Wie auch de Beauvoir (1949) und Blum (1977) behaupten, ist in der klassischen Ansicht vom Masochismus die Bereitschaft, im Dienst eines höheren Ziels Schmerz zu ertragen, nicht von der perversen, selbstzerstörerischen Hingabe an die Mißhandlung unterschieden worden. Caplan geht davon aus, daß sie mit ihrem Einspruch gegen die Vorstellung, daß Frauen Schmerz genießen, auch die postulierte weibliche Neigung zum Masochismus widerlegt habe. Sie müßte aber zusätzlich erklären, warum Frauen die Unterordnung akzeptieren. Caplan schlägt als Begründung lediglich vor, daß das, was „man masochistisch nennt, die Essenz gezüchteter Weiblichkeit in der westlichen Kultur" (Caplan 1984, S. 137) sei. Das bedeutet, daß das soziale Lernen des kulturellen Mythos von Weiblichkeit genüge, um das Vorhandensein masochistischer Phantasien bei Frauen zu erklären – wenn man nicht die

Verknüpfung von Weiblichkeit mit Masochismus lediglich als Folge der grundsätzlich negativeren Sicht des Nähr- und Pflegeverhaltens und des Altruismus der Frauen ansehen will. Weiblichkeit und Mutterschaft, wie wir sie kennen, tragen unleugbar den Stempel der Unterordnung, Selbstverleugnung und Hilflosigkeit (auch wenn die Unterordnung so funktioniert, daß eine gewisse Macht, die die Frau als Mutter ausübt, verborgen oder verleugnet wird). Aber von einem psychoanalytischen Standpunkt aus, der sich für die unbewußte Motivation interessiert, ist es unbefriedigend, die Allgegenwart von Unterwerfungsphantasien im Liebesleben von Frauen nur einer kulturellen Etikettierung oder der Herabsetzung der Frau und ihrer Attribute zuzuschreiben. Die Alternative zu einer derartigen biologischen Erklärung muß nicht nur in der Kultur gesucht werden, sondern in der Interaktion der Kultur mit intrapsychischen Prozessen.

Die Freudsche Theorie vom weiblichen Masochismus spiegelt zweifellos die Ideologie, aber auch etwas von der schmerzlichen Realität wider, die mit weiblichem Opfer und weiblicher Unterordnung verbunden sind. Die Freudsche Feststellung vom Masochismus als einem Diktat des Lustprinzips sagt aus, daß der ursprüngliche Sexualtrieb in Passivität verwandelt wird und die ursprüngliche Aggression sich gegen das Ich kehrt. Beide Phänomene, sowohl die Passivität als auch die Verinnerlichung der Aggression, sind leicht bei Menschen zu beobachten, die ein Verhalten an den Tag legen, das Freud moralischen Masochismus nannte und Horney schlicht unter den Begriff einer masochistischen Persönlichkeit subsumierte. Horney (1933) brachte die Haltungen des erotischen und des moralischen Masochismus mit Phänomenen in Zusammenhang, die wir heute als narzißtische Pathologie beschreiben würden – niedrige Selbstachtung, Schwierigkeit bei Trennungen, Hilflosigkeit und Passivität. Damit bewegte sie sich auf ein umfassenderes Verständnis des Masochismus zu, das sich in den letzten 20 Jahren entwickelte. Horney glaubte, daß die Entdeckung des Mädchens, daß es keinen Penis hat, noch nicht genüge, um zu erklären, warum es das aktive Streben nach sexueller Lust aufgibt. Sie versuchte, die Theorie Helene Deutschs (1930) vom weiblichen Masochismus als weiblicher Natur durch eine Erklärung zu ersetzen, die unmittelbar von soziokulturellen Faktoren (z. B. der weiblichen Abhängigkeit und gehemmter Aggressivität) hergeleitet war. Um die Ursprünge dieses Zustands zu erklären, griff sie auf die biologische Verletzbarkeit der Frau zurück, so den Standpunkt wieder aufnehmend, den sie eigentlich hatte widerlegen wollen. Horneys Vorstellungen von der Kultur sind zweifellos richtig; ihre Beweisführung verrät aber das Fehlen einer alternativen Theorie der weiblichen psychosexuellen Entwicklung und einer Theorie der Selbst- oder Ich-Pathologie, die mit der Interpretation von Freud und Deutsch konkurrieren könnte.

Die Verwirrungen, die aus der Auffassung des erogenen Masochismus als „Schmerzlust" entstanden sind, konnten erst mit der Entwicklung einer Theorie der Objektbeziehungen und des Ichs zerstreut werden. Nunmehr lautete die Frage: Was leistet der Masochismus für das Ich bei seinem

Kampf, sich durch Individuation vom primären Objekt zu lösen (Menaker 1973)? Der Begriff des erogenen Masochismus hatte auf ein höchst bedeutsames Phänomen hingewiesen – nämlich den offenbar faszinierenden Widerspruch, daß Menschen aus Schmerz Lust gewinnen können. Es ist nicht meine Absicht, Freuds Vorstellungen von der Erotisierung negativer Reize und der Verinnerlichung von Aggression zu widersprechen. Die Idee einer „Schmerzlust" ist aber insofern irreführend, als das Entscheidende beim Masochismus nicht das Erleben von Schmerz ist, sondern das der Unterwerfung. An der Unterwerfung kann erotisierter Schmerz beteiligt sein, aber häufiger ist Schmerz ein Symbol oder eine Metapher für Unterwerfung. Der Schmerz selbst ist nicht mit Unterwerfung verbunden, sondern mit erotischer Raserei oder einem physischen Verhalten eindeutig triumphierender Art – masochistisch ist er nur, wenn er als Beweis der Unterwerfung gewollt wird (de Beauvoir 1949). Für den berühmten Anhänger des Masochismus, nämlich Masoch, konnte man zeigen, daß der Genuß des Schmerzes nur im Rahmen der Unterwerfung gegenüber einer Frau möglich war, die er vergötterte (Smirnoff 1969). Die Phantasie von Schmerzlust hat weniger mit dem Genuß von Schmerz zu tun als mit dem Genuß, sich zu unterwerfen, mit der Vernichtung oder dem Verlust des Willens unter Bedingungen, die gleichzeitig Kontrolle und Sicherheit versprechen.

Der Wunsch nach Unterwerfung – nach Befreiung vom Selbst, Vernichtung und Verlust des Selbst – führt uns zum Ich-Problem des Masochismus: dem Problem, Trennung vom Objekt, Unabhängigkeit des Selbst auszuhalten. Die symbolische Bedeutung des Schmerzes ist Vergewaltigung, ein Zerbrechen der Ich-Grenzen; das Ziel ist der Verlust des Selbsts durch Unterwerfung gegenüber einem idealisierten *Anderen* (Benjamin 1983). Wieviel konkreten Schmerz ein Mensch sucht, hängt von seiner Symbolisierungsfähigkeit ab, ob er zum Somatisieren, zum Agieren, zum Phantasieren oder zum Sublimieren symbolischer Bedeutungen neigt. Aber ohne die beherrschende Erfahrung der Macht des Meisters, ohne die Vergötterung und das Ritual, ohne das Gefühl der Unterwerfung unter eine höhere Autorität oder einen höheren Zweck verliert das Zufügen von Schmerz seine Bedeutung und wird unerträglich oder ekelhaft (Smirnoff 1969; Khan 1979). Wenn sich die Analyse des Masochismus vom Begriff der Schmerzlust auf die Unterwerfung hin verschiebt, tritt das Ich oder das Selbst in den Mittelpunkt des Interesses. Der zeitgenössische Diskurs über den Masochismus betont deshalb Probleme wie Objektverlust und Trennung (Stoller 1975, 1979; Khan 1979), die Idealisierung, die aus der Unfähigkeit entspringt, sich vom primären Objekt zu trennen (Menaker 1973) und den Versuch, die Selbstauflösung abzuwehren und die fehlende Selbststruktur durch Verschmelzung mit einem Idealobjekt zu erringen (Kohut 1971; Stolorow u. Lachmann 1980). Die Betrachtung des Masochismus unter einer solchen Perspektive ist für jede Reinterpretation der Verknüpfung von Weiblichkeit mit Masochismus unerläßlich. Sie ermöglicht uns auch eine

Reformulierung des Problems im Zusammenhang mit der Frage, welche Schicksale der weiblichen Entwicklung Frauen dazu prädisponieren, sich Unterwerfungsbeziehungen auszusuchen.

Die Frage „Was ist das Verlangen der Frau und wie wird es zum Wunsch nach Unterwerfung?" gilt immer noch und ist immer noch provozierend, auch wenn wir mit Freuds Antwort nicht zufrieden sind. Freud (1924 c) verknüpfte sowohl den moralischen als auch den weiblichen Masochismus mit dem Wunsch, vom Vater geschlagen zu werden, der seinerseits anstelle des abgewehrten Wunsches steht, eine passive sexuelle Beziehung zu ihm zu haben. Er argumentierte (1919 e) überzeugend, daß die Schuldgefühle, die das kleine Mädchen darüber empfindet, daß es die Geliebte des Vaters sein möchte, und der Wunsch selbst („Vater liebt nur mich") durch die Regression auf eine analsadistische, bestrafende Form der Erotik befriedigt würden. Aber indem Freud so das Geheimnis des Masochismus enträtselte, implizierte er gleichzeitig, daß Unterwerfung und Passivität nicht die wahre ödipale Haltung des kleinen Mädchens sind, sondern ein Produkt von Schuldgefühlen. Warum aber sollte das kleine Mädchen mehr zu Schuldgefühlen und zur Verleugnung ödipaler Wünsche, zu Passivität und Bestrafung neigen als der kleine Junge? Warum sollte die Phantasie, die im kleinen Mädchen aufsteigt, das Schlagen eines Jungen zum Inhalt haben – eine Phantasie, die Freud (1919 e) dem Umstand zuschrieb, daß der „Männlichkeitskomplex" des Mädchens durch die Regression intensiviert werde? Freuds Analyse fordert dazu heraus, die stärkeren Schuldgefühle (also Ängste der Frau in bezug auf ihre aktive Sexualität) zu erklären und ihren Versuch, diesem Dilemma durch eine männliche Ausrichtung zu entgehen, ohne dies einfach ihrem Penismangel zuzuschreiben, dem Emblem und dem Anspruch des sexuellen Verlangens. Die Perversion der sexuellen Handlungsfähigkeit der Frau, die Entfremdung des sexuellen Verlangens, die als Masochismus in Erscheinung tritt, bedarf immer noch einer Erklärung.

5.2 Der Vater als der Befreier der Wiederannäherungsphase

Wenn eine omnipotente Mutter in bezug auf ihre Tochter primäre Liebe und primäre Identifizierung fortbestehen läßt, ... wird der Vater eines Mädchens wahrscheinlich zum Symbol der Freiheit von dieser Abhängigkeit und Verschmelzung [Chodorow 1978, S. 121].

Paradoxerweise scheint der Vater sowohl als Liebesobjekt wie auch als Rivale einen viel wichtigeren Platz im psychosexuellen Leben des Knaben einzunehmen, als das beim Mädchen der Fall ist [Chasseguet-Smirgel 1964, S. 135].

Der Schlüssel zu einer Reinterpretation des Masochismus als weiblicher Erfahrung muß in den Schlußfolgerungen gesucht werden, die sich aus der Theorie der geschlechtlichen Kernidentität (Stoller 1968) ergeben. Nancy Chodorows Buch *Das Erbe der Mütter* (1978) unternimmt die wohl weitreichendste Analyse, wie die Tatsache, daß Kinder beiderlei Geschlechts ihre erste Versorgung durch eine Frau erfahren und in ihr das erste Objekt finden, auch das Muster von Identifizierungen und Objektbeziehungen beeinflußt, das individuelle Identität und Geschlechtsidentität entstehen läßt. Ich glaube, daß die Muster der Geschlechtsidentifikation und der Trennung und Individuation, die aus der weiblichen Elternschaft entstehen, auch eine weibliche Neigung zum Masochismus erzeugen. Masochismus wird dabei in seiner Dimension der Unterwerfung gegenüber einem idealisierten *Anderen* – der idealen Liebe – betrachtet. Diese ideale Liebe hat ihre Wurzeln in der Beziehung zum Vater während der Phase der Trennung und Individuation. Während ihr Auftreten in dieser Phase normal ist, kann die weit verbreitete Frustration bei Mädchen zu einer Umwandlung führen, bei der die Suche der erwachsenen Frau nach idealer Liebe zum Grundinhalt masochistischer Phantasien wird.

Die Rolle des Vaters als Mittel der Trennung von der präödipalen Mutter führte dazu, auch den Penisneid zu reinterpretieren. Die französischen Analytikerinnen Torok (1964) und Chasseguet-Smirgel (1964) ebenso wie in USA Dinnerstein (1976) und Chodorow (1978) betonen die Macht der präödipalen Mutter und der frühen Objektbeziehungen; sie stimmen überein, daß die Macht des Vaters und seines Phallus aus dem Rollenverhalten herrührt, die sie bei der Ablösung von der Mutter spielen. Der Phallus steht für Unterschied und Trennung; er wird für Kinder beiderlei Geschlechts zum begehrten Objekt, das sie besitzen möchten, um diese Macht zu haben. Die Bedeutung des Penis als Symbol der Auflehnung und Trennung leitet sich also vom Ringen des Kindes ab, sich von der ursprünglichen mütterlichen Macht zu lösen.

Die psychischen Imperative des frühen Narzißmus und die Konflikte um Trennung und Individuation verleihen dem Vater und dem Phallus idealisierte Eigenschaften. Der Vater, nicht der Phallus, ist der Ausgangspunkt – aber damit ist der Vater gemeint, wie er innerlich repräsentiert und durch die Psyche des Kindes (wie durch eine Linse) gebrochen ist. Die Ursprünge der idealen Liebe und das Problem ihres sexuellen Verlangens liegen im Verhältnis zu diesem Vater. Die unbewußten Konflikte, durch die der Phallus seine Bedeutsamkeit bekommt, beginnen nicht mit den ödipalen Schwierigkeiten und einem Rückzug aus der weiblichen Stellung [dem, was Horney (1926) „die Flucht aus der Weiblichkeit" nannte]. Was hier betont wird, ist die Entwicklung des Ichs (oder des Selbst), und der Konflikt ist der präödipale Konflikt der Trennung.

Bevor es eine Theorie der präödipalen Ich-Entwicklung gab, wurde die Diskussion der Verbindung des Vaters mit dem Phallus in die Formel der ödipalen Phase und den Wechsel des Liebesobjekts beim Mädchen gekleidet. Mittlerweile ist klar geworden, daß die Probleme der Trennung und der Geschlechtsidentifizierung im 2. Lebensjahr beginnen, und daß das frühe narzißtische Interesse am Penis im Kontext der Konflikte dieser Phase betrachtet werden muß. Obwohl die psychoanalytische Theorie hier hinter der beobachtenden Forschung hinterherhinkt, die darauf verweist, daß

Väter und Säuglinge eine ganz ähnliche Bindung aneinander entwickeln wie Mütter und Säuglinge (Spieler 1984), hat sie die Vorstellung akzeptiert, daß der Vater sein Erscheinen auf dem Schauplatz der männlichen Geschlechtsentwicklung nicht bis zur ödipalen Phase aufschiebt. Wahrscheinlich werden die Unterschiede zwischen Vater und Mutter vom Kind in Wirklichkeit zuerst auf dem Höhepunkt von Trennung und Individuation, der sog. Wiederannäherungsphase, formuliert (Abelin 1980). Zu diesem Zeitpunkt vermischt sich der Kampf um die Differenzierung schicksalhaft mit dem der Geschlechtsidentität. Die Erkenntnis der Geschlechtsidentität – der eigenen und der der Eltern – entfaltet sich im Alter von 18 bis 36 Monaten. Das bedeutet, daß die Erkenntnis der Geschlechtsidentität schicksalhaft mit der Wiederannäherungsphase zusammenfällt.

In der Wiederannäherungsphase intensiviert sich die Erfahrung des Kindes von seiner getrennten Existenz (Mahler, Pine u. Bergmann 1975). Das Kind, das nun zum ersten Mal erkennt, daß die Hilfe der Mutter nicht seiner magischen Herrschaft oder Omnipotenz untersteht, wird diese Abhängigkeit verschmähen. Es entsteht eine erhebliche Spannung zwischen dem Wunsch, unabhängig zu sein, und dem Wunsch, die magische Abhängigkeit mit dem primären Elternteil wiederherzustellen. Trennung und Individuation kann man auch als den großen Sündenfall verstehen, wo der Konflikt zwischen Selbstbehauptung und Trennungsangst eine essentielle Spannung erzeugt. In der Phase der Wiederannäherung erlebt das Kind seine eigene Aktivität und seinen eigenen Willen als Kontrapunkt zu einem mächtigeren Elternteil und zu seiner eigenen Hilflosigkeit. Die Selbstachtung des Kindes kann nun durch die Erkenntnis Schaden leiden, daß es die Mutter nicht beherrscht und daß vieles von dem, was die Mutter tut, keineswegs eine Erweiterung seiner eigenen Macht ist. Die Wiederherstellung der Selbstachtung muß durch die Bestätigung der Mutter erfolgen, daß das Kind in der realen Welt reale Dinge tun kann. So entsteht das Bedürfnis, gerade von dem Menschen als unabhängig anerkannt zu werden, von dem man einmal abhängig war. Dieses paradoxe Bedürfnis nach Anerkennung durch den *Anderen* ist eine Ursache des starken Konflikts und der starken Spannung dieses Lebensabschnitts; es ist mit der narzißtischen Verwundbarkeit verbunden, die eigene Abhängigkeit zu erkennen.

Der Kampf um Anerkennung ist jedoch nicht nur eine Frage der Kompensation für verlorene Zauberkraft. Das Kind gewinnt auch etwas Neues; es wird sich auf neue Weise seines Willens und seiner Handlungsfähigkeit bewußt. Wenn das Kind seinen Willen, sein Begehren erlebt, geht es auch einen Schritt in die Richtung, das Subjekt dieses Begehrens zu sein. Das Kind will nun nicht mehr einfache Befriedigung von Bedürfnissen. Vielmehr liegt in jedem dieser Willensakte das Verlangen, als Subjekt anerkannt zu werden – über alles, was jeweils gewollt wird, hinaus will das Kind die Anerkennung seines Willens, seines Verlangens, seiner Handlungsfähigkeit.[1] Die Wiederannäherungsphase leitet den ersten in einer langen Reihe von Kämpfen ein, ein solches Gefühl der eigenen Handlungsfähigkeit zu erlangen, in seinem eigenen Verlangen anerkannt zu werden.

Genau in der Wiederannäherungsphase kommt es aber auch zum Bewußtwerden der Geschlechtsidentität. Der Unterschied zwischen Mutter und Vater beginnt sich symbolisch in der Psyche zu repräsentieren, wo er mit dem lebenswichtigen Konflikt zwischen Trennung und Verbundenheit, Unabhängigkeit und Abhängigkeit verschmilzt. Der Kampf um Anerkennung verbindet sich mit diesem Moment der Unterscheidung zwischen Mutter und Vater; die Unterscheidung zwischen dem Selbst und dem *Anderen*, männlich und weiblich, beginnen sich strukturell zu verflechten. Dieses Zusammentreffen kann als Wiederannäherungskrise bezeichnet werden. Es ist ein Entwicklungszeitpunkt, der theoretisch an Bedeutung mit dem Ödipuskomplex konkurriert. In der Wiederannäherungskrise beginnt der Vater, die Rolle eines Symbols der Freiheit, der Trennung und des Verlangens einzunehmen. Hier beginnt die Beziehung des Kindes zum Vater, die ich angeführt habe, um die Macht des Phallus zu erklären.

Gleichgültig, wessen Theorie man liest, der Vater ist immer der Weg in die Welt. Es besteht eine weitgehende Übereinstimmung, daß der Vater der „Ritter in schimmernder Rüstung" ist (Abelin 1980). Er erscheint als mächtig, aber nicht als eine alles beherrschende, alles gebende, gänzlich vollkommene Einheit (Dinnerstein 1976). Die Asymmetrie der Rolle des Vaters für Jungen und Mädchen, der Umstand, daß Mädchen den Vater bei ihrer Trennung von der Mutter nicht genauso leicht gebrauchen können wie der kleine Junge, ist in der psychoanalytischen Literatur immer wieder als unvermeidlich hingestellt worden; wichtige Ausnahmen machen nur einige Analytikerinnen (Clower 1977; Lax 1977; Bernstein 1983; Levenson 1984; Spieler 1984). Daß kleine Mädchen in der Wiederannäherungskrise depressiver werden und mehr von ihrer handelnden Begeisterung verlieren als Jungen, wird als natürlicher Vorgang verzeichnet (Mahler et al. 1975). Auch die Familienorganisation und die Objektbeziehungen, die dafür verantwortlich sind, werden einfach als selbstverständlich angenommen. Aber wenn wir erst einmal ein System in Frage stellen, in dem Frauen immer der primäre Elternteil sind, können wir auch diese angebliche Tatsache der weiblichen Entwicklung untersuchen. Wir können uns dann auch darüber wundern, daß Jungen der Niedergeschlagenheit der Wiederannäherungsphase entgehen und das Gefühl der Hilflosigkeit verleugnen, das mit der Erkenntnis des Getrenntseins einhergeht. Laut Mahler et al. (1975) gelingt dem Jungen diese Verleugnung kraft seiner stärker ausgeprägten Motorik, der Schwungkraft seiner Körper-Ich-Gefühle, seiner Lust an aktiv-aggressiven Strebungen. Was erklärt diesen Unterschied?

Ernest Abelin (1980) behauptet, daß der Vater in der Wiederannäherungsphase für den Jungen eher eine befreiende Rolle spielt als für das Mädchen. Der Vater war schon in der Übungsphase auf den „wilden Überschwang" seines kleinen Jungen eingestimmt. Er bleibt aufregend, „eine stabile Insel der übenden Realität", während die Muter „von Gefühlen der intensiven Sehnsucht und Frustration beeinträchtigt wird" (S. 155). Im Grunde bietet die Identifizierung mit dem Vater dem kleinen Jungen das erste Modell seines sexuellen Verlangens, „die erste symbolische Darstellung des Objekts und des abgetrennten Selbst, das sich verzweifelt nach diesem Objekt sehnt" (S. 154). Der Junge stellt sich nun vor, im Verhältnis zur Mutter der Vater, das Subjekt des Verlangens, zu *sein*. (Während Abelin dem Wunsch „Ich will Mammi" zentrale Bedeutung zuschreibt, vermute ich, daß die Existenz des Vaters und seine Repräsentation als Subjekt, das begehrt und in der Welt handelt, eine darüber hinausgehende Bedeutung hat.)

Abelin (1980) weist darauf hin, daß die Verschiebung des kindlichen Interesses auf das Ziel, Subjekt des Begehrens zu sein, mit dem Übergang vom sensomotorischen Stadium zu einer symbolischen Wahrnehmung der Welt zusammenfällt. Vorher hat das sensomotorische Kind Verlangen nur als Eigenschaft des Objekts erlebt („es ist begehrenswert"). Jetzt kann das Kind Subjekt sein, das seines Wunsches gewahr ist („ich begehre es") – daher die Bedeutung des Vaters als *Subjekt des Begehrens*. Dieses *andere* Subjekt ist nicht das Objekt der Befriedigung, der Lieferant dessen, was das Kind braucht, sondern der *Andere*, der Anerkennung gibt. Das bedeutet, daß der auftretende Vater eine Art *Deus ex machina* ist, der die schwierige Lage der Wiederannäherungsphase löst. Anstatt die Bestätigung seiner Unabhängigkeit von der Frau zu bekommen, von der das Kind noch abhängig ist, kann es sich an den Vater wenden, um sie von ihm zu erhalten. Der Vater ist nicht nur ein Mittel, um die Trennung zu ermöglichen, sondern auch um Konflikte zu vermeiden, Hilflosigkeit zu verleugnen und den Verlust der Grandiosität zu verhindern, der sonst für die Übungsphase charakteristisch ist. In der Vorstellung des Jungen ist der magische Vater, mit dem er sich identifiziert, immer noch so omnipotent, wie er ihn gern hätte. Die Anerkennung durch Identifizierung wird nun durch das konflikthaftere Bedürfnis ersetzt, von dem primären Elternteil anerkannt zu werden, von dem sich der Junge abhängig fühlt. Der Junge kann die Phantasie haben, der Mutter gegenüber der Vater zu sein anstatt ihr hilfloses Baby. Der Vater der Wiederannäherungsphase wird als das Ich-Ideal der Trennung internalisiert, und wie das ödipale Über-Ich kann man ihn als eine psychische Instanz sehen, die eine spezifische Lösung des Wiederannäherungskonflikts verkörpert.

Das Ergebnis dieser Analyse ist, daß Trennung und Individuation für Jungen eine Geschlechterfrage werden: die Probleme der Anerkennung und der Unabhängigkeit werden im Rahmen der Geschlechtszugehörigkeit organisiert. Die Herausbildung der männlichen Geschlechtszugehörigkeit dreht sich um eine allmähliche Ersetzung einer ursprünglichen, primären Identifizierung mit der Mutter durch eine neue Identifizierung mit dem Vater. Diese Desidentifizierung von der Mutter (Greenson 1968) wird für das Schicksal der Männlichkeit des Jungen als entscheidend angesehen (Stoller 1975). Aber die Umlenkung auf den Vater ist von den Wiederannäherungsproblemen durchzogen, gleichzeitig auch von der Mutter unabhängig sein zu wollen und von ihr als unabhängig anerkannt zu werden – sie verlassen zu wollen und dennoch zu ihr zurückzukehren. Einerseits ermöglicht das Annehmen der männlichen Identifizierung eine defensive Lösung des Paradoxons der Wiederannäherungsphase; andererseits treibt die Ambivalenz dieser Wiederannäherung das Kind auf den Vater zu und formt das Wesen seiner Männlichkeit. Diese wechselseitige Interaktion zwischen der Ausbildung der Geschlechtszugehörigkeit und der Identität im Kontext der Vater-Sohn-Beziehung beinhaltet auch die Kernerfahrung, das Subjekt des Verlangens zu sein. Es zeigt sich, daß nicht der Phallus oder der Vater für die Männlichkeit entscheidend ist, sondern die innere Repräsentanz einer neuen Beziehung zur Mutter, die die primäre Identifizierung mit ihr aufhebt: Getrenntheit scheint das Wesentliche der männlichen Identität zu sein (Keller 1978; Chodorow 1979).

Auffällig an der psychoanalytischen Theorie ist auch, daß die Beziehung des Mädchens zum Vater – im Gegensatz zu der des Jungen – mehr vom Phallus abhängt als von der Identifizierung mit dem Vater. Wenn wir uns der Geschichte des kleinen Mädchens zuwenden, finden wir keine zusammenhängende Integration der ineinandergreifenden Elemente der Geschlechtszugehörigkeit: der Identifizierung mit Mutter und Vater. Man hat der Frage, wie erfolgreich der Vater sich dem Mädchen zur Identifizierung anbietet und wie sie von der Mutter bestätigt und vom Mädchen integriert wird, in der Psychoanalyse bis jetzt keine strukturelle Bedeutung beigemessen. Allzuoft hören wir immer noch das Argument, daß die Vorstellung, keinen Penis zu haben, zur Bestimmung der Identität genüge. Wahrscheinlich finden wir eher eine Leugnung des Umstands, daß der Vater für die Identität des Mädchens genauso wichtig ist (Abelin 1980) oder aber die Versicherung, das Mädchen sei am Penis wirklich interessiert (Roiphe u. Galenson 1981). Im Hinblick auf die Wiederannäherungskrise kann man dem Wunsch des Mädchens nach einem Penis eine präzisere Bedeutung geben. Mädchen wünschen sich den Penis aus dem gleichen Grund wie auch die Jungen – weil sie sich nämlich um Individuation bemühen. Sie suchen das, was kleine Jungen an ihren Vätern erkennen und was sie durch Identifizierung in sich selbst bekräftigen möchten – die Anerkennung ihres eigenen Begehrens. Aber die Mädchen haben Konflikte mit diesem Wunsch, sich aus der Bindung an die Mutter loszureißen, die oft größer sind als die des Jungen, weil zwischen Mutter und Tochter ein starkes narzißtisches Band besteht, – und sie suchen nach einem weiteren *Objekt*, mit dem sie sich identifizieren können. Dieses andere Objekt ist der Vater, und sein Anderssein wird garantiert und symbolisiert durch sein anderes Genitale.

Die Wiederannäherungskrise ist nicht einfach eine frühere Version des Ödipuskomplexes. Zu der frühen Identifizierung mit dem Vater gehört natürlich auch das Moment des aktiven Begehrens der Mutter, das Freud ursprünglich betont hat. Aber die Bedeutung des Phallus und des Begehrens geht hier, insbesondere für das Mädchen, sehr viel mehr in die Richtung der

Trennung als in die der Wiedervereinigung mit der Mutter. Das heißt nicht, daß die Liebe des Mädchens zu seiner Mutter nicht intensiv ist, sondern daß sie noch nicht mit dem Phallus verknüpft wird. Einen Penis zu haben, mit dem man um die Mutter werben kann, ist eine spätere, genitale, ödipale Vorstellung. In dieser Phase werden die Vorstellungsaspekte des Phallus durch die analen Tendenzen geformt; sie haben mehr mit dem Unterschied zwischen Vater und Mutter, mit Handlungsfähigkeit und Unabhängigkeit zu tun (Torok 1964). Das Mädchen muß also das, was *nicht das seine* ist, zum Vertreter seines Verlangens machen. Kann das Mädchen durch eine positivere Identifizierung mit dem Vater diese Schwierigkeit lösen und das Gefühl bekommen, daß Begehren und Handlungsfähigkeit wirklich seine eigenen sind?

Allzuoft können oder dürfen kleine Mädchen ihre Verbindung mit dem Vater in ihren defensiven ebenso wie in ihren konstruktiven Aspekten nicht dazu benutzen, um ihre Hilflosigkeit zu verleugnen und sich ein Gefühl getrennten Selbstseins aufzubauen. Die depressive Reaktion auf die Wiederannäherungskrise kann man dem Umstand zuschreiben, daß dem Mädchen die manische Abwehr des Jungen fehlt. Weil Mädchen sich der Geschlechts- und Generationsunterschiede deutlicher bewußt sind – und weil sie sie weniger verleugnen können, als dies Jungen tun –, sind Mädchen auch unmittelbarer mit der Schwierigkeit, sich von der Mutter zu trennen, und mit ihrer eigenen Hilflosigkeit konfrontiert. Man kann dieses Schwinden der frühen Omnipotenz auch positiver sehen, als etwas, das die Fähigkeit des Ichs zu mitmenschlichen Beziehungen und zur Sublimierung ausmacht (Roiphe u. Galenson 1981; Gilligan 1982) und die zukünftige Fähigkeit zum Muttersein hervorbringt (Abelin 1980). Wir wissen aber auch, daß viele Mädchen ihr Leben lang die Bewunderung für Menschen des anderen Geschlechts beibehalten, die mit einem intakten Gefühl der Omnipotenz davonkommen; sie drücken diese Bewunderung in Beziehungen offenkundiger oder unbewußter Unterwerfung aus. Ihr Aufwachsen bringt es mit sich, daß sie den Mann idealisieren, der das hat, was sie niemals besitzen können, das Emblem von Macht und Begehren. Sie stellen den *Anderen* an den Ort ihres eigenen Ich-Ideals und suchen, ihn sich sexuell einzuverleiben, anstatt danach zu streben, ihr eigenes Ideal zu erlangen.

Ein großer Teil dieses Problems in der Entwicklung von Mädchen muß den Vätern selbst angelastet werden. Väter ziehen oft ihre männlichen Babys vor und stellen eine stärkere, auf Identifizierung basierende Bindung zu ihnen her, die eine größere gegenseitige Anhänglichkeit und gegenseitige Identifizierung im Kleinkindalter zur Folge hat (Lamb 1977; Gunsberg 1982). Wenn der Vater für das Mädchen nicht verfügbar ist, kann man annehmen, daß Hilflosigkeit und Depression des Mädchens zunehmen, so daß sein Streben nach Unabhängigkeit und seine Wut, daß ihm die Anerkennung versagt wird, sich nach innen kehren. Galenson u. Roiphe (1982) charakterisieren den Standpunkt eines kleinen Mädchens so, daß es sich nach „der fehlenden Erregung und Erotik ihrer Beziehung sehnte, die früher ganz mit dem Vater verbunden war und nun als etwas identifiziert wird, das im besonderen von seinem Phallus ausging" (S. 162). Diese Umwandlung einer zunächst allgemeinen Erregung oder eines Wunsches in das besondere Symbol des Phallus hat ihren Anfang in der Wiederannäherungsphase, besonders dann, wenn der Vater selbst „abwesend" ist.

Lange bevor sich beim Kind die phallische Repräsentanz bildet, wird der Vater in seinem allgemeinen motorischen und affektiven Verhalten als der erregende, stimulierende, getrennte *Andere* erlebt – sein Spiel ist aktiver (Lamb 1977), stimulierender, verschieden und neuartig (Yogman 1982), der Differenzierung förderlich (Kestenberg, Marcus, Sossin u. Stevenson 1982; Gunsberg 1982). Der Vater ist von Anfang an der Vertreter von Erregung, Außen, Anderssein. Der Wunsch der Wiederannäherungsphase, wie der Vater zu sein, der identifikatorische Impuls, ist nicht nur eine Abwehr, ein alternativer Weg zur Anerkennung, der die ambivalent besetzte Mutter umgeht. Er wurzelt auch in einem innerlichen Wunsch zu diesem Zeitpunkt der Entwicklung, sich das Begehren zu eigen zu machen, es als legitim und aus dem eigenen Selbst entspringend zu erleben. Jetzt wird die Erregung nicht mehr einfach als Eigenschaft des Objekts empfunden, sondern als das eigene *innere* Verlangen (Abelin 1980). Das Verlangen wird nun als etwas erlebt, das von innen aufsteigt; es ist eine Eigenschaft des eigenen Wollens. Das Kind sucht zu dieser Zeit bei beiden Eltern Anerkennung, aber der aufregende Vater ist derjenige, der im Kind das erkennt, was das Kind in ihm erkennt: er erkennt das Kind als seines*gleichen*. Die vielfachen Funktionen des Wiederannäherungskomplexes führen alle dazu, daß der Vater die Symbolfigur der Anerkennung wird – das Bedürfnis, sich abzulösen, das Bedürfnis, Ambivalenz zu vermeiden, und das Bedürfnis, ein Subjekt zu finden, das Verlangen und Erregung repräsentiert.

Was ich hier betone, ist die Rolle der Identifizierung in der Liebe und im Verlangen. Es ist eine Art *identifikatorischer Liebe*, die dieser Entwicklungsphase eigen ist. Identifizierung – „so sein wie" – ist der wichtigste Modus, in dem ein Kind in dieser Phase die Subjektivität eines anderen Menschen anerkennen kann, wie man aus der bekannten Tatsache der Imitation ersieht. Die erste Liebe zu einem anderen als Subjekt (als Handelnder und nicht als Quelle der Liebe) ist diese Art identifikatorischer Liebe. Während dieser entscheidenden Zeit des Kampfes um Unabhängigkeit tritt für das männliche Kind also eine besondere Art der Identifikationsbeziehung ein. Das innere Verlangen und der Wille werden konsolidiert, das Bedürfnis nach Anerkennung wird auf das väterliche Objekt fixiert und die männliche Identität wird durch Trennung hergestellt. Identifikatorische Liebe ist die Matrix, in der diese Entwicklung geschieht. Die starke gegenseitige Anziehung zwischen Vater und Sohn ermöglicht Anerkennung und Identifizierung, eine spezielle erotische Beziehung. Die „Liebesgeschichte mit der Welt", die der Knabe in der Übungsphase erlebt, verwandelt sich in eine homoerotische Liebesgeschichte mit dem Vater, der die Welt repräsentiert. Der Junge ist in sein Ideal verliebt. Diese homoerotische, identifikatorische Liebe ist das Mittel des Jungen, seine männliche Identität zu etablieren. Durch diese ideale Liebe beginnt er sich als Subjekt des Verlangens zu sehen; in dieser Beziehung der Anerkennung findet er sein Selbstgefühl.

Ideale Liebe kann unter Bezug auf diese identifikatorische, homoerotische Liebe zwischen Sohn im Kleinkindalter und Vater verstanden werden.[2] Wir können die Ursprünge der idealen Liebe in jener Zeit lokalisieren, in der das Kind anfängt, sich seiner Hilflosigkeit zu stellen, sich aber noch mit dem Glauben an die elterliche Omnipotenz trösten kann (Mahler et al. 1975). Der kleine Junge sucht in dieser elterlichen Macht die Macht des eigenen Verlangens zu erkennen; in seinem innerlich konstruierten Ideal arbeitet er sie weiter aus. Diese Liebe ist – strukturell gesehen – nicht nur für die Männlichkeit von Bedeutung, sondern auch für die Suche nach einem Idealbild des eigenen Selbst. Ich komme deshalb zu dem Schluß, daß diese Liebesgeschichte zwischen Vater und Sohn das Modell für die ideale Liebe ist und daß der Wiederannäherungskonflikt zwischen Unabhängigkeit und Hilflosigkeit jener Modellkonflikt ist, den die ideale Liebe gewöhnlich lösen soll, und daß der Wunsch oder das Verlangen, die der idealen Liebe zugrundeliegen, der Wunsch nach Anerkennung ist.

5.3 Die ideale Liebe

Soweit ich mich zurückerinnern kann, haben alle Dummheiten und alle guten Handlungen, die ich habe begehen können, denselben Grund, den Drang nach einer vollkommenen und idealen Liebe, in der ich mich ganz hingebe, mein ganzes Wesen einem anderen Wesen... anvertrauen kann... Wie sehr beneide ich die ideale Liebe Maria Magdalenas zu Jesus: Die leidenschaftliche Schülerin eines angebeteten Meisters zu sein, der es verdient: für sein Idol zu leben und zu sterben... (Janets Patientin, zit. in Beauvoir 1949; dt. 1968, S. 610).

Die Analyse der Wurzeln der idealen Liebe in der Identifizierung mit dem Wiederannäherungsvater der Trennung, die ich hier vertrete, bietet die Möglichkeit, auch Theorien von Masochismus und Weiblichkeit zu rekonstruieren und neu zu integrieren. Der Umstand, daß man die Bedeutung der idealen Liebe in der Vater-Tochter-Bindung und ihre Parallelität mit vielen Aspekten der Vater-Sohn-Bindung nicht richtig eingeschätzt hat, hat zu einer Reihe psychoanalytischer Mißverständnisse über die Frau geführt. Die frühe psychische Struktur des Jungen leitet sich, so wissen wir, von Bindungen an Mutter und Vater ab; die psychische Struktur des Mädchens, ob sie nun von der Identifizierung mit der Mutter herrührt oder durch Penisneid organisiert wird, wird als auffallend losgelöst vom Vater angesehen. Die gegenwärtige Betonung der Identifizierung mit der Mutter beachtet aber offensichtlich nicht das Problem, daß die Mutter nicht als sexuelles Subjekt artikuliert wird, und auch nicht die bedeutende Rolle, die

der Vater als Identifikationsfigur spielt. In Freuds Verständnis der Frau
erschien die Lücke in der Subjektivität des Mädchens, die der fehlende Vater
hinterließ, als „der Mangel", und die Theorie vom Penisneid entstand, um
sie zu füllen. Man kam zu dem Schluß, der Männlichkeitskomplex des
Mädchens sei ein Hindernis für die Weiblichkeit und weibliche sexuelle
Selbstachtung könne aus der passiven ödipalen Beziehung zum Vater
bezogen werden. In neuerer Zeit hat Blum (1977) die Ansicht vertreten,
man solle den Penisneid als Organisator nicht der Weiblichkeit, sondern
„weiblicher Maskulinität" ansehen, die tatsächlich die Entwicklung der
Weiblichkeit behindern könne. Hier wird die Gefahr deutlich, die darin
liegt, die Vorstellung von der primären weiblichen Identität zu akzeptieren
und die Bisexualität abzulehnen. Ich glaube vielmehr, daß dieser Neid ein
Verlangen nach wichtigen Elementen des Selbstseins darstellt, die mit
Männlichkeit verknüpft sind: Unabhängigkeit, Selbstachtung, Erregung
und Handlungsfähigkeit. Wünschenswert wäre statt dessen die Verbindung
beider Elemente durch die Integration mütterlicher und väterlicher Identifizierungen von seiten des Mädchens. Es ist das Versagen dieser Integration
und der begleitende Rückzug von Selbständigkeit und Handlungsfähigkeit,
besonders auch der sexuellen Handlungsfähigkeit, der Konflikte mit der
Weiblichkeit und letzten Endes den Masochismus fördert.

Unsere Theorie hat noch eine Lücke: die vollständige Schilderung des
Scheiterns dieser Integration. „In dieser Kultur mag insofern ein grundlegender Widerspruch zwischen sexueller Befreiung und persönlicher Befreiung (oder Autonomie) der Frauen bestehen, als die Sexualität, wie sie
konstruiert wurde, Tendenzen der Abhängigkeit oder des Masochismus
ausdrückte", schrieb Person (1980, S. 59 f.). Die psychischen Anfänge dieses
Widerspruchs kann man in den Kämpfen des Mädchens in der Wiederannäherungsphase sehen – Kämpfe, die durch die gegenwärtige Verleugnung der
Subjektivität der Frau noch erheblich kompliziert werden. Man kann sehen,
wie die Vereitelung oder das Fehlen einer idealen identifikatorischen
Liebesbeziehung zu einem Menschen, der Begehren und Erregung repräsentiert, das Gefühl jedes Kindes für seine Handlungsfähigkeit schädigt. Aber
selbst wenn in der frühen Vater-Tochter-Bindung eine erfolgreiche Identifizierung mit dem Vater stattgefunden hat, kann ein Konflikt zwischen der
präödipalen und der ödipalen Liebe zum Vater entstehen, d. h. zwischen der
Identifizierung und der Objektliebe zu ihm. Sobald die genitale Liebe auf den
Plan getreten ist, sei es in der ödipalen Phase oder in der Adoleszenz, wird
die Lage für alle Beteiligten komplizierter und konfliktbeladener. Während
diese Entwicklungen weiterer Untersuchungen bedürfen, sind einige grobe
Muster, die sich aus der Geschlechterverteilung ergeben, offenkundig:
Schwierigkeiten beim Integrieren von Handlungsfähigkeit und Liebe
können sowohl aus der elementaren Weigerung des Vaters entstehen, ein
weibliches Pendant zu akzeptieren, als auch aus der Unfähigkeit der Mutter,
ein Beispiel für Autonomie darzustellen. Doris Bernstein (1983) hat dieses
Problem kurz und bündig formuliert:

Die analytische Literatur sagt wenig über die Beziehungen zwischen Vätern und Töchtern: Im Zentrum steht primär der Vater als Libidoobjekt, als Beschützer und Retter vor der Mutter. Väter scheinen nicht fähig zu sein, sich Mädchen genauso als Identifizierungsobjekt anzubieten, wie sie es bei ihren Söhnen tun – mit wenigen Ausnahmen. Je mehr die Individuation des Vaters auf der biologischen Grundlage der Verschiedenheit von der Mutter beruht, je mehr er das „nein, ich bin anders" eingesetzt hat oder weiterhin einsetzt, um seine Autonomie aufrechtzuerhalten, desto mehr ist er *unfähig*, die Identifizierung seiner Tochter mit ihm ebenso zu erlauben oder zu begrüßen wie die seines Sohnes. Frauen haben sich wiederholt beklagt, ihre Väter förderten zwar ihre intellektuelle Entwicklung und Bildung, aber nur bis zu einem bestimmten Punkt [S. 196].

Wichtig ist, daß die Identifizierung mit dem Vater nicht bloß der Abwehr dient, sondern positive Strebungen widerspiegelt, die durch Identifizierung und elterliche Anerkennung gefördert werden müssen. Obwohl es angesichts der heutigen Geschlechterkonstellation vorzuziehen wäre, daß Väter für ihre Töchter ebenso verfügbar sind wie für ihre Söhne, ist diese Lösung für das Mädchen nicht konfliktfrei. In der Innenwelt des Mädchens schlagen sich die Hindernisse, die der Identifizierung mit dem Vater entgegenstehen, in einer Verletzung des Größenselbst, der narzißtischen Selbstachtung, des Gefühls der Handlungsfähigkeit und der Unfähigkeit, sich vom primären Objekt zu trennen, nieder. Das bedeutet, daß die Liebe zum Vater oft mit der eigenen Kastration assoziiert wird, weil die Geliebte des Vaters auf Handlungsfähigkeit und Wettstreit verzichten muß, oder mit dem Schuldgefühl, ihn zu kastrieren (Chasseguet-Smirgel 1964). Solange die Geschlechtertrennung fortbesteht – die Mutter als das primäre Bindungsobjekt, das hält und besänftigt, der Vater als das Trennungsobjekt, das mit der äußeren Welt von Freiheit und Erregung gleichgesetzt wird –, wird der Vater für Mädchen wie Jungen bei der Bemühung wichtig sein, sich zu differenzieren und sich in einem anderen Subjekt des Begehrens wiederzuerkennen. Die mit dieser Identifizierung einhergehenden Schwierigkeiten sind – genauso wie ihre gänzliche Abwesenheit – die Grundlage für Versionen der idealen Liebe im Erwachsenenalter.

Ideale Liebe kann ein ganzes Spektrum von Beziehungen kennzeichnen, einschließlich derjenigen der verdeckten Unterwerfung und Idealisierung, der trotz Verlassenwerden und Ablehnung fortbestehenden unerfüllten Sehnsüchte und des offenen Ausbrechens sadomasochistischer Praktiken. Die meisten Fragen der Trennung und Anerkennung und der mit dem Masochismus verknüpften narzißtischen Pathologie können als Probleme der Wiederannäherung und der Schwierigkeiten der Konsolidierung der Vater-Tochter-Identifizierung begriffen werden. Frauen werden oft in Unterwerfungsbeziehungen hineingezogen, weil sie eine zweite Chance für die ideale Liebe suchen, eine Chance, die Vater-Tochter-Identifizierung neu herzustellen, in der ihr eigenes Verlangen und ihre Subjektivität endlich anerkannt werden kann. Sogar in den Beziehungen, die eine Vernichtung

des Selbst bedeuten, kann man oft die Phantasie entdecken, auf diese Weise
den Konflikt zwischen Aktivität und Passivität zu lösen. Wie de Beauvoir
(1949) schrieb: „...daß dieser Traum von der Selbstaufgabe in Wirklichkeit
ein heftiger Wille zum Sein ist... Durch ihre völlige Hingabe an ihr Idol
hofft die Frau, dieses werde ihr mit dem Besitz ihrer selbst gleichzeitig auch
den der Welt, die in ihm beschlossen liegt, schenken" (de Beauvoir 1949; dt.
1968, S. 610).

Die ideale Liebe der Frau, die Unterwerfung oder Servilität gegenüber
dem idealisierten *Anderen,* in dem sie sich selber wiederzuerkennen hofft,
ist eine Parallele zu der identifikatorischen Liebe in der Wiederannäherungsphase des Jungen. Die maskuline Einstellung, die Freud (1919 e) in
den Schlagephantasien von Frauen feststellte – der Umstand, daß sie der
geschlagene Junge waren –, kann heute so verstanden werden, daß sie der
homoerotischen, identifikatorischen Natur der Liebe des Jungen zum Vater
in dieser Phase entspricht. In der Phantasie stellt sich das Mädchen als den
Jungen dar, der in seinen Vater verliebt ist; aber am Ende wird es bestraft,
kastriert, und das lebenswichtige Bindeglied der Identität und Gleichheit mit
dem Vater wird ihm versagt.

Obwohl die ideale Liebe oft durch ödipale Ängste und Schuldgefühle
belastet und mit genitaler Objektliebe zum Vater kombiniert ist, kann sie
auch einfach als Vermächtnis des Wiederannäherungskomplexes des
Mädchens bestehen. Die Wiederholung der identifikatorischen Liebe zum
Vater sieht man am besten nicht als eine Regression auf die Männlichkeit
an, sondern als ein Wiederaufleben ungelöster Konflikte und Bestrebungen,
die diese frühere Phase begleitet haben. Der Junge versucht in der idealen
Liebe seine Omnipotenz und seine Grandiosität zu schützen, Getrenntsein
durch Identifizierung mit jemandem herzustellen, der selbst bereits getrennt ist, sein Verlangen im Verlangen des Vaters wiederzuerkennen und
seinerseits anerkannt zu werden. Diese Ziele sind als primäre Motive auch
in der idealen Liebe der Frau zu finden. Was unseren Ansatz von dem Freuds
v. a. unterscheidet, ist die Vorstellung, daß diese Bestrebungen legitim sind
und vielleicht den Schlüssel zu aktiver Weiblichkeit in sich bergen, wenn sie
erst einmal von der Verquickung mit dem hilflosen Neid und der
Verleugnung der Weiblichkeit befreit sind, die bestimmt waren, den Mangel
an eigenem Verlangen und eigener Handlungsfähigkeit auszufüllen.

Um die Verwurzelung der idealen Liebe in der identifikatorischen Liebe
der Wiederannäherungsphase zu veranschaulichen, will ich kurz einen Fall
skizzieren. Elaine war eine junge Autorin, die von der fortwährenden
Beschäftigung mit einem Mann, der sie verlassen hatte, nicht loskommen
konnte. Dieser Mann stellte symbolisch den idealisierten Vater dar, mit dem
sie sich identifizieren wollte, um sich von der Identifikation mit der Mutter
zu lösen. Elaine sah ihren Liebhaber ausdrücklich als ihr Ideal an, als eine
Person, die ihrem Wunschbild von sich selbst entsprach: Er war ein Magier,
überschwenglich, kreativ, phantasievoll, unkonventionell. Er allein verstand
sie, ihre Exzentrizität, ihren Überschwang, ihren wilden und freien Geist,

ihre Weigerung, eine konventionelle Frau zu sein. Nachdem er sie verlassen hatte, begann sie an einem Kriminalroman zu arbeiten, in dem er der inzestuös geliebte ältere Bruder und sie die knabenhafte Begleiterin war, die er überallhin mitnahm. Sie lehnte die weiblichen Accessoires ab, kleidete sich wie ein Junge und vollbrachte Heldentaten, die physischen Mut und technische Erfindergabe erforderten. Als der Held sie verläßt, bemüht sich die Heldin, weiterzumachen; sie lebt immer noch im Schatten der charismatischen Fähigkeiten des Bruders. Sie versucht, sich ihm zu beweisen, die Unabhängigkeit zu leben, die er, wie sie meint, verkörpert, in der Hoffnung, er werde sie am Ende anerkennen. Die Geschichte stellt eine Parallele zu Elaines wirklicher idealer Liebesaffäre dar, die weitgehend von dem Bedürfnis genährt war, einen Menschen zu haben, der sich stark von ihrer Mutter unterschied und der sie anerkannte. Die Affäre trug alle Züge des Verlangens nach einer homoerotischen, narzißtischen Liebesbeziehung zum Vater und zur Welt. Ihr Geliebter war für sie so lebenswichtig und so anziehend „wegen etwas, das mit Freiheit zu tun hat". Sie sagte oft, er sei „der einzige, der mein wahres Selbst erkannte; er gab mir das Gefühl, lebendig zu sein".

Elaine hatte das Gefühl, daß beide Eltern ihre eigenen Bestrebungen auf geschlechtsstereotype Weise durchkreuzt hatten. Ihre Mutter, die viele Kinder hatte, war schwach und untauglich, gänzlich ohne Wünsche für sich oder ihre Kinder und besonders gelähmt, wenn es darum ging, ihnen bei „irgendetwas, was wir *draußen* taten", zu helfen. Ihr Vater hatte ihr nie die Anerkennung zukommen lassen, die sie sich wünschte. Er war zu sehr draußen gewesen – distanziert, wütend, verurteilend und ungeduldig mit Frau und Kindern, beschäftigt mit seiner eigenen Arbeit und seinem eigenen Versagen. Seine Frau kritisierte er oft, weil sie dumm oder schüchtern war und seine Erwartungen nicht erfüllte. Elaine glaubt, die Mutter sei als Quelle von Trost und Besänftigung für ihre Babys und Kinder wertvoll gewesen, als diese klein waren, daß es ihr aber später an jeglicher Erregung, jedem Funken gefehlt habe – an all dem, was im Leben wichtig ist. Wenn Elaine sich mit ihrer Mutter oder ihren Schwestern identifiziert, fühlt sie sich gelähmt, krank, schwach. Außerdem fürchtet sie sich vor den Abgründen von Unterwerfung und Selbstvernichtung, in die ihre Schwestern sich verstrickten, in dem schrecklichen Verlangen, dem Vater zu gefallen. Infolgedessen weigert sich Elaine, der Therapeutin die Macht zu verleihen, ihr zu helfen; sie leidet wegen der von ihr so genannten Unfähigkeit, „Vertrauen" zu haben, die, wie sie bereitwillig zugibt, ihre Angst vor der Hingabe an ein Idol widerspiegelt. Zugleich bringt sie Verachtung für jede Besänftigung und jeden Trost zum Ausdruck, obwohl ihre Erschütterung und ihre Unfähigkeit, sich selber zu beruhigen, offensichtlich sind. Da sie das schwachmachende Mitleid fürchtet, das ihre Mutter ihr offeriert, muß sie ihr mit allen Mitteln fernbleiben.

Elaines Erinnerungen bestätigen, daß die Mutter sich in dem Moment von ihren Kindern zurückzog, in dem diese anfingen, vor ihr fortzukrabbeln, und daß sie nur zurückkam, wenn ein Kind sich verletzt hatte und ihre Hilfe brauchte. Der Rückzug der haltenden Umgebung angesichts der Ablösung des Kindes ist das allgemein angeführte Umweltversagen, das einer Ich-Pathologie dieser Art zugrundeliegt (z. B. Masterson 1981). Die Trennungskrise hat sich in einem Zusammenhang ereignet, in dem jede Trennung als Bedrohung der Bindung erlebt wird; das Objekt ist deshalb gleichermaßen unzuverlässig wie potentiell verschlingend. Elaine wurde eines der vielen Kinder, die z. Z. der Wiederannäherungsphase zum Sich-Anklammern und zur Ängstlichkeit neigen, um gleichzeitig gefährliche und der Katastrophe nahe Ausbrüche aus dem Bannkreis der Mutter zu machen. Die masochistische ideale Liebe ist einerseits Ausdruck dieser Hilflosigkeit und Trennungsangst, aber auch ein Versuch, sie zu überwinden, indem man sich den Zusammenhalt des anderen ausborgt. Einerseits sucht Elaine einen heroischen Sadisten, einen Mann, der den befreienden Vater und nicht die verschlingende Mutter repräsentiert. Was sie in Wirklichkeit braucht, ist jemand, der nicht nur die fehlende Erregung liefert, sondern auch die haltende Umgebung. Ein solcher Halt ist nur in seiner männlichsten Form annehmbar, denn sonst würde er drohen, sie in die Verschmelzung mit der hilflosen, verschlingenden Mutter zurückzuziehen.

Die ideale Liebe wird gewählt, um das Problem zu lösen, das durch Enttäuschung des Verlangens und der Handlungsfähigkeit und die daraus entstehende Wut über die Nichtanerkennung entstanden ist – ein Fluchtversuch durch eine Identifikationsfigur. In diesem Sinn dient sie der Abwehr. Aber die Erschaffung dieser Vaterfigur hat, wenn man sie als die normale Spaltung der Wiederannäherungsphase betrachtet, auch einen Wunsch zur Folge. Dieser Wunsch sollte für uns nicht unsichtbar bleiben, bloß weil er in seiner gestörteren Form durch Wut und Frustration angeheizt wird. Eine erfolgreiche Behandlung muß beide Aspekte mit einbeziehen. Elaine hofft, ihrer eigenen entsetzlichen Wut auf ihre Mutter zu entgehen, die dem Angriff ihrer Tochter nicht standgehalten hat. Freigesetzte Aktivität und Aggression würden alles zerstören, was von der guten Mutter in ihrem Inneren übriggeblieben ist. Sie sieht ihre Wut und ihr Verlangen also als ganz und gar triebhaft, wenn nicht monströs an; diese Wut kann nur im Schutz eines Mannes freigesetzt werden, der mächtiger und beherrschter ist und dessen Stärke nicht von ihr abhängig ist. Sie behauptet, nur wenn eine solche Zerstörung erlaubt ist, könne sie ihre eigene Kreativität finden. Ihre ideale Liebe, die das idealisierte phallische Vaterbild aufrechterhält, verknüpft 2 Bedürfnisse: erstens, das zu erlangen, was Jungen im normalen Verlauf der Wiederannäherungsphase von ihren Vätern erhalten – nämlich ein Mittel, um den Konflikt zwischen Ablösung und Abhängigkeit so zu lösen, daß Grandiosität und Omnipotenz bestehen bleiben, um so die Selbstachtung, den selbständigen Willen und das eigene Verlangen zu retten; zweitens, ihr Verlangen endlich in die Hände eines anderen Menschen zu legen und ihn sozusagen zum Manager ihres beunruhigenden und drängenden Bedürfnisses nach Freiheit und Selbstausdruck zu machen, das von Wut durchsetzt ist und deshalb nur von einer Figur von allerhöchster Selbständigkeit und Macht in Schach gehalten werden kann. Der Umstand, daß der Vater für identifikatorische Liebe nicht verfügbar war, hat zu dem Bestreben geführt, diese Liebe in einer masochistischen Beziehung neu zu erschaffen. Die Unzulänglichkeit der Mutter als Identifikationsfigur hat diese Sehnsucht nach identifikatorischer Liebe verstärkt und sie mit der Suche nach einem Objekt verknüpft, das Aggression und Trennung aushalten kann. Die ideale Liebe sucht die nie erreichte Synthese, indem sie den geliebten Mann mit Zügen sowohl der idealen Mutter als auch des idealen Vaters, also mit Zügelung und Erregung, ausstattet.

Das Bedürfnis nach einem Objekt, das wirklich draußen ist, das die Zerstörung in Winnicotts (1971) Sinn übersteht, ist für die Phantasie von der idealen Liebe von entscheidender Bedeutung. Der Mann, der nicht von ihr abhängig ist, kann wirklich draußen sein, und es ist diese Tatsache – nicht nur der Hang zum Leiden –, die so oft nur den Unzuverlässigen, der die Frau im Stich läßt, zur ungefährlichen oder anziehenden Gestalt macht. Der ideale Geliebte scheint die Schranken und Grenzen zu bieten, innerhalb derer man Hingabe und Kreativität erleben kann. Die Analyse masochistischer Phantasien zeigt immer wieder, daß die Masochistin in der Beherrschung durch den *Anderen* die Freiheit sucht, ihr eigenes Verlangen loszulassen, aber auch die Anerkennung ihres tiefsten Selbst (Benjamin 1983). Elaine hat mit ihren Lehrern auch solche Erfahrungen beschrieben; sie sagte, sie geben dir die Freiheit, dich nach innen zu wenden und dich zu erforschen und zu verstehen, wenn du's „gefunden hast". Das Element von Beschränkung und Begrenztheit, das diese Phantasie erfüllt, unterstreicht die wichtige Rolle, die das Versagen der haltenden Umgebung in der Ätiologie des Masochismus spielt. Es ist das Versagen der idealen Mutter, also der zügelnden, haltenden Mutter, die die Erregung und die Erforschung „draußen" unterstützen, die Aggression aushalten und begrenzen kann, die Trennung erlauben und die selbständigen Leistungen des Kindes anerkennen kann. Ihre unmittelbare Anerkennung ist für das Kind ebenso entscheidend wie die indirekte Anerkennung, die durch Identifizierung mit dem idealen Vater erlangt wird.

An Elaines Geschichte und Behandlung kann man erkennen, daß das Bedürfnis, einer schwachen, verschlingenden Mutter zu entkommen, zu dem Bedürfnis im Widerstreit steht, zur Mutter zurückzukehren und den Kampf um jene Anerkennung aufzunehmen – den tödlichen Kampf um das Leben des Selbst. Wir sprechen also von der Fähigkeit der Mutter, eine Struktur für die Aggression des Kindes zu liefern, die es ermöglicht, diese Aggression mit anderen Bestandteilen seines Selbst – Aktivität, Wille und Begehren – zu integrieren. Es ist nicht nur die anerkennende Reaktion des überschwenglichen Vaters, die das eigene Gefühl des Kindes von Aktivität und Begehren entzündet. Aus der Diskussion über die psychoanalytische Situation als einer haltenden Umgebung können wir erkennen, daß es auch die Funktion der Zügelung ist, die in diesem Zusammenhang von Bedeutung ist. Oder, wie aus Elaines Beschreibung eines guten Lehrers hervorgeht: man braucht einen anderen Menschen, dessen Gegenwart nicht vergewaltigt, sondern einem erlaubt und hilft, die Erfahrung des eigenen *inneren* Wunsches anzuerkennen.

Hinter der idealen Liebe haben wir die frühe Identifizierung mit dem Vater gesehen. Aber diese ist Teil eines ganzen Komplexes, zu dem die Ambivalenz gegenüber der Mutter, das Bemühen, Unabhängigkeit und Abhängigkeit miteinander zu vereinbaren, und das Bedürfnis gehören, Anerkennung von einer Mutter zu bekommen, die diesen Kampf überlebt hat. In der aktuellen Analyse des Masochismus ist die Rückkehr zum Kampf mit der Mutter ebenso entscheidend wie das Wiedererleben der Enttäuschung am idealen Vater. Das Problem des Verlangens der Frau muß in den Schwierigkeiten mit Mutter und Vater innerhalb der Wiederannäherungsphase lokalisiert werden. Diese Schwierigkeiten rühren von der Geschlechterteilung her: die Mutter kann für das Kind nicht das aktive Subjekt des Begehrens sein; der Vater hingegen ist dieses Subjekt. Die Konstellation einer Mutter, der die Subjektivität fehlt, und eines Vaters, der sie besitzt, stellt die Tochter vor eine schwierige Wahl. Besonders dann, wenn sie diese Anerkennung vom Vater nicht bekommt (aber auch wenn sie sie bekommt), müssen ihre aktive Subjektivität und ihr Gefühl der Weiblichkeit miteinander in Konflikt geraten. Eine frustrierte Identifizierung mit dem Vater ist ein primäres Motiv der masochistischen Beziehung. Aber selbst eine „erfolgreiche" Identifizierung kann Konflikte mit der weiblichen Identität schaffen, solange das Mädchen mit dem Mangel der Mutter (an Subjektivität) konfrontiert ist. Gewöhnlich bedeutet dies, daß die Tochter sich mit einem Konflikt zwischen ihrer Sexualität und ihrem Gefühl eines autonomen Selbst konfrontiert sieht, weil die Sehnsucht nach idealer Liebe auf ihre Sexualität, wenn nicht überhaupt auf ihre Aktivität in dieser Welt, den stärksten Sog ausübt. Das Gefühl, daß die weibliche Sexualität eine aktive, kreative Kraft ist, hängt daher letzten Endes ebensosehr davon ab, daß die Mutter ihre Subjektivität verwirklicht, wie vom Vater.

Die Ich- und Selbst-Pathologie, die dem Masochismus zugrundeliegen, lassen sich ohne weiteres auf ein Versagen der haltenden Umgebung und auf eine fehlende Internalisierung einer bergenden Mutter zurückführen. An der geschlechtsbezogenen Relation des Masochismus, seiner Verbindung mit Weiblichkeit, ist aber auch die dynamische Beziehung zwischen Mutter und Vater in unserem gegenwärtigen Geschlechterarrangement beteiligt. Die heute existierenden Strukturen der Geschlechterbeziehung sind nicht daraufhin angelegt, Weiblichkeit als vereinbar mit Handlungsfähigkeit und Verlangen darzustellen. Obwohl dies dem üblichen Geschlechterarrangement entspricht, haben wir jene theoretischen Annahmen über die weibliche Frühentwicklung kritisiert, nach denen die weibliche Unterordnung unvermeidlich erscheint: daß Mütter für Töchter und Söhne kein Vorbild der Trennung sein können und daß Väter ihren Töchtern nicht bieten können, was sie ihren Söhnen bieten. Wir müssen eine Form von Heterosexualität in Frage stellen, in der der Vater die fehlende Erregung und den Weg aus der Dyade darstellt und gleichzeitig defensiv, d. h. aus Abwehrgründen, dazu dient, „die mütterliche Macht zurückzutreiben" (Chasseguet-Smirgel 1976), während er die Subjektivität der Mutter als zu bedrohlich leugnet (Dinnerstein 1976). Das von der Psychoanalyse immer wieder entworfene normative Bild der Mutterschaft muß revidiert werden: das Ideal der Mutter, die Symbiose bietet und dann, sozusagen „auf Anforderung", Trennung, muß ersetzt werden durch die Mutter, die sich auch aus eigener Kraft bewegt. Die mütterliche Integration von Autonomie und Handlungsfähigkeit muß die starke Quelle sein, aus der ihre Anerkennung der Autonomie des Kindes hervorgeht. Im Idealfall sollte dieses Gefühl von Autonomie und Handlungsfähigkeit bei der erwachsenen Frau das Bedürfnis zurückdrängen, die vollkommene Mutter der kindlichen Phantasie *sein* zu müssen, um so auch dazu beizutragen, die Phantasie des Kindes von mütterlicher Macht und väterlicher Abwehr zu entkräften.

Die Nachteile der Konstellation von idealisierter Männlichkeit als Schutz vor primitiver mütterlicher Macht wurden schon von vielen Feministinnen aufgezeigt: die abwehrende Zurückweisung der Mutter durch den Jungen mag zwar seine Ablösung fördern, aber sie hilft ihm nicht, das Problem von Intimität und Unabhängigkeit zu lösen (Miller 1973; Gilligan 1982; Chodorow 1978, 1979). Ich glaube, daß die aus der konventionellen Geschlechterrolle und Elternkonstellation sich ergebende Idealisierung des Vaters niemals völlig aufgewogen wird. Selbst wenn die Realität diesem Vaterideal widerspricht, bleibt es im Inneren als Sehnsucht aktiv, als eine Auffangstellung, wenn reale Handlungsfähigkeit und Anerkennung ausbleiben. Der Vater bleibt die Gestalt, die für Subjektivität und Begehren steht, so daß, kulturell gesehen, das Verlangen der Frau immer mit diesem Monopol wetteifern muß. Beide Geschlechter können daher in der idealen Liebe weiterhin die vorherrschende Form von Beherrschung und Unterwerfung sehen. Die Verknüpfung von Weiblichkeit mit Masochismus, der Unterwerfung gegenüber einem idealisierten *Anderen*, rührt v. a. von der frühen Idealisierung des Vaters her, einer Idealisierung, die beladen ist mit der Dringlichkeit, die Krise der Trennung zu bewältigen und das Selbst zu etablieren. Die andere Seite dieser Idealisierung ist die Abwertung von Weiblichkeit und Mutterschaft und die daraus resultierende Schwierigkeit, die Identifizierung mit der Mutter mit einem aktiven Selbstgefühl in Einklang zu bringen; das Auftreten des weiblichen Begehrens wird auf diesem Weg verhindert.

In der Analyse der idealen Liebe taucht eine umgekehrte Beziehung zwischen Begehren und Anerkennung auf der einen und Unterwerfung auf der anderen Seite auf. Übermäßig vereinfacht kann man sagen: je mehr Handlungsfähigkeit und Anerkennung, desto weniger Unterwerfung. Aber das bedeutet nicht unbedingt, daß die Gelegenheit, aktiv zu handeln – wie einige Feministinnen behaupten –, die Tendenz zur Unterwerfung umkehrt, wenn diese Tendenz als innere Objektbeziehung einmal ihren festen Platz erobert und den Verlust des Selbst kompensiert und erotisiert hat. Sobald die identifikatorische Beziehung, in der das kleine Mädchen sein eigenes Verlangen erkennt, bei einem Elternteil in der dafür vorgesehenen Phase gescheitert ist, tritt die Suche nach einer mächtigen Idealgestalt, die das begehrende Selbst repräsentiert, an ihre Stelle. Handlungsfähigkeit und Anerkennung werden durch Stellvertretung erreicht, indem man sich diesem idealen Geliebten unterwirft, oft in der konventionell akzeptablen Form der Selbstaufopferung als Ehefrau. Wenn die Identifizierung, ähnlich der zwischen Vater und Kleinkind, in der dafür vorgesehenen Entwicklungsphase stattfindet und vom Vergnügen gegenseitiger Anerkennung geprägt ist, dann dient sie als Werkzeug der Entwicklung. Wenn aber die Identifizierung später in der idealen Liebe auftaucht, wird sie zum Hindernis, zum Ersatz. Die ideale Liebe wird dann zur Perversion der Identifizierung, zu einer Erweiterung der frühen identifikatorischen Liebe als einer Ersatzform der Verkörperung des eigenen Verlangens. Letzten Endes können wir zusammen mit Freud sagen, daß der Masochismus der Frau mit dem Rückzug von der aktiven Sexualität verbunden ist. Dieser Rückzug beginnt jedoch nicht damit, daß man sich mit anatomischen Imperativen abfindet, sondern mit einem Versagen der frühen Individuation. Und wir sehen im Masochismus, besonders in der Variante der „idealen Liebe", die entfremdete Suche der Frau nach ihrem eigenen Verlangen.

Anmerkungen

1 Meine Deutung der Wiederannäherungsphase legt mehr Gewicht auf das Verlangen und die Handlungsfähigkeit als auf Verlust und Verlassenwerden als Beeinträchtigung der Omnipotenz. Kohuts (1971) Erläuterung des kindlichen Bedürfnisses nach einem Objekt, das das Größenselbst widerspiegelt, und nach einem Idealobjekt, das es dem Selbst ermöglicht, im Bild dieses Ideals Zusammenhalt zu erlangen, gehört hierher. Wahrscheinlich tragen beide Funktionen zu der frühen Vorstellung vom Vater als Idealobjekt bei, das die grandiosen Strebungen des Kindes widerspiegeln kann.

2 Diese Deutung ist offenkundig im Einklang mit Freuds (1921 c) Erörterung des Ich-Ideals, dessen Beginn er in der präödipalen Identifizierung des Jungen mit dem Vater und der Liebe zu ihm sah. Freud glaubte, daß diese identifikatorische Liebe nicht im Widerstreit zum Ödipuskomplex stehe, sondern ihn vorbereite; aber man kann sie auch aus den Augen verlieren, wenn sie – wie bei den Mädchen und bei manchen Jungen (im negativen Ödipuskomplex) – in eine Objektliebe zum Vater umgewandelt wurde.

Literatur

Abelin EL (1980) Triangulation, the role of the father and the origins of core gender identity during the rapprochment subphase. In: Lax R, Bach S, Burland J (eds) Rapprochement. Aronson, New York, pp 151–170

Benjamin J (1983) Master and slave: The fantasy of erotic domination. In: Snitow A, Stansell C, Thompson S (eds) Powers of desire. Monthley Rev Press, pp 280–299

Beauvoir S de (1949, 1968) Das andere Geschlecht. Rowohlt, Reinbek bei Hamburg

Bernstein D (1983) The female superego: a different perspective. Int J Psychoanal 64:187–201

Blum HP (1977) Masochism, the ego ideal, and the psychology of women. In: HP Blum (ed) Female Psychology. Contemporary Psychoanalytic Views. Int Univ Press, New York, pp 157–191

Bonaparte M (1953) Female Sexuality. Int Univ Press, New York

Caplan PJ (1984) The myth of women's masochism. Amer Psychol 39:130–139

Chasseguet-Smirgel J (1964, 1974) Die weiblichen Schuldgefühle. In: Psychoanalyse der weiblichen Sexualität. Suhrkamp, Frankfurt am Main, S 134–191

Chasseguet-Smirgel J (1976, 1988) Freud und die Weiblichkeit. Einige blinde Flecken auf dem dunklen Kontinent. In: Zwei Bäume im Garten. Zur psychischen Bedeutung der Vater- und Mutterbilder. Verlag Int Psychoanalyse, München Wien, S 1–26

Chodorow N (1978, 1985) Das Erbe der Mütter. Psychoanalyse und Soziologie der Geschlechter. Frauenoffensive, München

Chodorow N (1979) Difference, relation and gender in psychoanalytic perspective. Socialist Rev 9 (4):51–70

Clower VL (1977) Theoretical implications in current views of masturbation in latency girls. In: Blum HP (ed) Female psychology. Contemporary psychoanalytic views. Int Univ Press, New York, pp 109–125

Deutsch H (1930) Der feminine Masochismus und seine Beziehung zur Frigidität. Int Z Psychanal 16, S 172–184

Deutsch H (1944/45, 1988) Psychologie der Frau. Fachbuchhandlung für Psychologie, Eschborn, 2. Aufl.

Dinnerstein D (1976, 1979) Das Arrangement der Geschlechter. dtv, Stuttgart

Fast I (1984, 1991) Von der Einheit zur Differenz. Psychoanalyse der Geschlechtsidentität. Springer, Berlin Heidelberg New York London Paris Tokyo

Freud S (1919 e) Ein Kind wird geschlagen. GW Bd 12, S 197–226. Fischer, Frankfurt am Main

Freud S (1921 c) Massenpsychologie und Ich-Analyse. GW Bd 13, S 71–161.

Freud S (1924 c) Das ökonomische Problem des Masochismus. GW Bd 13, S 369–383

Freud S (1924 d) Der Untergang des Ödipuskomplexes. GW Bd 13, S 393–4o2

Freud S (1925 j) Über einige psychische Folgen des anatomischen Geschlechtsunterschieds. GW Bd 14, S 17–30

Freud S (1931 b) Über die weibliche Sexualität. GW Bd 14, S 515–537

Freud S (1933 a) Die Weiblichkeit. In: Neue Folge der Vorlesungen zur Einführung in die Psychoanalyse. GW Bd 15, S 119–145

Galenson E, Roiphe H (1982) The preoedipal relationship of a father, mother, and daughter. In: Cath SH, Gurwitt AR, Ross JM (eds) Father and child. Little, Brown, Boston, pp 151–162

Gilligan C (1982, 1984) Die andere Stimme. Lebenskonflikte und Moral der Frau. Piper, München

Greenson RG (1968, 1982) Die Beendigung der Identifizierung mit der Mutter und ihre besondere Bedeutung für den Jungen. In: Psychoanalytische Erkundungen, S 257–264. Klett-Cotta, Stuttgart

Gunsberg L (1982) Selected critical review of psychological investigations of the early father-infant relaltionship. In: Cath SH, Gurwitt AR, Ross JM (eds) Father and child. Little, Brown & Company, Boston, pp 65–82

Horney K (1926, 1984) Flucht aus der Weiblichkeit. Der Männlichkeitskomplex der Frau im Spiegel männlicher und weiblicher Betrachtung. In: Die Psychologie der Frau. Fischer-Taschenbuch, Frankfurt am Main, S 26–42

Horney K (1935, 1984) Zur Frage des weiblichen Masochismus. In: Die Psychologie der Frau. Fischer-Taschenbuch, Frankfurt am Main, S 142–162

Keller EF (1978) Gender and science. Psychoanal Contemporary Thought 1:409–433

Kestenberg J, Marcus JH, Sossin KM, Stevenson R (1982) The development of paternal attitudes. In: Cath SH, Gurwitt R, Ross JM (eds) Father and child. Little, Brown, Boston, pp 205–218

Khan MM (1979, 1983) Entfremdung bei Perversionen. Suhrkamp, Frankfurt am Main

Kohut H (1971, 1973) Narzißmus. Eine Theorie der psychoanalytischen Behandlung narzißtischer Persönlichkeitsstörungen. Suhrkamp, Frankfurt am Main

Lamb ME (1977) The development of parental preferences in the first two years of life. Sex Roles 3:495–497

Lax RF (ed) (1977, 1989) The role of internalization in the development of certain aspects of female masochism: Ego psychological considerations. In: Lax RF (ed) Essential papers on character neurosis and treatment. New York Univ Press, New York London, pp 310–330

Levenson R (1984) Intimacy, autonomy and gender: developmental differences and their reflection in adult relationships. J Amer Acad Psychoanal 12:529–544

Mahler MS, Pine F, Bergman A (1975, 1978) Die psychische Geburt des Menschen. Symbiose und Individuation. Fischer, Frankfurt am Main

Masterson JF (1981) The narcissistic and borderline disorders. Brunner/Mazel, New York

Menaker E (1973) Masochism and the emerging ego. Human Science Press, New York

Miller JB (1973) New issues, new approaches. In: Miller JB (ed) Psychoanalysis and women. Penguin, Baltimore, pp 379–406

Person ES (ed) (1980) Sexuality as the mainstay of identity: Psychoanalytic perspectives. In: Stimpson CR, Person ES (eds) Women – sex and sexuality. Univ Chicago Press, Chicago London, pp 36–61

Roiphe H, Galenson E (1981) Infantile origins of sexual identity. Int Univ Press, New York

Smirnoff V (1969) The masochistic contract. Int J Psychoanal 50:665–671

Spieler S (1984) Preoedipal girls need fathers. Psychoanal Rev 71:63–80

Stoller RJ (1968) Sex and gender. On the development of masculinity and feminity. Science House, New York

Stoller RJ (1975, 1979) Perversion. Die erotische Form von Haß. Rowohlt, Reinbek b. Hamburg

Stoller R (1979) Sexual excitement. Dynamics of erotic life. Pantheon, New York

Stolorow RD, Lachmann FM (1980) Psychoanalysis of developmental arrests. Int Univ Press, New York

Torok M (1964, 1974) Die Bedeutung des „Penisneides" bei der Frau. In: Chasseguet-Smirgel J (Hrsg) Psychoanalyse der weiblichen Sexualität, S 192–232. Suhrkamp, Frankfurt am Main

Winnicott DW (1971, 1985) Vom Spiel zur Kreativität. Klett-Cotta, Stuttgart, 3. Aufl.

Yogman MW (1982) Observations on the father – infant relationship. In: Cath SH, Gurwitt AR, Ross JM (eds) Father and child. Little, Brown, Boston, pp 101–102

6 Seine Lektion lernen:
Das Altern der Frau und die Selbstachtung

Ruth Formanek

Du kannst diese unnachahmlich junge Oberfläche nicht immer behalten. Du mußt deine Lektion lernen.

Philip Larkin (1965)

Diese Arbeit möchte demonstrieren, wie es kommt, daß abwertende gesellschaftliche Vorstellungen von der alternden Frau dazu beitragen, daß Frauen sich selbst als negativ empfinden. Um diesen Gefühlen entgegenzuwirken, nehmen Frauen zu narzißtischen Methoden Zuflucht, mit denen sie eine lange Zeit ihres Lebens ihre Selbstachtung erfolgreich steigern konnten. Mit zunehmendem Alter funktionieren diese narzißtischen Methoden jedoch nicht mehr länger und werden unangemessen. Zu den jetzt eher phasenadäquaten Versuchen, die Selbstachtung zu heben, gehören – und zwar für ältere Frauen und Männer gleichermaßen – eine Beziehung zu Gegenständen, die an Menschen erinnern, entpersönlichte abstrakte Ideale und Interessen, und (dies für Frauen jeden Alters) intime Beziehungen zu Familienangehörigen und Freunden.

Im Verlauf dieser Arbeit werden wir eine Reihe von Streifzügen unternehmen – in Entwicklungstheorien des Alterns, in gesellschaftliche Vorstellungen von der Frau und ihrer Wirkung auf das weibliche Selbstgefühl, in geschlechtsspezifische Erfahrungen mit dem Altern und in narzißtische Möglichkeiten, um auch im Alter eine hohe Selbstachtung aufrechtzuerhalten. Wir untersuchen diese Bereiche, um einen Ausgleich für die mangelnde Literatur zu schaffen, die es über geschlechtsspezifische Unterschiede in der Erfahrung des Alterns gibt, und für die historische Vernachlässigung von solchen Unterschieden, die von der Zugehörigkeit zu einer bestimmten sozialen Schicht und vom Lebensalter abhängig sind. Man hat den Eindruck, als ob sich bei Frauen jenseits des mittleren Lebensalters eine Homogenisierung einstelle. Sie werden dargestellt, als seien sie alle gleich – ob sie nun in den 70ern oder in den 80ern sind, reich oder arm, körperlich gesund oder krank. Wir können nur hoffen, daß eine künftige Forschung sich auf Unterschiede des Geschlechts, der Altersklasse und der sozialen Schicht konzentriert, mit Hilfe empirischer Untersuchungen und mit den Informationen von Frauen des höheren Lebensalters, die in einer psychoanalytischen Behandlung sind, oder der Psychoanalytiker und Psychoanalytikerinnen selbst.

6.1 Theorien des Alterns

Äußerungen über das Altern sind vermutlich so alt wie der Vorgang des Alterns selbst. Die Bibel spricht davon, daß das Altern mit einem Verfall der Kräfte und einem Mangel an Energie, aber auch mit Weisheit, Respekt und Verehrung einhergehe. Shakespeares Schilderung des Alterns ist Teil einer Theorie der Lebensspanne, nämlich der 7 Lebensalter aus *Wie es euch gefällt*: „Das sechste Alter macht den besockten hagern Pantalon, Brill' auf der Nase, Beutel an der Seite; die jugendliche Hose, wohl geschont, ‚ne Welt zu weit für die geschrumpften Lenden: die tiefe Männerstimme, umgewandelt zum kindischen Diskante, pfeift und quäkt in seinem Ton. Der letzte Akt, mit dem die seltsam wechselnde Geschichte schließt, ist zweite Kindheit, gänzliches Vergessen ohne Augen, ohne Zahn, Geschmack und alles" (1976, S. 703).

In letzter Zeit war es u. a. Erikson, dessen Theorie von den 8 Altern des Menschen besonders einflußreich gewesen ist. Nach Erikson (1968) erleben Menschen, die sich an die Triumphe und Enttäuschungen des Daseins angepaßt haben und fähig waren, selbst etwas hervorzubringen, „Ich-Integrität". Eriksons Darstellung des letzten Stadiums der Lebenszyklustheorie bezieht sich auf das Annehmen des eigenen Lebens und der Menschen, die in ihm von Bedeutung waren. Zu dieser Annahme gehört „eine neue und andere Art von Liebe zu den eigenen Eltern, frei von dem Wunsch, daß sie anders hätten sein sollen, und die Hinnahme der Tatsache, daß man für sein eigenes Leben selber verantwortlich ist…" Ein Mangel an Integration zeigt sich an „Abscheu und Verzweiflung: das eigene Los wird nicht als Rahmen des Lebens hingenommen, der Tod nicht als seine endliche Grenze…" (S. 143).

Für Melanie Klein (1963) ist es notwendig, frühere Neid- und Rivalitätssituationen zu bewältigen, um sich dem Erwachsensein und dem Alter anpassen zu können. Erwachsene, die in der Lage sind, ihre destruktiven Gefühle zu integrieren, sind auch in der Lage, sich mit ihren Kindern zu identifizieren und deren Freuden zu teilen. Trotz einer solchen Konfliktlösung kann die Einsamkeit als Schmerz aus früheren und inneren Quellen jedoch fortbestehen, die, wie Klein behauptet, ein Leben lang mächtig bleiben. Von Melanie Klein beeinflußt, spricht Jaques (1965) von der Unvermeidlichkeit, sich dem Tod zu stellen, und von der Existenz von Haß und destruktiven Impulsen im Innern des Menschen. Eine solche Erkenntnis führt zu einer depressiven Reaktion; das bedeutet, daß die frühe „depressive Position" ein weiteres Mal durchgearbeitet werden muß. Das erfolgreiche Ergebnis reifer schöpferischer Arbeit kann dann auf der „konstruktiven Resignation" gegenüber den eigenen Unvollkommenheiten und den Unzulänglichkeiten der eigenen Arbeit beruhen.

Kernberg (1980), der Ideen von Erikson und Klein zu integrieren versucht, zählt „Lebensaufgaben" des mittleren Alters (d. h. zwischen 30 und 60 Jahren) auf. Eine dieser Aufgaben ist die Notwendigkeit, seine

Vergangenheit zu verstehen und sich auch der eigenen Zukunft bewußt zu sein, weil das mittlere Alter es erfordert, mit den früheren Selbst- und Elternbildern ins reine zu kommen. Während dieser Zeit werden frühere Konflikte wach, und ödipale Probleme und Trennungsangst treten wieder in den Vordergrund. Frühere und gegenwärtige dyadische Beziehungen, insbesondere aber die ödipale Situation, tragen zum Inhalt von Phantasien, zum Verhalten und zu den Konflikten des Menschen im mittleren Lebensalter bei. Die Hauptaufgaben des mittleren Alters sind, „die der Liebe und Ehe innewohnenden Konflikte zu akzeptieren und sie in einer beständigen Objektbeziehung zu fassen..." (S. 145), mit äußerer Aggression, Sadismus, Korruption und Neid zurechtzukommen, die letztendliche Verantwortung für sich selbst zu akzeptieren und sich den zunehmenden Verlusten und den physischen Alterserscheinungen ohne Verleugnung oder krankhafte Angst zu stellen und die Grenzen der eigenen Kreativität zu akzeptieren.

Diese Theorien skizzieren zwar die Schwierigkeiten und Aufgaben des mittleren und hohen Alters, sind in ihren Verallgemeinerungen jedoch nur ungenügend auf das Leben des einzelnen zugeschnitten. Die Selbstpsychologie bietet hier eine andere Perspektive, die auch nicht auf den Konflikten der frühen Kindheit beruht, die für manche Theoretikerinnen und Theoretiker im Hinblick auf das Alter fast unversöhnliche Probleme aufwerfen. Kohut (1984) ist der Ansicht, daß wir wenig über unsere Bedürfnisse nach Selbstobjekten während unserer späteren Jahre wissen, wenn wir mit bedrohlichen Krankheiten fertig werden müssen oder dem Tod gegenüberstehen. Eine solche positivere Sicht der Erschaffung von Selbstobjekten während des ganzen Lebens und die Veränderungen, die diese notwendigen und immer wieder neu erschaffenen Selbstobjekte mit zunehmender Reife nehmen, macht es möglich, eine Entwicklungslinie aufzuzeichnen. Wolf (1980) hat mit dieser Aufzeichnung begonnen.

Wie alle Versuche, die Entwicklung der Lebensspanne zu beschreiben, widmet auch Wolfs Darstellung den größten Teil ihres Umfangs der Jugend. Von der Geburt bis zur Entstehung des Selbst braucht das Kind primär Selbstobjektbeziehungen, die dem entstehenden Selbst Organisationshilfe leisten. Sobald sich das Selbst konstelliert hat, bedürfen seine Grenzen wiederum der Sicherung im Rahmen von Selbstobjektbeziehungen, und zwar sowohl durch ein bestätigendes Selbstobjekt als auch durch die Konfrontation mit ihm. Die Konfrontation dient der Entwicklung gesunder Aggression, die die Kohärenz des Selbst fördert. Diese widersprüchliche Notwendigkeit, daß Selbstobjekte immer zugleich Verbündete und Gegner sind, erklärt die unvermeidliche Ambivalenz dieser frühen Entwicklungsphase und färbt alle späteren Beziehungen. Die ödipale Periode wirkt auch auf das Bedürfnis nach Selbstobjektbeziehungen ein. Sie können nun nicht mehr allein von der primären Pflegeperson befriedigt werden; auch andere Mitglieder der Familie treten hinzu. Darüber hinaus werden die Selbstobjektbedürfnisse nun zunehmend von anderen gedeckt (z. B. von Gleichaltrigen); die Abhängigkeit von einzelnen Selbstobjekten nimmt dementsprechend ab. Mit fortschreitender Entwicklung werden die Bedürfnisse nach Selbstobjekten und die Beziehungen zu ihnen weniger intensiv; Symbole können an die Stelle von Personen treten. Menschen werden ihrer Bedürfnisse nach Selbstobjekten so lange nicht gewahr, wie die soziale Matrix die notwendigen Spiegelreaktionen und idealisierbaren Werte liefert. Sobald Menschen jedoch aus ihrem freundlichen sozialen Zusammenhang herausfallen und sich in einer fremden feindseligen Umgebung wiederfinden, kann es sein, daß sogar ein starkes Selbst zerbricht. Dies könnte vielleicht auch die Erfahrung älterer Menschen kennzeichnen.

Jede der hier referierten Darstellungen unterstreicht also einen anderen Aspekt des Alterns, entsprechend der Theorie des jeweiligen Autors. Erikson stellt der Annahme des Alterns dessen Ablehnung und die mit ihr einhergehende Verzweiflung gegenüber. Klein und Jaques weisen auf die Notwendigkeit hin, Gefühle des Neids und der Rivalität zu überwinden und zu akzeptieren, daß man destruktive Impulse in sich hat. Alle betonen die Notwendigkeit, sich mit den eigenen Unzulänglichkeiten abzufinden. Kernberg richtet seine Botschaft an Menschen mittleren Alters, aber man kann annehmen, daß die Aufgaben in späteren Lebensphasen ähnlich sind: die Notwendigkeit, seine eigenen Grenzen zu akzeptieren, destruktive Impulse bei sich und anderen wahrzunehmen und sich mit der Erfahrung des Alterns und dem Erleiden von Verlusten abzufinden. Die Qualität der internalisierten Objektbeziehungen ist dabei besonders wichtig – der alternde Mensch muß mit früheren Konflikten, die aus der Beziehung zu den Eltern herrühren, ins reine kommen. Im Gegensatz zu diesen Theorien, die auf dem Vorhandensein destruktiver Impulse und Konflikte basieren, betonen Kohut und Wolf die Entwicklung von Selbstobjekten während des ganzen Lebens, z. B. die Möglichkeit, das Bedürfnis nach Selbstobjekten dadurch zu befriedigen, daß Menschen durch Symbole ersetzt werden.

Obwohl dies Theorien über das mittlere und hohe Lebensalter sind, besteht bei den meisten Psychoanalytikern und Psychoanalytikerinnen immer noch die Tendenz, das Problem des Alterns zu vernachlässigen, v. a. die Gefühle über das Altern. Diese Vernachlässigung mag zum Teil auf einer Verleugnung von Alter und Tod beruhen, die durch die gesellschaftliche und klinische Betonung der Jugend begünstigt wird. Unser klinisches Wissen von den Erfahrungen älterer Menschen ist auch deshalb dürftig, weil unser Bedürfnis, Alter und Tod zu verleugnen, uns dazu veranlaßt, die Behandlung alter Menschen zu umgehen. Die Mangelhaftigkeit dieses Wissens wird auch durch empirische Untersuchungen wie die von Lieberman und Tobin (1983), die die Streßanpassung im Alter untersucht haben, nicht aufgehoben. Sie wollten wissen, wie weit die Nähe des Todes eine Krise darstellt und wie der nahende Tod im Denken der Menschen als Organisator fungiert. Die Autoren beschreiben die kritischen Probleme in den letzten beiden Lebensjahrzehnten: wie man sich trotz der offenkundigen, von außen induzierten Veränderungen, die Teil des Alters sind, ein konsistentes Konzept seiner selbst erhält. Die Aufrechterhaltung dieses konsistenten

Selbstbildes ist eine Alterserfahrung, die manche Menschen erfolgreich bewältigen, andere dagegen nicht.

Manche älteren Menschen verstricken sich in dieser Phase in potentiell selbstzerstörerische Mechanismen, während andere lebenssteigernde Strategien zu Hilfe nehmen. Wie weit ist z. B. das „historische Selbst", die Beziehung zur eigenen Vergangenheit, in das jetzige Leben integriert? Und wie bestimmt diese Integration die Reaktion auf Belastungen? Auch Hoffnung oder die Ausdehnung des Selbst in die Zukunft wirken als lebensbejahende Mechanismen. Da der ältere Mensch nur noch über eine begrenzte Zeit verfügt, ist die Konfrontation mit der Zukunft eine grundsätzliche, aber erfüllbare Aufgabe.

Die Strategien für die Streßbewältigung im Alter werden für Männer und Frauen vermutlich unterschiedlich sein, so wie beide auch den Prozeß des Alterns jeweils anders erleben. In Untersuchungen über das höhere Alter wurden diese Unterschiede jedoch kaum berücksichtigt. Man hat die Unterschiede zwischen Jungen und Mädchen theoretisch eher übertrieben, sie bei älteren Männern und Frauen aber geflissentlich übersehen.

Wie können wir diese Erfahrungen der Frau im höheren Lebensalter untersuchen? Man könnte sich, obwohl es über demographische Daten hinaus bis jetzt nur wenig Informationen über das Altern gibt, eine Untersuchung der Erfahrung solcher Frauen als eine Studie der Selbstachtung vorstellen. Zu diesem Zweck soll hier zunächst die Entwicklung der Selbstachtung bei der erwachsenen Frau untersucht werden, um zu sehen, welchen inneren und äußeren Einflüssen sie unterliegt.

6.2 Selbstachtung

Nach Jacobson (1964) hängt unsere Selbstachtung davon ab, was wir sein möchten, also unserem Ich-Ideal, gemessen an unserem aktuellen Selbsterleben, unserer Selbstrepräsentanz.

Stolorow und Lachmann (1980) liefern eine andere Beschreibung der Selbstachtung, die von der Selbstpsychologie abgeleitet ist: „Psychische Aktivitäten sind in dem Grad narzißtisch, als ihre Funktion darin besteht, den strukturellen Zusammenhalt, die zeitliche Stabilität und die positive affektive Färbung der Vorstellung vom eigenen Selbst aufrechtzuerhalten" (S. 10). Selbstachtung kann hier definiert werden als eine „positive affektive Färbung der Vorstellung vom eigenen Selbst". Das heißt, daß beinahe jede psychische Aktivität als Abwehr gegen eine geringe Selbstachtung eingesetzt werden kann, aber einige davon sind nützlicher als andere. Erfolg oder Scheitern einer solchen Aktivität hängt v. a. auch davon ab, ob sie „phasenangemessen" ist. Sie kann z. B. versagen, wenn man die Selbstachtung durch eine narzißtische Bindung an ein idealisiertes Objekt (z. B. die Mutter) aufrechterhalten möchte, über die angemessene Phase – die Kindheit – hinaus. Auch die narzißtische Bindung an ein idealisiertes Objekt im Erwachsenenleben (z. B. die Unterwürfigkeit gegenüber einem Geliebten) kann die Aufrechterhaltung der Selbstachtung oft nicht gewährleisten. Die Selbstachtung in diesen Beziehungen kann mit dem Schicksal des häufig instabilen Verhältnisses schwanken. Auf der anderen Seite kann sich die Selbstachtung über entpersönlichte, abstrakte und verinnerlichte Wertvorstellungen oder auch durch dauerhafte und reife Beziehungsformen zu anderen Menschen erfolgreich stabilisieren.

Strategien zur Erhaltung der Selbstachtung können darüber hinaus von Geschlechtsunterschieden abhängen, obwohl wenige Autoren diese Frage erforscht haben. Annie Reich (1973) glaubt, daß extreme Unterwürfigkeit die Selbstrepräsentanz von Frauen festige und ihnen dabei helfe, Verletzungen ihrer Selbstachtung defensiv zu bewältigen. Bestimmte Frauen, die Männern gegenüber unterwürfig sind, formen narzißtische Objektbindungen an ein entsprechend vergrößertes phallisches Ideal. Der männliche Partner der Frau stellt ihr äußeres Ich-Ideal dar und ihre Unterwürfigkeit wirkt dem Trauma ihrer eingebildeten Kastration und dem daraus folgenden Minderwertigkeitsgefühl entgegen. Nach Reich ist eine solche Idealisierung des Partners von seiten der Frau und ihre Verschmelzung mit ihm eine besondere Form der narzißtischen Objektwahl, über die Frauen verfügen.

Äußere Einflüsse auf die Selbstachtung der Frau

Neben diesen inneren Einflüssen, die auf das Selbst und die Erhaltung der Selbstachtung einwirken, gibt es Einflüsse, die von außen kommen. Elterliche Einflüsse werden dem Kind unmittelbar vermittelt, während dies bei den gesellschaftlichen Idealen eher indirekt geschieht. Trotzdem sind sie allgegenwärtig, wenn auch oft unausgesprochen und verdeckt. So vermitteln Mythen universelle, wenn auch latente Bedeutungen. Die Geschichten von Demeter und Persephone ebenso wie die von Echo z. B. enthalten weibliche Ideale.

Das wichtigste Thema in der Geschichte von Demeter und Persephone ist Bindung, mütterliche Hingabe und der Gebrauch von Macht, um eine unterbrochene Mutter-Tochter-Beziehung wiederherzustellen. Wenn wir uns nach der Schilderung von Robert Graves (1955) richten, war Demeter, die Göttin des Kornfeldes (oder der Fruchtbarkeit), untröstlich, als ihre Tochter Persephone ihr genommen wurde. Hades, der Gott der Unterwelt, hatte sich in Persephone verliebt und ihren Vater Zeus um die Erlaubnis gebeten, sie zu heiraten. Als Zeus diese seine Zustimmung nicht geben, sie aber auch nicht verweigern wollte, entführte Hades das Mädchen. Umsonst suchte Demeter 9 Tage und Nächte, ohne zu essen oder zu ruhen, nach Persephone. Als sie erfuhr, wer ihre Tochter entführt hatte, war sie so zornig, daß sie auf der Erde umherwanderte und den Bäumen verbot, Frucht zu tragen, und den Kräutern, zu wachsen, solange, daß die Menschen in Gefahr gerieten, ausgerottet zu werden. Sie schwor, die Erde solle unfrucht-

bar bleiben, bis ihre Tochter ihr zurückgegeben werde. Nun setzte Zeus
Hades unter Druck, Persephone ihrer Mutter wiederzugeben. Aber Persephone hatte 7 Granatapfelkerne von einem Baum in Hades' Garten
gekostet, also von der Nahrung der Toten gegessen, und Hades hatte nun
Macht über sie. Schließlich wurde ein Kompromiß geschlossen: Persephone
sollte 3 Monate des Jahres (den Winter) bei Hades verbringen, die übrigen 9
bei ihrer Mutter.

Nach Robert May (1980) zeigt dieser Mythos, daß „Fürsorge bestätigt
und Ausdauer belohnt" wird (S. 13). Bindung und Verlust sind notwendig
miteinander verbunden und echte Anteilnahme erfordert die Bereitschaft,
auch den Verlust dessen zu erleiden, für das wir Sorge tragen. In dem Mythos
folgt auf Kummer, Verlust und Leiden eine ekstatische Rückkehr zu Fülle
und Wachstum. Dieser Mythos kommt auch in Kindermärchen zum
Ausdruck (z. B. in *The Runaway Bunny*) und offeriert Frauen ein entspre-
chendes Modell; wie in den meisten anderen Mythen bekräftigt er
gleichzeitig jedoch traditionelle Machtverhältnisse.

Ein anderes weibliches Modell leitet sich vom Mythos der Nymphe Echo
her, die in Narziß verliebt war. Echo, deren Existenz hinter der Tragödie des
Narziß oft im Dunkel bleibt, verkörpert eine Reihe stereotyper weiblicher
Eigenschaften. Sie ist der stimmliche Widerhall des Narziß, so wie der Fluß
sein visuelles Spiegelbild zurückwirft. Echo liebt Narziß, aber als einer von
den Göttern bestraften Frau ist es ihr nicht erlaubt zu handeln, sondern nur
zu reagieren; sie kann kein Gespräch beginnen, sondern muß dem, was ein
anderer sagt, als Echo antworten. Sie verkörpert ein Rollenmodell, in dem
sie abhängig ist, machtlos und stumm, bis ein anderer sie anspricht.

Offener als mythische Vorbilder, aber immer noch sehr subtil, sind
Einflüsse auf die Entwicklung des weiblichen Selbst, die aus der Geschichte
stammen und bis vor kurzem praktisch übersehen worden sind. Die heute
fast explosionsartig anwachsenden Informationen über die Geschichte der
Frau ermöglichen mittlerweile jedoch auch einen Überblick darüber, wie die
Gesellschaft Frauen in verschiedenen Epochen gesehen hat und wie sich
solche Ansichten im Lauf der Zeit verändert haben. Amerikanische Frauen
z. B. waren im 18. Jh. von einer sich rasch verändernden Umwelt relativ
isoliert. Mit der Zeit trat jedoch an die Stelle der patriarchalischen Familie
ein neuer Familientyp – privater, zärtlicher und weniger autoritär. Frauen
und Kinder wurden als Individuen gesehen und übernahmen dementsprechend auch andere Rollen. Um 1800 wurde die Frau „nicht mehr als
moralisch verdächtig, einfältig oder potentiell gefährlich für die Menschen
um sie herum angesehen. Sie galt nicht mehr... nur als Zankteufel,
unberufener Eindringling oder Helfershelferin des Teufels, der es allenfalls
möglich war, durch Schweigen, Fleiß und Gehorsam das Heil zu erlangen"
(Woloch 1984, S. 67). Die Frau wurde als vernünftiger und innerhalb der
Familie als quasi-autonom betrachtet; sie hatte Werte zu verwalten und war
fähig, Ideen zu vermitteln, einen positiven Einfluß auf ihre Kinder
auszuüben und deshalb auch eine Rolle in der Gesellschaft zu übernehmen.

Zwischen 1800 und 1860 sah man die Frauen und die Familie wieder mit anderen Augen. Man betrachtete das Heim nun als einen Raum für Gefühle, einen Ort der Zuflucht vor der Welt des Wettstreits, eine Quelle der Stabilität und Ordnung in einer instabilen Gesellschaft. Die Frauen erblickte man als Hüterinnen dieses abgesonderten, privatisierten, verweiblichten Schreins – des Heims. Zeitschriften formulierten den Kanon der Häuslichkeit und der Mutterschaft und brachten Darstellungen von Müttern im trauten Heim, von Kindern umgeben, in zärtlichen Posen. Auch dem weiblichen Charakter wurde eine Neubewertung zuteil, wobei Charakterzüge nun, wie soziale Rollen, zwischen Männern und Frauen aufgeteilt wurden. Männer wurden als konkurrierend, durchsetzungsfähig, individualistisch und materialistisch charakterisiert, Frauen als häuslich, abhängig, zärtlich, fromm, rein, sanft, hegend und pflegend, wohlwollend und selbstaufopfernd. Während diese „sanfteren" Tugenden im ganzen 18. Jh. in jene beratenden Traktätchen eingesickert waren, die für jene Frauen, die nach oben strebten, bestimmt waren, wurden im frühen 19. Jh. „die ‚sanfteren' Tugenden als angeboren akzeptiert" (Woloch 1984, S. 119). In diesem Sinne gelten sie auch heute noch.

Frauen internalisieren die mythischen, historischen und allgemein akzeptierten Vorstellungen über sich selbst. Irigaray (zit. nach Schor und Grandet 1985), eine französische Feministin und Kritikerin der Lacanschen Bewertung des Spiegels als Beginn des symbolischen Stadiums, ist der Ansicht, daß das kleine Mädchen im Spiegel nicht ihr eigenes Bild erblicke, sondern nur seine Spiegelungen durch andere, ein patriarchalisches Bild. Das kleine Mädchen internalisiert diese dominante Sicht von sich selbst – eine maskuline Sicht. Über den spezifischen Extrakt, der während des Internalisierungsvorgangs stattfindet, und über das Ausmaß, in dem ältere Wahrnehmungen mit neueren verschmelzen, kann man nur spekulieren. Im allgemeinen werden Frauen, obwohl sich ihre Stellung seit 1776 geändert hat, weiterhin als den Männern unterlegen angesehen. Es ist diese Internalisierung der männlichen Ansicht von der Unterlegenheit der Frau, die die Selbstachtung von Frauen angreifbar macht.

Um ihre Selbstachtung abzusichern, und nicht zuletzt um ihrer eigenen Sicherheit willen, mußten Frauen nicht nur den ihnen Anvertrauten gegenüber einfühlsam sein, sondern auch gegenüber den Vorstellungen der Mächtigen. Diese Machtverhältnisse produzieren und reproduzieren, wenn sie verinnerlicht sind, bestimmte Persönlichkeitstypen wie z. B. die hilflose „kleine Frau", die eifrig bestrebt ist, alles recht zu machen. Wenn sie dagegen protestiert, daß ihr Bedürfnis nach Zuneigung und Schutz unerfüllt bleibt, wird ihr Verhalten in hochgradig negativen Ausdrücken beschrieben. Diese negative Wahrnehmung der Frau durch den Mann scheint verschiedene Ursachen zu haben. Stiver (1985) hat darauf hingewiesen, daß Männer ihre eigenen empathischen Qualitäten verleugnen, um sich gegen die starke, aber verbotene und abgewertete Verbindung mit der Mutter zu wehren, ein Umstand, auf den Dinnerstein (1976) schon früher aufmerksam machte.

Der Haß des Mannes kann auf dem Gefühl beruhen, früh im Leben im Stich gelassen worden zu sein, aber auch auf seinem Neid auf die Möglichkeit der Frau, Gefühle offener zum Ausdruck zu bringen. Nach Stiver hat dieser Haß den Weg in die Fachliteratur mit Hilfe der Beschreibungen weiblicher Patienten gefunden. So werden „hysterische Dysphorikerinnen" von Donald Klein in *Psychopathy and Psychopharmacology* wie folgt beschrieben:

> Sie sind launisch, emotional labil, verantwortungslos, seicht, liebestrunken, unbeständig und kurzsichtig. Sie neigen dazu, egozentrisch, narzißtisch, exhibitionistisch, eitel und verrückt nach Kleidern zu sein. Sie sind verführerisch, manipulativ, ausbeuterisch, sexuell provokant und denken emotional und unlogisch. Sie sind leicht für Schmeicheleien und Komplimente zu haben.
>
> Ihr allgemeines Benehmen ist theatralisch, aufmerksamkeitsheischend und möglicherweise auch auffallend. In ihren sexuellen Beziehungen sind sie besitzergreifend, habgierig, fordernd, romantisch und auf das Vorspiel konzentriert. Wenn sie frustriert und enttäuscht sind, werden sie vorwurfsvoll, schmachtend, beleidigend und rachsüchtig, und oft suchen sie Zuflucht im Alkohol (zit. nach Stiver, S. 9).

6.3 Weibliche Sozialisation:
Abhängigkeit und Verbundenheit

Freud (1933 a) glaubte, daß Frauen Scham erfahren, weil sie ihren kastrierten Zustand zu verbergen suchen, während Lewis (1978) darauf hinweist, daß Scham zum Teil eine Folge der Empfindlichkeit von Frauen gegenüber anderen ist. Frauen geraten leichter in Verlegenheit, fühlen sich gedemütigt und beschämt, wenn sie mit Aufgaben, die sich auf andere richten, scheitern. Man darf erwarten, daß die Selbstachtung von Frauen gegenüber den Reaktionen anderer deshalb eine größere Schwankungsbreite aufweist, als dies bei der Selbstachtung von Männern der Fall ist. Männer werden nicht daraufhin sozialisiert, auf die kritischen Bewertungen ihres interpersonellen Verhaltens durch andere empfänglich zu reagieren. Und Durchsetzungsvermögen, das in der Sozialisation von Jungen betont wird, ist gleichbedeutend damit, sich aus der Meinung anderer nicht so viel zu machen. May (1980) stellt fest, daß Fürsorge, Geben und Altruismus im Zentrum des weiblichen Lebens stehen. Das Band zwischen Mutter und Tochter „hebt sich als ein besonderes Beispiel für das allgemeine Interesse an menschlichen Bindungen im Muster der Weiblichkeit heraus" (S. 65). Aus vielen Quellen gibt es Hinweise dafür, daß Mädchen sich in intimen Beziehungen entwickeln, die sie auch im Erwachsenenleben aufrechterhalten möchten (s. Dinnerstein 1976; Landsberg 1982; Smith-Rosenberg 1985).

Diese Abhängigkeit von Frauen ist jedoch häufig als pathologisch beurteilt worden. Annie Reich (1973) z. B. konzentriert sich bei der Beschreibung von „extremer Unterwürfigkeit" auf die „spezielle Abhängigkeit eines Erwachsenen einem anderen gegenüber: die Unmöglichkeit, ohne den Partner zu leben, die Bereitschaft, alle Wünsche des Partners zu erfüllen, dadurch alle eigenen Interessen, alle Unabhängigkeit und alles Selbstvertrauen zu opfern..., eine Perversion" (S. 85). Wir haben die Abhängigkeit als einen negativen Zug akzeptiert. Dies ist eine Beurteilung, die ebenso von männlichen Ängsten herrührt, wieder abhängig zu werden, wie auch von weiblichen Konnotationen. Für Frauen scheinen Fürsorge und Zuneigung für ihre Selbstachtung jedoch erforderlich zu sein, so wie der Verlust dieser Qualitäten mit niedriger Selbstachtung und Depression einhergeht. Auf der Grundlage einer groß angelegten epidemiologischen Untersuchung der Depression von Frauen zählen Brown u. Harris (1978) die folgenden Faktoren auf, die (neben anderen) Frauen für eine Depression prädisponieren: Verlust der Mutter vor dem Alter von 11 Jahren, Mangel an Intimität mit dem Ehemann, Verlust oder Enttäuschung, die Drohung einer bevorstehenden Trennung von einer wichtigen Beziehungsperson, unangenehme Enthüllungen über eine nahestehende Person oder eine lebensbedrohende Erkrankung eines nahen Verwandten (S. 274).

Die Theorie vom „Selbst-in-Beziehung" (Kaplan 1984) postuliert, daß der Verlust einer Beziehung den Verlust einer Bestätigung für diese relationale Selbst-Struktur der Frau darstellt. Frauen erleben das Fehlen von Intimität auf Grund eines Verlusts als ein Versagen des Selbst und fühlen sich verantwortlich für gescheiterte Beziehungen. Ihr Selbstwertgefühl beruht auf ihrer Fähigkeit, Beziehungen aufzubauen. Im Falle eines Verlustes empfinden Frauen ein Gefühl der Unzulänglichkeit und geringer Selbstachtung besonders dann, wenn sie sich an kulturell hoch bewerteten, verinnerlichten männlichen Normen messen. Unsere Gesellschaft wertet relationale Fähigkeiten ab, so wie sie „weibliche Arbeiten" abwertet – Sticken, Weben, Kochen, Saubermachen und Kindererziehung.

Die Theorie vom Selbst-in-Beziehung kommt demgegenüber zu dem Schluß, daß das Gefühl von Verbundenheit etwas Positives ist. Die psychische Entwicklung von Mädchen ist auf wechselseitiges Verständnis und die Reziprozität von Gefühlen gegründet: „Es ist der Fleiß einfühlsamer Kommunikation und wechselseitiger Aufmerksamkeit von einem zum anderen, der es dem Kind nicht nur ermöglicht, sich geschätzt zu fühlen, sondern auch ein Gefühl von sich selbst als einem liebenden Wesen zu entwickeln, einem Menschen, der aus seiner Beziehungsfähigkeit Stärke und Kompetenz bezieht..." (Kaplan 1984, S. 6).

6.4 Krisen im Zusammenhang mit den Fortpflanzungsfunktionen der Frau

Die Fortpflanzungsfunktionen üben auf die Selbstachtung der Frau einen recht vielschichtigen Einfluß aus. Diese Vielschichtigkeit rührt zum Teil von gesellschaftlichen Normen her, die verinnerlicht wurden und sich auf das körperliche Erleben der Frau auswirken. Pubertät, Menstruation und Menopause sind gesellschaftlich definierte Krisenpunkte, Markierungen für Altersabschnitte, und sie sind mit Tabus verknüpft.

Das erste in englischer Sprache veröffentlichte Buch über die Menstruation, ein Kompendium alter und zeitgenössischer Ansichten über die Fortpflanzungsfunktionen der Frau, beginnt mit der Klage:

> Gewiß jämmerlich und ungleich erscheint der Zustand des weiblichen Geschlechts, daß sie, die von der Natur zur Bewahrerin des Menschengeschlechts bestimmt sind, zur gleichen Zeit so vielen Gebrechen unterworfen sind... Wenn sie in den Stand der Ehe treten, erwächst ihnen selbst aus dieser Quelle der Lüste etwas Bitteres, und die Schwangerschaft bringt auf jeden Fall eine Periode des Ekels mit sich, wenn nicht Schlimmeres; wenn sie Ehelosigkeit geloben..., werden sie wohl oder übel unter einer gewissen Verstimmung leiden..., weil ihnen die Qualen einer Mutter fremd bleiben... (Freind 1729).

Die Äußerungen von Ärzten des 19. Jh. waren in diesem Zusammenhang auch sonst meist abwehrend; sie schilderten die Frauen als zart, schwächlich, empfänglich für Krankheit und Wahnsinn, besonders im Zusammenhang mit ihrer Fortpflanzungsfähigkeit. Eine der Gefahren der Pubertät und der Menopause war nach Napheys (1871) die „grüne Krankheit" oder Bleichsucht: „Kaum jemand hat Frauen aus der Nähe beobachtet, ohne die eigenartige Hautfärbung zu bemerken, die Schwäche, die Abneigung gegen Gesellschaft, die wechselhafte Laune, den ungleichmäßigen Appetit, die Blässe des Auges und die anderen Merkmale, die das Vorhandensein eines solchen nervlichen Zustands bei jenen zeigen, die kurz vor dem Verzicht auf ihre Fortpflanzungsfähigkeit stehen..." (S. 296).

Auch in unserer Zeit finden wir noch Reste der pejorativen Anschauung des vergangenen Jahrhunderts vom biologischen Zyklus der Frau. Helene Deutsch (1944/45) glaubte, „das biologische Schicksal der Frau äußert sich in der Tatsache, daß mit dem Aufhören des Dienstes für die Art auch ihre individuellen weiblichen Qualitäten dem Untergang entgegengehen. Alles, was ihr die Entwicklung der Pubertät gespendet hatte, wird jetzt Stück um Stück entzogen; mit dem Fortpflanzungsdienst verschwindet die Schönheit und meist auch jener warme Lebensstrom des weiblichen Gefühlslebens... Der physiologische Abbau wird als Todesnähe empfunden; das Leben beginnt blaß, ziellos zu erscheinen..." (S. 314).

Und der bekannte Autor David Reuben stellt für das Einsetzen der Menopause fest: „Die Vagina beginnt zu schrumpfen, die Brüste verkümmern, das sexuelle Verlangen verschwindet... vermehrter Haarwuchs im Gesicht, eine vertiefte Stimme, Fettleibigkeit... vergröberte Gesichtszüge, Vergrößerung der Klitoris und allmähliches Kahlwerden vervollständigen das tragische Bild" (zit. nach Fausto-Sterling 1985, S. 107).

Die Verbindung zwischen Menopause und Depression hielt man für gravierend (für manche Autoren gilt dies auch heute noch). Die Diagnose „Involutionsdepression" war noch im DSM II (American Psychiatric

Association 1968) zu finden, und kürzlich hat Lax (1982) die „zu erwartende despressive klimakterische Reaktion" beschrieben. Laut Lax manifestiert sich diese Reaktion in „Traurigkeit, einem Gefühl des Verlusts und der Trauer um das jugendliche Selbst der eigenen Vergangenheit" (S. 164). Nach Greene (1984) ist die Ansicht, es gebe „ein spezifisches und deutlich abgegrenztes Involutionssyndrom, jedoch nicht länger haltbar". Wenn während des Klimakteriums psychische Störungen auftreten, so stellt Greene auf Grund seines Überblicks über die Forschung fest, ist dies entweder zufällig oder aber es besteht eine Vorgeschichte mit psychiatrischen Dekompensationen bei Frauen mit entsprechend anfälliger Disposition.

Was aber ist dann die soziale, persönliche und symbolische Bedeutung der Menopause? Zeigt sie eine „Veränderung des Lebens" an, den Beginn des Alters – ein Ende des sexuellen Verlangens und seiner Befriedigung, ein Ende körperlicher Schönheit und weiblicher Züge?

Tabus und mangelndes Interesse für Frauen und ihre „weiblichen Leiden" haben zur Erhaltung der Unwissenheit über die Menopause und andere weibliche Körpererfahrungen beigetragen. So wurde erst 1975 eine Untersuchung begonnen, bei der Frauen über das Wesen der klimakterischen Hitzewallungen befragt wurden (Voda, Dinnerstein und O'Donnel 1982). Andere Syndrome sind ähnlich vernachlässigt worden, z.B. der prämenstruelle Spannungszustand. Zu den psychischen Folgen einer solchen Vernachlässigung gehört die Verlegenheit der Frauen über ihre „Symptome", ihre Scham über Erfahrungen, die in einer „wohlerzogenen" Gesellschaft nicht ans Licht kommen dürfen. Frauen erfahren sich und ihre biologischen Funktionen deshalb allgemein als gering geachtet – was sie empfinden, soll nicht mitgeteilt werden und muß unausgesprochen beiben. Das führt dazu, daß sie sich merkwürdig und inferior vorkommen, was wiederum Einfluß auf ihre Selbstachtung hat.

6.5 Geschlechtsspezifische Unterschiede in der Erfahrung des Alterns

Susan Sontag (1972) hat darauf hingewiesen, daß die Besorgnis der Frauen wegen ihres Alterns eine genaue Wahrnehmung des doppelten Standards widerspiegelt, mit dem das Alter von Männern und Frauen gemessen wird. Wenn ihre Jugend vergeht, werden Frauen als weniger attraktiv und daher auch weniger „lohnend" angesehen. Männer werden dagegen mehr nach ihren Leistungen als nach ihrem Aussehen beurteilt; alternde Männer sieht man deshalb häufig als eher „vornehm" an. Untersuchungen haben darauf hingewiesen, daß sowohl junge als auch alte Männer *und* Frauen alte Frauen für weniger attraktiv halten als alte Männer – wieder ein Fall also, in dem Frauen männliche Maßstäbe übernehmen.

Mehrere Studien ergeben, daß Attraktivität für die Selbstachtung wichtig ist. Lerner und Karabenick (1974) weisen außerdem darauf hin, daß Attraktivität und Körperhaltung eine stärkere Komponente des Selbstgefühls darstellen, als dies für Männer gilt. Simmons u. Rosenberg (1975) stellten fest, daß heranwachsende Mädchen besorgter um ihr Aussehen waren als ihre männlichen Altersgenossen und daß sie sich selbst weniger attraktiv fanden, als dies für Jungen galt. Mädchen, die sich für unattraktiv hielten, hatten eine geringere Selbstachtung als Mädchen, die mit ihrer Erscheinung zufrieden waren. Fallon u. Rozin (1985) berichten, daß Männer ebenso wie Frauen ihre eigene Körperwahrnehmung verzerren, Frauen zum Negativen hin, Männer zum Positiven, in einer sich selbst überschätzenden Weise. Frauen werden daraufhin sozialisiert, sich schön zu machen, um Männern zu gefallen. Kosmetik, die in der heutigen Schönheitsindustrie eine Hauptrolle spielt, war schon im alten Ägypten bekannt. Aber in der Mittel- und Unterschicht der westlichen Welt wurde sie erst Anfang dieses Jahrhunderts erschwinglich, als sie in Massenproduktion hergestellt wurde. Bis dahin war das, was Elaine T. May (1980) „käufliche Lösungen für persönliche Probleme" genannt hat, nicht so leicht zu finden. Das persönliche Problem der Frau ist, einen Mann zu fesseln. Der Mann bietet ihr eine traditionelle Identität: Ehefrau und Mutter seiner Kinder. Viele junge Frauen fürchten, daß sie keinen Mann finden könnten, wenn sie nicht schön sind oder lernen, sich schön zu machen. Das Interesse am Sich-Schönmachen ist also nicht unbedingt primär und immer eine Hinwendung zum Körper um seiner selbst willen. Es ist vielmehr ein Mittel zum Zweck, um ihre traditionelle Rolle als Frau in einer Beziehung zu erfüllen.

Was einem wie eine ungewöhnliche Sorge um die körperliche Erscheinung vorkommt, kann auch Abwehr gegen eine verständliche Angst sein. Zum Beispiel erwartete eine junge Frau, die sich vorgenommen hatte zu heiraten, wie dies dem Ideal ihrer Familie und der Gesellschaft entsprach, von jedem Mann, der dafür in Frage kam, sich – sofort – in sie zu verlieben. Ihre Bemühungen, sich attraktiv zu machen, und die Bewunderung, die sie erwartete, waren nur ein erster Schritt auf dem Weg zu ihrem Ziel, einen Gatten zu finden, der ihr die Rolle und den Status verschaffen konnte, deren Erreichung man von ihr erwartete. Ihr Interesse an ihrem Körper diente deshalb der Abwehr der Angst, sie könnte vielleicht keinen Ehemann finden.

Die Konzentration auf den eigenen Körper kann aber nicht nur einer solchen Angstabwehr dienen, sondern auch die Selbstachtung heben. Sportliche Aktivitäten zum Beispiel können körperliche Hochgefühle erzeugen – möglicherweise als Folge der Ausschüttung von Endorphinen – und verleihen ein Gefühl der Beherrschung und der Macht über den eigenen Körper. Im „Bodybuilding" zum Beispiel werden bestimmte Körperteile durch die Entwicklung von Muskelgruppen korrigiert und neu modelliert. Das Verhüllen dessen, was man unattraktiv findet – sei es durch Kunstgriffe oder durch kosmetische Chirurgie – ist also nicht mehr die einzig mögliche Lösung.

Einhalten einer Diät (und alle damit zusammenhängenden Überlegungen um die Diät) tragen ebenfalls zu dem Gefühl bei, den eigenen Körper und den Prozeß des Alterns zu beherrschen, wenn nicht sogar das eigene Schicksal. Andererseits hat Brownmiller (1984) geäußert, daß das Diäthalten etwas Ähnliches sei wie das Einbinden der Füße bei den alten Chinesen oder das Tragen von Korsetts – nämlich Einschränkungen, die eine Verstümmelung des weiblichen Körpers um der Schönheit willen mit sich bringen. Schlanksein ist für die heutigen Maßstäbe von Gesundheit und Attraktivität von großer Wichtigkeit; eine Überbetonung des Diäthaltens bedeutet jedoch, daß der weibliche Körper für mangelhaft erachtet wird und umgestaltet werden muß.

Der Bemühung, den Körper zu entwickeln und ihn anziehender zu machen, wohnt eine Ausrichtung auf die Zukunft inne. Mit zunehmendem Alter werden die Orientierungen und Strategien zur Veränderung des eigenen Körpers immer illusorischer. Realistischere Ansichten von der Kürze der Lebensdauer, des Lebens mit einer geborgten Zeit tauchen auf und bahnen sich den Weg ins Bewußtsein der alternden Frau.

6.6 Narzißtische Restitutionen im Alter – die Funktion von Menschen und Gegenständen

Frauen sind von den herrschenden Einstellungen über das Alter, die einen Angriff auf die Selbstachtung darstellen, doppelt betroffen. Die Frau kann die Veränderungen in ihrem Körper und den gleichzeitigen Verlust des sozialen Status als eine Folge ihres Älterwerdens und des Endes ihrer Fortpflanzungsfähigkeit erleben. Gleichzeitig wird der Einsatz narzißtischer Operationen, die früher einmal die Selbstachtung steigern konnten, mit zunehmendem Alter immer unangemessener: die Unterwürfigkeit gegenüber einem machtvollen Mann oder die hingebungsvolle Verschönerung des eigenen Körpers können so nicht mehr länger funktionieren. Frauen in höherem Lebensalter, die sich weiter solcher Strategien bedienen (z. B. einem „phaseninadäquaten" Kleiderkodex oder Make-up folgen), laufen Gefahr, daß das Ergebnis als bemitleidenswert, grotesk oder sogar bizarr angesehen wird.

Für die Altgewordenen schwinden also potentielle äußere Mittel zur Aufbesserung ihrer Selbstachtung dahin. Sie verlieren ihre Eltern, manchmal ihre Kinder, Freunde und Kolleginnen, ihre Heldinnen und Idole, ihre Lebensweise, ihren Beruf, ihr Einkommen. Sie werden zunehmend machtloser, weil ihre Verluste auch physische und psychische Funktionen einschließen: Gehör, Sehkraft, Beweglichkeit, Kurzzeitgedächtnis, Reaktionszeit usw. Die Alten fürchten Krankheit, zusätzliche Verluste, die

Unfähigkeit, für sich selbst zu sorgen, das Abgeschobenwerden ins Altersheim, den Tod.

Wenn solche äußeren Möglichkeiten, die früher die Selbstachtung hoben, dahinschwinden, was geschieht dann mit der Beziehung zwischen dem Ich-Ideal und der Selbstrepräsentanz? Modifiziert die Nähe des Todes unsere Wünsche, uns diesen Idealen anzunähern? Begnügen wir uns mit dem Gefühl einer zusammenhängenden Selbstrepräsentanz und verzichten auf die Möglichkeit seiner positiven affektiven Färbung? Bleiben die Geschlechtsunterschiede in der Selbstachtung so, wie sie in jüngeren Jahren waren?

Das Alter setzt einen Einebnungsprozeß in Gang, durch den einige Unterschiede zwischen männlicher und weiblicher Rolle scheinbar verschwinden. Aber es ist unklar, welche Veränderungen in unserer Selbstrepräsenz eintreten. Die Rollenveränderungen sind sichtbar: älter werdende Frauen, besonders solche mit ausreichendem Einkommen, werden insofern Männern immer ähnlicher, als sie sich weniger um die Meinungen anderer kümmern und durchsetzungsfähiger werden als zu jenen Zeiten, in denen sie noch jünger und abhängiger waren. Älter werdende Männer werden, wenn sie in den Ruhestand treten, dagegen in manchem den Frauen ähnlicher: v. a. verlieren sie die Machtbasis, die sie aus dem Erfolg ihrer Erwerbsrolle bezogen. Die subjektiven Reaktionen auf diese Rollenveränderungen können unterschiedlich sein. Während Männer über ihren Verlust an Ansehen und Macht möglicherweise verzweifeln, können Frauen vielleicht zu früheren Tätigkeiten zurückkehren. Sie können sich dann ihren Beziehungen zu Kindern, anderen Verwandten und Freunden widmen oder können neue Projekte entdecken und mit ihnen eine neue Unabhängigkeit. Die meisten Frauen haben schon immer 2 Machtgrundlagen gehabt: ihre Hausarbeit und ihre Familie. Während Männer im Ruhestand den Übergang zum Daheimbleiben oft schwierig finden, können Frauen in der gleichen Situation Unterstützung aus ihren häuslichen und sozialen Fertigkeiten beziehen und in ihrem Netzwerk von Kindern und Freunden entsprechende Unterstützung finden.

Wie Wolf (1980) feststellt, bedarf die ursprünglich persönliche, konkrete und eingegrenzte Beziehung zu den Selbstobjekten der Kindheit mit zunehmendem Alter einer Transformation. Es geht darum, neue Selbstobjekte zu schaffen: durch die Substitution von Personen, durch Entpersonifizierung und Symbolisierung. *Ein* solcher Wandel fängt früh an und setzt sich ein Leben lang fort: die Ersetzung von Familienmitgliedern durch Freunde. Auf Grund ihrer Sozialisation scheinen Frauen in jedem Lebensabschnitt besonders fähig zu sein, enge Freundschaften zu schließen.

Untersuchungen haben die Freundschaften von Mädchen (schon im Vorschulalter) und Frauen übereinstimmend als intim, dyadisch, unterstützend und mütterlich bezeichnet. Olesker (1984) z. B. stellte fest, daß kleine Mädchen mehr an ihren Müttern hingen als kleine Jungen und daß sie im Spiel mit Gleichaltrigen meist mit einer speziellen Freundin spielten. Die

Jungen dagegen schienen Spielzeug den Menschen vorzuziehen und machten tatsächlich kaum Unterschiede zwischen einzelnen Menschen. Geschlechtsunterschiede in der Freundschaft sind in fast jedem Alter berichtet worden, wobei Mädchen wenige und enge dyadische Beziehungen eingehen, während Jungen Mitglieder von Teams, Banden oder Gruppen werden (Formanek 1984; Whiteside et al. 1976).

Ideal und Realität freundschaftlicher Beziehungen haben zweifellos dazu beigetragen, die Selbstachtung von Frauen aufrechtzuerhalten. Freundschaft scheint für die Frau sehr wichtig zu sein, besonders seit ihre höhere Lebenserwartung dazu geführt hat, daß es viel mehr Witwen als Witwer gibt. Ihre Fähigkeit, enge Freundschaften zu schließen, könnte dazu beitragen, den Verlust eines Ehegatten zu kompensieren und Gefühle der Isolation und Depression abzuwehren. „All meine alten Freunde sind auf dem Friedhof, und wenn ich keine neuen gefunden hätte, was sollte ich jetzt machen?", sagte eine 92jährige Witwe (Blythe 1979, S. 266).

Neben Freundschaften ist es die Beschäftigung mit Gegenständen, die einen Ausgleich für den Verlust von Menschen, der Rolle oder des sozialen Status schaffen kann. Man kann sich die Selbstachtung durch eine Bindung an Gegenstände erhalten, die an Menschen erinnern, welche sie ersetzen. Czikszentmihalyi u. Rochberg-Halton (1981) stellten fest, daß Frauen (und ältere Menschen allgemein) Gegenstände der Betrachtung mochten – wie Bücher, Bilder oder Fotos –, die sie an frühere Bindungen erinnerten.

Ein anderer Versuch, Gegenstände an die Stelle von Menschen zu setzen, kann das Einkaufen sein. Frauen, besonders Frauen aus der Mittelschicht, bringen viele Stunden mit dem Einkaufen zu, allein oder mit Begleiterinnen. Einkaufen ist zwar auch eine soziale Betätigung, aber es stellt darüber hinaus eine besondere Beziehung zu Gegenständen dar: das Einkaufen, um etwas zu erwerben, kann das Selbst wieder auffüllen; es kann die Möglichkeit bieten, sein eigenes Aussehen oder das Aussehen der Wohnung zu verändern und Kontakt zu neuen Menschen herstellen. Welche individuelle und besondere Bedeutung dieses Einkaufen auch haben mag: für Frauen scheint es u. a. auch eine positive Wirkung auf die Selbstachtung zu haben.

Auch Sammeln, eine spezielle Art der Bindung an Gegenstände, kann zur Abwehr einer geminderten Selbstachtung bei Männern und Frauen dienen und sie optimistischer stimmen. Freud, ein Sammler von antiken Gegenständen, beschrieb dies in einem Brief an Fließ: „Am nächsten Regentag marschiere ich aber zu Fuß in mein geliebtes Salzburg, wo ich das letzte Mal sogar ein paar ägyptische Altertümer aufgestöbert habe. Die Dinge geben mir Stimmung und sprechen von fernen Zeiten und Ländern" (Freud 1950, S. 250). Das Interesse erwachsener Sammler an Gegenständen aus der Vergangenheit – Antiquitäten, Spielzeug, Kinderbüchern, Bildern – weist auf Wiederherstellung hin. Man möchte etwas Verlorenes ersetzen, etwas Bedeutsames wiederherstellen, das verloren gegangen ist. Wir erwerben Dinge als Trost für den Verlust; wir klammern uns an einen Gegenstand als emotionales Bindeglied zu einer Person, einer Gemeinde, einer Altersstufe.

Wir brauchen immer noch Kontakt zu Selbstobjekten, zur Vergangenheit, zu Menschen und zu einem Lebensstil, der nie wiederkehrt. Wir wollen auch die Verbindung mit uns selbst behalten, wie wir damals waren – als Kinder.

Für alte Frauen wie für alte Männern sind es außerdem Informationen und das Festhalten von Informationen, die zur Aufrechterhaltung ihres Selbstgefühls beitragen: „Es gibt jetzt keine Wirklichkeit außer der, die ich in mir erhalten kann. Mein Gedächtnis läßt mich im Stich. Ich muß jedes bißchen Information festhalten, das ich habe, um meinen Verstand zu behalten, und zu diesem Zweck führe ich ein Tagebuch..." (Sarton 1973, S. 4).

Das Verweilen alter Frauen und Männer bei Erinnerungen an frühere Zeiten kann auch als Abwehr gegen eine geminderte Selbstachtung verstanden werden. Das Zurückblicken auf das Leben ist bei alten Leuten ein universaler psychischer Prozeß; er ist dadurch gekennzeichnet, daß frühere Erlebnisse nach und nach ins Bewußtsein zurückkehren, besonders aber ungelöste Konflikte. Mit ihrer Rückkehr ins Bewußtsein können diese Konflikte und Erlebnisse geprüft und wieder integriert werden. Der Rückblick bietet die Möglichkeit, ein Gefühl der Integrität zu gewinnen, wenn es möglich ist, Konflikte einer Lösung zuzuführen. Eine Rückschau auf das Leben ist heute auch für die Familientherapie vorgeschlagen worden (Walsh 1980; Lewis u. Butler 1974).

Ähnlich wie das Aufzeichnen von Informationen und der Rückblick auf das Leben sind es Ideale, die eine wichtige Funktion für die Selbstachtung haben. Eagle (1982) berichtet von jenen Überlebenden der Konzentrationslager, die nicht um des Lebens willen überlebten, sondern um eines Ideals willen, das mehr war als das Leben. Die Treue zu einer kulturellen, humanistischen, politischen oder religiösen Lebensanschauung, zu spirituellen Werten (z. B. der Moral) half ihnen, dem Schrecken der Konzentrationslager zu widerstehen. Paradoxerweise enthielt das Leben im Konzentrationslager für die Alternden eine winzige Hoffnung auf Freiheit und Weiterleben. Für das hohe Alter ist dies anders. Ohne Zweifel beeinflussen die Angst vor dem Tod, das Wissen um die Endlichkeit, das Fehlen einer Zukunft die Wertvorstellungen und Ideale des Menschen. Was dann gegenüber der Aufrechterhaltung von Idealen stärker hervortritt, ist die Erhaltung der eigenen Selbstkohärenz und der Stabilität über die Zeit. Gleichzeitig wird es schwieriger, sich die „positive Färbung der Selbstrepräsentanz" zu erhalten. Thomas Bernhard (1970) stellt fest, daß alles lächerlich wird, wenn wir an den Tod denken.

Was Frauen von ihrem Spiegel wissen wollen, ändert sich im Lauf des Lebens. In der Jugend wollen wir wissen, ob wir die Schönste von allen sind. Später werden unsere Fragen bescheidener: Wie bin ich im Vergleich zu meinen Altersgenossinnen und zu dem, was ich früher war? Funktionieren Gedächtnis, Gehör, Sehkraft noch? Was ist mit meiner Arthritis, Osteoporose, Kurzatmigkeit? Und wenn es keine zuverlässige äußere Zufuhr gibt, müssen wir unsere Selbstachtung selbst wieder auffüllen: „Die alte Frau

Tannenbaum flüsterte ihrem Spiegelbild zu, ‚Ich liebe dich, ich liebe dich, ich liebe dich'. Der ganze Tag verlief danach viel besser, meinte sie" (Dellis 1984).

Literatur

American Psychiatric Association (1968) Diagnostic and Statistical Manual of Mental Disorders (DSM II). Amer Psychiatric Assn, Washington DC
Bernhard T (1970) Rede. In: Botond A (ed) Über Thomas Bernhard. Suhrkamp, Frankfurt am Main
Blythe R (1979) The view in winter. Reflections on old age. Harcourt, Brace, Jovanovich, New York
Brown GW, Harris T (1978) Social origins of depression. Free Press, New York
Brownmiller S (1984, 1987) Weiblichkeit. Fischer, Frankfurt am Main
Csikszentmihalyi M, Rochberg-Halton E (1981, 1989) Der Sinn der Dinge. Das Selbst und die Symbole des Wohnbereichs. Psychologie Verlags Union, München Weinheim
Dellis N (1984) aus: Poem von Alice Howe, gelesen bei einer Versammlung der Adelphi University Society for Psychoanalysis and Psychotherapy.
Deutsch H (1944/45, 1988): Psychologie der Frau, Bd 2. Fachbuchhandlung für Psychologie, Eschborn, 2. Aufl.
Dinnerstein D (1976, 1979) Das Arrangement der Geschlechter. dtv, Stuttgart
Eagle M (1982) Interests as object relations. In: Masling J (ed) Empirical studies of psychoanalytic theory, Bd 1, pp 159–187. Analytic Press, Hillsdale NJ
Erikson E (1968, 1970) Jugend und Krise. Klett, Stuttgart
Fallon AE, Rozin P (1985) Sex differences in perceptions of desirable body shape. J Abn Psychol 94:102–105
Fausto-Sterling A (1985, 1988) Gefangene des Geschlechts? Piper, München
Formanek R (1984) The female world of friendship. Vortrag vor dem 2. Internationalen Frauenkongreß, Groningen
Freind J (1729) Emmenologia (Vorwort). T Cox, London
Freud S (1933 a) Neue Folge der Vorlesungen zur Einführung in die Psychoanalyse. GW Bd 15, S 6–197. Fischer, Frankfurt am Main
Freud S (1950, 1962) Aus den Anfängen der Psychoanalyse. 1887–1902. Briefe an Wilhelm Fließ. Fischer, Frankfurt am Main
Graves R (1955, 1960) Griechische Mythologie. Rowohlt, Reinbek bei Hamburg
Greene JG (1984) Social and psychologic origins of the climacteric syndrome. Gower, Brookfield
Jacobson E (1964, 1973) Das Selbst und die Welt der Objekte. Suhrkamp, Frankfurt am Main
Jacques E (1965) Death and the mid-life-crisis. Int J Psychoanal 46:502–514
Kaplan A (1984) The Self-in-relation: Implications for depression in women. Work in Progress, Stone Center for Developmental Services and Studies. Wellesley College, Wellesley MA
Klein M (1963) Our adult world and other essays. Basic Books, New York
Kernberg O (1980, 1988) Normaler Narzißmus im mittleren Alter. In: Innere Welt und äußere Realität, S 137–152. Verlag Int Psychoanalyse, München Wien

Kohut H (1984, 1987) Wie heilt die Psychoanalyse? Suhrkamp, Frankfurt am Main
Landsberg M (1982) A study of adolescents' friendships. Dissertation, Hofstra
    University
Larkin P (1965) Skin. In: The less deceived. St. Martin's Press, New York
Lax R (1982) The expectable depressive climacteric reaction. Bull Menn Clin
    46:151–167
Lerner RM, Karabenick SA (1974) Physical attractiveness body attitudes, and self
    concept in late adolescents. J Youth Adol 3:307–316
Lewis HB (1978) Sex differences in superego mode as related to sex differences in
    psychiatric illness. Soc Sci Med 12:199–205
Lewis ME, Butler RN (1974) Life review therapy. Geriatrics 29:165–173
Lieberman MA, Tobin SS (1983) The experience of old age. Stress, coping, and
    survival. Basic Books, New York
May ET (1980) Great expectations. Univ of Chicago Press, Chicago
May R (1980) Sex and phantasy. Norton, New York
Napheys EH (1871) Physical life of women: Advice to the maiden, wife and mother.
    Maclean, Philadelphia
Olesker W (1984) Sex differences in 2- and 3-years-olds: mother-child relations, peer
    relations and peer play. Psychoanal Psychology 1:269–288
Reich A (1973) Psychoanalytic contributions. Int Univ Press, New York
Sarton M (1973) As we are now. Norton, New York
Schor N (1985) Eugénie Grandet: Mirrors and melancholia. In: Garner SN, Kahaue
    C, Sprengnether M (eds) The (M)other tongue. Cornell Univ Press, Ithaca NY
Shakespeare W (o.J.) Wie es euch gefällt. In: Sämtliche Dramen. Bd I: Komödien.
    Winkler Verlag, München 1976
Simmons RG, Rosenberg F (1975) Sex, sex roles, and self image. J Youth Adol
    4:229–258
Smith-Rosenberg C (1985) The female world of love and ritual: Relations between
    women in nineteenth-century America. In: Smith-Rosenberg C (ed) Disorderly
    conduct. Knopf, New York
Sontag S (1972) The double standard of aging. Sat Rev Lit 54 (23 Sept:29–38)
Stiver I (1985) The meaning of care: Refraining treatment models. Work in
    Progress, Stone Center for Developmental Services and Studies. Wellesley
    Collage, Wellesley MA
Stolorow RD, Lachmann FM (1980) Psychoanalysis of developmental arrests. Int
    Univ Press, New York
Voda AM, Dinnerstein M, O'Donnell SR (eds) (1982) Changing perspectives on
    menopause. Univ of Texas Press, Austin
Walsh F (1980) The family in later life. In: Carter EA, McGoldrick M (eds) The
    family life cycle. Gardner Press, New York
Whiteside J, Busch R, Horner T (1976) From egocentric to cooperative play in young
    children; a normative study. J Amer Acad Child Psychiat 15:294–313
Wolf ES (1980) On the developmental line of selfobject relations, pp 117–130. In:
    Goldberg A (ed) Advances in self psychology. Int Univ Press, New York
Woloch N (1984) Women and the american experience. Knopf, New York

III. Weibliche Patienten

7 Beruflicher Erfolg:
Ein Konflikt für Frauen

Ruth Moulton

Erfolg hat für beide Geschlechter – Männer und Frauen – immer schon ein Problem dargestellt, weil er den universellen Konflikt zwischen dem Streben nach Kompetenz und Selbstbehauptung und dem Wunsch nach Sicherheit und Schutz tangiert. Das Streben nach Kompetenz ist eng mit der Fähigkeit verbunden, Wachstum und Erfolg, Neugier und Ausdrucksmöglichkeiten zu genießen. Alle diese Fähigkeiten führen zu Aktivitäten in der *Außenwelt*, die die Entwicklung von Autonomie, Unabhängigkeit und Ich-Stärke erleichtern. Die gleichen Aktivitäten werden aber auch als Bedrohung der gegenläufigen Bedürfnisse nach Sicherheit in der *Innenwelt* erlebt – an einem sicheren, geschützten Ort sein, vor den Gefahren und Ungewißheiten der Außenwelt behütet, versorgt von Menschen, denen man vertrauen kann. Daraus entsteht eine Abhängigkeit von der Billigung anderer und eine Bereitschaft, die eigene Autonomie aufzugeben, um anderen zu gefallen – mit der Folge einer Schwächung des Ichs. Wir können also sehen, daß Erfolg und Leistung Quellen der Angst sind, weil sie die Erfüllung verborgener Abhängigkeitswünsche zu durchkreuzen drohen.

Um sich sicher zu fühlen, braucht das Kind die Billigung von Eltern, Gleichaltrigen und bedeutsamen Erwachsenen in der unmittelbaren Umgebung. Später muß sich der Erwachsene gegen die Erwartungen der ganzen Kultur behaupten. Um Zustimmung zu erlangen, darf die Frau andere nicht bedrohen; es ist gefährlich, andere zu übertreffen; die Frau wird dafür gehaßt und bestraft. Der eigentliche Grund für diese Reaktion ist in der Tiefe und dem Ausmaß des menschlichen Neids zu suchen. Es erscheint sicherer, der Einzige, der Beste zu sein – oder aber der Gescheiterte, der beschützt werden muß. Während des Stadiums der infantilen Omnipotenz kann es Phantasien eines totalen Sieges geben, in dem alle Konkurrenten in einem heftigen Kampf unterworfen werden. Darauf folgt Angst vor Vergeltung und eine Hemmung der Selbstbehauptung, die mit feindseliger Aggression verwechselt wird. Erfolg scheint immer auf Kosten anderer zu gehen, die zu Feinden werden können. Der Grad der Einschüchterung oder der Einschränkung des Handelns ist verschieden, je nachdem, wie weit individuelles Wachstum und Erkundung der Außenwelt erlaubt und gefördert werden. Konkurrenzdruck innerhalb der Familie oder der Kultur vergrößern den Widerstreit zwischen den Bedürfnissen nach Sicherheit und Abhängigkeit und denen nach Wachstum und Unabhängigkeit. All dies sind Faktoren, die beide Geschlechter auf die gleiche Weise beeinflussen. Es gibt jedoch einen grundlegenden Unterschied zwischen den Geschlechtern:

beruflicher Erfolg verstärkt gewöhnlich die sexuelle Identität des Mannes, während er das Weiblichkeitsgefühl der Frau bedroht.

Früher meinte man, Erfolgsphobien kämen bei Männern häufiger vor als bei Frauen, weil Männer dem Konkurrenzdruck der Kultur stärker unterworfen seien (Ovesey 1956). Heute, da Frauen mehr Gelegenheit haben, in der Außenwelt am Wettstreit teilzunehmen, ist ihre Angst vor Erfolg sehr viel stärker in den Mittelpunkt gerückt. Frauen können, selbst wenn sie es zu etwas gebracht haben, ihren Erfolg oft nicht genießen; statt dessen finden sie sich in einer Situation wieder, wo sie ihn verleugnen oder sabotieren und einem selbstvereitelnden Masochismus oder einer Depression zum Opfer fallen (Fliegel 1973; Symonds 1976; Schecter 1979). Sie haben Angst, die neuen Möglichkeiten zu nutzen, die den traditionellen Erwartungen der Geschlechtsrolle zuwiderlaufen, die von Eltern, Gleichaltrigen oder auch der Kultur an sie herangetragen werden. Moderne Frauen sind unbewußt immer noch von der alten Vorstellung beeinflußt, daß Männlichkeit Stärke, Herrschaft, Überlegenheit und *Erfolg* bedeute, während Weiblichkeit mit Schwäche, Unterwerfung, Inferiorität und *Scheitern* assoziiert wird. Erfolgreich sein bedeutet daher für viele Frauen, daß sie unweiblich sind und nicht wert, geliebt zu werden. Ohne männliche Unterstützung erleben sie ihren Erfolg deshalb entweder als leer oder als gefährlich.

In einer patriarchalischen Kultur erwartet man von Frauen, daß sie nährend sind und den Bedürfnissen anderer dienen sollen, besonders denen von Männern und Kindern, für die sie ihre Selbstständigkeit mit Freuden opfern. Aus diesem Grunde werden Frauen, die an die Spitze drängen und auf ihre eigenen Leistungen stolz sind, von einer besonderen Art von Schuldgefühlen heimgesucht, sie könnten ihre traditionelle Verpflichtung vergessen, anderen den Vortritt zu lassen. Dies spiegelt sich als vertrautes Thema in Märchen und Geschichten, in denen die ehrgeizige Frau, die vorwärts drängt, z. B. dadurch bestraft wird, daß ihr Kind zu Schaden kommt, das durch Tod oder Krankheit hinweggenommen wird, zur Strafe dafür, daß sie es vernachlässigt hat. Die Vergeltung richtet sich gegen ihre einzigartige Funktion des Gebärens. Dies ist eine Parallele zur Angst des Mannes, daß die Strafe sich gegen sein einzigartiges Organ, den Penis, richtet. Er wird kastriert werden. Die Frau, die bereits kastriert ist, wird unfruchtbar oder frigide.

Für Freud rührten Erfolgsphobien nur vom Wettbewerb unter Männern her, weil beruflicher Erfolg als ein Vorrecht der Männer angesehen wurde. Wettstreit bei Frauen wurde als Weg gesehen, die Aufmerksamkeit von Männern zu erregen oder ein Mann zu werden (Penisneid). Das wichtige Konkurrenzobjekt, von dem Vergeltung erwartet wurde, hielt man gewöhnlich für einen Mann (Ovesey 1962). Dies stimmt mit Freuds Überbetonung der Rolle des Vaters und seiner frühen Behauptung überein, der Ödipuskomplex sei der Kern jeder Neurose. In seiner Schrift über *Die am Erfolg scheitern* gab Freud (1916 d) 2 Beispiele von Frauen, die die Ehe, auf die sie viele Jahre lang gewartet und hingearbeitet hatten, nicht akzeptieren und genießen konnten, weil sie die Erfüllung des unerlaubten Wunsches darstellte, die Mutter in der Zuneigung des Vaters zu ersetzen. Wenn die *äußere* Frustration, die Gegenwart der ersten Frau (der Mutter) fortgefallen war, verhinderten es *innere* Schuldgefühle, daß die Frau ihr unbewußtes Ziel des Eheglücks erreichte. Sie wurde durch ihren scheinbaren Erfolg buchstäblich krank. Es ist interessant, daß der Erfolg bei diesen beiden Frauen durch Heirat oder durch die Stellung des Ehemannes erreicht wird (wie bei Lady Macbeth). Freud schildert auch einen Mann, dessen Ziel es war, seinen verehrten Professor zu ersetzen, der in den Ruhestand getreten war. Hier war das Hindernis nicht das Schuldgefühl, sondern das Gefühl, unwürdig zu sein und nicht mit einer Vaterimago konkurrieren zu können. Freud glaubte offenbar, daß schuldbeladene ödipale Wünsche für Frauen ein viel größeres Problem darstellten als für Männer. In seinen Arbeiten legte er den Akzent sehr viel stärker auf den Wert von Vätern und Männern als auf den von Müttern und Frauen. Frauen sehnen sich nach Männern (die als stark gelten) und brauchen sie eher, als Männer umgekehrt sich nach Frauen (die als schwach gelten) sehnen und diese brauchen.

Im Gegensatz dazu glaubte Jones (1935), die Mutter werde viel eher beneidet und mit Eifersucht bedacht als der Vater, weil das Kind am Anfang fast ausschließlich von der Mutter abhängig ist. Die Bedeutung dieses präödipalen Kampfes um die bedingungslose Liebe und Annahme durch die Mutter war weitgehend übersehen worden, bis Analytikerinnen wie Horney (1924), Lampl-de Groot (1927) und Melanie Klein (1927) ihre Beobachtungen mitteilten, daß die primäre Sehnsucht sich auf die *Mutter* richtete, nicht auf den Vater, auf die Brustwarze, nicht auf die Brust (Moulton 1970). Ein Gefühl, die Mutter entziehe sich, und Wut als Folge tiefer, unerfüllter Abhängigkeitsbedürfnisse können zu einer negativen, feindseligen Identifizierung mit der Mutter beitragen (Moulton 1977). Melanie Klein (1927) beobachtete, daß das Mädchen, das sich wegen seiner Wut auf die Mutter oder seiner Konkurrenzgefühle ihr gegenüber schuldig fühlt, oft eine Bestrafung durch die Mutter fürchtet, und zwar in Form einer Beschädigung seiner Geschlechtsorgane – es wird häßlich sein, sexuell unattraktiv, unfruchtbar oder von Gebärmutter- oder Brustkrebs betroffen werden. Die Vergeltung wird gegen den Kern seiner Weiblichkeit gerichtet sein.

Diese Angst ist bei vielen berufstätigen Frauen, die einen neuen, unkonventionellen Lebensstil annehmen, der als Herausforderung der Mutter aufgefaßt wird, offenkundig. Sie können allein leben, flüchtige Affären mit Männern eingehen oder auch mit einem Mann zusammenleben, ohne Heiratsabsichten zu haben, und sie können beschließen, keine Kinder zu bekommen (Moulton 1979). Dieser Lebensstil ist heute viel eher gesellschaftsfähig als früher; in einer Belastungssituation kann er trotzdem zu Selbstzweifeln führen. Ein typisches Beispiel soll dies illustrieren.

Eine unverheiratete Frau von 40 Jahren hatte eine ehrgeizige Universitätslaufbahn eingeschlagen. Sie genoß Sex und gute Kameradschaft mit Männern, entschied sich aber gegen Ehe und Familie. Ihr Beitrag für die

Gesellschaft sollte im Schreiben, Lehren und in politischer Tätigkeit bestehen. Sie wollte „Wörter, nicht Babys" hervorbringen. In dieser Übergangsphase stellte sich heraus, daß sie Gebärmutterhalskrebs im Frühstadium hatte, der leicht zu entfernen war und danach als geheilt galt. Sie selbst nahm dies jedoch als Zeichen einer Strafe wahr, daß sie ihre Mutter gehaßt und verlassen hatte, daß sie früher einmal abgetrieben und selbst beschlossen hatte, niemals Mutter zu werden. Sie hatte das Gefühl, daß sie durch die Unterordnung ihres Sexuallebens unter ihre Berufswünsche ihr Leben allzu bewußt gesteuert habe und nun zu unabhängig sei, „so wie ein Mann es wäre". Die Wiederkehr des Drucks, den ihre Mutter auf sie ausgeübt hatte, sie solle eine „normale Frau" sein, veranlaßte sie, zur katholischen Denkweise zurückzukehren, die ihre Mutter sie gelehrt hatte. Es war, als schlösse sie einen Pakt mit Gott: „Verschone mich vor Krebs und ich werde den schlimmen freizügigen Sex aufgeben und nur noch gute Werke tun". Sie wußte nichts von diesem unbewußten Handel, bis sie 1 Jahr später wegen Depression eine Therapie begann. Sie hatte den verborgenen Wunsch, daß lieber ihre Mutter an Krebs sterben sollte als sie selbst. Auf mich reagierte sie einmal positiv, wie auf eine geeignetere Mutter, die ihren Wunsch nach einer Berufskarriere akzeptieren und verstehen würde. In der negativen Übertragung fürchtete sie meine Mißbilligung und nahm an, ich hätte eine Brustamputation gehabt und würde sie im Stich lassen, indem ich an Krebs stürbe. Krebs der Geschlechtsorgane – Brust, Gebärmutter oder Gebärmutterhals – nahm sie also als eine Strafe für den Haß auf die Mutter wahr oder auf die Rolle der Frau, wie man sie ihr früher dargestellt hatte.

Mütter spielen in der Psychologie der Frau eine ganz besondere Rolle (Moulton 1985). Sie sind nicht nur die ursprüngliche Quelle der Nahrung, sondern auch die spätere Quelle sexueller Identifizierung, sei sie nun positiv oder negativ. Mütter drücken weibliche Babys enger an sich als männliche (Maccoby 1966) und gewähren ihnen später viel weniger Freiheit, herumzustreifen oder sich körperlich zu betätigen. Frauen wachsen so auf, daß sie mehr zur Trennungsangst neigen als Männer. Wenn die Mutter übermäßig beschützend ist und das Individuationsbedürfnis der Tochter nicht ertragen kann, kann sie auch später Treue und Anerkennung verlangen, z. B. Telefonanrufe und Besuche. Ihre Eifersucht kann so beherrschend sein, daß das Mädchen seine Entwicklung als einen feindseligen Akt der Aggression gegen die Mutter empfindet und seinen eigenen Erfolg als etwas ansieht, das auf Kosten der Mutter erreicht wird. Wenn die Mutter ein traditionelles Hausfrauendasein führt, kann es leicht dazu kommen, daß die Tochter Schuldgefühle hat, weil sie berufstätig ist und meint, sie habe die Mutter übertroffen oder ihr eine Niederlage bereitet (Schecter 1979). Erfolg kann als eine Bedrohung der frühen symbiotischen Bindung mit der präödipalen Mutter empfunden werden.

Wenn die Mutter der Tochter gegenüber aber ganz offen ablehnend, kalt und kritisch ist, kann es geschehen, daß die Tochter sich in einem verfrühten Streben nach Unabhängigkeit dem Vater zuwendet. Dieser Versuch verdeckt ihr Gefühl, der Mutter beraubt worden zu sein. Wenn der Vater ihr entgegenkommt, kann sie mit seiner Unterstützung eine Fassade von Selbstgenügsamkeit und Pseudounabhängigkeit entwickeln. Wenn die Mutter diese Entwicklung nicht billigt, wird die Tochter über ihren ödipalen Triumph wahrscheinlich große Schuldgefühle empfinden und auch später sehr empfindlich gegen weibliche Mißbilligung, gegen den Neid und die Verachtung weiblicher Vorgesetzter und Altersgenossinnen sein. Es könnte sein, daß sie das Gefühl hat, ihr späterer Erfolg sei erschwindelt, unverdient und würde ihr wieder weggenommen: daß er auf Kosten der Mutter erlangt worden sei und der Vater dabei mitgespielt habe, und daß sie nicht das Recht habe, ihn als ihren eigenen zu genießen. Sie kann auch die ungute Erfahrung machen, daß der Vater ihr seine Unterstützung entzieht, wenn sie in die Adoleszenz eintritt, ihr eigenes heterosexuelles Leben beginnt und von zu Hause fortgeht, um das College oder die Universität zu besuchen. Vielleicht nimmt er ihr auch ihre Selbständigkeit übel, die Tatsache, daß er ihr nichts mehr zu sagen hat, daß sie ihre Ausbildung benutzt, um in eine neue Welt einzutreten, anstatt zurückzukommen, um die seine reicher zu machen (Moulton 1977).

Ein Beispiel dafür ist ein Mädchen, dessen Mutter nur seine Schönheit und Beliebtheit in der Oberschule schätzte und die ständig seinen gesellschaftlichen Erfolg maß, die Anzahl seiner Verabredungen, das Ansehen seiner Freunde usw. Der Vater war stolz auf die guten Noten, die seine Tochter im College hatte, fürchtete aber immer mehr, sie werde ihre Jungfräulichkeit verlieren, Marihuana rauchen oder sich auf irgendeine Weise ihre Heiratschancen verderben – wie er es auslegte. Obwohl sie sich in Rechtsangelegenheiten sehr gut auskannte, machte er sich lustig über ihren Wunsch, Jura zu studieren, indem er sagte: „Was für eine alberne Idee. Ist das klug? Komm' als Empfangsdame in mein Restaurant, da wirst du eine Menge passender Männer kennenlernen." Sie leitete tatsächlich eine Zeitlang eines seiner Restaurants, haßte aber diese Rolle und war so niedergeschlagen, daß sie bei einer Zulassungsprüfung für das Jurastudium schlecht abschnitt. Sie war zu entmutigt, um es noch einmal zu versuchen und ging statt dessen in die Marktforschung, was ihr jedoch keine Herausforderung bot. Schließlich heiratete sie einen jungen Rechtsanwalt, in der Hoffnung, sie könnte so die Erwartungen ihrer Eltern erfüllen, ihnen Enkelkinder schenken und auf diese Art ihren Lebensstil rechtfertigen. Zweimal versuchte sie, die Verlobung zu lösen, weil ihr der junge Mann zu konventionell war, aber ihre Eltern waren sehr darauf bedacht, daß sie bald und sicher unter die Haube kam. Sie hatte das Gefühl, in eine Falle zu gehen, was sich in einem Anfall von Panik und Klaustrophobie zeigte, der sich ereignete, als ihre Angehörigen und ihr Verlobter zusammenkamen, um „die Sache perfekt zu machen". Die Panik breitete sich auf kleine, überhitzte geschlossene Räume (z. B. Busse) aus. Das erinnerte sie daran, wie ihre Mutter sie, als sie klein war, in eine Kammer gesperrt hatte, weil sie sich zu weit vom Elternhaus fortgewagt hatte. Sie könnte eine von jenen Frauen sein, die nach der Hochzeit leicht eine Phobie entwickeln (Symonds 1971), wenn sie über einen derart eingeschränkten Lebensradius immer mehr Unruhe und Frustration, aber auch immer mehr Groll empfinden. Hier wurde auf eine Karriere verzichtet, bevor sie überhaupt begonnen hatte, weil beide Eltern dagegen waren und weil es der jungen Frau an Energie und Ich-Stärke fehlte, diese Karriere von sich aus zu verfolgen. Sie war auch zu abhängig von ihren Eltern, um sich einen Mentor zu suchen oder ein neues Rollenvorbild für ihre Ermutigung zu finden.

Bei Frauen kann die Angst vor dem Erfolg das Ergebnis einer unerfüllten präödipalen Sehnsucht nach der Mutter oder einer Schuld wegen ödipaler Bemühungen um den Vater sein. Geschwisterrivalität und Wettstreit mit Altersgenossinnen kommen zu dieser Grundmatrix dazu. In neuerer Zeit ist die präödipale Rolle des Vaters stärker betont worden (Spieler 1984). Freud (1933 a) meinte, der präödipale Vater sei lediglich ein Rivale, der die enge Beziehung des Mädchens zur Mutter störe, während Spieler darauf hinweist, daß der Vater vom frühen Säuglingsalter an eine wichtige Rolle spielt. „Der Vater ist kein Fremder, und der Säugling bemerkt beide Eltern gleichzeitig und nacheinander, interessiert sich für sie und entwickelt psychische Repräsentanzen von ihnen" (S. 64). Das Mädchen braucht die Akzeptanz von beiden Eltern und eine sichere Bindung zu beiden, die als Modell für seine zukünftigen Beziehungen zu Männern und Frauen dienen können. Wenn der Vater fehlt oder distanziert ist, neigt das Mädchen eher dazu, sich symbiotisch an die Mutter zu klammern und bekommt dadurch Schwierigkeiten, sich von ihr abzulösen. Wenn es sich dem Vater zuwendet und gekränkt oder enttäuscht wird, kann es sich später oft unfähig fühlen, einen Mann zu lieben, zu achten oder ihm zu vertrauen. Ob man dem Mann gegenüber ehrerbietig oder feindselig ist: beides kann dazu beitragen, die guten Arbeitsbeziehungen zu Männern entsprechend zu beeinträchtigen. Derartige intrapsychischen Konflikte können die Fähigkeit einer Frau untergraben, neue Möglichkeiten zu nutzen, die theoretisch zur Verfügung stehen. Veränderungen in Institutionen und in der sozialen Praxis kann man durch Gesetze bestimmen, aber die wirkliche Veränderung geht langsam vor sich. Das Vorurteil geht in den Untergrund. Das Unbewußte verändert sich nur langsam.

7.1 Überblick über die gegenwärtige Literatur

Frühe Studien über die „Befreiung der Frau" waren optimistischer, sahen aber auch Schwierigkeiten voraus (Moulton 1973), die inzwischen neu bewertet worden sind (Moulton 1977, 1979, 1980, 1985). Ein großer Teil der psychologischen Forschung über die Angst vor dem Erfolg bei Frauen schloß sich an Horners (1968) Beobachtung an, daß Frauen negative soziale Folgen ihrer Leistungen erwarten, im Gegensatz zu Männern, die damit rechnen, daß ihr Erfolg zu weiteren Aufwärtsentwicklungen und kultureller

Belohnung führen wird. Andere Studien, die Horners Feststellungen überprüften, bestätigten dieses Phänomen (Horner u. Walsh 1974). Die Geschichte der Konflikte, die Frauen mit Erfolgen haben, wurde von Kanefield (1985) vorgelegt, und zwar von Freuds frühen Schriften bis hin zur Gegenwart. Daneben gibt es Beiträge aus jüngerer Zeit, die von Analytikerinnen stammen, welche mit neuen Konzepten arbeiten. Dazu gehören die Objektbeziehungen und die Geschlechtsidentität und eine neue Sprache für die Klärung altvertrauter Probleme.

Applegarth (1976) betont, daß die Angst- und Schuldgefühle der Frau, sie könnte ihre Mutter übertreffen, auch zu ihrer Furcht beitragen, sie könnte ihren männlichen Sexualpartner verlieren, und so ihre darunterliegende Angst vor dem Alleinsein steigern. Männer fürchten die Kastration; Frauen fürchten den Liebesverlust, was ihrer Tendenz entspricht, sich mehr auf Bindungen zu verlassen. Weibliche Identität war in der Vergangenheit so oft auf dem Bedürfnis aufgebaut, Männern zu gefallen, daß Frauen ihre eigenen Interessen verleugnen und ihre eigenen Fähigkeiten und Kompetenzen anzweifeln (Stiver 1983). Es fällt ihnen schwer, die Arbeit als eine wichtige Quelle der Identität zu sehen, womit sie sich einer wichtigen Möglichkeit der Selbstachtung berauben. Der Ehrgeiz wird auf diese Weise verleugnet und durch Pseudopassivität verdeckt; dadurch kann es schwer werden, klar umrissene Ziele zu verfolgen (Person 1982). Oft stehen soziale Begabungen mehr im Mittelpunkt als berufliche Fertigkeiten. Frauen werden nicht dazu sozialisiert, Konkurrenzaufgaben zu meistern; es fällt deshalb schwer, auf Selbsterfüllung hinzuarbeiten und dafür auf die Erfüllung von Pflichten zu verzichten. Person meint, daß die Angst vor dem *Anderssein*, d. h. vor einem Verhalten, das der traditionellen weiblichen Rolle widerspricht, für Frauen ein besonderes Problem darstellt, während die Angst vor dem Erfolg ein Stichwort für alle Arbeitshemmungen ist und beide Geschlechter betrifft.

Neuerlich ist auch die Entwicklung des Selbstgefühls der Frau in die Diskussion gerückt (Chodorow 1978; Gilligan 1982; J.B. Miller 1982, 1984). Der Begriff des Selbst scheint auf der männlichen Entwicklung zu beruhen, die mit dem Bedürfnis verbunden ist, sich von der Mutter, der primären Versorgerin, zu trennen. Dadurch werden oft Fähigkeiten zu Zärtlichkeit, Einfühlung und Intimität abgeschnitten und ein beschränkteres Selbstgefühl erzeugt, das eher mit einem linearen Modell verglichen werden kann. Säuglinge beiderlei Geschlechts entwickeln ihr Selbstgefühl als getrennte Wesen im Wege einer dynamischen Interaktion mit wichtigen *Anderen*. Die Natur dieser inneren Selbstrepräsentanzen hängt von der Qualität dieser Verbundenheit ab – wie adäquat, verträglich und geeignet sie für die angeborenen Fähigkeiten und das Temperament des Kindes ist (A. Miller 1981). Jungen werden ermutigt, „heranzuwachsen und unabhängig zu werden", während die Bereitschaft, auf den anderen zu reagieren, bei ihnen nicht in gleichem Umfang gefördert wird. Das weibliche Selbst ist demgegenüber mehr in eine Beziehung eingebettet, schwingender, reaktionsbereiter. Es gibt mehr Trennungsangst, zunächst von der Mutter, später von Freundinnen und Männern, und der Ehemann wird oft gewählt, um den Platz der Mutter einzunehmen. Im Gegensatz dazu kann der Mann die Mutter leichter durch die Ehefrau ersetzen, ohne daß seine Abhängigkeitsbedürfnisse zutage treten – solche Bedürfnisse können in unserer Kultur durch männliche Großsprecherei oder Chauvinismus relativ leicht verdeckt werden.

Selbständigkeit ist für Frauen nicht nur schwerer zu erreichen, sondern es braucht auch mehr Ich-Stärke, um sie aufrechtzuerhalten: Kritik kann von Eltern und Partnern kommen, Neid von Freunden und von Konkurrenten. Oft entsteht ein Teufelskreis, weil die erfolgreiche Frau ihre Weiblichkeit zu schützen versucht, indem sie ihre Authentizität verleugnet und sich so selbst des dringend benötigten Selbstvertrauens beraubt. Der Erfolg wird nicht verinnerlicht, sondern geleugnet oder äußeren Kräften zugeschrieben. Die niedrige Selbstachtung, die zur Versagensangst beiträgt und die Bereitschaft, gegen das Vorurteil anzuarbeiten, unterminiert, resultiert oft aus einer negativen Identifikation mit der Mutter. Darin wird sie als ein Mensch von niederem Status angesehen, eine Gestalt, die entweder vom Mann abgewertet wurde oder sich selbst niemals entwickelt hat. Die Mutter kann dann der Tochter ihre Entwicklung übelnehmen und versuchen, sie zu entmutigen, indem sie die Notwendikeit des Familienzusammenhalts hervorhebt oder ihr vorwirft, sie sei nicht heiratsfähig und ihr das Gespenst der Abtrünnigen oder der „alten Jungfrau" vor Augen hält. Jungen sollten führen; Mädchen sollten folgen und in vertrauten Beziehungen bleiben.

Eine traditionstreue Mädchenschule lehrte die Mädchengeneration in den 30er Jahren, sie sollten ruhig sein, gesetzt, keine Aufmerksamkeit auf sich ziehen, „zu sehen, aber nicht zu hören sein", wie folgsame, passive Kinder dies tun. Eine „Lady" sollte nicht laut werden oder widersprechen, nie wütend werden, nie flirten oder sich sexuell aufführen. Auf Tonband aufgenommene Gespräche zwischen heutigen Jungen und Mädchen im Alter von 12 bis 19 Jahren machten deutlich, daß Mädchen im wesentlichen Fragen stellten, daß sie den Jungen zugestanden, den Gesprächsverlauf zu steuern, dabei aber mit ihrer eigenen Meinung hinter dem Berg hielten, wenn die Möglichkeit einer mangelnden Übereinstimmung bestand. Es ist kein Wunder, daß Frauen sich ihrer Meinung oft nicht sicher sind; wenn sie frei heraus reden, müssen sie befürchten, als kontrollierende, kastrierende Weiber bezeichnet zu werden. Wieder einmal verwechseln Frauen – mehr als Männer – Selbstbehauptung mit feindseliger Aggression. Männer neigen mehr zum Handeln, Frauen mehr zur Gemeinschaftlichkeit, obwohl beide Eigenschaften sicherlich bei jedem Mann und jeder Frau akzeptiert sind (Kaplan u. Yasinski 1984). Die Selbstverwirklichung wird in einer patriarchalischen Kultur aber stärker belohnt.

Eine weitere Folge dieser Geschlechtsvorurteile ist, daß sie die Kreativität von Frauen hindern. In ihrer Untersuchung über Analytikerinnen zitiert Schuker (1985) diese „Anhäufung von Nachteilen": Frauen kann der gleichberechtigte Zugang zu Ressourcen verweigert werden; sie werden weniger zu schöpferischer Arbeit ermutigt; in der Universitätspsychiatrie nehmen sie eher die niederen Ränge ein. Auf diese Weise bekommen sie auch weniger Stimuli von außen, wo sie doch in Wirklichkeit mehr positive Verstärkung brauchten, weil man weniger von ihnen zu erwarten scheint. Sie fand, daß Frauen, die in etablierten psychoanalytischen Zeitschriften veröffentlichen, „außergewöhnliche Frauen waren, die ihre von der Norm abweichende, rollensprengende Stellung akzeptieren" (S. 60). Frauen, die noch nach Billigung streben, sich zu sehr auf weibliche Rollenvorbilder verlassen oder denen es Schwierigkeiten macht, ihre männlichen Mentoren zu übertreffen, verbergen ihren Ehrgeiz oft hinter einer gewinnenden Maske, während sie die Authentizität ihres Erfolges leugnen. Vielleicht fürchten sie die Demaskierung, weil sie sich wie Betrügerinnen vorkommen; sie haben ein internalisiertes Selbstbild eines „kleinen Mädchens", welches ihre berufliche Autonomie weiter einschränkt. Eine Frau, die in eine leitende Stellung emporgehoben wird, gleichberechtigt mit Männern, die vorher ihre Vorgesetzten waren, kann in Panik geraten, weil sie das Gefühl hat, nun gebe es keinen starken Mann mehr, auf den sie sich verlassen kann; sie hat nun selbst die ganze Verantwortung für ihre Arbeit und neigt deshalb oft dazu, diese Arbeit zu sabotieren oder die neue Stellung abzulehnen. Dies wiederholt aufs neue die sich selbst erfüllende Prophezeiung, daß administrative Kompetenz oder wissenschaftliche Forschung im Grunde Männerdomänen sind. Harriet Lerner (unveröffentlichte Forschungsergebnisse aus der Menninger Foundation) hat versucht, Arbeits- und Erfolgshemmungen bei Frauen mit Hilfe der *Bowne Family Systems Level Interventions* zu studieren. Auch ein kürzlich erschienenes Buch von einem Mann (Krueger 1984) konzentriert sich ganz auf die Arbeitshemmungen von Frauen. Nach Kruegers Ansicht sind diese Arbeitshemmungen im Vergleich zu denen des Mannes bis jetzt eher vernachlässigt worden. Unter Verwendung von Ich-psychologischen Prinzipien, Entwicklungsdaten, biologischen und sozialen Variablen und Konzepten der Geschlechtsidentität stellt er jene Probleme heraus, die nur Frauen zu eigen sind.

7.2 Falldarstellungen

Ein Beispiel für einen frühen präödipalen Konflikt bot Annie, ein aufgewecktes, attraktives Mädchen, das aus einem Ghettomilieu stammte. Ihre Mutter war eine einengende, manipulative Frau mit einer Vielzahl von Begabungen, die die Tochter in den ersten 5 Lebensjahren im Stich ließ und sie einer Tante überantwortete, die warmherziger und fürsorglicher war als die Mutter. Als die Mutter sich finanziell besser stellte, nahm sie Annie zu sich, unterband aber jeden Kontakt zu der Tante. Die Mutter war eifersüchtig und besitzergreifend, kontrollierend und aufdringlich, gewährte Annie kein Privatleben, nicht einmal ein eigenes Bett oder eine Schrank-

schublade, die sie ihr eigen nennen konnte. Von ihrer Tochter forderte sie
Liebe und Beachtung. Es war ihr wichtig, Autoritäten und andere Leute
durch Macht und Geld zu besänftigen. Sie legte großen Wert auf die äußere
Erscheinung – jeden Tag ein sauberes, gut gebügeltes Kleid. Sie hatte etwas
gegen Annies Liebe zu Büchern, die sie als abnormal und als Zeitverschwen-
dung ansah, aber die Vorstellung, daß ihre Tochter aufs College gehen
wollte, gefiel ihr, da das Eindruck machen würde. Ihre Eifersucht auf Annies
Leistungen war so groß, daß sie nicht zur Abschlußfeier der Oberschule
ging, obwohl sie es versprochen hatte, weil ihre Tochter die Abschiedsrede
hielt.

Annie suchte sich ein College außerhalb aus, um von der Mutter
fortzukommen, und zog zu einer anderen Tante, die ihr Kochen und Nähen
beibrachte und sie lehrte, mit Realitätsproblemen wie ein erwachsener
Mensch umzugehen, während die Mutter sie unerfahren gehalten und ihr
ein Gefühl von Abhängigkeit und Unzulänglichkeit vermittelt hatte. Die
Mutter war wütend über den „Verlust ihrer Tochter" und entzog ihr nach
einem Jahr die finanzielle Unterstützung. Annie suchte sich einen Job, um
selbst ihren Unterhalt zu verdienen. Die Mutter sagte: „Du kannst
unmöglich arbeiten und zugleich studieren". Annie fühlte sich herausgefor-
dert, war trotzig und machte sich weiter auf ihren Weg zum Erfolg, wobei sie
sich jedoch ständig mit der Angst vor der Mißgunst ihrer Mutter quälte.
Jeden neuen Schritt vorwärts – ihren Dr. phil., ihre neue sonnige Wohnung,
ihren neuen Freund – empfand sie als Schläge gegen ihre Mutter. Ihre
Mutter kritisierte alle diese Schritte oder spottete über sie, so daß Annie sie
nicht genießen konnte. Sie fürchtete, aus ihrer Wohnung hinausgeworfen zu
werden, die Miete nicht bezahlen zu können. Sie konnte keinen Besuch ihrer
Mutter in ihrer Wohnung zulassen, weil diese zu hübsch eingerichtet war
und eine schöne Aussicht hatte, während die Wohnung ihrer Mutter sehr
dunkel war und in einer Seitenstraße lag.

Die Ehe war das einzige, was die Mutter hatte und Annie nicht, und die
Mutter machte ständig Bemerkungen, in denen sie Annies Pech beklagte
und ihr eigenes Glück pries. Es war, als wollte sie sagen: „Ich fühle mich so
lange nicht von dir bedroht, wie du ledig und einsam bist." Annie fürchtete
deshalb, daß, wenn sie wirklich heiraten würde – und sie hatte viele
Gelegenheiten dazu –, ihre Mutter buchstäblich sterben würde. Diese
scheinbar irrationale Befürchtung hatte eine Vorgeschichte. Annie hatte
schon lange bemerkt, daß ihre Mutter ungeheuer viel von ihr erwartete,
ersatzweise durch sie lebte, sie in Leistungsbereiche hineindrängte, die sie
für wichtig hielt und dann sich das Verdienst für jeden Erfolg zuschrieb, den
Annie errang. Oder aber sie übernahm eines von Annies Projekten, wenn
Annie zu langsam oder unentschlossen war. Annie reagierte auf diese
Doublebind-Situation, indem sie aufgab und sich in die Depression
zurückzog oder an einen sicheren Ort floh und ihre Arbeit vor ihrer Mutter
versteckte. Sie versuchte, sich ganz von ihrer Vergangenheit abzuschotten,
besonders, als sie an die Ostküste kam. Aber dann dachte sie: „Wenn ich

freikomme, wird meine Mutter sterben" (was gleichzeitig Wunsch und Befürchtung war). Die Mutter spielte heimlich mit, indem sie ihr praktisch zu verstehen gab: „Du bringst mich um, indem du mir nichts über dein Leben mitteilst, mich nicht anrufst und deine neue Lebensweise nicht mit mir teilst."

Annie träumte, sie sei in einem Viehwaggon mit Holocaustopfern eingepfercht. Sie hatte Überlebensschuldgefühle, nicht nur, weil sie ihre Mutter in bezug auf Komfort, Bildung und Ansehen übertraf, sondern auch, weil sie sich über das sozioökonomische Niveau ihrer Herkunftsfamilie erhoben hatte, obgleich dies vermutlich eines ihrer Wunschziele gewesen war. Daß sie das Ghetto verlassen hatte, verlieh ihr das Gefühl, eine Abtrünnige zu sein. Ihr Erfolg erschien ihr als eine Last, die sie trug, indem sie sich zurückzog, sich vor ihren eigenen Leuten versteckte und sich in einer fremden Welt einsam und ängstlich fühlte. Geborgen war sie nur in der erlernten professionellen Rolle. Zuhause war sie depressiv, hatte an Wochenenden manchmal Selbstmordgedanken und fühlte sich in ihrer schönen neuen Wohnung einsam, die sie aber auch nicht mit jemandem zu teilen wagte. In der Kindheit hatte sie sich in Ecken und Kammern versteckt und diese Absonderung als Schutz gegen die Aufdringlichkeit ihrer Mutter gebraucht. So war es ihr auch gelungen, ihre eigene Persönlichkeit zu entfalten, während ihre Schwester, die sich verzweifelt um den Beifall der Mutter bemüht hatte, schließlich wie die Mutter in einer unglücklichen Ehe endete, unfähig, produktiv zu sein, und ihr Gefühl des Scheiterns im Alkohol ertränkte.

Für diese Patientin war lebensrettend, daß sie der Aufmerksamkeit der Mutter entflohen war. Aber die Mutter spukte im Kopf der Tochter, die ihr scheinbar entkommen war, weiter herum. Der Grundkonflikt war präödipal. Annie verzieh ihrer Mutter nie, daß sie sie in der frühen Kindheit im Stich gelassen hatte; die Mutter verzieh Annie nie, daß diese ihre Rückkehr nicht zu schätzen gewußt und ihre mißlungenen Bemühungen um Wiedergutmachung nicht wirklich angenommen hatte. Das Ergebnis war eine Umwandlung ihrer Zuneigung in Feindseligkeit. Ihr großes Bedürfnis nach Zärtlichkeit verwandelte sich in einen ebenso starken Drang nach Rache an der rebellischen Tochter.

Susan, eine andere erfolgreiche Akademikerin, hielt sich ebenfalls für eine undankbare, von Ressentiments erfüllte Tochter. Sie kam zur Behandlung, weil sie feststellte, daß sie selbst ihre leitende Stellung sabotierte, indem sie wichtige Briefe nicht beantwortete, neue Entwicklungen nicht verfolgte, zu wenig Autorität ausüben konnte und eine wachsende Scheu empfand, das Telefon zu benützen. Ihre Angst vor dem Telefonieren begann damit, daß ihre Mutter sie drängte, gesellschaftlich wichtige Anrufe zu machen. Die Mutter selbst benützte das Telefon nur ungern, schrie aber Susan an, wenn sie zögerte oder Fehler machte. Die Mutter hatte sofort nach der Oberschule geheiratet und fühlte sich in einer snobistischen Oberschichtumgebung, in der alle mindestens ein College besucht hatten, selbst

sehr unsicher. Sie trieb Susan an, gute Noten zu erreichen, bestrafte sie aber
für jeden Ungehorsam, indem sie versuchte, sie an Schultagen zuhause zu
behalten. Das war nicht nur Zeichen ihrer Eifersucht; es war auch eine
Methode, Susan zu quälen, die gern lernte und ihr Zuhause als ein Gefängnis
empfand. Später schickte die Mutter die protestierende Susan in eine
Luxusschule, wo sie den „letzten Schliff" bekommen sollte. Der Vater kam
Susan zu Hilfe und sorgte dafür, daß sie an ein gutes College ihrer Wahl kam.
Nach seiner Scheidung von ihrer Mutter und seiner Wiederverheiratung
ließ er sie jedoch im Stich und zollte ihr später nicht einmal Anerkennung
für ihren Dr. phil. Sie fragte sich, wie sie jemals Erfolg haben sollte, wenn
Vater oder Mutter nicht hinter ihr standen. Obwohl sie ihre Mutter haßte,
fühlte sie sich zu ihr hingezogen und sehnte sich nach einer Unterstützung,
die sie nie bekommen hatte. Ihre Strafe für den Haß auf ihre Mutter war, so
zu werden wie sie; manchmal träumte sie, daß sie sich im Tod wieder
vereinigen würden. Sie hatte ihrer Mutter nie entgegentreten können, so
wie ihre Schwester dies tat, war empfindlicher gegen die Kritik der Mutter,
weniger in der Lage, ihre eigene Identität zu behaupten und wurde so in eine
bösartige Identifikation mit der Mutter hineingezogen. Inmitten ihres
Erfolgs fühlte sie sich als Versager.

Die überwältigende Rolle des mütterlichen Objekts im Seelenleben
dieser beiden Frauen wurde z. T. durch das Fehlen einer zuverlässigen
Vaterfigur bestimmt. In beiden Fällen hatte sich der biologische Vater von
der Familie getrennt. Obwohl er als gütiger, annehmender Mensch und
weniger kritisch als die Mutter empfunden wurde, ging er aufgrund eigener
Schwierigkeiten, mit der Mutter zusammenzuleben, schließlich fort, so daß
sich die verzweifelten Bedürfnisse der Mutter nunmehr voll auf die
bedauernswerte Tochter konzentrierten. Weil die Mutter der einzig verfügbare Elternteil war, der sich für seine Tochter „aufopferte", empfand die
Tochter wegen ihrer Wut auf die Mutter übermäßige Schuldgefühle. Diese
schuldbeladene Wut behinderte die junge Frau in ihrer Entwicklung zur
Autonomie. Sie suchte sich einen Beruf aus, der sie von Mutter und
Ehemann finanziell unabhängig machte, um dann das Gefühl zu haben, ihre
Karriere gehe auf Kosten ihrer Mutter. Dadurch wurden wiederum ihre
Schuldgefühle und das Gefühl des Getrenntseins vertieft; es entstand ein
starkes Bedürfnis zurückzukehren, um eine gute Mutter vorzufinden oder
die böse Mutter, die sich von der Tochter im Stich gelassen fühlte, zu
versöhnen (Friedman 1988). Der Charakter beider Mütter war recht
verschieden: Annies Mutter war tüchtig und böswillig; Susans Mutter war
ineffektiv, eine Art Einsiedlerin. Aber die Wirkungen ihrer tadelnden
Beschuldigungen auf die pseudounabhängigen Töchter waren ganz ähnlich.

Der nächste Fall veranschaulicht den Einfluß der ödipalen Dynamik.
Sonia war eine Rechtsanwältin, Ende 20, die erste Frau, die von einer
großen, angesehenen Anwaltskanzlei eingestellt worden war. Sie kam
wegen Colitis ulcerosa zur Behandlung, die zum ersten Mal aufgetreten war,
als sie beschloß, einen erfolgreichen Börsenmakler zu heiraten, der doppelt

soviel verdiente wie ihr Vater und auch viel verständiger war. Ihre Familie
war ein zusammengeschweißter Clan, der seine eigenen Geschäfte betrieb
und alle Außenstehenden verdächtigte. Der Vater war dogmatisch, die
Mutter beherrschend. Beide forderten, Familientreue müsse vorgehen.
Beide wollten, daß Sonia Jura studierte, erwarteten aber, daß sie danach
wiederkäme und im Familienunternehmen arbeitete. Als sie einen mächtigen Mann heiratete und ihm in eine neue Welt folgte, fühlten sich die Eltern
bedroht und zogen sich in mißbilligendes Schweigen zurück. Sonia hatte sich
in ihrer symbiotischen Bindung bei der Mutter geborgen gefühlt; die Mutter
war ein Märtyrertyp, beschützend, nicht bedrohlich, die ihre Tochter
warnte, anderen Frauen nicht zu vertrauen. Bis zu Sonias Eheschließung war
mit Hilfe täglicher Telefongespräche eine nährende Verbindung aufrechterhalten worden; nach der Hochzeit entwickelten sich Distanz und
Schweigen und Mutter wie Tochter litten unter Trennungsangst. Sonia
träumte, ihre Mutter habe Krebs, und auch die Mutter litt. Beide gaben
diesen Gefühlen nach und bald war der Telefonkontakt wieder hergestellt.
Im Lauf der Zeit konnte die Mutter Sonias Erfolg akzeptieren und genoß ihn
mit.

Die Loslösung vom Vater und die Herstellung eines neuen Gleichgewichts mit ihm war schwieriger. Sonia war Vaters Liebling gewesen, ein
„braves Mädchen", das sich von ihm leiten ließ, ausgezeichnete Noten
bekam, diese aber oft dem Einpauken seines Vaters zuschrieb und über die
eigene Intelligenz unsicher war. Die Mutter war Männern gegenüber
unterwürfig und lehrte auch die Patientin, sich ihnen unterzuordnen, was
diese hinderte, in ihrer Arbeit selbst die Initiative zu ergreifen. Sie konnte
ihrem Vater nicht entgegentreten, neigte zur Versöhnlichkeit und zitterte
vor autoritären männlichen Partnern in der Kanzlei, wenn diese wollten,
daß sie Verantwortung übernahm. Wenn ihre Arbeit gut beurteilt wurde,
fürchtete sie, sie habe dies ihrem Charme und ihrem Sex-Appeal zu
verdanken und nicht ihrer eigenen Kompetenz.

In der Behandlung wurde ihr allmählich klar, daß sie sich vor dem
Erwachsenwerden und vor dem beruflichen Erfolg gefürchtet hatte, weil
dies Konkurrenz mit dem Vater und den Verlust der Familienprotektion
bedeutete. Sie konnte ihren männlichen Vorgesetzten gefallen, indem sie
Überstunden machte, hatte dann aber Angst vor dem Neid der Mitarbeiterinnen. Die einzige Frau, die ihr überlegen war, war übergewichtig. In ihrer
Angst fing Sonia an, zuviel zu essen. Fettsein war ein Schutz gegen
weiblichen Neid. Wenn sie fett wäre, würde man weniger von ihr erwarten.
Mager sein bedeutete, mächtig zu sein. Macht war zugleich aufregend und
gefährlich. Es war sicherer, am unteren Ende der Leiter ein unauffälliges
Profil zu behalten. Dort konnte jedermann sie gern haben und sie würde
nicht in den Konkurrenzkampf hineingezogen.

Eine Krise trat ein, als Sonia einen Erfolgsgipfel erreichte. Sie bekam
eine makellose Rezension, eine Sonderprämie für die Durchführung einer
sehr schwierigen Aufgabe; gleichzeitig wurde sie an die Spitze einer neuen

Abteilung gestellt. Es machte ihr große Angst, als „Chefin" bezeichnet zu
werden und sie fürchtete Sabotage von denen, die sie überrundet hatte.
Viele ihrer beruflichen Probleme waren typisch für die weibliche „leitende
Angestellte" in einer Männerwelt, wie Hennig u. Jardim (1976) sie
beschrieben haben. Bei ihrem Perfektionismus fürchtete sie die neuen
Erwartungen, die an sie gestellt wurden. In der Firma wußte man, daß sie
Zeit zum Lernen brauchte. Sie selbst aber hatte omnipotente Ziele, weil sie
erwartete, alle Vorgesetzten seien so streng in ihrer Beurteilung wie ihr
Vater. Auf der Höhe ihres Ruhms wurde sie in einem Jet für Führungs-
kräfte zu einer wichtigen Konferenz ins Ausland geschickt. Das war
„zuviel" und sie begann, sich vor Strafe zu fürchten, wie die folgenden 3
Träume zeigen. Im ersten sang sie auf der Bühne. Der Vorhang öffnete
sich, und sie sah ihren Vater unter den Zuhörern, peinlich berührt und
verlegen. Daraufhin konnte sie nicht mehr singen und fürchtete, sie könne
wie er werden. In einem weiteren Traum wurde sie von männlichen
Rechtsanwälten entdeckt, als sie sich mit einem Anfall von Colitis in einer
Toilette versteckt hatte. Sie hatte das Gefühl, sie werde durch die
Krankheit dafür bestraft, daß sie stolz auf ihre Macht gewesen war. Im
dritten Traum war sie in einem Auto, das sie zum Flughafen bringen sollte,
wo sie in den Firmenjet nach Europa steigen sollte. Ihr Vater fuhr das
Auto. Der Pilot saß neben ihm; er blutete, merkte es aber nicht. Sie dachte
sich, der Vater bringe heimlich den Piloten um, damit er sie nicht ins
Flugzeug mitnehmen könne. Es wurde ihr schmerzhaft klar, daß sie das
Gefühl hatte, ihr Vater könne es nicht mit ansehen, daß ein anderer Mann
mächtiger war als er und sich um sie kümmerte. In der Woche darauf hatte
sie einen Colitis-Rückfall mit Blutungen; beides verschwand im weiteren
Verlauf der Therapie.

Sonia ist ein Beispiel für ein Mädchen, das sich die Ermutigung seines
Vaters zunutze machte, einen „männlichen" Beruf zu ergreifen. Als
ödipale Tochter arbeitete sie gut mit Männern zusammen, solange sie dem
Muster vom „braven Mädchen" genügte. Als sie in eine Stellung mit einer
gewissen Macht und Autorität aufstieg, brach diese Anpassung zusammen.
Die maßgeblichen Männer in ihrer Anwaltskanzlei bemängelten, daß sie
nicht stark genug sei, nicht die Initiative ergreife, auf Bestätigung warte; es
hieß, man wolle sie für Selbstbehauptung belohnen, nicht für Willfährig-
keit. Die Regeln hatten sich geändert. Die für den Aufstieg in einer
Hierarchie notwendigen Eigenschaften wie Beständigkeit, Zuverlässigkeit,
die Bereitschaft, Befehle auszuführen und „angenehm in der Zusammenarbeit" zu sein, erfordern oft viel mehr Flexibilität und weniger Durchsetzungsvermögen, als man braucht, wenn man eine höhere Ebene von
Verantwortlichkeit erreicht hat. An der Spitze sind viel mehr Kreativität
und Aggressivität erforderlich (Allen 1979). Anstatt einer Autorität zu
folgen oder diese zu befriedigen, muß jemand, der eine höhere Stellung
anstrebt, eine Autorität *werden*. Diese Veränderung fällt Frauen meist
schwerer als Männern. Frauen in einem Beruf, der früher Männern

vorbehalten war, sind unter männlicher Führung ausgebildet worden und haben kaum Erfahrung, wie es ist, wenn Männer *unter* ihnen oder *für* sie arbeiten.

7.3 Berufstätigkeit und Mutterschaft

Berufstätige Frauen sehen sich speziellen Problemen gegenüber, wenn sie Kinder haben wollen. Viele Frauen haben einen Beruf erlernt, um dem Einerlei der Hausarbeit zu entgehen; sie wollen nicht zuhause eingesperrt sein, wie ihrem Gefühl nach es ihre Mütter waren. Gleichzeitig wollen sie aber auch Mütter sein. Viele können diese Doppelrolle auch ganz gut spielen.

Eine erfolgreiche Ärztin und Mutter erzählt von ihrer Jugend, der Zeit, in der sie als die Älteste eine große Verantwortung dafür hatte, ihrer Mutter zu helfen, die durch eine Phobie ans Haus gefesselt war. Diese Frau hatte ihrer Mutter geholfen, die Kinder aufzuziehen und vor der Welt zu bestehen und auch ihrem Vater im Geschäft assistiert. Später war die Mutter so eifersüchtig auf die interessante medizinische Welt, die ihre Tochter genoß, daß sie sich eine Bürotätigkeit in demselben Krankenhaus verschaffte, in der Hoffnung, ihre Tochter werde täglich mit ihr zusammen zu Mittag essen und diese neue Welt mit ihr teilen. Sie war wütend, als die Tochter schwanger wurde und am Ende mehr Kinder bekam als sie selbst und diese Kinder ohne Mutters Hilfe aufzog. Dies wurde nicht zuletzt durch einen ausgesprochen hilfreichen Ehemann möglich, der das Vatersein sehr genoß. Manche Männer spielen diese Rolle ausgesprochen ungern, weil sie die häusliche Tätigkeit und das Erziehen von Kindern als „Frauenarbeit" ansehen; sie wehren sich auch dagegen, daß sie nun weniger mit ihrer Frau allein sein können und weniger Beachtung und Bedienung von ihr bekommen.

Weniger erfolgreiche berufstätige Frauen bekommen vielleicht Kinder, um einen Ausgleich für ihr Gefühl des Versagens zu schaffen oder um das eine zu tun, was der Ehemann nicht kann. Diese unbewußten Gründe für die Mutterschaft machen die doppelte Aufgabe noch schwieriger. Kinder zu bekommen, um mit der Mutter zu konkurrieren oder um ihr zu trotzen, kann entweder zur Überlastung führen – der „perfekte Mutterkomplex" – oder zum Aufschieben der Schwangerschaft bis nach dem 35. Lebensjahr, wenn die Unfruchtbarkeitsprobleme schon zunehmen. Die Begründung lautet hier, man müsse sich zuerst fest im Beruf etablieren, sich seinen Unterhalt selbst verdienen können und reif genug sein, um ein Kind aufzuziehen, und zwar besser, als die eigene Mutter es tat. Eine solche aufschiebende Taktik vermindert aber nicht unbedingt die Angst, man könnte als Mutter nicht „gut genug" sein, besonders, wenn die betreffende Frau große Konflikte mit ihrer eigenen Mutter hatte und wütend auf sie war.

Viele Frauen von Ende 30 bis Mitte 40 kommen verbittert in die Therapie, weil sie trotz gründlicher Fruchtbarkeitsuntersuchungen nicht schwanger geworden sind. Dies kann als Strafe dafür angesehen werden, daß man die Karriere an die erste Stelle gesetzt hat und den Genuß dieser Karriere schmälern; das daraus resultierende Gefühl des Versagens führt oft zur Depression und kann einen bereits errungenen Arbeitsstil wieder zerstören. Solche Frauen haben es vielleicht nicht gewagt, ihren Wunsch nach Unsterblichkeit allein auf ihre Karriere zu stützen. Ein Kind zu haben, sehen sie als die endgültige Bestätigung ihrer Weiblichkeit an, als Sicherheit gegen Einsamkeit, Leere und Enttäuschung im Alter. Diese Reaktion kommt oft unerwartet, wo heute das Nullwachstum der Bevölkerung diskutiert wird und die Erkenntnis zunimmt, daß manche Frauen *mehr* für die Welt leisten, wenn sie *keine* Kinder haben.

Andere Frauen bekommen ein drittes oder viertes Kind, obwohl dadurch ihre Karriere unterbrochen oder vereitelt wird, was sie später wahrscheinlich bedauern (Moulton 1979). Elisabeth ist eine energische ehrgeizige Frau, die sich gegen ihre viktorianische Mutter auflehnt und glaubt, sie könne „alles haben" – Karriere, Mann und Kinder –, aber sich nicht über den Preis klar ist, den sie für diese Omnipotenz wird zahlen müssen.

Wie Annie, stellte auch Elisabeth fest, daß ihre Mutter eifersüchtig war, daß sie aber eine besondere Beziehung zu ihrem Vater hatte. Beide Eltern unterstützten ihre Ausbildung; beide waren Lehrer, die die Bildung sehr hoch bewerteten und soziale Kontakte demgegenüber für unwichtig, wenn nicht irrelevant hielten. Ihr Vater war ein Naturwissenschaftler, der eigentlich hatte Medizin studieren wollen; ihre Mutter war eine Künstlerin mit vielen traditionell weiblichen Fertigkeiten wie Musik, Kochen, Handarbeiten. Elisabeth war das erstgeborene Kind, mochte ihren Vater viel lieber als die Mutter, hatte eine hervorragende Denkfähigkeit, aber nur mäßige künstlerische Talente, obwohl ihr die Kunst Freude machte. Eine jüngere Schwester, die Pianistin wurde, war der Liebling der Mutter. Als Elisabeth beschloß, Medizin zu studieren, war ihre Mutter entsetzt, weil sie fürchtete, keiner würde sie heiraten wollen und sie würde unfähig, eine „gute Mutter" zu sein. Der Vater wiederum hatte, als sie sich während ihrer Adoleszenz mit Problemen der weiblichen Identität herumschlug, die Bemerkung gemacht, daß Männer neidisch auf die Fähigkeit der Frauen seien, Kinder zu bekommen, also solle sie sich darauf freuen, eines Tages Mutter zu werden (Moulton 1977).

Zwischen diesen verschiedenen Botschaften gefangen, erlebte Elisabeth die Mutterschaft mit großer Angst. Wie viele Frauen, die die Arbeit nicht unbedingt nötig haben und trotzdem einen Beruf wählen, betonte sie das Muttersein zu sehr und gab sich große Mühe, mit ihren Kindern zusammen zu sein – auch wenn dies oft Schwierigkeiten bereitete –, und hatte übermäßige Schuldgefühle, wenn sie einmal weg war von ihnen. Obwohl ihr Vater sie in ihrer Entscheidung, Medizin zu studieren, sehr unterstützt hatte (er selbst hatte Arzt werden wollen, aber sein Vater hatte sich geweigert, ihn zu unterstützen), war er später ins Zweifeln geraten, denn er hatte nie eine Ärztin kennengelernt und war unsicher über ihre Zukunft. Elisabeth fühlte sich im Stich gelassen und schwankte zwischen einer übermäßig gewissenhaften Arbeit und Depression hin und her. Sie war jetzt ihrer Mutter wie auch ihrer Schwester entfremdet; sie mißtraute Frauen, blieb eine Einzelgängerin, vermied es, Frauenorganisationen beizutreten und widmete sich voll ihren Patienten. Sie war eine gute Ärztin, aber eine überlastete Frau. Ihre Beziehungen zu Männern waren besser als die zu Frauen; sie selbst fand sich von der Ermutigung und Bewunderung ihres Mannes ungewöhnlich abhängig. Dieser Umstand und ihre zwanghaft ausgeübte Mutterschaft belasteten ihre Ehe.

Das Wissen um solche Belastungen ist für berufstätige Frauen oft der Anlaß, weniger oder gar keine Kinder zu bekommen, und dies mit geringeren Schuldgefühlen als in früheren Generationen. Sie sind auch besser darauf vorbereitet, vorauszuplanen und neue Alternativen in Form von Kinderbetreuung, Mutterschaftsurlaub, Teilzeitarbeit usw. zu erproben.

7.4 Therapie

Die Angst vor dem Erfolg läßt sich auf ein Mindestmaß reduzieren, wenn Erfolg als eine Erweiterung der elterlichen oder persönlichen Bestrebungen angesehen wird und nicht als ein konkurrierendes Übertrumpfen. Der Erfolg kann dann eine annehmbare Leistung sein, die nicht auf Kosten eines anderen geht. Sonias Mutter genoß den Erfolg ihrer Tochter; dadurch hatte Sonia weit weniger Schuldgefühle, weil sie ihre Mutter übertraf, als Annie und Susan, deren Mütter eifersüchtig waren und Schuldgefühle provozierten. Die Art der Eltern spielt beim Ausgang des Kampfes der Tochter um Selbständigkeit eine enorme Rolle. Eine Mutter, die ihre Tochter als Rivalin um die Zuneigung des Vaters empfindet, kann in der Tochter das Gefühl wecken, sie habe nicht das Recht, kompetent zu sein. Die Tochter kann diese Kompetenz dann nur in solchen Bereichen wagen, die die Mutter nicht schätzt oder selbst erkundet.

Für Mädchen ist die elterliche Billigung ihrer Leistungen sogar noch wichtiger als für Jungen, denn Mädchen bekommen in der Außenwelt weniger kulturelle Anerkennung für Erfolg. Sonia hatte die Zustimmung beider Eltern zum Jurastudium und konnte sich dort bewähren. Zur Zeit ihrer Heirat ließ diese Zustimmung nach, weil Heirat die Trennung von der Familie bedeutete.

Die Entscheidung zwischen Karriere und Erfolg auf der einen und Heirat auf der anderen Seite wird unbewußt oft durch elterliche Einstellungen bestimmt, auch bei Mädchen, die sich bewußt frei und unabhängig fühlen. Wenn die Eltern hilfreich sind, kann die auf eine Berufslaufbahn eingestellte Frau die kulturelle Mißbilligung besser ertragen. Viele Eltern sind in bezug auf den Erfolg ihres Kindes aber selbst sehr ambivalent;

bewußt können sie ihre Leistungen fördern, auf die sie unbewußt neidisch sind; sie fühlen sich gedemütigt und verlieren ihre Selbstachtung, wenn die Kinder sie an Wissen übertreffen; sie fühlen sich „ausgeschlossen" oder „herabgesetzt", nicht mehr maßgeblich oder achtenswert. Sie mögen in Abwesenheit ihrer Kinder mit deren Erfolgen prahlen, können sie aber nicht bewundern, wenn sie anwesend sind. Für die Therapie ist es sinnvoll, wenn dieser Konflikt der Eltern dem Sohn oder der Tochter nahegebracht wird, die die Anzeichen eines solchen erstickten Neides dann vielleicht besser akzeptieren und verzeihen können und sich an das Quentchen elterlichen Stolzes halten, das ebenfalls vorhanden ist. Wenn der Sieg als eine Befriedigung des elterlichen Ehrgeizes gesehen wird, als etwas, das die Eltern rechtfertigt, anstatt sie zu überbieten, kann der Erfolg zu einer Befriedigung werden, an der beide Generationen teilhaben. Ein nährender innerer *Anderer* kann, wie auch ein bestätigender Elternteil oder ein bestätigendes Geschwister, zur Überwindung von Schuldgefühlen beitragen (Allen 1979). Wenn Leistung als eine interessante Herausforderung gesehen wird, als Lösung eines Problems, bei dem man sich selbst zum Einsatz bringt, und nicht als eine Möglichkeit, einen anderen zu unterwerfen, entsteht weniger Angst. Das Ziel wird nicht zum Selbstzweck. Wenn der Erfolg erstrebt wird, um eine unfüllbare Leere aufzufüllen, um neurotische Selbstzweifel zu heilen, um die Tatsache zu rechtfertigen, daß man eine Frau ist, ist er zum Scheitern verurteilt.

Die Behandlung der aufgeklärten Frauen von heute, die draußen und in ihrem Heim um Erfolg kämpfen, erfordert keine besonderen Abweichungen von tragenden therapeutischen Prinzipien. Man muß die heute wirksamen Verhaltensmuster erforschen und sie über die Biographie der einzelnen Frau zurück in ihre frühe Kindheit verfolgen, unter einer biologischen, interpersonellen und kulturellen Sicht. Neuere Informationen über die Rolle dieser verschiedenen Faktoren führen aber auch zu neuen Arbeitshypothesen und entziehen vielen früheren Vermutungen den Boden. So zeigt die Beobachtung Neugeborener einige interessante statistische Unterschiede zwischen den Geschlechtern – Jungen z. B. sind körperlich aktiver und aggressiver.

Aber es gibt viel mehr Unterschiede zwischen den Individuen als zwischen den Geschlechtern. Die Wirkung elterlicher und gesellschaftlicher Erwartungen bezüglich des sexuellen Verhaltens gewinnt gegenüber den biologischen Faktoren sehr bald die Oberhand, so daß wir unsere Annahmen über das, was unveränderlich „männlich" und „weiblich" ist, erneut überprüfen müssen. Die Ängste der Frauen beim Versuch, in eine Welt der Männer einzutreten, bedeuten nicht, daß sie dabei „gegen ihr wahres Wesen angehen"; jeder, der mit dem üblichen Rollenverhalten bricht, ist unter Streß, da er keine etablierten Muster hat, nach denen er sich richten kann, keine Tradition, die ihn trägt, während er eine neue Rolle ausprobiert. Geschlechtsrollenstereotype und sexuelle Diskriminierung bilden den Hintergrund, vor dem die einzelne Frau ihre inneren Bedürfnisse, Ziele und

Wünsche agiert. Das daraus resultierende Verhalten hängt von der Interaktion zwischen inneren und äußeren Kräften ab. Das mag selbstverständlich erscheinen; aber es ist oft schwierig, die wirkliche Funktion der einzelnen Faktoren einzuschätzen, und jedes Vorurteil des Therapeuten wird diese Einschätzung beeinflussen. Manche Frauen kommen vielleicht passiver, friedlicher, nachdenklicher zur Welt als andere, aber der Therapeut muß neugierig auf den Druck sein, mit dem die Aktivität entmutigt wurde, und auf die vielfältigen Niederlagen, die die Selbstbehauptung unterbunden haben.

Menschen können unermüdlich nach der Wahrheit einer Sache suchen, die sie interessiert, während sie zu einem anderen Zeitpunkt das Bedürfnis haben können, der Wahrheit aus dem Weg zu gehen, wenn sie peinlich oder schmerzlich ist. Um sein frauenfeindliches Vorurteil zu entschuldigen oder zu verleugnen, kann eine männliche Autorität einer aufstrebenden Frau Mangel an Intelligenz oder Motivation unterstellen, auch wenn deutlich ist, daß dies nicht zutrifft. Andererseits wird eine Frau, der es an den notwendigen Voraussetzungen für den Erfolg (Intelligenz, Schwung, Ich-Stärke) fehlt, vielleicht fälschlich einer Institution oder einem maßgeblichen Mann die Schuld geben und sie als voreingenommen bezeichnen, weil sie sie nicht gefördert haben. Eine solche Projektion, eine falsche Beurteilung der äußeren Situation, kann tröstlicher sein, als ein inneres Defizit zuzugeben. Das Defizit kann relativ unabänderlich sein, wie im Fall beschränkter Intelligenz oder Begabung, oder es kann nur durch große Anstrengung behoben werden, vielleicht durch eine intensive Therapie, wie z. B. dann, wenn eine verkrüppelnde Abhängigkeit oder ein phobisches Vermeiden von Risiken und Herausforderungen die Anwendung eigener Fähigkeiten beschneidet.

Immer ist es notwendig, die Bedeutsamkeit äußerer, umweltbedingter Kräfte und die intrapsychischen Kräften gegeneinander abzuwägen. Wieviel Macht hat der Elternteil, der Konkurrent, der Vorgesetzte wirklich – oder setzt die Frau die Macht nur voraus oder deligiert sie an ihn, weil sie selber Angst davor hat, Verantwortung zu übernehmen, abgelehnt oder nicht umsorgt zu werden? Schlechte Erfahrungen mit Eltern oder feindlichen Autoritäten können einer Frau soviel Angst vor Autorität einflößen, daß sie deren Stärke oder Richtung nicht richtig einschätzen kann. Der Chef ist auf die Frau vielleicht gar nicht wegen ihrer Ambitionen wütend, sondern weil sie nicht laut und deutlich spricht, keinen Mut zu ihrer Überzeugung hat, ständig Lob oder Beruhigung braucht. Es können aber auch falsche Vorwürfe sein, die von einem Chef erhoben werden, der das Dilemma ihrer Unterprivilegierung oder ihre wirklichen Fähigkeiten nicht akzeptieren kann. Es gibt keine Formel, um diese Probleme zu lösen; jedes muß nach seinem Für und Wider beurteilt werden. Frühere eigene Erfahrungen mit bestimmten Institutionen oder Autoritäten und mit bestimmten Frauen, die unsere Patientinnen sein könnten, machen einen auf Möglichkeiten aufmerksam, die sich wiederholen können. Man braucht einen offenen, flexiblen, wißbegierigen Geist, um die Gültigkeit dieser Hypothesen zu überprüfen.

Ein Beispiel für dieses Problem war die Therapie der erfolgreichen Lorna, in deren Ehe Mann und Frau Karriere machten. Sie war durchsetzungsfähiger, beliebter und bekannter als ihr Mann, der gesellschaftlich gehemmt, leicht depressiv und sehr zwanghaft war. Ganz am Anfang ihrer Ehe hatte sie die Chance einer idealen, prestigeträchtigen Stellung an einer berühmten Universität ausgeschlagen, um mit ihrem Mann zusammen an einem kleinen Frauencollege zu bleiben. Viele Jahre später, als sie noch einmal eine ähnliche Chance bekam, kam sie in Therapie und erkannte, wie ihre Wut darauf, daß er sie brauchte, und die hemmende Wirkung seiner Angst, sie zu verlieren, ihr die Entscheidung fast unmöglich machte. Solange sie ihm allein die Schuld für ihre Patt-Situation gab, war die Klärung tiefer verborgener Probleme unmöglich. Als sie schließlich erkannte, daß sie Angst hatte, die Sicherheit des kleinen College zu verlassen, das ihr „Mutterhaus", ihre „alma mater" gewesen war, konnte sie freier und ungehinderter realistische Pläne machen. Zu ihrer großen Überraschung ermutigte ihr Mann sie umzuziehen und war bereit, ihr bei den Problemen des Haushalts und des Hin- und Herfahrens zu helfen. Sie erinnerte sich nun, daß er sie gewarnt hatte, die frühere Chance auszuschlagen, aber sie hatte nicht geglaubt, daß er es ernst gemeint hatte. Er war in dieser Hinsicht wahrscheinlich ambivalent, aber zu dem Versuch bereit, diese Dinge aufzuarbeiten. Was ihr mehr im Wege stand als die Haltung ihres Mannes, war die Sorge um ihre Ehe, die sie nach dem Leben ihrer Mutter beurteilte. Ihr Wunsch, ihr Mann möge die Fürsorge der Mutter für sie übernehmen, veranlaßte sie zu der Annahme, er sei viel konservativer (so wie ihre Mutter), als er es in Wirklichkeit war. Sowohl Lorna als auch Sonia aßen zuviel, um die frühe Nähe zur Mutter wieder herzustellen, und bearbeiteten dieses Problem in der Behandlung. Es gibt andere Situationen, in denen der Ehemann *tatsächlich* gedroht hat, sich von einer Frau scheiden zu lassen, die unbequeme berufliche Bedürfnisse anmeldete, die seiner Bequemlichkeit in die Quere kamen. Die Therapeutin hätte hier leicht voraussetzen können, der Ehemann habe die Karriere seiner Frau sabotiert, insbesondere da die Frau sich so bitterlich beklagte, ihre Ehe habe sie gefesselt und eingeschränkt. In gewisser Weise traf dies auch zu, der Ehemann *war* wirklich zwanghaft; aber auf lange Sicht waren das nicht die entscheidenden Faktoren. Die Frau mußte mit *ihrer* Einstellung zur Ehe und zu sich selbst ins reine kommen.

Wenn wir zusammenfassen, dann sollten in der Behandlung von Frauen, die nach beruflichem Erfolg streben, v. a. 3 Überlegungen berücksichtigt werden:

1. *Intrapsychische Barrieren* müssen genauso untersucht werden wie Hindernisse von außen. Unser Wissen um die weitreichenden Wirkungen sexueller Vorurteile, sexueller Diskriminierung und eingeengter Rol-

lenerwartungen kann uns dazu veranlassen, die Rolle von unbewußten Abhängigkeitsbedürfnissen, von Phobien in bezug auf Leistung usw. zu übersehen. Einige davon werden durch sozialen Druck verstärkt, aber wenn sie einmal fest in der psychischen Struktur verankert sind, genügt die bloße Beseitigung äußerer Hindernisse nicht, um eine Frau so frei zu machen, daß sie in der Welt draußen effektiv sein kann.

2. Die *Probleme einer Frau mit anderen Frauen* können genauso wichtig sein wie ihre Probleme mit Männern. Die gegenwärtige Betonung der Rolle von Männern (Vater, Liebhaber, Ehemann, Chef) beim Niederhalten von Frauen kann dazu führen, daß man den Zug zur Regression übersieht, der sich auf das tiefe Bedürfnis nach Bestätigung durch die Mutter zurückführen läßt oder auf die Wut, die mit dem Gefühl zusammenhängt, von ihr benachteiligt worden zu sein. Die Identifizierung mit ihr, das Bedürfnis, selbst beim Scheitern oder im Tod zu ihr zurückzukehren, untergräbt das selbständige Streben nach Weiterentwicklung und Freiheit. Die Hälfte der in diesem Aufsatz beschriebenen Frauen aßen entweder zuviel (Übergewicht) oder tranken zuviel (Alkoholismus), um sich ein früheres Gefühl der Nähe zur Mutter wieder zu verschaffen.

3. *Angst vor dem Erfolg* wird weniger, wenn die positiven Aspekte des Erfolges betont werden, das gesunde Gefühl der Selbsterfüllung und nicht sein negativ-feindseliger Gebrauch als Mittel, um Feinde zu töten oder zu besiegen. Seine Arbeit gut zu tun und Macht konstruktiv zu gebrauchen, senkt die Schuldgefühle wegen des Konkurrenzverhaltens und die Angst vor Aggression und Vergeltung. Man kann dann stolz auf seinen Erfolg sein, anstatt sich vor ihm zu fürchten.

Keine dieser Überlegungen gilt nur für die Therapie von Frauen, aber gegenwärtig bedürfen sie einer besonderen Betonung, weil sich unser Bild von der Rolle der Frauen in unserer Gesellschaft ändert.

Literatur

Allen DW (1979) Hidden stresses in success. Psychiat 42:172–176

Applegarth A (1976) Some observations on work inhibitions in women. J Amer Psychoanal Assoc 24:251–268

Chodorow N (1978, 1985) Das Erbe der Mütter. Psychoanalyse und Soziologie der Geschlechter. Frauenoffensive, München

Fliegel Z (1973, 1975) Freuds Theorie der psychosexuellen Entwicklung. Psyche 29:813–834

Freud S (1916 d) Die am Erfolge scheitern. In: Einige Charaktertypen aus der psychoanalytischen Arbeit. GW Bd 10, S 370–389. Fischer, Frankfurt am Main

Freud S (1933 a) Neue Folge der Vorlesungen zur Einführung in die Psychoanalyse: Die Weiblichkeit. GW Bd 15, S 119–145

Friedman G (1980) The mother-daughter bond. Contemp Psychoanal 16:90–98

Gilligan C (1982, 1984) Die andere Stimme. Piper, München

Hennig M, Jardim A (1976, 1978) Frau und Karriere. Rowohlt, Reinbek bei Hamburg

Horner M (1968) Sex differences in achievement motivation. Unveröffentlichte Dissertation, University of Michigan

Horner M, Walsh M (1974) Psychological barriers to success in women. In: Knudsin RB (ed) Women and success. William Morow, New York, pp 138–145

Horney K (1924, 1984) Zur Genese des weiblichen Kastrationskomplexes. In: Psychologie der Frau. Fischer, Frankfurt am Main, S 10–25

Jones E (1935) Über die Frühstadien der weiblichen Sexualentwicklung. Int Z Psychoanal 14:11–25

Kanefield L (1985) Psychoanalytic constructions of female development and women's conflicts about achievement. Part I. J Amer Acad Psychoanal 13:229–247

Kaplan AG, Yasinski LD (1984) Conflict and conflict inhibitions in women. J Amer Acad Psychoanal 12:13–30

Klein M (1927, 1985) Frühstadien des Ödipuskonfliktes. In: Frühstadien des Ödipuskomplexes. Fischer, Frankfurt am Main, S 7–21

Krueger DW (1984) Success and the fear of success in women. Free Press, New York

Lampl-de Groot J (1927) Zur Geschichte des Ödipuskomplexes der Frau. Int Z Psychoanal 13:269–282

Maccoby EE (1966). The development of sex differences. Stanford Univ Press, Stanford CA

Miller A (1981) Prisoners of childhood. Basic Books, New York

Miller JB (1982) Women and power. Work in Progress, Stone Center for Developmental Services and Studies. Wellesley College, Wellesley MA, Nr. 82-01

Miller JB (1984) The development of woman's sense of self. Work in Progress, Stone Center for Develomental Studies. Wellesley College, Wellesley MA

Moulton R (1970) Re-evaluation of penis envy. Contemp Psychoanal 7:84–104

Moulton R (1973) Psychoanalytic reflections on women's liberation. Contemp Psychoanal 8:197–228

Moulton R (1977) Women with double lives. Contemp Psychoanal 13:64–84

Moulton R (1979) Ambivalence about motherhood in career women. J Amer Acad Psychoanal 7:241–257

Moulton R(1980) Divorce in the middle years: The lonely woman and the reluctant man. J Amer Acad Psychoanal 8:235–250

Moulton R (1985) The effect of the mother on the success of the daughter. Contemp Psychoanal 21:266–283

Ovesey L (1956) Masculine aspirations in women. Psychiat 19:341–351

Ovesey L (1962) Fear of vocational success: a phobic extension of paranoid reaction. Arch Gen Psychiat 7:82–92

Person ES (1982) Women working: Fears and failure, deviance and success. J Amer Acad Psychoanal 10:67–84

Schecter DE (1979) Fear of success in women: A psychodynamic reconstruction. J Amer Acad Psychoanal 7:33–45

Schuker E (1985) Creative productivity in women analysts. J Amer Acad Psychoanal 13:51–75

Spieler S (1984) Preoedipal girls need fathers. Psychoanal Rev 7:63–88

Stiver JP (1983) Work inhibitions in women. Work in Progress, Stone Center for Developmental Services and Studies. Wellesly College, Wellesley MA, Nr. 82–03

Symonds A (1971) Phobias after marriage. Amer J Psychoanal 31:144–152

Symonds A (1976) Neurotic dependency in successful women. J Amer Acad Psychoanal 4:95–103

Thompson C (1942) Cultural pressures in the psychology of women. Psychiat 5:331–339

8 Autonomie: Ein Konflikt für Frauen

Dorothy Litwin

In den meisten theoretischen Systemen werden Trennung und Individuation als ein wichtiger Wendepunkt der menschlichen Entwicklung angesehen. Viele glauben, daß dieses Stadium darüber entscheide, ob aus dem Kind ein emotional gesunder, reifer Erwachsener wird. Auch die spätere Fähigkeit des Kindes, als autonomer Erwachsener mit einem Minimum an Trennungsangst zu funktionieren, wird davon abhängen, wieweit es dem Kind und der Mutter gelingt, eine erfolgreiche Trennung zu vollziehen. Im Gegensatz dazu betonen heutige Theoretikerinnen (Menaker 1973, 1982; Dinnerstein 1976; Chodorow 1978; Gilligan 1982; Miller 1984; Surrey 1985) eher die Notwendigkeit von Bindung und Beziehung. Beziehungen und Anteilnahme sind für Frauen offenbar wesentlich, während Distanzierung, Unabhängigkeit und Nichtbeteiligtsein für die männliche Entwicklung kennzeichnend scheinen. Diese Theoretikerinnen glauben auch, daß die westliche Gesellschaft die Beziehungsneigung von Frauen abwertet und Autonomie und Macht von Männern als Maßstab für Erfolg und normgerechtes Verhalten hinstellt. In ihrem Denken ist das Streben von Frauen nach Beziehungen dagegen progressiv und lohnend; herabgesetzt werden diese Neigungen, weil man Frauen und ihre Werte immer herabgesetzt hat. Beziehungen, Interdependenz und Intimität werden hier als lohnenswerte Ziele herausgestellt, die der Nacheiferung wert sind.

In diesem Kapitel geht es um die Autonomie als einem Konflikt der Frau. Die Frau in unserer Gesellschaft ist in dem Doublebind gefangen, sie solle unter dem Druck der Gesellschaft die traditionelle weibliche Rolle der Versorgerin und Hüterin von Beziehungen spielen, gleichzeitig aber auch nach Autonomie streben; damit ist sie in einen tiefreichenden Identitätskonflikt gestürzt. Als Frau geboren, übernimmt sie von ihrer Mutter Einstellungen, die die Grundlage dieser Konflikte bilden können und von der Gesellschaft entsprechend vestärkt werden. Dabei sind nicht nur Neigungen, zu nähren und zu pflegen, das Ergebnis der Beziehung zu ihrer Mutter; sie übernimmt daneben auch Einstellungen zu ihrer Geschlechtsrolle, die mit den Konflikten ihrer Mutter in diesem Bereich zusammenhängen. Schuldgefühle im Zusammenhang mit dem Abweichen von diesem Bild der Nährerin sind ein hochaktuelles Frauenproblem, das auf den folgenden Seiten besprochen werden soll.

8.1 Literaturüberblick

Die klassische freudianische Theorie hat einen wichtigen Meilenstein für
das Verstehen des Menschen dargestellt. Gegen Ende seines Lebens hat
Freud begonnen, sich über die Psychologie der Frau und über die präödipale
Beziehung zwischen Mutter und Tochter Gedanken zu machen. Die
Objektbeziehungstheorie hat das Studium der präödipalen Mutter-Kind-
Beziehungen fortgeführt. Die meisten Theoretiker und Theoretikerinnen
verwenden aber auch hier den Ödipuskomplex und den Penisneid als
zentrale Begriffe. Bowlby und Sullivan, die nicht als Theoretiker der
Objektbeziehungen angesehen werden, sind in diesen Überblick mit ein-
bezogen, weil sie die Bedeutung der Mutter-Kind-Beziehung erkennen und
für ein entscheidendes Element der menschlichen Entwicklung halten.

8.1.1 Klassische psychoanalytische Theorie

Obwohl Freud die Wichtigkeit von Beziehungen im Leben des Menschen
durchaus wahrnahm, richtete er sein Hauptaugenmerk auf angeborene
Triebe; der Mensch ist lediglich der Weg, auf dem der Trieb sich ausdrückt.
Als Freud sich später eingehender der präödipalen Mutterbeziehung
zuwandte, begann er, in dieser Richtung umzudenken. In 2 wichtigen
Aufsätzen (1931 b, 1933 a) spricht Freud über die Frauen und jene Aspekte
ihrer Entwicklung, in denen sie sich von Männern unterscheiden. Obwohl er
dabei eindeutig die Männlichkeit als Vergleichsmaßstab benutzt, und
obwohl die Kastration für ihn ein entscheidender Entwicklungsbegriff ist
(wobei er gleichzeitig klagt, daß er die Frauen nicht wirklich verstehe und
daß man dies besser weiblichen Psychoanalytikern überlassen solle),
beschreibt er doch, wie sich nach seiner Ansicht die Persönlichkeit des
Mädchens in der Verbindung mit den Eltern, insbesondere aber der
Beziehung zur Mutter, entwickelt.

Freud stellt fest, daß die Beziehung zwischen Mutter und Tochter von
Ambivalenz geprägt ist und sich in 2 Phasen entwickelt. Das präödipale
Stadium, beinahe ausschließlich eine Beziehung zwischen Mutter und Kind,
ist von größerer Bedeutung, als er ursprünglich dachte, und dauert bei
Mädchen länger. Die „intensive Bindung und ausschließliche Liebe", die
dieses Stadium kennzeichnen, finden ein Ende, wenn das Mädchen entdeckt,
daß es kastriert, also ohne einen Penis, zur Welt gekommen ist. Dies leitet
die zweite Phase ein: das Mädchen fühlt sich gekränkt, gibt der Mutter die
Schuld und lehnt sie zugunsten des Vaters ab, der das neue Liebesobjekt
wird. Ein Ergebnis dieser Bindungen ist, daß die Beziehung zur Mutter
immer von Ambivalenz geprägt ist.

Charakterbildung und zukünftige Beziehungen basieren auf den frühen
Beziehungen zu beiden Eltern. Das Mädchen wendet sich von der Mutter ab,
weil es als Mädchen geboren worden ist. Freud fügt am Rande hinzu, daß

eine so starke Bindung an die Mutter wegen der unvermeidlichen Enttäuschungen und der aus den unerfüllten Erwartungen und Bedürfnissen
entstehenden Wut praktisch enden *muß*. Die präödipale Mutterbindung
und die späteren ödipalen Gefühle gegenüber beiden Eltern werden jedoch
nie ganz überwunden und spielen eine wichtige Rolle in späteren Beziehungen.

Wie die Ehe einer Frau sich gestaltet, basiert nach Freud auf ihrer
Beziehung zu den Eltern und auf der Art und Weise, wie sie ihren
Ödipuskomplex bewältigt hat. Ihre Beziehung zu ihrem Mann kann mit
Feindseligkeit durchsetzt sein, die noch aus der Beziehung zu ihrer Mutter
stammt; dadurch wird ihre Ehe mit Ambivalenz belastet. Eine andere
Belastung kann mit der Geburt ihres Kindes auftreten. Die Frau kann dies
als eine Möglichkeit zur Wiederherstellung oder zum Wiederdurchspielen
ihrer Beziehung zur eigenen Mutter benutzen; sie wiederholt mit ihrem
Kind dann frühere Muster des Bindungsverhaltens, aus denen ihr Mann
ausgeschlossen ist. Außerdem reagiert die Mutter verschieden auf ihre
Kinder je nach ihrer Geschlechtszugehörigkeit: „Nur das Verhältnis zum
Sohn bringt der Mutter uneingeschränkte Befriedigung; es ist überhaupt die
vollkommenste, am ehesten ambivalenzfreie aller menschlichen Beziehungen" (Freud 1933 a, S. 143).

Frauen bewältigen ihre Konflikte also nicht vollständig, sondern nehmen sie statt dessen in ihre Charakterbildung und in ihre Persönlichkeitsentwicklung hinein, von wo aus sie ihr Leben beeinflussen. In diesem
Paradigma ist impliziert, daß die emotionale Ablösung des Kindes von der
Mutter niemals ganz vollzogen wird. Die Wiederholung von Verhaltensmu-
stern über die Generationen hinweg geht auf die frühe Mutter-Kind-
Bindung zurück, die die Partnerwahl der Frau, ihr Verhalten dem Partner
gegenüber und ihre Einstellung zu ihren Kindern unmittelbar beeinflußt.

8.1.2 Objektbeziehungstheorien

Eine Hauptmodifikation innerhalb der klassischen psychoanalytischen
Triebtheorie war die Einbeziehung der frühen präödipalen Mutter-Kind-
Beziehung und die Bedeutung, die man ihr beigemessen hat. Manche
Theoretikerinnen und Theoretiker haben die Triebtheorie, die psychosexuelle Entwicklung und die ödipalen Kastrationskonflikte dabei unangetastet
gelassen, während andere erheblich davon abgewichen sind. Alle scheinen
sich jedoch darüber einig zu sein, daß eine frühe Beziehung zwischen Mutter
und Kind allen anderen Entwicklungsphasen vorangeht und diese beeinflußt. Gleichzeitig wurde den Beschreibungen der frühen Interaktionen von
Mutter und Kind, die man allgemein Objektbeziehungen nennt, ein jeweils
eigenes Gepräge gegeben.

8.1.3 Michael und Alice Balint

Die Balints, frühe Theoretiker der Objektbeziehungen, versuchen die Kluft zwischen der klassischen Psychoanalyse und ihren eigenen Ansichten von der präödipalen Bindung zwischen Kind und Mutter zu überbrücken (Greenberg u. Mitchell 1983). M. Balint behielt – loyal gegenüber Freud und Ferenczy – in seiner Theorie die erogenen Zonen bei, betonte aber, daß die Beziehung zwischen Mutter und Kind auf gegenseitiger emotionaler Befriedigung beruhe. Die Beziehung wird zuerst auf einer biologischen Basis aufrechterhalten, während später die emotionale Befriedigung der „primären Objektliebe" in den Vordergrund tritt. Wenn die Mutter oder der Säugling in dieser Dyade nicht zufrieden gestellt werden, dann – so Balint – gerate die Beziehung aus dem Gleichgewicht, mit möglichen neurotischen Folgen für das Kind, die Mutter oder beide.

Obwohl die Balints (1937, 1939) eine reziproke, auf biologischen Bedürfnissen beruhende Beziehung zwischen Säugling und Mutter feststellen, glauben sie, daß diese Bedürfnisse getrennt von erogenen Zonen und psychosexueller Entwicklung verlaufen. Sie geben die Triebtheorie nicht völlig auf, gehen aber davon aus, daß frühe Objektbeziehungen die Grundlage für Charakterentwicklung und Beziehungen bilden. A. Balint (1937) dehnt diese Idee von einer reziproken Bindung zwischen Mutter und Kind weiter aus; nach ihrer Meinung bleibt das Kind für die Mutter immer ein Kind, weil erwachsen zu werden Trennung bedeute. Die auf beiden Seiten bestehende Befriedigung weicht allmählich der Realität; gegenseitige Achtung tritt an die Stelle rein triebhafter Befriedigung. So wird Liebesfähigkeit gelernt. Das Kind wächst heran, reift, und indem es sich an die Mutter anpaßt, lernt es, wie man Beziehungen aufrechterhält.

8.1.4 Melanie Klein

Melanie Klein (1963) ist ein weiteres Bindeglied zwischen Theoretikern und Theoretikerinnen der Trieb- und der Objektbeziehungstheorie. Obwohl sie ihre Theorie immer wieder modifiziert hat, behält sie die Triebe (v. a. die Aggression und die libidinösen Instinkte) in ihrem theoretischen System bei. Auch sie betont die Bedeutung der frühen, präödipalen Beziehung zwischen Mutter und Kind. Für Melanie Klein ist der Säugling bei der Geburt eine Ansammlung körperlicher Bedürfnisse. Während diese Bedürfnisse befriedigt werden, bildet sich eine Objektbeziehung zwischen Mutter und Kind, noch bevor der Ödipuskomplex sich entwickelt. Die Mutter repräsentiert die äußeren Kräfte, symbolisiert durch die Brust, die auf das Kind einwirken und es frustrieren. Die Mutter, d. h. die Brust, steht in Interaktion mit dem Unbehagen des Kindes, seiner Wut und der daraus folgenden Projektion innerer Zustände. Zwischen der inneren und der äußeren Welt des Säuglings besteht ein fortwährender Austausch, der das ganze Leben hindurch anhält; das Kind projiziert nicht nur auf die Außenwelt, es introjiziert auch gute und böse Gefühle, die von guten und bösen Erfahrungen mit der Mutter herrühren. Zwischen Mutter und Kind besteht eine reziproke Beziehung, wobei die Beziehung der Mutter zum Kind von der Reaktion des Kindes auf sie beeinflußt wird. Die Verinnerlichung einer guten Brust ist das Fundament für die zukünftige Persönlichkeitsentwicklung des Kindes. Der Einfluß beider Eltern ist später v. a. wichtig, um die Aggression des Kindes zu akzeptieren und ihm dabei zu helfen, mit feindseligen, destruktiven Impulsen fertig zu werden. Die anfängliche unauslöschliche Beziehung ist jedoch die zur Mutter.

8.1.5 Donald W. Winnicott

Winnicott (1951) benützt den Ausdruck „ausreichend gute Bemutterung", um die Anpassung der Mutter an die Bedürfnisse des Säuglings von Geburt an zu beschreiben. Bis die Realität des Getrenntseins von der Mutter etabliert ist, beutet der Säugling die Mutter rücksichtslos als Hilfsquelle aus; der Säugling bekommt die Brust zur richtigen Zeit und am richtigen Ort, und die „Mutter stellt die wirkliche Brust gerade dort bereit, wo der Säugling sie zu erschaffen bereit ist, und noch dazu im richtigen Augenblick" (Winnicott 1951, S. 308). Die Mutter muß sich für eine kurze Zeit voll der Versorgung des Kindes hingeben, so daß der Säugling – existentiell ausgedrückt – „weiter *existieren* kann", und zwar mit der geringstmöglichen Störung. So entsteht die Grundlage der späteren psychischen Gesundheit. Allmählich kann die Mutter dem Säugling in der Beziehung zu ihr eine Basis der Objektivität verschaffen, indem sie ihr eigenes Leben im Einklang mit den sich entwickelnden Fähigkeiten des Kindes wieder aufnimmt (1963). Für Winnicott (1945) wie für andere Theoretiker und Theoretikerinnen der Objektbeziehungen ist diese frühe Beziehung von äußerster Wichtigkeit; ein späteres Scheitern in der Anpassung an die Realität wird Mißerfolgen während dieses Stadiums der vollständigen und absoluten Abhängigkeit zugeschrieben.

8.1.6 Margaret Mahler

Mahlers (1968) Ansichten beruhen auf natürlicher Beobachtung sehr kleiner Kinder. Sie stellt fest, daß der Prozeß der Trennung und Individuation, der mit etwa 5 Monaten beginnt und normalerweise mit etwa 30 bis 36 Monaten abgeschlossen ist, die Basis aller späteren Entwicklungsprozesse bildet. Während dieser entscheidenden Entwicklungsphasen sind nicht nur psychosoziale Faktoren wirksam, sondern es entwickeln sich zu gleicher Zeit auch psychosomatische, Wahrnehmungs-, kognitive und physische Prozesse. Alle hängen miteinander zusammen und spielen bei der Entfaltung der Reifungsprozesse der Trennung und Individuation des kleinen Kindes eine wichtige Rolle.

Von der Geburt bis zum Alter von etwa 2 Monaten ist der Säugling eine undifferenzierte Matrix von Bedürfnissen, ohne Gewahrwerden der bemutternden Person. Auf dieses Stadium des „normalen Autismus" folgt eine Periode der „Symbiose", in der Säugling und Mutter miteinander verschmolzen sind; der Säugling nimmt lediglich wahr, daß innerhalb dieser Dyade Bedürfnisse befriedigt werden.

Aus dieser Matrix beginnt sich das Ich zu entwickeln; ein Zeichen dafür ist, daß der Säugling Befriedigung abwarten und erwarten kann. Dies ist die Periode des „Ausschlüpfens", in der die Entwicklung der Wahrnehmung und der Motorik zu größerer lokomotorischen Aktivität fortschreitet. Mahler glaubt, daß das Kind, welches sich aktiv von der Mutter entfernt und wieder zu ihr zurückkehrt, „übt", ein eigenständiger und autonomer Mensch zu werden. Das Kind ist nicht nur entzückt über seine neu gefundenen körperlichen Fähigkeiten, sondern auch „hocherfreut, der Verschmelzung mit der Mutter zu entfliehen" (Mahler, Pine u. Bergman 1975).

Ein gesonderter und selbständiger Mensch zu werden, erfüllt das Kleinkind aber auch mit großer Angst; es muß seine Omnipotenzgefühle mit der Realität des Getrenntseins von der Mutter in Einklang bringen; einem starken Zug in Richtung auf Individuation wirken ganz reale Abhängigkeiten entgegen. Dies nennt man die Phase der Wiederannäherung, und es ist in dieser stark konfliktbeladenen Periode, in der der Grund für die Persönlichkeitsentwicklung gelegt wird.

Die Lösung von Konflikten der Wiederannäherungsphase läßt die Art und Weise vorausahnen, in der künftige Konflikte, insbesondere der Ödipuskonflikt, gelöst werden. Während dieser Phase werden Probleme und Abwehrmechanismen in Gang gesetzt, die später niemals vollständig aufgelöst werden. Im Idealfall hilft die Mutter dem Kind, sich in Richtung auf Unabhängigkeit hin zu entwickeln. Eine vorzeitige lokomotorische Entwicklung oder eine infantilisierende oder emotional nicht verfügbare Mutter können das Verhalten des Kleinkindes bei der Trennung und Individuation beeinflussen. Es ist klar, daß Mahler glaubt, das Wohlbefinden des Kindes hänge eng mit seiner Beziehung zur Mutter zusammen.

8.1.7 W.R.D. Fairbairn

Fairbairn (1952) sieht in der Mutter-Kind-Beziehung einen integralen Bestandteil der Entwicklung guter libidinöser Objektbeziehungen. Ängste, die mit der Trennung von der Mutter zu tun haben, hält er für ein fundamentales Trauma, das in wichtigen interpersonellen Beziehungen Ambivalenz und Spaltung hervorruft. Der Säugling, am Anfang total hilflos, abhängig und von der Mutter nicht differenziert, ist in Wirklichkeit mit ihr verschmolzen. Das Kind muß durch eine Übergangsphase gehen, in der auf die totale Abhängigkeit verzichtet wird und eine getrennte, differenzierte Person entstehen muß, die Beziehungen auf der Grundlage von Gegenseitigkeit und Interdependenz eingeht. Dies ist ein entscheidendes Stadium; das Kind, das diesen Übergang vollzieht, gibt primäre Bindungen und die Sicherheit dieser Objektbeziehungen auf. Dies betrifft sowohl wirkliche Bindungen als auch Bindungen, die phantasiert und verinnerlicht werden, um in der Realität erlittene Enttäuschungen zu kompensieren. Fairbairn weist darauf hin, daß dieser Übergang wegen der Angst vor Trennung und Objektverlust niemals ganz vollzogen wird (Greenberg u. Mitchell 1983). Das Kind müßte sich schon sehr sicher sein, wenn es vollständig auf diese frühen Bindungen verzichten wollte, um seine persönliche Autonomie und die Autonomie in interpersonellen Beziehungen zu etablieren.

Für Fairbairn – wie auch für andere Autoren – ist die früheste und entscheidendste Objektbeziehung die zur Mutter, bei der das Kind lernt, sich selbst anzunehmen und zu lieben. Das Aufgeben dieser frühesten intensiven Bindung ist für das Kind zu sehr mit Angst beladen, als daß es als gesonderter, autonomer, kohärenter, ganzer Mensch funktionieren könnte. Ob dieses Stadium nun erfolgreich bewältigt wird oder nicht: es gibt keinen Zweifel, daß die grundlegende Beziehung zwischen Mutter und Kind eine Prägung fürs Leben hinterläßt.

H. S. Sullivan und J. Bowlby, die ähnliche psychoanalytische Standpunkte vertreten, werden im strengen Sinn nicht als Objektbeziehungstheoretiker angesehen. Sie lehnen die Konzepte des Ödipuskomplexes und der Kastrationsangst ab; oft werden sie auch als Theoretiker der interpersonellen Beziehung bezeichnet. Weil sie aber die Bedeutung der Mutter-Kind-Beziehung betonen, gibt es erhebliche Überschneidungen mit der Theorie der Objektbeziehungen; deshalb sind sie ebenfalls in diesen Überblick aufgenommen.

8.1.8 John Bowlby

Bowlby glaubt, die Bindung an die Mutter sei entscheidend für den Säugling (1969, 1973). Er revidierte seine frühere Meinung (1958), das Bindungsverhalten rühre von einer Reihe von Instinkten her und spricht nun nicht mehr von physiologischen Notwendigkeiten, sondern von dynamischen Bedürfnissen. Aus der Beobachtung von Kindern in Kindergärten und einer extensiven Durchsicht der Literatur über das Bindungsverhalten schließt Bowlby (1969), daß die Erfahrungen des Kindes mit der Trennung von der Mutter bleibende Bedeutung haben. Wegen der Natur der Bindung an die Mutter reagiert das Kind mit Verzweiflung oder Angst, wenn die Mutter es verläßt. Was dann geschieht, ist eine typische Sequenz. Zunächst erfolgt ein heftiger Protest, auf den Verzweiflung und die Beschäftigung mit ihrer Rückkehr folgen. Dann scheint das Kind das Interesse zu verlieren und wird distanziert; falls die Trennung nicht zu lange dauert, erneuert es nach

Mutters Rückkehr aber die Bindung zu ihr. In den Tagen oder Wochen danach kann das Kind darauf bestehen, in der Nähe der Mutter zu bleiben, weil es bei der Aussicht, sie könne wieder fortgehen, Angst bekommt. Weil diese Erfahrungen des Kindes mit der Trennung schwierig sind, kann „das derzeitige Verhalten einer Person im Sinne ihrer früheren Erfahrungen und nicht im Sinne ihrer gegenwärtigen Situation zu erklären sein" (Bowlby 1973, S. 310).

Die Verfügbarkeit einer Bindungsfigur, der das Kind vertraut und die nicht nur physisch, sondern auch emotional zur Verfügung steht, ist von großer Wichtigkeit. Das Ausmaß, in dem diese Figur dem Säugling, dem Kind oder dem Jugendlichen verfügbar ist, entscheidet auch darüber, wie weit ein Mensch sich auf interpersonelle Beziehungen wirklich einlassen kann. Die größte Empfindlichkeit gegenüber Trennung besteht im Alter von 6 Monaten bis zu 5 Jahren; danach nimmt sie ab. Die Erwartungen, die auf tatsächlichen Erfahrungen mit signifikanten Bezugspersonen, insbesondere der Mutter, beruhen, bleiben das Leben hindurch relativ unverändert bestehen.

8.1.9 Harry S. Sullivan

Sullivan, der in vieler Hinsicht Bowlby ähnlich ist, schließt die Triebbefriedigung ebenfalls nicht in den Prozeß der Entwicklung ein. Obwohl beide Theoretiker die Ansicht teilen, daß interpersonelle Beziehungen der gemeinsame Nenner für die Persönlichkeitsentwicklung sind, betont Bowlby die Trennungsangst und ihre Abkömmlinge als Grundproblem der menschlichen Kondition, während Sullivan sich nicht auf diesen Konflikt beschränkt. Für ihn ist die Beziehung zwischen Säugling und Mutter und die daraus resultierende Angst oder Euphorie für die emotionale Anpassung und Persönlichkeitsentwicklung entscheidend. Die Persönlichkeit entwickelt sich für ihn in fortlaufenden Beziehungen, und zwar in der Folge von Sicherheitsmaßnahmen, die das Individuum einsetzt, um das Erleben von Angst so gering wie möglich zu halten.

Nach Sullivans Ansicht bildet die anfängliche Beziehung zwischen Mutter und Kind das Fundament für alle Beziehungen. Die Empathie zwischen den beiden ist so stark, daß der Säugling den Gemütszustand der Mutter als Spannung oder Euphorie mitfühlt. Da der Säugling wiederholt solche Erlebnisse mit der Mutter hat, entwickelt er bald Empfindungen oder bildliche Vorstellungen (eine Art „Ahnung", von Sullivan *prehends* genannt) von einer „guten Mutter" oder einer „bösen Mutter", und diese wiederum wirken sich auf die Art und Weise aus, wie das „Selbst" wahrgenommen wird.

Bestimmte Muster der Interaktion werden gelernt; sie beeinflussen spätere Erfahrungen mit anderen Menschen und verstärken Gefühle in bezug auf *Andere* und das eigene Selbst. Jedes Stadium der Entwicklung bringt charakteristische Bedürfnisse mit sich und bezieht immer andere Menschen auf der Suche nach Befriedigung mit ein. Wenn sich aus interpersonellen Interaktionen Angst und Unzufriedenheit ergeben, werden Sicherheitsmaßnahmen gegen diese Erfahrungen entwickelt. Wenn das Kind heranreift und das Elternhaus verläßt, gibt es immer die Möglichkeit, in Interaktionen mit anderen Menschen korrigierende Erfahrungen zu machen. Die fundamentale, integrale, wichtige Beziehung jedoch, die die Basis der Persönlichkeitsentwicklung legt, wird mit der Mutter erlebt.

8.1.10 Zusammenfassung

Die Theorie der Objektbeziehungen erweitert die klassische psychoanalytische Theorie dahingehend, daß sie nun die frühe, präödipale Beziehung zwischen Mutter und Kind mit umfaßt. Diese Beziehung ist der entscheidende Faktor für die Entwicklung von Selbstannahme und Selbstliebe. Da die Bindung zwischen Mutter und Kind so intensiv ist und die Erwartungen der Wunscherfüllung eine so unrealistische Form annehmen können, ist die Trennung mit Angst verbunden. Obwohl die Beziehung anfangs auf die Erfüllung biologischer Bedürfnisse gegründet ist, bekommen emotionale Befriedigungen für Mutter und Kind bald eine wichtige Bedeutung. Die meisten Theoretikerinnen und Theoretiker behalten die Kastrationsangst und den Ödipuskomplex als Konzepte bei, die in der Charakterbildung eine wesentliche Rolle spielen, betonen aber, daß die Beziehung zwischen Mutter und Kind grundlegend ist und das Individuum für das ganze Leben prägt.

8.2 Die Ansicht der heutigen Psychoanalyse über die Mutter-Tochter-Beziehung und ihre Wirkung auf die Autonomie

In letzter Zeit haben klassische Psychoanalytiker und Psychoanalytikerinnen begonnen, die Vorstellung zu formulieren, daß die weibliche Entwicklung sich von der des Mannes unterscheide. Als Grundlage benutzen sie die Theorie der Objektbeziehungen und betonen die Wichtigkeit der frühen präödipalen Beziehung des Mädchens zu seiner Mutter und den Einfluß, den diese auf die Einstellung des Mädchens zu seiner Geschlechtsrolle hat. Nicht nur Probleme der Trennung und Individuation werden als entscheidend angesehen: auch Über-Ich-Konflikte, die um Mutterschaft, Ich-Ideal und Identität kreisen, gelten für die Frau als bedeutsame Probleme.

Blum (1977) stellt fest, die Aufmerksamkeit der heutigen Psychoanalyse gelte Objektbeziehungen, die in der präödipalen Periode entstanden sind, und ihrem Einfluß auf die Entwicklung der Persönlichkeit. Er selbst betrachtet die Mutter-Tochter-Beziehung im Kontext der Lösung des

Ödipuskomplexes. Sie ist ambivalent und umfaßt negative Einstellungen zur abgewerteten, kastrierten Mutter, aber auch Wärme, Liebe und Bewunderung; außerdem wird die Mutter als Rivalin und Angreiferin angesehen. Sowohl die Entwicklung des Über-Ichs als auch des Ich-Ideals beruhen weitgehend auf einer Identifizierung mit der Mutter, in sehr viel geringerem Grad auch mit dem Vater. Blum setzt die „volle weibliche Entwicklung" mit der Mutterschaft gleich, die ihrerseits auf das mütterliche Ich-Ideal gegründet ist, welches das Mädchen inkorporiert hat. Andere Interessen und Merkmale wie z. B. „humanitäre Anliegen und fürsorgliche Verantwortlichkeit und die Entwicklung von Disziplin und Ethik" (Blum 1977, S. 176) sind ebenfalls Nebenprodukte des weiblichen Über-Ichs und des weiblichen Ich-Ideals.

Blum übt Kritik an Freud, behält aber die klassische psychoanalytische strukturtheoretische Ausrichtung bei, überlagert von einer eher engen Interpretation gegenwärtiger Denkrichtungen. Er stimmt nicht mit Freuds Ansicht überein, nach der das weibliche Über-Ich im Vergleich zu der des Mannes schwächer oder mangelhaft ist. Vielmehr folgert er etwas simpel, die Frau habe die Erwartungen der Gesellschaft von dem internalisiert, was Weiblichkeit zu sein hat. Wenn sie passiv und willfährig ist, kommt dies daher, daß diese Verhaltensweisen von ihr erwartet werden; es hat nichts damit zu tun, daß ihr Über-Ich nicht in der Lage wäre, Liebe anzubieten. Blum hat die weibliche Über-Ich-Entwicklung im Hinblick auf Mutterschaft beschrieben, als wäre dies das einzige Identifikationsmerkmal des Ich-Ideals, nach dem alle Frauen streben. Er erwähnt zwar auch frühe Objektbeziehungen, die er aber nur für die Entwicklung der Einstellungen zu Bemutterung und Mutterschaft für bedeutend hält.

In einer vielzitierten Studie entdeckten Galenson u. Roiphe (1977) durch Beobachtung, daß im Alter von 16 bis 19 Monaten beim Kind eine normale genitale Periode auftritt, viel früher als Freud postuliert hatte. Die Autoren betonen zwar die Wichtigkeit der frühen Interaktionen zwischen Mutter und Kind, meinen aber, der Drehpunkt dieser Interaktionen sei der Geschlechtstrieb, und dies sei die Basis für das spätere sexuelle Erleben in interpersonellen Beziehungen. Sie sind überzeugt, daß die Entdeckung von genitalen Verschiedenheiten in diesem frühen Alter eine tiefgreifende Wirkung auf die Entwicklung der Geschlechtsidentität, auf die Ich-Funktionen, die Phantasie bei Mädchen und, abhängig von den frühen Objektbeziehungen, auf die Kastrationsreaktion hat. Im Grunde stimmen sie also mit der Theorie der Objektbeziehungen darin überein, daß prägenitale Beziehungen von Bedeutung sind; die gleiche Phase ist es aber auch, die bestimmt, welche Richtung der Ödipuskomplex nehmen wird.

Barglow u. Schaefer (1977) vereinen Ich-Beziehungen mit der klassischen psychoanalytischen Theorie. Auch sie erkennen die Bedeutung der frühen Beziehung zwischen Säugling und Mutter und ihre Wirkung auf die Persönlichkeitsentwicklung; Ödipuskomplex und Penisneid werden jedoch als zentrale Konzepte der Persönlichkeitsentwicklung herausgestellt. Junge und Mädchen interagieren mit der Mutter auf unterschiedliche Weise. Während der Phase der Trennung und Individuation kann das kleine Mädchen (wegen seiner geringeren Körpergröße und seines niedrigeren Aktivitätsniveaus, mit dem leichter umzugehen ist) eine enge Bindung an die Mutter haben. Der Junge dagegen kann eine narzißtische Kränkung erleiden, weil die Mutter ihn größer, aktiver und schwieriger findet. Darum ist es möglich, daß ein Mädchen während dieser Zeit ein stärkeres Ich hat. Die narzißtische Kränkung des Jungen ist jedoch wieder gut zu machen, weil er einen Penis hat, während die Wiedergutmachung beim Mädchen, dem der Penis fehlt, so nicht erfolgen kann. Barglow u. Schaefer glauben, daß elterliche Einstellungen und Interaktionen die Geschlechtsidentifikation beeinflussen; beim Mädchen wird sie mit Mutterschaft und Bemutterung gleichgesetzt (der auf Penisneid gegründet ist), mit biologischen Gegebenheiten und einer Identifizierung mit den Geschlechtsmerkmalen der Mutter und sekundär mit denen des Vaters.

Die Funktionen des Gebärens und der Mutterschaft etablieren, zusammen mit Vorstellungen der Eltern, eine geschlechtsbezogene Einstellung zum eigenen Selbst, die „mit Kastrationsangst und Penisneid zeitlich zusammen auftreten oder ihnen sogar vorangehen" (Barglow u. Schaefer 1977, S. 432). Sie folgern, daß die Art, wie sich der Ödipuskomplex auswirkt, davon abhängt, was diesem Entwicklungsstadium vorangegangen ist. Es scheint, als trennten sie dies von anderen Lebensaspekten der Frauen; weibliche Einstellungen zum eigenen Geschlecht werden hier auf das Annehmen der Rolle der Mutterschaft und des Bemutterns gegründet, die wiederum auf elterlichen Einstellungen beruhen.

Bergman (1982) arbeitet Mahlers (1968) Stadien der Trennung und Individuation weiter aus. Für die Frau entstehen danach in der Kindheit spezielle Probleme, die die Ausbildung ihrer Selbständigkeit beeinflussen: die Entdeckung von Geschlechtsunterschieden und die Reaktion des Mädchens auf die Kastration; die Wiederannäherungskrise, bei deren Lösung Mädchen größere Schwierigkeiten zu haben scheinen als Jungen; der doppelte Prozeß, in dem das Mädchen sich mit der Mutter identifizieren und sich von ihr desidentifizieren muß, um seine Individualität und Getrenntheit zu etablieren (Wiederannäherungskrise); die Einstellungen der Mutter zu ihrem eigenen Geschlecht wie auch zu dem ihrer Tochter, das vom Augenblick der Geburt an offenkundig ist. Grundlegend für die Autonomie des Mädchens ist ein Selbstgefühl, das stark von den Erwartungen der Mutter abhängig ist, die sie an das Mädchen als solches hat. Was die Mutter von ihrer Tochter erwartet, beruht wiederum auf ihren eigenen Erfahrungen und Erwartungen als Frau, definiert durch ihre Psychodynamik und die Ablösung von ihrer eigenen Mutter.

All diese Faktoren interagieren und beeinflussen einander; gleichzeitig wirken sie auf die Identität des Mädchens und seine Fähigkeit, sich abzulösen und ein Individuum zu werden. Die charakteristische Art und

Weise, wie dies vor sich geht, hat ihre Wurzeln in der Beziehung des Mädchens zu seinen Eltern, insbesondere zu seiner Mutter.

Lebe (1982) unterscheidet zwischen dem Prozeß der Trennung und Individuation der Kindheit, wie Mahler (1968) ihn beschreibt, und dem Prozeß, der im Alter von 30 bis 40 Jahren abläuft, wenn die Ablösung vollendet wird. Zu diesem Zeitpunkt wird der Ödipuskomplex gelöst; die Frau kann ihre Weiblichkeit annehmen, indem sie sich positiv mit der Mutter identifiziert, und wird autonom.

Im normalen Verlauf der psychosexuellen Entwicklung kann sich der Junge, weil er einen Penis besitzt, leichter von der omnipotenten, mächtigen Mutter abwenden, um sich mit dem Vater zu identifizieren. Das weibliche Kind vollzieht die Trennung von der Mutter niemals ganz; es spaltet seine Gefühle, wendet sich dem Vater zu, lastet all seine Mängel der Mutter an, idealisiert den Vater und bleibt für eine lange Zeit von Männern abhängig.

Wenn die Frau 30 wird, hat sie viele Möglichkeiten gehabt, ihr Ich-Ideal zu erreichen, ihr Ich zu stärken und ihre narzißtischen Kränkungen auszugleichen. Sie hatte Gelegenheit, ihre Mutter realistischer kennenzulernen und Zeit, im Beruf, in der Schule, in der Ehe, in der Gemeinde etwas zu erreichen. Sie sieht in Männern Menschen, die nicht allmächtig sind, und sie ist mit ihren Kastrationsgefühlen fertiggeworden.

Eine omnipotente, dominierende Mutter, die Ehe mit einem Mann, der ihrem Vater ähnlich ist, oder eine Beziehung, in der die Frau das Gefühl hat, ihren Partner kastriert zu haben, können einer normalen psychosexuellen Entwicklung und dem Erreichen von Autonomie im Wege stehen.

Lebe scheint sagen zu wollen, daß psychosoziale Erfolgserlebnisse zur Lösung des Ödipuskomplexes von Frauen beitragen können, aber sie ist pessimistisch, ob dies auch wirklich geschieht, vermutlich wegen der anatomischen Unterschiede zwischen den Geschlechtern.

Bernstein (1979) beschreibt Konflikte zwischen den Eltern, die der Tochter bei der Erlangung ihrer Autonomie Hindernisse in den Weg legen können. Für die Mutter kann es bedeuten, daß sie durch die Trennung eine Tochter verliert, die die traditionelle, weibliche Geschlechtsrolle ablehnt und damit letztlich auch die Wertvorstellungen ihrer Mutter. Das Unabhängigkeitsstreben der Tochter kann für die Mutter auch deshalb eine persönliche Bedrohung darstellen, weil ihre eigenen Konflikte im Zusammenhang mit unterdrückten Wünschen nach Autonomie wieder geweckt werden könnten. Andererseits kann der Vater seiner Tochter in ihrem Wunsch nach Unabhängigkeit beistehen, wenn er selbst in seinem Machtbereich und seinen Grenzen nicht bedroht ist, und sie in ihrem Bemühen unterstützen, sich mit ihm zu identifizieren.

Applegarth (1977) hat Theorien über die Arbeitshemmungen von Frauen bei ihrer Berufswahl aufgestellt. Sie glaubt, daß narzißtische Befürchtungen bei der Entwicklung von Autonomie eine wichtige Rolle spielen können. Die narzißtische Frau fürchtet sich nicht nur vor dem Mißerfolg und ist von daher unfähig, über einen bestimmten Punkt hinaus zu gehen; die Ziele, die sie sich setzt, können so hoch sein, daß sie sie nie erreichen kann. Auch Frauen mit niederer Selbstachtung oder solche, die Trägerinnen des Ehrgeizes ihrer Eltern sind und ihnen einen Abglanz von Ruhm verschaffen sollen, können in ihrer Berufswahl versagen.

Weitere narzißtische Störungen beim Erlangen von Autonomie können durch Penisneid zustandekommen. Die Einstellungen gegenüber Selbstachtung und Selbstwertgefühl werden stark dadurch beeinflußt, daß man als Frau geboren ist und daß einem etwas fehlt, das von Familie, Gesellschaft und Kultur geschätzt wird. Wißbegier, Forscherdrang, Originalität und Aggressivität, alles notwendige Charakteristika beim Streben nach Autonomie, werden dadurch abgestumpft. Manche Frauen suchen sich eine traditionell weibliche Beschäftigung; manche tun sich mit einem Mann zusammen, durch den sie ein gewisses Maß an Erfolg und Vollständigkeit empfinden können, andere wieder bekommen ein Baby – auch ein Anpassungsmechanismus.

Im Hinblick auf Wettbewerb und Aggression gelten für Männer und Frauen verschiedene Maßstäbe. Bei Frauen werden diese Eigenschaften entmutigt. Schwäche und Furchtsamkeit sind demgegenüber Eigenschaften, die gutgeheißen werden, weil sie das männliche Ich unterstützen. Das heißt nicht, daß solche Gefühle als Folge narzißtischer Kränkung von der Frau nicht auch tatsächlich erlebt werden.

Einstellungen gegenüber dem eigenen Erfolg spiegeln nach Applegarth eine frühere Beziehung mit der Mutter wider, die als unzulänglich angesehen wird und in der der Mann die Idealvorstellung des Beschützers und den Inbegriff von Kompetenz und Macht verkörpert. Der Betätigungsspielraum der Frau ist eingeengt, weil sie das Gefühl hat, selbständig nichts unternehmen zu können. Applegarth glaubt, daß manche Frauen auch narzißtische Abhängigkeitsbedürfnisse haben, die durch Fürsorge und Schutz erfüllt werden können; bei anderen Frauen geht es um die Befriedigung passiv oraler Bedürfnisse; diese Frauen haben das Gefühl, eine narzißtische Kränkung erlitten zu haben und von daher ein Recht darauf, versorgt und beschützt zu werden. Die Sache kann weiter kompliziert werden, wenn Konflikte um die Frage „Berufskarriere oder Mutterschaft" damit zusammenhängen können, daß Trennungsangst entsteht oder frühere idealisierte Vorstellungen von Mutterliebe geweckt werden.

In einem 1942 geschriebenen Aufsatz (zit. nach Miller 1973) hat Thompson in Reaktion auf die Theorie der klassischen Psychoanalyse über die Psychodynamik der Frau und das daraus resultierende Verhalten (das als Penisneid gesehen wird) eine andere Erklärung vorgebracht, die heute ebenso relevant erscheint wie damals. Thompson behauptete, daß Frauen versuchen, Unabhängigkeit zu erlangen, indem sie es den Männern nachtun und aggressiv, entschlußfreudig und wagemutig werden, anstatt ihre gewohnte Rolle von Sanftheit und Unterwürfigkeit zu spielen. Das bedeutet nicht, daß die Frauen männlich werden, sondern daß dies notwendige Züge sind, um in der Welt draußen zu konkurrieren. Männer haben kein

exklusives Recht auf diese Eigenschaften, aber die Kultur schafft den
Konflikt, indem sie Frauen, die sich so benehmen, als männlich klassifiziert.
Wenn eine Frau es ablehnt, eine Frau zu sein, behauptet Thompson, ist es
allzu simpel anzunehmen, sie wolle ein Mann sein: „Eine Frau zu sein, kann
die Negation ihres Selbstgefühls darstellen und eine Verweigerung der
Chance, ein unabhängiger Mensch zu sein" (zit. nach Miller 1973, S. 82).
Anstatt in einer intimen Beziehung den Verlust ihrer Identität zu riskieren,
kann sie versuchen, sich als unabhängiger Mensch zu behaupten. Dieses
Bedürfnis nach Unabhängigkeit kann seine Wurzeln in frühen Beziehungen
haben, besonders in denen zur Mutter, und es kann der Tochter widerstreben, von irgend jemand abhängig zu werden. Die Ehe ist eine hervorragende
Situation für die Reaktivierung von Autonomiekonflikten, die auf frühen
Erfahrungen mit der Mutter beruhen. Das Gespenst der Mutter beeinflußt
die spätere Entwicklung.

8.2.1 Zusammenfassung

Bei seinem Versuch, die Psychologie der Frau zu verstehen, begann Freud
sein Augenmerk auf die präödipale Beziehung von Mutter und Tochter zu
richten. Die Objektbeziehungstheorie erweiterte diese Untersuchung auf
die Mutter-Kind-Beziehung in toto. Sie stellte die Bedeutung dieser
Beziehung für das Wohlergehen von Mutter und Kind in den Vordergrund.
Diese mächtige, dauerhafte Beziehung hat für die Frau lebenslängliche
Folgen. In der Entwicklungsreihenfolge treten emotionale Befriedigungen
an die Stelle der biologischen, wobei der Ödipuskomplex und die Kastrationsangst weiter als zentrale Konzepte der psychischen Entwicklung
betrachtet werden.

Dieser Standpunkt hat die Auffassung von der weiblichen Entwicklung
beeinflußt und die Einschätzung des psychischen Wesens der Frau in vieler
Hinsicht begrenzt. Trotz der soziokulturellen Veränderungen und der
Einsichten der letzten Jahre ist die Mainstream-Theorie der klassischen
Psychoanalyse, soweit sie die Frauen betrifft, weiterhin statisch und im
Grunde unverändert. Das weibliche Ich-Ideal und die weibliche Über-Ich-
Entwicklung entfalten sich danach nach den Vorstellungen von Bemutte-
rung und nährend-pflegendem Verhalten. Konflikte im Zusammenhang
mit diesem Ich-Ideal und die Erwartungen der Gesellschaft, Unabhängigkeit
und Autonomie seien gleichbedeutend mit Reife und Erfolg, werden
entweder übersehen oder als Penisneid erklärt. Der Zusammenstoß zwischen Über-Ich und Ich-Ideal ist aber nicht nur ein intrapsychisches
Problem, sondern ein Konflikt, mit dem viele Frauen in der heutigen
Gesellschaft zu kämpfen haben.

Im nächsten Abschnitt werden die Konflikte dargestellt, die in unserer
Gesellschaft für Frauen dadurch entstehen, daß sie den Hang zur Fürsorge
haben, während gleichzeitig der Autonomie ein sozialer Wert beigemessen

wird. Hier sind nicht nur Ich-Probleme der Identität beteiligt, sondern auch Probleme des Über-Ichs mit Schuldgefühlen, die mit dem Ausdruck von Unabhängigkeit in Zusammenhang stehen.

8.3 Autonomie: Ein Konflikt für Frauen

Die Frau ist in einem Doublebind gefangen. Auf der einen Seite sind Erwartungen, die aus der Hochachtung der Gesellschaft vor Autonomie herrühren, die als Ziel gilt, das erreicht werden soll; auf der anderen Seite soll sie die Rolle von Pflege und Fürsorge erfüllen, die ihr angedient wird. Der Versuch, hier zu einer stimmigen Rolle und zu einem akzeptablen Selbstbild zu kommen, ist mit viel Angst, Herumsuchen, Progression und Regression verbunden.

Autonomie bezeichnet im Kontext dieses Kapitels eher eine Lebensweise, wie Maslow (1970) sie beschreibt, und weniger einen Entwicklungsbegriff, wie ihn Mahler 1968 für das Ergebnis des Prozesses von Trennung und Individuation gebraucht hat oder Erikson (1968) als Maß für die Kontrolle des Kindes über seine Umwelt. Maslows Begriff des autonomen Menschen und sein Einfluß auf unsere Gesellschaft, in die er als Ich-Ideal übernommen worden ist, wird nunmehr beschrieben.

8.3.1 Der autonome Mensch

Maslow (1970), der schon in den 50er Jahren über Selbstverwirklichung geschrieben und 1970 seine Ansichten revidiert und neu formuliert hat, hat den autonomen Menschen definiert. Aus seiner Untersuchung der Selbstverwirklichung ist Autonomie als ein bedeutendes Charakteristikum hervorgegangen, wobei Maslow die beiden Begriffe synonym zu verwenden scheint. Seine „autonomen" Probanden lieben das Alleinsein und die Zurückgezogenheit; es fällt ihnen leicht, distanziert, reserviert, ruhig und heiter zu sein. Sie verlassen sich nicht auf die Gefühle oder Meinungen anderer, sondern haben ihre eigenen Interpretationen. Sie haben eine Art Distanziertheit an sich, die man als Zurückhaltung, Unnahbarkeit oder Kargheit auffassen könnte. Menschen, die sich selbst verwirklichen, brauchen andere nicht im gewöhnlichen Sinn; ihre Distanziertheit kann leicht als „Kälte, Snobismus, Mangel an Zuneigung, Unfreundlichkeit oder sogar Feindseligkeit" (Maslow 1970, S. 16) gedeutet werden. Was das Fällen von Entscheidungen angeht, sind autonome Menschen „Selbststarter", gänzlich unabhängig vom Einfluß anderer; sie haben Selbstdisziplin und Kraft und sie haben mehr Willensfreiheit als andere.

Die Selbstverwirklichung beginnt für autonome Menschen dort, wo ihre Grundbedürfnisse, wie Maslow sie nennt, befriedigt sind und sie relativ unabhängig von ihrer Umwelt werden können. Sie stehen allein und

brauchen für die fortwährende Weiterentwicklung ihres Potentials wenig
oder gar keine Zufuhr von außen. Am wenigsten brauchen sie andere
Menschen als Quelle der Befriedigung und tatsächlich „können wachs-
tumsorientierte Menschen von anderen *behindert* werden" (Maslow 1970,
S. 162, Hervorhebung von Litwin). Maslow sagt immer wieder, daß inneres
Wachstum und Selbstentwicklung wichtiger sind als Liebe und Interaktion
mit anderen Menschen. Außerdem werden diese Menschen im Grunde von
inneren Gesetzen gelenkt und nicht von den Regeln der Gesellschaft.

8.3.2 Veränderungen des Ich-Ideals

Maslows Schriften unterstützen den Glauben an ein menschliches Potential,
der diese Eigenschaften als Tugenden und erstrebenswerte Ziele gutheißt.
Menaker (1973) sieht demgegenüber die Nachteile dieses Standpunkts: „In
der übertriebenen Hochschätzung einer scheinbaren Autonomie und Klarheit des Entschlusses verbirgt sich eine omnipotente Selbstauffassung und
eine Verleugnung der Interdependenz der Menschen und ihrer wechselseitigen Beziehungen" (S. 139). Sie spricht davon, wie die Entwicklung der
Autonomie die Möglichkeit in sich birgt, Menschen einander zu entfrem-
den, und wie diese Wertvorstellungen als verändertes Ich-Ideal internalisiert werden können. Weder die Gesellschaft noch die Menschen sind eine
statische Einheit, aber beide sind Veränderungen durch die Verhältnisse
unterworfen, manchmal in wechselseitiger Interaktion, manchmal einseitig.
Menaker stellt fest, daß dieser Prozeß gewöhnlich durch Veränderungen in
der Gesellschaft herbeigeführt wird, von denen das Individuum betroffen ist
– seltener auch durch die Einwirkung eines starken Individuums auf die
Gesellschaft, wenn die Zeit, unterstützt durch historische Faktoren, für eine
solche Veränderung reif ist. Das Individuum seinerseits introjiziert diese
neuen Werte, die damit Teil des Ich-Ideals oder der Über-Ich-Bildung
werden.

Für einige Menschen ist das Bedürfnis nach Autonomie so groß, daß sie
sie ihren Kindern als Ich-Ideal im Sinne einer wünschenswerten Lebensweise aufbürden und – nach Menaker (1973) – interpersonelle Beziehungen
dabei opfern. Als Reaktion auf eine frühere autoritäre Gesellschaft erziehen
moderne Eltern ihre Kinder oft nach permissiveren Maßstäben und unter
starker Betonung von Selbstverwirklichung, was ihre eigenen Ziele und den
Einfluß anderer Menschen anbetrifft. Menaker glaubt, sich selbst zu
genügen sei für viele heute zu einem so wichtigen Wert geworden, daß wir
einer zunehmend narzißtischen Konzentration auf das Selbst begegnen –
zum Schaden der Kommunikation mit anderen. Außerdem wird Kindern
oft befohlen, autonom zu werden, anstatt daß man diesem Prozeß erlaubt,
sich natürlich zu entwickeln – dies ist ein klassisches Doublebind. Einem
Menschen Selbständigkeit zu befehlen, ist ein Widerspruch in sich.
Einmischung erstickt das Wachstum, so daß das Endergebnis in der Psyche

des Kindes die unvermeidliche Frage nach der Echtheit der Autonomie von
Entscheidungen sein muß. Dies wiederum kann zu größeren intrapsychischen Konflikten bei der Entwicklung eines Selbstgefühls beitragen, in der
der Autonomie ihr Platz zugewiesen werden muß.

Ehrenreich (1984) beschreibt genau so eine Umwandlung von Ich-
Idealwerten, die sie als Folge des Untergangs der männlichen Macht über
ein System erblickt, in dem allein Männer Geld verdienten. Sie sieht im
heutigen Wunsch der Frauen nach mehr Freiheit in der „zweiten Welle der
Befreiung" zum Teil eine Reaktion auf die frühere Verantwortungslosigkeit
der Männer, die man als Streben nach größerer Autonomie bezeichnet und
„Männerbefreiung" genannt hat (S. 117).

Es war eine Reaktion auf die Konformität der 50er Jahre nach dem 2.
Weltkrieg, wo viele sich nach Heirat, Kindern, einem Haus in der Vorstadt
einschließlich Auto und Haustieren sehnten, daß die Männer durch die
Verführung des *Playboy*-Magazins weg von diesen Zielen in eine glänzende
Welt des Hedonismus gelockt wurden. Zu diesen Verlockungen kam nach
Ehrenreich die Anziehungskraft eines „Beatstils" hinzu, der von Jack
Kerouac, Allen Ginsberg und Neal Cassady repräsentiert wurde. Sie alle
schienen ihr Leben voll auszuleben, erlaubten sich praktisch alles und
lehnten gleicheitig jede Verantwortung ab. Die „Hippie"-Bewegung der
60er Jahre verstärkte zusammen mit dem andernorts üblichen Credo der
Selbstverwirklichung das „unveräußerliche" Recht des Individuums, nur
sich selbst verantwortlich zu sein und Zukunftsplanung oder Ziele, die
nichts mit momentaner Selbsterfüllung zu tun hatten, außer acht zu lassen.
Auf diese Versuchungen konnten Männer besonders leicht eingehen, weil
ihnen die Gesellschaft eine relativ unabhängige Rolle zuerkannte.

Wo Männer sich gegen das Familienleben entschieden haben und der
scheinbaren Verlockung des Single-Daseins erlagen, mußten auch Frauen
unabhängiger werden. Ein gesellschaftliches Muster, das auf der männlichen Erwerbsrolle basiert, ist damit zusammengebrochen (das System des
Familienlohns existiert nicht mehr). Dies hat ein wichtiges Gleichgewicht
zwischen den Geschlechtern zum Umsturz gebracht und erhebliche psychische Folgen nach sich gezogen; für die Frauen hat es v. a. Druck und
Konflikte erzeugt. Nach Ehrenreich ist das veränderte Ich-Ideal der Frauen
heute, daß sie im Zusammenhang mit ihrer eigenen Erwerbsrolle mehr
Autonomie und Selbstsicherheit erringen müssen.

In diesem Zusammenhang erörtert Bernstein (1979) die Umwälzung in
den Bräuchen und Wertvorstellungen unserer Gesellschaft, die hinsichtlich
der traditionellen Geschlechtsrollenzuweisungen für Frauen ein Chaos
erzeugt. Sie zeigt, daß das überstrenge Über-Ich der Frau die Erreichung
der Autonomie verhindert, weil weibliche Selbstbehauptung mißbilligt
wird, wenn sie nicht im Interesse des Dienstes am Nächsten steht. Im
Gegensatz zu der klassisch-psychoanalytischen Ansicht, die Frau habe ein
schwaches Über-Ich, glaubt Bernstein, es sei die Stärke ihres Über-Ichs, die
die Frau daran hindert, unabhängiger zu werden und ihren eigenen

Neigungen zu folgen. Bernstein weist darauf hin, daß es heute Analytiker und Analytikerinnen sind oder aber Selbstbehauptungsgruppen zur Unterstützung weiblicher Autonomie, die an die Stelle der alten Über-Ich-Ideale treten. Selbst in Situationen, in denen es um das wirtschaftliche Überleben geht, kann die Autonomie stark mit Schuldgefühlen verbunden sein, weil der Imperativ des Über-Ichs verlangt, die Frau müsse eine nährend-pflegende Mutter sein.

Zusammenfassend kann man sagen, daß das Ich-Ideal des autonomen Menschen für Frauen eine Quelle von Konflikten ist. Sie ist Teil der männlichen Sichtweise, Autonomie sei wünschenswert und gelte als erstrebenswertes Ziel, so wie sie Teil der kulturellen Haltung ist, nach der Autonomie ein Zeichen von Reife, ein Äquivalent für Selbstsicherheit darstelle (so als ob Autonomie die Fähigkeit bewiese, auf eigenen Füßen zu stehen).

Da Autonomie ein anerkannter und geachteter Wert ist, übernehmen manche Frauen ihn als sinnvolle Lebensweise und machen ihn zum Maßstab dessen, was richtig und wünschenswert ist – unabhängig davon, ob er sich für sie auch wirklich eignet. Für die Frau rührt der Konflikt von der Erwartung her, daß Autonomie sie in Konflikt mit der Forderung bringt, weiblich zu sein und in Beziehungen zur Verfügung zu stehen. Der Konflikt, männliche Wertvorstellungen zu übernehmen, nur nicht allein zu sein, wird der Frau nicht nur für ihren Lebensunterhalt aufgedrängt: sie übernimmt ihn auch als Ich-Ideal und akzeptiert den männlichen Kode als wünschenswert und gut. Die Männerwelt wird zum Maßstab der Frau; in den Konflikt fließen Erwartungen ein, die sie an sich selbst stellt, ohne Rücksicht auf ihre Geschlechtszugehörigkeit, um sich anschließend im Sinne dieser Erwartungen (und den Erwartungen anderer) zu beurteilen. Es ist, als würden die einzigartigen (manifesten und potentiellen) Begabungen von Frauen, die ihnen als Teil ihrer weiblichen Geburt und Erziehung zu eigen sind, nicht für gut genug erachtet und auch nicht so respektiert wie die Eigenschaften, die Männer zur Schau stellen.

Bevor wir die besonderen Qualitäten, die der Mutter-Tochter-Beziehung zu eigen sind und mit Geschlechtsidentität und Autonomiekonflikten zu tun haben, ausführlich erörtern, sollen kurz die zeitgenössischen Ansichten über die Beziehungen zwischen Mutter und Säugling wiedergegeben werden.

8.3.3 Die Bindung zwischen Mutter und Säugling

Bei einer Durchsicht der Literatur über die frühe, tiefe Bindung fanden Sluckin, Herbert u. Sluckin (1968) keine Beweise dafür, daß der Hautkontakt zwischen Mutter und Kind unmittelbar nach der Geburt eine intensive lebenslange Beziehung prägt. Sie glauben statt dessen, daß eine solche Prägung im Lauf von Wochen und Monaten stattfindet; die Prägungstheorie sei vielleicht entstanden, weil „die Beziehung zwischen Mutter und Kind und die Art von ‚Prägungs-Kontrakt' zwischen ihnen, der ein Leben lang halten kann, eine erklärende Theorie (oder Metapher) erfordert, die ihr in ihrer Dramatik entspricht" (S. 22).

Rossi (1977) meint, daß zwischen Mutter und Kind eine physiologische Verbindung besteht, die es zwischen Vater und Kind so nicht gibt. Sie ist davon überzeugt, daß Väter ein spezielles Training in Kinderpflege brauchen, um den fehlenden hormonellen Faktor zu ersetzen, der die angeborene Prädisposition zur Bindung zwischen Mutter und Kind liefert.

Die von Beebe (1982) und Stern (1977) durchgeführten Säuglingsstudien unter Verwendung von Mikroanalysen (von 16-mm-Filmen) hat gezeigt, daß zwischen Mutter und Säugling frühe Interaktionen stattfinden. Die Interaktion in dieser Dyade ist gegenseitig und reziprok. Anstelle der Verschmelzung der beiden in einer symbiotischen Beziehung kann man in diesen Studien sehen, daß der Säugling in der Beziehung eifrig engagiert ist, Aktivitätsmuster erschafft und auf sie reagiert. Im Gegensatz zur Theorie der Objektbeziehungen sieht Stern (1983) den Säugling schon bei der Geburt als eine getrennte Person an, die allmählich durch wechselseitige Interaktion eine Beziehung mit der Mutter herstellt.

Auch Menaker (1961) kommt in ihrer Diskussion der Mutter-Kind-Beziehung zu der Erkenntnis, daß der früheste Entwicklungsprozeß die Bindung ist und nicht Versagung oder Befriedigung eines biologischen Bedürfnisses. Eine reziproke Beziehung entfaltet sich aus den Erinnerungen an die Kindheit der Mutter, die diese mit ihren eigenen Lebenserfahrungen integriert und so auf ihr Kind empathisch reagieren kann. Menaker spricht von einer „sozialen Matrix" und meint, diese Erfahrung sei entscheidend für das zukünftige Wohlbefinden des Individuums und „grundlegend für die Persönlichkeitsbildung, sei sie normal oder neurotisch" (S. 165).

Die kulturelle oder soziale Herkunft der Mutter, ihre Erfahrungen mit ihren eigenen Eltern und deren Verhalten, ihre Persönlichkeit, ihre früheren Erfahrungen mit Babys, Geschlecht und Temperament des Babys, das Alter der Mutter und die Stellung des Babys in der Geschwisterreihe (wenn eine solche vorhanden ist) sind wichtige Faktoren in der Beziehung zwischen Mutter und Kind (Sluckin et al. 1983).

Obwohl die mütterliche Bindung an Babys beiderlei Geschlechts vieles gemeinsam hat, entwickelt sich zwischen Mutter und Tochter auf Grund ihres gemeinsamen Geschlechts eine qualitativ andere Beziehung als zwischen Mutter und Sohn. Bei Mädchen werden bestimmte Persönlichkeitsmerkmale anerkannt, mit denen auch ein spezifisches Beziehungsmuster gefördert wird, das sich durch die Generationen wiederholt.

8.3.4 Die Mutter-Tochter-Beziehung

Bernstein (1979) vermutet, daß die weibliche Anatomie der Tochter hilft, die Geschlechtsidentität der Mutter anzunehmen, gleichzeitig aber auch

Trennung und Individuation behindert. Weil sie wie ihre Mutter ist, fällt es ihr leicht, sich mit der körperlichen Gleichheit der Mutter zu identifizieren; die Geschlechtsorgane der Frau sind jedoch nicht leicht zu sehen, und deshalb sind die sexuellen Erfahrungen der Tochter diffus und allgemein. Bernstein vergleicht dies mit der undifferenzierten Selbsterfahrung des weiblichen Säuglings, die zum Verschwimmen der Grenzen zwischen Tochter und Mutter im frühen Säuglingsalter hinzutreten kann.

Chodorow (1978) und Dinnerstein (1976) diskutieren Trennung-Individuation und Autonomie als Entwicklungsprobleme, besonders im Hinblick auf Geschlechtsunterschiede. Hier zeigt sich auch, wie Nähren und Pflegen zu einer fast ausschließlich weiblichen Funktion geworden sind und in der Gesellschaft des Westens als Geschlechtsrollenzuweisung weiter getragen werden. Beide Theoretikerinnen glauben übereinstimmend, daß die Tatsache der Geschlechtergleichheit von Mutter und Tochter besondere Probleme bei der Ablösung und Autonomie erzeugt. Sie beginnen mit der Feststellung, daß die früheste und wichtigste Beziehung des Säuglings die zur mütterlichen Bezugsperson ist und daß diese Beziehung auf den Menschen eine enorme Auswirkung hat, die ein Leben lang anhält.

Chodorow, die die psychoanalytische Theorie mit einem soziologischen Standpunkt verbindet (1978), hat die „asymmetrische" Beziehung zwischen den Geschlechtsrollen und die Art und Weise analysiert, in der die Gesellschaft dies bestätigt. Sie glaubt, daß bestimmte Qualitäten in der Beziehung zwischen Mutter und Kind von der Gesellschaft perpetuiert und verstärkt werden, weil Frauen die Betreuerinnen sind und weil es im Interesse der Gesellschaft ist, diese Art von „Muttern" aufrechtzuerhalten. Sie benutzt psychoanalytische Einsichten der Objektbeziehungstheorie und konzentriert sich dabei auf die Mutter-Kind-Dyade als Kernbeziehung; was sie zeigen möchte, ist, wie diese Form von einer Generation zur nächsten weitergegeben wird.

Die Mutter tritt in die Beziehung zu ihrem Kind mit ihrer eigenen Charakterformation ein, die weitgehend darauf beruht, daß sie eine Frau ist und von einer Frau genährt und gepflegt worden ist; sie selbst behandelt das kleine Mädchen anders als den kleinen Jungen. Weil Mutter und Tochter dem gleichen Geschlecht angehören, haben sie leichter das Gefühl, ein und dieselbe Person zu sein, als dies für Mutter und Sohn zutrifft. Bei der Tochter dauert die präödipale Bindung an die Mutter länger und ist auch die Grundlage des Musters, auf dem der Ödipuskonflikt entsteht und gelöst wird. Der Vater ersetzt die Mutter niemals ganz, weil er an der Elternrolle nicht genügend beteiligt ist, um ein emotional befriedigender Ersatz zu sein. Statt dessen tritt der Vater, wie Chodorow meint, zur Mutter-Tochter-Dyade hinzu, so daß damit ein Dreieck entsteht: dies wird für das Mädchen das Paradigma familiärer Bindungen und späterer heterosexueller Beziehungen.

Eine Folge für die Tochter ist, daß sie sich niemals vollständig von der Mutter trennt. Wenn die Mutter ein weibliches Kind bekommt, rekonstruiert sie das ödipale Dreieck, an dem sie, ihre Mutter und ihr Vater beteiligt waren. Mutter und Tochter bleiben aufeinander bezogen, ohne eine klare Trennung oder eine vollständige Autonomie. Obwohl die Tochter vom Verstand her weiß, daß sie von ihrer Mutter getrennt ist und von ihr verschieden, führt sie einen ständigen inneren Kampf um Autonomie und Eigenständigkeit. Obwohl die Mutter für beide Geschlechter Regression und Mangel an Autonomie darstellt und obwohl Kinder beiderlei Geschlechts versuchen, sich von der Mutter loszureißen, ist der Junge in dieser Hinsicht viel erfolgreicher. Die Kernbeziehung ist auch hier die zur Mutter, aber beide Eltern helfen ihm, sich davon zu distanzieren und sich statt dessen mit dem Vater und allem, was männlich ist, zu identifizieren. Im Gegensatz dazu ist die Tochter immer in einer reziproken Bindung mit der Mutter involviert, von der sie sich niemals losreißen kann, weil auch ihrer Mutter daran gelegen ist, die Beziehung aufrechtzuerhalten.

Eine weitere Konsequenz der Bindung an die Mutter ist die Art und Weise, wie beide Geschlechter zu anderen Menschen in Beziehung treten. Weil vom Jungen erwartet wird, daß er seine frühe Bindung an die Mutter und seine Gefühle für sie verdrängt, entwickelt er seine Beziehungsfähigkeit nur unvollständig. Im Gegensatz dazu ermöglicht es die Mutter-Tochter-Beziehung dem Mädchen, für eine vollere, engagiertere Beziehung verfügbar zu sein. Weil die Tochter sich als eine „Erweiterung" der Mutter empfindet und auf diese Weise innerlich bereits mit einem anderen Menschen verbunden ist, ist es für sie natürlich, diese Beziehung auch zu anderen haben zu wollen; nach Chodorow definieren Frauen sich relational (d. h. durch Beziehungen).

Auf einer philosophischeren Ebene beschreibt Dinnerstein (1976), daß die Frau wegen ihrer Macht, Leben zu geben und zu nehmen, zu trösten oder unglücklich zu machen, zu verschmelzen und potentiell autonom zu sein, furchteinflößend ist und auf ihre Autonomie verzichten muß, damit die westliche Zivilisation in ihrer gegenwärtigen Form fortbestehen kann. In dieser frühesten, primitivsten Beziehung bildet die Qualität der reziproken Bedürfnisse zwischen dem hilflosen Säugling und der nährenden Mutter die Grundlage für spätere interpersonelle Beziehungen und Reaktionen auf die Umwelt. Als Erwachsene suchen Männer wie Frauen diese früheste, tröstende, akzeptierende, sichere Beziehung zur Mutter wiederzugewinnen. Der Mann hat nach Dinnerstein immer Angst, er könnte mit der Frau (gleich ob Ehefrau oder Mutter) verschmelzen; darum ist er ambivalent und betrachtet eine solche Beziehung als bedrohlich. Die Frau fühlt sich in Beziehungen demgegenüber sicherer und behaglicher, weil sie weiß, daß sie immer als lebenserhaltende Kraft gebraucht und so mit Menschen verknüpft sein wird. Dinnerstein meint aber auch, daß die Frau sich letztlich dem Mann unterordnen muß, weil er ihre Unabhängigkeit oder Spontaneität als Reflexion ihrer Macht fürchtet. Die Frau übernimmt so eine passive, unterwürfige Rolle, stellt aber zur gleichen Zeit eine Bedrohung dar. Die Struktur der westlichen Zivilisation fördert und verstärkt diese komplementären Rollen; beide Geschlechter erliegen der Vorspiegelung, daß Männer die Macht haben, weil die potentielle Macht der Frauen zu bedrohlich ist und deshalb unterdrückt werden muß.

Dinnerstein sieht die Rolle der Frau außerdem als ein Tauschgeschäft an. Aus ihrer Sicht ist das Interesse der Männer an den Geschäften dieser Welt leer und belanglos und überhaupt nicht beneidenswert oder vorteilhaft. Sie glaubt, daß Frauen diese Meinung stillschweigend ausdrücken, indem sie sich nicht in die Bedeutungslosigkeit der männlichen Geschichte involvieren. Frauen, die Kinder bekommen und Beziehungen zu Menschen haben, sind lebendig, vital und haben mit wichtigen Seiten des Lebens zu tun.

Sowohl Dinnerstein als auch Chodorow gehen davon aus, daß unweigerlich eine asymmetrische Charakterformation entstehen muß, solange nur einem Geschlecht die Betreuerrolle zugewiesen wird. Die Frau bleibt für das Kind dann weiter die zentrale Bindungsfigur und auch die Entwicklung von Autonomie und Beziehungsfähigkeit wird weiter entlang dem Geschlecht verlaufen.

Wenn man diese Standpunkte zusammenzufaßt, dann gehen Chodorow und Dinnerstein davon aus, daß Charakterzüge schon früh in der Mutter-Tochter-Beziehung gebildet werden. Frauen neigen dazu, sich mit anderen zusammenzutun, weil sie früh entsprechende Erfahrungen mit der Mutter gemacht und sich mit dieser identifiziert haben. Mehr als alles andere befähigt dies die Frau, künftig Beziehungen einzugehen. Es sind die geschilderten Einschränkungen, die mit dieser Neigung zur Verbundenheit einhergehen, die Frauen in Konflikte führen, wie sie reif werden sollen und was von ihnen erwartet wird. Da Reifung mit Trennung und Autonomie gleichgesetzt wird, gilt Bindung als Scheitern der Entwicklung. Geschlechtsunterschiede im Bedürfnis nach positiven Bindungen scheinen mit einer Beurteilung von richtig oder falsch einherzugehen; die Unterschiede werden dann nicht als verschieden, sondern als besser oder schlechter, reif oder infantil, abhängig oder selbständig gesehen. Trennung, Distanzierung und Unabhängigkeit sind die Kriterien für akzeptable Beziehungen, wobei männliche Werte die Linie für Vergleiche darstellen.

Surrey (1985) weist darauf hin, daß die Befürwortung von Separation als Reifungsziel auch die Frage mit sich bringt, wie Menschen zueinander Beziehungen aufnehmen können und wie Langzeitbeziehungen entstehen.

Beziehungen, besonders die zur Mutter, sind von Analytikern, Komikern, Schriftstellern u. a. in unserer Gesellschaft kritisiert und lächerlich gemacht worden. Vielleicht hat man die lebenslangen Vorteile, die von einer liebevollen, engen Verbindung ausgehen, übersehen, weil sie von klinischen Überlegungen überschattet worden sind. Ich will deshalb einige neuere Gedanken erwähnen, die den Zusammenschluß als Grundbedürfnis der Frau herausstellen.

Gilligan (1982) meint, daß Beziehungen bei Frauen den Vorrang vor moralischen Überlegungen und Logik haben. Da Frauen einfühlsam sind

und Mitleid fühlen, berücksichtigen sie bei der Frage, ob etwas richtig oder
falsch ist, menschliche Zwangslagen, während Männer dazu neigen, Regeln
der Logik und des Gesetzes anzuwenden. Diese Unterschiede entstehen für
Gilligan nicht, wie es die klassische psychoanalytische Theorie gern hätte,
aus Verschiedenheiten der Lösung des Ödipuskomplexes, die einen Mangel,
eine Schwäche oder ein Fehlen der moralischen Urteilskraft bei Frauen
widerspiegeln, sondern aus der Fähigkeit, Beziehungen zu Menschen
aufzunehmen.

Für Gilligan ist diese Fähigkeit eine Stärke, keine Schwäche; weil sie aber
kein männlicher Wert ist, wird sie in unserer Gesellschaft nicht respektiert.
Außerdem ist die Interdependenz ein Idealziel, an dem die Frau nur
partizipieren kann, wenn sie auch sich selbst Rechte zugesteht und sich
weniger um die Versorgung anderer kümmert als darum, was für sie richtig
ist. Dazu muß sie das Gefühl haben, daß Selbstbehauptung gefahrlos
möglich ist, ohne eine Beziehung aufs Spiel zu setzen. Gilligan vermutet,
daß echte Empathie immer dort entstehen kann, wo Frauen ihre Fähigkeit,
zu nähren und zu pflegen, durch einen gewissen Selbstrespekt modifizieren
können. Die einseitige Befriedigung der Bedürfnisse eines anderen beruhe
oft auf dem Wunsch nach Anerkennung und nicht auf dem Wunsch, zu
helfen; die Versorgung anderer fördert deshalb nicht immer nur zuträgliche
Bindungen und kann oft Ressentiments verdecken. Surrey (1985) weist
darauf hin, daß eine Beziehung auf Gegenseitigkeit gegenseitige Einfühlung
erfordert.

Miller (1984) geht davon aus, daß unsere Gesellschaft Trennung höher
schätzt als die Erhaltung und Bereicherung von Beziehungen als Lebensstil.
Das Leben in Beziehungen bedeutet nicht unbedingt die Erfüllung von
Abhängigkeitsbedürfnissen; es bringt vielmehr den Wunsch zum Ausdruck,
verstanden zu werden, anderen nahe zu sein und geschätzt zu werden. Miller
sieht das Stadium der Trennung und Individuation und die Erlangung der
Autonomie nicht notwendig als eine Auflösung von Bindungen, sondern
eher als eine neue psychische Organisation, wobei die Art, wie ein Mensch
Beziehungen eingeht, neue und andere Bedeutungen annimmt. Mutter und
Tochter brechen ihre Beziehungen nicht ab. Es handelt sich um eine
Beziehung, die bei der Entfaltung des Ichs im Gegenteil eine wichtige Rolle
spielt, die unbedingt aufrechterhalten werden muß. Die Interaktionen
zwischen Mutter und Tochter sind weiter unterstützend, nährend und
pflegend, während sie individuelle Ausdrucksmöglichkeiten und die Weiter-
entwicklung des Selbst ermöglichen. Menaker (1975), die grundsätzlich mit
Miller übereinstimmt, glaubt, daß es eine Gegenidentifizierung mit der
Mutter gibt und nicht, wie allgemein angenommen wird, eine negative
Identifizierung.

Für Miller (1984) ist die Bewahrung und Vervollkommnung enger
Vertrautheit von sehr großer Bedeutung. Dies widerspricht nicht der
Entwicklung eines Gefühls für das eigene Selbst. Tatsächlich erhöht es das
Selbstgefühl einer Frau, denn sie wird mit einem Gefühl von sich selbst

erzogen, Verständnis zu haben, einfühlsam und anderen Menschen nahe zu sein.

Surrey (1985) ist überzeugt, daß die Beziehung zwischen Mutter und Tochter auf Gegenseitigkeit beruht und sich ständig weiterentwickelt. Während sie interagieren, verändern sie sich, so wie ihre Bedürfnisse sich verändern. Sie glaubt, die Tochter lerne dies vom Säuglingsalter an, während Mutter und Tochter ein tiefes Interesse aneinander entwickeln, das Anteilnahme und ein Gefühl des Selbstwerts fördert. Die Tochter wächst daher im Kontext einer wechselseitig empathischen Beziehung auf, die nicht nur ihre Selbstachtung erhöht, sondern auch das Fundament für weiteres Wachstum, Selbsterkenntnis und Zusammengehörigkeitsgefühl als Lebensstil liefert.

8.4 Beziehungen: ein Konflikt für Frauen

Da Männer Erfolg zu haben scheinen, besitzt ihre Welt eine große Anziehungskraft für jene Frauen, die glauben, durch die Identifizierung oder das Wetteifern mit Männern Gleichheit und Erfolg erringen zu können. Das Streben nach Autonomie als ein Weg, Reife zu erlangen, ist aber gleichzeitig eines der Probleme, das die Übernahme männlicher Wertvorstellungen für die Frau geschaffen hat. Manche Frauen wollen heute selbstgenügsam, unabhängig und nur für für sich selbst verantwortlich sein. All dies sind äußere Maßstäbe, von der Gesellschaft sanktioniert, die das Selbst unter Ausschluß von anderen betonen.

Ein hiermit verknüpftes Problem ist die Neigung zu Beziehungen, die Frauen sehr früh im Leben lernen. Trennung von der Mutter ist ein männliches Merkmal, das als akzeptierter Standard jedoch unterschiedslos auf beide Geschlechter angewendet wird. Weil es unmännlich ist, wie die Mutter zu sein, lernen Männer, sich mit männlichen Charakteristika zu identifizieren; deshalb ist ihre Trennung von der Mutter richtig und gut. Nach diesem Standard wird die Mutter-Tochter-Dyade als etwas verurteilt, was auf die Individuation der Frau und die Entstehung des Selbst zersetzend wirkt. Die Tochter sei – so lautet hier das Werturteil – ohne dezidierte Trennung von der Mutter zu einem Leben in Abhängigkeit und mit unscharfen persönlichen Grenzen verdammt.

Weil diese Frage nicht nur ein Problem der Trennung von Mutter und Tochter bleibt, sondern sich auf alle interpersonellen Beziehungen generalisiert, erscheinen Fragen der Intimität unklar, widersprüchlich und mit Angst beladen. Trennung-Individuation und Autonomie werden dann als Merkmale gesehen, die für ein emotional gesundes Erwachsensein wünschenswert und notwendig sind. Es ist nicht die Rede davon, daß Autonomie auch zu Isolation und Trennung führen kann, weil damit Beziehungen gelockert oder gelöst werden; Nähe wird einfach mit Abhängigkeit gleichgesetzt. Die Intimität ist das am ehesten konfliktbeladene Beziehungsmerkmal in der heutigen Gesellschaft.

Verwirrung über die Frage, *was man sein soll,* ist für Frauen ein Problem. Da es gut ist, getrennt und autonom zu sein, und nicht gut, mit Menschen verflochten zu sein und Beziehungen zu ihnen zu pflegen, sind Frauen doppelte Verlierer. Wenn man die Aussage weiterfaßt, dann bedeutet Selbständigwerden – frei und unabhängig sein –, daß man Beziehungen aufgibt. Diese Position widerspricht nicht nur der Rolle, die den Frauen in unserer Gesellschaft auferlegt ist, sondern sie ist ein unerreichbares Ziel, wenn bei dem Versuch, sie zu erreichen, Unbehagen und Angst entstehen.

Kohut (1984) stellt fest, daß Kinder sich nicht von ihren Müttern trennen, wenn sie ihre ersten Schritte tun. Statt dessen erwarten sie von ihren Müttern, daß diese an ihrer Freude über ihre neuen Errungenschaften Anteil nehmen. Die Mutter-Kind-Dyade verändert sich, wenn das Kind reifer und selbstsicherer wird. Kohut sagt: „Die Selbstpsychologie vertritt die Auffassung, daß Selbst-Selbstobjekt-Beziehungen das Wesen des psychologischen Lebens von der Geburt bis zum Tode bilden, daß ein Schritt von Abhängigkeit (Symbiose) zu Unabhängigkeit (Autonomie) in der psychologischen Sphäre ebensowenig möglich und wünschenswert ist wie ein entsprechender Schritt von einem Leben, das von Sauerstoff abhängig ist, zu einem davon unabhängigen Leben in der biologischen Sphäre" (Kohut 1984, S. 79). Er meint, daß Menschen nicht aufgeben, nach wichtigen Beziehungen zu streben; die Menschen mögen sich verändern, aber das Wesen der Beziehungen, die sie anstreben, bleibt dasselbe.

Kohut fügt hinzu, daß Psychotherapie die Menschen befähigt, bei der Auswahl von Beziehungen, die hilfreich, stärkend und erhebend sind, entsprechend wählerisch zu sein. Es ist wichtig für einen Menschen, die Unterstützung anderer zu haben, besonders in Zeiten der Belastung, denn es ist gut, zu wissen, daß es einen Menschen gibt, von dem man dieselbe Art von Wärme und Sicherheit bekommen kann wie in der frühesten, tröstlichsten, sichersten Beziehung zur Mutter.

Für manche ist dies ein direkter Widerspruch zu Unabhängigkeit und Autonomie, so als ob Zugehörigkeit und Selbständigkeit nicht nebeneinander existieren könnten. Besonders die Frauen werden generell zu Passivität und Unterordnung ermutigt, während ihnen Selbstbehauptung riskant erscheint.

Unser nächstes Thema ist die Anerkennung der Wichtigkeit von Beziehungen, die mit dem Problem der Autonomie im psychischen Leben der Frau versöhnt werden muß.

8.5 Therapeutische Fragen um Autonomie und Beziehungen

Nach Miller (1976) ist die weibliche Rolle für das Kind vom Augenblick der Geburt an abgesteckt. Es wird dazu erzogen, zu nähren und zu pflegen und anderen zu dienen; daher lernt es, sich durch die Augen anderer zu sehen und sich als jemand zu verstehen, der im Dienst *Anderer* steht. Mit wichtigen *Anderen* findet eine natürliche Verschmelzung statt, und der Verlust einer solchen Beziehung „wird nicht nur einfach als Verlust einer interpersonellen Beziehung empfunden, sondern eher als ein totaler Selbstverlust" (S. 83). Autonomie kann für Frauen bedrohlich sein, weil sie oft dem Aufgeben von Beziehungen gleichkommt, um selbstbestimmt und eigenständig zu werden. Das braucht kein Entweder/oder zu sein, aber es wäre möglich, daß das Erlangen von Authentizität oder einer Ehrlichkeit gegenüber dem Partner und sich selbst einem Partner so mißfallen kann, daß er die Frau verläßt. Mit der Selbständigkeit kommt auch die Angst, getrennt und allein zu sein (Menaker 1982).

Miller (1976) glaubt, daß Beziehungen für Frauen lebensnotwendig sind, sieht aber gleichzeitig, daß eine Umstrukturierung dieser Beziehungen notwendig ist, damit Frauen sich entwickeln und wachsen können. Auch Menaker (1982) ist der Meinung, daß die Tochter idealiter emotionale Stabilität erlangen könnte, wenn sie sich sowohl mit den wünschenswerten Eigenschaften der Mutter als auch mit den neuen Wertvorstellungen identifizieren könnte, die die Gesellschaft der Frau heute zuweist. Der Erfolg eines solchen Übergangs wird von der anfänglichen Beziehung zwischen Mutter und Tochter, der Ich-Stärke der Tochter und anderen Quellen der Unterstützung abhängen. Menschen suchen nach Objekten; Psychotherapie kann bei der Integrierung widersprüchlicher Wertvorstellungen und Rollen deshalb eine solche Quelle der Unterstützung sein. Dies ist aber nur möglich, wenn der Therapeut oder die Therapeutin einfühlsam, flexibel und offen für das Erkennen sich verändernder gesellschaftlicher Rollen und Wertvorstellungen sind und nicht einer bestimmten Theorie oder einem bestimmten Standpunkt anhängen.

Symonds (1973) beschreibt die Frau, die sich nach der Heirat aus einer selbständigen, selbstsicheren, starken Person in eine abhängige und hilflose verwandelt. Sie nennt dies eine „Abhängigkeitserklärung" und bezeichnet die dazugehörigen Gefühle als einen Freiheitsverlust und als „symbolischen Ausdruck dessen, wie jemand sich einschließt, seine Impulse niederhält und sich selbst einengt" (S. 301).[1] Das früher beobachtete unabhängige, energische Verhalten wird hier unterdrückt, um die Beziehung zu einem Mann zu erhalten. Sobald die Frauen in einer Beziehung involviert sind, „weigern sie sich hartnäckig, das Konzept der Getrenntheit zu akzeptieren" (S. 300).

Solange die Frau bereit ist, ihre untergeordnete Stellung in der Ehe
beizubehalten und der Ehemann bereit ist, die traditionelle Männerrolle
einzunehmen, kann, wie Symonds sagt, die Ehe gut gehen. Um eine solche
Beziehung fortzusetzen, sind von seiten der Ehefrau jedoch ständige
Wachsamkeit und Selbstverleugnung notwendig, damit kein widerspre-
chendes Gefühl an die Oberfläche dringen kann. Der Umstand, daß der
Ehemann nicht bemerkt, welche Bedürfnisse seine Frau hat, verstärkt bei
ihr Gefühle der Unzulänglichkeit; und anstatt sich im Interesse einer
größeren Verständigung durchzusetzen, zieht die Frau es vor, aus Angst vor
den Folgen ihre eigenen Gefühle gar nicht erst anzuerkennen.

Das Bedürfnis dieser Frauen nach einer Beziehung geht so tief, daß es
mehr gilt als die Anerkennung ihrer sonstigen Bedürfnisse. Die emotionale
Ausdehnung dieses Paradigmas könnte bedeuten, daß mehr Selbstausdruck
zu Autonomie führen würde, was Alleinsein zur Folge hätte: eine Alternative also zwischen „keine Beziehung haben" oder „Verlassenwerden". In
dieser Art spricht Sullivan (1953) von der Einsamkeit als einem so
schreckenerregenden Zustand, daß man ihn nicht beschreiben kann, zu
angsterzeugend, um ihn noch einmal zu erleben und über ihn zu sprechen.
Für Sullivan tun die Menschen fast alles, um diese Einsamkeit zu vermeiden.
Sie bringen sich sogar in angsterregende Situationen, weil dies weniger
schmerzlich ist als das Erleben der Einsamkeit. Manche Frauen fühlen sich
von der Aussicht auf diese Einsamkeit so sehr bedroht, daß sie viele
Kompromisse schließen, um das Alleinsein zu vermeiden.

Eine Patientin, deren Mann sich hartnäckig weigerte, ihr das Haushalts-
geld anzuvertrauen, obwohl ihre finanzielle Lage zeigte, daß dieser Bereich
ganz entschieden nicht seine Stärke war, eröffnete kein eigenes Bankkonto,
weil das bedeutet hätte, ihre Autonomie zu etablieren. Sie fühlte sich durch
diesen selbständigen Akt so bedroht, daß selbst dieser kleine Akt in ihrem
Leben auf die Möglichkeit des Alleinseins hinwies.

Andererseits schämt sich eine 52jährige Frau, die sich nach 26 Ehejahren
von ihrem Mann getrennt hat, weil sie sich einsam und verlassen fühlt. Es
fällt ihr sehr schwer, vor sich selbst zuzugeben, daß sie die Beziehung
vermißt, weil man von ihr erwartet, daß sie reif, stark und selbstsicher sein
soll.

Eine Patientin beschrieb eine Auseinandersetzung, die sie mit ihrem
Mann gehabt hatte, weil er über der Befriedigung seiner eigenen Bedürfnisse die ihren vernachlässigt hatte. Im Zuge dieses Streites wurde sie wütend.
Während sie unnachsichtig auf ihn einredete, war sie gleichzeitig bemüht,
Bestätigung für das zu bekommen, was geschehen war. Außerdem konnte
sie ihm, obwohl sie ihre Wut erkannte, nicht sagen, daß sie das Gefühl hatte,
er versuche sich herauszureden, weil er nicht zugeben könne, daß er Fehler
gemacht habe. Die Tatsache, daß sie ihre eigene Meinung über sein
Verhalten hatte, war „isolierend", was, wie die weitere Analyse ergab,
Trennung von ihm und Alleinsein bedeutete. Es war für sie so wichtig,
„verbunden" zu sein, daß sie zwar ihre Meinung vorbringen konnte, wenn

sie anderen damit „half", aber ihre eigenen, unabhängigen Gedanken über
ihren Mann auszudrücken, war für sie trennend und bedrohlich.

Eine andere Patientin beklagt sich bitterlich, daß sie 2 volle Wochen für
sich allein braucht, um ihre Recherchen für einen Roman, den sie schreibt,
abzuschließen. Sie verbringt viel Zeit mit dem Versuch, eine geeignete
Schule für ihr jüngstes Kind zu finden, das eine Sonderbehandlung braucht,
und sie fährt ihr ältestes Kind in die Schule – genau zu der Zeit, früh am
Morgen, in der sie am besten arbeiten kann. Einer der Gründe dafür ist, daß
sie mit ihrem Sohn zusammensein will – dies ist die Zeit, wo er verfügbar ist.
Ihr Mann will auch mit ihr zusammensein und von ihr beachtet werden.
Diese Patientin wird von 2 gleich starken Kräften in 2 verschiedene
Richtungen gezogen; sie hat es noch nicht gelernt, die beiden mächtigen
Bedürfnisse miteinander zu kombinieren. Dieser Konflikt führt manchmal
zu Ausbrüchen gegenüber ihrer Familie, aber auch zu Gefühlen der
Unzulänglichkeit und der Selbstbeschuldigung, weil sie nicht so produktiv
ist, wie sie es gern wäre.

8.6 Die Integrierung von Beziehung und Autonomie

Die therapeutischen Probleme bei der Behandlung von Frauen drehen sich
um die Dichotomie von Autonomie und „Nähren und Pflegen". Für Frauen
ist die Erkenntnis wichtig, daß es möglich ist, eigene Ideen, Meinungen und
Interessen zu haben – sogar im Gegensatz zu denen einer wichtigen
Bezugsperson –, selbständig zu sein und dennoch verbunden zu bleiben.
Eine Frau macht eine Beziehung nicht zunichte, indem sie ein Mensch mit
eigenen Gedanken und Gefühlen wird, obwohl es wichtig ist, sich darüber
klar zu sein, daß ihre Unabhängigkeit das Gleichgewicht der Beziehung
verändern kann. Sie muß sich auch klar darüber sein, daß, wenn die
Probleme erst einmal deutlich geworden sind, ein Bruch nicht immer
vermeidlich ist; es können aber auch Alternativen auftauchen, die zu
Kompromissen führen und die Beziehung wesentlich verbessern können.

Manche Frauen wollen vielleicht das Recht, unabhängig zu sein und
ziehen es vor, keine Dauerbindungen einzugehen. Andere müssen ihr
Bedürfnis nach Beziehungen und Autonomie akzeptieren; sie müssen
lernen, mit diesem Konflikt zu leben. Um dies zu tun, müssen Frauen sich
als Menschen fühlen, deren Ideen ein Ausdruck ihrer selbst sind, wichtig und
gültig. Menaker (1982) weist darauf hin, daß die Inkorporation der Mutter
und die Identifizierung mit ihr für die Entwicklung der Frau entscheidend
sind. Die Mutter, die sich selbst geringschätzt, so wie die Gesellschaft es tut,
gibt diese Wertvorstellungen an die Tochter weiter, die so nicht mit
Selbstachtung und Liebe gegenüber sich selbst aufwachsen kann. Solche
persönlichen Geschichten können im Verein mit ihrer Bestätigung durch
die Gesellschaft wiederum nur eine Selbstabwertung zur Folge haben. Da die
Gesellschaft sich aber auch verändert und neue Ich-Ideale entstehen, können

sich Frauen heute mit akzeptableren Standards identifizieren und diese inkorporieren.

Schließlich müssen in unserer Gesellschaft Wahlen für das Erziehen der Kinder und die Beteiligung der Frauen an dieser Sozialisation getroffen werden. Dabei treten allmählich Veränderungen ein, so daß es mehr Männern ermöglicht wird, sich als interessierter Elternteil zu involvieren; die utopische androgyne Gesellschaft, in der sich Mann und Frau die Kinderbetreuung gleichberechtigt teilen, existiert bis heute aber nicht. Bis die Gesellschaft sich tatsächlich in dieser Richtung ändert, bleibt es ein therapeutisches Ziel für Frauen, mit dem Konflikt in Beziehungen umzugehen und dabei im Denken und Handeln authentisch zu bleiben. Wenn diese Konflikte nicht gelöst sind, werden die Kinder von Müttern, die in dem Doublebind von Autonomie und nährend-pflegender Rolle gefangen sind, die sichtbaren Symbole dieser Konflikte ihrer Mütter sein.

8.7 Zusammenfassung

In den 30er Jahren hat Freud über die Bedeutung präödipaler Beziehungen geschrieben, mit besonderer Betonung der Wichtigkeit der Mutter-Tochter-Dyade. Etwa um dieselbe Zeit haben die Balints, in der Nachfolge Ferenczis, über den gleichen Gegenstand publiziert. Klein und andere folgten, wobei jeder die Mutter-Kind-Dyade nach seiner eigenen theoretischen Ausrichtung interpretierte, alle aber die Bedeutung dieser präödipalen Beziehung unterstrichen. Die Objektbeziehungen wurden Bestandteil der psychologischen Theoriebildung und des psychoanalytischen Denkens. Kastrationsangst, Penisneid und Ödipuskonflikt als entscheidende Konflikte, um die sich Persönlichkeit und Charakter entwickeln, werden davon nicht berührt: die meisten Theoretikerinnen und Theoretiker erkennen jedoch an, daß diese psychischen Kämpfe von der Qualität der frühen Objektbeziehungen beeinflußt werden können. Die sozialen oder kulturellen Veränderungen haben die Auffassung dieser Konstrukte bis heute allerdings kaum beeinflußt und der Mann ist immer noch der Maßstab, nach dem weibliches Verhalten interpretiert wird.

Bei der Untersuchung des Autonomiekonflikts der Frau wird deutlich, daß dies in der westlichen Zivilisation allein ein weiblicher Konflikt ist. Mit der engen Beziehung von Mutter und Tochter angefangen, entwickelt die Frau eine Verbindung mit anderen Menschen und gerät leicht in die Rolle der Nährerin und Pflegerin. Die Autonomie als ein hochgeschätzter Beweis für Reife und Selbstverwirklichung steht im Gegensatz zu diesen kulturimmanenten Erwartungen an die Frau. Die Frau ist in der klassischen Doppelbotschaft von einander entgegengesetzten Erwartungen gefangen, in Verbindung mit einer Geringschätzung ihrer Rolle, in welche Richtung sie sich auch wenden mag.

Das Denken von heute geht dahin, Frauen als einzigartig und deutlich verschieden von Männern zu betrachten, mit einer eigenen psycho-sozial-sexuellen Entwicklung. Zusammenschluß und Bindung werden als progressiv und nicht als regressiv angesehen, so wie auch eine Bindung an die Mutter als positiv und hilfreich gilt und nicht als Symptom von Abhängigkeit und Trennungsangst. Frauen werden ermutigt, sich nach diesem ihrem Potential zu entwickeln.

Die Ebene der Selbstwahrnehmung, die in den letzten 2 Jahrzehnten erreicht worden ist, ist ermutigend. Frauen haben mehr Wahlmöglichkeiten was die Entscheidung zwischen Mutterschaft und/oder Berufstätigkeit anbetrifft, aber der Zeitgeist hat es den Frauen noch nicht ermöglicht, den einen oder den anderen Kurs ohne Über-Ich-Zwänge oder Identitätskonflikte einzuschlagen. In welche Richtung sie auch gehen wollen, Psychoanalytikerinnen und Psychoanalytiker können Frauen bei ihrer Konfliktlösung unterstützen, indem sie sie befähigen, die Notwendigkeit und den Lohn von Beziehungen anzuerkennen.

Anmerkung

1 Symonds bringt dieses Syndrom spezifisch in Zusammenhang mit der Entwicklung von Phobien. Nach meiner Erfahrung ist es nicht phobiespezifisch, sondern durchwegs in allen Symptombildern vorhanden, in denen erhebliche Angstmanifestationen im Vordergrund stehen.

Literatur

Applegarth A (1977) Some observations on work inhibitions in women. In: Blum HP (ed) Female psychology. Int Univ Press, New York, pp 251–268

Balint A (1939, 1966) Liebe zur Mutter und Mutterliebe. In: Die Urformen der Liebe und die Technik der Psychoanalyse. Klett, Bern Stuttgart, S 116–135

Balint M (1937, 1966) Frühe Entwicklungsstadien des Ichs. Primäre Objektliebe. In: Die Urformen der Liebe und die Technik der Psychoanalyse. Klett, Bern Stuttgart, S 93–115

Barglow P, Schaefer M (1977) A new female psychology? In: Blum HP (ed) Female Psychology. Int Univ Press, New York, pp 393–438

Beebe B (1982) Micro-timing in mother-infant communication. In: Kay MR (ed) Non-verbal communication today. The Hague, Mouton, pp 169–195

Bergman A (1982) Considerations about the development of the girl during the separation-individuation process. In: Mendell D (ed) Early female development. Spectrum, Jamaica NY, pp 61–79

Bernstein, D. (1979) Female identity synthesis. In: Roland A, Harris B (ed) Career and motherhood. Human Science Press, New York, pp 104–123

Blum HP (1977) Masochism, the ego ideal and the psychology of women. In: Blum HP (ed) Female psychology. Int Univ Press, New York, pp 157–191

Bowlby J (1958) The nature of the child's tie to the mother. Int J Psychoanal 39:350–373

Bowlby J (1969, 1975) Bindung. Eine Analyse der Mutter-Kind-Beziehung. Kindler, München

Bowlby J (1973, 1976) Trennung. Psychische Schäden als Folge der Trennung von Mutter und Kind. Kindler, München

Chodorow N (1978, 1985) Das Erbe der Mütter: Psychoanalyse und Soziologie der Geschlechter. Frauenoffensive, München

Dinnerstein D (1976, 1979) Das Arrangement der Geschlechter. dtv, Stuttgart

Ehrenreich B (1984) Die Herzen der Männer: auf der Suche nach einer neuen Rolle. Rowohlt, Reinbek bei Hamburg

Erikson EH (1968, 1970) Jugend und Krise. Klett-Cotta, Stuttgart

Fairbairn WRD (1952) An object relations theory of the personality. Basic Books, New York

Freud S (1931 b) Über die weibliche Sexualität. GW Bd 14, S 517–537. Fischer, Frankfurt am Main

Freud (1933 a) Die Weiblichkeit. GW Bd 15, S 119–145

Galenson E und Roiphe H (1977) Some suggested revisions concerning early female development. In: Blum HP (ed) Female psychology. Int Univ Press, New York, S 29–57

Gilligan C (1982, 1984) Die andere Stimme. Piper, München

Greenberg JR, Mitchell SA (1983) Object relations in psychoanalytic theory. Harvard Univ Press, Cambridge MA

Klein M (1963) On the sense of loneliness. In: Envy and gratitude and other works 1946–1963. Hogarth Press, London, pp 300–313

Kohut H (1984, 1987) Wie heilt die Psychoanalyse? Suhrkamp, Frankfurt am Main

Lebe D (1982) Individuation of women. Psychoanal Rev 69:63–73

Mahler M (1968) On human symbiosis and their vicissitudes of individuation. In: Chess S, Thomas A (eds) Annual progress in child psychiatry. Brunner-Mazel, New York, pp 109–129

Mahler M, Pine F, Bergman A (1975, 1978) Die psychische Geburt des Menschen. Symbiose und Individuation. Fischer, Frankfurt am Main

Maslow AH (1954, 1970) Motivation and personality. 2. Aufl. Harper & Row, New York

Menaker E (1961) Idealization and ego. In: Lerner L (ed) Masochism and the emergent ego. Selected papers of E Menaker. Human Sciences Press, New York, pp 121–131

Menaker E (1973) The social matrix: Mother and child. In: Lerner L (ed) Masochism and the emergent ego. Selected papers of E Menaker. Human Sciences Press, New York, pp 151–166

Menaker E (1973) The influence of changing values on intrapsychic processes. In: Lerner L (ed) Masochism and the emergent ego. Selected papers of E Menaker. Human Sciences Press, New York, pp 132–166

Menaker E (1975) The effects of counter-identification. In: Lerner L (ed) Masochism and the emergent ego. Selected papers of E Menaker. Human Sciences Press, New York, pp 214–224

Menaker E (1982) Female identity in psychosocial perspective. Psychoanal Rev 69:78–83

Miller JB (1976, 1979) Die Stärke weiblicher Schwäche. Zu einem neuen Verständnis der Frau. Fischer, Frankfurt am Main

Miller JB (1984) The development of women's sense of self. Work in Progress. Stone Center for Developmental Services and Studies, Wellesley College, Wellesley MA

Rossi AS (1977) A biosocial perspective on parenting. Daedalus 6: 1–31

Sluckin W, Herbert M, Sluckin A (1983, 1986) Mutterliebe – auf den ersten Blick? Huber, Bern

Stern DN (1977, 1979) Mutter und Kind. Die erste Beziehung. Klett-Cotta, Stuttgart

Stern DN (1983) The early development of schemas of self, other, and „self with other". In: Lichtenberg JD, Kaplan S (eds) Reflections on self psychology. Analytic Press, Hillsdale NJ, pp 49–84

Sullivan HS (1953, 1983) Die interpersonale Theorie der Psychiatrie. Fischer, Frankfurt am Main

Surrey A (1985) Self-in-relation: A theory of women's development. Work in Progress, Stone Center for Developmental Services and Studies. Wellesley College, Wellesley MA

Symonds A (1973) Phobias after marriage. In: Miller JB (ed) Psychoanalysis and women. Penguin Books, New York, pp 287–300

Thompson C (1942, 1973) Cultural pressures in the psychology of women. In: Miller JB (ed) Psychoanalysis and women. Penguin Books, New York, pp 49–64

Winnicott DW (1945, 1976) Die primitive Gefühlsentwicklung. In: Von der Kinderheilkunde zur Psychoanalyse. Kindler, München, S 57–74

Winnicott DW (1953, 1976) Übergangsobjekte und Übergangsphänomene. In: Von der Kinderheilkunde zur Psychoanalyse. Kindler, München, S 293–312

Winnicott DW (1963, 1974) Von der Abhängigkeit zur Unabhängigkeit in der Entwicklung des Individuums. In: Reifungsprozesse und fördernde Umwelt. Kindler, München, S 106–119

9 Die lesbische Objektwahl: Übertragungen auf die Theorie

Ruth-Jean Eisenbud

9.1 Übertragungen auf die klassische Theorie

Die lesbische Objektwahl ist ein Prüfstein für die Wirkung des neuen feministischen Denkens auf die klassische psychoanalytische Theorie und Behandlungspraxis. Im *Annual of Psychoanalysis* 1982 hat Leo Rangell die Auswirkungen der Übertragung auf die Theorie erörtert, die sich innerhalb der Ausbildung des Psychoanalytikers ereignen. Eine Übertragung, also eine Kluft zwischen Theorie und Praxis, spiegelt sich auch in der psychoanalytischen Behandlung der lesbischen Objektwahl wider. Wenn ich meine eigenen Arbeiten von 1969 und 1982 miteinander vergleiche, dann sind auch meine Schriften ein Beispiel dieser Übertragung.

Es ist wahr, meine positive Übertragung auf das theoretische Bezugssystem meiner früheren Ausbildung und meine eigene Psychoanalyse haben mich in meiner feministischen und humanistischen Sichtweise bestärkt; aber manche theoretischen, von der klassischen Psychoanalyse und vom patriarchalischen Dogma übernommenen Annahmen wurden dabei nicht in Frage gestellt. Der liberale freudianische Rahmen, in dem ich selbst behandelt wurde und in dem ich später studierte und arbeitete, von der postuniversitären Weiterbildung bis hin zu eigener Lehre und Autorenschaft, hat mir gut getan, mich in meinen Fähigkeiten bestärkt und sich auch sonst als bewährtes professionelles Werkzeug erwiesen. Die Wirkung der Übertragung auf die klassische Theorie hatte so gleichzeitig positive wie negative Seiten.

Vieles von dem begrifflichen Rahmen meiner Analyse und meiner Ausbildung prägt immer noch meine Arbeit: die Bedeutung der Ich-Entwicklung, die Beziehung von Persönlichkeit und Symptomen zur inneren wie zur äußeren Realität, die hingebungsvolle Aufmerksamkeit, die man sowohl der Gegenwart schuldet als auch jener historischen Vergangenheit, die im Unbewußten, in Träumen und in der Gegenwart weiter lebt. Die Zielgerichtheit des unbewußten Denkens, die vielen Wahlmöglichkeiten, mit denen sich innerhalb einer Entwicklung sexuelle Bedürfnisse erfüllen lassen, die Abwehrformen des Ichs, spezifische Nachwirkungen aus der Säuglings- und Kinderzeit, frühe Kämpfe um Individuation und der Autonomiekonflikt im Jugendalter sind für mich immer noch Quellen des Verstehens.

Vergleich meiner Arbeiten von 1969 und 1982 – eine Revision

Was die homosexuelle Objektwahl anbetrifft, gab es in mir eine beharrliche Treue zu einer Definition der Homosexualität als „Angst vor Heterosexualität", die aus meiner Übertragung auf die Theorie und aus professionellen Bindungen stammte. Diese Erklärung war in eine ödipale Ebene eingebettet, so wie im klassischen freudianischen und patriarchalischen Denken. In meiner 1969 verfaßten Arbeit wurde diese „liberale" Erklärung für eine lesbische Objektwahl als eine Abwehr gegen ödipale Wünsche, als Flucht aus dem Gefängnis der unerfüllten Sehnsucht nach Zärtlichkeit und Sexualität dramatisch dargestellt. Die Theorie schien mir damals ganz mit jener Achtung, Aufmerksamkeit und Empathie vereinbar, mit denen ich mich auf eine lesbische Patientin einstellte, die für mich ein Mitglied einer verfolgten Minderheit war.

Obwohl ich in meiner Arbeit als Analytikerin eine Revisionistin war, obwohl ich die phallozentrische Erklärung des weiblichen Penisneids durch Freud bereits durchschaute und auch die Wirkung patriarchalischer Vorurteile auf die Sicht der weiblichen Persönlichkeit, blieb ich blind gegen den chauvinistischen Charakter der Anwendung bestimmter klassisch-freudianischer Erklärungen auf die primäre lesbische Objektwahl. Ich konnte damals noch keine Neubewertung vornehmen; sie scheiterte sowohl an meiner positiven Übertragung auf die psychoanalytische Theorie meiner Herkunft als auch daran, daß ich die neuen Begriffsbildungen von „internalisierten Objekten" noch nicht in mein Denken integriert hatte.

Es war vor allem das theoretische Vertrauen auf das Konzept der „Regression", eingebettet in die alte Energietheorie, das eine klare Beobachtung und ein neues Verständnis des Beobachteten verhinderte. Meine theoretische Konzentration auf die Mutter-Säuglings-Dyade als einem solchen Fixierungspunkt brachte mich 1969 paradoxerweise dazu, die präödipalen Erfahrungen des kleinen Mädchens mit seiner Mutter und die Wichtigkeit seiner Individuation von dieser Mutter zu vernachlässigen. Auch andere präödipale libidinöse Erfahrungen mit der Mutter und den anderen Menschen seiner Umgebung blieben unberücksichtigt (Loewald 1980).

Neben der Erklärung, daß es sich um eine ödipal fundierte Regression oder aber um eine ererbte, hochspezifische genetische Bestimmung der Objektwahl handelte, gab es einen dritten Erklärungsansatz. Hier stand die Überzeugung im Vordergrund, daß die menschliche Sexualreaktion ein erlerntes Verhalten ist, von Gesellschaft und Kultur vorgeschrieben und keineswegs genetisch determiniert oder in ihrer Wahl des Zeitpunkts durch einen angeborenen Trieb bestimmt. Diese dritte „kulturelle" Hypothese erschien angesichts des programmierten Sexualverhaltens im übrigen Tierreich noch weniger überzeugend als die beiden anderen. Sie beinhaltete die stolze Verleugnung, die Dringlichkeit der sexuellen Liebe, die Überschätzung des Liebesobjekts, der ganze Zyklus des animalischen Fortpflanzungsverhaltens, das wesentlich für die Paarung ist, sei keineswegs genetisch, biologisch programmiert. So reduktionistisch die Hypothese von der Regressionsfixierung auch sein mochte, so schien es 1969 immer noch das beste, die lesbische Liebe als eine unter Belastung erzeugte Regression auf eine orale Fixierung im Säuglingsalter zu bezeichnen.

Ein Vergleich meiner „rückständigen" Arbeit über weibliche Homosexualität von 1969 mit meinem neueren Artikel von 1982 spiegelt die seither vorgenommene Revision und mein verändertes Verständnis eines großen Teils des psychoanalytischen Denkens wider. 1969 waren bestimmte theoretische Annahmen, die als ein Erbe der klassischen Psychoanalyse gelten können, in der psychoanalytischen Theorie noch allgemein anerkannt, auch wenn sie weit hinter der psychoanalytischen Praxis herhinkten.

Vom feministischen Standpunkt aus können wir ein solches Beharren als phallozentrisch definieren. Weibliche Sexualität wird von einem patriarchalischen Standpunkt aus stets als Antwort auf den Mann definiert. In der Theorie des viktorianischen Zeitalters wartete die sexuelle Erregung der Frau „normalerweise" auf die männliche Verführung oder wurde in der Hochzeitsnacht geweckt. Die psychoanalytische Beobachtung nahm bei Jungen und Mädchen frühe libidinöse Gefühle und innere Phantasien wahr, sah aber alle frühen weiblichen genitalen Wünsche auf den Besitz des Penis konzentriert. Der Penisneid wurde zum Vorläufer der ödipalen Erregung ernannt. Der Mutter *fehlte* etwas. Ihr Schicksal war – leider – masochistisch; also wandte sich das kleine Mädchen dem Vater zu, um mit ihm eine hochgeschätzte Allianz zu schließen. Wenn es schon kein Junge sein konnte (was natürlich sein primärer Wunsch war), konnte es wenigstens einen Jungen zur Welt bringen!

Trotzdem sind ödipale Gefühle genügend vorhersagbar, um daraus auf eine angeborene, genetisch programmierte Paarungstendenz zu schließen; die „selbstsüchtigen" Gene programmieren die Fortpflanzung unserer Art. Sicherlich ist das sexuell-romantische Verhalten nach gesellschaftlichen Vorschriften und Vorbildern choreografiert, auf äußere Verführung, auf Phantasien und, wie wir heute zugeben müssen, auch auf Ich-Strebungen ausgerichtet. Tatsächlich ist die sexuell-genitale Reaktion dem Ich, das in seinem Kampf um Überleben oder Selbstzerstörung nach Lust sucht, auf vielfältige Weise verfügbar. Dazu gehört auch, wie ich heute schließe, die primäre Entscheidung für die lesbische Objektwahl.

1982 konnte ich die Hypothese aufstellen, daß die sexuell-romantische Objektwahl im Wege eines frühreifen Zusammentreffens von sexuellen Impulsen und gleichgeschlechtlicher Erregung während der präödipalen Phase zustandekommen kann. Meine Ansicht war außerdem, daß die frühzeitige Hinlenkung der sexuellen Erregung auf die Mutter das *Ergebnis*, nicht die Ursache der Sehnsucht des kleinen Mädchens nach einer sicheren Bindung sei. Dieser progressive (und nicht regressive) Erregungsmodus ist ein wahrhaft primäres Datum der lesbischen Präferenz. Es ist diese erste und dauerhafte präödipale Internalisierung romantischer sexueller Sehnsucht nach Beziehung, die jene Programmierung zur Folge hat, die später im Leben wirksam wird.

Die Verwendung des Begriffs „Regression" in diesem Zusammenhang hatte bis dahin neue Überlegungen über eine primäre lesbische Objektwahl auf der präödipalen Ebene verhindert. Die mechanische Abhängigkeit von der männlichen egozentrischen Auffassung der klassischen Theorie und ihrer energetischen Sicht der Dynamik führte zu dem Schluß, das Ich der Lesbierin sei in einem Zustand der „Regression". Deshalb war es leicht, das Vorhandensein eines ungelösten neurotischen Konflikts vorherzusagen, das aus dieser Sicht sichere Ergebnis der Verdrängung späterer Triebwünsche und des natürlich-vorwärtsführenden Weges der Entwicklung. Beide, sowohl die Wahl als auch die Anpassung, waren deshalb vorhersagbar „neurotisch".

In dem Artikel aus dem Jahr 1969 *The Sweet Enfranchisement of Lesbian Choice* (etwa: Die süße Freiheit, sich für die lesbische Liebe zu entscheiden) gab es einige wichtige feministische Aspekte. Er signalisierte Respekt für mutige neue Wertvorstellungen, Aufmerksamkeit für die Gefühle und die Lebensweise und Empathie und Verständnis für das Erleben der lesbischen Frau. Der Ansatz jenes Artikels war auf den aktuellen Kontext und die Entwicklung bezogen. In der Nachfolge Freuds konnte ich die homosexuellen Entscheidungen als eine positive Anpassung des Ichs im Kampf um Erfüllung betrachten.

Meine Behandlung der lesbischen Phantasie und des lesbischen Rollenspiels ging damals von einem spezifisch feministischen Blickpunkt aus: Ich sah ihre Ursache in der Unterdrückung durch eine patriarchalische Gesellschaft. Sexualität und Geschlechtszugehörigkeit waren damals in der Literatur noch wenig unterschieden worden (Stoller 1975). In der konventionellen heterosexuellen Gesellschaft und in der analytischen Theorie erschienen vielen die vom Mann und der Frau gespielten Geschlechtsrollen als wesentlicher, wenn nicht sogar biologisch fundierter Bestandteil der sexuellen Beziehung. Mir selbst kam es so vor, als ob ein Großteil der lesbischen Phantasie und des lesbischen Rollenspiels auf der Übernahme der herrschenden patriarchalischen Entscheidung aufbaue, daß der Biologie eine bestimmte Objektwahl inhärent sei, Anatomie also das Schicksal darstelle. Um ihre sexuelle Erfüllung ohne den Besitz der männlichen Genitalien zu erlangen, mußten Lesbierinnen sich deshalb innerhalb der ihnen zugewiesenen Geschlechterrolle auf eine Phantasiewelt zurückziehen. 1969 schrieb ich:

> Der kritischen Untersuchung muß eine Anerkennung des negativen sozialen Drucks vorangehen, der die Regression verstärkt und Qual, Scham und Wut erzeugt. Da die neurotischen Bedingungen für die Befriedigung eine enge Welt erzwingen, werden vielerlei Auswege gesucht, in der Phantasie und in der Vorstellung (S. 247 f.)... Eins der auffallendsten und zentralen Merkmale des lesbischen Lebens ist der Grad, in dem Phantasie, Illusion und So-tun-als-ob

praktiziert werden. Ein Junge zu sein, ist eine Phantasie, und mit mindestens einem anderen Menschen die Überzeugung zu teilen, man besitze einen Penis, ist eine doppelte Phantasie. Man liefert sich dem vorgeblichen Jungen-Partner aus, spielt selbst das Baby und tut so, als sei der Partner das eigene Selbst, womit man gleichzeitig so tut, als sei man selbst ein Junge. Eine Partnerin ist für beide die schöne Frau, und eine für beide der Mann, wobei jede sehr fürchtet, den Projektionen der anderen nicht zu genügen... Die Handlung im Drehbuch des homosexuellen Dramas ist weit weniger von der Biologie inszeniert und viel zugänglicher für Projektionen als die heterosexuelle Liebe (S. 259).

Wenn Frauen mit lesbischer Ausrichtung 1969 Phantasien von männlichen und weiblichen Geschlechtsrollen durchzuspielen versuchten, um irgendwo „einen Platz" für Romantitk und Sexualtität zu finden, erhalten sie heute von ihrer eigenen Gruppe eine Bestätigung für ihre sexuelle Ausrichtung, so wie ihnen auch die feministische Kulturrevolution einen Ausweg aus ihrer eng gefaßten Geschlechtsrolle bietet. Heute gibt es weniger Identifizierung mit dem Aggressor und auch viel weniger unechtes Drama im Zusammenhang mit Werbung und Rollendifferenzierung. Die gewählten Rollen sind viel weniger stereotyp. Wir stellen auch fest, daß „regressives Spiel" und So-tun-als-ob tatsächlich Teil der Entspannung sind, eine Rückverwandlung in frühere Jahre, verspielte Neigungen einer gleichermaßen homosexuellen wie heterosexuellen Liebeswerbung.

Die Regressionstheorie und der klassische Ansatz, den ich damals übernommen hatte, waren wirklich irreführend. Werturteile und Verzerrungen spielten als Vorurteile mit. Das galt besonders für meine „reduktionistische" Annäherung an die „zwanghafte" Natur der lesbischen Liebe und Romantik. Ich habe über diese starken primitiven Gefühle, wenn sie in der nonkonformistischen Partnerwahl vorhanden waren, als Sucht gesprochen, als Wiederholung einer infantilen Fixierung, anstatt sie als Eigenschaften einer Minorität zu sehen. Die theoretische Annahme der Regression konnte außerdem dazu benutzt werden, die Ambivalenz der Lesbierin gegen sich selbst und ihren Selbsthaß zu „erklären". Diese Ambivalenz gegenüber dem Selbst schien wiederum im Zirkelschluß die klassische Theorie zu bestätigen.

Die Annahme eines festgelegten biologischen „Drehbuchs" der Objektwahl und der biologischen Programmierung sexueller Rollen muß zu schweren Irrtümern führen. Ich zitiere aus meiner Abhandlung von 1969: „Die Ambivalenz ist wiederum in die lesbische Beziehung und ihre engen Grenzen eingebaut, weil das ganze Ich sich der Flucht aus der Weiblichkeit überlassen hat..." (S. 260).

In dieser Arbeit brachte das Suchtkonzept auch intellektualisierte Grübeleien über eine angeborene Minderwertigkeit hervor. „Vielleicht beeinflußt dieselbe Ich-Schwäche, die zu einer Drogen- oder Alkoholsucht führt, auch die Entscheidung, ob eine Frau, wenn sie einmal verführt worden ist, ihr Leben lang eine lesbische Lebensweise fortsetzt" (S. 253).

1982 stellte ich erneut die Frage, warum eine Frau eine Lösung als fundamental akzeptiert, während eine andere sie meidet oder ablehnt; diesmal tat ich es jedoch in bezug auf die Macht präödipaler Strebungen. Die Anerkennung der Intensität der intellektuellen und emotionalen Strebungen des Kindes, seiner Verwandlungskraft, seiner psychischen Unabhängigkeit, die für eine nonkonformistische Haltung erforderlich ist, konnten jetzt auch als Determinanten einer primären lesbischen Objektwahl erkannt werden.

Auch in *The Sweet Enfranchisement* (Eisenbud 1969) war ich mir irgendwie sicher, daß „die Hypothese, daß Homosexualität eine Abwehr und ihre wahre Definition Angst vor Heterosexualität ist, unzureichend ist. Homosexualität ist vielmehr eine Befreiung von Frustration und neurotischer Benachteiligung" (S. 251). Ich war aber noch nicht so weit, die Entscheidung als präödipal und nicht auf den Mann zentriert aufzufassen! In meinem Aufsatz von 1982 lieferten mir die Befreiung aus eigenen früh determinierten Frustrationen und Benachteiligungsgefühlen zusammen mit der dafür notwendigen Initiative den Schlüssel zur primären Natur der Objektwahl.

Zwei Rezensenten waren eingeladen worden, den Aufsatz von 1969 zu kommentieren, und beide konnten ihn nicht ausstehen (Eisenbud 1969). Max Deutscher bemängelte ihn wegen seiner Abhängigkeit vom Konzept der Regression. Er erinnere die Leser an die (für ihn wesentliche) Tatsache, daß die Mutter die Autonomie des Kindes behindert und daß das kleine Mädchen mit einer solchen Mutter brechen und lesbisch werden muß, in dem Sinn, daß es ein Junge sein möchte und damit nicht wie die Mutter. Dabei wählte Deutscher aber gleichzeitig ein Thema, das mit den Wechselfällen der Sozialisation zusammenhing, die beiden Geschlechtern gemeinsam ist und bei allen menschlichen Neurosen vorfindbar. Vielleicht hat seine eigene Übertragung auf eine interpersonelle Theorie der Sexualität dazu geführt, den romantischen und spezifisch weiblichen sexuellen Aspekt der gleichgeschlechtlichen Partnerwahl in dieser Weise herabzusetzen. Im Gegensatz dazu kritisiert Bernard F. Reese die Arbeit in seiner Besprechung v. a. wegen ihrer Betonung der neurotischen Sucht. Er fand, ihr schlimmster Fehler sei, daß die lesbische Anpassung hier nicht als „natürlich", sondern als neurotisch abgeleitet wurde.

Deutscher war ärgerlich über jede Unterscheidung zwischen primären und späteren lesbischen Manifestationen. Er tat die Bisexualität als eine lächerlich falsche Vorstellung ab. Reeses Übertragung auf die Theorie der ererbten biologischen Vorlieben scheint damals dazu geführt zu haben, daß er in dem Artikel meinen „männlichen Standpunkt" suchte und fand; außerdem wollte er nicht zugeben, daß die lesbische Frau eine besondere Wahlmöglichkeit hat. Die Frau sollte – außer in bezug auf die Objektwahl – nicht vom Mann unterschieden werden. Ich konnte 1969 Deutschers und Reeses Übertragungen auf ihre jeweilige soziale oder genetische Hypothese deutlich erkennen, aber mir war nicht klar, wie umfassend auch meine eigenen Übertragungen auf die Theorie waren, die sie wiederum deutlich erkannten.

Einer „lesbischen" Patientin, mit der ich damals arbeitete, wurde der frühere Artikel von einer gemeinsamen Kollegin gezeigt. Die Patientin und ihre Partnerin hatten vorher entschieden, ich müsse selbst lesbisch sein, da ich sonst nicht soviel Einfühlung und Verständnis aufbringen könnte. Nun nahmen sie gemeinsam die Arbeit von 1969 zur Kenntnis und waren verletzt, wütend und natürlich ganz anderer Meinung als ich. Schließlich beschlossen beide, mir meinen Verstoß gegen den guten Geschmack und meinen Mangel an Aufklärung zu verzeihen und wir setzten unsere Zusammenarbeit fort. Tatsächlich vergaben sie mir mein vorurteilvolles „Hetero"-Denken und behandelten es als eine vorübergehende Regression auf eine frühe Fixierung.

Nach weiteren 12 Jahren der Erfahrung mit intensiver psychoanalytischer Psychotherapie und Gesprächen mit feministischen und lesbischen Theoretikerinnen fühle ich mich dazu ermutigt, die basale lesbische Objektwahl als eine primäre positiv-sexuelle Erregung zu erklären, die ihre Prägung im präödipalen Alter erfährt. Daß der Ursprung der lesbischen Objektwahl ohne Gegenerklärung oder Reduktion in die frühen Jahre des kleinen Mädchens datiert wurde, bestätigte der lesbischen Frau den Primat ihrer Entscheidung. Alle Proteste in Poesie und Prosa ebenso wie persönliche Aussagen mir gegenüber verfolgten genau dieses Anliegen. Was zur Verfügung stand, waren die begrifflichen Formulierungen der Schule der „Objektbeziehungen", die im Unbewußten anstelle des Freudschen Energiemodells ein pluralistisches dynamisches Reservoir vermutete. Das neue feministische Denken unterstützte eine solche Neubewertung und insgesamt eine weibliche Psychologie. Sobald man die Verleumdung durch die Kultur beiseite ließ, beschränkten sich die Überlegungen über die Genese der lesbischen Objektwahl nicht mehr auf die Dichotomie zwischen einer biologischen Genese und einer neurotischen Flucht; sie wurde auch nicht auf eine erlernte soziale Ausrichtung reduziert.

In der Postgraduiertenausbildung war es Robert W. White, der einen wesentlichen Einfluß auf die Lösung meiner Übertragung auf die Theorie ausübte. Er betreute nicht nur meine eigenen Erforschungen der weiblichen Psyche, sondern stellte mir auch ein tiefgehendes feministisches Verständnis und ein Modell für eine ruhige, klare, nicht auf das eigene Selbst bezogene Neubeurteilung zur Verfügung. Seine Arbeit über „Effektivität" verriet eine bemerkenswerte Freiheit von positiver wie negativer Übertragung auf die Theorie (White 1963).

Ein Großteil meiner eigenen Arbeit als Professorin im Postgraduiertenstudium konzentrierte sich auf Träume und unbewußte Phantasien. Die große Bedeutung der augenblicklichen persönlichen Situation des Träumers für das Verstehen von Träumen hat auch mein Denken in Zusammenhängen verstärkt. Die Beschreibung des „D-Zustands" des Träumens und der Art, wie das Ich im Traum den D-Zustand für verschiedene Zwecke benutzt

(Jones 1970), war ein wichtiger Stimulus für meine neue Theorie der frühen Determinanten. Meine Vermutung, daß Ich könne in der präödipalen Periode in seinem Kampf um Verbundenheit und Autonomie auch sexuelle Gefühle einsetzen, folgte der gleichen Dynamik wie der Gebrauch des D-Zustands durch das Ich für die Konfliktlösung in Träumen, wie Jones sie beschrieben hatte. Ich vermutete, daß das Ich des kleinen Mädchens seinen Schrei nach Mutters Anteilnahme und nach Inkorporation durch die Mutter in eine frühreife sexuelle Sehnsucht und eine Werbung um die Mutter verwandeln kann. Oder aber, das kleine Mädchen kann durch ein aktives werbendes Verhalten im Dienste der Individuation die passive Unterwerfung gegenüber der inkorporierenden Mutter in ihr Gegenteil umwandeln. Ich zitiere Jones:

> Wenn wir von Traumbildung sprechen, stehen wir daher auf festerem Boden, wenn wir uns angewöhnen, uns die Traumarbeit mehr verwandelnd anstatt entstellend zu denken. Die sich ergebenden Verwandlungen können später von der Psyche im Wachzustand auf eine Weise verstanden werden, die sie als Offenbarung oder Ausdruck oder Inspiration oder schöpferische Einsicht oder was immer klassifizierbar machen (S. 124).

Das feministische Denken bestand auf einer Neubewertung der phallozentrischen Beschreibungen von Frauen in der klassischen Psychoanalyse. Meine heutige Einschätzung der Übertragung auf die Theorie und Gespräche mit feministischen und lesbischen Theoretikerinnen haben mir die Vermutung einer frühen, primären Objektwahl bestätigt.

Schriftlich und in persönlichen Aussagen haben lesbische Frauen sich zum Primat ihrer Entscheidung bekannt. Seitdem es weniger Verleumdung durch die Kultur gibt und die eigene Stellung eine in vieler Hinsicht andere ist, die nicht zuletzt durch die lesbische soziale Bewegung errungen wurde, gab es auch weniger Grund, die Ursprünge der lesbischen Objektwahl auf eine politische Dichotomie zwischen genetischer Vorbestimmung und freier sozialer Entscheidung zu beschränken. Daß man die Genese auch in der frühen Kindheit des kleinen Mädchens finden kann, könnte ein Fundament für das vorhandene Gefühl von primärer Realität und dauerhafter Bevorzugung liefern.

9.2 Die Konfrontation mit dem Negativen

Männer haben das Bild der gefürchteten Lilith geschaffen, der phallischen, kastrierenden Frau, und Vorstellungen von lesbischen Frauen spiegeln immer noch dieses angsterregende Stereotyp. Die lesbische Frau wird oft selektiv als rachsüchtig wahrgenommen, dem Mann gegenüber konkurrierend, dem weiblichen Opfer gegenüber besitzergreifend und sadistisch. Analytikerinnen und Analytiker mit einer feministischen Einstellung lehnen das klassische, reduktionistische Verständnis der lesbischen Entscheidung als Regression und Fixierung ab; sie meiden auch jede „Schmähung", die den Eiferern Hilfe und Beruhigung bieten könnte. Um alles Negative zu leugnen, wenden sich liberale Analytiker und Analytikerinnen manchmal auch Theorien des moralischen Freispruchs zu. Schwierigkeiten im Umgang mit lesbischem destruktivem Haß oder lesbischer Angst oder Unsicherheit kreieren eine starke Vorliebe für wohlwollende Theorien. Auf diese Weise entsteht eine protektive Analyse, die besonders defensiv ist, denn nach den neuen Regeln in unserem Land ist man, wenn man nicht abgehoben oder außergewöhnlich ist, krank, „borderline", geschädigt oder, noch schlimmer „leer".

Wir haben über eine positive Entscheidung für das gleiche Geschlecht gesprochen. Was für eine Rolle spielen dabei frühe Internalisierungen negativer Objekte? Wir müssen uns mit Mißtrauen, klaustrophobischen Ängsten, Flucht, Konkurrenz, Überschätzung, Ekel konfrontieren – Gefühlen gegenüber dem Mann und seinen Annäherungsversuchen, gegenüber dem eigenen Selbst und gegenüber anderen Frauen. Wir müssen auch die Häufigkeit von Ambivalenz in der sexuellen Orientierung zugeben. Präödipale Zuneigung gegenüber dem Mann und allgemein die Freude am Männlichen werden – ebenso wie eine fortdauernde starke ödipale Anziehung, sei sie nun masochistisch oder nicht – innerlich gespeichert.

Es ist heutzutage eine modische Diagnose, sowohl diese negativen Gefühle als auch bisexuelle Konflikte als „Angst vor Nähe" zu „erklären". Wenn man das tut, bezeichnet man diese Gefühle als ein nur der Abwehr dienendes Manöver. Selbst wenn man jede Entscheidung für ein Liebesobjekt des gleichen Geschlechts zu Recht als Angst vor Heterosexualität bezeichnen könnte, würde sich die Allerweltsdiagnose „Angst vor Nähe" immer noch vor der Anerkennung sehr realer, intimer oder aber ausgesprochen negativer Gefühle drücken. Das Etikett „Angst vor Nähe" stützt nicht nur die Diagnose einer mangelnden Fähigkeit des Ichs, Objektliebe zu erleben, sondern deutet auf die Annahme hin, daß es eine genetische „natürliche" spezifische Objektwahl für die Frau gebe. Wäre die lesbische Objektwahl „unnatürlich", dann müßten wir wählen zwischen der Hypothese vom „verbrannten Kind", der spezifisch genetischen Vorbestimmung oder unserer neuen Diagnose eines beschädigten Ichs, das unfähig ist, eine beständige Wahl zu treffen oder wahre Objektliebe zu empfinden. Eine primäre, positive, von früh an progressiv ausgerichtete Entscheidung ist von vornherein ausgeschlossen, wenn wir traumatische negative Gefühle und ihre Abwehr ausschließen.

Im Kontext der „Ausschließung durch die Mutter" als Determinante der romantischen lesbischen Liebeswahl haben wir 3 spezifische Ätiologien rekonstruiert, die sich im Alter zwischen etwa 18 Monaten und 4 Jahren ereignen (Eisenbud 1982). Die erste ist eine Ausschließung vom Bemuttertwerden und ein Kampf um dieses Bemuttertwerden (ein „Eingelassenwerden") durch sexuelle Erregung. Die zweite ist eine Ausschließung von der Identifizierung mit der Mutter; das Doublebind zum Beispiel, daß das Kind

„ein kleines Mädchen sein soll, weiblichen Geschlechts, aber gleichzeitig von ihm erwartet wird, daß es aktiv, unabhängig, selbstsicher, bedürfnislos und eine Stütze der Mutter ist" (S. 101). In dieser zweiten Ätiologie wird die Tochter „bestraft für ihre Aktivität, ihre Unabhängigkeit und ihren Mangel an Zärtlichkeit; sie wird reserviert und hart. Schließlich bekommt sie ein Gefühl brennender Ungerechtigkeit und das Bedürfnis, zu flüchten oder zu kämpfen" (S. 101). In der dritten Ätiologie geht es um die Frage der Individuation. Das Ich der Tochter wird hier durch eine „verschlingende" Mutter bedroht. Das kleine Mädchen ergreift die Initiative und vertauscht durch seine eigene sexuell aggressive Werbung die Positionen.

In allen hier kurz besprochenen Ätiologien muß der Vater in sehr frühem Alter für dringende Zwecke bewußt ins Blickfeld rücken. Was für eine Art von Objekt wird er sein? Wie wird er internalisiert, wenn die Tochter sich ihm zuwendet, um Anteilnahme oder Rettung zu erlangen? Ist er fürs Nähren und Pflegen geeignet, wenn das kleine Mädchen von der Mutter abgewiesen wird? Eignet er sich zur Identifizierung, wenn die Tochter in den beschriebenen Doublebind gerät? Ist er als helfende Präsenz geeignet, wenn sie verschlungen wird? Ein schimpfender Vater bietet keine nährende Zuwendung; ein ausbeutendender oder zügelloser oder mitleiderregender Vater liefert kein Ich-Ideal, das gebraucht wird, um die Symbiose mit der Mutter zu zerbrechen, oder Wahrheit und Gerechtigkeit, um einen solchen Entschluß zu sanktionieren. Ein kompromittierter Vater bringt keine Hilfe oder Unterstützung, er fördert auch nicht die Individuation. Solche Väter ebenso wie Erfahrungen mit Vätern als bösen Objekten führen zu einer internalisierten schlechten Beziehung zum Männlichen und zum eigenen Selbst. Die Internalisierung von ungeeigneten Vätern und von schlechten Vaterbildern verstärken Sadismus, Masochismus und die Abhängigkeit von der primären Liebe der Mutter ebenso, wie es die Internalisierung einer grausamen Mutter tut.

Negative Internalisierung von Männern spiegelt sich in vielen Traumbildern von Lesbierinnen. In einem dieser Träume weigert sich eine Gruppe von Frauen, eine Flugreise in einem alten Flugzeug anzutreten, weil es nach Erbrochenem stinkt. In einem anderen Traum einer lesbischen Frau ist unter dem Bettzeug, als sie die Decke zurückschlägt, um mit ihrer Partnerin ins Bett zu gehen, eine schmutzige Männerunterhose zu sehen. Der Traum vom Vater als finsterem Feind, der in formeller Kleidung im Taxi zu einer Beerdigung fährt, drückt eine ungeheure Über-Ich-Ablehnung aus. In einem anderen Traum zeigt ein großes Boot, das aus einem schmalen Kanal hinausfährt, um auf der See zu verschwinden und eine weinende Menschenmenge zurückläßt, einen ungeeigneten, das Kind im Stich lassenden Vater. In einem anderen belästigt eine Gruppe grausamer, sadistischer junger Männer eine Frau, die aus einem Haus herauskommt; es ist gefährlich, die Mutter zu verlassen. In einem weiteren Traum marschieren Männer, aber man sieht nur ihre disziplinierten, gefährdeten Füße, wie sie unterwürfig Initiative und Individuation aufgeben. Diese Männer geben kein Beispiel der

Emanzipation und sind eine verhaßte Bedrohung. Wenn die reife lesbische Frau den Ort, den sie sucht und eine feste sexuelle und emotionale Bindung an eine liebende Frau findet, kann sie der internalisierten Ausschließung durch schlechte Bemutterung entgegenwirken. Was aber sollte ihre internalisierte Wut auf einen internalisierten ungeeigneten Vater, sein Verlassen, ihre Enttäuschung, sogar den sexuellen Mißbrauch durch ihn lindern?

Die Belastung durch eine solche Vaterinternalisierung bei dem kleinen Mädchen wird verstärkt, wenn seine verschiedenen Strategien scheitern, einen geeigneten Menschen zu finden, an den es sich wenden kann. Zu seinen Strategien kann es gehören, sich der Selbstlosigkeit, der Rolle der perfekten Ehefrau, der mütterlichen Rolle oder der Rolle eines Weibsteufels hinzugeben. So gefürchtet oder idealisiert der Vater auch gewesen sein mag oder so sehr das kleine Mädchen auch von ihm verführt wurde, es hat immer wieder versucht, ihn als Förderer zu gewinnen. Wiederholt gescheitert, hat es sich wahrscheinlich mit dem Aggressor identifiziert und sich selbst gehaßt. Ohne auch nur die Phantasie von einem zukünftigen Drehbuch von romantischer Liebe und Ehe und Fortpflanzung mit einem Vater-Mann wird das kleine Mädchen vermutlich sehr unzufrieden sein.

Wie kann es seine Unzufriedenheit beheben und unsere Kultur positiv akzeptieren? Selbst wenn es durch die Liebe anderer gestärkt wird: was wird aus seinem internalisierten Haß (Werman 1985)?

Bei einer noch so realen Diffamierung der lesbischen Objektwahl, wie sie in unserer Gesellschaft üblich ist – welche Umwandlung von seiten der Lesbierin kann ihr dazu verhelfen, die patriarchalische Gesellschaft zu akzeptieren und ihre kostbare Energie für positive Ziele retten (Freud 1930 a)? Wir müssen uns dem Negativen stellen und seine Prozesse untersuchen. Wenn es zum „Schwinden ihrer ödipalen Rivalität", ihrer Liebe zum Vater oder ihrer Idealisierung des Vaters kommt, wie soll ihr „emanzipatorischer Vatermord" ohne Masochismus oder Sadismus stattfinden (Loewald 1980)? Verleugnung des inneren Sadismus und Masochismus durch sie oder durch uns führt nicht zur Emanzipation. Sie kann eher zu seinem Agieren führen.

Sie selbst kann, und dies ohne Verleugnung, etwas für sich erreichen. Im Rahmen der Unterstützung und des Schutzes einer neuen kulturellen Revolution ruft sie andere zu sich, in ihre eigene Gemeinschaft, ein separates Land. Nicht länger auf der Suche nach einem Platz „nur für zwei" schafft sie immer mehr eine Enklave, eine erweiterte zweite Wahlfamilie und einen Unterstützungskreis, fern vom Mord und geschützt vor Selbstmord. Diese neuen Gemeinschaften erfordern einen ziemlich hohen Grad an Zivilisation, damit sie sich als positive Lösung etablieren und fortbestehen können. In ihnen ist die Lesbierin zur Bewahrung der persönlichen sexuellen Freiheit, der Privatsphäre und der anteilnehmenden Reaktion verpflichtet. In der lesbischen Subkultur wird die Erfüllung einiger Grundbedürfnisse angestrebt, die auch die Ehe erfüllt: die Konstanz der Objektliebe, einen generativen Einsatz für die Erhaltung des Lebens und einen

Verbund für die Aufrechterhaltung der Selbständigkeit angesichts gefährlicher Störungen von außen oder auch von innen.

Gilligan (1982) bezeichnet die geschlechtsbedingte Andersartigkeit der Moral der Frau ganz allgemein als „eine andere Stimme", einen Glauben an ein wirksames, hilfreiches Gewebe von Nähren, Pflegen und von Schutz. Sie kontrastiert es mit dem geschlechtsbedingten Interesse des Mannes an der individuellen Leistung und dem individuellen Status. Mit der Feder einer einfühlsamen Frau beschreibt sie das Netz liebevoller, aufmerksamer Anteilnahme, das die lesbische Kultur offenkundig zu schaffen sucht. Gilligan unterstützt diese andere, erhobene Stimme der Frau und spricht von Hingabe an eine sozialisierte, fast utopische Ebene der Beziehung. Ihre utopische Natur gibt uns zu denken – wie können wir von hier aus dorthin gelangen?

Wenn Gilligan die Hingabe der Frauen an das Netz verantwortlicher Fürsorge befürwortet, findet in uns wahrscheinlich so etwas wie eine negative Übertragung auf die Theorie statt. Obwohl sie eindeutig Variationen der Entwicklung einbezieht, kann ihre moralische Vision als eine wohlbekannte Zuweisung des Platzes verstanden werden, den die Frau einzunehmen hat. In ihrer Übertragung auf die Theorie scheint sie durch ihre Assoziationen den Kampf der Frauen zu verleugnen, im Namen von Gesetz und Gerechtigkeit (selbstsüchtig) zu siegen. Muß die Gleichberechtigung warten, bis der patriarchalische Zustand von selbst versiegt?

Die Lektüre des Werkes von Gilligan gibt uns auch zu bedenken, daß die patriarchalische Welt lange das Wertsystem der Fürsorge und Anteilnahme für Frauen als höchst wünschenswert gepriesen hat, auch wenn sie es für moralisch minderwertig hielt. Zu bereitwillig feiert sie das kleine Mädchen, das sich im Spiegel betrachtet, die engelhafte Mutter im Hause, die selbstlose und vernarrte Großmutter. Die patriarchalische Welt hat eine rasche positive Übertragung auf eine erneute Bestätigung dieser „anderen Stimme".

Eine Moral, wie Gilligan sie für Frauen skizziert, ist zweifellos vorhanden; als Belohnung gibt es eine wirklich kreative Befriedigung und eine bedeutsame Rolle innerhalb unserer Kultur. Wenn wir mit positiver Übertragung auf diese positive, liebende Stimme lauschen, werden wir vielleicht sogar etwas beenden, was Virginia Woolf in *Ein Zimmer für sich allein* „die ruhmreichen Kriege der Geschichte" nennt und uns alle vor der Vernichtung retten! Aus ihrer negativen Übertragung heraus aber wird die feministische Analytikerin gewarnt, daß eine solche Idealisierung eine Falle sei und daß die Gruppenunterdrückung von Individuation und der militante Appell an die Gerechtigkeit eine ernsthafte Gefahr bedeuten.

Was sind, vom Standpunkt der Feministin, der Lesbierin, der Psychoanalytikerin aus die Schwierigkeiten dieser wohlmeinenden Projektion der Schwesterlichkeit und des Strebens nach einer „lesbischen Enklave", die ein Beispiel dafür ist? Die Leugnung von Sadismus und Masochismus, von Wut und Selbsthaß kann Gefühle, die eigentlich erkannt und behoben werden müßten, verdecken, abwerten oder beruhigen. Wir müssen 2 getrennte Wertsysteme in der Frau erkennen, mit 2 völlig unterschiedlichen Werten. Es besteht ein innerer Konflikt zwischen ihren eigenen Werten und denen der patriarchalischen Welt, die sie internalisiert hat. Sie muß den Wunsch, weiblich und anteilnehmend zu sein, mit dem Kampf um die Individuation integrieren.

Mit der Macht, dem Status, der besitzergreifenden Sexualität und der Gier der lesbischen Frau sollte man irgendwie rechnen. Wenn eine kreative lesbische Gemeinschaft überleben soll, muß konflikthaften destruktiven Gefühlen Raum gegeben werden. In den 20er Jahren wurden mit der Entdeckung, daß „die kleine Frau... böse sein" will (wie Eddie Cantor sang), auch sexuelle und aggressive Bedürfnisse bei der Frau anerkannt. Heute sehen wir, daß die Frau effektiv sein will und Teil der Hierarchie, vielleicht sogar Präsidentin. Wir müssen uns auch klarmachen, daß Feministinnen und Lesbierinnen im Wettstreit um Macht und Freiheit oft das Bedürfnis haben, mütterlich, anteilnehmend und aufgeschlossen zu sein. Die lesbische Frau hat lange mit einem solchen beunruhigenden Konflikt in bezug auf ihre speziellen, widersprüchlichen Bemühungen fertigwerden müssen.

Wenn Gilligan (1982) die Mythen von Demeter, der Göttin der Fruchtbarkeit, und Eva im Garten Eden heranzieht, benutzt sie diese Metaphern, um den natürlichen Rhythmus zwischen dem nährenden Sommer der Natur und dem kalten, von Wettstreit bestimmten Winter des individualistischen Strebens zu veranschaulichen. Wie natürlich diese Systeme auch sein mögen, in beiden Geschichten, die Gilligan anführt – wo Eva in den Apfel der Erkenntnis beißt und Persephone die saftigen Samen des Granatapfels kostet –, hat die Lust schlimme Folgen. Ceres (Demeter) rast vor Wut, als ihre Tochter Persephone von Pluto in die Unterwelt entführt wird, und ihre wütende Verzweiflung bewirkt, daß es Winter wird. Eva wird mit Adam für immer aus dem Garten Eden ausgestoßen und ein Schwert wacht darüber, daß sie nicht zurückkehren. Gilligans scharfsichtiger Ruf nach der anderen moralischen Stimme der Frauen, heraus aus einer von den Männern erlittenen Verbannung, ruft uns an ihren runden Tisch, ähnlich wie früher einmal König Arthur dies mit seinem Ruf nach Ritterlichkeit getan hat. Das Streben der Lesbierinnen in kreativen, liebevollen Gemeinschaften und neuen Bündnissen trifft auf konflikthafte Erfahrungen mit zerstörerischen, „ungewollt ödipalen" mörderischen Gefühlen, beunruhigender Bisexualität, präödipalen Kämpfen um Individuation und Flucht vor bedrückender Intimität.

Stoller (1975) fragt in einem Kapitel mit der Überschrift *Sexualität als Sünde*, ob Sex Sünde sei. Er vermutet, daß Sex nicht nur im Rahmen eines Machtmanövers um die Herrschaft einer wirtschaftlichen Schicht oder der Kirche oder des Patriarchats zur Sünde erklärt worden ist, sondern im Interesse der Zivilisation. Sex, sagt er, repräsentiert individualistische, antisoziale Strebungen. Er erinnert uns daran, daß die leidenschaftliche

Liebe antisozial ist, und an die Faszination, die damit verbunden ist, daß eine Frau oder ein Mann sich, der Zivilisation zum Trotz, selbst durchsetzt.

Frauen und Männer sind symbolische Tiere, wenn es um Aggression und Sex geht. Im Unterschied zu anderen Tieren können wir innerhalb der eigenen Art töten, weil wir symbolisch einen einzelnen oder eine Gruppe zum Feind erklären können und sie dann wirklich als Angehörige einer anderen Art erleben. Wir können einem anderen Standpunkt jede Einfühlung und jedes Verständnis verweigern. Im Kampf gegen die Identifizierung mit dem Aggressor rechtfertigen Frauen und Männer ihre Aggression immer noch durch selektive Wahrnehmung. Lesbische Träume spiegeln, wie unser aller Träume, diese komplizierten Dinge, diesen Zusammenstoß von egoistischen und sozialen Strebungen, diese verdammte Wut. Die Träume offenbaren aber auch das tiefe Engagement, einander zu retten und zu beschützen. Lesbische Träume reflektieren die fortdauernde Gefahr von Verschlungenwerden und Unterwerfung, und – in der Übertragung – des Aufgebens gegenüber Kräften von außen.

Myers' (1977) Analyse von Träumen und der Übertragung spiegelt unsere moderne Betonung eines relativistischen kulturellen Standpunkts wider, der Wirklichkeit äußeren Stresses und des „Beitrags von allen Elementen des psychischen Apparats" (S. 217). Er selbst berichtet v. a. über seine Arbeit mit Träumen, die von Rassenerfahrungen schwarzer Patienten in einer weißen Welt und den Positionen von Analytiker und Patient, die verschiedenen Rassen entstammen, handelt. Dabei trägt er aber auch zu unserem Verständnis der Träume von Lesbierinnen und nichthomosexuellen Therapeuten bei. Die Stellung der schwarzen Minderheit auf Grund ihrer Hautfarbe hat viel mit der Minderheitenstellung der Lesbierin auf Grund ihrer sexuellen Ausrichtung gemeinsam. Myers erörtert, (1) wie die Bedeutung der Farben schwarz und weiß in Träumen den Analytiker vom ursprünglichen Objekt unterscheidet, und (2), wie die Träume die Strukturierung der Kindheitsfamilie durch die Eltern und durch soziale Konflikte entlang der Hautfarbe widerspiegeln. Am wichtigsten ist es aber vielleicht, daß Myers feststellt, ein Ich, das sich in gute und böse Selbstbilder spaltet, wie es sich in der Verwendung der Farbe widerspiegelt, müsse nicht als „borderline" bezeichnet werden, sondern liefere einen Spiegel für ein kulturell erniedrigtes Selbstbild. Diese Einsichten haben einen Bezug zu 2 Träumen einer lesbischen Patientin.

Zur Zeit dieser Träume ist Kim Anfang 30. Sie war zuhause in Philadelphia 1 Jahr lang in psychoanalytischer Psychotherapie und ist nun nach Manhattan gezogen. Sie ist eine erfolgreiche berufstätige Frau, eine Börsenmaklerin und Marktanalystin, und sie ist Lesbierin. Kim ist schlank, jugendlich, ungezwungen, gepflegt, zart, hat leicht toupiertes hellbraunes Haar und einen ruhigen, aufmerksamen, ausgeglichenen Gesichtsausdruck. Sie sah aus wie ein Bild aus der Zeitschrift *Mademoiselle*.

Kim ist zur Behandlung gekommen, weil sie akute Angst bekommt, wenn sie allein ist und weil sie hofft, eine feste sexuelle und emotionale

Bindung zu einer anderen Frau zu finden, aber fürchtet, daß sie niemals eine solche intime Beziehung haben und genießen wird. Sie kann mit einer Frau leidenschaftlich und romantisch sein, wenn sie sich nicht in einen verschlossenen Raum eingesperrt und auf dem Prüfstand fühlt.

Sie hat gelegentlich unverbindliche sexuelle Beziehungen mit gutaussehenden muskulösen Männern aus ihrem Kollegenkreis genossen. Sie kann sich aber nicht einmal vorstellen, mit einem Mann verheiratet zu sein und abends zu ihm nach Hause zu kommen, weil sie niemals mit jemand zusammenleben würde, der nicht ihr bester Freund ist, und ein Mann könnte niemals ihr bester Freund sein. Wenn es um heterosexuelle Liebe geht, erlebt sie eine vollständige Spaltung zwischen Sex und romantischer Liebe.

Kim bezeichnet ihre Mutter als narzißtisch, untüchtig, passiv und abhängig. Die Mutter verweigerte Kim mütterliche Fürsorge, und Kim kann sich erinnern, wie sie sich schwärmerisch nach ihrer glitzernden, attraktiven Mutter gesehnt und sie angebetet hat. Als kleines Mädchen hat sie die Mutter vergeblich umworben. Ab 7 war sie praktisch im Besitz des Vaters, stand unter seiner Fürsorge und seinen Vorschriften. Ihr Vater war ein gutaussehender, eitler, dabei empfindlicher Herzensbrecher, ein Handelsunternehmer, der in West Philadelphia als Kantor in der Synagoge sang und für seine Auftritte lebte. Er ließ seine Familie im Stich, als Kim ein Teenager war; vorher beherrschte er sie physisch und moralisch. Sie erinnert sich, einer Cousine erzählt zu haben, daß ihr Vater die Tür zuzuschließen pflegte, sie vor den Gefahren der Männer warnte und daß er sich ihr nackt zeigte, um zu erklären, was für schreckliche, ekelhafte Dinge Männer von ihr fordern würden. Sie kann sich heute nicht mehr erinnern, was im Zimmer passierte, und sie fragt sich, ob er „es wirklich getan" haben könnte. Als sie ihre Mutter danach fragte, antwortete diese mit „schöner Unbefangenheit", ja, er habe sie mit ins Zimmer genommen und die Tür zugeschlossen, und sie habe sich oft gefragt, was sie beide da drinnen wohl machten.

Kim erinnert sich, daß sie mit 7 Jahren und sogar noch später schlaflose Nächte durchgeweint und sich gefragt hat, ob sie an diesem Tag egoistisch gewesen sei und wie sie bloß ein braves Mädchen sein könne. Ihr Vater forderte perfekte Schulergebnisse von ihr, Gehorsam und selbstlose weibliche Anteilnahme an seinen Gefühlen. Als sie ihm erzählte, sie wolle eine Universitätsausbildung machen und einen Doktorgrad in den Wirtschaftswissenschaften erwerben, sagte er nein, sie solle Lehrerin werden, das sei ein besserer Beruf für eine Frau. Sie verstand das so, daß sie ihm zwar wie ein Junge Ehre machen, aber nicht mit ihm konkurrieren sollte. Trotzdem studierte sie und erwarb ihren Doktorgrad; in intensiver, einsamer Anstrengung kämpfte sie sich nach oben.

Kim erinnerte sich auch, daß die Art, wie ihre Eltern versuchten, das uneinsichtige, impulsive Benehmen ihres älteren Bruders zu disziplinieren und wie die rasenden Angriffe ihrer Mutter auf ihn sie erschreckten und einschüchterten. Heftiges Mitleid mit ihrem verzweifelten Bruder machte sie angesichts des Geschwistermißbrauchs noch selbstloser und versperrte ihr den Weg zur Mutter als Berufungsinstanz. Dem Bruder gegenüber verhält sie sich auch heute noch beschützend und mütterlich.

Ihre Mutter gab ihr den Namen „Betonkopf", weil sie perfektionistisch war und auf der buchstäblichen Wahrheit bestand und große Verantwortlichkeit forderte. Als Kim ein Teenager wurde, verließ ihr Vater die Mutter und tat sich mit der Frau zusammen, mit der er heimlich schon Jahre zusammen gelebt hatte. Kim erlebte einen Schock. Er hatte sich als Heiliger aufgeführt; sie hatte ihn verehrt und nun verachtete sie ihn. Er war ein Lügner und Heuchler und sie war entschlossen, ihre Mutter vor ihm zu retten. Sie schrie ihre Mutter an und forderte sie auf, gegen ihn zu kämpfen, finanzielle Hilfe zu verlangen und ihm Mittel zu verweigern. Als die Mutter den Vater wieder aufnahm, war Kim verrückt vor Wut. Wie konnte sie es zulassen, daß er sie wieder zum Narren hielt? Trotzdem redete Kim weiterhin mit ihm, vertraute sich ihm an und fragte ihn um Rat.

Als sie ihren Doktorgrad erworben hatte, begann sie eine Karriere als Börsenmaklerin und Marktanalystin. Sie hatte schon immer eine Begabung in Mathematik gehabt und Glücksspiel faszinierte sie. In ihrem Beruf als Analystin konnte sie nun Fortuna erfolgreich umwerben, was ihr bei ihrer Mutter nicht gelungen war. Jetzt konkurrierte sie mit Männern innerhalb des Gesetzes und nach etablierten Regeln. Sie konnte sich selbst schützen und für *fair play* eintreten, wenigstens in der Arbeit. Im Studium hatte sie die Liebe entdeckt und eine lesbische Gemeinschaft guter Freundinnen, die ihr halfen und neue Einsichten und eine neue Weltanschauung mit ihr teilten.

Seit den Studienzeiten war ihr die Mutter eine Art Freundin geworden und sie hatten eine vertrauliche Beziehung entwickelt. Sie „offenbarte" sich ihrer Familie. Die Mutter war in bezug auf lesbische Freundschaft und Liebe tolerant und neugierig. Der Vater zog sie beiseite und warnte sie vor der lesbischen Liebe, denn dadurch würde ihre Vagina gedehnt und sie würde die Bewunderung der Männer verlieren. Er ekelte sie an und sie fing an, die Art, wie er mit ihr umgegangen war, seine verquere entstellte Lebensanschauung und sein heuchlerisches Eindringen in ihre Privatsphäre massiv zu verurteilen.

Nach einer herzzerreißenden romantischen Affäre mit einer verheirateten „Hetero"-Frau, die zu ihrem Ehemann zurückkehrte, entdeckte Kim eine neue Art des Liebens, eine enge Beziehung zu einer lesbischen Frau, die liebend und fürsorglich war. Kim bekam allmählich ein Gefühl, das sie für eine Art homophoben Abscheus hielt, weil sie sich auf eine Dauerbeziehung zu einer Frau eingelassen hatte. Mit der Zeit empfand sie denselben Abscheu gegen Sex jeder Art. Sie liebte ihre Freundin sehr und begann sich ein Zusammenleben und ein gemeinsames Heim zu wünschen, war aber traurig, daß sie keine sexuelle Erregung verspürte und ihrer Geliebten nicht das geben konnte, was diese brauchte. Sie fürchtete, ihre Freundin zu verlieren, war aber im Zwiespalt. Sie wollte mitten im Strom des Lebens

stehen und etwas darstellen, nicht wie ein Kind behandelt werden und vom
Schauplatz des Lebens ausgeschlossen sein, und sie wollte nicht, daß ihr
Vater recht behielt.

Kim war in ihrer Arbeit vorwärtsgekommen. Sie brachte viele Stunden
damit zu und war oft erschöpft und völlig in Anspruch genommen. Sie
überwand ihre Angst, wenn sie allein war und lief nicht mehr zum Telefon,
um sich ein Netz liebevoller Anteilnahme und Kommunikation zu verschaffen.

Sie wurde gleichgültig und ungeduldig gegenüber dem Gerede, den
persönlichen Einzelheiten, dem „Wer-hat-was-gesagt", das ihre Freundinnen miteinander austauschten. Sie empfand Gewissensbisse, weil sie nicht
jede Minute Anteil nahm, nicht die Bedürfnisse der anderen befriedigte. Sie
äußerte Schuldgefühle, daß sie eines späten Abends sogar mitten in einem
lebhaften Gespräch mit ihrer Geliebten über das Unglück eines anderen
eingeschlafen war! In gewissem Sinn war sie aus der vermißten Säuglings-
pflege herausgewachsen, nach der sie bis jetzt eine so verzweifelte
Sehnsucht gehabt hatte. Sie steckte in einer moralischen Krise, ob sie nun
nicht für das gleiche Bedürfnis eines anderen sorgen müsse, aber sie blieb
unbewegt, der Symbiose entwöhnt. Sie versuchte, ihre neue Uninteressiert-
heit zu erklären, immer anteilnehmend, beschämt und reuevoll. Schließlich
stieg in ihr das Gefühl auf, sie habe das Recht auf eine individuelle Stellung,
eine Symbiose, die nicht uneingeschränkt sei – eine qualitative Symbiose. Sie
begann, ihre Klaustrophobie physisch und sozial als eine Art Entwicklungs-
und Wachstumssymptom zu empfinden und nicht mehr als Liebesunfähig-
keit oder Angst vor Nähe.

Dies waren die Probleme, in deren Zusammenhang die 2 folgenden
Träume stehen. Wir hatten mit viel Hingabe ihr Identitätsdilemma und ihr
hilfloses Gefühl bearbeitet, einem Verhängnis preisgegeben zu sein. Sie
glaubte, sie würde vielleicht nie wieder einen besseren, liebevolleren und
erfreulicheren Menschen finden als ihre gegenwärtige beste Freundin, aber
sie hatte in bezug auf Sex eine solche „Leistungsangst" und empfand soviel
narzißtische Scham darüber, daß sie auf ihre Freundin nicht „ansprang" und
manchmal von niemandem „mit Sex belästigt" werden wollte. Kurz vor
dem Auftreten dieses 1. Traumes hatte sie mich leidenschaftlich gebeten, ihr
zu helfen, den Vater „abzutöten"; sie wollte nicht „homophob" sein; sie
wollte kein gespaltenes Leben führen; sie wollte weiterkommen und ihre
Liebe bekennen und das sein, was sie war, ohne Konflikte.

Den 1. Traum könnten wir einen „Besuch im Elternhaus" nennen. Wir
erkennen in ihm den alten unterwürfigen Selbsthaß. Im 2. Traum sehen wir
statt dessen eine neue Mobilisierung und ein neues Ziel. Wir könnten ihn
„Ein Schreibbündnis" nennen. Sogar schon im 1. Traum kann man den
Übergang spüren, der stattfindet. Der 1. Traum hat etwas Kindliches an
sich, aber Kim ist ohne ihren Vater, wenn er sich auch entschuldigt, sie
alleingelassen zu haben. Der Traum dient als eine Art Lebewohl gegenüber
der kindlichen „Selbstlosigkeit".

Nach dem 2. Traum machte Kim einen Besuch im Elternhaus, der in einem schrecklichen Streit endete, wobei Kim schluchzte und brüllte, aber ihrem Vater trotzte, ebenso wie der Warnung der Mutter, sie solle still sein. Der Vater hätte sie fast geschlagen; er schrie sie an und beleidigte sie, und sie sagte ihm, sie werde ihm nicht erlauben, das noch einmal zu tun. Ihre stärkste Aussage war: „Sag mir nicht, was ich denke – ich weiß, was ich denke."

9.2.1 Kims erster Traum

„Ich war auf dem Weg zu Sissys Wohnung [der Wohnung ihrer Schwägerin]. Ich ging zu einem Empfang für meinen Bruder. Unterwegs sah ich in einem Spiegel mein Gesicht. Es war mißgebildet und häßlich – ich sah aus wie eine Debile. Ich sah an mir herunter, und ich trug unpassende Shorts, wie ein Kind. Ich ging hinein, und da waren lauter Kerle und keine Frauen. Mein Vater hatte sich entschuldigt, er war nicht mitgekommen. In der nächsten Szene war ich in einer Sitzung bei Ihnen. Sissy saß da und hörte uns zu. Es war mir unbehaglich, daß sie da saß."

Assoziationen zu diesem Traum: „Ich habe mehr mit Bob [ihrem Bruder] gemeinsam als mit Sissy. Ich bin voll Scham darüber, daß ich Lesbierin bin. Ich habe mehr mit den Kerlen gemeinsam, aber in meinen Augen sehe ich wie ein mißgebildetes Kind aus." Wir sprachen über die Sorge ihres Vaters bezüglich „mißgebildeter Genitalien" und ihre eigene Sorge bezüglich der Selbstlosigkeit. Sie weinte, und wir sprachen über ihre Identitätskrise. Alle Kinder in der Straße, wo sie aufgewachsen war, waren Jungen. Sie arbeitete jetzt mit Männern zusammen und dachte wie ein Mann. Sie haßte es, wenn die Männer sie bei der Arbeit wie ein Kind oder „bloß wie eine Frau" behandelten. „Selbst während meiner Promotion hatte ich es fast nur mit Männern zu tun; in meiner Klasse waren keine Mädchen", und auch die Ehefrauen waren anders als sie. Sie waren mehr wie JAPs (= Jewish American Princess), und sie hatte wenig mit ihnen gemeinsam. Nur bei ihren lesbischen Freundinnen hatte sie „Freundschaft und Anteilnahme, Spaß und Aktivität" gefunden.

Im Traum war Vater nicht mitgekommen. „In meinen Teenagerjahren ist er nicht mit mir gegangen und hat mich nicht unterstützt. Im Gegensatz zu meinem Vater ist meine Analytikerin ‚mitgekommen', als ich von Philadelphia weggezogen bin!"

Sissy saß da und hörte zu, „als ich zu einer Sitzung bei Ihnen kam. Ich hatte ein unbehagliches Gefühl dabei, daß sie da war und zuhörte, was ich Ihnen erzählte. Sie war ein Teil von mir; ich bin wie Sissy, die Frau meines Bruders." Kim möchte verheiratet sein, vielleicht wie Sissy, und Teil der großen Welt. Es ist ihr unangenehm – mir gegenüber –, daß sie einen solchen eifersüchtigen und rückständigen Wunsch hat. Sie will die Sissy in sich loswerden und ihr eigenes Leben weiterführen; sie ist schlecht und beschämt, weil sie Sissy beneidet.

Bei unserer nächsten Sitzung brachte Kim einen 2. Traum mit.

9.2.2 Kims zweiter Traum

„Sie waren bei jemand anderem, und ich wartete auf Sie und machte ein Nickerchen. Dabei hatte ich einen Traum, und ich schrieb ihn in meinem Traum auf. Der Traum hatte etwas damit zu tun, daß ein Männername auf eine Nagellackflasche geschrieben werden sollte. Um ihn zu behalten, stand ich von meinem Nickerchen auf und schrieb ihn auf."

Assoziationen zum zweiten Traum: „Der Männername hatte 3 Buchstaben, Jim oder Kim oder sowas. Jim ist die Bezeichnung für einen Penis. Ich tue selbst jetzt noch so, als sei ich ein Junge. Wenn ich eine Sexphantasie habe, bin ich der Mißhandelnde, ich mißbrauche ein Mädchen. Ich mußte den Namen mit Gewalt auf eine Nagellackflasche pressen. Nagellack erinnert mich an meine Mutter. Sie hätte es gern, daß ich mir die Nägel lackiere, aber wenn ich an meinen Arbeitsblättern arbeite, muß ich meine Nägel kurz halten." Ich fragte sie, was für ein Gefühl sie dabei gehabt habe, daß ich bei jemand anderem war. Sie sei eingeschlafen, weil sie allein und von mir vernachlässigt worden war, vielleicht so, wie von Mutter und Vater, der „nicht mitgekommen war"? Nein, sie hatte schlafen wollen, damit sie mir einen Traum bringen konnte. (Ich hatte sie am Ende der letzten Sitzung um Erlaubnis gebeten, ihren Traum in meinen Schriften zu verwenden.) Sie hatte das Gefühl, „wenn Ihnen genug an uns liegt, um über uns zu schreiben, wollte ich meine Anerkennung zeigen und ihnen noch einen Traum liefern. Wenn Sie über uns [Lesbierinnen] schreiben, müssen Sie glauben, daß wir etwas wert sind. Ich hab' mich aus dem Nickerchen aufgerafft, um aufzustehen und meinen Traum aufzuschreiben."

Wir sprachen über ihren Wunsch, aus den hypnotischen Ereignissen der Beziehung zu ihrem Vater aufzutauchen und über ihre Minderwertigkeitsgefühle, von der Mutter ausgeschlossen worden zu sein. Wir sprachen über die Lebendigkeit ihres Gefühls in der Gemeinschaft lesbischer Frauen. Sie mußte sich aus ihrem albernen Traum herausreißen und ihn aufschreiben, ihn mir mitteilen, ihr Leben untersuchen, so daß sie ihren Vater abtöten und der „Selbstlosigkeit und Anteilnahme" entfliehen konnte, in eine andere, selbständigere Identität. Antisozial oder nicht, sie wollte um ihrer selbst willen sexuelle Erfüllung mit ihrer Freundin haben. Kim durchbrach ihren Charakterpanzer der Selbstlosigkeit, entschlossen, ein neues Selbst und eine Integration ihrer Arbeit, ihrer Liebe und ihres Lebensstils zu finden. Sie würde mit ihrer starken Übertragung auf die moralische Erhabenheit brechen, die die Ausbeutung durch ihren Vater ihr aufgezwungen hatte.

Man müßte noch viel mehr erzählen, um Kims Stärken, ihren Humor, ihren raschen, logischen, präzisen Verstand, ihre wirkliche Bedeutung für ihre Klienten und ihre Familie, ihre Unterstützung und liebevolle Sorge um Freundinnen und Freunde, die diese erwiderten, zu vermitteln. Die ganze Zeit, ob sie nun in Panik war oder nicht, konnte sie an andere mit aufrichtigem Mitgefühl und an sich selbst mit einer gewissen Ritterlichkeit denken.

Was Kim wirklich gefehlt hatte, war ein internalisiertes Moralgesetz, das stärker war als das ihrer Eltern. Sie hatte eine moralische Basis, ein „höheres" psychisches Bezugssystem für ihre Sicherheit und Individuation gebraucht. Was den Vater betraf, mußte sie in dem „männlichen Hierarchie-Kampf" den Sieg davontragen, von dem Gilligan (1982) spricht. Nur so konnte sie ihn als den immer schon internalisierten ausbeuterischen Herrscher sehen und mit ihrer Identifizierung mit dem Aggressor brechen. Sie war hier ihrer weiblichen Empathie verfallen gewesen. Von daher hatte sie es nötig, daß ich die Ausbeutung anprangerte und ihr deutlich etwas über sie selbst „schrieb", d. h. daß ich zu ihrem ehrlichen Spiegel und verinnerlichten Mentor wurde (Eisenbud 1985). Sie mußte aus der ödipalen Unterwerfung auftauchen, sich einen Platz in der Hierarchie sichern und zu ihrer eigenen freien, frühen Entscheidung kommen, eine Frau zu lieben.

Lesbische Frauen finden sich, wie andere Frauen auch, manchmal allein und isoliert, trotz freundlicher Bindungen, weiblicher Werte der Liebe und Anteilnahme und einer beträchtlichen Ich-Stärke. Wir müssen in Theorie und Praxis die inneren negativen Bilder, die oppositionelle Wut, die neuen „selbstsüchtigen" Ziele und den individualistischen Ehrgeiz anerkennen, um damit den Kampf gegen verschlossene Türen und innere und äußere Dämonen zu unterstützen. Der Konflikt zwischen der primären Investition in Anteilnahme und einem dazu gegenläufigen Haß auf Ungerechtigkeit kann kreative Lösungen mobilisieren. Um sich zu emanzipieren, braucht die lesbische Frau weder sadistisch noch masochistisch zu sein; notwendig ist, sich auf ihrem Weg auch dem Negativen in sich zu stellen.

Literatur

Eisenbud RJ (1969) Female homosexuality: A sweet enfranchisement. In: Goldman GD, Milman DS (eds) The modern women. Charles C Thomas, Springfield, pp 247–271

Eisenbud RJ (1982) Early and later determinants of lesbian choice. Psychoanal Rev 69:85–109

Eisenbud RJ (1985) Women feminist patients and a feminist woman analyst. In: Bernay T, Cantor D (eds) The psychology of today's woman. Analytic Press, Hillsdale NJ, pp 273–290

Freud S (1930 a) Das Unbehagen in der Kultur. GW Bd 14, S 419–506. Fischer, Frankfurt am Main

Gilligan C (1982, 1984) Die andere Stimme. Piper, München

Jones RM (1970, 1974) The new psychology of dreaming. Viking, New York

Loewald HW (1980, 1986) Das Dahinschwinden des Ödipuskomplexes. In: Psychoanalyse: Aufsätze aus den Jahren 1951–1979. Klett-Cotta, Stuttgart, S 377–400

Myers WA (1977) The significance of colors, black and white, in the dreams of black and white patients. J Amer Psychoanal Assoc 25 : 163–181

Rangell L (1982) Transference to theory. Annual Psychoanal 10 : 29–56

Stoller RJ (1975, 1979) Perversion, die erotische Form von Haß. Rowohlt, Reinbek bei Hamburg

Werman DS (1985) Freud's „Civilization and its discontents" – A reappraisal. Psychoanal Rev 72 : 239–254

White RW (1963) Ego and reality in psychoanalytic theory. Psychological Issues, Vol III, No 3, Monogr 11. Int Univ Press, New York

Woolf V (1929, 1989) Ein Zimmer für sich allein. Fischer, Frankfurt am Main

IV. Weibliche Analytiker

10 Der „unmögliche Beruf" – aus der Geschlechtsperspektive*

Zeborah Schachtel

Haben Geschlechtsrollenunterschiede Einfluß darauf, wie wir als Analytiker und Analytikerinnen unsere Berufsrolle erleben? Ich glaube, daß dies der Fall ist. Männer und Frauen sind für die Ausführung unterschiedlicher Aufgaben sozialisiert. Wie Gilligan (1982) erklärt, wird in der weiblichen Entwicklung einfühlsame Bindung an andere betont, während die männliche Entwicklung zu einer Trennung vom Modus des Fühlens und Erlebens führt und zu einer Konzentration auf objektive Werte und Ziele. Die Arbeit von Chodorow (1978) und anderen (Gornick 1984; Schlachet 1984; Kaplan 1985) bestätigt diese Feststellung. Für den Umgang mit persönlichen Gefühlen hat dieser Unterschied weitreichende Folgen. In einer empathischen Bezogenheit zu sein bedeutet, auch für die eigenen Erfahrungen offen zu sein und die Fähigkeit zu haben, sich „von innen her" mit dem inneren Zustand des anderen zu identifizieren. Im Vergleich zur männlichen Entwicklung bringt die weibliche unweigerlich eine durchlässigere Grenze zwischen sich und anderen mit sich; damit kann innerlich auch eine weniger starke Grenze zwischen subjektiven und objektiven Zuständen verbunden sein.

Männer wiederum müssen lernen, Gefühle zu beherrschen und zu regulieren, um die Getrenntheit aufrechtzuerhalten und sich auf die Welt der Ideen, Dinge und Ziele zu konzentrieren. Was die Grenzen anbetrifft, muß der Mann (im Vergleich zur Frau) eine weniger durchlässige Grenze haben: zwischen seinem inneren Gefühlszustand und seinen Zielen und Gedanken ebenso wie zwischen sich und seiner Wahrnehmung, seinem Erleben und seiner Zugänglichkeit für andere.

Um mit unseren Geschlechtsrollen angemessen umzugehen, müssen wir – Männer und Frauen – also lernen, unsere emotionalen Aspekte ganz unterschiedlich zu handhaben. Die Grenze um unsere *Person* – der verletzliche, fühlende Teil von uns – muß für jedes Geschlecht sozusagen an

* Die in dieser Arbeit dargelegten Gedanken sind im Laufe der Zeit in gemeinsamer Arbeit und Gesprächen mit Freunden, Kolleginnen und Supervisanden/innen entwickelt worden. Ich möchte meine Dankbarkeit besonders für die wertvollen Kommentare von Carol Beauvais, Susan Coates, Alice Cottingham, Barbara u. Kenneth Eisold, Marie Broudy Goldstein, Laurence Gould, Florine Katz und Fern Schwartz zum Ausdruck bringen.
Eine frühere Version dieser Arbeit wurde im Februar 1984 vor der *Psychoanalytic Society of the New York University Postdoctoral Program* vorgetragen.

einer anderen Stelle und verschieden dick sein. Das Konzept, auf das ich
mich dabei beziehe und das ich später wieder aufnehmen werde, ist das der
Grenze zwischen Rolle und Person.[1]

Diese Polarität oder Spaltung, mit der Männer und Frauen mit ihren
Gefühlen umgehen, ist z. T. eine Funktion der unterschiedlichen Aufgaben,
die die Gesellschaft beiden Geschlechtern zuweist. Das System, in dem diese
Rollen gelernt und modelliert werden, ist das Familiensystem, der Trai-
ningsort für die Geschlechtsrollenentwicklung. Wir lernen, wer wir im
Sinne der Geschlechtszugehörigkeit innerhalb der Familie werden sollen,
und die Geschlechtsrollen werden dort als lebenslange und primäre Identität
verinnerlicht.

Obwohl es hier natürlich eine gewisse Spannbreite gibt, sind die
Geschlechtsrollen für die Gesellschaft insgesamt beständig. In jeder Kultur
gibt es eine sehr große Übereinkunft darüber, „wer" man als Frau ist und
„wer" als Mann, einschließlich der „richtigen" Verhaltensweisen im einen
und im anderen Fall. Das eigene Gefühl der Geschlechtszugehörigkeit, das
man im Zuge des Heranwachsens erlernt hat, wird also immer auch durch
die Erwartungen anderer verstärkt, wie man sich als Mann oder Frau
benehmen sollte.

Die Geschlechtszugehörigkeit ist als *totale Rolle* bezeichnet worden. Sie
stellt eine primäre Rollenidentität dar; d. h. daß sie der Berufsrolle
übergeordnet ist.

> Männer und Frauen werden in einer Kultur sozialisiert, die sowohl explizit als
> auch implizit die Geschlechtsrollen als *totale Rollen* definiert und die die
> einzelnen in diesen Rollen erzieht. Eine totale Rolle ist eine Rolle, die ein
> Selbstgefühl und ein System angemessenen Verhaltens definiert, einschließlich
> des Niveaus und der Art von Autorität; sie durchdringt alle Aspekte des Lebens
> und hat den Vorrang vor anderen, mehr situationsspezifischen Berufsrollen oder
> sozialen Rollen, falls diese unvereinbar sind. Dominanz und Unabhängigkeit
> sind mit der männlichen Rolle verknüpft, während Unterwürfigkeit, Passivität
> und nährendes und pflegendes Verhalten mit der weiblichen Rolle verknüpft
> sind. Die geschlechtsgebundenen Rollenerwartungen werden durch die Soziali-
> sation gelernt, in erster Linie innerhalb der Kernfamilie (Bayes u. Newton 1978,
> S. 8).

Was ist die analytische Berufsrolle und welchen Einfluß hat die Geschlechtsrolle auf sie? Ich habe vor, das analytische Berufssystem zu untersuchen;
dabei werde ich mich auf seine Aufgaben konzentrieren und auf die
Rollenerfordernisse für die Erfüllung dieser Aufgaben, um beide anschließend in einen Bezug zur Geschlechtsrolle zu setzen.

Die Perspektive, die ich bei dieser Untersuchung verwenden werde, folgt
den Ausführungen von Miller u. Rice (1967) und denen von Rice (1969), wo
die *Rolle* begrifflich als Teil einer Aufgabe oder eines Arbeitssystems gefaßt
wird; mit der Rolle ist eine besondere Bevollmächtigung oder auch
Autorisation verbunden, eine bestimmte Arbeit auszuführen. Innerhalb des
Systems stehen Rollen in einer hierarchischen Beziehung; sie sind auf

verschiedenen Ebenen der Autorität und der Verantwortung für die Aufgabe eingerichtet. Die Aufgabe wird durch Arbeitsteilung erledigt, die von Rollenträgern zugewiesen wird, die zur Leitung des Systems autorisiert sind. Rollen und Aufgaben haben Grenzen, die gewahrt und überwacht werden müssen, wenn die notwendige Arbeit erbracht werden soll.

Jedes dieser Arbeitssysteme bringt Menschen zueinander in eine *Rollenbeziehung*. Die Rollen bringen *Anforderungen* mit sich, die mit der Aufgabe des Systems zusammenhängen und zu Einschränkungen persönlicher Wünsche oder Bedürfnisse führen, von denen manche mit der Erfüllung der Aufgaben in Konflikte geraten könnten. Jeder von uns trägt eine Verantwortung für sich selbst, und jeder von uns muß mit seinen konflikthaften Anteilen, die im Widerspruch zur Aufgabe stehen oder ihr nicht angemessen sind, so fertig werden, daß die Aufgabe nicht gefährdet wird. Man kann sich diese Verantwortung so vorstellen, daß dabei eine Grenze zwischen uns als Person und jenen Anteilen von uns gezogen wird, die bei spezifischen Rollen in besonderer Weise eingesetzt werden müssen – das, was W. G. Lawrence (1979) als die „Selbstverwaltung einer Rolle" bezeichnet hat.

Da die Geschlechtsrollensozialisation bei Männern und Frauen zu einer jeweils unterschiedlichen Grenze zwischen Rolle und Person führt, entstehen auch Unterschiede im geschlechtsspezifischen Erleben der analytischen Berufsrolle. Ich möchte einige der bewußten und unbewußten Kräfte eingehender betrachten, die in einem Analytiker oder einer Analytikerin präsent sind, der (die) zugleich Mitglied von mindestens 2 Systemen ist: eines Systems der Geschlechtszugehörigkeit, das lebenslang besteht und nicht nur das eigene Selbstbild tief durchdringt, sondern auch das Bild der anderen, die davon ausgehen, daß man ihre Erwartungen, wie man sein sollte, erfüllt – aber auch eines Berufes (nämlich des Therapeuten oder der Therapeutin), der durch Übertragung und Gegenübertragung vom System der Geschlechtszugehörigkeit zehrt, ja ohne Geschlechtszugehörigkeit gar nicht arbeiten könnte, der selbst aber ganz andere Zwecke und Ziele hat. Diese komplexen und widersprüchlichen Kräfte sind nicht nur für den Analytiker vorhanden, sondern auch für den Patienten. Es bedeutet also, wie Gornick (1984) sagt, für eine Frau etwas anderes, Psychoanalytiker zu werden, als für einen Mann; und auch Patient(in) zu werden, bedeutet für einen Mann etwas anderes als für eine Frau.

An dieser Stelle sollte erwähnt werden, daß das hier zur Diskussion gestellte Problem und die dazu referierten Ansichten bisher anscheinend ausschließlich von Frauen erörtert wurden. Es könnte sein, daß die Bedeutung und Wichtigkeit der Geschlechtszugehörigkeit ein Problem darstellt, das für Frauen bewußte Spannungen erzeugt, welche bei Männern, die praktizierende analytische Therapeuten sind, so nicht auftreten. Diese Frage soll in einem späteren Teil des Aufsatzes untersucht werden.

Zu den Fragen, die von Therapeutinnen gestellt werden, gehört: Übernehmen Frauen die Berufsrolle als Menschen, die schon darauf vorbereitet sind, sich einzufühlen, während Männer dies erst lernen müssen (Schlachet 1984; Kaplan 1985)? Sind Frauen in dieser Rolle eine „glaubwürdige" Autorität? Sie brauchen sich selbst nicht unbedingt als „glaubwürdig" zu erleben und werden von Patienten beiderlei Geschlechts vielleicht auch nicht so angesehen (Kaplan 1979). Man hat gefragt, ob Frauen eine regressivere präödipale Übertragung auslösen; allerdings ist noch kaum erörtert worden, was für Folgen dies für das Niveau und die Intensität der dadurch mobilisierten Gegenübertragung hätte. Gornick (1984), eine der wenigen Analytikerinnen, die über die Frage der Gegenübertragung bei Frauen, die männliche Patienten behandeln, spricht, berichtet, daß in einer Gruppe von 4 Therapeutinnen, die bei männlichen Supervisoren in Supervision waren, diese Probleme der Gegenübertragung nicht angesprochen wurden.

Ein gemeinsames Thema, das sich in verschiedenen Meinungsäußerungen von Autorinnen widerspiegelt, ist der zwischen den Geschlechtern bestehende tiefgreifende Unterschied in der Grenze zwischen Rolle und Person, so wie wir sozialisiert worden sind, um unsere Geschlechtsrollen in der Kultur zu spielen. Um es an dieser Stelle kurz zu machen: Die Sozialisation der Frau ist so geartet, daß ihr viel mehr von ihrer *Person* und ihrem persönlichen Erleben zugänglich ist; die Wirkung der Gefühle anderer hat dabei ein besonderes Gewicht. Die Sozalisation des Mannes, die mehr Getrenntheit zuläßt, führt zu einer stärkeren Betonung der *Rolle* und weniger der *Person*. Das kann auch bedeuten, daß Frauen beim Gebrauch ihrer Gefühle größere Autorität empfinden (und daß sie ihnen auch zugestanden wird) als der Mann; zugleich aber kann sie das Gefühl haben, ihrer Rolle nicht gerecht zu werden, sondern lediglich als Person zu handeln. Ich glaube, daß diese Unterschiede erklären können, warum Frauen heute eher als Männer anfangen, die Frage zu stellen, wie es sich *anfühlt*, die Rolle des Analytikers zu übernehmen.[2]

Ein weiterer Erfahrungsbereich hat für mich eindrucksvolle Aufschlüsse über die Wirkung der Geschlechtszugehörigkeit auf die Autoritätsrolle erbracht. In den *Tavistock Group Relations Conferences* (Rice 1965), die Geschlechtsunterschiede im Verhältnis zur Autorität untersuchen sollten, werden tiefliegende, oft abgespaltene Einstellungen zur Autorität offenkundig. Wenn man die Wirkung der Geschlechtszugehörigkeit in diesen Konferenzen untersucht, merkt man rasch, daß Männer wie Frauen in Gruppen männliche Führung ganz anders erleben als weibliche Führung. Ich (und andere Frauen, die wichtige Autoritätsrollen übernommen hatten) habe mich oft unqualifiziert, inkompetent, isoliert, übersehen gefühlt, so als würde ich nur wegen vermuteter mütterlicher Qualitäten und nicht wegen meiner Kompetenz geschätzt. Die Arbeiten von Beauvais (1976), Wright u. Gould (1977), Bayes u. Newton (1978), Mayes (1979) und Kahn (1984) bestätigen diese Erfahrungen, daß Frauen in anderen als nährenden und pflegenden Rollen negativer erlebt werden, als das für Männer in den gleichen Rollen gilt.

Dieses Phänomen läßt sich vielleicht erklären, wenn wir uns das Problem der *Autorisierung* noch einmal ansehen. Die weibliche Geschlechtsrolle autorisiert Einfühlungsvermögen und nährendes und pflegendes Verhalten. Darum kann eine Frau in einer davon abweichenden Rolle zwar im Einklang mit ihrer Berufsrolle, nicht aber mit ihrer Geschlechtsrolle sein.

In den folgenden Abschnitten möchte ich die Spannungen und Widersprüche zwischen der Geschlechtsrolle und ihren Aufgaben und der Analytikerrolle und deren Aufgaben untersuchen. Zunächst will ich mich der Geschlechtsrolle und ihren Aufgaben zuwenden, dann der Analytikeraufgabe und den Rollenanforderungen, die zur Erfüllung dieser Aufgabe notwendig sind, und schließlich dem System als ganzem, der Dyade von Analytiker und Patient; dabei werde ich Fragen der Autorisierung, der Macht, des Status und der Verantwortungsebenen innerhalb dieses Systems berücksichtigen.

Im letzten Abschnitt will ich Geschlechtsaufgaben und Geschlechtsrolle und Analytikeraufgaben und Analytikerrolle einander gegenüberstellen und die Dilemmas und Kongruenzen für jedes der Geschlechter untersuchen und miteinander kontrastieren.

Während der ganzen Diskussion werde ich die geschlechtsspezifischen Beziehungen von Person und Rolle bei der Übernahme spezifischer Berufsrollen betrachten.

Obwohl im Mittelpunkt dieses Aufsatzes das Erleben von Männern und Frauen in der Rolle des Analytikers steht, habe ich mich entschlossen, die schwerfälligen „sein/ihr"-Formulierungen zu vermeiden und werde „er" und „sein" verwenden, um *beide* Geschlechter zu bezeichnen.

10.1 Geschlechtsrolle und Aufgabenautorisierung

Für die Zwecke der vorliegenden Untersuchung werde ich die Geschlechtsrolle daraufhin betrachten, *wer* wir als Männer und Frauen werden sollen, um die uns zugewiesenen Aufgaben zu erfüllen, da jede Gesellschaft jedem Geschlecht verschiedene Rollen, Aufgaben und auch Status und Macht zuweist. Im Grunde haben diese Aufgaben mit der Erhaltung der Kultur (oder der Bewältigung gewisser fundamentaler Widersprüche und Schwierigkeiten innerhalb der Kultur) zu tun – und mit der Weitergabe der Geschlechterkonfiguration an die Kinder durch das Rollenvorbild der Eltern. In Gesellschaften, deren Grundeinheit die Familie ist, wie in der unseren, hat jeder Elternteil geschlechtsspezifische Verantwortlichkeiten zur Erhaltung dieser Einheit. Es besteht eine Arbeitsteilung, aber auch eine Teilung der *Bereiche* innerhalb des Systems, für die ein bestimmter Elternteil primär verantwortlich ist. Diese Bereiche werden mit der *Geschlechtszugehörigkeit verknüpft*, wie wir später sehen werden. In jedem Arbeitssystem ist die Verwaltung des inneren Systems weniger angesehen als die Rolle, die das System nach außen, also in Beziehung zu anderen Systemen, ordnet.

Die Geschlechtsrolle hat mit *Aufgaben* zu tun, die mit der Familie in Beziehung stehen, dem Bereich, in dem die psychosoziale und psychosexuelle Entwicklung stattfindet und wo die begleitenden Konflikte bearbeitet und einer Lösung nähergebracht werden können. In jeder Gesellschaft hat das, was durchgearbeitet werden muß, um die „richtige" Form von Männlichkeit oder Weiblichkeit zu erlangen, eine spezifische und feste Konfiguration. Deshalb muß jede Familie trotz ihres möglicherweise sonst ganz unterschiedlichen Charaktertypus mit ihren Werten und Rollenvorbildern so im Einklang mit anderen Familien stehen, daß sie Kinder hervorbringt, die angemessen funktionsfähige Männer oder Frauen werden und schließlich den Prozeß weiterführen können, in dem sie selbst wieder Elternrollen spielen.

In diesem Sinne können wir sagen, daß wir eine Reihe gemeinsamer Annahmen teilen, die sich auf die Rolle und die Verantwortung von Eltern beziehen und auf der Geschichte unseres Aufwachsens in unseren Familien beruhen. Aus denselben (familiären) Quellen beziehen wir auch gemeinsame Konzeptionen der Rolle von Erwachsenen (Eltern) und Kindern. Diese gemeinsamen Annahmen werden von anderen sozialen Institutionen verstärkt, die in verschiedenen Entwicklungsstadien zu wichtigen Übungsfeldern werden. Das Ergebnis ist eine ziemlich handfest definierte und allgemein geteilte Vorstellung davon, „wer" man als Frau und „wer" man als Mann zu sein hat, und was für jedes Geschlecht passend und unpassend ist. Genauso gibt es ein wechselseitiges Verstehen, wer oder wie der Mensch des anderen Geschlechts sein soll; durch unsere Erwartungen und unsere Reaktionen auf das Verhalten anderer überwachen wir uns und die anderen ständig auch in ihrer Rollenperformanz. Man kann dies als einen Prozeß verstehen, durch den wir uns autorisiert fühlen, uns in unseren Rollen so und nicht anders zu verhalten, und in dem wir auch andere autorisieren, dasselbe zu tun. Wenn das Verhalten nicht mit den Erwartungen übereinstimmt, ruft das Erleben der Nichtübereinstimmung wahrscheinlich Spannungen, vielleicht Angst, vielleicht Konflikte hervor, je nachdem, was es in uns selbst repräsentiert oder auslöst. Manchmal kann dies zum Entzug der Autorisierung führen, sich weiterhin auf eine Art und Weise zu benehmen, die die eigene Vorstellung von dem, was richtig ist, bedroht. Wir werden später zu diesem Punkt zurückkehren, um zu sehen, wie dieser Entzug der Autorisierung stattfindet.

Welches sind die Rollen und Aufgaben, die in unserer Kultur Männern und Frauen zugeschrieben werden? Wofür werden wir sozialisiert? Es besteht allgemeine Übereinstimmung über einige der Hauptunterschiede und ein weitgehendes Einverständnis über das Alter – etwa 3 Jahre –, in dem die Rollen- und Aufgabenmerkmale so „festgelegt" worden sind, daß man den Ausdruck „irreversibel" gebrauchen darf (s. Lewis 1976; Chodorow 1978; Gilligan 1982). Für Mädchen hat damit der Prozeß einer Identitätsbildung begonnen, die auf *Bindung* und der Wahrnehmung von Gefühlen anderer als zentralem Aspekt des Bewußtseins und der Teilnahme beruht und zur Ausbildung und verstärkten Entwicklung von *Einfühlungsvermögen* führt. Jungen dagegen trennen sich von der Mutter; dadurch wird das Gefühl der einfühlsamen Bindung an sie eingeschränkt: sie selbst werden in diesem Prozeß eher zu einem Individuum mit defensiv gefestigteren Ichgrenzen (siehe z. B. Gilligan 1982). Die männliche Identität ist durch *Getrenntheit* definiert und wird durch Intimität bedroht, während die weibliche Identität durch Trennung bedroht wird. Männer neigen zu Schwierigkeiten mit Beziehungen, Frauen zu Schwierigkeiten mit der Individuation.

Demgemäß entwickeln Frauen ein Interesse an der Moral der Verantwortlichkeit, Männer an der Moral der „Rechte". Die Empfindlichkeit der Frauen gegen eine ungünstige Beurteilung durch andere hält sie davon ab, einen eigenen Standpunkt einzunehmen; es besteht ein Unterlassungsgebot gegen *Kränkung*; man ist für *Fürsorge* (für andere) verantwortlich. Eine Stellung zu beziehen, die „verletzen" könnte, würde dieser Anforderung an das Geschlecht widersprechen.

Im Verlauf der Entwicklung werden die Geschlechtsrollen mit verschiedenen Entwicklungsstadien verknüpft und repräsentieren die wichtigen Aspekte der Rollenbeziehung, die in der jeweiligen Periode zwischen Eltern und Kind besteht. In der prääödipalen Phase wird die Rolle der Mutter als die des primären Objekts internalisiert; sie ist insofern mit früheren Entwicklungsbedürfnissen verknüpft und hebt die *expressive* Funktion der Mutter hervor, z. B. die der Nährerin und der Person, die Spannungen und Gefühle innerhalb der Gruppe ausgleicht. Der Vater ist dem postödipalen Stadium verbunden und wird mit späteren Aspekten der Entwicklung assoziiert. Man hat die männliche Rolle als diejenige gekennzeichnet, die *instrumentelle* Funktionen vertritt: rationale, objektive, zielgerichtete Aspekte, im Gegensatz zu Gefühlen (Chodorow 1978). Diese Eigenschaften könnte man als internalisierte Autorisationen für jedes der Geschlechter auffassen, als das, was als geschlechtsangemessene Reaktion gilt.

Die geschilderten Unterschiede in der Entwicklung führen auch zu ausgeprägten Unterschieden der Grenze zwischen Rolle und Person für jedes Geschlecht. Für die Frau ist die Geschlechtsrolle totaler und primärer und hat den Vorrang vor anderen Rollen, weil sich das Mädchen nicht trennt, sondern in einer früh geprägten, engen Beziehung mit der Mutter verschmolzen bleibt, sich mit der mütterlichen Rolle identifiziert und Aspekte dieser Rolle übernimmt. Was die Lokalisation der Grenze zwischen Rolle und Person angeht, so wird die Grenze zwischen persönlichen Gefühlen und der Rolle wahrscheinlich verwischt, da die Rolle ja darin *besteht*, in der eigenen Person für andere Menschen verfügbar zu sein, *durch Gefühle* zu wissen, was vor sich geht. Männer dagegen müssen im Wege der Trennung und Individuation Gefühle unterdrücken oder verdrängen, besonders jene, die mit Abhängigkeit und Verletzlichkeit zusammenhängen,

um Getrenntheit und das Gefühl ausreichender Kraft zur Getrenntheit zu
erlangen. Das bedeutet, daß Männer im Hinblick auf ihre *Person* möglicherweise weniger autorisiert sind, zugänglich zu sein – sowohl für sich selbst als
auch für die Gefühlserlebnisse anderer. Zugleich wird von ihnen sehr viel
stärker erwartet, mit Rollengrenzen umzugehen und von einer Rolle zur
anderen zu wechseln. Tatsächlich ist es genau dies, was sie bereits trainiert
haben, um innerhalb der Familiengruppe die äußere anstelle der inneren
Grenze zu vertreten. Die innere „Grenzziehung" – das Nähren, Versorgen,
die Rolle dessen, der weiß, was in anderen vor sich geht – fällt in die
Zuständigkeit der Mutter und die Rolle, für die das Mädchen sozialisiert und
erzogen wird.

Man sollte auch darauf hinweisen, daß die Frau mit früheren, „niedrigeren", kindlicheren Bedürfnissen, Wünschen und Gefühlen assoziiert wird,
während der Mann, der dies durch Trennung „hinter sich läßt", mit
„späteren", „erwachseneren" Bedürfnissen und gewiß mit der Welt der
Dinge, Ziele und Vorhaben in Verbindung gebracht wird. Frauen vertreten
deshalb für Menschen beiderlei Geschlechts frühe Internalisierungen des
Selbstobjekts und rufen sie wach. Deshalb ist diese „totale Rolle" so
bedeutend, besonders für die Frau, die dieser Definition von sich nicht
entkommen kann.

Ein anderer Aspekt ist der, daß die beschriebene Differenzierung der
Geschlechtsrollen einen hohen Grad an polarisierten Attributen, eigentlich
einen Spaltungsprozeß, widerspiegelt. Man könnte überlegen, was dies
unter dem Gesichtspunkt bedeutet, daß wir uns gegen diese Einteilung auch
wehren können. Vielleicht werden wir durch Spaltung und Projektion mit
dem Verlust dessen fertig, was wir im Verlauf der Entwicklung haben
aufgeben müssen. In diesem Zusammenhang ist die Hypothese der
Geschlechterdifferenzierung von Fast (1984) relevant.[3]

Ich werde hier jedoch nicht versuchen, das „Warum" der Geschlechterdifferenzierung weiter abzuhandeln, da sich mein Augenmerk v. a. darauf
richtet, *daß* und *wie* sie erfolgt und wie sie die Übernahme der Analytikerrolle beeinflußt.

10.2 Analytikerrolle und ihre Autorisierung
für die Aufgabe des Analytikers

In diesem Abschnitt will ich zunächst die Psychoanalyse als ein Arbeitssystem betrachten, das Aufgaben, Rollen, Grenzen und eine Technik und
Struktur für das Erreichen ganz bestimmter Ziele hat. Danach werde ich
mich ein wenig mit dem Unterbau dieses Systems befassen, um zu
verstehen, wie und warum und mit welchen Mitteln die Psychoanalyse
diese Ziele erreicht. Ich möchte auch einige Unterschiede und Ähnlichkeiten zwischen Psychoanalyse und Psychotherapie betrachten; dabei

werde ich mich auf Fragen von Rolle und Aufgabe konzentrieren, um kritische Dimensionen herauszuarbeiten, die die Psychoanalyse von der Psychotherapie unterscheiden. Schließlich werde ich beide Arbeitssysteme daraufhin untersuchen, welche Folgerungen für die Grenze zwischen Rolle und Person sie für den Analytiker bzw. Therapeuten mit sich bringen.

Die Psychoanalyse ist ein Arbeitssystem, dessen Aufgabe die Lösung unbewußter Konflikte ist, die das Verhalten des Menschen beeinflussen. Diese Lösung ist ein Prozeß des Definierens, Vertiefens, Deutens und immer wieder Durcharbeitens der verschiedenen Formen, die diese Konflikte in der Übertragung und im gegenwärtigen und früheren Erleben des Patienten in der Interaktion mit anderen annehmen.

Wie ist das System strukturiert, um den Zugang zu diesen Daten zu erleichtern? Zur Struktur gehört die Rolle des Analytikers, der vom Patienten engagiert wird und dadurch autorisiert ist, den Arbeitsplan zu entwerfen und durchzuführen. Der Analytiker stellt sich v. a. als Übertragungsobjekt zur Verfügung, was für das System von entscheidender Bedeutung ist. Als solches nimmt der Analytiker den Anprall der ihm vom Patienten zugeschriebenen Eigenschaften mit Übertragungsbedeutung auf sich, sowohl direkt als auch indirekt, in der Form der bewußten und insbesondere unbewußten Einstellungen des Patienten, in Träumen, in der freien Assoziation und in der Interaktion von Patient und Analytiker bei ihrer Arbeit – in jeder Transaktion und Kommunikation gibt es Übertragung.

Der Analytiker errichtet auch die Parameter des Arbeitssystems; er handhabt und bestimmt äußere Grenzen wie Häufigkeit und Dauer der Sitzungen, Honorar und die Art, wie die Arbeit in den Sitzungen vor sich geht. Newton (1973) drückte dies so aus, daß der Analytiker die Rolle des *Patienten* im System einrichte. Die Verantwortung für den Arbeitsplan und seine Einhaltung bleibt dem Analytiker überlassen, der den Vorgang der Arbeit mit dem Patienten handhabt, überwacht, bewertet und ihn fortlaufend stützt. In der Zusammenarbeit mit dem Patienten „hört" der Analytiker die unbewußten Themen „heraus", die die Träume und Assoziationen des Patienten miteinander verbinden und die gegenwärtigen Manifestationen zu historischen Ursprüngen in Beziehung setzen. Dadurch *lehrt* der Analytiker den Patienten auch, *wie* man innerhalb dieses Systems arbeitet.

Wenn wir uns wieder an das Beispiel eines sozialen Systems halten (s. Miller u. Rice 1967), können wir sagen, daß das, was ins System *importiert* wird, ein Mensch ist, der in bezug auf sein Fühlen oder Handeln im Leben Hilfe sucht; der Prozeß der *Umwandlung* (der den *Import* befähigt, einen *Export* zu produzieren) schließt Rollen und Techniken ein, die das System zur Ausführung der *primären Aufgabe* bereitstellt, nämlich einer Veränderung in der Beziehung des Patienten/Klienten zu seinen inneren Prozessen; der *Export* ist ein analysierter Mensch, der nun seine eigene Grenze zwischen bewußten und unbewußten Ebenen des Erlebens kennt und selbständig mit ihr umgeht.

Hiermit sind bestimmte Aspekte der Struktur und der Rollenbeziehung beschrieben. In ihrem Zentrum steht jedoch, daß der Patient mit bestimmten bewußten Vorstellungen und Hoffnungen in ein System und eine Beziehung eintritt, die ihrerseits ihr Augenmerk auf tief unbewußte Wünsche und Ängste und ihre Folgen richtet. Er steht kurz davor, auf dem Weg der Übertragungsanalyse in eine Beziehung zu sich selbst zu treten, die sein Verständnis für das, was er ist, erheblich erweitern wird. Tatsächlich autorisiert er den Analytiker, eine Arbeit durchzuführen, in der auch Gefühle verstärkt und bewußt gemacht werden, die sehr schmerzlich und unangenehm sein können; er ermächtigt ihn, die Grenzen zu verändern, die der Angstabwehr dienen, sanktioniert also die Zunahme von Angst. Er wählt im Analytiker den Menschen, der diese Übertragungsgefühle trägt, der das Objekt, der Auslöser wie auch der Deuter alles dessen ist, was der Patient ihm zuschreibt.

In diesem System hat der Analytiker zwar immer die primäre Verantwortung für die Aufgabe und handhabt die Aspekte der äußeren wie der inneren Grenze – die Aufgabe, dem Patienten die Bedeutung unbewußter Prozesse bewußt zu machen –, aber der Patient muß immer mehr Verantwortung für diese Arbeit des Vestehens und der Deutung übernehmen, und er tut dies auch. Wie Newton (1973) es ausdrückt, muß die analytische Rollenbeziehung immer mehr eine Beziehung der Zusammenarbeit werden. Unter dem Blickwinkel von Autorität und Delegation autorisiert der Patient den Analytiker, die Analyse durchzuführen, und der Analytiker delegiert und autorisiert den Patienten, Verantwortung für das Erkennen seiner Widerstände gegen den analytischen Prozeß und den Umgang damit selbst zu übernehmen.

Warum sollte dies überhaupt funktionieren? Newton (1973) spricht von der Psychotherapie und vertritt die Ansicht, daß zwischen diesem System und dem Familiensystem eine tieferliegende Parallele besteht. Ich glaube, dieses Modell gilt auch für die Psychoanalyse.

Die Psychoanalyse möchte es dem Patienten ermöglichen, frühe Aspekte seiner bewußten und unbewußten Erfahrung von „Selbst-und-*Anderem*" wiederzuerleben. Der Analytiker dient als Übertragungsfigur, und zwar durch seine Rollenautorität und die Bereitschaft des Patienten, sich für diese Übertragung einer Autoritätsfigur zu bedienen. In der Analyse gibt der Patient seine bewußte Kontrolle auf und läßt Phantasien und Wünschen freien Lauf. In gewissem Sinn ist das, was die Übertragung ermöglicht, der Unterschied zwischen der phantasierten und der „realen" Beziehung, um hier Stone's Ausdrucksweise zu gebrauchen (Langs u. Stone 1980).

Ich kenne keinen Beruf, der die Grenze zwischen Person und Rolle mehr belastet als die Psychoanalyse. Die Struktur des Systems ist darauf angelegt, die Übertragung zu maximieren, d. h. Erlebnisse und Phantasien der frühen Kindheit zu mobilisieren, was durch die Vorenthaltung der *realen* Person des Analytikers gefördert wird. Auf diese Weise wird Frustration in Gang gesetzt, und es wird möglich, sich auf die unbewußten Prozesse zu konzentrieren, die die Wahrnehmungen, Triebe und Impulse des Patienten motivieren. Der Analytiker muß die Angst und den Druck aushalten, die sowohl im Patienten als auch in ihm selbst entstehen; er muß sich von dem Erleben distanzieren können und es so aufbereiten, daß er es verstehen und dem Patienten die zugrundeliegende Bedeutung dessen deuten kann, was sein Erleben und Verhalten bestimmt.

Dabei muß der Analytiker sich seine Aufgabe und seine Rolle klar vor Augen halten. Der Analytiker muß empathisch mit Gefühlen in Kontakt sein, aber er muß auch fähig sein, genügend Distanz aufrechtzuerhalten, um ein effektives „beobachtendes Ich" zu bewahren. Um diesen Zustand zu erreichen, muß der Analytiker selbst ständig sein „Selbst in der Rolle" überwachen; kein Supervisor im gleichen Raum oder außerhalb kann ihm das abnehmen.

Gibt es hier große Unterschiede, wenn die Aufgabe „Psychoanalyse" heißt, im Gegensatz zur „Psychotherapie"? Ich glaube, das Prinzip und das Problem seiner Einhaltung sind wahrscheinlich dieselben; das gleiche gilt für die Ursachen, derentwegen die Arbeit unternommen wird. Für unsere Zwecke möchte ich jedoch einige Spekulationen darüber äußern, wie sich die Probleme der Grenze zwischen Rolle und Person bei der Analytikerrolle im Vergleich zur Rolle des analytisch orientierten Psychotherapeuten darstellen. Im analytischen Rahmen herrscht die Rolle vor, und die Person ist stärker verborgen. Der Analytiker arbeitet natürlich von seiner Person aus und durch seine Person; das Erleben des Übertragungs- und Gegenübertragungsmaterials kann nur in der Person des Analytikers aufbereitet werden, aber er wird durch die strengen Grenzen seiner Rolle „geschützt". Die *Abstinenz*regel bezeichnet einen Parameter seiner Grenze. Die Aufgaben- und Rollengrenze erleichtert das Aufbereiten von Daten und vermindert vermutlich sowohl den inneren Druck der Übertragung auf die Person des Analytikers als auch die Gegenübertragungsreaktionen.

Man kann die Analytikerrolle im Hinblick auf diese Handhabungsregeln als die strengere betrachten, obwohl man bedenken sollte, daß die verschiedenen „Schulen" einen sehr großen Spielraum hinsichtlich dieser Regeln aufweisen, ganz zu schweigen von den individuellen Stilen und Variationen, die bestimmte Analytiker in ihrer Arbeit praktizieren mögen. Im Bereich der analytisch orientierten Psychotherapie gibt es hier noch mehr Freiheit, die sehr stark von der Art abhängig ist, wie die therapeutische Aufgabe aufgefaßt und die Behandlung strukturiert wird. In allen Fällen mit einer psychoanalytischen, psychodynamischen Ausrichtung arbeitet der Therapeut immer mit Übertragung und Gegenübertragung, kann sich aber mit dem Patienten auch auf persönlichere Weise beschäftigen und mehr durch seine Person als durch seine Rolle auf ihn einwirken. Im gleichen Maß, in dem die Rolle flexibler definiert wird (was eher für die Psychotherapie als für die Psychoanalyse gilt), ist der Therapeut weniger

durch die Rolle „geschützt" und muß selbst darüber entscheiden, wie und
wann auch von seiner Seite aus mehr persönliches Material Ausdruck finden
soll.

10.3 Die Interaktion von Geschlechts-
und Analytikerrolle

In diesem Abschnitt sollen einige Dimensionen der Aufgaben und der
Rolle des Analytikers betrachtet werden, die – wie ich glaube – von der
Sozialisation in die Geschlechtsrolle und deren Geschichte beeinflußt
werden. Ich werde mich primär auf den Analytiker und darauf konzentrie-
ren, wie das Geschlecht des Analytikers auf die Handhabung seiner
Aufgabe einwirken könnte. Die Geschlechtszugehörigkeit selbst ist für
Patient und Analytiker außerordentlich bedeutsam und aufrüttelnd, nicht
nur im Hinblick auf spezifische Bedeutungen der Übertragung, sondern in
dem weiteren Sinn der Bearbeitung der analytischen Aufgabe mit einer
Frau oder mit einem Mann. Ich will zunächst einige dieser weiter gefaßten
Probleme diskutieren; anschließend soll die innere Aufgabenstruktur unter
dem Blickwinkel der Geschlechtszugehörigkeit, insbesondere dem Zugang
zu Übertragung und Gegenübertragung und der Handhabung der Grenzen
des Systems unter diesen Umständen erörtert werden. Ich werde Beispiele
von Kandidaten beiderlei Geschlechts aus der Supervision bringen. In
diesem Stadium der beruflichen Entwicklung, wenn der zukünftige Analytiker versucht, die Rolle zu internalisieren, ist die Aufmerksamkeit für die
Schwierigkeiten des Ausgleichs von Person und Rolle entsprechend
erhöht.

Für eine Frau bedeutet das Einnehmen der Analytikerrolle, daß sie für
sich und den Patienten alles heraufbeschwört, was mit der weiblichen
Geschlechtsrolle assoziiert wird – präödipales Erleben, die geschlechtsbedingte Erwartung mütterlicher oder weiblicher Fürsorge, weibliche Sexualität, Empfängnis, „die Mutter für sich haben" – mit dem Ergebnis, daß die
heraufbeschworene Erlebnisebene von vornherein regressiver ist, wenn
der Analytiker weiblich ist.[4] Mit anderen Worten: für Analytiker wie
Patient liegt der Druck auf der Geschlechtsrolle; das bedeutet, daß die
Analytikerin und ihr Patient ein Gebiet der Übertragung und Gegenübertragung durchmessen werden, in dem Unterschiede zwischen Geschlechtsrolle und Analytikerrolle durchgearbeitet werden. Auf diesem Gebiet wird
es wahrscheinlich eine große Spannung geben. Frauen sind dazu erzogen
worden, so zu reagieren, daß sie etwas für den anderen Menschen und an
ihm tun, das sich von der Analytikerrolle unterscheidet. Die Analytikerin
sieht sich daher vor der Notwendigkeit, sobald sie anders strukturierte
Rollen übernehmen will, ihre lebenslang eingeübte Geschlechtsrolle zu
kontrollieren. Dadurch wird es unvermeidlich, daß Analytikerinnen Pro-

bleme der Gegenübertragung fortlaufender und drückender erleben als
männliche Analytiker. Die Analytikerin steht unter dem Druck, „es besser
zu machen" – obwohl das nicht ihre Aufgabe ist. Dies gilt zwar für die Frau
in jeder Arbeitsrolle, aber die besondere Rolle des Analytikers erfordert, da
sie an so vielen alten Wurzeln und Teilen zerrt, sehr spezielle Differenzierungen und Kontrollen. Zum Beispiel können die Wut und der Widerstand
der Patienten angesichts der Verweigerung von weiblicher Fürsorge in der
Analytikerin das Gefühl wachrufen, sie sei „schlecht" und sie verstehe den
Patienten nicht. Diese Gefühle können sie dazu veranlassen, die Ansicht
des Patienten, sie enthalte ihm etwas vor, insgeheim zu teilen. Ein Beispiel
soll dies verdeutlichen.

Eine Ausbildungskandidatin arbeitet mit einem Patienten, der sich
seiner Wut über Gefühle, von der Mutter benachteiligt zu werden, durch
verführerisches Verhalten und sexuelle Manipulation entledigt. Bevor er
in Urlaub geht, „versäumt" der Patient eine Sitzung. Die Therapeutin
bietet ihm eine zusätzliche Sitzung an; sie hat Schuldgefühle und fragt
sich: „Was habe ich falsch gemacht?". Sie fühlt sich häufiger in die
Verführungsmanöver des Patienten hineingezogen, bis ihr allmählich klar
wird, daß ihre eigentliche Einstellung ist: „Ich soll ihm alles geben, was
er braucht, ohne es ihn wissen zu lassen." Dieses Beispiel stammt von
einer Kandidatin, deren ethnische Herkunft dieselbe war wie die des
Patienten. Das Problem dieses gemeinsamen Hintergrunds im Erleben
der Geschlechtsrolle innerhalb der Familie, die Patient und Analytiker
gemeinsam haben, verdient sicherlich noch mehr Beachtung (Mottola u.
Schachtel 1984).

Im Sinne ihrer eigenen Sozialisationsgeschichte wird die Analytikerin in
ihrem Erleben auch den präödipalen Aspekten von sich und anderen näher
sein (und sie wird diese Aspekte auch eher heraufbeschwören als der Mann).
Dies bedeutet gleichzeitig, daß die größere Nähe der Frau zu „frühen"
Gefühlen sie ausgelieferter und verletzlicher macht. Die Geschlechtsrollen-
erwartung, die Gefühle anderer zu kennen und auf sie zu reagieren, bedeutet
für die Frau einen totalen Einsatz ihrer Person. Das kann ihr in der Rolle der
professionellen Therapeutin das Gefühl geben, ausgeliefert und ohne
Grenzen zu sein. Man kann Frauen das Gefühl vermitteln, sie seien
„schlecht", wenn sie die Bedürfnisse des anderen nicht erfüllen. Die
Therapeutin kann von daher also ein stärkeres Verschwimmen der
Analytikerrolle und der totalen weiblichen Geschlechtsrolle erleben. Durch
ihre Geschlechtszugehörigkeit und ihre eigene Geschichte sieht sich die
Frau auch in der Übertragung (und Gegenübertragung) vor den Konflikt
zwischen „guter" und „böser" Mutter gestellt. Die Analytikerin kann
besonders empfindlich für die Wut und Enttäuschung des Patienten sein; sie
erlebt sich vielleicht als „böse Mutter", als „nicht gebend" und hat die
Schuldgefühle, die mit diesen Erlebnissen auf der Geschlechtsebene verbunden sind. Sie kann sich in ihrer Analytikerrolle hilflos und blockiert, isoliert
und einsam fühlen.

Zwar wird der männliche Analytiker auch zur „bösen Mutter" gemacht, aber ich behaupte, daß er sich dabei anders *fühlt*; vor allem wird er sich innerlich weniger „schlecht" vorkommen.

Für Analytikerinnen bezieht sich nach meiner Überzeugung die Abstinenz in der Rolle darauf, ihren fast angeborenen Trieb, im Sinne der Geschlechtsrolle zu nähren, zu pflegen und Schmerz zu lindern, zurückzuhalten, weil er im Gegensatz zum analytischen Durcharbeiten steht. Die Spannung und der Druck, die mit der Unterdrückung dieser Tendenzen verbunden sind, bedeuten für Frauen eine Belastung, die bei Männern nicht in dieser Weise auftritt. Ein anderer Faktor betrifft die Tendenz von Analytikerinnen, bei anderen Menschen Abhängigkeitsbedürfnisse hervorzulocken oder heraufzubeschwören; sie werden daher von sich und anderen in der therapeutischen Rolle als stärker vorenthaltend erlebt als Männer. Dies kann v. a. in der Handhabung von Fragen der äußeren Grenze zutage treten.

Männliche Ausbildungskandidaten scheinen durch Fragen dieser Grenze (wie etwa dem Umgang mit Honoraren und versäumten Stunden) weniger belastet zu sein, vielleicht, weil sie sich weniger dem Sog des geschlechtsspezifischen Erlebens von „Geben und Versorgen" ausgesetzt sehen als Frauen, obwohl jedes Geschlecht grundsätzlich in diesen Sog geraten kann. Es ist schwierig, hier das Erleben der Erwartung des Patienten herauszuhalten: Die Beendigung der Sitzung kann sich sehr verschieden „anfühlen", je nachdem, ob „sie" es tut oder „er"; auch mögen „er" und „sie", die die Sitzung beenden, diese Erwartung ganz unterschiedlich erleben. Aus Gesprächen mit Kollegen und aus der Supervision habe ich den Eindruck gewonnen, daß die Handhabung der Fragen der äußeren Grenze für Frauen besonders schwierig und belastend ist und daß diese Fragen oft nicht gut gehandhabt werden. Es wäre sinnvoll, von Analytikern beiderlei Geschlechts zu diesen Fragen Informationen zu bekommen, ebenso wie Daten zum Vergleich der Honorare.

In der Arbeit mit Daten der Übertragung und Gegenübertragung und ihrer integrativen Deutung wird die Analytikerin mehr mit präödipalen Gefühlen in Kontakt sein und sie auch stärker hervorrufen: sie kann von ihnen aber auch überflutet und an einen Ort gezogen werden, wo die Geschlechtsrolle das Übergewicht hat und die Getrenntheit schwierig ist. Die Analytikerin kann zum Behälter von Gefühlen werden, die sie erfüllen und absorbieren, und es wird ihr vielleicht schwer fallen, sich über die Übertragungs- und Gegenübertragungsgrenzen klar zu sein. Ein Unterschied zwischen männlichen und weiblichen Ausbildungskandidaten in der Supervision ist der, daß Frauen sich oft sorgen, was sie mit ihren Gefühlen „machen" sollen; sie reden über sie, fühlen sich von ihnen überwältigt oder empfinden Verlegenheit darüber. Unter dem Druck der Bedürfnisse und Erwartungen der Patienten erleben sie sich manchmal gedrängt, diese Gefühle auch auszudrücken und finden es schwierig, *über sie nachzudenken* (also von den Gefühlen zur Formulierung überzugehen).

Im Gegensatz dazu ist es wahrscheinlich, daß der männliche Analytiker als gebend erlebt wird (und sich auch selbst so erlebt), da die Erwartungen in bezug auf das Geschlecht keine Beziehung auf der Grundlage einer Gefühlsteilnahme umfassen. Die Wirkung der Übertragungen und die Mobilisierung von Gegenübertragung ist beim Analytiker auch insofern anders, als die Distanz zu seiner Gefühlsebene größer ist. Der männliche Analytiker, der sich von den Forderungen und Bedürfnissen des Patienten weiter entfernt empfindet, kann sein Gefühl vielleicht leichter wahrnehmen, ohne den gleichen Druck zu empfinden, auf sie zu reagieren, wie eine Frau. Auch der Patient kann gegenüber seinen Gefühlen zu einem männlichen Analytiker starke Grenzen erleben, weil er durch seine Geschlechtszugehörigkeit Getrenntheit abruft.

Für einen Mann bedeutet dies jedoch eine konfliktreichere Position gegenüber dem Einsatz und dem Ausdruck von Gefühlen, besonders präödipalen Gefühlen. Das kann zu einer beherrschteren Oberfläche führen, unter der es aber stärker „rumpelt". Der männliche Analytiker ist in einer Rolle, die von ihm fordert, mit den Gefühlen des anderen und mit seinen eigenen Gefühlen in Kontakt zu sein. Im Hinblick auf seine Geschlechtsrollensozialisation, die Getrenntheit betont und von ihm gefordert hat, er müsse das Band zur Mutter zerschneiden, bedeutet die Analytikerrolle, daß er autorisiert ist, die Welt der Gefühle wieder zu betreten. Aber er tut dies, nachdem er die Aufgabe lösen mußte, frühe Gefühle zu verdrängen und sich von ihnen zu trennen. Die Wirkung der Gefühle des anderen auf ihn, und möglicherweise auch die Wirkung seiner eigenen Bedürfnisse, wird gefiltert oder sogar blockiert. Zugleich kann er durch die analytische Aufgabe aber auch fähig werden, wieder Zugang zu den Teilen seiner selbst zu finden, die er sonst hat unterdrücken müssen.

Männliche Ausbildungskandidaten sprechen in der Supervision gewöhnlich nicht über ihre Gefühle, empfinden weniger Druck zu reagieren, haben aber vielleicht auch das Gefühl, keinen Kontakt zu haben, besonders, wenn sie mit „frühen" Abhängigkeitsbedürfnissen konfrontiert werden. Es können auch Versuche gemacht werden, die intensiven Gefühle des Patienten zu binden. Die Kandidaten werden vielleicht „konfrontativ" oder geben verfrühte Deutungen, ohne daß dies im wirklichen Erleben des Patienten begründet wäre. „Darüber reden" wird vielleicht als Abwehr gegen das eigene affektive Erleben benützt. Kurzum, die Ausbildungskandidatin absorbiert die Gefühle eher und wird zum „Empfänger" für sie, während der Kandidat das Gefühl möglicherweise „einbetoniert", vielleicht in Abwehr gegen die Möglichkeit, die Beherrschung zu verlieren.

Ein Ausbildungskandidat, der einen depressiven, oberflächlich abhängigen Mann behandelte, hatte große Schwierigkeiten, sich zu gestatten, die Scham und Bedürftigkeit in seinem Patienten zu fühlen. Er verließ sich darauf, daß er *eine Formulierung haben müsse*. „Ich fühle mich gemein ihm gegenüber, wenn ich mit ihm zusammen bin... möchte, daß er freimütiger zugeben könnte, was ihn verlegen macht; er fürchtet, gedemütigt zu werden." Dieser Kandidat hatte Schwierigkeiten, mit den Gefühlen seines Patienten wegen einer unbezahlten Rechnung umzugehen; er wiederholte das formelle Argument als Abwehrmechanismus gegen die Erforschung der Gefühle seines Patienten. Einmal lieferte der Patient den folgenden Traum: „Ich war ein Privatmann, kein Zeitungsmann; ich besuchte ein Festspiel und schrieb meine Kommentare auf einem Computer, was sehr seltsam war. Ich fand, daß ich die Dinge ansah, als wäre ich ein Reporter, aber ich war keiner. Ich war mit einem Freund zusammen – einem Mann – auf einem Kamel; es war ein holpriger Ritt. Er fragte, ‚Was reitest du?' Ich sagte, ‚Es ist ein Kamel, glaube ich.' Das Kamel wußte, wenn ich mich vorbeugte, wollte ich ‚runter', es legte sich also nieder, aber mein Fuß blieb hängen, also mußte das Kamel aufstehen". Er assoziierte: „Das Kamel ist ein dummes Tier, aber wir verständigten uns so, daß ich alles bekam, was ich wollte. Die Welt nimmt dich nicht zur Kenntnis, wenn du nicht den richtigen Befehl kennst..." Der Kandidat merkte in diesem Fall, daß er oft lange schwieg und keinen Kontakt zum Erleben seines Patienten hatte.

Der Patient oder die Patientin, die mit einem männlichen Analytiker arbeiten, ebenso wie der Analytiker selbst, können die Phantasie haben, den anderen für sich allein zu besitzen, die Phantasie der Intimität einer auf Gefühle gegründeten Beziehung, die für den Mann in der sozialisierten Geschlechtsrolle problematischer ist. Für den Analytiker kann seine Rolle Machtaspekte und Aspekte der gefühlsmäßigen Aufgabe in sich vereinen, die besonders befriedigend sein können. Die Lockerung seiner Abwehr, die v. a. zur Bewältigung präödipaler Gefühle errichtet worden ist, kann jedoch dazu führen, daß das Verhältnis von Person und Rolle neu definiert werden muß.

Dies kann den Analytiker veranlassen, sich in die *Rolle* zu flüchten, um Distanz von den in ihm und im Patienten aufsteigenden Gefühlen zu wahren. In diesem Zusammenhang finde ich Kernbergs (1965) Kommentar von Belang, wie die Gegenübertragungsregression die Rollenidentität des Analytikers untergraben kann. Wie schon erwähnt, glaube ich, daß dies für Analytikerinnen ein konstanter Faktor ist. Für den Analytiker besteht hier die Gefahr, daß Gefühle die Kontrollgrenze durchbrechen.[5]

Ein weiterer Unterschied, von dem ich meine, daß er mit dem Geschlecht verbunden ist, gehört hierher: in welchem Maß der Analytiker sich bewußt ist, was er empfindet, wenn er mit dem Patienten im Zimmer ist, und wieviel er darüber sagt. Das wird in der Supervision sehr deutlich, aber ich habe es auch bei Falldarstellungen von Analytikern beiderlei Geschlechts bemerkt. Es überrascht nicht, daß Analytikerinnen es gewöhnt sind, über Gefühlszustände zu sprechen und sich auf sie zu konzentrieren und daß Analytiker es nicht tun. Das soll nicht heißen, daß die Männer ihre eigenen Gefühle und die ihrer Patienten nicht wahrnehmen, sondern daß ihnen Aussagen darüber nicht selbstverständlich sind. In diesem Zusammenhang habe ich den Eindruck, daß es einen großen Unterschied geben kann, wie die Gegenübertragung in der Supervision ins Blickfeld kommt – nicht unabhän-

gig von der Zusammensetzung der Supervisionsdyade im Hinblick auf die
Geschlechter. Man kann hier auch Gornicks (1984) Hinweis beachten, daß
männliche Supervisoren die Frage einer erotischen Übertragung und
Gegenübertragung zwischen männlichen Patienten und weiblichen Analytikern nicht aufgegriffen haben.

Die Frage, welches Geschlecht für die Analytikerrolle als das „Richtige"
erlebt wird, wird auch durch die Machtbeziehung zwischen Analytiker und
Patient beeinflußt, die den Status- und Machtunterschied der Geschlechter
in der Gesamtgesellschaft widerspiegelt. Hier stoße ich mich an der
Annahme, die analytische Beziehung könne eine Beziehung unter *Gleichge-
stellten* sein, denn die Rollenverschiedenheit zwischen Patient und Analytiker bedeutet Unterschiede in Autorität und Verantwortung für die Aufgabe,
und reale ebenso wie auch eingebildete Machtunterschiede: daher die
Übertragung. Diese Niveauunterschiede hinsichtlich Autorität und Kompetenz rufen in der Übertragung frühere Konflikte wach und werden durch die
Geschlechterzusammensetzung der Patient-Analytiker-Dyade ausgelöst.
Das folgende Beispiel zeigt, wie sich diese Probleme in einer Dyade aus
Patientin und Analytikerin ausdrückten:

Eine Patientin zeigte eine „anbetende", Geschenke machende Einstellung zu ihrer Analytikerin. Diese nahm die Geschenke am Anfang an, fühlte
sich von der Patientin geschätzt und meinte, sie sei wichtig für sie. Die
Patientin beobachtete sie gleichzeitig mit Argusaugen und kommentierte
und fragte jedesmal, wenn die Analytikerin wegschaute. Die Patientin
sprach von ihrer Analytikerin auch als „einer Patientin" und setzte sie auf
verschiedene Weisen herab, indem sie sie *reduzierte* und „auf das Niveau
herunterzog, auch nur ein Mensch (d. h. eine Patientin) zu sein." Die
Analytikerin hatte während der Sitzungen im Behandlungszimmer Schwierigkeiten zu denken, und sie fühlte sich davon abgelenkt, die Mitteilungen
der Patientin zu deuten oder die Dynamik des interpersonalen Verhaltens
der Patientin zu untersuchen. Sie fühlte sich unbehaglich und von ihrer
Patientin „gegängelt", konnte dieses Erleben aber bei der Patientin nicht
einsetzen. Es war, als bestehe ein gemeinsames Gefühl, sie dürfe die
Patientin nicht herabsetzen, was der Fall gewesen wäre, wenn sie als
Analytikerin anerkannt worden wäre, in einer Rolle mit mehr Ansehen und
Macht.

10.4 Schlußbemerkung

Die Sozialisation für die Geschlechtsrolle führt bei Männern und Frauen zu
einer je anderen *primären Rollenidentität*, wozu auch ausgeprägte Unterschiede im Umgang mit den eigenen Gefühlen und den Gefühlen anderer
gehören – beruhend auf den geschlechtsspezifischen *Aufgaben*. Für die Art
und Weise, wie Männer und Frauen an den Aufgaben der Analytikerrolle
arbeiten, hat das gewaltige Folgen. Das Problem ist jedoch bis vor kurzer

Zeit in der Literatur kaum beachtet worden, und wenn, dann v. a. von Autorinnen. Dieser Mangel und andere in diesem Aufsatz erwähnte Fragen deuten darauf hin, daß das Problem, wie das Geschlecht die Analytikerrolle beeinflussen könnte, innerhalb der Disziplin bis jetzt auffallend vernachlässigt worden ist.

Ich habe mich in dieser Arbeit auf bestimmte Erscheinungsweisen dieser Unterschiede konzentriert. Ich habe Beispiele aus der Supervision von Ausbildungskandidaten beiderlei Geschlechts angeführt, da die Probleme von „Person und Rolle" in diesem Stadium der Internalisierung der Analytikerrolle noch nicht ganz gelöst sind. Dies ist der Beginn einer Erörterung von relevanten Dimensionen, die der Untersuchung und Validierung bedürfen. Ich hoffe, dieser Anfang wird zu weiterer Arbeit in diesem Bereich anregen.

Anmerkungen

1   In der Verwendung dieses Begriffs folge ich Rice (1969). Wenn ein Individuum eine Rolle übernimmt, muß es eine Aufgabensystematik schaffen, die es ihm ermöglicht, aus der Gesamtheit der ihm zur Verfügung stehenden Fertigkeiten, Erfahrungen, Gefühle und Einstellungen jene auszuwählen, die eine Rolleneffektivität gewährleisten. Dies ist eine Ich-Funktion, die „Grenzen genau durch die Grenze zwischen Individuum und Umwelt und zwischen Rolle und Person ziehen muß. Wenn sie es nicht tut, ist Konfusion unvermeidlich..., sowohl in den Rollen als auch in der Autorität, die von ihnen ausgeht. Autorität und Verantwortung, die in einer Rolle angemessen sind, werden in anderen Rollen unangemessen eingesetzt..." (S. 44).

2   Bei dieser groben Verallgemeinerung muß man darauf hinweisen, daß Frauen nicht zu *allen* Gefühlen Zugang haben und daß Männer nicht von *allen* Gefühlen abgeschnitten sind; aber jedes Geschlecht hat jeweils besseren Zugang zu bestimmten Gefühlen als zu anderen. Frauen dürften z. B. mehr dazu neigen, aggressive oder feindselige Gefühle zu leugnen oder zu übersehen als Männer. Es besteht eine Spaltung zwischen Gefühlen, die mit Frauen assoziiert werden, und solchen, die mit Männern assoziiert werden. Gefühle sind also für Frauen und Männer verschieden verfügbar. Männer „dürfen" streiten und wütend sein; Frauen müssen vielleicht diese Gefühle leugnen, um die Rolle des Nährens und Pflegens ausfüllen zu können.

3   Fast (1984) hat die Hypothese aufgestellt, daß die Bildung der Geschlechtsidentität dieselbe Differenzierung durchmacht wie andere Aspekte, z. B. die Unterscheidung von Selbst und *Anderen*. Sie meint, daß am Anfang ein undifferenziertes, narzißtisches Stadium steht, daß dann, nachdem die Geschlechtsunterschiede erkannt worden sind, ein Gefühl der eigenen Grenzen entsteht, und daß der Verlust der unbegrenzten Möglichkeiten erlebt und bewältigt werden muß. Daraus folgt, daß das Kind mit dem Gefühl des Verlusts zurechtkommen muß und sein Erleben neu ordnet und das zusammenfaßt, was zum eigenen Selbst gehört und was zum *Anderen*.

4 Gornicks Erörterung dieses Problems im vorliegenden Band (Kapitel 11) ist besonders relevant.

5 Kernberg (1965) berücksichtigt in seiner Erörterung der Gegenübertragung die Geschlechtszugehörigkeit des Analytikers nicht. Als ich seine Abhandlung mit dieser Dimension im Sinn durchlas, schien mir, daß Probleme wie „der Verlust der analytischen Objektivität", wovon er in bezug auf die Arbeit mit regredierten Patienten spricht, wahrscheinlich ziemlich häufig oder chronisch von Analytikerinnen empfunden werden, deren Geschlecht selbst bei neurotischen Patienten eine stärkere Regression auszulösen pflegt, und die mit intensiveren Gefühlen zu tun haben. Mir scheint, daß die Untersuchung von Geschlechtsunterschieden bei der Gegenübertragung sehr aufschlußreich sein könnte.

Literatur

Bayes M, Newton P (1978) Women in authority: a sociopsychological analysis. J App Beh Sci 14:7–20

Beauvais C (1976) The family and the work group: Dilemmas for women in authority. Unveröffentlichte Dissertation. The City University of New York

Chodorow N (1978, 1985) Das Erbe der Mütter: Psychoanalyse und Soziologie der Geschlechter. Frauenoffensive, München

Fast I (1984, 1991) Von der Einheit zur Differenz. Pschoanalyse der Geschlechtsidentität. Springer, Berlin Heidelberg New York London Paris Tokyo

Gilligan C (1982, 1984) Die andere Stimme. Piper, München

Gornick LK (1984, 1991) Die Entwicklung eines neuen Narrativs. Therapeutin und männlicher Patient. Kapitel 11 dieses Bandes

Kahn L (1984) Group processes and sex differences. Psychol Women Quart 8:261–281

Kaplan AG (1979) Toward an analysis of sex-role-related issues in the therapeutic relationship. Psychiat 42:112–120

Kaplan AG (1985) Female or male therapists for women patients. Psychiat 48:111–121

Kernberg O (1965) Notes on countertransference. J Amer Psychoanal Assoc 13:38–56

Langs R, Stone L (1980) The therapeutic experience and its setting. Aronson, New York

Lawrence WG (1979) Exploring individual and organizational boundaries. Wiley, New York

Lewis HB (1976) Psychic war in men and women. New York Univ Press, New York

Mayes SS (1979, 1984) Women in positions of authority. In: Rieker PP, Carmen E (eds) The gender gap in psychotherapy. Plenum Press, New York, pp 91–110

Miller EJ, Rice AK (1967) Systems of organization. Tavistock, London

Mottola M, Schachtel Z (1984) Shared ethnicity between female analyst and male patient: Views from the analyst and the supervisor. Unveröffentlichte Abhandlung

Newton P (1973) Social structure and process in psychotherapy. A sociopsychological analysis of transference, resistance, and change. Int J Psychiat 11:480–512

Rice AK (1965, 1973) Führung und Gruppe. Klett-Cotta, Stuttgart

Rice AK (1969, 1976) Individual, group, and intergroup processes. In: Miller EJ (ed) Task and organization. Wiley, New York, pp 25–46

Schlachet BC (1984) Female role socialisation: The analyst and the analysis. In: Brody CM (ed) Women therapists working with women. Springer, New York, pp 56–65

Wright F, Gould LJ (1977) Recent research on sex-linked aspects of group behavior: Implications for group psychotherapy. In: Wolberg LR, Aronson ML (eds) Group Therapy 1977: An overview. Aronson, New York, pp 209–217

11 Die Entwicklung eines neuen Narrativs: Therapeutin und männlicher Patient*

Lisa K. Gornick

In den Sommerferien der frühen 90er Jahre des vorigen Jahrhunderts machte Freud einen Ausflug in die Ostalpen und bestieg einen Berg, der wegen seiner herrlichen Aussicht berühmt war. Als er den Gipfel erreicht hatte, nahm er in dem dortigen schönen Schutzhaus eine Erfrischung ein und saß dann, „in die Betrachtung einer entzückenden Fernsicht versunken", bis er von Katharina, „dem etwa 18jährigen Mädchen, das mich mit ziemlich mürrischer Miene zur Mahlzeit bedient hatte..." (Breuer u. Freud 1983–1895 d, S. 184), aus seiner Selbstvergessenheit gerissen wurde. Katharina fragte, ob der Herr ein Doktor sei und erzählte Freud dann unverzüglich von ihrem Nervenleiden. Freud, dessen Neugier durch das mögliche Vorkommen von Neurosen so hoch in den Bergen erregt worden war, begann, das junge Mädchen zu befragen, um die Geschichte anschließend zu deuten. Die Behandlung in einer Sitzung kam zum Abschluß, als Freud einen Punkt erreichte, von dem er sagte, „ich kann nicht weiter in sie dringen" (S. 192).

1895 (d) veröffentlichten Breuer und Freud den Fall Katharinas zusammen mit denen von Anna O., Emmy von N., Lucy R. und Elisabeth v. R. in den *Studien über Hysterie*. In der gleichen Arbeit wurden die entscheidenden Begriffe „Konflikt" und „Abwehr" eingeführt, und man ist sich darüber einig, daß dies der Ort ist, an dem die Psychoanalyse begann. Gleichzeitig war die Geschichte des männlichen Arztes etabliert, der eine jüngere Patientin behandelt. Die theoretische Erklärung für die kurative Kraft der Behandlung – Freud glaubte, das Wesen der Behandlung bestehe darin, daß er seinen Willen der verdrängenden Kraft in seinen Patientinnen entgegensetzte, wobei er manchmal buchstäblich mit seinen Händen auf ihre Stirn drückte, um gegen ihre Abwehrmechanismen zu kämpfen – stützte sich darüber hinaus stark auf die Machtunterschiede zwischen dem Arzt und seinen jungen Patientinnen.

Man stelle sich jedoch vor, es wäre eine Frau gewesen, die einen Gipfel in den Ostalpen erklommen und dann einen jungen Mann behandelt hätte, der

---

* Ich möchte Judith Alpert, Sidney Blatt, Faye Crosby, Terry Eicher, Jesse Geller, Ruth Gruenthal, William Kessen, Helen Block Lewis, Michael Ryan und Jerome L. Singer für ihre hilfreichen Vorschläge zu früheren Entwürfen dieses Aufsatzes danken. Eine gekürzte Version dieser Abhandlung wurde auf der Jahresversammlung der *American Psychological Association* 1984 in Toronto vorgetragen.

ihr den Nachmittagsimbiß servierte. Was wäre geschehen und was für eine
Art von theoretischer Erklärung wäre wohl entwickelt worden, um einen
solchen Behandlungsprozeß begrifflich zu fassen? Wenn ich diese Frage
stelle, will ich nicht die mittlerweile bekannten Argumente wiederholen,
Freud sei ein Sexist gewesen oder seine Erklärungen hätten nur im Kontext
des viktorianischen Wien Gültigkeit gehabt; ich möchte vielmehr der Art
und Weise nachgehen, wie in der Methode und den Metaphern der
psychoanalytischen Behandlung männliche Autorität vorausgesetzt wird.
Dreht man den Spieß herum, so daß eine Situation entsteht, in der eine Frau
einen Mann anschaut, interpretiert und (um Freuds Metapher auszuborgen)
„in ihn dringt", dann muß diese Situation – so meine These – sich in vielerlei
Hinsicht von der Behandlung der Frau durch einen männlichen Analytiker
unterscheiden. Um diesen Unterschied zu erkennen, ist es nötig, ein neues
Narrativ zu entwickeln,[1] das besonders von der Beziehung des Jungen zu
seiner Mutter handelt und von der ganz unterschiedlichen Bedeutung von
Macht und Sexualität, die diese beiden Positionen für Männer und Frauen in
unserer Kultur haben.

Weil in dem dominierenden Narrativ des männlichen Arztes, der eine
Patientin behandelt, die normative Struktur beibehalten wird, nach der
Männer gegenüber Frauen Autoritätsstellungen innehaben, wird die Bedeutung der Geschlechtszugehörigkeit beider Teilnehmer am therapeutischen
Dialog verdunkelt. Wenn man sich jedoch der Arbeit von Therapeutinnen[2]
mit männlichen Patienten zuwendet, also einer Beziehung, in der viele der
vorausgesetzten Ordnungen zwischen Männern und Frauen umgekehrt
werden, dann läßt sich diese Wirkung auf den therapeutischen Dialog
deutlicher erkennen. Weil in der Literatur der Arbeit weiblicher Therapeuten und Analytiker mit männlichen Patienten so gut wie keine Beachtung
geschenkt wird, sind auch die Aspekte der therapeutischen Interaktion, die
für diese Dyade charakteristisch sind, nur unzureichend konzeptualisiert.[3]
Die Analytikerin oder Psychotherapeutin arbeitet in diesem Fall also in
einer Umgebung theoretischer Verarmung, in der sie entweder etwas aus
anderen Dyaden übernehmen muß oder aber ihre Arbeit ohne die Hilfe
bereits bewährter Hypothesen begrifflich fassen. Das ist insofern wichtig,
als Schafer (1983), Spence (1982), Schimek (1983) und andere Anhänger
der „narrativen" Richtung davon ausgehen, daß das, was zwischen Analytiker und Patient geschieht, zum Teil durch den theoretischen Apparat des
Analytikers/Therapeuten strukturiert wird.

Ich will mit meiner Untersuchung der geschlechtsspezifischen Bedeutungen verschiedener Positionen im therapeutischen Dialog auch nicht die
ideographische Natur des therapeutischen Unternehmens in Frage stellen
(die damit richtig gesehen wird). Die Geschichte des Individuums ist
zweifellos wichtiger als das Geschlecht, oder, um es sozialwissenschaftlicher
auszudrücken, innerhalb der einzelnen Geschlechter gibt es eine größere
Varianz als zwischen ihnen. Wenn ich mich dem Fall der Therapeutin mit
einem männlichen Patienten zuwende, so hat dies v. a. ein „praktisches"

Ziel: ich möchte die Art und Weise aufspüren, in der das Geschlecht der Teilnehmer am therapeutischen Dialog sowohl den Dialog selbst als auch die theoretischen Konstrukte beeinflußt, die herangezogen werden, um zu verstehen, wie dieser Dialog funktioniert.

Methodologie. Forschung im Bereich der Geschlechtszugehörigkeit beginnt gewöhnlich mit der Frage: Sind Frauen anders als Männer? Weil das Geschlecht, wie Gove (1972) feststellt, eine „Hauptvariable" ist, kann man vorhersagen, daß die Antwort auf diese Frage bejahend sein wird. Interessant wird dann die nächste Frage: Worin unterscheiden sich die Erfahrungen und Erlebnisse von Frauen und Männern? Dieser Ansatz führt meist zu einer vergleichenden Analyse, die in ein hypothesentestendes Design eingebettet ist. So wertvoll dieser Ansatz auch sein mag: sein Ursprung wird häufig durch ein unzureichendes Verständnis kontaminiert, das durch das Forschungsdesign nicht behoben werden kann. Wir wissen gewöhnlich mehr über die Erfahrungen *eines* Geschlechts; daher werden die Variablen, die untersucht werden sollen, dem Schatz unseres Wissens über dieses Geschlecht entnommen, das für unsere Erfahrungen normierend ist, oder aber aus relativ oberflächlichen Beobachtungen des anderen Geschlechts, das in unserer Erfahrung dem Gegenteil der Norm entspricht. Außerdem führt das Überspringen des hypothesenbildenden Stadiums eines Forschungsprogramms, wie Selltiz, Jahoda, Deutsch u. Cook (1960) in ihrer Erörterung der logischen Grundlage von Pilotstudien feststellen, im Stadium der Überprüfung von Hypothesen gewöhnlich zu trivialen Ergebnissen.

Anstatt mit einer vergleichenden Studie männlicher und weiblicher Therapeuten zu beginnen, habe ich als erste Forschungsstrategie eine Studie unternommen, in der ich Psychoanalytikerinnen, Psychotherpeutinnen und Ausbildungskandidatinnen mit Hilfe von Tiefeninterviews über ihre Arbeit mit männlichen Patienten befragt habe. Meine Probanden bestanden zu gleichen Teilen aus Sozialarbeiterinnen, klinischen Psychologinnen und Psychiaterinnen, die so ausgewählt wurden, daß ich einmal besonders gute Informationen von ihnen erhoffte; die Auswahl sollte aber auch die ganze Bandbreite von Therapeuten- und Patientenmerkmalen umfassen und nicht nur jene Kriterien, die für statistische Aussagen über Populationswerte notwendig sind. Die in diesem Kapitel berichteten Beobachtungen beruhen auf der Analyse von 13 Interviews, die in der Pilotphase des Forschungsprojekts durchgeführt wurden, und auf veröffentlichtem Fallmaterial.

11.1 *Kurzer Überblick über die Literatur*

Empirische Forschungen, die das Geschlecht des Therapeuten berücksichtigen, haben sich v. a. mit den Wirkungen von gleich- und gegengeschlechtlichen Dyaden auf das Ergebnis der Therapie befaßt. Die mittlerweile vorgenommene Überprüfung dieser Studien ergab, daß sie in ihren

Befunden widersprüchlich waren; daß sie eine Reihe wichtiger Variablen vernachlässigten, darunter die Erfahrenheit des Therapeuten, die therapeutische Orientierung und die Dauer der Behandlung, und daß sie sehr wenig zu unserem Verständnis der Psychotherapie wie auch der Unterschiede zwischen Männern und Frauen beigetragen haben (Orlinsky u. Howard 1980; Cavenar u. Werman 1983).

Aber, wie Mogul (1982) in der Schlußbemerkung ihres Überblicks über die entsprechende Literatur feststellt, das Geschlecht des Therapeuten macht für den Patienten einen ebenso eindeutigen Unterschied wie für den Therapeuten. Darüber hinaus gibt es Hinweise, daß die Dyade aus Therapeutin und männlichem Patienten besonders problematisch ist. Abramowitz (Abramowitz, Abramowitz, Roback, Corney u. McKee 1976; Abramowitz, Davidson, Greene u. Edwards, 1980; Abramowitz 1981) berichtet eine auffallende Unterrepräsentation von männlichen Patienten unter den Fällen von Psychoanalytikerinnen und äußert die Vermutung, daß männliche Patienten gegenüber Therapeutinnen möglicherweise gewisse Gegenübertragungsprobleme haben.[4]

Die klassische psychoanalytische Position war immer die, daß das Geschlecht des Analytikers den analytischen Prozeß oder die Übertragung nur unwesentlich beeinflußt.[5] Wie Karme (1979) erklärt, ist der Widerstand gegen die Vorstellung, es könnte Unterschiede in der Übertragung auf männliche und weibliche Therapeuten geben, zum Teil durch die Befürchtung motiviert, jede Anerkennung einer Wirkung von realen Aspekten des Analytikers würde das Übertragungskonzept untergraben. Hinter dieser Argumentation kann man aber auch eine unterschwellige Angst erkennen, Analytikerinnen könnten bei der Analyse von präödipalem Material gewisse Vorteile haben. Freud (1931 b) hat sich in seiner Arbeit *Über die weibliche Sexualität* tatsächlich diesem nicht ungefährlichen Bereich genähert, wenn er vermutete, seine Kolleginnen seien vielleicht besser befähigt, die präödipale Bindung ihrer Patientinnen an die Mutter zu analysieren. Aber die offensichtliche Folgerung, daß Analytikerinnen auch bei männlichen Patienten zu diesem Material leichter Zugang haben könnten, wurde nicht gezogen; das Problem, was an der Arbeit von Analytikerinnen charakteristisch sein könnte, wurde also auf Fragen eingeengt, die Patientinnen betrafen.

Im letzten Jahrzehnt haben eine Reihe weiblicher Analytiker nicht mehr nach Frauen gefragt, die Patienten waren, sondern nach Frauen als Therapeuten (Carter 1971; Chappell 1981). In Übereinstimmung mit den Formulierungen Chodorows (1978) über die Schwierigkeiten, die Mädchen mit der völligen Ablösung von ihren Müttern haben, und mit Stollers (1975) Behauptung, Männlichkeit erfordere „stets wirksame Abwehrmaßnahmen gegen die Anziehungskraft einer neuerlichen Verschmelzung mit der Mutter" (S. 191), haben Benedek (1973) und Mogul (1982) beobachtet, daß Therapeutinnen mit größerer Wahrscheinlichkeit primitive Wünsche nach erneuter Vereinigung mit der präödipalen Mutter auslösen, ebenso wie

Ängste, von der Mutter verschlungen oder verlassen zu werden. Goldberg (1979) vermutet auf der Basis einer Frustration-Aggressions-These, daß der versagende Stil der psychoanalytisch orientierten Behandlung zwar im Einklang mit der traditionellen männlichen Rolle stehe, nicht aber mit den Erwartungen, Therapeutinnen seien „nährend und pflegend" und emotional, und daß er infolgedessen aggressive Gefühle gegenüber der Therapeutin weckt.

Karme (1979) geht davon aus, daß Vaterübertragungen auf Analytikerinnen nicht vorkommen und bezweifelt daher, daß sich die Übertragung ohne Rücksicht auf das Geschlecht des Analytikers entfaltet. Sie glaubt, daß sich in der präödipalen Phase der Analyse eine Mutterübertragung auf den männlichen ebenso wie auf den weiblichen Analytiker entwickelt; während der Analyse des Ödipuskomplexes sei die Übertragung jedoch gleichgeschlechtlich, so daß sich auf männliche Analytiker eine Vaterübertragung entwickle und eine Mutterübertragung auf weibliche.

Karme erklärt diese Beobachtungen so, daß Kinder im präödipalen Alter Geschlechtsunterschiede noch nicht erkennen und keine Geschlechtsidentität entwickelt haben, so daß in der präödipalen Phase der Analyse „das Geschlecht des Analytikers die Illusion nicht beeinträchtigt, die zur Bildung einer Mutterübertragung notwendig ist" (Karme 1979, S. 259). Aktuelle Befunde (Lewis 1976) weisen jedoch darauf hin, daß selbst kleine Säuglinge schon Geschlechtsunterschiede wahrnehmen. Außerdem zeigen Forschungen über die Bildung der Geschlechtsidentität, daß die Kinder sich schon mit 12 bis 18 Monaten selbst als männlich oder weiblich bezeichnen (Person u. Ovesey 1983); das bedeutet, daß die Geschlechtsidentität kein Ergebnis der ödipalen Periode ist, sondern ihr vorausgeht.

Da die ödipale Phase einem Dreieck aus Mutter, Vater und Kind gilt, meint Karme, daß die Analyse dieses Materials gleich gut mit einem Analytiker oder aber einer Analytikerin stattfinden könne, von denen jeder eine bestimmte elterliche Position vertreten kann. Von daher kann man behaupten, es gebe bei der Analyse des Ödipuskomplexes eine geschlechtsspezifische Übertragung und dennoch geschickt die Frage umgehen, ob Frauen als Analytiker gewisse Vorteile haben oder nicht. Eine geschlechtsspezifische Übertragung während der Analyse von präödipalem Material müßte sich für den männlichen Analytiker als problematisch erweisen, weil die psychoanalytische Theorie meist einen abgegrenzten oder abwesenden präödipalen Vater voraussetzt. Während in der ödipalen Dreiecksbeziehung Gefühle gegenüber Mutter oder Vater sowohl mit einer Mutterübertragung als auch mit einer Vaterübertragung durchgearbeitet werden können, weil es eine komplementäre Beziehung (oder, wie Freud schrieb, eine „Korrelation") zwischen feindseligen Gefühlen für den einen Elternteil und zärtlichen Gefühlen für den anderen gibt, ist dies für die vorrangig dyadische präödipale Beziehung demnach anders.

Karmes Beobachtung, daß Mutterübertragungen auf weibliche Analytiker festgestellt werden, auf männliche Analytiker dagegen Mutter- *und*

Vaterübertragungen, kann deshalb nicht durch eine fehlende Wahrnehmung der Geschlechtsunterschiede in der präödipalen Zeit erklärt werden,
sondern viel eher dadurch, daß präödipales Material ohne eine Mutterübertragung nicht durchgearbeitet werden kann. Da in den meisten psychoanalytischen Darstellungen der präödipale Vater fehlt, müssen männliche Analytiker, wenn sie mit präödipalem Material arbeiten wollen, eine Mutterübertragung „konstruieren".[6] Anders ausgedrückt: die in der herkömmlichen Familie bestehende Asymmetrie zwischen Mutter- und Vaterrolle –
der Vater kommt erst in späteren Phasen des Prozesses der Trennung-
Individuation und in der ödipalen Periode ins Spiel – bringt es mit sich, daß
die Mutterübertragung mehr von der Entwicklung in sich schließt als die
Vaterübertragung, und daß Analytikerinnen infolgedessen, anders als ihre
männlichen Kollegen, während der ganzen Dauer der Behandlung mit einer
gleichgeschlechtlichen Übertragung arbeiten können.[7]

11.2 Die Therapeutin: Unterscheidungsmerkmale

11.2.1 Widersprüche im Bereich der Autorität

Immer wieder ist darauf hingewiesen worden, daß das unbewußte Vorstel-
lungsbild vom Psychotherapeuten/Psychoanalytiker männlich bestimmt ist
(Redlich 1950). Auerbach (1981) hat in einer Analyse der „großen Männer"
der 90er Jahre des vorigen Jahrhunderts gezeigt, daß Freuds Erschaffung des
Analytikers – wie die Erschaffung von Svengali und Dracula – sich auf die
Imago des dunklen Magiers stützte, der für sich selbst „die praktisch
grenzenlose Macht" (S. 114) von Wissenschaft, Mythos und Magie bean-
sprucht und dessen Ziel (wie das aller romantischen Helden) es ist, „die
wankelmütigen Weiber zu retten und zu unterjochen" (S. 124).
    Obwohl man dagegen sicherlich ins Feld führen kann, daß dies eine recht
enge Auslegung der psychoanalytischen Methode ist, die sich weitgehend
auf Freuds frühe Fallstudien stützt, hat die Deutungsmethode doch
männliche Anklänge (z.B. die Analogie zwischen Interpretation und
Penetration und die Verbindung mit dem gewöhnlich männlichen Zug der
Intellektualität). Die Autorität von Therapeutinnen wird demgegenüber,
wie viele Autoren festgestellt haben (Perlman u. Givelber 1976; Benedek
1973; Kaplan 1979), routinemäßig hinterfragt. Therapeutinnen werden
häufiger mit dem Vornamen angesprochen, hinsichtlich der Festlegung der
Therapiestunde kritisiert und nach ihrem Alter, ihrer Erfahrenheit und
nach ihrer Vorbildung gefragt. Berman (1972) berichtet, viele Patienten
nähmen an, es müsse einen besonderen Grund dafür geben, daß man ihnen
eine Therapeutin zugewiesen habe; ebenso meint Benedek (1973), Therapeutinnen sollten davon ausgehen, daß ihre Patienten gewisse Bedenken
haben, bei einem weiblichen Therapeuten in Behandlung zu sein, die
unmittelbar angesprochen werden müßten.

Die sinnlichste Konkretisierung des Machtgefälles in der therapeutischen Begegnung betrifft die Frage, wer wen anschaut. In der Analyse ist das Anschauen buchstäblich einseitig, und in der „Vis-à-vis"-Therapie wird diese Haltung psychisch dadurch hergestellt, daß beide, der Therapeut und der Patient, ihren Blick auf den Patienten richten. Aber trotz Freuds (1913 c) inzwischen berücksichtigter Behauptung, er „vertrage es nicht, 8 Stunden täglich... von anderen angestarrt zu werden" (S. 467), weshalb er sich auch außerhalb des Blickfelds seines Patienten postierte, ist sehr wenig über die Bedeutung des Sehens und Gesehenwerdens in der therapeutischen Begegnung gesprochen worden. Das mag z. T. daran liegen, daß es für Männer normal ist, Frauen anzusehen. „In unserer Zeit und Kultur stellt Schaulust für Männer eine vielschichtige, stilisierte Verhaltensweise dar... und Betrachtetwerden etwa das gleiche für Frauen..." (Stoller 1975, S. 131). Frauen ist es in vielen Kulturen ausdrücklich verboten, Männer anzuschauen. Wer wen anschauen kann, gilt häufig als Symbol für die Machtverhältnisse, wie in de Sades Schilderung der Beziehung zwischen Herrn und Sklavin, oder in der *Geschichte der O.*, wo es O. ausdrücklich verboten ist, die Männer, die sie gefangen haben, anzuschauen.[8]

Was also geschieht, wenn, wie im Fall der Therapeutin und ihres männlichen Patienten, die Positionen vertauscht sind, so daß die Frau diejenige mit dem durchdringenden Blick ist und der Mann das Objekt der Untersuchung? Eine Möglichkeit wäre die, daß die Umkehrung das Gespenst der „phallischen Mutter" auf den Plan ruft. Die Filmkritikerin Ann Kaplan (1983) ist zu dem Schluß gekommen, daß die konventionelle Art des Zuschauens, bei der Männer auf Frauen schauen, „ein Teil der Strategie der Männer [ist], um die Bedrohung, die die Mutter verkörpert, in Schach zu halten und die positiven und negativen Impulse zu steuern, die die Erinnerungsspuren des Bemuttertwerdens im männlichen Unbewußten hinterlassen haben" (S. 324). Ähnlich vermutete Fenichel (1945), daß es zwischen dem Erlebnis, angeschaut zu werden, und Kindheitsängsten vor dem Verschlungenwerden unbewußte Verknüpfungen gäbe. Eine klinische Unterstützung dieser Behauptungen liefert Lesters (1985) Bericht über einen Patienten, der im Zusammenhang mit dem Betrachtetwerden durch die Analytikerin, während er selbst auf der Couch lag, die Phantasie von „einem großen Raubvogel entwickelte, der irgendwo hoch oben sitzt und das kleine Küken unten am Boden beobachtet". Das gleiche gilt für Socarides' (1974) Bericht über einen Vergewaltiger, der während des Geschlechtsverkehrs die Augen seiner weiblichen Opfer zuzudecken pflegte, aus Angst, ihr Blick würde „ihn seiner Stärke und Männlichkeit berauben und entleeren" (S. 193).

Wie für das Hinschauen gibt es auch bezüglich des Redens innerhalb des therapeutischen Dialogs Asymmetrien, die durch die Geschlechtszugehörigkeit bedingt sind. Eine Redehemmung vor Frauen ist in unserer Kultur tief verwurzelt; es gibt das Gespräch unter Männern (das wirkliche Gespräch) und es gibt höfliches, zivilisiertes Reden, das geschieht, wenn Frauen

anwesend sind. Da es gewöhnlich die Frauen sind, die mit dem Ziel der
Sozialisation das aggressive und sexuelle Verhalten des Kindes hemmen und
deshalb auch eher mit Schamgefühlen aus dieser Kindheit assoziiert werden,
kann die Redehemmung teilweise eine Projektion von Scham sein. So
berichtet Lewis (1976) den Fall eines von ihr behandelten jungen Mannes,
dessen Beschämung über Ejakulationen, die er als Kind spontan in der
Gegenwart von Lehrerinnen erlebt hatte, sich in die Sorge verwandelte, daß
es seine Therapeutin verlegen machen würde, würde er über dieses Thema
mit ihr reden. Außerdem spricht der männliche Therapeut von der Position
eines „Wissenschaftlers" aus (mit aller dazugehörigen Autorität), während
es nicht üblich ist, daß Frauen in einer Position sind, um zu Männern über die
Bedeutung natürlicher und sozialer Ereignisse zu sprechen.

Der grundlegendste Unterschied zwischen dem männlichen und dem
weiblichen Therapeuten betrifft aber die Beziehung zwischen Macht und
Sexualität. Für Männer ergänzen sich Macht und Sexualität: Der mächtige
Mann wird als sexuell begehrenswert wahrgenommen, und sexuell begehrenswert zu sein, reflektiert und erhöht das Machtgefühl des Mannes. Im
Gegensatz dazu ist für Frauen die Beziehung zwischen Macht und Sexualität
viel komplizierter und sicherlich nicht einfach komplementär. Bei Frauen
wird Sexualität oft damit gleichgesetzt, daß man das Objekt des Begehrens
ist – d. h. das Objekt des Handelns eines anderen. Mächtig zu sein bedeutet
deshalb häufig, eine nur aufnehmende Position abzulehnen und sich zu
weigern, als Sexualobjekt betrachtet zu werden.

Wenn eine Frau also eine professionelle Rolle übernimmt, legt sie
buchstäblich oder metaphorisch ein Gewand der Autorität an, das signali-
siert, daß man sich ihr nicht als einem Sexualobjekt nähern darf. Die
Therapeutin oder Analytikerin muß das Autoritätsgewand jedoch gleichzeitig an- und ablegen; sie muß zwar ihre Autoritätsstellung beibehalten, aber
auch ihre männlichen Patienten einladen, ihr ihre Gefühle in bezug auf sie
zu offenbaren – zu denen oft, in der Übertragung ebenso wie in den
realistischen Reaktionen des Patienten, sexuelle Gefühle gehören. Die
sexuellen Gefühle des Patienten können bei männlichen und weiblichen
Therapeuten vielfältige Reaktionen auslösen. Da aber Macht und Sexualität
bei Frauen in einer anderen Beziehung zueinander stehen als bei Männern
und weil (wie später ausgeführt werden soll) die erotische Übertragung für
männliche Patienten eine andere Funktion haben kann als für weibliche,
sollten wir im Erleben männlicher und weiblicher Therapeuten, die mit
sexuellem Material arbeiten, signifikante Unterschiede erwarten.

11.2.2 Intimität mit Frauen – die Drohung der Verschmelzung

Das zweite Thema, mit dem Therapeutinnen sich auseinandersetzen
müssen, betrifft die Bedeutung, die Männer und Frauen dem intimen
Zusammensein mit einer Frau beimessen, während beide eine Vorgeschich-

te der Trennung und Individuation von einer weiblichen Pflegeperson haben. Nach der Theorie der Objektbeziehungen trennt sich das Kind von seiner Mutter, von der es ursprünglich nicht weiß, daß sie eine eigene Identität hat. Das Kind kommt erst allmählich zu einem eigenen Selbstgefühl, indem es lernt, daß die Mutter nicht immer verfügbar ist – ein sekundärer Prozeß, der die ursprüngliche Erfahrung einer immer verfügbaren Mutter überlagert. Weil der Trennungsprozeß konfliktreich ist, schließt die Individuation eine Restangst von Verschmelzung ein, die im Zusammenhang mit den Mechanismen der Übertragung auch zu einer unbewußten Angst in späteren Beziehungen mit Frauen werden kann (Guttman 1984).

Ein Paradoxon der therapeutischen Beziehung liegt also darin, daß sie als ein delikates Gleichgewicht zwischen der Interaktion mit dem fernen Vater – mit deutlichen Zeitgrenzen und festgelegten Interaktionscodes [das „Veto" des Vaters (Loewald 1980) gegen Regression] – und der Intimität und Abhängigkeit strukturiert ist, die man zuerst mit der Mutter erlebt hat. Die Aufrechterhaltung dieses Gleichgewichts erfordert von männlichen und weiblichen Therapeuten großes Geschick; aber wegen der unterschiedlichen Assoziationen zum Männlichen und zum Weiblichen, die von den verschiedenen Rollen herrühren, die Mutter und Vater im Prozeß der Trennung und Individuation spielen, bringen Männer und Frauen als Analytiker oder Therapeuten dieses Gleichgewicht von verschiedenen Positionen aus zustande.

Die Arbeit von Stoller (1968, 1975) über die Etablierung der Geschlechtsidentität bei Jungen weist darauf hin, daß für einen Mann die Intimität mit einer Frau in mancher Hinsicht grundlegend verschieden von der Intimität mit Männern ist. Stollers Beweisführung fußt auf der Behauptung, daß Mädchen wie Jungen infolge der ursprünglichen Symbiose und Identifizierung mit der Mutter eine primäre Phase der „Proto-Weiblichkeit" durchlaufen.[9] Das Entwickeln einer männlichen Identität ist daher ein sekundärer Prozeß, der eine traumatisierende Zurückweisung der ursprünglichen Intimität mit der Mutter erfordert. Da diese Ablehnung konfliktbeladen ist, bleibt in Männern „die allgegenwärtige Angst, das eigene Gefühl der Männlichkeit sei in Gefahr und man müsse in seine Charakterstruktur Abwehrmechanismen einbauen, die darüber wachen, daß man dem Sog zur Wiederverschmelzung mit der Mutter nicht erliegt" (Stoller 1975, S. 149). Greenson vermutet ebenso wie Stoller, daß die Schwierigkeiten, die Männer bei der Herstellung intimer Beziehungen zu Frauen erleben, z. T. auf die Bedrohung ihrer Männlichkeit zurückgehen, die von Frauen erlebt wird. Wie Greenson (1968) sagt: „Frauen fühlen sich in Gesellschaft des anderen Geschlechts am weiblichsten, während Männer sich in der Gegenwart von Männern auf der Höhe ihrer Männlichkeit fühlen" (S. 371).

Diese Feststellungen über die Zerbrechlichkeit der männlichen Identität lassen in bezug auf die Dyade zwischen einer Therapeutin und einem männlichen Patienten viele Fragen entstehen. (1) Therapeutinnen mögen bei männlichen wie weiblichen Patienten größere Angst vor Regression wecken; wird die Angst vor Regression bei männlichen Patienten aber dadurch verstärkt, daß sie die männliche Identität bedroht? (2) Die Behauptung von Stoller und Greenson, die männliche Geschlechtsidentität sei zerbrechlicher als die weibliche, läßt vermuten, daß die Männlichkeit mehr Unterstützung von seiten der Umgebung braucht. In unserer Kultur empfindet eine Frau, die sich in eine männliche Domäne begibt, ihr Gefühl der „Weiblichkeit" gewöhnlich nicht als bedroht. Im Gegensatz dazu werden Männer, die sich in traditionell weibliche Bereiche hineinbegeben (sei es die Küche, das Kinderzimmer oder das Schreibbüro), häufig als weniger männlich angesehen. Wie erleben es dann männliche Patienten, in der „weiblichen" Praxis einer Therapeutin zu sein? Wird der Eintritt in diese Domäne als Bedrohung der Männlichkeit empfunden? (Anekdotische Begebenheiten weisen darauf hin, daß manche männliche Patienten tatsächlich sehr stark auf die „weibliche" Domäne ihrer Therapeutin reagieren: Ein Patient phantasierte, die weiße Couch seiner Analytikerin zu besudeln und die Wände ihres Behandlungszimmers mit Exkrementen zu beschmieren; ein anderer Patient bezeichnete die Praxis seiner Therapeutin als das „saubere Zimmer", das er mit Weiblichkeit assoziierte, im Gegensatz zum „schmutzigen Zimmer", in dem er trinken und rauchen durfte.) (3) Wenn die männliche Identität auf der „Desidentifizierung" von der Mutter beruht, wie identifiziert sich dann der männliche Patient mit seiner Therapeutin? Wird der Prozeß der Internalisierung der Therapeutin teilweise als Bedrohung der Abwehr dagegen empfunden, der „Anziehungskraft einer neuerlichen Verschmelzung mit der Mutter" zu erliegen? (Stoller 1975, S. 191).

11.3 Übertragungsprobleme zwischen dem männlichen Patienten und der Therapeutin

In diesem Abschnitt bespreche ich 4 Übertragungsthemen, die der Dyade aus Patient und Therapeutin gemeinsam sind, und die wegen der unterschiedlichen Entwicklungsgeschichte von Männern und Frauen und ihrer unterschiedlichen Stellung in unserer Kultur in dieser Dyade eine charakteristische Bedeutung haben können: die prädipale Mutterübertragung; Gefühle der Scham in Reaktion auf die Autorität der Therapeutin; die erotische Übertragung und die feindselige Übertragung.

11.3.1 Die präödipale Mutterübertragung

Auf Grund der von mir durchgeführten Interviews und des Fallmaterials, das ich überprüft habe, kann ich versuchsweise 2 Muster identifizieren, die die Mutterübertragung kennzeichnen. Beide Muster stimmen mit den Beobachtungen von Mogul (1982) und Benedek (1973) überein, daß Therapeutinnen leichter primitive Wünsche nach Wiederverschmelzung mit der präödipalen Mutter und Ängste vor dem Verschlungen- oder Verlassenwerden durch die Mutter auslösen; sie sind außerdem im Einklang mit den theoretischen Aussagen von Stoller (1975) und Greenson (1968).

Das erste Muster betrifft den Beginn der Behandlung. Mehrere Therapeutinnen und Analytikerinnen haben von Behandlungen männlicher Patienten berichtet, die mit einer anfänglich starken Mutterübertragung begannen; dazu gehörten auch Träume von der Therapeutin vor der ersten Sitzung. Es ist, als wirke bei gewissen männlichen Patienten das Aufsuchen einer Therapeutin als Anreiz für die Entwicklung einer starken Übertragung, die wie ein Buschfeuer in Gang kommen kann. Da die Übertragung der Entwicklung eines Arbeitsbündnisses vorangeht, bekommen Therapeutin und Patient möglicherweise Angst, die Therapie könnte „aus der Kontrolle geraten". In diesen Fällen, wie auch in den Fällen, von denen Karme (1979) und Lester (1985) berichten, spiegelte der Behandlungsverlauf die chronologische Entwicklungsgeschichte wider, im Gegensatz zur klassischen Erwartung, daß der Behandlungsprozeß sich allmählich nach rückwärts entwickle, so daß die frühen Konflikte der Kindheit in der Behandlung erst sehr viel später zur Sprache kommen.

Während bei einigen Patienten der Behandlungsbeginn bei einer Therapeutin anscheinend einen „regressiven Sog" zu stimulieren scheint, ist ein zweites charakteristisches Muster die Aktivierung einer wachsamen Abwehr gegen das Aufsteigen von Abhängigkeitsgefühlen. So berichten Paul und Anna Ornstein (1975) von der Analyse eines männlichen Patienten bei einer Analytikerin, in der das zentrale Thema der Kampf gegen das Aufsteigen primitiver Affekte war. Gegen Ende des ersten Behandlungsjahres brachte der Patient zum ersten Mal zum Ausdruck, wie wütend er war, daß die Analytikerin das Zellstofftuch vom Kissen nahm, während er noch im Behandlungszimmer war. Diese Gefühle hingen damit zusammen, daß er als Kind das Gefühl hatte, er sei seiner Mutter im Wege; eine Abneigung gegen seine eigenen „kindischen Sorgen" (S. 252) hatte ihn davon abgehalten, seine Gefühle bezüglich des Zellstofftuches früher zum Ausdruck zu bringen. Die Ornsteins vermuten, daß der lange Aufschub in der Äußerung dieser Gefühle z. T. auf die Demütigung des Patienten zurückging, die er empfand, weil er kindliche Gefühle hatte, die für sein erwachsenes Selbst unannehmbar waren. Auch Frauen schämen sich, infantile Gefühle auszudrücken, aber ich vermute, daß der Grad der Scham bei Männern größer ist, denn sie werden ja von früher Kindheit an gezwungen, Affekte zu unterdrücken und eine Haltung der Unabhängigkeit einzunehmen.

Zusammenfassend kann man sagen, daß man angesichts des unterschiedlichen Verhältnisses von Männern und Frauen zu ihren Müttern erwarten darf, daß nicht nur der Inhalt der Gefühle gegenüber der Mutter, sondern auch die Abwehr gegen diesen Inhalt bei Männern anders ist als bei Frauen. Wenn Männlichkeit auf einer Zurückweisung der Nähe und des Behagens wurzelt, die mit der ursprünglichen Symbiose und der Identifizierung mit der Mutter verbunden waren, kann das Eingehen einer nicht-sexuellen Intimität mit einer Therapeutin oder Analytikerin bei Männern, deren Abwehr schwächer ist, zu einem Gefühl der Überwältigung führen, während Männer mit einer stärkeren Abwehr eher ein Bedürfnis nach vergrößerter Wachsamkeit empfinden können.

11.3.2 Machtprobleme des Mannes

Der zweite Aspekt der Übertragung, der für den männlichen Patienten bei einer weiblichen Therapeutin charakteristisch sein dürfte, betrifft Gefühle gegenüber der Autorität der Therapeutin. Horney (1932) vermutete, daß die primitivsten Gefühle des Jungen gegenüber seiner Mutter sich um die Anerkennung der mütterlichen Macht und die daraus folgende Angst vor Frauen drehen. Um diese Angst abzuwehren, kehren Männer die wahrgenommene Situation um und zwingen Frauen ihre Macht auf. Ob man Horneys Erklärung des Ursprungs der Männerherrschaft über Frauen nun akzeptieren mag oder nicht: es bleibt die Tatsache bestehen, daß in unserer Kultur ebenso wie in den meisten anderen vorausgesetzt wird, daß Männer Frauen gegenüber Autoritätspositionen innehaben. Freud und seine Kollegen haben bei der Behandlung ihrer Patientinnen innerhalb einer solchen überkommenen Gesellschaftsordnung gearbeitet (und sie, wie man argumentieren könnte, dabei gleichzeitig verstärkt). Im Gegensatz dazu kehrt die Therapeutin, die mit einem männlichen Patienten arbeitet, diese erwartete Struktur um.

Ein fundamentaler Aspekt dieser Umkehrung betrifft das Alter; i. allg. sind Psychoanalytiker und fortgeschrittene Psychotherapeuten älter als ihre Patienten. Während die Paarung eines älteren Mannes mit einer jüngeren Frau in unserer Kultur eine zulässige Zusammenstellung ist, gilt die Paarung einer älteren Frau mit einem jüngeren Mann als Verirrung und weckt das Gespenst des Inzests. In einem populären Bericht über romantische Beziehungen zwischen älteren Frauen und jüngeren Männern kommt Sunila (1980) zu dem Schluß, daß „sie als ein Paar von Verlierern dargestellt werden, die einander trösten, weil sie es nicht fertiggebracht haben, die wahren Trophäen in die Hand zu bekommen – die älteren Männer und die jüngeren Frauen" (S. 94 f.). In ihrer Untersuchung von Literatur und Filmen über solche Paare zeichnet Sunila das kulturelle Stereotyp einer solchen

Beziehung auf, in dem eine groteske Frau entweder verzweifelt gegen das Dahinschwinden ihrer Jugend kämpft oder aber dem Motiv der Spinnenfrau entspricht, die „sich einer rein genitalen Sexualität hingibt", während der junge Mann entweder ein Gigolo ist oder ein Naivling, der eine Mutter sucht.

Frauen sind an erwachsene Beziehungen zu männlichen Autoritätsfiguren gewöhnt, aber Männer nicht an erwachsene Beziehungen zu weiblichen Autoritätsfiguren. Für viele Männer war die letzte intime Beziehung zu einer Frau in Autoritätsstellung die zu ihrer Mutter. Da mütterliche Autorität gewöhnlich im Dienst der Sozialisation eingesetzt wird, läßt sie in ihrem Kielwasser einen Rest von Scham zurück. Außerdem erwecken, wie Lewis (1971) feststellt, alle Krankheiten ein Gefühl der Demütigung, und Männer wie Frauen sind beschämt, wenn sie sich in Psychotherapie begeben und einem anderen Menschen Gedanken offenbaren müssen, die dem Selbst als unannehmbar gelten. Für den männlichen Patienten kann es jedoch doppelt beschämend sein, eine Frau als Therapeutin zu haben – er muß sich der Schande stellen, ein Patient zu sein, und der Schande, sich gegenüber einer Frau in eine untergeordnete Stellung zu begeben.

Lewis (1976) glaubt, daß im Fall einer Patientin bei einem männlichen Therapeuten die Patientin „nicht nur die Kranke ist, sondern auch eine Angehörige des unterlegenen Geschlechts" (S. 312). Infolgedessen „kann die Schande, eine Patientin (und eine Frau) zu sein", unanalysiert bleiben, „weil beide nicht nur die größere Weisheit ihres Arztes als Therapeut, sondern auch seine Überlegenheit als Mann für selbstverständlich halten" (S. 307). „Wenn [dagegen] ein männlicher Patient bei einem männlichen Psychotherapeuten in Behandlung ist, behandeln beide einander als Angehörige des überlegenen Geschlechts" (S. 312).

In einer Analyse des Verhaltens von Jungen aus der Arbeiterschicht deutet Willis (1971) den ungezügelten Sexismus als Abwehr gegen Gefühle der sozialen Minderwertigkeit; die Burschen können sich mit dem Gedanken trösten: „Wenigstens bin ich besser als ein Mädchen." Für den männlichen Patienten einer Therapeutin gibt es jedoch keinen solchen Trost. Er muß nicht nur mit der Demütigung fertigwerden, ein Patient zu sein, sondern auch damit, vor einer Frau beschämt zu werden, d. h. vor einer, die nach der herrschenden Ideologie schwächer sein sollte als er.

Clara Thompson (1938) hat beobachtet, daß die Vorliebe einer Patientin für einen weiblichen Therapeuten eine zugrundeliegende Abwertung ihrer selbst und anderer Frauen widerspiegeln könne. Ähnlich stellt Mogul (1982) fest, daß Männer sich vielleicht eine Therapeutin aussuchen, „in Wirklichkeit aber die Therapeutin herabsetzen, um ihr eigenes Überlegenheitsgefühl und ihre zerbrechliche Selbstachtung aufrechtzuerhalten" (S. 6). Was aber geschieht, wenn – wie es im Verlauf der Therapie unweigerlich eintritt – sich der Patient von der Therapeutin herabgesetzt fühlt? Im folgenden unterstelle ich, daß für den männlichen Patienten die Entwicklung einer erotischen Übertragung eine Lösung für dieses Problem sein kann: es dient dazu, „den Spieß umzudrehen" und in der Phantasie den Mann wieder in die dominante Position zu versetzen.

11.3.3 Die erotische Übertragung

Was Freud über die Übertragungsliebe schreibt, geht mehr oder weniger explizit davon aus, daß die Patientin eine Frau ist und der Analytiker ein Mann. Die Abhandlung, die dem Thema der Übertragungsliebe gewidmet ist (1915 a), eröffnet er mit dem Satz: „Ich meine den Fall, daß eine weibliche Patientin durch unzweideutige Andeutungen erraten läßt oder es direkt ausspricht, daß sie sich wie ein anderes sterbliches Weib in den sie analysierenden Arzt verliebt hat" (S. 306). Es fällt natürlich auf, daß die Erörterung der erotischen Übertragung sich auf den Fall einer Patientin und ihres männlichen Arztes beschränkt. Was an dieser Definitionsleistung jedoch besonders merkwürdig ist, ist der Ausdruck „wie ein anderes sterbliches Weib". Offenbar wird erwartet, eine Frau werde sich in ihren männlichen Arzt verlieben und dieses Sich-Verlieben sei nicht „krankhaft" – d. h., auch eine nicht neurotische Frau würde ihren attraktiven, mächtigen Arzt begehren. Betrachtet man demgegenüber die kulturellen Verbote von erotischen Beziehungen von Männern zu Frauen, die in einer Autoritäts- oder mütterlichen Position sind, dann ist ein männlicher Patient, der sich in seine Analytikerin verliebt, nicht „wie ein anderer sterblicher Mann". Im Gegenteil: Beziehungen zu Frauen, die irgendwie in einer herrschenden Stellung sind, werden pathologisiert und von dem abgegrenzt, worauf sich ein „normaler" Mann einlassen kann. Die von Patient und Therapeut geteilte Erwartung, daß der Patient sich in den Therapeuten verlieben wird, beruht also je nach Geschlechterkombination auf völlig verschiedenen Voraussetzungen. Während es im Fall der Patientin eines männlichen Therapeuten mit dem normativen Muster der romantischen Liebe überein- stimmt, wenn sie sich in ihn verliebt, bricht der männliche Patient, der sich in seine Therapeutin verliebt, aus der Schablone der romantischen Liebe aus.

In *Zur Dynamik der Übertragung* (1912 b) unterschied Freud zwischen positiver und negativer Übertragung; später sagte er, die positive Übertra- gung könne noch weiter zerlegt werden, nämlich in die „solcher freundli- cher oder zärtlicher Gefühle, welche bewußtseinsfähig sind, und in die ihrer Fortsetzungen ins Unbewußte... [die] regelmäßig auf erotische Quellen zurückgehen" (S. 371). In seiner Behauptung, daß „die Übertragung auf den Arzt sich nur insofern zum Widerstande in der Kur eignet, als sie negative Übertragung oder positive von verdrängten *erotischen* Regungen ist" (S. 371; Hervorhebung von L.K. Gornick), ging Freud außerdem davon aus, daß das Erotische unter die Zärtlichkeit subsumiert werden kann.

Die damit eingeführte Annahme, daß die erotische Übertragung eine Variante des Zärtlichkeitsgefühls ist, muß nun allerdings ganz pauschal in Frage gestellt werden; angesichts des „Zeitgeistes" männlicher Eroberung

mit Vergewaltigung als unannehmbarster Erscheinungsform männlicher
Sexualität ist sie im Fall des männlichen Patienten einer Therapeutin
gegenüber in jedem Falle problematisch. Das Problem kann in der Tendenz
zum Vorschein kommen, die Positiv-Negativ-Unterscheidung der Übertragung als etwas anzusehen, das auf einer ontologischen Grundlage basiert.
Für den männlichen Patienten einer Therapeutin (wie vielleicht für alle
Dyaden) ist eine solche Unterscheidung in „positiv" und „negativ" aber
verwirrend, weil Gefühle der Liebe und des Verlangens fast immer mit
Feindseligkeiten vermischt sind. Wie wir früher bereits diskutiert haben,
stellt das normative Muster der männlichen Entwicklung, das erste
Liebesobjekt (die Mutter) „zurückweisen" zu müssen (Stoller 1975), auch
von vornherein sicher, daß Männer ihre erotischen und zärtlichen Gefühle
gegenüber Frauen ambivalent erleben. Wenn man also von der positiven
und der negativen Mutterübertragung spricht, scheint dies auf eine Polarität
der Gefühle hinzuweisen, von denen wir statt dessen sagen würden, daß sie
in der Entwicklung verwoben und phänomenologisch verflochten sind.

Die zweite Schwierigkeit, den Begriff der erotischen Übertragung, den
Freud aus seinen Beobachtungen der Übertragungsliebe von Patientinnen
zum männlichen Analytiker entwickelt hat, auf den Fall der Therapeutin
und des männlichen Patienten zu transponieren, betrifft den Grad, in dem
diese Gefühle anstößig sind. Freud (1912 b) sah in der erotischen
Übertragung eine „positive Übertragung von verdrängten erotischen
Regungen" (S. 371) – verdrängt, weil sie anstößig waren. Jene Elemente der
Übertragung, die bewußt und unanstößig seien, so lehrte er, „bleiben
bestehen". Obwohl erotische Gedanken in bezug auf eine weibliche
Autoritätsfigur vielleicht nicht mit den traditionellen Paarvorstellungen in
unserer Kultur übereinstimmen, sind diese Gedanken für den Mann nicht
nur unanstößig – sie werden sogar erwartet.

Die erotische Übertragung ist auch später v. a. im Hinblick auf eine
Patientin und einen männlichen Therapeuten erörtert worden. Greenson
(1967) sagt in seiner klassischen Psychoanalysefibel, „alle Fälle erotisierter
Übertragung, von denen ich gehört habe, waren Patientinnen, die bei
männlichen Analytikern in Behandlung waren" (S. 348). Erst in jüngster
Zeit war die Frage der Häufigkeit und Intensität erotischer Übertragungen
von männlichen Patienten auf weibliche Analytiker Gegenstand von
Podiumsdiskussionen auf den Jahresversammlungen der *American Psychoanalytic Association* wie der *American Academy of Psychoanalysis*. Bei
beiden Veranstaltungen hat Eva Lester Vorträge gehalten, in denen sie von
ihrer Erfahrung berichtete, daß es „nur eine mäßige, vorübergehende,
verhaltene erotisch-ödipale Übertragung von männlichen Patienten" gegeben habe (Szmarag 1982, S. 11). Lester bezweifelt jedoch, ob ihre Erfahrung
wirklich typisch und die erotische Übertragung bei männlichen Patienten
und weiblichen Analytikern weniger häufig und weniger stark sei als bei
weiblichen Patienten und männlichen Analytikern. Nach Szmarags Bericht
über den Vortrag und die nachfolgende Diskussion stimmten einige

Zuhörer Lester zu. Sie meinten, ihre Erfahrung sei nicht atypisch, während andere Analytikerinnen und Analytiker, die selbst von weiblichen Analytikern analysiert worden waren, Lester widersprachen, weil sie selbst andere Erfahrungen gemacht hatten.

Lester (1985) vertritt die Ansicht, die erotische Übertragung männlicher Patienten auf ihre Analytikerinnen könnte vielleicht weniger intensiv sein als bei der entgegengesetzten geschlechtlichen Dyade, denn: „Das Durcharbeiten prägenitaler Kämpfe mit der rachsüchtigen, übermächtigen, phallischen Mutter nimmt gegenüber den Themen Vorherrschaft/Unterwerfung oder Sadismus/Masochismus den Vorrang ein. Diese überschatten erotisch-genitale Impulse gegenüber der ödipalen Mutter" (S. 284). Lester glaubt, daß das präödipale Material in der Analyse zuerst durchgearbeitet werde; das ödipale Material komme erst später an die Reihe und sei daher weniger einflußreich. Während der Durcharbeitung des präödipalen Materials ist „die Passivität und Rezeptivität, die durch die Regression im männlichen Patienten entsteht, nicht mit seiner aktiven männlichen Sexualrolle vereinbar; ebensowenig ist die kulturell sanktionierte einfühlsame ,nährende' Rolle der weiblichen Analytikerin in aktiver Position gegenüber einem regredierten männlichen Patienten der der ,verführerischen' ödipalen Mutter gemäß" (S. 185). Auch Guttman (1984) weist darauf hin, daß es „kulturell von der Norm abweicht, gegenüber einer asexuellen Mutterfigur, die unsere respekteinflößende Vertraute ist, seine sexuellen Gefühle offen auszudrücken" (S. 189). Von daher ist es „für männliche Patienten leichter, ihren Abhängigkeitsbedürfnissen Ausdruck zu geben, während ihre sexuellen Gefühle für die Therapeutin verschleiert und indirekt bleiben und oft im Agieren oder in Verschiebungen zum Ausdruck kommen" (S. 196).

Ich möchte den Formulierungen von Lester und Guttman nicht widersprechen, aber doch darauf hinweisen, daß sie nur eines der möglichen „Drehbücher" aufgezeigt haben, die bei der Übertragung männlicher Patienten auf Therapeutinnen und Analytikerinnen wirksam sind. Das Szenarium der phallisch-präödipalen Mutter, mit der ein sexueller Kontakt zerstörerisch oder verschlingend wäre, ist im Einklang mit Freuds (1912 b) ursprünglicher Anschauung, daß die erotische Übertragung erotisches Begehren einschließe, das verdrängt wird, weil es anstößig ist – in diesem Fall, weil es Angst erregt. Wie Blum (1971) feststellt, braucht die erotische Übertragung jedoch nicht nur verdrängt zu werden, weil sie verboten ist. Sie kann auch ich-synton sein und als Abwehr gegen andere verbotene Gefühle dienen. Die erotische Übertragung ist also ein zweischneidiges Schwert: sie kann inzestuös, verboten und bedrohlich sein oder, im Gegenteil, ein Versuch, angesichts von Scham und ängstlichem Verlangen nach Genährt-werden einen triumphalen Ausgang zu phantasieren.

Der Widerspruch unter Lesters Zuhörern, die die von ihr geschilderte Erfahrung, daß die erotische Übertragung männlicher Patienten auf Analytikerinnen verhalten, weniger intensiv und selten sei, für nicht typisch hielten – ebenso wie die vielen Fälle intensiver erotischer Übertragung, die Analytikerinnen und Therapeutinnen mir berichtet haben –, weisen darauf hin, daß Lesters Narrativ vom Vorherrschen der Kämpfe mit der überwältigenden phallischen Mutter nur für eine begrenzte Anzahl von Fällen gilt. Es muß also ein zweites Narrativ geschrieben werden, mit dem jene Fälle erklärt werden können, in denen männliche Patienten tatsächlich bewußt ausgestaltete erotische Übertragungen auf ihre Therapeutinnen entwickeln. Für manche männlichen Patienten mag es schwieriger sein, sexuelle Gefühle anstelle von Abhängigkeitsbedürfnissen auszudrücken (Guttman 1984); für viele männliche Patienten gilt aber das Gegenteil: es ist verbotener, einer Frau gegenüber in einer passiven, abhängigen Position zu sein, als sexuelle Gefühle zu verbalisieren. Lester glaubt, daß die Passivität und Rezeptivität des männlichen Analysanden in der Beziehung zur respekteinflößenden Analytikerin nicht mit einer aktiven männlichen Sexualrolle vereinbart werden kann. Die Folge wäre dann, daß erotische Gefühle zurückgehalten und verdrängt werden. Eine andere Lösung des männlichen Patienten kann aber auch darin bestehen, daß er sich auf die aktive männliche Sexualrolle zurückzieht. Was dem männlichen Patienten nicht gemäß ist, ist letzlich nicht die aktive männliche Sexualrolle, sondern die regredierte Position. Mit anderen Worten: für den männlichen Patienten kann die erotische Übertragung als Abwehr gegen die Scham dienen, die dadurch hervorgerufen wird, daß er einer Frau gegenüber in einer passiven Position ist, und ebenso gegen die Angst, daß diese Regression – die der ursprünglichen Ablehnung der Mutter widerspricht, die nach Stoller (1975) die Grundlage der Männlichkeit ist – zu einem protofemininen, kastrierten Zustand zurückführt.

Die Entwicklung einer erotischen Übertragung auf die Therapeutin kann daher „den Spieß umdrehen" und den Mann in der Phantasie wieder in die beherrschende Position bringen. Da in unserer Kultur die Anschauung herrscht, daß sexuelles Verhalten die Frau verkleinere (Frauen werden „genommen") und Männer vergrößere (Männer sind „obenauf"), setzt die Patientin, die erotische Phantasien über ihren Therapeuten hat, die Struktur ihrer Beziehung eher fort, als daß sie sie verändert. In der erotischen Übertragung dehnt die Patientin die psychische Macht des Therapeuten auf die Sexualsphäre aus. Dem männlichen Patienten kann die erotische Übertragung jedoch dazu dienen, in der Phantasie die Struktur der Beziehung zu verändern, d. h. die beschämende Macht der Therapeutin dadurch aufzuheben, daß der Mann in der sexuellen Begegnung wieder in eine phantasierte Dominanz eingesetzt wird. Wegen der in unserer Kultur tief verwurzelten Bedeutung der Sexualität als Ausdruck männlicher Vorherrschaft kann die erotische Übertragung des Patienten auf seine Therapeutin also dazu dienen, den „Spieß umzudrehen" – als Abwehr gegen Gefühle der Demütigung, die durch die Therapiesituation hervorgerufen werden oder gegen eine Bedrohung der Männlichkeit durch den regressiven Sog der präödipalen Übertragung.

Mehrere klinische Beispiele veranschaulichen die Reihenfolge, in der eine erotische Übertragung in der Dyade aus Therapeutin und Patient die Schamgefühle lindern kann, die die Therapiesituation auslöst.

Ein junger Mann Anfang 30 bewältigte das Ende jeder Therapiestunde, bei der ihm akut bewußt wurde, daß seine Therapeutin die formellen Grenzen der Beziehung setzte und nicht er, daß er seine Therapeutin, während sie ihn zur Tür begleitete, häufig fragte, ob sie mit ihm einen Drink nehmen oder das Gespräch beim Essen fortsetzen würde. Er rief zwischen den Sitzungen öfter an, und im dritten Behandlungsjahr schlug er vor, sie sollten miteinander eine Sportveranstaltung in einer nahen Stadt besuchen. In der Phantasie malte er sich aus, wie sie auf der Rückfahrt im Zuge Seite an Seite schlafen würden. Die Phantasie offenbarte die Funktion der erotischen Übertragung: sie sollte die Struktur der Beziehung durchbrechen, in der die Therapeutin in der Autoritätsposition war, und statt dessen eine Beziehung herstellen, in der beide „Seite an Seite" waren.

In einem zweiten Beispiel berichtet Lewis (1971) über eine Analyse, die sie mit einem jungen Mann durchführte, der wegen Impotenz in die Behandlung gekommen war. Als nach 5 Monaten der Behandlung seine Symptome verschwunden waren, wollte er die Behandlung beenden. Als seine Analytikerin davon sprach, daß dies unklug wäre, beschloß er weiterzumachen. Gleichzeitig fühlte er sich durch die Erinnerung seiner Analytikerin, daß er noch weitere Behandlung brauche, aber „verachtet" und gedemütigt. Lewis berichtet, daß der Patient in der folgenden Nacht einen Traum hatte, in dem er „von hinten" mit einer Frau verkehrte, die er mit der Analytikerin assoziierte, und daß sie dann in der Stadt herumspazierten, während sein Penis in ihrem Anus steckte. Der Sexualakt im Traum diente dazu, die „Verachtungs"gefühle umzukehren. Lewis deutete den Traum folgendermaßen:

> Der Positionswechsel des Selbst in die Position des anderen war im 1. Bild des Traums enthalten, in dem die Frau von hinten gesehen wurde. Das Traumbild kehrte die Verhältnisse um; in Wirklichkeit sitze ja ich hinter dem Patienten... Die Wut, die die „Verachtung" in ihm hatte aufsteigen lassen, wurde ihm durch den Trauminhalt zugänglich. Wir konnten verstehen, daß das, was in ihm wachgerufen war, rachsüchtige Verachtung für mich war, weil ich mich mit seinen Zweifeln verbündet hatte (S. 483).

In einem dritten Fall entwickelte ein 13jähriger Junge, der nach langem sexuellen Mißbrauch durch seinen Stiefvater (in geheimem Einverständnis mit der Mutter) in psychotherapeutische Behandlung kam, eine starke erotische Übertragung auf seine Therapeutin. Er war ganz damit beschäftigt, sich vorzustellen, wie es sein könnte, ihr Freund zu sein, und bemühte sich, die Therapiestunden zu kontrollieren, wobei er manchmal darauf bestand, in ihrem Schreibtischstuhl zu sitzen. In seiner Phantasie, mit der Therapeutin eine sexuelle Beziehung einzugehen, konnte er sich in eine aktive, beherrschende Position versetzen und sowohl der homosexuellen

Panik entrinnen, die durch den sexuellen Mißbrauch hervorgerufen worden war, als auch der Wut auf seine Mutter, die mit dem Stiefvater unter einer Decke steckte.

In einem vierten Fall, den eine Analytikerin mir berichtete, begann ein Patient, der bei ihr in Psychotherapie war und sich während eines Ehekonfliktes äußerst besorgt um sein Ansehen als Mann zeigte, seiner Therapeutin gegenüber Bemerkungen zu machen, sie sei eine „dufte Frau". Wenn sie ihn aus dem Wartezimmer holte, pflegte er darauf zu bestehen, ihr in übertriebener Kavaliersmanier die Tür offenzuhalten. Eine Analyse seines verführerischen Verhaltens brachte ans Licht, daß es ein verschobener Versuch des Patienten war, mit dem Gefühl fertig zu werden, seine Frau habe ihn gedemütigt.

In den eben beschriebenen Fällen war die erotische Übertragung eine Abwehr gegen Schamgefühle und als solche selbst keine Quelle von Angst. In anderen Fällen erotischer Übertragung von Patienten auf Therapeutinnen waren die erotischen Gefühle aber auch selbst eine Quelle von Leid und keine Abwehr gegen andere unannehmbare Gefühle. Drei Therapeutinnen berichteten von älteren männlichen Patienten, die ihnen gegenüber erotische Gefühle entwickelten, welche zutiefst schmerzlich und von Angst und Kummer begleitet waren. Das Widerstreben, über erotische Gefühle zu sprechen, und die Verbindung von Angst und Kummer mit solchen erotischen Gedanken scheinen anzuzeigen, daß es sich um eine andere Bedeutung der erotischen Übertragung handelt als bei der vorher beschriebenen Demütigung.

Die Phantasie. Neben diesen klinischen Beispielen ist sicherlich interessant, daß die Phantasie von einer erotischen Beziehung zwischen einer Therapeutin und ihrem männlichen Patienten 3 Regisseure beschäftigt hat, die alle Filme machten, in denen eine solche Beziehung das Hauptthema war: Hitchcocks *Ich kämpfe um dich*, in dem Ingrid Bergman einen Mann mit Gedächtnisverlust analysiert, der von Gregory Peck gespielt wird; Woody Allens *Zelig*, in dem Mia Farrow die Rolle der Frau Dr. Eudora Fletcher übernommen hat, der Psychiaterin des chamäleonartigen Zelig (gespielt von Woody Allen), und Blake Edwards' *Frauen waren sein Hobby*, in dem Julie Andrews die Analytikerin eines Weiberhelden und Bildhauers, dargestellt von Burt Reynolds, ist. Man kann diese Filme als Projektionen männlicher Phantasien über Therapeutinnen verstehen, die man angesichts der ausgeprägten Ähnlichkeiten in der Thematik trotz ihres sonst ganz verschiedenen Genres als Ausdruck einer allgemeinen kulturellen Phantasie ansehen kann, die darstellen soll, wie die Beziehung zwischen einer Therapeutin und einem männlichen Patienten verläuft.

Im Grunde ist das, was in diesen 3 Filmen geschieht, eine Liebesheilung: die Therapeutin liebt ihren Patienten gesund. In allen 3 Filmen ist die Therapeutin besessen von dem Geheimnis der Krankheit ihres Patienten – eine Haltung, die wie eine verschobene Phallusverehrung anmutet. Bergman und Andrews wenden sich an ihre Mentoren, um Hilfe für diese ihre besonderen Patienten zu bekommen, und Farrow sieht man auf der Suche nach einem Heilmittel für Zelig über psychiatrischen Lehrbüchern brüten.[10] Die Aufopferung für den Patienten ist außergewöhnlich; sowohl Farrow als auch Bergman lassen ihre anderen Patienten im Stich, um nach dem verschwundenen Allen bzw. Peck zu suchen. Tatsächlich sieht man die 3 Therapeutinnen nur selten mit anderen Patienten zusammen oder bei einer anderen Tätigkeit als der Behandlung des verehrten männlichen Patienten oder beim Nachdenken über ihn.

Die Pointe ist natürlich, daß diese Therapeutinnen sich in ihre Patienten verliebt hatten. In *Ich kämpfe um dich* und *Zelig* heilt die Therapeutin ihren Patienten, und dann heiratet er sie – möglicherweise eine überraschende Variante des Frosches, der zum Prinzen wurde, wenn man einmal davon absieht, daß Peck und Reynolds selbst während der schlimmsten Stadien ihrer Krankheit ziemlich prinzenähnlich waren. Bergman und Farrow gehen also vom Zustand der aufopfernden Therapeutin zu dem der aufopfernden Ehefrau über – wobei stillschweigend vorausgesetzt wird, daß nun, da jede ihren Prinzen gefunden hat, keine Notwendigkeit mehr zum Arbeiten besteht. Julie Andrews lehnt den Heiratsantrag von Reynolds ab, wird aber zum Star eines Schwarms von hingebungsvollen Geliebten. Interessant ist die Feststellung, daß Julie Andrews in Wirklichkeit Edwards' Ehefrau ist, und Farrows Regisseur Allens Freundin, und wie nahtlos die Umstellung von Geliebter/Ehefrau zur Therapeutin und wieder zur Geliebten/Ehefrau vonstatten geht.

In allen 3 Filmen bringt die Therapeutin den Mann wieder an die Macht, die dann zur Macht über sie selbst wird. Am deutlichsten wird dieses Thema in *Frauen waren sein Hobby* entwickelt, in der sich das entscheidende therapeutische Ereignis um Burt Reynolds dreht, einen von Angst gelähmten Bildhauer, der deshalb am Arbeiten gehindert ist und nun Julie Andrews unter den Rock schaut. Dadurch wird ihre Autorität zunichte gemacht und er kann sich ihr sexuell nähern. In der zentralen Szene steht er von der Analytikercouch auf und beugt sich *über* sie, während sie sich *unter* ihm in ihrem Sessel zurücklehnt. Als Antwort sagt sie ihm, er werde eine Geliebte bekommen, aber eine Analytikerin verlieren, um ihm dann die Entscheidung zu überlassen. Bei der Umwandlung ihrer analytischen Beziehung in eine sexuelle wird „der Spieß umgedreht", so daß der Mann buchstäblich und im übertragenen Sinn „obenauf" ist.

Nicht die analytische Arbeit stellt Reynolds Potenz wieder her, sondern die Eroberung seiner Analytikerin, und in den auf die sexuelle Beziehung folgenden „postkoitalen" Stunden sehen wir Reynolds aufrecht stehen (im Kontrapunkt zu den früheren Szenen, wo er ausgestreckt auf der Couch lag) und wild an einem Marmorblock herummeißeln. Dieses Thema von der Eroberung der mächtigen Frau ist natürlich Teil einer allgemein-kulturellen Strömung, die von den Kleopatrageschichten bis zu den Heldentaten der Star-Treck-Crew reicht; die Verwandlung der selbständigen Frau in eine Ehefrau selbst kann man schon als ein Genre bezeichnen.[11] In diesen

Geschichten ist weibliche Macht der männlichen im Wege; Männer müssen Frauen erobern, wenn sie häuslichen Komfort oder zusätzliche Königreiche gewinnen wollen. Die Logik ist additiv: der Mann, der eine Frau erobert, erweitert seine Einflußsphäre. Einzigartig an den 3 Filmen, die sich um die Therapeutin und ihren männlichen Patienten drehen, ist die Botschaft, der Verzicht auf weibliche Macht sei die Bedingung, von der männliche Macht abhänge. Die Entthronung einer Frau (psychogener ausgedrückt: die Wiedergutmachung früherer, von Frauen erlittener Demütigungen) ist nicht nur verherrlichend, sie ist therapeutisch. In der Phantasie von Hitchcock, Allen und Edwards ist die Logik die eines Nullsummenspiels: die Therapeutin muß ihre Machtstellung aufgeben, damit ihr Patient ein Mann werden kann.

Auffallend ist, daß solche Männerphantasien die psychotherapeutische Behandlung durch die Therapeutin als Liebesheilung darstellen, bei der die Therapeutin aus Hingabe an ihren männlichen Patienten der Berufsethik entsagt und am Ende seine Frau oder Geliebte wird – und damit die Realität sexueller Kontakte zwischen Therapeuten und Patienten in ihr Gegenteil verkehren. Vorsichtig geschätzt, haben männliche Therapeuten viermal mehr sexuelle Kontakte zu ihren Patienten als weibliche Therapeuten (Pope, Levenson u. Schover 1979). Wie in allen Beziehungen, in denen ein großes Machtgefälle hereinspielt (Eltern-Kind, Lehrer-Schüler, Arbeitgeber-Arbeitnehmer, Therapeut-Patient), sind es im großen und ganzen Männer, die dieses Gefälle für sexuelle Zwecke mißbrauchen. In diesen Filmen bekommt die Erotisierung der therapeutischen Beziehung jedoch nicht die Bedeutung eines Machtmißbrauchs durch die Fachfrau, die vermutlich in einer dominanten Position ist. Im Gegenteil, der erotische Kontakt macht ihre Autorität zunichte und restauriert die dominante Position des Mannes.

Schmideberg (1938, zit. nach Abend 1979) vermutete, daß die Phantasie des Patienten, voll und ganz analysiert zu werden, oft eine Neuauflage der Kindheitsphantasien ist, welche libidinösen Befriedigungen zur Verfügung stehen werden, wenn man erst ganz erwachsen ist. Parallel zu der Kindheitsphantasie, daß ganz erwachsen zu sein bedeutet, mit dem begehrten Elternteil zu schlafen, ist die Patientenphantasie, geheilt zu sein werde bedeuten, mit dem Therapeuten schlafen zu können. In Freuds (1915a) Diskussion der erotischen Übertragung von Patientinnen auf ihre Analytiker kommentierte er die Häufigkeit der Phantasie seiner Patientinnen, daß sie, wenn sie sich brav benähmen, am Ende durch die Zärtlichkeit des Arztes belohnt werden würden (S. 318). Charakteristisch für die im Film und in den erotischen Übertragungen männlicher Patienten offenbarten Phantasien ist der Umstand, daß die Liebe der Analytikerin nicht nur einfach eine Belohnung ist, sondern selbst schon die Lösung eines dramatischen Problems. Indem er die Beziehung erotisiert, wird der Patient von der unannehmbaren Position des passiven Analysanden in die akzetable Rolle des aktiven männlichen Freiers versetzt. Im Unterschied zur üblichen

Auslegung eines sexuellen Kontakts zwischen Personen verschiedenen
Ranges, bei der der sexuelle Kontakt als ein Übergriff des Höherstehenden
angesehen wird, der damit seine Macht über den anderen erhöht, versetzt
die Phantasie der Erotisierung den männlichen Patienten in die dominante
Position und löst daher für Männer das Problem der Unvereinbarkeit einer
abhängigen Beziehung zu einer mütterlichen Autoritätsfigur mit seiner
männlichen Rolle.

11.3.4 Die feindselige Übertragung

Obwohl Freud (1915 a) die erotisierte Übertragung für einen Aspekt der
positiven Übertragung hielt, der vom Analytiker Zurückhaltung erforderte
und nicht als „Eroberung" mißdeutet werden sollte, erkannte er auch den
feindseligen Wunsch, der hinter den erotischen Gefühlen bestehen kann,
„den analysierenden Arzt in eine peinliche Verlegenheit zu bringen"
(S. 310) oder „die Autorität des Arztes durch seine Herabsetzung zum
Geliebten zu brechen" (S. 311). Wünsche, „den Möchtegern-Helfer zu
besiegen, zu untergraben und lächerlich zu machen" (Appelbaum 1972,
S. 152), sind allgegenwärtig und nach Lewis (1971) angesichts der
Unvermeidbarkeit von Scham und Wut als Nebenprodukt der therapeutischen Interaktion strukturell verankert. Ähnlich weist Schafer (1983)
darauf hin, daß die feindselige Übertragung unvermeidlich ist, da der
Versuch, den Patienten zu verstehen, an sich schon desorganisierend wirkt
und leicht als Angriff auf seine Stabilität erlebt werden kann.
    Es erhebt sich also die Frage, was es für einen Mann bedeutet, feindselige
Gefühle gegenüber einer Frau zu haben. Während feindselige Gefühle eines
männlichen Patienten gegenüber einem männlichen Analytiker Kastrationsangst und andere Vergeltungsängste wiederbeleben können, birgt die
feindselige Übertragung eines männlichen Patienten auf seine Therapeutin
andere Gefahren. Erstens kann der Haß auf eine Mutterfigur Ängste
wecken, die Quelle fundamentaler Bedürfnisbefriedigung könnte vernichtet
werden. Zweitens gibt es, vom Erwachsenen aus gesehen, die kulturelle
Vorschrift, daß Männer Frauen beschützen und versorgen sollten. Drittens
besteht das Problem der Gewalttätigkeit; ungeachtet der tatsächlichen
Verhältnisse körperlicher Stärke wird vorausgesetzt, daß Männer Frauen
physisch Schaden zufügen könnten.
    Therapeutinnen und Analytikerinnen weisen häufig auf die Intensität
der Feindseligkeit hin, die sie von männlichen Patienten erfahren. Prado
(1976) schildert, wie häufig männliche Patienten zu ihren Analytikerinnen
mit dem „unbewußten Wunsch kommen, die Analytikerin zu überwältigen". Andere Analytikerinnen berichten von langen Zeitabschnitten, in
denen ihre männlichen Patienten primär von dem Wunsch motiviert zu
sein schienen, die Analytikerin zu beschimpfen. Häufig wird angeführt
(Horney 1932; Chodorow 1978), daß unsere gegenwärtige Praxis der

Kindererziehung Wut auf Frauen zur feststehenden Norm macht. Stollers (1975) Meinung, daß die männliche Entwicklung eine Zurückweisung der ursprünglichen Intimität mit der Mutter erfordere, legt die Vermutung nahe, daß die Ablehnung von Frauen eine notwendige Vorbedingung für die Männlichkeit ist und daß die normale Entwicklung der Geschlechtsidentität ein Reservoir des Frauenhasses schaffe. Stoller glaubt ferner, die Störungen der Geschlechtsidentität bei Männern sei „aus drei feindseligen Elementen zusammengesetzt: *Wut*, weil man die ersten Wonnen der Identifizierung mit der Mutter aufgeben muß, *Angst*, daß es einem nicht gelingen könnte, aus ihrer Einflußsphäre zu entfliehen, und dem Bedürfnis nach *Rache*, weil sie einen in diese mißliche Lage gebracht hat" (S. 133; Hervorhebung im Original). Nach Stollers Beschreibung der Behandlung transsexueller Jungen (die, wie er meint, das selige Einssein mit der Mutter nicht zerrissen haben und infolgedessen eine „protofeminine" Identifikation mit der Mutter beibehalten), steigt mit dessen Entwicklung von kulturell akzeptierten Zügen der Männlichkeit zum ersten Mal auch Feindseligkeit gegen die Mutter auf.

Obwohl aggressive und sexuelle Impulse bei Männern wie Frauen miteinander verbunden sind, ist die Verknüpfung bei Männern besonders stark; Vergewaltigung ist die Extremform, in der sich gewalttätige Impulse durch sexuelles Verhalten äußern. Stoller (1975) ist überzeugt, daß ein Kontinuum zwischen den sadistischen „Perversionen" (die er als die „erotische Form des Hasses" bezeichnet) besteht, bei denen man den Wunsch, dem erotisierten Objekt zu schaden, als eine Phantasie ansehen kann, ein Kindheitstrauma in einen Triumph des Erwachsenen umzuwandeln, bis hin zu der allgemeinen Schwierigkeit, die Männer mit Zärtlichkeit und Treue haben. Sowohl das pathologische als auch das nichtpathologische Ende dieses Kontinuums seien – so Stoller – Reaktionsbildungen gegen die Angst vor dem regressiven Sog, der mit Frauen empfunden wird.

In der Übertragung männlicher Patienten auf ihre Therapeutinnen ist die Verschmelzung feindseliger und sexueller Gefühle allgemein üblich. Lester (1985) berichtet von einem Schlüsseltraum eines männlichen Patienten, der damit begann, daß der Patient seine Analytikerin schlug, und mit sexuellem Kontakt zwischen beiden endete. Eine andere Analytikerin beschrieb einen männlichen Patienten, der sich einen gewaltsamen sexuellen Kontakt mit ihr vorstellte, bei dem er ihr die Brüste abschnitt. Ein anderes Beispiel mit einer stärkeren Verschiebung stammt von einer Analytikerin, die die Phantasie eines männlichen Patienten beschrieb, bei Frauen in engen Jeans würden die Genitalien abgeschnitten.

Guttman (1984) vermutet, daß der Angst von Frauen, als verführerisch angesehen zu werden, eine Angst der Männer entspricht, sie könnten als gefährlich angesehen werden. Viele männliche Patienten sind besorgt, sie könnten die Beherrschung verlieren und ihre Therapeutin verletzen. Noch häufiger ist bei männlichen Patienten die Sorge, mit dem Sprechen über ihre gewalttätigen sexuellen Gedanken ihrer Therapeutin schaden zu können.

Prado (1976) berichtet von männlichen Patienten, die die Passivität ihrer Analytikerin als Beweis dafür deuteten, daß sie ihr Schaden zugefügt hätten. Ähnlich beschreibt Lester (1985) einen Patienten, der besorgt war, seine sadistischen Impulse könnten seine Analytikerin beschädigen oder entwürdigen und müßten daher aus den Sitzungen herausgehalten werden. In einem anderen Beispiel vermied es ein Psychotherapiepatient, über seine heftigen Vergewaltigungsphantasien zu sprechen, weil er fürchtete, das Anhören dieses Materials würde mich aus der Fassung bringen. Guttman (1984) weist darauf hin, daß in der Regel bei Männern ein Konflikt besteht, daß es zwar gesellschaftlich akzeptabel ist, Feindseligkeit gegen Frauen auf sexualisierte Weise auszudrücken, daß sie jetzt aber zu einer Frau darüber sprechen sollen. Therapeutinnen scheinen also zwar als Anreiz für die feindseligen erotischen Gefühle männlicher Patienten zu wirken (z. T. als Abwehr gegen regressivere und bedrohlichere Sehnsüchte nach der Mutter), aber die Tatsache, daß es eine Frau ist, mit der sie darüber sprechen sollen, kann eine direkte Äußerung dieser Gefühle verhindern.

11.4 Schlußbemerkung

Als Freud über Katharina schrieb, stand er in der Tradition der Männer, die die Narrative von Frauen schrieben. In den letzten 20 Jahren haben Frauen angefangen, diese Macht wieder für sich zu beanspruchen und ihre eigenen Geschichten zu schreiben. Die Therapeutin mit ihrem männlichen Patienten geht auf diesem Weg einen Schritt weiter: sie schreibt die Geschichte eines Mannes. Wie das letzte Zerwürfnis in Lacans Institut zeigt, nachdem Michèle Montrelay versucht hatte, ein Seminar über männliche Sexualität zu organisieren (s. David-Menard 1982), kann der Blick, den Frauen auf Männer richten, nicht nur im Behandlungszimmer Ängste wecken, sondern auch in Institutionen.

Trotzdem sind die potentiellen Vorteile der Untersuchung des therapeutischen Prozesses ebenso wie der männlichen Entwicklung von unserem eigenen Standpunkt aus groß. Wenn man – erstens – vom Meisternarrativ des männlichen Arztes und seiner Patientin zurücktritt, wird es möglich, gewisse vortheoretische Annahmen und geschlechtsbedingte Auslassungen in der psychoanalytischen Theorie zu untersuchen. Der Fall der Therapeutin mit dem männlichen Patienten läßt auch die Art und Weise deutlich werden, wie sehr sich die psychoanalytische Methode auf die männliche Autorität stützt: dies wiederum bedeutet, daß der therapeutische Prozeß (einschl. der Machtkämpfe und der Probleme der Scham, die unweigerlich hervorgerufen werden) für die Frau, die Psychoanalyse oder Psychotherapie praktiziert, in neue Begriffe gefaßt werden muß. Das innerliche Wegrücken vom Fall des männlichen Analytikers kann außerdem heuristische Vorteile bringen, z. B. eine neue Ausgangsposition für die Untersuchung bestimmter nicht mehr hinterfragter theoretischer Konstrukte (wie ödipal-präödipal und negative im Gegensatz zur positiven Übertragung), die weniger kritisch sein können oder eine andere Bedeutung annehmen, wenn der Analytiker kein Mann, sondern eine Frau ist. Der Fall der Therapeutin mit dem männlichen Patienten wirft außerdem die Frage auf, ob das Narrativ des ödipalen Konflikts, das für den männlichen Analytiker gut geeignet ist, weil es sich mit dem Zeitpunkt beschäftigt, an dem (nach psychoanalytischer Darstellung) der Vater in der Entwicklung erscheint, ganz allgemein der fruchtbarste Rahmen ist.

Zweitens kann man den Fall der Therapeutin und eines männlichen Patienten als einen besonders durchsichtigen Mikrokosmos verstehen, um eine Vielzahl allgemeinerer Fragen über das Geschlechterarrangement in unserer Kultur daran anzuschließen. Eine Untersuchung der Themen der Übertragung, die männliche Patienten auf ihre Therapeutinnen entwickeln, gibt einen einzigartigen Einblick in die männliche Entwicklung – insbesondere in die Beziehung von Jungen zu ihren Müttern und die Art und Weise, wie dies die Beziehungen zu anderen Frauen konditioniert. Umgekehrt liefert die Gegenübertragung von Therapeutinnen auf ihre männlichen Patienten eine ungewöhnlich selbstreflexive Darstellung der Erfahrungen von Frauen, die Männern gegenüber in Autoritätsstellungen sind, in einer Kultur, die das Nebeneinander von Sexualität und Macht bei Frauen problematisch erscheinen läßt.[12]

Schließlich kann die Therapeutin oder Analytikerin ohne eine Literatur, die sich mit Fragen der Übertragung und Gegenübertragung befaßt, die in der Therapeutin-Patient-Dyade entstehen können, den Behandlungsprozeß nur schwer begrifflich fassen. Schafers (1983) Darstellung der Theorie und Praxis der Psychoanalyse als aufeinander bezogene Narrative, die durch die „narrative Kompetenz" des Analytikers vermittelt werden, liefert ein Bindeglied zwischen dem Stand der theoretischen Literatur und der klinischen Praxis, weil ein entscheidender Aspekt der „narrativen Kompetenz" darin besteht, die in der Literatur vorhandenen theoretischen Konstrukte heranzuziehen. Indem wir eine Strategie der Differenzierung wählen (im Gegensatz zum üblichen Vorgehen der Humanwissenschaften, nach Gesetzen und Gemeinsamkeiten zu suchen), bei der der Fall der Therapeutin nicht unter den des Therapeuten eingeordnet wird, eröffnen wir nicht nur die Möglichkeit, daß Freuds Hoffnung in Erfüllung geht, die Psychoanalyse könnte eine Grundlage für das Studium der Kultur liefern, sondern wir können auch, stärker praxisorientiert, damit beginnen, Narrative zu konstruieren, auf die sich Psychotherapeutinnen und Psychoanalytikerinnen bei ihrer Arbeit mit männlichen Patienten stützen könnten.

Anmerkungen

1 Da ich den Begriff „Narrativ" in dieser Abhandlung immer wieder verwenden
werde, sind ein paar Vorbemerkungen angebracht. Wenn wir von Narrativen
sprechen, bedeutet dies erstens nicht, daß es sich um „erfundene" Geschichten
handelt, sondern vielmehr, daß das, „was wir Realität nennen, nur von dem einen
oder anderen Standpunkt aus dargestellt werden kann, und darum ist es
notwendigerweise eine Realität einer bestimmten Art in einem bestimmten
Kontext, die zu bestimmten Zwecken etabliert und erzählt worden ist" (Schafer
1983). Mit anderen Worten, es wird immer eine große Anzahl von Narrativen
geben, die man aus einem Ereignis konstruieren könnte; in Frage gestellt wird die
Hoffnung, am Ende eine letzte, unumstößliche Wahrheit zu finden. Zweitens
bedeutet die Übernahme dieser postpositivistischen Epistemologie *nicht*, daß das,
was wirklich geschehen ist, nicht von Belang ist oder [um uns in das in neuerer Zeit
von Masson (1984) und Malcolm (1983) angezettelte Getümmel zu stürzen], daß
eine Verführungsphantasie aus der Kindheit genau das gleiche hergibt wie ein
Inzesterlebnis. Autoren wie Schafer (1983), Spence (1982) und Schimek (1983)
haben in ihrer Bearbeitung der Kritik des Positivismus für den Gegenstand der
Psychoanalyse aber die Vorstellung in Frage gestellt, daß wir jemals eine
Schilderung der Innenwelt des Patienten haben werden, die sich aus den
theoretischen Aussagen herauslösen läßt, mit denen sie beschrieben, heraufbeschworen und verwandelt wird.

2 Wenn nicht anders angegeben, benütze ich das Wort „Therapeut" sowohl für
Psychotherapeuten als auch für Psychoanalytiker.

3 Was geschieht, wenn eine Frau einen Mann behandelt, scheint eine jener Fragen zu
sein, die irgendwie unterirdisch schon darauf gewartet haben, ans Tageslicht zu
kommen. Seit dem Abschluß dieses Kapitels ist auf dem früher unfruchtbaren
Boden eine bemerkenswerte Veränderung eingetreten – mehrere Abhandlungen,
die mit dem Thema der weiblichen Therapeutin und des männlichen Patienten zu
tun haben, sind in jüngster Zeit in der Literatur erschienen. Dazu gehören: J.
Chasseguet-Smirgel (1984) *Die Weiblichkeit des Analytikers in der beruflichen
Praxis*; M. Goldberger u. D.D. Evans (1985) *On transference manifestations in
male patients with female analysts*; E. Lester (1985) *The female analyst and the
erotized transference*; E. Person (1985) *The erotic transference in women and in
men: Differences and consequences*; L. Samuels (1985) *Female psychotherapists as
portrayed in film, fiction and nonfiction*. Außer der Arbeit von Lester (die als
Vorabdruck zu haben war) konnte ich diese neuen Abhandlungen in dieses Kapitel
nicht mit einbeziehen.

4 Diese Feststellungen lassen eindeutig auch andere Interpretationen zu. Bei den
Klinikpopulationen, die untersucht wurden, schlossen Abramowitz et al. jedoch die
Hypothese aus, daß die Nachfrage der Patientinnen und Therapeutinnen zu einer
unverhältnismäßig großen Zahl von Frauen unter den Therapeutinnen geführt
haben könnte. Ebenso wurde die Interpretation, daß Männer wahrscheinlicher
Termine bei Therapeutinnen absagen, durch eine Untersuchung der Rate des
Nichterscheinens nicht bestätigt; sie war bei Patienten und Patientinnen gleich.
Außerdem stimmen die Befunde von Abramowitz et al. – daß weibliche Kliniker
erheblich weniger männliche Patienten behandeln als ihre Kollegen – mit den

Berichten der von mir interviewten Therapeutinnen und Analytikerinnen überein, ebenso mit Berichten von Pendergrass (zit. nach Goldberg 1979) und Surrey (zit. nach Kaplan 1984), daß Therapeutinnen v. a. Patientinnen behandeln.

5 Ein umfassender Überblick über die Literatur, die die Auswirkung des Geschlechts des Analytikers auf die Übertragung betrifft, findet sich bei Kulish (1984).

6 Siehe Schimek (1983); dort findet sich eine Besprechung der „Konstruktion" der Übertragung.

7 Wie Morris (1980) bemerkt, erkannte Freud 1909 (c) die Beziehung des Problems der ewigen Unsicherheit des Vaters – nämlich, „daß *pater semper incertus est*, während die Mutter *cerissima* ist" (S. 229; Hervorhebung im Original) – zur Erhöhung des Vaters durch die Kinder. Ähnlich könnte man argumentieren, daß die zentrale Stellung des Ödipuskomplexes in der Freudschen Psychoanalyse, die ja die Übertragung der Autorität von der Mutter auf den Vater darstellt und mit einer Zunahme der Bedeutung der Vaterrolle einhergeht, eine Reaktion auf die unsichere Rolle des Vaters in der Entwicklung sei. Außerdem kann der männliche Analytiker, im Gegensatz zu alternativen präödipalen Darstellungen, von der Position der Vaterübertragung aus leicht mit ödipalem Material arbeiten.

8 Eine feministische Analyse der *Geschichte der O.* findet sich bei Benjamin (1983).

9 Eine Kritik der Beweisführung Stollers findet sich bei Person u. Ovesey (1983).

10 Hitchcock-Fans werden erkennen, daß der Fall *Ich kämpfe um dich* gegenüber meiner Darstellung insofern komplizierter ist, als die Romanze weder ganz aus der Behandlung hervorgeht noch ganz durch sie umschrieben werden kann. Die zugrundeliegende Dynamik in *Ich kämpfe um dich* stimmt trotzdem mit dem Bild männlicher Phantasien überein, das in den beiden anderen Filmen dargestellt wird.

11 Siehe Molly Haskells *From Reverence to Rape*; dort findet sich eine Erörterung der Aufopferung der Berufskarriere für die Liebe in den „Frauenfilmen" der 30er und 40er Jahre.

12 Ein auf Interviewdaten gegründetes Manuskript, das die Themen der Gegenübertragung von Therapeutinnen mit männlichen Patienten betrifft, ist in Vorbereitung.

Literatur

Abend S (1979) Unconscious fantasy and theories of cure. J Amer Psychoanal Assoc 27:579–596

Abramowitz S (1981) Sex and Care assignment: Further evidence of a phenomena in search of an explanation. Psychol Rep 48:644

Abramowitz S, Abramowitz C, Roback H, Corney R, McKee E (1976) Sex-role related countertransference in psychotherapy. Arch Gen Psychiat 33:71–73

Abramowitz S, Davidson D, Greene L, Edwards D (1980) Sex-role related countertransference revisited: A partial extension. J Nerv Ment Dis 168:309–311

Appelbaum A (1972) A critical re-examination of the concept ‚Motivation for change' in psychoanalytic treatment. Int J Psychoanal 53:51–59

Auerbach N (1981) Magi and maidens: The romance of the Victorian Freud. Crit Inq 8:11–130

Benedek E (1973) Training the woman resident to be a psychiatrist. Amer J Psychiat 130:1131–1135

Benjamin J (1983) Master and slave: The fantasy of erotic domination. In: Snitow A, Stansell C, Thompson S: Powers of desire. Monthly Rev Press, New York, pp 280–299

Berman E (1972) The woman psychiatrist as a therapist and academician. J Med Educ 47:890–893

Blum H (1971) On the conception and development of the transference neurosis. J Amer Psychoanal Assoc 19:41–53

Breuer J, Freud S (1893–1895 d) Studien über Hysterie. GW Bd 1, S 75–312

Carter C (1971) Advantages of being a woman therapist. Psychother: Theory Research Practice 8:297–300

Cavenar J, Werman D (1983) The sex of the psychotherapist. Amer J Psychiat 140:85–87

Chappell A (1981) Male patients seeking female psychiatrists. Frontiers of Psychiatry 15, III, p 14

Chasseguet-Smirgel J (1984, 1988) Die Weiblichkeit des Psychoanalytikers bei der Ausübung seines Berufes. In: Zwei Bäume im Garten. Zur psychischen Bedeutung der Vater- und Mutterbilder. Verlag Int Psychoanalyse, Wien, S 27–46

Chodorow N (1978, 1985) Das Erbe der Mütter: Psychoanalyse und Soziologie der Geschlechter. Frauenoffensive, München

David-Menard M (1982) Lacanians against Lacan. Soc Text 6:86–111

Fenichel O (1945, 1974) Psychoanalytische Neurosenlehre. Olten, Freiburg i. Br.

Freud S (1909 c) Der Familienroman der Neurotiker. GW Bd 7, S 225–231. Fischer, Frankfurt am Main

Freud S (1912 b) Zur Dynamik der Übertragung. GW Bd 8, S 364–374

Freud S (1913 c) Zur Einleitung der Behandlung. GW Bd 8, S 454–478

Freud S (1915 a) Bemerkungen über die Übertragungsliebe. GW Bd 10, S 306–321

Freud S (1931 b) Über die weibliche Sexualität. GW Bd 14, S 517–537

Goldberg J (1979) Aggression and the female therapist. Mod Psychoanal 4:209–222

Goldberger M, Evans D (1985) On transference manifestations in male patients with female analysts. Int J Psychoanal 66:295–309

Gove W (1972) The relationship between sex roles, marital status and mental illness. Soc Forces 51:34–44

Greenson R (1967, 1973) Technik und Praxis der Psychoanalyse. Klett, Stuttgart

Greenson R (1968, 1982) Die Beendigung der Identifizierung mit der Mutter und ihre besondere Bedeutung für den Jungen. In: Psychoanalytische Erkundungen. Klett-Cotta, Stuttgart, S 257–264

Guttman H (1984) Sexual issues in the transference and countertransference between female therapist and male patient. J Amer Acad Psychoanal 12:187–197

Haskell M (1973) From reverence to rape. Holt, Rinehart u. Winston, New York

Horney K (1932, 1984) Die Angst vor der Frau. In: Die Psychologie der Frau. Fischer, Frankfurt am Main, S 81–95

Kaplan AG (1979) Toward an analysis of sex-role related issues in the therapeutic relationship. Psychiat 42:112–120

Kaplan AG (1984) Colloquium: Female or male psychotherapists for women: New formulations. Work in Progress. Stone Center for Developmental Services and Studies. Wellesley College, Wellesley MA, pp 83–102

Kaplan EA (1983) Is the gaze male? In: Snitow A, Stansell C, Thompson S (eds) Powers of desire. Monthly Rev Press, New York, pp 309–327

Karme L (1979) The analysis of a male patient by a female analyst: The problem of the negative oedipal transference. Int J Psychoanal 60:253–261

Kulish M (1984) The effect of the sex of the analyst on transference. Bull Menn Clin 48:95–110

Lester E (1985) The female analyst and the erotized transference. Int J Psychoanal 66:283–293

Lewis HB (1971) Shame and guilt in neurosis. Int Univ Press, New York

Lewis HB (1976) Psychic war in men and women. Int Univ Press, New York

Loewald HW (1980, 1986) Psychoanalyse: Aufsätze aus den Jahren 1951–1979. Klett-Cotta, Stuttgart 1986

Malcolm J (1983) Annuals of scholarship: Psychoanalysis – Part I. The New Yorker 59:59–152

Masson JM (1984) Was hat man dir, du armes Kind, getan? Sigmund Freuds Unterdrückung der Verführungstheorie. Rowohlt, Reinbek bei Hamburg

Mogul K (1982) Overview: The sex of the therapist. Amer J Psychiat 139:1–11

Morris H (1980) The need to connect: Representations of Freud's psychical apparatus. Psychiat. & the Humanities 4:309–344

Orlinsky D, Howard K (1980) Gender and psychotherapeutic outcome. In: Brodsky A, Hare-Mustin R (eds) Women and psychotherapy. Guilford Press, New York, pp 3–34

Ornstein A, Ornstein P (1975) On the interpretive process in psychoanalysis. Int J Psychoanal Psychother 4:219–271

Perlman C, Givelber F (1976) Women's issues in couples treatment: The view of the female therapist. Psychiat Opin 13:6–12

Person E (1985) The erotic transference in women and in men: Differences and consequences. J Amer Acad Psychoanal 13:159–180

Person E, Ovesey L (1983) Psychoanalytic theories of gender identity. J Amer Acad Psychoanal 11:203–226

Pope K, Levenson H, Schover L (1979) Sexual intimacy in psychology training: Results and implications of a national survey. Amer Psychol 34:682–689.

Prado M (1976) Feminism and women analysts. Amer J Psychoanal 36:79–84

Redlich F (1950) The psychiatrist in caricature: An analysis of unconscious attitudes towards psychiatry. Amer J Orthopsychiat 20:560–571

Samuels L (1985) Female psychotherapists as portrayed in film, fiction and nonfiction. J Amer Acad Psychoanal 13:367–378

Schafer R (1983) The Analytic Attitude. New York: Basic Books

Schimek J (1983) The construction of the transference: The relativity of the „here and now" and the „there and then". Psychoanal Contemp Thought 6:435–456

Schmideberg M (1938) After the analysis. … Psychoanal Quart 7:122–142

Selltiz C, Jahoda M, Deutsch M, Cook S (1960) Research methods in social relations. Holt, New York

Socarides, CW (1974) The demonified mother: A study of voyeurism and sexual sadism. Int Rev Psychoanal 1:187–195

Spence D (1982) Narrative truth and historical truth. Norton, New York

Stoller R (1968) Sex and gender. Hogarth Press, London

Stoller R (1975, 1979) Perversion: Die erotische Form von Haß. Rowohlt, Reinbek bei Hamburg

Sunila J (1980) The new lovers. Fawcett Gold, New York

Szmarag R (1982) Special panel: Erotic transference and countertransference between the female therapist and the male patient. Acad For 26:11–13

Thompson, C. (1938) Notes on the psychoanalytic significance of the choice of the analyst. Psychiat 1:205–216

Willis P (1971, 1979) Spaß am Widerstand. Syndikat, Frankfurt am Main

12 Die schwangere Therapeutin: Probleme der Übertragung und Gegenübertragung

Linda S. Penn

Eine Situation, die allein der Psychoanalytikerin vorbehalten ist, ist die Möglichkeit, im Lauf der Therapie schwanger zu werden. Dieses Ereignis kann den ganzen Verlauf einer analytisch orientierten Behandlung dramatisch beeinflussen. Das therapeutische Klima verändert sich, wenn mit der Schwangerschaft private Fakten im Leben der Therapeutin enthüllt und ihre relative Anonymität gegenüber ihren Patienten auf diese Weise verletzt werden. Plötzlich wird das Privatleben der Therapeutin öffentlich, und sie wird als Mutter exponiert, als sexuelles Wesen und als eine Person mit einem separaten Leben, die intim mit anderen Menschen verbunden ist, denen sie auch konstanter zur Verfügung steht. Diese Enthüllung ist in der Regel ein Stimulus für sehr starke Übertragungs- und Gegenübertragungsreaktionen. Frühe, stark affektiv besetzte Probleme aus der Vergangenheit eines Patienten treten während einer solchen Schwangerschaft sehr oft hervor; sie werden in der Übertragung wiederbelebt und können neue Verständnismöglichkeiten und Wachstumschancen bieten. In der Gegenübertragung muß die Therapeutin sowohl mit ihren eigenen Reaktionen auf ihre Schwangerschaft fertig werden, als auch mit ihren Reaktionen auf die intensiven und manchmal primitiven Übertragungsreaktionen ihrer Patienten[1].

In mancher Hinsicht hat die Schwangerschaft der Therapeutin Ähnlichkeit mit anderen ungewöhnlichen Ereignissen, die im Leben einer Therapeutin eintreten und unweigerlich für den Patienten sichtbar werden. Zum Beispiel bringt die Tatsache, daß die Therapeutin plötzlich Krücken benützt oder wegen einer Erkrankung abwesend ist, ähnlich wie bei ihrer Schwangerschaft unerwartet Aspekte ihres Privatlebens ins Blickfeld. Auch diese Ereignisse lösen oft starke, durch die Übertragung des Patienten geprägte Reaktionen aus. Ob die privaten Bedeutungen, die der Patient diesen „besonderen Ereignissen" (Weiss 1975) zuschreibt, eine negative Unterbrechung der therapeutischen Arbeit zur Folge haben oder ob sie im Zuge der Übertragungsbearbeitung positiv für neue Integrationen und Wachstumsmöglichkeiten genutzt werden, hängt z. T. davon ab, wie dieses Material in der Therapie gehört und bewältigt wird.

Zwar ist die Schwangerschaft der Therapeutin nur eines jener Lebensereignisse, die ihre Anonymität gegenüber ihren Patienten durchlässig machen, aber sie ist einzigartig in bezug auf die affektive Besetzung der Enthüllung und deshalb auch einzigartig im Hinblick auf Umfang und Intensität der Übertragungsreaktionen. Eine Schwangerschaft bringt viele

gerade jener Aspekte des Lebens der Therapeutin ans Licht, die durch die
analytische Situation verdunkelt werden sollen. Im therapeutischen Prozeß
ist die Aufmerksamkeit sonst fast ausschließlich auf den Patienten gerichtet,
und der Patient erlebt die Therapeutin umgekehrt fast nur auf sich bezogen;
die Schwangerschaft der Therapeutin erinnert ihn nun dramatisch an ihre
eigenständige Existenz und ihre starke und weitreichende Bindung an
andere. Die Schwangerschaft ist eine Erklärung ihrer Sexualität, einer
Sexualität mit einem Unbekannten. Sie ist eine Aussage ihrer starken
Verbundenheit mit einem noch ungeborenen Kind, mit dem sie jetzt sogar
die Grenzen ihres Körpers teilt. Die Schwangerschaft mag den Patienten an
seine eigene frühe Mutterbindung erinnern, an die Enttäuschungen über
seine unvollkommene Beziehung zu jener Mutter und an die schreckliche
Angst vor potentiellem Verlust oder Verlassenwerden. Sie erinnert an die
Entdeckung der Mutter als Sexualwesen und an den Vater als jemanden, der
hier Exklusivrechte hat. Viele Patienten mögen an den Verlust der
ungeteilten Aufmerksamkeit denken, die mit der Geburt eines Geschwisters
aufgegeben werden mußte. Es ist also nicht überraschend, daß diese und
andere Probleme, die für unsere Patienten auch sonst lebendig sind, in ihrer
Antwort auf den Stimulus der Schwangerschaft mobilisiert, intensiviert und
hervorgehoben werden.

Überraschend und erschreckend ist aber auch der Grad, in dem manche
schwangere Therapeutin nicht auf diese Themen vorbereitet ist und sie also
auch nicht hört, wenn sie auftauchen. Diese Therapeutinnen behaupten,
ihre Patienten hätten ihre Schwangerschaft während der ganzen 9 Monate
nie „bemerkt"; deshalb sei die Schwangerschaft und die Assoziationen der
Patienten dazu auch nie besprochen worden. Oder sie erlebten bei ihren
Patienten ausschließlich eine höfliche Anteilnahme und schauten nicht
weiter nach. Unerfreulich sind auch manche Supervisionen, in denen
schwangere Therapeutinnen als narzißtisch gebrandmarkt werden, wenn
sie auch Material, das nicht unmittelbar der Feststellung der Schwangerschaft dient, als potentiell damit verbunden interpretieren. Solche Unterlas-
sungen, mit dem Material auf eine wirklich psychoanalytische Weise
umzugehen, müssen besorgt stimmen, und zwar einmal wegen der Patienten, die auf diese Weise die Gelegenheit versäumen, wichtige frühe
Probleme durchzuarbeiten und zu integrieren, zum anderen aber auch
wegen der aufgrund intensiver und schmerzlicher Übertragungsgefühle
vorzeitig abgebrochenen Therapien, in denen diese Probleme deshalb nicht
bearbeitet werden konnten und ungelöst blieben.

Obwohl unzählige Therapeutinnen auf die Übertragungs- und Gegenübertragungsprobleme, die während ihrer Schwangerschaft aufgetaucht
sind, sehr sensitiv reagierten und diese Erfahrungen auch mündlich
mitteilten, gibt es in der psychoanalytischen Literatur hier leider einen
Mangel an Informationen – wo doch ein größeres Publikum für die
allgemein mit einer Schwangerschaft verbundenen Themen hätte aufmerksam gemacht werden können. In einer Zeit, in der immer mehr Frauen

Beruf und Familienleben kombinieren, ist es für alle psychoanalytisch orientierten Kliniker, ob männlich oder weiblich, besonders wichtig, über dieses Problem informiert zu sein, weil es wahrscheinlich ist, daß sie zumindest in der Supervision auch mit schwangeren Therapeutinnen zu tun haben werden.

12.1 Vorüberlegungen

12.1.1 Frühe Beobachtungen

Die früheste Abhandlung über die Wirkungen der Schwangerschaft einer Therapeutin stammt von Hannett (1949), die die Übertragungsreaktionen verschiedener Patienten auf ihre Schwangerschaft (die mit einer Fehlgeburt endete) beschrieb. Erst 17 Jahre später erschien eine zweite Abhandlung über dieses Thema (Van Leeuwen 1966). Hier konzentrierte sich die Autorin auf die Reaktion eines männlichen Patienten auf ihre Schwangerschaft als Ausdruck von „Schwangerschaftsneid". 1969 erörterte Lax in einem zeichensetzenden Aufsatz die Wirkungen, die die Schwangerschaft einer Therapeutin haben kann, und legte 6 ausführliche Fallskizzen vor. Sie beschrieb, wie jeder Patient auf ihre Schwangerschaft „mit einer Reaktivierung jener Aspekte des infantilen Konflikts [reagierte], die am signifikantesten für die Entwicklung seiner Krankheit waren" (S. 364), so daß er eine „einzigartige Gelegenheit [bekam], viele seiner prägenitalen und ödipalen Kämpfe noch einmal zu erleben" (S. 363). Dann lenkte sie ihr Augenmerk auf die Unterschiede in den Reaktionen männlicher und weiblicher Patienten und stellte Vermutungen über Entwicklungsunterschiede an, die dafür verantwortlich sein könnten. Lax beschäftigte sich darüber hinaus auch mit potentiellen Gegenübertragungsreaktionen, die aus der eigenen Geschichte der Therapeutin stammen.

12.1.2 Fallskizzen

Die meisten Aufsätze, die auf Lax' Erörterung folgten, bestehen aus Fallskizzen, mit denen häufige Reaktionen auf die Schwangerschaft der Therapeutin erklärt werden sollen. Paluszny u. Poznanski (1971) legten 8 Skizzen vor. Sie teilten sie nach der Tendenz der Patienten ein, (1) in bezug auf die schwangere Therapeutin einen Kindheitskonflikt wieder durchzuspielen, (2) primär defensiv auf die Schwangerschaft zu reagieren, oder (3) das neue Material und die neuen Affekte, die durch die Schwangerschaft ausgelöst wurden, in die Therapie zu integrieren, wodurch sie zu neuen Einsichten und therapeutischen Fortschritten kamen. Ulanov (1973) spricht über 3 Patientinnen, die besonders starke Übertragungsreaktionen auf ihre Schwangerschaft zeigten und stellt dar, wie ihre Schwangerschaft dazu diente, ihnen zu helfen, in der Übertragung und in ihren allgemeinen interpersonellen Beziehungen auf ihre Tochterrolle zu verzichten. Browning (1974) präsentierte ein typisches Muster, mit dem 3 Kinder, die ihre Patienten waren, auf ihre Schwangerschaft reagierten. Die Reaktionen umfaßten Verleugnung, Verschiebung und Angst vor dem Verlassenwerden, begleitet von Wut und vorübergehender Regression. Sie zeigte auch, wie das Übertragungsmaterial in allen 3 Fällen produktiv für die Therapie benutzt werden konnte. Schwartz (1975) konzentriert sich auf den Einfluß der Schwangerschaft auf die Arbeit von Sozialarbeiterinnen. Breen (1977) bringt eine interessante Erörterung von Reaktionen, die sie bei Patienten in der Gruppentherapie beobachtete. Sie stellt die Reaktionen und Themen, die durch die Schwangerschaft im Kontext der Einzeltherapie hervorgerufen wurden, denen in einer Gruppentherapie gegenüber und setzt diese Unterschiede zu dem unterschiedlichen Übertragungssog in beiden Situationen in Beziehung. Barbanel (1980) weist auf die kontraproduktive Tendenz zur Verleugnung der Schwangerschaft durch die Therapeutin, die Gesellschaft und einzelne Patienten hin. Sie legt 4 klinische Skizzen vor; bei 2en davon führte die Schwangerschaft der Therapeutin zu stärkerer Integration und Weiterentwicklung, während sie bei den anderen 2 zu einer größeren Zerrüttung führte. Sie erörtert auch Patientenreaktionen auf die Fehlgeburt einer Therapeutin. Clarkson (1980) bespricht die Notwendigkeit, hinter die „geburtenbefürwortende" Fassade zu schauen, um die Wirkung der Schwangerschaft auf jeden einzelnen Patienten herauszubekommen. Ihre 5 kurzen Fallskizzen zeigen, welche verschiedenen Bedeutungen die Schwangerschaft einer Therapeutin für verschiedene Patienten haben kann. Cole (1980) konzentriert sich in ihren 3 Fallskizzen auf die Art und Weise, in der diese Patienten ihre wütenden Gefühle gegenüber der Therapeutin während ihrer Schwangerschaft handhaben. Domash (1984) bespricht in einem mehr theoretischen Zusammenhang 2 Fälle, bei denen die Schwangerschaft der Therapeutin Probleme der Selbstobjektübertragung deutlich werden ließ.

Benedek (1973) und Butts u. Cavenar (1979) stellen weniger die Reaktionen des Patienten auf die Schwangerschaft der Therapeutin dar, sondern diskutieren die Reaktionen von Personal und Kollegen auf diese Schwangerschaft. Dabei konzentrieren sie sich besonders auf den intrapsychischen Konflikt, der für die schwangere Therapeutin aus negativen oder wenig hilfsbereiten Reaktionen von Kollegen und Supervisoren entsteht.

12.1.3 Empirische Studien

Berman (1975) und Naparstek (1976) berichten als einzige über empirische Studien auf diesem Gebiet. Berman sammelte Daten über das agierende Verhalten von 129 ambulanten Patienten von 9 Psychiaterinnen während der Zeit ihrer Schwangerschaft und während einer 6monatigen Kontrollperiode. Sie fand während der Schwangerschaft der Therapeutinnen ein höheres Niveau an ausagierendem Verhalten, besonders bei der Gruppe der Patienten mit einer Borderlinediagnose. Naparstek berichtete über die Ergebnisse eines offenen Fragebogens, der an 32 in jüngster Zeit schwanger gewesene Therapeutinnen verschickt worden war. Der Fragebogen sammelte Informationen über praktische Verfahrensfragen und versuchte außerdem herauszufinden, welche Themen während der Schwangerschaft der Therapeutin im Vordergrund standen. Ohne spezifische Daten anzugeben, wies Naparstek auf die Angst vor dem Verlassenwerden und vor dem Verlust als ein in allen Gruppen besonders häufig auftretendes Thema hin. Unter den erwähnten Themen waren sonst verstärkte Mutterübertragung, Mobilisierung von sexuellen und mit der Fortpflanzung verbundenen Konflikten und eine gesteigerte positive Identifizierung oder gesteigerter Wettbewerb mit der Therapeutin.

12.1.4 Allgemeine Behandlungsprobleme

Die Mitteilung von Fallskizzen und anekdotischem Material ist zwar insofern wichtig, als sie schwangere Therapeutinnen auf allgemeine Themen während der Schwangerschaft aufmerksam macht, aber es besteht auch die Notwendigkeit zu einer organisierten Diskussion von Behandlungsproblemen; Aufsätze, die dies versuchen, sind in der Literatur viel seltener zu finden. Balsam (1974) machte als erste einen solchen Beitrag, wobei sie sich ausführlich mit potentiellen Gegenübertragungsreaktionen der Therapeutin befaßte und auf typische Übertragungsreaktionen von Patienten hinwies. Sie untersuchte jedes der 3 Trimester der Schwangerschaft, um zu klären, welche Probleme für jede Phase der Behandlung im Mittelpunkt stehen. Nadelson, Notman, Arons u. Feldman (1974) legten einige der Sorgen und Schwierigkeiten dar, die Therapeutinnen während ihrer Schwangerschaft erlebten und untersuchten die hauptsächlichen Übertragungsthemen, die während dieser Zeit bei Patienten vorkamen. Sie erörtern anhand kurzer Fallbeispiele Probleme wie die Intensivierung der Mutterübertragung, der sexuellen Identität, Angst vor dem Verlassenwerden und Verlust- und Neidgefühle. Rubin (1980) brachte die allgemeinen Reaktionen auf die Schwangerschaft dadurch in ein System, daß sie Patienten, die sich auf die bevorstehende Trennung von der Therapeutin bezogen, von anderen trennte, die „allein mit dem psychischen und physischen Ereignis der Schwangerschaft zu tun haben." (S. 210). Sie erwähnt auch einige allgemeine Probleme der Gegenübertragung. Bis jetzt ist noch kein ganzes Buch dem Thema der schwangeren Therapeutin gewidmet worden, allerdings ist eins im Erscheinen begriffen (Fenster, Phillips u. Rapoport, 1986).

Ich hoffe, in diesem Kapitel diese Literatur durch eine umfassendere Darstellung jener Behandlungsthemen zu erweitern, die während der

Schwangerschaft einer Therapeutin auftauchen. Zu diesem Zweck werde ich
mich auf die Behandlungserfahrungen während meiner beiden eigenen
Schwangerschaften stützen, auf Auskünfte von vielen Kolleginnen und
Ausbildungskandidatinnen und auf Informationen und Erfahrungen, die in
der aktuellen Literatur zu diesem Gebiet berichtet werden.

12.2 Häufige Übertragungsreaktionen

Die Schwangerschaft der Therapeutin kann als ein mächtiger Übertragungsreiz wirken und beim Patienten ein emotionales Wiedererleben
früher, signifikanter Probleme seiner eigenen Geschichte bewirken. Übertragungsreaktionen, die sich vor der Schwangerschaft nur indirekt gezeigt
haben, können nun intensiviert werden und deutlicher hervortreten,
genauso wie Kindheitserinnerungen und -affekte, die die Basis der Übertragungsreaktionen bilden.

Wie zu erwarten, sind die Reaktionen der Patienten auf die Schwangerschaft der Therapeutin höchst individuell. Zu den persönlichen Variablen,
die die Reaktionen gestalten, gehören die Charakterstruktur des Patienten,
der Grad der Krankheit, die Familiengeschichte und die gegenwärtige
Lebenssituation. Zusätzlich beeinflussen Variablen der Behandlung wie das
Wesen der therapeutischen Beziehung, Länge und Häufigkeit der Behandlung, Art und Intensität früherer Übertragungskonstellationen die Reaktion
des Patienten. Es gibt aber auch eindeutige Themen, die die Schwangerschaft der Therapeutin fast durchgängig hervorruft; innerhalb dieser
Themen bekommt man das breite Spektrum der individuellen Reaktionen
zu Gesicht.

12.2.1 Die Therapeutin als Mutterobjekt

Da mit der Schwangerschaft der Therapeutin ihre potentielle Mutterschaft
sichtbar wird, gibt es offensichtlich eine Intensivierung und Hervorhebung
der Mutterübertragung als Reaktion. Heftige Konflikte und Affekte, die sich
auf frühe Erfahrungen mit der Mutter beziehen, werden oft noch einmal
durchgespielt, und wichtige Erinnerungen und Assoziationen, die mit dieser
frühen Beziehung zu tun haben, kommen häufig leichter ans Licht.
Probleme der Bindung und Ablösung, Angst vor dem Verlassenwerden oder
vor dem Verlust der Mutter und Geschwisterrivalität tauchen ziemlich
regelmäßig auf.

Die Reaktionen der Patienten konzentieren sich oft als erstes auf das
neue Baby als potentielles Geschwister. Häufig werden starke Konkurrenzgefühle erregt. Es taucht die Angst oder die Überzeugung auf, die
Therapeutin werde das Baby bevorzugen, das Baby werde gescheiter sein,
besser aussehen, interessanter und liebenswerter sein. Die Angst, zugunsten

des anderen abgelehnt oder ins Abseits gestellt zu werden, kann während der Schwangerschaft empfunden oder in die Zukunft projiziert werden. Die Stärke dieser Gefühle überrascht die Patienten oft bereits, während sie sie empfinden; dies erleichtert ihnen, diese Reaktionen in ihrer persönlichen Geschichte zu verankern, wo sie eindeutig ihre Wurzeln haben. Tief begrabene Erinnerungen können wieder auftauchen und dem Patienten wichtige Probleme deutlich machen, die sich um den Neid auf seine eigenen Geschwister und um die Konkurrenz mit ihnen drehen. Ein Patient, Richard L., merkte, daß er auf meine Schwangerschaft mit besonders starken Konkurrenzgefühlen reagierte, ähnlich denen, die er – wie er schloß – seinem Zwillingsbruder gegenüber gehabt haben müsse, an die er aber bis zur Zeit meiner Schwangerschaft keine affektive Erinnerung hatte. Als er Angst bekam, nicht mein Liebling zu sein, nicht besonders oder gut genug zu sein, daß der Foetus „uns nie in Ruhe lassen" würde (er gab dem ungeborenen Baby den Spitznamen „der Eindringling" und nannte es auch so), überschwemmten ihn auch neue Erinnerungen an seine Erfahrungen als Zwilling und an die Unmöglichkeit, sich innerhalb seiner Familie jemals als etwas Besonderes oder Einzigartiges zu fühlen. Als er merkte, daß er versuchte, mich zu unterhalten (als Möglichkeit des Wettbewerbs um Liebe und Zuwendung), erinnerte er sich, daß er bei seiner Mutter ähnliche Versuche unternommen hatte. Sein Gefühl trauriger Resignation darüber, daß er gegenüber meinem Baby „abwarten [sollte], bis er an der Reihe war", und darüber, daß „zwei Wagen nicht auf ein Gleis passen", eröffnete ihm den Zugang zu dem Schmerz, den er empfunden hatte, als einer von 2 Wagen (Zwillingen) aufgewachsen zu sein. Er erinnerte sich, wie oft er das Gleis seinem Zwilling überlassen hatte und wie häufig er dieses Drama in seinen späteren zwischenmenschlichen Beziehungen wieder durchgespielt hatte.

Erste Kinder erleben oft noch einmal das akute Gefühl des Verlusts, das auf die Geburt eines Geschwisters folgt. Die Mutter eines Einzelkindes ist tatsächlich nicht mehr dieselbe Mutter, wenn erst einmal die Bedürfnisse eines zweiten Kindes befriedigt werden müssen. Die Traurigkeit, eine Zuwendung teilen zu müssen, die sie einmal als ganz ausschließlich ihr eigen empfunden hatten, sucht diese Patienten jetzt wieder heim. Mehrere Patienten nahmen an, wenn mein Baby erst einmal geboren sei, müsse ich mich während der Sitzung immer wieder darum kümmern, anstatt fähig zu sein, mich weiter auf sie zu konzentrieren, auch wenn es ihre eigenen Sitzungen waren. Bei der Entwicklung dieser Phantasien kamen sie zu wichtigen Assoziationen und Erinnerungen. Eine Patientin fürchtete, sie werde während der Sitzung die Wiege meines Babys in Bewegung halten müssen, um es zu besänftigen. Während sie diese Phantasie schilderte, fiel ihr plötzlich ein, wie sehr es ihr mißfallen hatte, dies bei ihrer kleinen Schwester tun zu müssen, und eine Lawine von Erinnerungen und Affekten im Zusammenhang mit Erlebnissen mit Mutter und Schwester folgte, die für sie mit starken Konflikten verbunden waren.

Auch Erinnerungen an das Erlebnis des wirklichen physischen Verlusts der Mutter nach einer Geburt wurden durch die Schwangerschaft der Therapeutin geweckt. Bei einer meiner Patientinnen aus einer großen Familie führte die Angst vor meiner Entbindung zu Erinnerungen an die Abreise ihrer Mutter mit dem Baby zum Haus der Großmutter, wo sie 4 Wochen blieb, und daran, wie sie in dieser sehr schlimmen Zeit mit diesem Verlassenwerden hatte fertigwerden müssen. Bei einer anderen Patientin führte diese Angst zu dem viel traumatischeren Erlebnis der Depression der Mutter nach der Geburt, die darin gipfelte, daß die Mutter ins Krankenhaus kam und für das Kind physisch und emotional verlorenging. Es wäre wirklich erstaunlich, wenn die starke Angst und der große Schmerz, die mit diesen Erlebnissen verknüpft waren, durch meine Schwangerschaft nicht wieder wachgerufen worden wären.

Die Abwehrreaktionen der Patienten auf die Schwangerschaft der Therapeutin spiegeln manchmal genau die Abwehr wider, mit der sie auf die Geburt ihrer Geschwister reagiert hatten. Eine Patientin mit 4 jüngeren Geschwistern hatte keine Erinnerung an auch nur eine der Schwangerschaften ihrer Mutter; sie erinnerte sich auch nicht an ihre Geschwister als kleine Babys. Tatsächlich gab es in ihren Kindheitserinnerungen typischerweise keine Bilder von Geschwistern – trotz deren unvermeidlicher Gegenwart. Genauso, wie sie versucht hatte, ihre Existenz zu leugnen und zu verdrängen, versuchte sie es auch mit meiner Schwangerschaft. Sie phantasierte zum ersten Mal, Sitzungen zu versäumen, was sie damit in Zusammenhang brachte, daß sie vermeiden wollte, meinen schwangeren Körper zu sehen, so daß sie ihr Bild von mir als nicht schwanger aufrechterhalten konnte. Eine andere Patientin, die dazu neigte, die konfliktbeladenen Erinnerungen an Erlebnisse mit ihrem Geschwister nicht zu verdrängen, aber sehr wohl die starken Affekte, die damit verbunden waren, bemerkte meine Schwangerschaft, aber verleugnete ganz und gar jede Reaktion darauf. „Warum sollte mich das berühren? Ich bin vielleicht bis dahin in Afghanistan, wer weiß." Andere Patienten, die zu überbesorgten braven kleinen Kindern wurden, um sich Mutters fortbestehende Liebe nach der Geburt eines Geschwisters zu sichern, neigten anfänglich zu ähnlichen besorgten Reaktionen auf die Schwangerschaft ihrer Therapeutin.

Patienten, die wegen einer übermäßig engen Beziehung zur Mutter Trennungen nur schwer verkraften können, werden während der Schwangerschaft der Therapeutin vermutlich unter verstärkter Trennungsangst leiden. Sowohl die bevorstehende Unterbrechung der Behandlung als auch die eigenständige Existenz der Therapeutin, die mit der Schwangerschaft bezeugt wird, verstärken diese Ängste. Lax (1969) beschreibt eine Patientin, deren Unfähigkeit, sich von der Mutter zu trennen, während ihrer Schwangerschaft so stark auf sie übertragen wurde, daß zunehmend auch ihre Fähigkeit schwand, die Therapeutin von der echten Mutter zu unterscheiden. In diesem Fall nahmen, wie es auch sonst nicht selten vorkommt, die Wünsche nach symbiotischer Verschmelzung und die

Konflikte wegen dieser Wünsche zu, um die Trennung abzuwehren. Diese
Patientin, die sicher war, daß sie verlassen werden würde, agierte eine
primitive Identifizierung mit ihrer Therapeutin/Mutter, indem sie über-
stürzt heiratete und schwanger wurde.

Eine andere Übertragungsreaktion auf die Schwangerschaft der Therapeutin bringt eine Identifizierung mit dem Baby mit sich, oft mit Phantasien
darüber verbunden, wie das Baby behandelt werden wird. Manchmal wird
die Therapeutin als eine potentiell haßerfüllte und vernachlässigende
Mutter angesehen, eine Phantasie, die von den Erfahrungen der Patienten
mit ihrer eigenen Mutter herrühren kann, aber auch von der Wut der
Patienten auf die Therapeutin und feindseligen Wünschen für das Baby.
Neid auf das Baby oder Identifizierung mit ihm können auch dadurch
entstehen, daß die Therapeutin in der Vorstellung eine idealisierte Mutter
ist. Die Therapeutin wird dann als Kontrapunkt benützt, gegen den sich die
unvermeidlichen Enttäuschungen in der Beziehung des Patienten zu seiner
unvollkommenen Mutter abheben. Oder es steigt eine Welle zärtlicher
Erinnerungen an Augenblicke der Nähe zur eigenen Mutter auf. Symbiotische Sehnsüchte und Ängste können sich in manchen Patienten intensivie-
ren, wenn sie auf die symbiotische Teilhabe des Körpers der schwangeren
Mutter mit dem Foetus neidisch sind und an ihre eigene frühe Bindung mit
der Mutter erinnert werden.

Neben der Identifizierung mit dem Baby neigen Patientinnen dazu, sich
mit der Therapeutin als der guten Mutter zu identifizieren. Für manche
Patientinnen kann die Identifizierung mit der schwangeren Therapeutin
auch der Entstehung eines weiblicheren Ich-Ideals zugute kommen (Domash 1984) oder auch der Unterscheidung von einem negativen Mutterin-
trojekt, und zwar durch Identifizierung mit der Therapeutin als einem
besseren Identifikationsmodell (Ulanov 1973; Nadelson et al. 1974; Barbanel 1980). Die offenkundige Identifizierung mit der schwangeren Therapeutin kann aber auch eine viel pathologischere Grundlage haben, besonders in jenen Fällen, in denen die Patientin wirklich versucht, schwanger zu
werden. Eine solche primitive Identifizierung kann eine mangelnde Differenzierung als Schutz gegen ein verstärktes Gefühl der Isolierung darstellen;
sie kann ein Ausdruck feindseliger und neidischer Konkurrenzgefühle sein
oder eine Tarnung für eine narzißtische Identifizierung mit dem Baby (Lax
1969; Nadelson et al. 1974; Rubin 1980).

12.2.2 Die Therapeutin als ein getrenntes Wesen

Eine der verbreitetsten Übertragungsreaktionen auf die Schwangerschaft
der Therapeutin ist das Gefühl der Patienten, „verlassen" zu werden. Dieses
Gefühl des „Verlassenwerdens" ist in vielen Fällen überdeterminiert und
hängt oft mit realen und phantasierten Verlusten der Vergangenheit
zusammen. Es scheint jedoch auch eine Reaktion auf den Verlust einer

Illusion zu sein, der Illusion nämlich, daß die Therapeutin nur in ihrer Praxis und ausschließlich für den Patienten da ist. Obwohl unsere Patienten vom Verstand her wissen, daß wir, von unserer Arbeit mit ihnen abgesehen, ein „normales" Leben führen, erleben sie uns gefühlsmäßig oft völlig auf sich bezogen. Sie sind schockiert, wenn sie uns im Kino sehen, und entnervt, wenn sie uns auf einer Fachkonferenz zufällig begegnen. In unserer Praxis haben sie unsere ungeteilte Aufmerksamkeit – sie sind das „einzige Kind" in der Mitte einer Bühne, die sie mit niemandem teilen müssen. Diese Szene erinnert entweder an die frühesten Zeiten mit der Mutter oder an eine phantasierte Zeit, die nie wirklich erlebt wurde. Unsere Schwangerschaft, über lange Zeit deutlich sichtbar, schlägt der Phantasie, daß wir eine Erweiterung ihrer selbst darstellen, ins Gesicht. Sie werden gewaltsam daran erinnert, daß wir eine getrennte Existenz haben und eng mit anderen Menschen verbunden sind. Natürlich ist bei den meisten narzißtischen Patienten unsere Benutzung als Selbstobjekt potentiell bedroht. Aber selbst bei gesünderen neurotischen Patienten gibt es in diesem Zusammenhang oft das Gefühl eines echten Verlusts.

Bei manchen Patienten mobilisiert die Schwangerschaft also nicht nur Angst, die mit frühen Erfahrungen mit Mutter und mit Geschwistern verbunden ist, sondern sie verschärft darüber hinaus ihr Gefühl, existentiell allein zu sein, auch wenn sie mit uns in einem Zimmer sind. Die Schwangerschaft erregt nicht nur die Angst, man werde im Stich gelassen, wenn das Baby erst einmal auf der Welt ist, sondern sie wird als Beweis für ein andauerndes Verlassenwerden und andauernden Verrat empfunden. Ein solches intensives Gefühl eines getrennten Selbst kann zu wichtigen Einsichten führen, wenn man die Angst untersucht, mit der es auftritt, aber zunächst nimmt der Patient v. a. den psychischen Schmerz wahr, den es auslöst. Diese Patienten sind oft überzeugt, daß sie sich nur eingebildet haben, wir nähmen an ihnen Anteil. Plötzlich sehen sie uns nur als äußere Fassade, nur an dem Geld interessiert, das sie bezahlen, und sich selbst als jemand, der für uns nur ein „Job" ist, nicht mehr.

Eine Patientin beschrieb ihre anfängliche Reaktion folgendermaßen: „Ich habe sehr stark auf Ihre Schwangerschaft reagiert – ich war zwei Tage lang unfähig, das Haus zu verlassen oder irgendwie real zu funktionieren – ich habe einen unglaublich starken Schmerz empfunden, und dann habe ich ganz bewußt mein Engagement zurückgezogen. Ich hatte mich hier immer stärker engagiert gefühlt, wirklich zum ersten Mal fähig, mich zu öffnen, und Ihre Schwangerschaft ist der Beweis, daß das nur Schmerz verursachen kann... sie ist der konkrete Beweis dafür, daß ich für Sie total unwichtig bin und daß ich mich nicht auf Sie verlassen kann – immer wird jemand anders zuerst da sein... Es ist eine Wiederholung all meiner anderen Beziehungen, wo jemand, den ich brauche, auch nicht so ganz für mich verfügbar ist, wie ich dies möchte." – Oft sind Patienten von der Gewißheit besessen, daß wir nach der Geburt des Kindes nicht wiederkommen werden, obwohl wir ihnen das Gegenteil versichern; sie sind überzeugt, emotional seien wir schon abwesend. In diesen Fällen wächst der Widerstand und es ist notwendig, daß diese Gefühle ausgesprochen, untersucht und bis zu einem gewissen Grad durchgearbeitet werden, wenn die Behandlung sinnvoll fortgesetzt werden soll. Lax (1969) zitiert in anderem Zusammenhang die Reaktionen einer Patientin während ihrer Schwangerschaft: „Ich hatte das Gefühl, mit Ihnen eins zu sein; was ich dachte, käme von Ihnen zu mir zurück. Jetzt haben Sie die ganze Zeit das Baby und ich bin nur eine Stunde hier. Also ist das Baby hier und nicht ich. Sie mögen mich nicht mehr, jetzt, wo Sie das Baby haben, und ich kann nicht mit Ihnen rechnen" (S. 368).

12.2.3 Die Therapeutin als Sexualwesen

Die Schwangerschaft einer Frau demonstriert der Welt unweigerlich, daß sie ein sexuell aktives Wesen ist und daß sie ein Kind trägt, das das Ergebnis einer Beziehung zu einem bestimmten Mann ist. Wenn diese Frau Therapeutin ist, deren Privatleben bis dahin unklar geblieben war, ist die „bekanntgemachte" Tatsache ihrer Sexualität ein fruchtbarer Boden für hochaffektiv besetzte Übertragungsreaktionen.

Eine häufige Reaktion, die bei Männern und Frauen vorkommt, ist eine erneute Mobilisierung ihrer ödipalen Probleme. Da die Patienten an die Gegenwart eines Ehemannes im Leben der Therapeutin erinnert werden, können sie sich aus einem ödipalen Dreieck ausgeschlossen fühlen. Plötzlich konzentrieren sie sich in der Übertragung darauf, daß sie außerhalb einer intimen Beziehung zwischen 2 Erwachsenen stehen, die sie nur anschauen und beneiden, von der sie aber nicht wirklich ein Teil sein können. Ein Patient erlebte den Schmerz noch einmal, im Leben eines Menschen, den er liebte und der für ihn höchst wichtig war, nicht die wichtigste Gestalt zu sein. Er sah mich als jemand, der „in einer Paarbeziehung wie alle anderen" war und deshalb für ihn nicht verfügbar sein konnte; er wünschte, es könnte unser Baby sein und er, nicht mein Mann, könnte im Zentrum meines Lebens stehen. Und er sehnte sich wieder nach einer Beziehung, „wie meine Eltern sie miteinander hatten" – er hatte in dieser Woche einen alten Liebesbrief seines Vaters an seine Mutter gefunden – „sie hatten etwas Gutes miteinander". Eine Patientin begann unmittelbar nach der Geburt meines Kindes eine sexuelle Affäre mit dem Vater eines Neugeborenen. Obwohl sie den Mann nicht besonders gern hatte und auch nicht glaubte, daß die Affäre zu ihrem eigenen Besten war, fühlte sie sich gezwungen, sich mit ihm zu treffen; ihren Sex nannte sie „Grollficken".

Die schlagartig hervorgehobene Sexualität der schwangeren Therapeutin kann erotische Elemente der Übertragung verstärken. Für manche Patienten bedeutet sie eine stärkere Wahrnehmung ihrer sexuellen Gefühle gegenüber der Therapeutin und sie sprechen nun vielleicht zum ersten Mal darüber. Für andere sind sexuelle Gefühle gegenüber der Therapeutin zu dieser Zeit umgekehrt besonders bedrohlich und können zu verstärkter

Abwehr gegen das Erleben dieser Gefühle führen, die dann als Rückzug von
einer erotischen Übertragung erscheint. Für diese Patienten war die
Therapeutin bis zu diesem Zeitpunkt ein ungefährliches und sexuellen
Phantasien gegenüber neutrales Objekt. Nun ist sie nicht nur zu einem
gefährlich realen Sexualwesen geworden, sondern auch zur ödipalen Mutter,
die einem anderen gehört und der gegenüber sexuelle Regungen unannehmbar sind. Die gesteigerte Wahrnehmung der Sexualität der Therapeutin
kann also entweder zu einer Verstärkung oder einer Verdrängung erotischer
Aspekte der Übertragung führen.

Als Reaktion auf die Schwangerschaft kommen oft latente Einstellungen
zur Sexualität zutage. Abscheu gegen die Sexualität der Therapeutin kann
bewirken, daß ein Patient erkennt, mit welchem Ekel er seine eigene
sexuelle Betätigung betrachtet hat. Diese und andere Reaktionen öffnen den
Zugang zu den historischen Wurzeln dieser Einstellung und damit auch zur
Überprüfung der aktuellen Situation. Ein Patient, der sich zunächst selbst
beschimpfte, weil er von der „nicht sehr liberalen" Annahme ausgegangen
war, seine Therapeutin habe geheiratet, weil sie schwanger war, konnte
diese Sorge später mit seinen hoch konflikthaften Gefühlen in bezug auf die
Unehelichkeit seines Vaters in Verbindung bringen.

Andere Patienten sehen die Sexualität der Therapeutin nicht als
„schmutzig" oder „schlecht" an, sondern betrachten ihre Schwangerschaft
vielleicht als Ausdruck einer konfliktfreien sexuellen Identität, gegenüber
der sich ihre eigenen Konflikte und Sorgen im Hinblick auf ihre sexuelle
Identität abheben. Für männliche Patienten kann dies in Ängste um ihre
sexuelle Potenz oder Identität umschlagen. Es kann darüber hinaus zu
Phantasien führen, die von Neid auf den Mutterleib geprägt sind. Patientinnen sehen in der Therapeutin vielleicht den weiblichen Prototyp, was ihre
eigenen Ambivalenzen und Unsicherheiten über ihre weibliche Identität in
den Mittelpunkt rückt. Besonders für lesbische Patientinnen kann die
unausgesprochene Bekundung der Heterosexualität ihrer Therapeutin
große Schwierigkeiten mit sich bringen. Eine lesbische Patientin, Jane H.,
merkte, daß sie immer wütender und immer weniger vertrauensvoll wurde,
nachdem sie meine Schwangerschaft bemerkt hatte. Plötzlich hatte sie das
Gefühl, ich gehörte jener Gruppe von Frauen an, die sie ihr Leben lang aktiv
abgelehnt hatte – ich war die in bequemen Verhältnissen lebende berufstätige Frau aus der Mittelschicht, verheiratet, mit 2 1/2 Kindern. Als „Hetero"-
Frau hatte ich ein „Drehbuch" fürs Leben, das ihr nicht zur Verfügung
stand, während sie sich einerseits nach einem solchen Drehbuch sehnte, das
ihr helfen könnte, ihren Weg zu finden, andererseits aber stereotype
Drehbücher verschmähte. Sie war wütend, daß ich und der Therapieprozeß
sie zumindest unausgesprochen ermutigten, „einen schwereren Weg zu
gehen, einen Weg ohne Drehbuch oder allenfalls einem, das geschrieben
und umgeschrieben werden muß", während ich anscheinend den ausgetrete-
nen Pfad wählte. Einmal sprach sie offen über ihr Ressentiment und ihren
Neid auf mein „Drehbuch", und ihre Trauer über unsere Unterschiedlich-

keit und ihr Widerstand nahmen in jener Periode der Behandlung merklich ab. Außerdem halfen ihr diese Gefühle später, offener mit der Angst und Ambivalenz umzugehen, die sie bezüglich des von ihr gewählten Weges empfand, ohne über Gebühr Angst zu haben, ihn aufgeben zu müssen.

12.2.4 Die Therapeutin als Mutter

Obwohl die Schwangerschaft einer Therapeutin ein starker Auslöser für Kindheitskonflikte ist, kann sie auch die Tendenz haben, aktuelle Lebenssorgen hervorzuheben. Starker Neid auf die Therapeutin in dieser Zeit kann, auch wenn er z. T. auf früher vorhandenem Neid beruht, massive Gefühle über die eigene Kinderlosigkeit oder das Ledigsein widerspiegeln, besonders bei Patientinnen, die kinderlos sind und keine Kinder mehr bekommen können. Nadelson et al. (1974) schreiben, daß für manche Patientinnen die Schwangerschaft der Therapeutin die Zeit wird, „Verluste zu betrauern", die mit Abtreibung, Tod, verlorenem Sorgerecht und dergleichen zusammenhängen oder sich der Trauer um Kinder zu stellen, die sie nie empfangen haben.

Bei Patienten, die selbst Kinder haben, können Phantasien über die Therapeutin als Mutter oft zu einer Überprüfung ihrer eigenen Gefühle als Eltern und ihrer Beziehung zu ihren eigenen Kindern führen. Bei Patienten, die noch keine Eltern sind, kommen manchmal Konflikte zutage, die die potentielle Familiengründung betreffen. Die Entscheidung der Therapeutin, Beruf und Mutterschaft zu kombinieren, scheint manchen Patientinnen ein Beispiel dafür zu bieten, daß ein solcher Weg möglich ist. Andere können sie eher als Druck erleben, einen ähnlichen Weg einschlagen zu müssen.

12.2.5 Die Therapeutin als Objekt der Wut

Wegen der ungeheuren Vielfalt der Reaktionen auf die Schwangerschaft einer Therapeutin, die auf der einzigartigen Dynamik und der Situation des jeweiligen Patienten beruht, kann man nur schwer Aussagen darüber machen, welche Probleme bei einem bestimmten Patienten v. a. ans Licht kommen werden. Ein Problem jedoch, das sich fast unweigerlich irgendwann einstellt, weil es durch so viele sonst unterschiedliche Übertragungsreaktionen ausgelöst wird, ist der Umgang mit der eigenen Wut. Unter den höflichen (und auf einer Ebene oft aufrichtigen) Glückwünschen, die Patienten aussprechen, liegt die Vielzahl der bereits besprochenen Übertragungsreaktionen. Viele dieser Gefühle gegenüber der schwangeren Therapeutin sind stark von Wut geprägt: Wut wegen eines befürchteten oder erlebten Verlassenwerdens; Wut wegen einer gefühlten Zurückweisung; Wut über eine nicht annehmbare Sexualität; Wut über eine wahrgenommene größere Intimität mit anderen; Wut darüber, daß die Therapeutin etwas zu haben scheint, was man selber nicht hat; Wut über eine unerwartete Unterbrechung der Behandlung. Was immer diese Wut auslösen mag, sie bietet dem Patienten in der Behandlung einmal mehr Gelegenheit, sich durch die Übertragung anzusehen, wie sie ihre Wut ausdrücken (oder nicht ausdrücken), erleben und handhaben. Auf Grund der Schuldgefühle und Konflikte, die eine solche Wut erzeugt, ist man zunächst oft mit der Abwehr gegen diese Wut konfrontiert und nicht mit einem direkten Ausdruck des Gefühls. Das Erlebnis der Wut und die Sorge, sie auszudrücken, wecken im Lauf der Untersuchung meist Erinnerungen an frühere Wut und an die Art, wie Eltern mit ihr umgegangen sind.

Vielen Patienten bietet die negative Reaktion auf die Schwangerschaft der Therapeutin eine Möglichkeit, Wut zu empfinden, ohne daß diese Wut die Therapeutin oder die Beziehung zu ihr vernichten müßte, wie diese Patienten befürchten. Mit Winnicotts Worten (1954 a): Die Therapeutin „überlebt" ihre Wut und fördert so ein integriertes Gefühl für das eigene Selbst und das des *Anderen* und eine realistischere Einschätzung der Macht und der Wirkung dieser Wut. Die vehement zornige Therapeutin ist immer noch der gleiche Mensch wie die ruhig anteilnehmende, und der wütendste Patient ist der gleiche Mensch wie in den nicht wütenden, zärtlichen Zeiten. Ein solcher Ausdruck von Wut innerhalb einer stetig haltenden Beziehung kann für die Behandlung vieler Patienten von entscheidender Bedeutung sein.

12.2.6 Erhöhter Widerstand

Auf dem Höhepunkt der Übertragungsphantasien und -gefühle im Zusammenhang mit der Schwangerschaft der Therapeutin treten mit großer Wahrscheinlichkeit Perioden starken Übertragungswiderstands auf. Wenn der Patient die Therapeutin z. B. als verlassend oder ablehnend erlebt, ist die Atmosphäre nicht gerade förderlich, um seine Abwehrhaltung zu entspannen und persönliche schmerzliche Erlebnisse mitzuteilen. Statt dessen können sich eine wachsende Charakterabwehr und entsprechende Manöver zeigen.

Nicht selten tritt eine Distanzierung von der Therapeutin und der Therapie ein, mit der eine tiefe Anteilnahme und eine empfundene Verletzung getarnt werden sollen. Eine Verleugnung der Schwangerschaft selbst – über den Zeitpunkt ihrer unmittelbaren Sichtbarkeit hinaus – ist oft ein Zeichen einer solchen Abwehrhaltung, genauso wie emotionale Gleichgültigkeit, wenn die Schwangerschaft einmal bemerkt worden ist. Solange die defensive Verleugnung oder der emotionale Rückzug aus der Therapie nicht erkannt und durchgearbeitet worden sind, ist wenig erfolgreiche Arbeit möglich. Eine meiner Patientinnen beschrieb ihre starke und außergewöhnlich schmerzhafte Reaktion auf meine Schwangerschaft und den anschließenden bewußten Rückzug folgendermaßen: „Ich habe einen unglaublich starken Schmerz empfunden, und dann habe ich ganz bewußt mein Engagement zurückgezogen. Ich hatte mich hier immer stärker engagiert gefühlt, wirklich zum ersten Mal fähig, mich zu öffnen, und Ihre Schwangerschaft ist der Beweis, daß das nur Schmerz verursachen kann... aber diesmal kann ich mich zurückziehen, bevor es zu spät ist." [Nachdem sie zur folgenden Sitzung eine Viertelstunde zu spät gekommen war:] „Die Frage ist nun, wie ich mich darstellen soll, daß Ihr Wunsch, aufzudecken, befriedigt wird und meiner, bedeckt zu bleiben."

Eine andere Form des Widerstands während der Schwangerschaft der Therapeutin ist das Ausagieren stark geladener Emotionen, die auf diese Weise nicht besprochen und untersucht werden können. Typische Formen des Agierens sind das Versäumen von Stunden oder das Zuspätkommen, die überstürzte Beendigung der Behandlung, die plötzliche und unzeitige Schwangerschaft einer Patientin oder der Partnerin eines Patienten, unkontrolliertes Weglassen von Verhütungsmitteln oder Selbstmordgesten oder -versuche.

12.2.7 Die Wirkung unterschiedlicher Krankheitsebenen

Patienten aller Krankheitsebenen können zu starken und umfassenden Übertragungsreaktionen auf die Schwangerschaft ihrer Therapeutin neigen. Es sieht nicht so aus, als ob gesündere Patienten primär mit späteren, ödipalen Problemen reagieren, während nur bei den stärker gestörten Patienten die früheren Mutter-Kind-Konflikte zum Tragen kommen. Probleme der frühen Mutterübertragung entstehen in beiden Gruppen. Es scheint jedoch im Zusammenhang mit der Tiefe der Erkrankung einen wichtigen Unterschied zu geben. Bei gesünderen Patienten bleibt auch bei sehr starken Übertragungsreaktionen die „Als-ob-"-Qualität der Übertragung häufiger erhalten. Bei Borderline- oder schizoiden Patienten geht diese „Als-ob"-Qualität dagegen manchmal verloren, so daß die Erfahrung des Patienten dann ein tatsächliches Verlassenwerden von der Therapeutin als Person ist. Das Ergebnis ist eine andere Qualität der Interaktion, die die Therapeutin oft erst an der Intensität der Gegenübertragungsreaktionen merkt, die damit erzeugt werden kann. Dies sind die Patienten, die am ehesten zum Agieren oder zum überstürzten Abbruch der Behandlung neigen, wenn die Übertragung nicht mindestens teilweise durchgearbeitet wird.

Bei den stärker gestörten Patienten würde man aus einer Reihe von Gründen besonders intensive und von frühen Erlebnissen abgeleitete Übertragungsreaktionen erwarten. Ein schwächeres Ich hat in der Regel eine geringere Fähigkeit, sich gegen das Aufsteigen von konfliktbeladenem Material und seine Handhabung angemessen zu wehren. Man würde erwarten, daß sich der stärker gestörte Patient auch eher überwältigt fühlt und als Reaktion auf den starken Reiz einen größeren Ich-Zerfall erlebt.

Außerdem wird ein weniger differenzierter Patient ohne ein sicheres Gefühl der Objektkonstanz auf Probleme der Trennung und des Verlassenwerdens mit primitiveren und heftigeren Maßnahmen reagieren.

Die Übertragungen von Patienten mit einer tieferen Pathologie können von einer Art sein, die der Reaktion auf die Schwangerschaft der Therapeutin eine ungewöhnlich intensive Qualität verleiht. Balint (1968) erörtert diesen Unterschied auf 2 verschiedenen Ebenen der analytischen Arbeit. Er sieht einmal den Patienten auf einem primär ödipalen Niveau, für den die Übertragung in erster Linie dreieckshaft, der Konflikt der Situation inhärent ist und die Erwachsenensprache das angemessene Kommunikationsmittel darstellt; zum anderen den Patienten auf der Ebene der „Grundstörung". Für die zweite Gruppe von Patienten existieren nur Zweipersonenbeziehungen; die Qualität der Beziehung ist eine intensive Abhängigkeit von einem nicht völlig unterschiedenen *Anderen*; der Konflikt ist nicht zentral und die Erwachsenensprache ist oft mißverständlich. Er vermutet, daß bei diesen stärker gestörten Patienten jede Geste und jede beiläufige Bemerkung des Analytikers unendlich viel ausmacht und eine Bedeutung annimmt, die weit über alles hinausgeht, was wirklich beabsichtigt war. Deutungen werden entweder als Angriffe, Forderungen oder Beleidigungen erlebt, oder aber als aufregend, besänftigend oder liebevoll. Bei diesen Patienten, die tief in einer dyadischen Übertragung involviert sind, in der jede Bewegung der Therapeutin überinterpretiert wird, kann man erwarten, daß die Schwangerschaft, die die Getrenntheit der Therapeutin und ihre Beziehung zu anderen anzeigt, zu einem zentralen Punkt der Übertragung wird. Wahrscheinlich wird sie als ein besonders schwerer Schlag empfunden und es wird ihr die „Alsob"-Qualität fehlen, die für Patienten, die auf einer nicht-dyadischen Ebene funktionieren, typisch ist.

Ähnlich kann der Patient, dessen Probleme aus den frühesten Stadien seiner emotionalen Entwicklung stammen, in der Übertragung in eine therapeutische Abhängigkeitsregression geraten (Winnicott 1954 b). In solchen Fällen muß man sich auf das therapeutische Milieu verlassen, dessen Funktion als haltende Umwelt es ist, Einwirkungen auf den Patienten auf ein Minimum zu beschränken und eine Art Anpassung an den Patienten darzustellen. Die Schwangerschaft der Therapeutin kann man gewiß als eine solche Einwirkung ansehen. Winnicott spricht von der Wahrscheinlichkeit, daß der Patient unter solchen Umständen agiert, und von dem möglichen therapeutischen Erfolg, wenn das Agieren und die darunter liegende Wut und Enttäuschung vom Patienten im Zusammenhang mit der „ursprünglichen Situation des Versagens seiner Umgebung" verstanden und erlebt werden (S. 196).

Schließlich wird man gerade bei Borderlinepatienten und schizoiden Patienten eine besonders starke Übertragungsreaktion erwarten, eben weil ihre Schwierigkeiten so oft von internalisierten, hochgradig negativen Erlebnissen mit der Mutter ihrer frühen Kindheit herrühren, die durch die

Betonung der Mutterübertragung während der Schwangerschaft der Therapeutin wiederbelebt werden können.

12.3 Die Arbeit mit der Übertragung

Da die Schwangerschaft der Therapeutin ein so mächtiger Übertragungsreiz sein kann, ist die produktive Arbeit mit dem Übertragungsmaterial während dieser Zeit besonders wichtig. Die Therapeutin muß aufmerksam auf subtile Übertragungsmitteilungen achten, um sich einerseits einfühlsam auf das Leiden des Patienten einzustimmen und ihm oder ihr andererseits zu helfen, die Gedanken, Gefühle und Assoziationen, die aufsteigen, vollständiger auszudrücken, zu untersuchen und sich zunutze zu machen.

12.3.1 Das Erkennen von Übertragungsreaktionen

Die erste Aufgabe beim Umgang mit Übertragungsreaktionen, die durch die Schwangerschaft der Therapeutin hervorgerufen werden, besteht darin, potentielle Reaktionen wahrzunehmen und zu erkennen, wenn sie im Material des Patienten auftauchen – oft auf indirekte oder versteckte Weise. Sehr oft kommt dieses Übertragungsmaterial zum ersten Mal in einem Traum zum Ausdruck. Ein Patient mit einer charakterlich bedingten Verleugnung hatte die Schwangerschaft der Therapeutin auch am Ende des 5. Monats noch nicht bewußt bemerkt. Er erzählte einen Traum, der sowohl seine unbewußte Wahrnehmung der Schwangerschaft widerspiegelte als auch seine defensive Verleugnung. Im Traum saßen er und seine Therapeutin beisammen und unterhielten sich, und die Therapeutin rauchte und schaute in die Luft, ganz in Gedanken versunken. Etwas mit Trennung lag in der Luft; er dachte, sie wolle ihn von der Mutter trennen. Die Therapeutin sah dunkler aus, ihre Augen waren halb verdeckt. Als er sie ansah, war nur die obere Hälfte von ihr zu sehen, als ob er ein Bild von ihr ansähe. Es kam ihm nicht seltsam vor, sie so anzuschauen. Sie sprach sehr sanft; er bat sie, zu wiederholen, aber er konnte sie nicht hören. Schließlich sagte sie, „Sie wollen dieses schöne Ding ruinieren", aber er konnte es wegen des Lärms draußen nicht hören.

Eine andere Patientin, Sandra T., brachte ganz am Anfang meiner Schwangerschaft einen komplexen Traum, der ein frühes unbewußtes Wahrnehmen meiner Schwangerschaft widerspiegelte, die sie bewußt noch nicht erkannt hatte. Er enthielt viele deutliche Hinweise auf meine Schwangerschaft: Fische, die in einem Teich schwammen; sie sah mich nackt von der Taille aufwärts; eine phantasierte Tochter von mir erinnerte Sandra an ihre Stellung als „nur eine Patientin" und ein Gebäude, das kurz davor war, umzufallen, das sie aber nicht so gut sehen konnte wie eine stämmige Frau, die eine viel bessere Sicht hatte. Auf diesen Traum folgten

2 Wochen lang dissoziierte Erlebnisse der Zurückweisung und des Verlassenwerdens, begleitet von zunehmendem Widerstand, bis ihr die unbewußte Wahrnehmung meiner Schwangerschaft gedeutet wurde. Sie nahm diese
Deutung bereitwillig an, die auch zu einer dramatischen Abnahme des
Widerstands führte.

Reaktionen auf die Schwangerschaft der Therapeutin werden oft
metaphorisch ausgedrückt. Patienten äußern z. B. starke Gefühle gegenüber
Menschen in ihrem Leben außerhalb der Behandlung, die auf die Reaktion
des Patienten auf die Schwangerschaft bezogen werden können. Häufig
nehmen Themen des Verlassenwerdens, der Konkurrenz, des Verlusts, des
Verrats usw. oder – noch direkter – das Thema anderer Schwangerschaften
zu, bis die Schwangerschaft der Therapeutin schließlich bewußt erkannt
wird. Balsam (1974) verzeichnet als zusätzliche Themen Kleidung, die
äußere körperliche Erscheinung, Geburtenkontrolle, Schwangerschaftsab-
bruch, Gärtnern, Reinkarnation und Verjüngung.

Eine starre Verleugnung der Wahrnehmung der Schwangerschaft, auch
nachdem sie deutlich sichtbar geworden ist, oder die Verleugnung jedweder
Gefühle oder Reaktionen anläßlich dieser Schwangerschaft ist gewöhnlich
ein Zeichen, daß der Patient das Bedürfnis hat, sich gegen besonders
bedrohliche Übertragungsreaktionen zu wehren. Auch ein starres Beharren
auf einer einzigen Reaktion, sei es eine fröhliche Gratulation oder ein
wütendes Erlebnis des Abgelehntwerdens, weist auf die Abwehr gegen das
Aufsteigen anderer, unangenehmerer Reaktionen hin. Die direkt geäußerten Reaktionen und Phantasien sind oft überdeterminiert und können
Aspekte einer Reihe anderer Gefühle enthalten. Der Ausdruck intensiver
Befürchtungen zum Beispiel, die Therapeutin könne bei der Entbindung
sterben, kann bei einem bestimmten Patienten eine Verdichtung der Wut
auf die Therapeutin darstellen, Angst vor dem Verlassenwerden und Erinnerungen an frühere Verluste (die mit Todesfällen gleichgesetzt werden).

Wenn man während dieser Zeit auf die Möglichkeit eines Übertragungswiderstands achtet, ist es wichtig, insbesondere Veränderungen im allgemeinen Widerstandsniveau zu erkennen. Man sollte einen zunehmenden
Rückzug, gesteigerte Wut auf „andere" Dinge, die die Therapeutin tut, die
vorgeblich nichts mit der Schwangerschaft zu tun haben, stärkeres Agieren
in Form von Zuspätkommen oder Versäumen von Sitzungen, Überlegungen, die Zahl der Sitzungen zu reduzieren usw. aufmerksam zur Kenntnis
nehmen. Andere Formen des Agierens sind subtiler. Eine Patientin, die
zuvor große Schwierigkeiten gehabt hatte, die Sitzungen rechtzeitig zu
beenden, begann, nachdem sie meine Schwangerschaft bemerkt hatte, jede
Sitzung nach 45 Minunten (auf die Sekunde genau) zu beenden. Die
Exploration brachte wichtiges Material ans Licht, das sich auf ihre
Reaktionen auf meine Schwangerschaft bezog.

Gleichzeitig sollte man beachten, daß es zwar unwahrscheinlich ist, daß
ein Patient überhaupt keine Übertragungsreaktion auf die Schwangerschaft
der Therapeutin produziert; bei manchen Patienten spiegeln sich in dieser

Reaktion zu diesem Zeitpunkt aber nicht die stärksten Affekte. Genau wie man einen indirekten Ausdruck einschlägiger Übertragungsphantasien nicht übersehen sollte, sollte eine Therapeutin sich auch nicht übermäßig darauf konzentrieren, wenn das Material des Patienten tatsächlich zu wichtigen Konfliktbereichen führt, die nichts mit der Schwangerschaft zu tun haben. Das Übertragungsmaterial muß so erkannt werden, wie man es vom einzelnen Patienten hört, und darf nicht bereits vorausgesetzt und dann in das Material hineinprojiziert werden.

12.3.2 Die Erleichterung der Exploration

Beim Auftauchen von Übertragungsmaterial kommt es häufig vor, daß Patienten durch das Vorhandensein intensiver Gefühle gegenüber der Therapeutin in Verlegenheit geraten und sich durch die potentiellen Folgen ihrer Äußerung bedroht fühlen. Besonders in einem so stark affektbesetzten Bereich wie dem der Schwangerschaft der Therapeutin mit seinem sexuellen und regressiven Sog werden viele Patienten ohne erhebliche Ermutigung durch die Therapeutin nicht von selbst darangehen, ihre Gefühle und Phantasien zu erforschen. Wenn der Patient die Schwangerschaft erst einmal offen zur Kenntnis genommen hat, ist es wichtig, daß die Therapeutin versucht, über die „geburtenbejahende Fassade" (Clarkson 1980) des Patienten hinauszugelangen und die individuelleren Reaktionen des Patienten auf die Schwangerschaft hervorzulocken. Wenn dies in einem Klima technischer Neutralität und persönlicher Einfühlsamkeit geschieht, äußern Patienten oft ein viel breiteres Spektrum von Reaktionen, als dies am Anfang der Fall war.

Man sollte die Exploration der Gefühle des Patienten ermutigen, sobald die Schwangerschaft erkannt worden ist, aber ein großer Teil des Übertragungsmaterials wird wahrscheinlich erst zu einem späteren Zeitpunkt der Schwangerschaft stärker ins Zentrum geraten und genutzt werden können. Sobald die Reaktionen ausgedrückt und ausführlich geschildert worden sind, wirken sie möglicherweise nicht mehr als Widerstand gegen die Behandlung, auch wenn ihr Ursprung noch nicht völlig verstanden wird. Auch wenn die Übertragungsreaktionen auf die Schwangerschaft nicht als Widerstand wirken, bieten sie oft einen wertvollen Zugang zu einem besseren Verständnis der inneren Objektwelt des Patienten. Die verschobene Intensität oder die Verzerrungen, die an den Reaktionen des Patienten auf die Therapeutin beteiligt sind, bieten (wie jede intensive Übertragungsmanifestation) die einzigartige Gelegenheit, die Reaktionen auf ihren Ursprung in der Kindheit zurückzuverfolgen und zu verstehen, welche Wirkung die damaligen Erlebnisse auf das aktuelle innerseelische und interpersonelle Leben haben.

Die Wahl des Zeitpunkts für die Deutung ist natürlich bei jedem Patienten verschieden. Wenn die Therapeutin es dem Patienten erleichtert,

seine Reaktionen auf die Schwangerschaft zu äußern, und wenn sie sie nicht
vorzeitig deutet, sondern zuläßt, daß sie mit der Zeit stärker werden, wird es
auch leichter sein, sie dem Patienten zu demonstrieren und seine Neugier zu
gewinnen, ihren Ursprung zu verstehen. Wie mit jedem Übertragungsmaterial, wird man sich auch hier auf die Reaktionen auf die Schwangerschaft
konzentrieren, den Einzelheiten mit Objektivität und Interesse nachgehen
und den Patienten gleichzeitig spüren lassen, daß die Therapeutin seine
Reaktionen nicht als persönliche Angriffe oder Übergriffe auffaßt, die ihr zu
unangenehm wären, als daß sie sie sich anhören könnte.

Manche Patienten, die sich durch ihre Übertragungsgefühle besonders
bedroht fühlen, können vielleicht sogar offenkundig durchsichtige Zusammenhänge zwischen ihren Gefühlen oder ihrem Verhalten und der
Schwangerschaft der Therapeutin nicht erkennen. Obwohl diese Patienten
die Wirkung der Therapeutin auf sie zu diesem Zeitpunkt möglicherweise
leugnen müssen, bedeutet das nicht, daß eine Übertragungsdeutung unbedingt überhört wird oder nutzlos geblieben ist. Es kann sein, daß Patienten
trotz ihrer momentanen Unfähigkeit, heikle Probleme weiter zu untersuchen, v. a. dadurch Erleichterung finden, daß die Deutungen ihre verwirren-
den Erlebnisse irgendwo sinnvoll erscheinen lassen. Für manche, die diese
Gefühle selbst nicht ausdrücken können, kann die Erlaubnis, die mit einer
nicht strafenden Deutung verbunden ist, dazu führen, mit der Arbeit in
anderen Bereichen fortzufahren. Manche Patienten können diese Deutungen in der Behandlung später vielleicht besser nutzen, vielleicht nachdem
sie die Geburt des Babys der Therapeutin überlebt haben, ohne daß ihre
schlimmsten Phantasien sich erfüllten, oder einfach, weil sie in der
Behandlung zu einem anderen Punkt gekommen sind. Ähnlich können sich
bei manchen Patienten, die dramatisch und stürmisch auf die Schwangerschaft reagieren, Deutungen als nützlich erweisen, auch wenn sie zunächst
die Übertragungsdimensionen anscheinend nicht untersuchen konnten.
Und es wird immer wieder einige Patienten geben, besonders aus der
Gruppe der weniger differenzierten mit primitiveren Reaktionen, für die
die Behandlung des Übertragungsmaterials trotz aller Versuche die Behandlung sprengt.

12.3.3 Das Anerkennen nicht übertragungsbedingter Reaktionen

Nicht alle Reaktionen, auch nicht alle starken Reaktionen auf die Schwangerschaft der Therapeutin, sind in erster Linie Übertragungsreaktionen. Es
kann schwierig sein, übertragungsbedingte Reaktionen von anderen zu
unterscheiden, in denen der Patient subtile Nuancen der Kommunikation
der Therapeutin richtig erfaßt. Eine Patientin z. B., die das Gefühl äußert,
die Therapeutin würde jetzt, da sie schwanger ist, lieber nicht mit ihr
arbeiten – und die diesen Gedanken genau in dem Augenblick äußert, als der
Therapeutin in der frühen Schwangerschaft sehr übel ist und sie sich

wünscht, die Sitzung wäre vorbei, gründet diesen Gedanken nicht unbedingt primär auf ihre eigenen frühen Erfahrungen mit der Mutter oder mit Geschwistern. Sobald die Therapeutin jedoch anerkennen kann, daß der Gedanke der Patientin eine gewisse Begründung in einer von ihr ausgehenden Kommunikation hatte, wird es möglich, die Gedanken, Gefühle oder Phantasien zu untersuchen, die diese Kommunikation vielleicht in der Patientin ausgelöst hat.

Natürlich werden nicht alle Reaktionen auf den Therapeuten von der Übertragung beherrscht. Neurotische Patienten reagieren auf ihren Therapeuten immer zugleich auf der Ebene der Übertragung, auf der Grundlage eines therapeutischen Bündnisses und als Mensch auf einen anderen Menschen. Greenson (1967) erinnert uns daran, daß es angebracht und wichtig ist, auf ein tragisches Ereignis im Leben des Patienten anteilnehmend einzugehen: ebenso müssen wir unseren Patienten erlauben, Reaktionen auf das erkennbare Ereignis in unserem Leben zu äußern, ohne dies sofort als Übertragung zu deuten. Selbst fremde Menschen in der U-Bahn lächeln manchmal beglückwünschend oder machen gegenüber der offensichtlich schwangeren Frau eine Beschützergeste. Es wäre fast ein Mangel an Respekt gegenüber einem Patienten, wenn man seine weniger intensiven Reaktionen nicht auch für bare Münze nimmt, als anteilnehmende Reaktion eines Menschen auf einen anderen. Ratschläge einer erfahrenen Mutter an die Therapeutin können zwar auf Konkurrenzgefühlen oder Feindseligkeit beruhen; sie können der Patientin aber auch Gelegenheit geben, in ihren Interaktionen mit der Therapeutin ein Gefühl größerer Kompetenz zu empfinden (Rubin 1980). Eine Deutung zur Unzeit kann eine unnötige narzißtische Kränkung sein.

12.4 Praktische Überlegungen

Angesichts der starken Wirkung, die die Schwangerschaft auf die Übertragung hat, sollte man sorgfältig überlegen, wie über die Schwangerschaft anfangs gesprochen werden soll und wie die Unterbrechung und Wiederaufnahme der Behandlung bestimmt und mitgeteilt werden.

12.4.1 Die Besprechung der Schwangerschaft

Manche Therapeutinnen entscheiden sich dafür, ihre Patienten unmittelbar von ihrer Schwangerschaft zu informieren, noch bevor sie erkannt wird, aber die meisten analytisch orientierten Therapeutinnen warten ein Signal der Wahrnehmung von seiten ihrer Patienten ab. Man kann dann mit den Reaktionen des Patienten auf die Schwangerschaft praktisch so umgehen, wie man es auch mit anderem analytischen Material tun würde. Die Patienten pflegen zu verschiedenen Zeiten auf die Schwangerschaft zu reagieren. Wenn man abwartet, ermöglicht man es dem Patienten, in seinem eigenen Tempo mit dem Problem umzugehen und zu bestimmen, wann es wirklich sein Problem geworden ist. Eine verfrühte Besprechung der Schwangerschaft – bevor der Patient sie bemerkt und auf sie reagiert hat – könnte außerdem die Intensität früher Reaktionen und Abwehrmechanismen abschneiden, die sonst spontan auftreten würden.

Warten auf den Patienten und seine Reaktion auf die Schwangerschaft hat für die analytische Arbeit also sicher Vorteile; aber die Kommunikationen und Reaktionen innerhalb der analytischen Arbeit sind nicht immer so direkt oder auch nur bewußt. Ein Patient braucht das Thema der Schwangerschaft der Therapeutin nicht unmittelbar anzuschneiden, damit die Therapeutin seine Reaktionen aus dem Material der Sitzung heraushört. Tatsächlich sind frühe Reaktionen oft versteckt und indirekt; sie erscheinen in Träumen oder bei Fragen, die augenscheinlich nicht mit der Schwangerschaft zusammenhängen. Wenn ausreichende Anzeichen dafür vorhanden sind, daß der Patient auf die Schwangerschaft reagiert, sollte die Therapeutin es dem Patienten erleichtern, seine Gefühle auszudrücken oder sie wie anderes Übertragungsmaterial deuten. Das Problem ihrer Schwangerschaft und der Reaktion des Patienten auf sie werden so in den Vordergrund geschoben, wo sie unmittelbar besprochen und erforscht werden können.

Bei Patienten, die kein Zeichen geben, daß sie die Schwangerschaft „bemerken" oder auf sie reagieren, auch wenn sie schon deutlich zu sehen ist oder wenn der 7. Monat beginnt, muß die Therapeutin das Thema anschneiden, um sicherzustellen, daß noch genug Zeit bleibt, um die Gefühle hinsichtlich der Schwangerschaft und der Behandlungsunterbrechung durchzuarbeiten, bevor diese eintritt. Aber selbst dann sollte man sich zuerst auf die Verleugnung des Patienten konzentrieren und diese untersuchen, anstatt dem Patienten nur das Faktum der Schwangerschaft und ihre Folgen für die Behandlung mitzuteilen.

12.4.2 Die Planung der Behandlungspause

Das Festlegen eines vorläufigen Datums für die Behandlungspause anstelle des Weiterarbeitens bis zur Entbindung kann für Patienten sehr hilfreich sein. Die Wahl eines Datums einige Zeit vor dem Geburtstermin kann Patienten die Angst nehmen, jede Sitzung könnte die letzte sein; sie kann ihnen ein stärkeres Gefühl der Kontrolle geben und die Möglichkeit, noch vor der eigentlichen Unterbrechung sich auf einen vorläufigen Abschluß einzurichten. Patienten, denen ihre Therapeutin mitteilt, sie werde bis zur Entbindung weiterarbeiten, wann immer diese sein möge, können sich außerdem zusätzlich durch die Angst belastet fühlen, die Therapeutin könnte sehr wohl während ihrer eigenen Sitzung in die Wehen kommen. Das festgesetzte Datum kann natürlich, auch wenn es vor dem berechneten Geburtstermin liegt, nur ein vorläufiges sein, da immer die Möglichkeit einer verfrühten Geburt besteht. In einem solchen Fall ist es wichtig, daß jemand die Patienten so bald wie möglich anruft, um sie über die verfrühte Geburt zu informieren, spätere Termine abzusagen und zu versichern, daß Mutter und Kind gesund sind.

Wichtig ist es auch, ein bestimmtes Datum für die Rückkehr der Therapeutin festzusetzen. Ein fester Termin für die nächste Sitzung kann eine konkrete Beruhigung sein, daß die Therapeutin trotz entgegengesetzter Befürchtungen und Phantasien zurückkommen wird. Naparstek (1976) schreibt, daß manche Therapeutinnen dazu neigen, die Länge der Zeit zu unterschätzen, die sie bis zu ihrer Rückkehr brauchen werden. In ihrer Studie gewährten sich Therapeutinnen, die ihren Fragebogen beantworteten, einen Urlaub von null bis vierzig Wochen, wobei die größte Gruppe nach 8 Wochen die Arbeit wieder aufnahm.

12.4.3 Kontakt während des Mutterschaftsurlaubs

Wenn die Therapeutin während ihres Urlaubs keinen Kontakt möchte, kann sie Patienten, die vielleicht das Bedürfnis haben, während der Pause mit jemandem zu sprechen, den Namen eines Therapeuten nennen, mit dem sie sich in Verbindung setzen können.

Viele Therapeutinnen fanden es praktisch, Patienten nach der Geburt Geburtsanzeigen zu schicken. Auf diese Weise erkennen sie das Interesse und die Anteilnahme der Patienten an, teilen mit, daß die Therapeutin die Geburt und die Wut des Patienten überlebt hat, stellen einen Kontakt her, obwohl sie keine Sitzung durchführen und bestätigen noch einmal das Datum ihrer Rückkehr.

12.5 Häufige Gegenübertragungsreaktionen

Bisher haben wir uns auf die Auswirkungen konzentriert, die die Schwangerschaft der Therapeutin auf den Patienten, der in Behandlung ist, haben kann. Natürlich ist aber auch die Therapeutin inmitten eines wichtigen Lebensereignisses, das praktisch jeden Aspekt ihres Funktionierens beeinflußt. Die Schwangerschaft ist eine Zeit bedeutender physiologischer und emotionaler Veränderungen und eine Zeit, in der die eigenen Rollenidentifizierungen im Fluß sind. Für die schwangere Therapeutin ist es wichtig, ihre eigenen Reaktionen auf die Belastungen und Aufregungen ihrer Schwangerschaft zu erkennen, wenn sie die Art und Weise, wie diese Reaktionen ihre Patienten und ihre Arbeit beeinflussen, verstehen und irgendwie unter Kontrolle bringen will. Darüber hinaus muß sie aber auch die potentiellen Gegenübertragungsreaktionen untersuchen, die in Beantwortung der starken und oft primitiven Übertragungsreaktionen ihrer Patienten entstehen können.

12.5.1 Eine Zeit bedeutsamer physiologischer und emotionaler Veränderungen

Eine der am weitesten verbreiteten Erlebnisse während einer Schwangerschaft ist vermutlich das erhöhte Gefühl physiologischer und emotionaler Verwundbarkeit (Nadelson et al. 1974). Physiologische Reaktionen auf die Schwangerschaft, wie z. B. Brechreiz oder verstärkte Müdigkeit in den ersten Monaten, können sicherlich die Konzentrationsfähigkeit beeinträchtigen, weil die Aufmerksamkeit der Therapeutin auf ihren eigenen Körper gerichtet ist. Außerdem kann die „primäre Mütterlichkeit" (Winnicott 1956) in späteren Monaten dazu führen, daß die Therapeutin stärker mit sich selbst beschäftigt ist und möglicherweise ihre Libido von den Patienten und der Arbeit abzieht.

Außer einem Gefühl größerer physischer Verwundbarkeit beschreiben viele Frauen auch das Gefühl einer verstärkten emotionalen Verletzbarkeit, so daß sie viel leichter in Gemütsbewegung geraten. Bei manchen Therapeutinnen kann dies zu einem einfühlsamen Eingehen auf ihre Patienten führen, während es bei anderen eine potentiell stärkere Anfälligkeit für persönliche Gegenübertragungsreaktionen haben kann. Da ihr eigenes Gefühl fester Körpergrenzen herabgesetzt ist, weil sie diesen Körper jetzt mit einem Foetus teilt, kann auch eine stärkere Empfänglichkeit für die symbiotischen Wünsche von Patienten entstehen und entweder zu abwehrender Distanzierung oder zu einer stärkeren Einfühlung in das Erleben des Patienten führen.

Viele schwangere Frauen erleben, besonders im 2. Trimester, ein Gefühl der Selbstbestätigung und Ruhe, das sie für das Material des Patienten offener werden läßt. Balsam (1974) weist darauf hin, daß dies der Therapeutin helfen kann, „die vielen unbefriedigenden Abschnitte der Therapie zu überstehen... und dem Patienten mehr Spielraum für die Äußerung seiner schmerzlichen Gefühle zu geben, ohne daß damit sofort ein Beweis für ihre verbesserte Arbeit erbracht werden müßte" (S. 268).

Wie Paluszny u. Poznanski (1971) es passend ausdrücken, lebt die schwangere Therapeutin „gleichzeitig in zwei Welten" (S. 274). Und obwohl dies ihre Arbeit häufig bereichern kann, gibt es immer auch Zeiten, in denen dieser Umstand die optimale therapeutische Reaktion beeinträchtigt. Das Gefühl vieler Patienten von Ablehnung und Verlust kann also eine Grundlage in solchen realistisch wahrgenommenen Andeutungen haben, die von der Therapeutin ausgegangen sind.

12.5.2 Eine Zeit des Rollenwechsels

Besonders für die Therapeutin, die ihr erstes Kind erwartet, ist die Schwangerschaft eine Zeit wichtiger Rollenveränderungen. Die Mutterrolle ist neu; sie muß mit anderen, vertrauteren Rollen integriert werden, z. B.

ihrer beruflichen Identität. Konflikte und Sorgen im Zusammenhang mit der Frage, wie diese Rollen verschmelzen oder einander stören werden, sind recht verbreitet. Manchmal können die eigenen Ängste und Zweifel der Therapeutin, ob es ihr gelingen wird, diese Aspekte ihres Lebens miteinander zu vereinbaren, obwohl sie dazu entschlossen ist, sich mit den heimlichen Sorgen des Patienten treffen, sie werde nach der Geburt des Babys vielleicht nicht wiederkommen.

Eine anderer Weg, wie diese Rollenveränderungen Gegenübertragungen auslösen können, hängt stärker mit der Betonung ihrer weiblichen Geschlechtsrolle zusammen. Vor der Schwangerschaft füllt die Therapeutin bei ihrer Arbeit ihre Rolle ganz ähnlich aus wie der männliche Therapeut. Plötzlich steht ihre weibliche Fähigkeit, schwanger zu werden, im Scheinwerferlicht der Übertragung und kann zu Übertragungsstürmen führen. Wenn die Therapeutin dies als eine Belastung auffaßt, die auf ihrem Geschlechtsunterschied zum männlichen Therapeuten beruht, kann eine Tendenz zum Agieren der Gegenübertragung entstehen. Die Therapeutin könnte dann dazu neigen, die Wirkung ihrer Schwangerschaft auf ihre Patienten zu leugnen oder zu bagatellisieren und so subtile Übertragungshinweise unerforscht lassen. Sie kann sich auch dafür entscheiden, nur jene Aspekte der Übertragung zu deuten, die mit der bevorstehenden Unterbrechung der Behandlung zusammenhängen – ein Übertragungsproblem, mit dem *alle* Therapeuten zu tun haben –, während sie primitiveres Übertragungsmaterial, das in Reaktion auf ihre Schwangerschaft auftaucht, vermeidet. Manchmal stellt die Therapeutin fest, daß sie die Wirkung der Schwangerschaft auf sich selbst verleugnet und sich zu einer Zeit, in der ihr Körper leichter ermüdet, zuviel zumutet. Sie kann aber auch Schuldgefühle wegen ihrer Schwangerschaft empfinden und sich selbst und ihren Patienten gegenüber die realen Aspekte eines solchen Einbruchs in die therapeutische Arbeit besonders betonen, dabei jedoch die Übertragungsaspekte der Reaktionen ihrer Patienten übersehen. Schließlich können Sorgen wegen der Belastung durch die Schwangerschaft eine Therapeutin veranlassen, sich weiter als kompetent und engagiert zu beweisen; dies kann zu verfrühten Deutungen oder übermäßiger Befriedigung des Patienten führen.

Jenseits persönlicher Rollenveränderungen gibt es im Verlauf der Schwangerschaft oft Augenblicke des Rollentausches mit Patienten, die die Therapeutin vielleicht mit Unbehagen erlebt. Besonders wenn der Geburtstermin herannaht, haben Patienten vielleicht den Wunsch, die Therapeutin zu versorgen, die ihnen, vielleicht zum ersten Mal, verwundbar erscheint.

12.5.3 Gegenreaktionen auf die Übertragung

Die vielleicht gefährlichsten Erscheinungen der Gegenübertragung sind Gegenreaktionen auf die Reaktionen des Patienten. Wenn manche frühen und primitiven Übertragungen für die Therapeutin besonders angsterregend sind, wird sie sie möglicherweise meiden oder leugnen. Andererseits kann die Therapeutin, wenn sie schmerzliche Reaktionen von Patienten auf ihre Schwangerschaft bemerkt, starke Schuldgefühle empfinden, weil sie sich tatsächlich als das verlassende Objekt erlebt oder als jemand, der dem Patienten seine persönlichsten Probleme aufdrängt. Diese Schuldgefühle können die Gefahr in sich bergen, daß die Übertragungselemente zu wenig betont werden, weil das Augenmerk in übertriebener Weise auf den realen Einbruch der Schwangerschaft in die Behandlung gelenkt wird.

Als Antwort auf die negativen Reaktionen von Patienten können in der Therapeutin hoch aggressive Gefühle der Gegenübertragung entstehen. Besonders wenn sich die Therapeutin selbst sehr verletzlich fühlt oder sich Sorgen um das Wohl ihres Babys macht, können die feindseligen Äußerungen eines Patienten sie ungewöhnlich wütend machen. Verhüllte Todeswünsche gegen das Baby oder „Besorgnisse" des Patienten bezüglich einer Fehlgeburt oder einer gefährlichen Entbindung zum Beispiel sind nicht gerade selten (oft von ausführlichen Erzählungen über traumatische Fehlgeburten oder Totgeburten bei anderen begleitet). Die Wut einer Therapeutin kann sich in feindseligen Deutungen zeigen, in einem Agieren durch versäumte Termine (besonders wenn das Versäumnis irgendwie mit der Schwangerschaft zusammenhängt) oder im unbewußten Einverständnis damit, daß der Patient die Behandlung abbricht. Wenn die primäre Reaktion auf negative Phantasien des Patienten dagegen eher Angst ist, wird die Therapeutin, anstatt feindselige Deutungen zu geben, vermutlich das negative Übertragungsmaterial meiden oder sich während der Sitzung vom Patienten zurückziehen, oft in ihre eigenen Phantasien von ihrem Baby.

Im Gegensatz zu Wut- oder Angstreaktionen kann es auch vorkommen, daß die Therapeutin sich übermäßig mit einem Aspekt der Übertragung des Patienten identifiziert, der mit ihren eigenen Erfahrungen mit Mutter oder Geschwistern zusammenfällt. Eine Therapeutin kann solche Erfahrungen auch auf den Patienten projizieren, vor allem dann, wenn dessen Übertragungsreaktionen auf die Schwangerschaft zweideutig sind.

Barbanel (1980) erklärt, daß die Probleme der Gegenübertragung für jede Therapeutin verschieden sind und ihrer „realen" Persönlichkeit entsprechen. „Für eine Therapeutin ist es am schwierigsten, einen Zugang zu den stürmischen Wutgefühlen des Patienten zu finden, für eine andere mögen die im Patienten geweckten zärtlichen Beschützergefühle unerträglich sein" (S. 244).

12.5.4 Das Ausnützen der Gegenübertragung

Es ist wichtig, daß die Therapeutin über die Gegenübertragungserlebnisse Bescheid weiß, die während der Schwangerschaft vorkommen können, so daß sie sie bei sich selbst leichter erkennen kann, wenn sie auftreten und dadurch auch ihre Wirkung auf die Behandlung besser kontrollieren.

Gefühle der Gegenübertragung sind zu erwarten; sie brauchen die Behandlung nicht negativ zu beeinflussen, so lange sie bewußt gemacht werden, um zu vermeiden, daß man sich in der Therapie unbewußt von ihnen leiten läßt.

Reaktionen der Gegenübertragung können, wenn sie erkannt worden sind und von der Therapeutin kontrolliert werden, ein wertvolles Hilfsmittel zum Verstehen der Übertragung des Patienten sein. Abgesehen von den Gegenübertragungsreaktionen, die mit eigenen Erlebnissen der Therapeutin zusammenhängen, können sie auch als Antwort auf die Mitteilung eines Patienten entstehen. Die Therapeutin wird bei manchen Patienten wahrscheinlich feststellen, daß sie mehr Schuldgefühle wegen ihrer Schwangerschaft hat, bei anderen, daß sie wütender ist, und diese Gefühle können frühe Hinweise auf den Inhalt der Übertragungsreaktionen des Patienten sein. Die Therapeutin sollte die Intensität dieser ihrer Reaktion abschätzen, da besonders starke Gegenübertragungsreaktionen manchmal auf eine besondere Stärke oder Primitivität der Übertragung hinweisen.

12.6 Reaktion von Supervisoren

Während einer schwierigen Periode der therapeutischen Arbeit ist es sinnvoll, sich Unterstützung oder Supervision zu holen. Das gilt besonders, wenn der Therapeut zu besonders intensiven Gegenübertragungsreaktionen neigt, mit denen er auf stark affektiv besetztes Übertragungsmaterial reagiert. Supervisoren und Berufskollegen einer schwangeren Therapeutin können eine unschätzbare Hilfe sein, um Übertragung, Gegenübertragung und Realitätselemente in den Reaktionen von Patienten auf die Schwangerschaft zu erkennen und zu entflechten. Tatsächlich sind viele Supervisoren und Kollegen in dieser Hinsicht wirklich hilfreich gewesen; daneben gibt es andere Beschreibungen von Erfahrungen mit Supervisoren während der Schwangerschaft, von denen man keine Unterstützung erfuhr oder die sogar destruktiv waren.

So wie die eigene Geschichte der Therapeutin ihre Einstellung zur Vereinbarung von Berufs- und Familienrolle und ihre allgemeine Einstellung zur Schwangerschaft beeinflussen kann, so muß dies auch für die Wahrnehmung des Supervisors gelten. Außerdem finden sich viele Supervisoren trotz ihrer größeren Erfahrung in diesem Moment mit einem Bereich der Behandlung konfrontiert, für den sie kein persönliches Bezugssystem haben.

Eine häufige Reaktion, die von schwangeren Therapeutinnen berichtet wird, ist die Tendenz des Supervisors, sich auf andere, vertrautere Bereiche zu konzentrieren und die potentielle und reale Wirkung der Schwangerschaft auf den Patienten herunterzuspielen. Diese Therapeutinnen berichteten, daß sie dem Ansturm des Materials, das dann als Antwort auf die Schwangerschaft tatsächlich hochkam, unvorbereitet gegenüberstanden und daß ihnen frühere indirekte Anspielungen oft entgingen oder sie sie

auch selber leugneten und sich nicht bereit fühlten, mit der Intensität der
direkten Reaktionen umzugehen. Selbst wenn ziemlich deutliche Übertragungsreaktionen auftauchten, beschrieben viele Therapeutinnen die verwir-
rende Erfahrung, daß Supervisoren nur selten einen Zusammenhang
zwischen den Reaktionen der Patienten und der Schwangerschaft der
Therapeutin vermuteten. Manche beschrieben Situationen, in denen Supervisoren, die selbst nie eine solche Hypothese vorgebracht hatten, trotzdem
zugaben, diese Hypothesen könnten richtig sein, wenn die Therapeutin sie
aufstellte, gleichsam, als seien sie selbst nie auf diesen Zusammenhang
gekommen (dies bei Supervisoren, die in anderen Bereichen wirklich
hilfreich waren).

Andere Therapeutinnen erinnern sich aber auch an potentiell sehr viel
destruktivere Situationen, in der der Supervisor die Schwangerschaft als
etwas ansah, das die Behandlung nicht beeinflussen würde und sollte, es sei
denn, die Therapeutin lenkte aus Gründen ihrer eigenen Neurose das
Augenmerk auf sich. Wenn solche Therapeutinnen berichteten, sie hätten
das Material ihrer Patienten im Zusammenhang mit ihrer eigenen Schwangerschaft verstanden, sah der Supervisor dies als narzißtische Selbstbezo-
genheit der Therapeutin an, die auf den Patienten projiziert wurde – anstatt
in der Schwangerschaft einen mächtigen Übertragungsanreiz zu vermuten.
In diesen Fällen ging der Supervisor davon aus, daß Patienten, die keine
direkte Bemerkung über die Schwangerschaft gemacht hatten, diese entweder nicht bemerkt oder nicht auf sie reagiert hatten. Butts und Cavenar
(1979) berichten aus persönlicher Erfahrung, daß eine Therapeutin in der
Supervision die Frage untersuchen wollte, warum ihr Patient im 7. Monat
ihrer Schwangerschaft dies noch kein einziges Mal erwähnt hatte. „Der
Supervisor erwiderte, die Assistenzärztin empfinde den Mangel an Beachtung für ihre Schwangerschaft als narzißtische Kränkung, und der Patient
sollte der Schwangerschaft nicht mehr Beachtung schenken als etwa neuen
Schuhen oder einer neuen Brille der Therapeutin" (S. 158). Butts schreibt,
dies habe bei ihr damals zu der Befürchtung geführt, sie sei vielleicht von
ihrer Schwangerschaft zu sehr in Anspruch genommen; sie fing deshalb an,
viele Phantasien und Anspielungen auf die Schwangerschaft zu verleugnen,
die im Material ihrer anderen Patienten auftauchten.

Butts und Cavenar (1979) geben ein weiteres Beispiel, in dem die
Beurteilung des Supervisors die Arbeit der Therapeutin nachteilig beein-
flußte, in diesem Fall nicht durch eine Bagatellisierung der Wirkung der
Schwangerschaft, sondern durch ihre Überbetonung. Eine klinische Fall-
konferenz stimmte darin überein, daß eine Patientin sofort an eine nicht
schwangere Therapeutin überwiesen werden solle, weil die Schwangerschaft der Therapeutin die Patientin veranlassen könne, zu dekompensie-
ren; Hinweise auf die Beobachtung dieser Sorge im Zusammenhang mit der
persönlichen Dynamik der Patientin wurden allerdings nicht vorgebracht.
Der eigene Supervisor der Therapeutin wies diese Empfehlung zurück. Die
Patientin dekompensierte nicht, aber infolge des Panikgefühls innerhalb der

Konferenz empfand die Therapeutin selbst eine starke Zunahme ihrer Angst in der Gegenübertragung und Schuldgefühle bei der Arbeit mit dieser Patientin.

Benedek (1973) beschreibt ähnliche Erfahrungen mit Mitarbeitern und Supervisoren bei stationären Patienten während ihrer 4 Schwangerschaften. Sie stellte fest, daß viele Mitarbeiter, nachdem sie anfänglich ihre Schwangerschaft und deren potentielle Wirkung verleugnet hatten, dazu übergingen, alle Veränderungen von Patienten als etwas zu sehen, das mit der Schwangerschaft zusammenhing, wobei sie andere wesentliche Determinanten übergingen, die sie sonst sicherlich beachtet hätten.

Während viele Therapeutinnen von Supervisionserfahrungen während einer Schwangerschaft berichtet haben, die wenig nützlich waren, haben andere die Supervision während dieser Zeit als besonders hilfreich erlebt. Supervisoren, die auf die Behandlungsprobleme während einer Schwangerschaft eingestimmt sind, können die Exploration sowohl der Übertragungs- als auch der Gegenübertragungsreaktionen in einem unterstützenden Kontext erleichtern. Männliche Supervisoren können in der Lage sein, weitere Aufklärungen über die spezifischen Sorgen männlicher Patienten zu geben. Sie können aber auch besonders dazu beitragen, die Gegenübertragungsschuldgefühle der praktizierenden Therapeutin wegen ihrer Schwangerschaft zu mildern. Weibliche Supervisoren können als erfolgreiche berufstätige Frauen in einer Zeit ein Rollenvorbild liefern, in der die Therapeutin es besonders braucht.

Anmerkung

1   Anmerkung d. Übers.: Der Übersichtlichkeit halber verwenden wir in diesem Aufsatz das Wort „Patienten", auch wenn von männlichen *und* weiblichen Patienten die Rede ist.

Literatur

Balint M (1968, 1970) Therapeutische Aspekte der Regression. Klett, Stuttgart

Balsam R (1974) The pregnant therapist. In: Balsam R, Balsam A (eds) Becoming a psychotherapist. Boston, pp 265–288

Barbanel L (1980) The therapist's pregnancy. In: Blum B (ed) Birthing and bonding. Human Sciences Press, New York

Benedek E (1973) The fourth world of the pregnant therapist. J Amer Med Women's Assn 28:365–368

Berman E (1975) Acting out as a response to the psychiatrist's pregnancy. J Amer Med Assn 30:456–458

Breen D (1977) Some differences between group and individual therapy in connection with the therapist's pregnancy. Int J Group Psychother 27:499–506

Browning D (1974) Patients' reactions to their therapist's pregnancies. J Acad Child Psychiat 13:468–482

Butts NT, Cavenar JO (1979) Colleagues responses to the pregnant psychiatric resident. Amer J Psychiat 136:1587–1589

Clarkson S (1980) Pregnancy as a transference stimulus. Brit J Med Psychol 53:313–317

Cole D (1980) Therapeutic issues arising from the pregnancy of the therapist. Psychother: Theory, Research, Practice 17:210–213

Domash L (1984) The preoedipal patient and the pregnancy of the therapist. J Contemp Psychother 14:109–119

Fenster S, Phillips S, Rapoport E (1986) The therapist's pregnancy: Intrusion in the analytic space. Analytic Press, Hillsdale NJ

Greenson R (1967, 1973) Technik und Praxis der Psychoanalyse. Klett, Stuttgart

Hannett F (1949) Transference reactions to an event in the life of an analyst. Psychoanal Rev 36:69–81

Lax R (1969) Some considerations about transference and countertransference manifestations evoked by the analyst's pregnancy. Int J Psychoanal 50:363–372

Nadelson C, Notman M, Arons E, Feldman J (1974) The pregnant therapist. Amer J Psychiat 131:1107–1111

Naparstek B (1976) Treatment guidelines for the pregnant therapist. Psychiat Opin 13:20–25

Paluszny M, Poznanski E (1971) Reactions of patients during the pregnancy of the psychotherapist. Child Psychiat & Human Devel 1:266–274

Rubin C (1980) Notes from a pregnant therapist. Soc Work 25:210–215

Schwartz MC (1975) Casework implications of a worker's pregnancy. Soc Case 56:27–34

Ulanov A (1973) Birth and rebirth: The effect of an analyst's pregnancy on the transference of three patients. J Anal Psychol 18:146–164

Van Leeuwen K (1966) Pregnancy envy in the male. Int J Psychoanal 47:319–324

Weiss S (1975) The effect on the transference of special events occuring during psychoanalysis. Int J Psychoanal 56:69–75

Winnicott DW (1954 a, 1976) Die depressive Position in der normalen emotionalen Entwicklung. In: Von der Kinderheilkunde zur Psychoanalyse. Kindler, München, S 270–292

Winnicot DW (1954 b, 1976) Metapsychologische und klinische Aspekte der Regression im Rahmen der Psychoanalyse. In: Von der Kinderheilkunde zur Psychoanalyse. Kindler, München S 179–202

Winnicott DW (1956, 1976) Primäre Mütterlichkeit. In: Von der Kinderheilkunde zur Psychoanalyse. Kindler, München, S 153–160

Nachwort

Judith L. Alpert

In der Psychoanalyse gibt es 3 deutlich voneinander unterscheidbare Phasen der Revision der Freudschen Auffassung von der weiblichen Entwicklung. Die erste war die „kulturelle Phase" der 20er und 30er Jahre, in der die Bedeutung kultureller Faktoren für die Entstehung der Neurose herausgearbeitet wurde. Horney und Thompson, 2 der überzeugten Feministinnen dieser Phase, setzten sich mit den Wurzeln und dem Fortbestehen des Patriarchats auseinander, ebenso wie mit der Tatsache, daß Psychoanalytikerinnen und Psychoanalytiker den abgewerteten Status der Frau offenbar akzeptierten und Freud die Frauen als Mangelgeschöpfe und als moralisch unterentwickelt ansah. Es waren diese Fragen, die auch die tieferen Ursachen für die erste größere Spaltung in der amerikanischen psychoanalytischen Bewegung lieferten. Danach, von den 50er bis zur Mitte der 70er Jahre, war es eine „Feindschaftsphase", in der zwischen Psychoanalyse und Feminismus Gegnerschaft bestand. Es gab zwar einige Diskussionen über traditionelle psychoanalytische Anschauungen zur Psychologie der Frau (z. B. Blum 1977; Chasseguet-Smirgel 1964); allgemein ging man während dieser zweiten Phase aber weiter von Freuds Ansichten über Frauen aus, und die Psychoanalyse wurde von Feministinnen angegriffen, weil sie Frauen dazu ermutigte, ihre traditionellen Rollen einzunehmen.

Heute ist die Psychoanalyse eher in einem Zustand, den man als „Gärung" bezeichnen könnte. Ein wesentlicher Aspekt dieser Gärung ist die intensive Beschäftigung mit der Entwicklung der Frau. Man könnte die Phase als „Wiederaufleben und Öffnung" titulieren: eines Wiederauflebens des Interesses an der weiblichen Entwicklung und einer zunehmenden Allianz zwischen Psychoanalyse und Feminismus. Wir werden heute Zeugen, wie feministisches Denken in die Hauptströmung der Psychoanalyse integriert wird. Karen Horney, Clara Thompson und Erich Fromm gehörten zu den wenigen feministischen Stimmen der ersten Phase; heute gibt es in der Psychoanalyse viele solcher Stimmen, die unterschiedliche theoretische Richtungen vertreten; gemeinsam ist ihnen, daß sie Bedeutsames zum Verstehen der Frauen beigetragen haben. Die Errichtung einer Frauenabteilung in der Psychoanalysesektion der *American Psychological Association*, die Existenz von Frauenausschüssen in anderen Berufsorganisationen, die Vorträge und Diskussionen zu diesem Bereich auf unseren Fachtagungen und die wachsende Literatur über Psychoanalyse und Frauen zeigt, daß diese Aktivitäten weitergehen.

Natürlich hat auch die sich verändernde Rolle der Frau auf diesem Gebiet ihre Auswirkungen. Es gibt eine wachsende Zahl von Analytikerinnen und Analytikern mit einer feministischen Ausrichtung, von denen einige auch Beiträge zur psychoanalytischen Literatur liefern. Diese Männer und Frauen gehen über eine Kritik an der psychoanalytischen Theorie und die Feststellung, daß sie auf eine männliche Entwicklung gegründet ist, hinaus. Sie schreiben statt dessen über ihre analytischen Erfahrungen, stellen Behandlungsprobleme heraus, formulieren Definitionen und Begriffe neu und bringen innerhalb der Psychoanalyse neue Gedanken in Umlauf. Generell kann man sagen, daß sie eine Theorie über Frauen zu entwickeln versuchen, die für deren Leben relevant ist.

Der Mythos von der analytischen Neutralität

Während Freud (1912 e) angab, der Arzt solle „die Vorschrift, sich alles gleichmäßig zu merken" (S. 377) beachten und „nichts anderes zeigen, als was ihm gezeigt wird" (S. 384), teilen die Autorinnen der meisten Arbeiten in dieser Anthologie die Überzeugung, daß vielen Erfahrungen von Frauen bisher wenig oder gar keine Beachtung geschenkt wurde; statt dessen sind sie der Abwertung anheimgefallen. Sie sind außerdem davon überzeugt, daß die analytische Neutralität ein Mythos ist – eigentlich eine Binsenweisheit, die weder neu noch für unsere Arbeit spezifisch ist. Sherif (1974) zum Beispiel konzentriert sich in ihrer Analyse von Vorurteilen in der psychologischen Forschung auf den Neutralitätsmythos. Sie zeigt, daß eine solche Forschung objektiv, streng und wissenschaftlich erscheint, aber im Hinblick darauf, wer untersucht wird und wie untersucht wird, trotzdem für Vorurteile offen ist. Sherif nennt zahlreiche Beispiele aus der psychologischen Forschung, aus denen deutlich wird, wie die unbewußten Ideologien der Forscherinnen und Forscher die Beschreibung und Erörtung von Forschungsergebnissen, die Auswahl von Forschungsthemen, die Auswahl der Probanden, die Anfangsformulierungen der Probleme und die Deutung der Daten beeinflussen.

Schlachet (1984) macht eine ähnliche Feststellung in bezug auf die Psychoanalyse. Sie schreibt:

Analytische Theorie und die auf ihr beruhende Technik kann, ebenso wie jede andere wissenschaftliche Theorie, ob in den „harten" oder in den „weichen" Wissenschaften, niemals politisch neutral sein. Alles, was wir anschauen, ob wir uns entscheiden, es anzuschauen oder nicht, und jede Deutung dessen, was wir anschauen, beruht notwendigerweise auf einem komplexen Interaktionssystem, von dem wir selbst ein Teil sind (S. 12).

Tatsache ist, daß unsere Erkenntnis von der Einbeziehung unbewußter Ideologien in unsere Arbeit auch zur Integration von feministischem Denken und Psychoanalyse beigetragen hat. Wir wissen heute, daß

Analytikerinnen und Analytiker, ebenso wie andere Mitglieder der Gesellschaft, Überzeugungen und Stereotypen anhängen, deren wir oft nicht
gewahr sind, die aber die Werte unserer Gesellschaft widerspiegeln. Wir
müssen unser Augenmerk darauf richten, wie solche Voreingenommenheiten Analytikerinnen und Analytiker daran hindern können, ihre Patientinnen und Patienten zu verstehen. Ähnliche Vorurteile haben auch auf die
„Feindschaftsphase" eingewirkt. Während wir vom androzentrischen
Modell jener Phase abrücken, müssen wir versuchen, unsere heutigen
Voreingenommenheiten zu erkennen und zu bewerten, auch wenn wir
unsere eigenen Grenzen zugeben müssen. Wir müßten vielleicht sogar
fragen, ob es möglich oder wünschenswert ist, neutral zu sein.

Unsere Aufgabe ist es, ein Verständnis der weiblichen Entwicklung
aufzubauen, das auf der Untersuchung weiblicher Entwicklung und weiblichen Erlebens beruht. Dazu ist es notwendig, neue Phänomene zu
entdecken, Begriffe neu zu definieren und Theorien neu zu formulieren.
Diese Versuche haben Konsequenzen für unsere Arbeit mit Männern wie
mit Frauen, wie man aus der vorliegenden Anthologie ersehen kann.

Themen

Viele theoretische Perspektiven innerhalb der Psychoanalyse – die freudianische Theorie, die interpersonelle Theorie, die Theorie der Objektbeziehungen und die Selbstpsychologie – sind in diesem Band vertreten. Alle
Autorinnen sehen sich in der Pflicht, Fragen herauszukristallisieren und
Antworten anzuregen, die die weibliche Entwicklung betreffen. Sie teilen
auch die Überzeugung, daß ihre theoretischen Orientierungen revidiert
werden können, wenn dies notwendig ist, um das, was wir über Frauen
wissen und erfahren, besser als bisher zu verstehen. Dieses Buch beweist,
daß verschiedene Ausrichtungen innnerhalb der Psychoanalyse Unterschiede zwischen Männern und Frauen anerkennen können, ohne diese Verschiedenheit mit einer Minderwertigkeit der Frau gleichzusetzen. Es bestätigt
auch, daß verschiedene Perspektiven innerhalb der Psychoanalyse mit dem
Feminismus koexistieren können.

Wenn wir das ganze überblicken, dann treten bei der Lektüre dieses
Buches eine Reihe von Themen hervor, die sich teilweise überschneiden.
Diese Themen zeigen, daß die heutige Auffassung von der weiblichen
Entwicklung weniger die Unterschiede herausstellt, als daß es gemeinsame
Fäden gibt, aus denen sie hervorgehen.

Thema Nr. 1: Die Bedeutung des präödipalen Erlebens

Die Autorinnen glauben nicht, daß Anatomie, definiert durch genitale
Unterschiede, das Schicksal sei. Man ist sich darüber einig, daß Freuds

Theorien über die weibliche Entwicklung die schwächste Komponente seines Denkens sind. Freuds Theorien enthalten eine Herabsetzung der Frau, in der sich das androzentrische Modell und die patriarchalischen Aspekte der Kultur der Zeit widerspiegeln. Die Autorinnen sind sich jedoch einig, daß einige seiner anfechtbaren Ansichten revidiert werden können:

Auch wenn die Gültigkeit des ödipalen Erlebens und des ödipalen Vaters anerkannt wird, sieht man den Penisneid nicht mehr als entscheidende Determinante der weiblichen Entwicklung an. In jenen Fällen, in denen er als größeres Problem erscheint, steht er gewöhnlich in Verbindung mit anderen Problemen wie extremem Neid, früher Benachteiligung und Schwierigkeiten der Trennung.

Die Bedeutung des präödipalen Erlebens und die Implikationen einer frauenbeherrschten frühen Kindheit sind wichtige Diskussionspunkte. In diesem Zusammenhang wird das Problem von Trennung und Individuation in der Mutter-Kind-Beziehung und die Zurückweisung der Bemutterung durch den Mann erörtert. Das gleiche gilt für den Einfluß, den die frühe präödipale Beziehung zur Mutter auf die unbewußten Erlebnisse von Frauen und Männern hat, und die Art und Weise, wie diese Erlebnisse mit der objektiven Realität interagieren. Es wird gezeigt, daß Frauen die Tendenz haben, sich mehr zusammenzuschließen und zu pflegen und zu nähren, während Männer mehr von Fragen der Trennung und Autonomie betroffen sind.

Thema Nr. 2: Frauen und Männer sind verschieden und werden verschieden wahrgenomemn

Die meisten Autorinnen gehen davon aus, daß manche Eigenschaften für ein Geschlecht kennzeichnender sind als für das andere; gleichzeitig betonen sie aber, daß Menschen enorm verschieden sind und daß die Geschichte des Individuums mehr aussagt als sein Geschlecht. Merkmale, die bei Frauen häufiger sind, kann man auch bei Männern finden, und umgekehrt. Trotzdem *sind* Männer und Frauen verschieden, und Analytikerinnen und Analytiker müssen diese Verschiedenheit einbeziehen, um ihre analytischen Ziele zu erreichen. Außerdem obliegt es uns, den weiblichen Anteil von Männern und Frauen, der bisher immer abgewertet worden ist, höher einzustufen und bei Männern und Frauen jene menschlichen Fähigkeiten zu fördern, die bis jetzt unentwickelt geblieben sind.

In dieser Anthologie wird der Inhalt dieser Verschiedenheiten und seine Folgerungen für die Psychoanalyse nachdrücklich betont. Frauen sind i. allg. intimer, persönlicher, verbundener und bezogener; Männer sind stärker distanziert, abstrakt und vernünftig und gehen objektiver an Probleme heran. Männer und Frauen lassen sich zudem verschieden auf Beziehungen ein und denken verschieden über sie. Auch das Erleben von Mann und Frau ist unterschiedlich, und sie bringen in die Analysesitzung häufig unterschiedliche Sorgen und Probleme ein. Männer haben im allgemeinen mehr Schwierigkeiten mit Beziehungen, während Frauen die Individuation schwerer fällt. Als praktizierende Analytiker(innen) oder auch psychoanalytische Theoretiker(innen) unterscheiden sich Mann und Frau darin, wie sie Probleme betrachten oder was sie in Patienten hervorrufen. Die Geschlechtszugehörigkeit spielt im analytischen Erleben selbstverständlich eine Rolle. Gornick zum Beispiel weist in diesem Band darauf hin, daß einige theoretische Fragen, wie präödipal-ödipal, oder auch der Unterschied zwischen negativer und positiver Übertragung, eine andere Bedeutung bekommen können, wenn der Therapeut eine Frau ist. Sie zeigt auch, daß eine Untersuchung der Themen der Übertragung von männlichen Patienten auf ihre Therapeutinnen oder Analytikerinnen unser Verständnis der Beziehungen von Jungen zu ihren Müttern verbessert und damit auch das ihrer Beziehungen zu anderen Frauen. Wie Penn erklärt, bieten auch schwangere Therapeutinnen einen Ausgangspunkt, um etwas über die Gefühle gegenüber Schwangerschaft und Geburt zu erfahren. Außerdem können Themen der Gegenübertragung Aufschluß über das Erleben von Frauen geben, die in unserer heutigen Gesellschaft Macht ausüben (dies kann man aus den Kapiteln von Gornick und Schachtel entnehmen). Die Erfahrungen weiblicher und männlicher Analytiker unterscheiden sich also tatsächlich, und eine Fortsetzung der Untersuchung von Geschlechtsunterschieden und Themen der Übertragung und Gegenübertragung ist dringend angezeigt.

Thema Nr. 3: Das Erleben der Frauen und die Lebensumstände von Frauen müssen berücksichtigt werden.

Die Autorinnen stimmen überein, daß es notwendig ist, neue Phänomene zu entdecken, Begriffe neu zu definieren und Theorien neu zu formulieren – all dies auf der Grundlage der weiblichen Entwicklung und des weiblichen Erlebens. Wir müssen zu einer positiven und klaren Sicht der Frau gelangen, anstatt mit indirekten Folgerungen und negativen Beiklängen über sie zu urteilen. Zwischen der inneren Realität und den sozialen Umständen, in denen Frauen leben, gibt es eine komplizierte Wechselbeziehung, die an dieser Stelle in die Diskussion kommt. Die Interessen mehrerer Autorinnen können dies belegen. Moulton zeigt, daß beruflicher Erfolg das Männlichkeitsgefühl des Mannes hebt, während er das Weiblichkeitsgefühl der Frau gefährdet. Schachtel betrachtet Begriffe wie Autorisation, Macht und Status, während sie überlegt, wie die Geschlechtszugehörigkeit die analytische Arbeitsrolle beeinflußt und mit ihr interagiert. Als weiteres Beispiel erörtert Formanek physische Veränderungen, die zum Altern gehören, und was diese Veränderungen für Frauen bedeuten. Die Autorinnen dieser Beiträge erkennen also, wie Horney und Thompson vor ihnen, wie wichtig es ist, im Leben der Frau intrapsychische zusammen mit sozialen Faktoren zu berücksichtigen.

Thema Nr. 4: Eine weibliche Ausrichtung kann das Leben der Männer bereichern

Wie die Beiträge hier zeigen, gehen Frauen anders an das Leben heran als Männer, weil Intimität, Anteilnahme und Verbundenheit mehr im Mittelpunkt ihres Lebens stehen. Damit taucht das Thema auf, daß Männer sich vielleicht weniger entfremdet fühlen würden, wenn sie Gelegenheit hätten, ihre weiblicheren Eigenschaften zu entwickeln.

Thema Nr. 5: Eine weibliche Ausrichtung kann die psychoanalytische Theorie und Praxis bereichern

Die westliche Gesellschaft wertet die liebevollen Neigungen von Frauen ab und verstärkt männliche Autonomie und Macht als erfolgreiche und akzeptable Maßstäbe. Es scheint, als ob die Psychoanalyse die westliche Gesellschaft widerspiegelt: Die Struktur und die der Psychoanalyse zugrundeliegenden Werte sind männlich und reflektieren Bedürfnisse, Fähigkeiten und Orientierungen von Männern. Im Mittelpunkt der analytischen Theorie stehen Unterschied und Distanz, und das Denken ist dualistisch, linear und auf diese Weise ungenau, wie Spieler, Spencer und ich zeigen. Die analytische Theorie konzentriert sich mehr auf Trennung, Autonomie, Individualität, Selbstbehauptung und Unabhängigkeit als auf Bindung oder die Erhaltung und Verbesserung von Interdependenz, Intimität, Einfühlung, Nähren und Pflegen oder die Fürsorge für andere. Ein in mehreren Kapiteln erörtertes Thema betrifft Veränderungen in Struktur und Technik der Psychoanalyse, wenn diese die Bedürfnisse von Frauen, zu nähren und zu pflegen, sich einzufühlen und Beziehungen zu haben, stärker widerspiegeln soll.

Einige Autorinnen fordern Frauen und Männer nachdrücklich auf, die Psychoanalyse dadurch zu bereichern, daß sie weibliche Eigenschaften und Sichtweisen akzeptieren und wertschätzen. Andere erörtern Beiträge der Frauen zur Psychoanalyse und bringen Beispiele dafür. Dazu gehört z. B. eine stärkere Beachtung der präödipalen Probleme von Trennung und Individuation in der Mutter-Kind-Beziehung. In dieser Anthologie werden auch einige wichtige Fragen gestellt. Litwin z. B. geht davon aus, daß Beziehungen für Frauen lebenswichtig sind und fragt, wie Beziehungen neu strukturiert werden können, damit die Entwicklung gefördert wird.

Die historische Gegenwart ist eine Zeit rascher individueller, sozialer und kultureller Veränderungen. Es ist eine Zeit, in der viele Frauen vielfältige Rollen ausfüllen und in diesen Rollen und ihren Überschneidungen vor neuen Problemen stehen. Die soziale Veränderung beeinflußt auch die Analytikerinnen und Analytiker, weil die Sorgen und Interessen der Frauen sich mit verändert haben. Während zu den Problemen der „Feindschaftsphase" gehörte, wie man einen Ehemann findet und wie man mit Erziehungsschwierigkeiten fertig wird, sind Frauen heute mit Fragen befaßt, die sich auf Konflikte um die berufliche und persönliche Identität und auf Ängste hinsichtlich beruflicher Leistungen und Durchsetzung beziehen. Als Analytikerinnen und Analytiker können wir den Sorgen der Frauen entweder unter einem Blickwinkel begegnen, in dem die männliche Entwicklung und männliches Verhalten die Norm sind, von der alles andere abweicht, oder mit einem Standpunkt, der von der Untersuchung der weiblichen Entwicklung und des weiblichen Erlebens ausgeht. Die Autorinnen dieses Bandes haben sich für die zweite Möglichkeit entschieden.

Literatur

Blum HP (1977) (ed) Female Psychology. Int Univ Press, New York
Chasseguet-Smirgel (1964, 1974) (ed) Psychoanalyse der weiblichen Sexualität. Suhrkamp, Frankfurt am Main
Freud S (1912 e) Ratschläge für den Arzt bei der psychoanalytischen Behandlung. GW Bd 8, S 376–387. Fischer, Frankfurt am Main
Schlachet B (1984) Relativism revisited: The impact of life on psychoanalytic theory. Vor der New York University Postdoctoral Conference gehaltener Vortrag
Sherif C (1974) Bias in psychology. In: Sherman J, Back ET (eds) The prison of sex. Madison, Wisconsin, pp 93–133

Namenverzeichnis

Sachverzeichnis

C. Rohde-Dachser

Expedition in den dunklen Kontinent

Weiblichkeit im Diskurs der Psychoanalyse

1991. XVI, 340 S. 17 überw. farb. Abb.
(Psychoanalyse der Geschlechterdifferenz)
Brosch. DM 38,– ISBN 3-540-53884-4

Die Psychoanalyse hat sich mit ihrer Patriarchatsgeschichte bis heute nicht wirklich auseinandergesetzt. Dies gilt nicht nur für die Psychoanalyse Freuds, für den die Psychologie der Frau nach eigenem Eingeständnis ein „dunkler Kontinent" geblieben war, sondern auch für neuere theoretische Entwicklungen der Psychoanalyse.

Mit ihrer „Expedition" in Freuds „dunklen Kontinent" unternimmt die Autorin die systematische Aufklärung der Geschlechterideologie im Diskurs der Psychoanalyse.

Im Zentrum ihrer wissenschaftskritischen Untersuchung steht die Frage nach den kollektiven unbewußten Phantasien, die diesen Diskurs bestimmen. Dieser Ansatz führt über die herkömmliche Kritik an Freuds Weiblichkeitstheorie hinaus.

Er erstreckt sich auf zentrale Kategorien der Psychoanalyse; dabei werden psychoanalytische und soziologische Betrachtungsweisen miteinander verknüpft, um das zirkuläre Verhältnis von (männlichem und weiblichem) Unbewußten und patriarchalischer Gesellschaftsstruktur sichtbar zu machen. Ziel der Autorin ist es, auf diese Weise einer emanzipatorischen Theorie des Geschlechterverhältnisses innerhalb der Psychoanalyse den Weg zu bahnen.

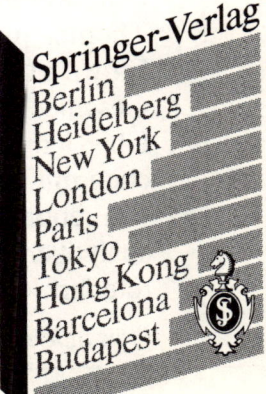

Springer-Verlag
Berlin
Heidelberg
New York
London
Paris
Tokyo
Hong Kong
Barcelona
Budapest

I. Fast

Von der Einheit zur Differenz

Psychoanalyse der Geschlechtsidentität

1991. XI, 163 S. (Psychoanalyse der Geschlechterdifferenz) Brosch. DM 38,– ISBN 3-540-53969-7

Die Autorin verknüpft psychoanalytische Sichtweisen
mit Erkenntnissen der Entwicklungspsychologie –
insbesondere dem kognitionspsychologischen Ansatz
von Piaget: so führt der Prozeß **Von der Einheit zur
Differenz** über den frühkindlichen Egozentrismus
mit seinen Einheits- und Allmachtsillusionen zu der
klaren Erkenntnis der Geschlechterdifferenz.

R. M. Friedman, L. Lerner (Hrsg.)

Zur Psychoanalyse des Mannes

1991. XIV, 215 S. (Psychoanalyse der Geschlechterdifferenz) Brosch. DM 38,– ISBN 3-540-53975-1

Die Reihe **Psychoanalyse der Geschlechterdifferenz**
würde ihrem Anspruch nicht gerecht, nähme sie nicht
auch Bezug auf eine psychoanalytische
Psychologie des Mannes.
Sehr komprimiert werden
Themen, wie etwa die
Entwicklung der männlichen
Geschlechtsidentität, das
Über-Ich des Mannes verglichen mit dem der Frau usw.,
von renommierten Psycho-
analytikern und Soziologen
referiert.

Preisänderungen vorbehalten.

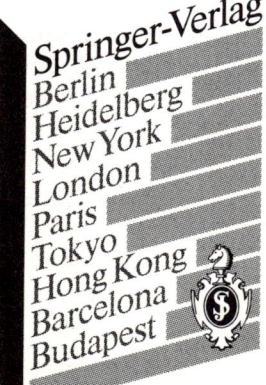

Springer-Verlag
Berlin
Heidelberg
New York
London
Paris
Tokyo
Hong Kong
Barcelona
Budapest